विमुक्त जनजातियाँ

बदलाव के पहलू

मल्ली गांधी

अनुवाद
प्रकाश दीक्षित

राजकमल प्रकाशन

मूल कृति *Denotified Tribes : Dimensions of Change* का हिन्दी अनुवाद

ISBN : 978-93-93768-93-3

मूल्य : ₹1195

पहला संस्करण : 2023

प्रकाशक : राजकमल प्रकाशन प्रा. लि.
1-बी, नेताजी सुभाष मार्ग, दरियागंज
नई दिल्ली-110 002
शाखाएँ : अशोक राजपथ, साइंस कॉलेज के सामने, पटना-800 006
पहली मंजिल, दरबारी बिल्डिंग, महात्मा गांधी मार्ग, प्रयागराज-211 001
1, अनमोल सोराबजी संतुक लेन, धोबी तलाव, मरीन लाइंस, मुम्बई-400 002
वेबसाइट : www.rajkamalprakashan.com
ई-मेल : info@rajkamalprakashan.com

मुद्रक : बी.के. ऑफसेट
नवीन शाहदरा, दिल्ली-110 032

VIMUKT JANJATIYAN : BADLAV KE PAHLU
by Malli Gandhi
Translated by Prakash Dixit

महाश्वेता देवी
के लिए

क्रम

आमुख

भारत में औपनिवेशिक शासन की स्थापना और तदनन्तर मशीन से बने सामान के आगमन का परिणाम यह हुआ कि ऑस्ट्रो-एशियाई समुदायों द्वारा हाथों से निर्मित वस्तुओं और सामान के खरीददार कम होते चले गए। इन चीजों की खपत कम हो जाने के साथ इन कारीगरों की जीविका हाथ से जाती रही और उनमें से अनेक को जीविकापार्जन के लिए अपराधों का आश्रय लेना पड़ा। उन्नीसवीं सदी की शुरुआत में इन समूहों की 'आपराधिक' गतिविधियाँ इतनी उग्र हो गई थीं कि कानून और व्यवस्था की गम्भीर स्थिति को देखते हुए सरकार को कुछ समुदायों के अपराधों को नियंत्रित करने के लिए अपराधी जनजाति कानून लाना पड़ा। कथित कानून के अन्तर्गत समुदाय के जो सदस्य 'आपराधिक' गतिविधियों, यथा नकबजनी, डकैती, पशुचोरी, गहनों की छीनाझपटी आदि में संलिप्त पाए जाते थे, उन्हें सम्बन्धित जिले के पुलिस अधीक्षक के परामर्श पर 'अपराधी जनजाति' घोषित कर दिया जाता था। इन 'अधिसूचित' जनजातियों की हलचल और गतिविधियों पर उस पुलिस थाने का प्रभारी अधिकारी निगरानी रखता था जिसके क्षेत्रान्तर्गत सम्बद्ध जनजाति निवास करती थी। इस तरह 'अपराधी जनजाति' अधिसूचित किए गए समूचे समुदाय की गतिविधियों पर लगाए गए बन्धन का परिणाम यह हुआ कि उस समुदाय के सदस्य आर्थिक और शैक्षणिक रूप से पिछड़ गए। पूरे समाज को ही 'अपराधी जनजाति' होने का सामाजिक कलंक एक अभिशाप की तरह भोगना पड़ा।

स्वातंत्र्योदय के पश्चात भारत सरकार ने एम. अनन्तशयनम आयंगर के नेतृत्व में अपराधी जनजातियों के लिए एक जाँच समिति नियुक्त की। समूचे देश में 'अपराधी जनजातियों' की स्थितियों का अध्ययन करने के बाद जाँच समिति ने अपराधी जनजाति कानून को निरस्त करने का सुझाव दिया। तदनुसार भारत सरकार ने इस कानून को रद्द करके इसके स्थान पर 1952 का अभ्यस्त अपराधी कानून (हेबीच्युअल ऑफेंडर एक्ट) लागू किया। अभ्यस्त अपराधी कानून राज्य का कानून है। अपराधी जनजाति कानून के निरस्त हो जाने के बाद इस कानून के अन्तर्गत अधिसूचित की गई जनजातियाँ विमुक्त कर दी गई हैं, और इसका उद्देश्य यह है कि

इन पूर्व अपराधी जनजातियों की स्थिति में सुधार किया जा सके। अपराधी जनजाति कानून के प्रभावहीन होने के बाद सम्बन्धित राज्य सरकारों ने विमुक्त जनजातियों की सूचियाँ प्रकाशित की हैं, और इस तरह हर एक राज्य की अपनी विमुक्त जनजाति सूची है। पूर्व मद्रास राज्य की विमुक्त जनजाति सूची 1952 में जारी की गई थी। इसमें 66 पूर्तियाँ हैं। इन पूर्तियों का सम्बन्ध राज्य के आन्ध्र क्षेत्र से है। इन पूर्तियों में अनेक ऐसी जनजातियाँ हैं जिनमें किसी समुदाय का उल्लेख नहीं हुआ है। उदाहरण के लिए हत्यारों का गिरोह; क्र. 20 (जतूर मिश्र गिरोह), क्र. 60 (तेन्केला रमन) इत्यादि। अधिकांश पूर्तियों में एक ही समुदाय का दुहराव है। फिर येरुकलाओं को क्र. 32 (येरुकला), क्र. 33 (एरुकुला), क्र. 29 (उरकोरचा), क्र. 39 (कोरावा) और क्र. 42 (कोरचा) में उल्लिखित किया गया है। कोरचा डब्बाला येरुका कहलाते हैं। 48 और 52 में मोंडीकोरवा, 63 में नवाबपेट कोरचा, 65 वेयालपद कोरचा, और 66 में एरिक्कला और कोरचा बताए गए हैं। कोरबा, कोरचा और केकडी येरुकला के ही हमनाम हैं इसलिए उपरोक्त सभी पूर्तियाँ एक ही समुदाय अर्थात येरुकला की द्योतक हैं। आन्ध्र क्षेत्र की सूची में छियासठ पूर्तियों को निम्न समुदायों के रूप में पहचाना जा सकता है :

1. माला (क्र. 2, 3, 45, 36)
2. मडीगा (क्र. 16)
3. हरिजन (क्र. 15)
4. डोम्ब (क्र. 9, 22)
5. रेली (क्र. 29)
6. वोड्डार (क्र. 14, 26, 31, 34, 55)
7. पाइडू (क्र. 56)
8. रेड्डीक (क्र. 58)
9. उराली गोअन्डर (क्र. 62)
10. मुथराच (क्र. 43 और 50)
11. केपमरी (क्र. 37)
12. मोडीवागुला (क्र. 45)
13. परालिया (क्र. 30)
14. पोलिगर (क्र. 1 और 28)
15. तन्दारी मानडालम
16. किंटाली कलिंगा
17. बोया (क्र. 4, 12, 25, 35)
18. चकाला (क्र. 5)
19. डोम्मारा (क्र. 10)

20. दसारा (क्र. 6, 7, 13)
21. जाम्बूबांडाई (क्र. 17)
22. जोगी (क्र. 19)
23. नोक्कार (क्र. 21)
24. तेलगा पमूला (क्र. 27)
25. कोंडा डोरा (क्र. 38)
26. मोंडी वगुला (क्र. 46)
27. मोंडा पोत्ता (क्र. 49)
28. मुस्था राचा (क्र. 43 और 50)
29. नक्काल (क्र. 51)
30. पिचिकगुंटाला (क्र. 57)
31. निरशिकारी (क्र. 54)
32. लम्बाडी (क्र. 44, 59)
33. येरुकला (क्र. 23, 32, 33, 37, 40, 42, 48, 65, 66, 63, 52)
34. यनाडी (क्र. 64)

तेलंगाना क्षेत्र का जहाँ तक सम्बन्ध है, वहाँ निम्न तीन समुदाय अधिसूचित हैं—

1. वोड्डार
2. डोम्मार
3. कैकाडी (येरुकला)

अपराधी जनजाति कानून की समाप्ति के बाद, और अपराधी जनजाति की पुनर्परिभाषा के पश्चात पूर्व अपराधी जनजातियों के आवागमन पर लगे हुए प्रतिबन्ध हटा लिए गए हैं और इन समुदायों में से कुछ को अनुसूचित जनजातियों के अन्तर्गत सूचीबद्ध होने में सफलता मिली है। उदाहरण के लिए येरुकला, लम्बाडी और यनाडी तथा अन्य कुछ समुदायों को अब सामाजिक और आर्थिक पिछड़े वर्गों में गिना जाता है। अन्य समूहों को विमुक्त जनजातियों में सूचीबद्ध किया गया और उनके पुनर्वास पर भी शासन ने ध्यान दिया। घुमन्तू और पूर्व अपराधी जनजातियों/समूहों की सूची को घुमन्तू जनजाति और विमुक्त जनजाति सूची के नाम से पुकारा जाता था। इन दोनों ही सूचियों में कई समूह ऐसे हैं जो आदिवासी नहीं हैं। घुमन्तू और विमुक्त जनजातियों की सूची उन पूर्व अपराधी जनजातियों का विवरण देती है जिनके आवागमन पर लगे हुए बन्धन हटाए जा चुके हैं। सरकार और साल्वेशन आर्मी, भारतीय आदिम जाति सेवक संघ इत्यादि गैर सरकारी संगठनों द्वारा उनके पुनर्वास के लिए किए गए अनेक उपायों से पहले की ये अपराधी जनजातियाँ और घुमन्तू समूह शेष समाज के सम्पर्क में आए हैं। 1952 के बाद से इन सांस्कृतिक सम्पर्कों के माध्यम से ग्रामीण क्षेत्रों में रह रहे इन पूर्व अपराधी और घुमन्तू समूहों ने

पिछड़ी हुई तेलुगु जातियों से कुछ प्रभाव अंगीकृत कर लिए हैं। विगत पचास वर्षों से कई पूर्व अपराधी और घुमन्तू जनजातियों के ग्रामीण जाति समूहों के साथ हो रहे पारस्परिक सम्पर्क के परिणामस्वरूप वह ग्राम-अंचलों में जाति व्यवस्था के अन्तर्गत आ गई हैं। सांस्कृतिक विनियम की इस प्रक्रिया में, और पुनर्वास के बाद ग्रामीण अंचलों में उनकी बसाहट के कारण यह समूह भारत की जाति व्यवस्था में रच-बस गए हैं तथापि जनजातियों का जातियों का स्वरूप ले लेना रातोंरात नहीं हुआ, इसमें चार दशकों का समय लगा है।

'अपराधी जनजातियों' का अध्ययन शैक्षणिक क्षेत्रों का प्रियकर विषय नहीं रहा है। प्रस्तुत अध्ययन इन जनजातियों के उद्‌भव और विकास पर एक शोधपरक प्रयास है। उन्नीसवीं शताब्दी की औपनिवेशिक नीतियों ने अनेक समुदायों को उनके परम्परागत व्यवसायों से वंचित कर दिया, फलस्वरूप उनकी जीविका जाती रही। यह अपराधी जनजातियों के उदय का उत्स था। कोई भी सरकार अथवा प्रशासन इन लोगों के कष्ट के प्रति लम्बे समय तक उदासीन नहीं रह सकता। शासन को या तो स्वयं आगे आ कर इन लोगों के पुनर्वास और इनके लिए रोजगार के अवसरों की व्यवस्था करनी थी, या फिर इसके लिए निजी अभिकरणों को प्रेरित करना था।

औपनिवेशिक शासन ने इन अपराधी जनजातियों की समस्याओं को सुलझाने के लिए आन्ध्र प्रदेश में साल्वेशन आर्मी, लन्दन मिशन, कैनाडाई मिशन, शिरोमणि खालसा दीवान, देव समाज, अंजुमन इस्लामिया, अहमदिया समाज, सनातन धर्म सभा, और पंजाब हिन्दू सभा जैसे निजी संगठनों को माध्यम बनाया। इन आदिवासियों को स्टुअर्टपुरम (गुंटूर जिला), सिद्धपुरम (कुरनूल जिला), सीतानगरम (गुंटूर जिला), कप्परल्ला टिप्पा (बिट्रगुंटा), कावाली (नेल्लोर जिला), लिंगाला (महबूबनगर जिला) की बस्तियों में अधिकांशत: बसाया गया। सरकार ने उनके लिए खाली जमीनें उपलब्ध कराईं, जिससे वह कृषि कार्यों में खुद को लगा सकें। इन समुदायों के बच्चों के लिए शिक्षा के अवसर भी उपलब्ध करवाए गए। इन बस्तियों की उन्नति के लिए सरकार ने स्वयंसेवी संगठनों के प्रबन्धन को आर्थिक सहायता भी प्रदान की। विभिन्न संगठनों ने आदिवासी जातियों की शिक्षा, स्वास्थ्य और व्यवसाय के क्षेत्रों में काम किया। प्रस्तुत अध्ययन में अपराधी जनजातियों के लिए किए गए कार्यों के शुरू से अब तक के विविध पहलुओं पर की गई वस्तुगत शोध का विवेचन संकलित किया गया है।

आभार

प्रस्तुत शोध-कार्य के लिए मैं अनेक महानुभावों के प्रति अपनी कृतज्ञता व्यक्त करता हूँ। इनमें प्रमुख हैं, प्रो. वी. रामकृष्ण और डॉ. वी. ललिता, जिनका प्रबोधक मार्गदर्शन और उदार सहायता मुझे अपने शोधकार्य में निरन्तर प्राप्त होती रही। मैं सतत प्रोत्साहन के लिए संस्कार, वारनी आन्ध्र प्रदेश के श्री लवानम और श्रीमती हेमलता लवानम के प्रति भी अपना हार्दिक आभार व्यक्त करता हूँ।

मैं अपनी हार्दिक कृतज्ञता एन.सी.ई.आर.टी. के निदेशक प्रो. कृष्णकुमार, संयुक्त निदेशक प्रो. जी. रवीन्द्र, क्षेत्रीय शिक्षण संस्थान मैसूर के प्राचार्य प्रो. जी.टी. भंडागे के प्रति भी व्यक्त करता हूँ, जिनसे मुझे प्रोत्साहन और प्रशासकीय समर्थन प्राप्त हुआ।

मैं आन्ध्र प्रदेश राज्य अभिलेखागार, हैदराबाद, तमिलनाडु राज्य अभिलेखा-गार, इगमोर, चेन्नई, राष्ट्रीय अभिलेखागार, नेहरू स्मृति संग्रहालय और पुस्तकालय, नई दिल्ली तथा भारत के नृवंशीय सर्वे मैसूर के अधिकारियों और कर्मचारियों का भी आभारी हूँ जिनसे मुझे आवश्यक अभिलेख, रिकॉर्ड और पुस्तकें उपलब्ध हो सकीं।

मैं श्री के. गनपति भाट के प्रति धन्यवाद व्यक्त करता हूँ जिन्होंने पांडुलिपि के सम्पादन का कष्ट उठाया और मूल्यवान सुझाव दिए। शैक्षणिक सहायता के लिए मैं कुप्पन विश्वविद्यालय के लोकवार्ता और जनजाति अध्ययन विभाग के अध्यक्ष प्रो. बी. कृष्णा रेड्डी, हम्पी विश्वविद्यालय के जनजाति अध्ययन विभाग के प्रो. के.एम. मैत्री, हैदराबाद विश्वविद्यालय के नृतत्व विभाग के अध्यक्ष प्रो. वेंकटराव, हैदराबाद विश्वविद्यालय के लोकवार्ता विभाग के सेवानिवृत प्राध्यापक प्रो. एम.एल. के. मूर्ति और आई.ए.एस.ई. हैदराबाद के सेवानिवृत प्राचार्य डॉ. के. श्रीधर तथा प्रसन्ना का भी आभारी हूँ।

क्षेत्रीय कार्य करते हुए अनेक व्यक्तियों ने मेरी सहायता की। मैं आन्ध्र प्रदेश की विमुक्त जनजाति बस्तियों के सभी वृद्धजनों, विमुक्त जनजाति विद्यालयों के अभिभावकों और शिक्षकों तथा साल्वेशन आर्मी के अधिकारियों के प्रति भी अपना आभार व्यक्त करता हूँ जिनकी सहायता के बिना प्रस्तुत कार्य का सम्पन्न हो पाना

सम्भव ही नहीं था। यह मेरी धृष्टता ही होगी यदि मैं प्रस्तुत कृति (मूल) के टाइप-मुद्रण के लिए आर.आई.ई. मैसूर की श्रीमती एस. इमावती, श्रीमती के. ममता और श्रीमती के. सुरेखा के धीरज को अपना धन्यवाद न दूँ।

शब्द सूची

अग्रहारम	:	सरकार द्वारा जातीय जनों को दान में नि:शुल्क अथवा नाममात्र के मूल्य पर दिया गया गाँव
अलागिरी	:	व्यावसायिक चोर (जेबकतरा) होने के कारण कथेराओं को दिया गया नाम
बिडारी	:	माल ढोने वाले
गंगा राजू	:	गाँव का मुखिया
गोत्र	:	कबीला
करनाम	:	गाँव का हिसाब रखने वाला
कठिरावांडलू	:	चोर, गिरहकट
कोलुकरुडू	:	मंत्री
कुलधर्म	:	जातीय कर्तव्य
कुल-पंचायत	:	गाँव के वरिष्ठजनों की सभा
मामुल्लू	:	रिश्वत
मूदेवी	:	भेड़ों की अधिष्ठात्री देवी
नाव्वी	:	अकुशल श्रमिक
ओक्का कुबेट्टेडी	:	मँगनी का समारोह
परकुची	:	भाला
पेंडली	:	विवाह
पिट्टालवांडलू	:	चिड़ीमार
रंगम और मेलम	:	यनाडी आदि वासियों के रिवाज
रैयत	:	किसान
ताड़ी	:	देशी शराब
तोलाबोत्तू	:	मंगलसूत्र
वीडुस	:	मन्दिरों में दिया जाने वाला चढ़ावा
बोली	:	दुल्हन का मूल्य
वोड्डार	:	जमीन पर काम करने वाले श्रमिक

विमुक्त जनजातियाँ : बदलाव के पहलू

अध्याय-1

औपनिवेशिक शासन और अपराधी जनजाति कानून

1

घुमन्तू आदिवासी पहले जंगलों में रहते थे और फिर शहरों में आ गए। आन्ध्र प्रदेश में येरुकला, यानाडी, लम्बाडी (सुगली), बोया, वोड्डार, दसारी, कोरचा, पमूला, नक्काल, जोगी, कोडा डोरा, कल्ला, रेली और डोम्मारों को जनजातियाँ माना जाता है। अपनी जीविका अर्जित करने के लिए इन घुमन्तू जनजातियों को एक स्थान से दूसरे और एक राज्य से दूसरे राज्य में संचरण करना पड़ता है। ये जनजातियाँ दस्तकारी का हुनर जानती हैं और छोटे-मोटे धंधे करती हैं। उन्हें यह काम सरल लगता था और वह अपनी जिन्दगी से खुश थे। आज उनकी जीवन-शैली पूरी तरह बदल गई है। वह जमीन पर खेती करने लगे हैं और धीरे-धीरे कुछ स्थानों पर बस रहे हैं। यह उनमें हो रहे परिवर्तन का द्योतक है, तथापि हम आज भी उनमें घुमक्कड़ी के लक्षण देख सकते हैं।

इस अध्याय में इन घुमन्तू, अर्द्ध घुमन्तू और अपराधी जातियों को नियमित और नियंत्रित करने की जरूरत और 1871 से 1965 तक इसके लिए बनाए गए कुछ नियामक कानूनों के अध्ययन का प्रयत्न किया जा रहा है। इस अध्याय में विभिन्न अपराधी जनजाति कानूनों की परख और विश्लेषण करने की कोशिश की गई है। यह जानने का प्रयास है कि अपराधी जनजाति कानूनों के विविध प्रावधानों ने इन 'अपराधी जनजातियों' को किस सीमा तक प्रभावित किया है। अपराधी जनजाति कानूनों के अन्तर्गत उनके जीवन-विन्यास का विमर्श भी हुआ है। इस अध्याय में निकट से यह देखने का प्रयत्न किया गया है कि इन कानूनों के साये में कौन से परिवर्तन अथवा विचलन घटित हुए और कौन-सा ऐसा मूल कारण था जिससे अंग्रेजों को ऐसे कानून बनाने पड़े। अध्याय का मुख्य उद्देश्य अपराधी जनजातियों की ऐतिहासिक पृष्ठभूमि को समझना है, जो घुमक्कड़ी से शुरू होकर उनके वर्तमान रूपान्तरण तक एक विकासशील प्रक्रिया के द्वारा पहुँची है।

2

औपनिवेशिक राज्य और जनजातियों की अधिसूचना

उन्नीसवीं शताब्दी की औपनिवेशिक आर्थिक नीतियों से कई समुदायों का परम्परागत व्यवसाय छिन गया। जो समुदाय व्यापार में लिप्त थे उन पर प्रशासन की नीतियों का गम्भीर कुप्रभाव पड़ा। शासन की नमक नीति ने आन्ध्र प्रदेश में कोरबा, येरुकला, ब्रिंजारी और लम्बाडी आदिवासियों के व्यापार को नष्ट कर दिया।

शासन की वन-नीति (1880 के दशक के जंगलात कानून)[1] ने इन समूहों का अपने मवेशियों को जंगल में चराना और वनोपज एकत्र करना प्रतिबन्धित कर दिया गया।[2] जंगलात कानूनों से हैदराबाद के चेंचुओं पर भारी प्रभाव पड़ा।[3] निराश होकर वे डकैत बन गए।[4] औपनिवेशिक वन-नीतियों से चेंचुओं की ही तरह अन्य समुदायों पर भी बुरे प्रभाव पड़े।[5] लेफ्टी. बायर ने जिलाधीश के नाम 22 मई, 1865 के अपने पत्र क्र. 317 में लिखा था, 'वह जिन अपराधों में शामिल हैं, वे हैं डकैती, बड़ी सड़कों पर लूटमार, और राहजनी। हमारे यात्रियों के लिए ये बहुत कष्टदायक हैं।'[6]

1866, 1876-78 और 1898 में व्यापक रूप से भयानक अकाल पड़ा।[7] इस दौरान डकैतियाँ, खाद्यान्न-दंगे, बाजारों की लूट, नकबजनी, पशुचोरी जैसे अपराध अभूतपूर्व रूप से बढ़ गए। 1877 में पुलिस महानिरीक्षक ने कहा था कि 'डकैती एक 'विशेष अकाल अपराध' है, जो साधारण अपराधी द्वारा नहीं, बल्कि भूखे लोगों द्वारा किया जाता है।'[8]

1824 में मद्रास के गवर्नर सर थॉमस मुनरो ने पाया था कि हमारे देश में कई हजार लोग ऐसे हैं जिनका पेशा सदा से डकैती रहा है।[9] सड़कों और रेलों के विस्तार ने उनकी व्यापारिक गतिविधियों को नष्ट कर दिया है, और वह अपने परम्परागत जीविकापार्जन से वंचित हो गए हैं।[10] अपनी पुस्तक 'मडबैंक' में मेकेंजी लिखते हैं 'येरुकला मूल रूप से व्यापारी थे। उनके पूर्वज नमक, खाद्यान्न और अन्य वस्तुएँ अपने जानवरों की पीठ पर लाद कर भीतरी भूभागों में ले जाते थे, इस विकास के साथ रेलों और सड़कों का आगमन शुरू हुआ, और उनके हाथ से परिवहन छिन गया। उनकी जीविका जाती रही और वे दूसरा कोई काम जानते ही नहीं थे इसलिए अपराधों की ओर प्रवृत्त हो गए।'[11]

ये जनजातियाँ जंगलों में, पहाड़ों पर और रेगिस्तान में यायावरी का जीवन बिताती थीं। वह अपने माल-असबाब के साथ भटकते रहते थे और गाँवों अथवा शहरों के बाहर किसी एकान्त स्थान पर अपने तम्बू गाड़ देते थे।[12] जीविका का कोई स्थायी साधन न होने से वे भिक्षाटन, पशुचोरी और चौर्य का सहारा लेते थे।[13]

शुरू में उनका जीवन आसान था। लेकिन क्रमशः 'सभ्यता' की प्रगति के साथ उन्हें यथार्थ का अनुभव हुआ और जीवन की मुश्किलों ने उन्हें वर्तमान के 'अपराधी जीवन' में धकेल दिया।[14]

3

आन्ध्र प्रदेश में अपराधी जनजाति कानून

इन लोगों की गिरफ्तारी और दंडित करने की दिशा में अंग्रेजी सरकार ने अपराधों से निबटने के लिए कठोर उपाय किए। वे ठगों और पिंडारियों के साथ हुए कड़ुवे अनुभवों को भूले नहीं थे।[15] अंग्रेज, उच्च वर्ण हिन्दू और पुलिस अधिकारी घुमन्तू जीवन-शैली को समझ नहीं पाए थे और उसके प्रति उनकी कोई सहानुभूति नहीं थी। उनके विशिष्ट सामाजिक रिवाज, मदिरापान और अनगढ़ भोज्य, तथाकथित आलस्य, और कामचोरी से उनकी पहचान बन गई। इन समुदायों की स्त्रियों की चर्चा चरित्रहीनता के लिए होती थी।[16] पहले की व्यावसायिक गतिविधियों के लिए आवश्यक रही घुमक्कड़ी का स्वभाव अब आवारगी माना जाने लगा। अंग्रेजों का कहना तो यहाँ तक था कि 'अपराधी' जनजाति के लोग सामान्य जनों से सूरत-शक्ल में भी अलग होते हैं।[17] उन्नीसवीं सदी के उत्तरार्द्ध में जब अपराधों की दर बढ़ने लगी तो प्रशासन में अपराधियों में आनुवंशिकता का सिद्धान्त प्रचलित होने लगा। घुमन्तू आदिवासियों के स्थान पर उन्हें अपराधी आदिवासी की संज्ञा दी गई और तब से उनकी संख्या बढ़ती ही गई।[18]

अपराधी जनजातियों के उद्‍भव के सम्बन्ध में कई विचार सामने आए हैं। एक मत यह है कि वे जिप्सियों के वंशज हैं। कुछ लोग यह मानते हैं कि उनकी उत्पत्ति आदिम मनुष्यों से हुई जिन्हें समय-समय पर मध्य एशिया के निवासियों के आक्रमणों के कारण अपने मूल स्थानों से विस्थापित होना पड़ा।[19] आपराधिक गतिविधियों में पकड़े गए व्यक्तियों के विरुद्ध सरकार पहले तो 1793 के XXVI अधिनियम के अन्तर्गत कार्रवाई करती थी, फिर 1836 का अधिनियम X.XX काम में लाया गया और बाद में 1860 की भारतीय दंड संहिता का प्रयोग किया जाने लगा। इस तरह वैधानिक रूप से 1871 तक किसी समूची जनजाति को 'अपराधी जनजाति' नहीं माना गया था।[20] जब अंग्रेजी शासन के लिए किसी जनजाति की लगातार आपराधिक गतिविधियों को नियंत्रित करना दुश्वार हो गया तो उसे यह आवश्यक लगा कि निरोधक उपायों के रूप में आदिवासियों के समूचे समुदाय को ही कानूनी तौर पर अपराधी होने का दर्जा दे दिया जाए। इस तरीके से उसके सभी सदस्यों पर लगातार निगरानी रखी जा सकेगी।

ठगों के गिरोह व्यापारी अथवा सामान्य यात्री का वेश बना कर यात्रियों की टोली में मिल जाते थे और अवसर मिलते ही भोले-भाले यात्रियों का गला घोंट कर मारने के बाद उन्हें लूटने का जघन्य अपराध करते थे।[21] स्लीमन ने लिखा है : 'हिन्दुस्तान और दकन के यह बड़े-बड़े गिरोह कई-कई दिनों तक घने जंगलों में हर वर्ष छुपे रहते थे, और अपना यह भयानक काम चलाते रहते थे।'[22] इनके दमन की कार्रवाई 1853 तक चलती रही।[23] ठगों और पिंडरियों का सर्वथा उन्मूलन करने के पश्चात अंग्रेजों ने भारत में घूम रही घुमन्तू और जिप्सी जनजातियों पर अपना ध्यान केन्द्रित किया।[24]

अपराधी घोषित की गई सभी जनजातियों की गणना कर पाना कठिन है। अखिल भारतीय अपराधी जनजाति जाँच समिति ने विभिन्न मिले-जुले समूहों के अतिरिक्त 136 ऐसे समुदायों की खोज की थी।[25] हैदराबाद स्थित आन्ध्र प्रदेश के आदिम जाति कल्याण विभाग के 'आदिवासी सांस्कृतिक शोध और प्रशिक्षण संस्थान' ने आन्ध्र प्रदेश में विमुक्त जनजाति के 59 सम्प्रदायों को चिह्नित किया है।[26]

भारत की गवर्नर जनरल परिषद ने पहली बार 1871 में अपराधी जनजाति कानून को स्वीकृति दी। इसमें वर्ष 1897 में संशोधन किया गया। दूसरे अपराधी जनजाति कानून को 28 जनवरी,1897 को शासन की स्वीकृति मिली। 1911 में अपराधी जनजातियों के लिए एक अन्य कानून अस्तित्व में आया परन्तु इसे 1923 में निरस्त कर दिया गया। वर्ष 1924 में एक नया कानून स्वीकार किया गया। 1924 का अपराधी जनजाति कानून एक बार फिर निरस्त किया गया और वर्ष 1948 में मद्रास का अभ्यस्त अपराध निरोध कानून (मद्रास रिस्ट्रिक्शन ऑफ़ हेबीच्युअल आफेंडर्स एक्ट) स्वीकार किया गया। 1952 में अपराधी जनजाति नियम उन्मूलन का कानून पारित हुआ। आन्ध्र प्रदेश में अभ्यस्त अपराधी कानून 1968 में बनाया गया था। इसे 1965 में निरस्त कर दिया गया। इसके निरस्त होने से अपराधी समझी जाने वाली कई जनजातियाँ विमुक्त हो गईं। फिर भी उन पर यह अभिशाप तो बना ही रहा कि 'एक बार अपराध करने वाला सदा अपराधी रहता है।'

क. 1871 का अपराधी जनजाति कानून

1871 के अपराधी जनजाति कानून का विकास

1871 के XXVII अधिनियम के प्रभावी होने से पहले 'अपराधी' जनजातियों के साथ व्यवहार के लिए कोई विशेष कानून नहीं था। उनके साथ देश के अन्य नागरिकों के समान ही सामान्य कानूनों के अन्तर्गत कार्रवाई की जाती थी। बताया गया है कि पुलिस और दंड अधिकारियों को लगा कि भारत के अपराधियों से पूरी तरह से निबटना आसान नहीं है। अत: शासन ने एक अलग से कानून बनाने का निर्णय किया

और 1871 का XXVII अधिनियम स्वीकार किया गया। भारत के गवर्नर-जनरल ने इस पर 12 अक्टूबर, 1871 को हस्ताक्षर किए। इस कानून में अपराधी जनजातियों और किन्नरों के पंजीकरण का प्रावधान था।

अधिनियम के प्रमुख प्रावधान

1871 के कानून की 2, 3, 4, 5, 17 और 19वीं धारा में स्थानीय प्रशासन को अधिकृत किया गया कि वह भारत के गवर्नर-जनरल को उन जनजातियों का प्रतिवेदन प्रस्तुत करे जिन्हें वह अपराधी घोषित करना चाहता है। इस घोषणा के कारण, उनके निकास के लिए निर्धारित स्थान, आवागमन के लिए प्रतिबन्धित क्षेत्रों के साथ उनके रोजगार की व्यवस्था सम्बन्धी सूचनाएँ इस प्रतिवेदन में शामिल की जानी थीं। यदि भारत सरकार इससे सन्तुष्ट होती तो कानून की पाँचवीं धारा के अन्तर्गत सम्बन्धित जनजाति को अपराधी घोषित किया जा सकता था। जिला मजिस्ट्रेट के पास यह अधिकार था कि वह उस जनजाति के सदस्यों का पंजीकरण और प्रतिबन्धों का आदेश दे। स्थानीय शासन को यह भी अधिकार था कि वह उन्हें विशिष्ट शर्तों पर एक स्थान से दूसरे स्थान पर जाने के लिए कहे अथवा सुधार बस्तियों में भेज दे। ग्राम-प्रमुखों और चौकीदारों पर यह जिम्मेदारी सौंपी गई कि वे 'अपराधी' जनजाति की गतिविधियों पर नजर रखें और उनके अपराधों की सूचनाएँ दें। स्थानीय पुलिस उनके घरों और गाँवों की तलाशी लेने के लिए प्राधिकृत थी। कुल मिलाकर कानून में अपराधी जनजातियों के पंजीकरण, प्रतिबन्ध, नियंत्रण और निगरानी की व्यवस्था की गई थी। धारा 1 और 20 के अतिरिक्त कानून सीमित रूप से प्रभावी थे। ये धाराएँ सम्पूर्ण ब्रिटिश भारत पर लागू होती थीं। कानून का शेष भाग बंगाल, उत्तर पश्चिम प्रान्त, पंजाब और अवध के क्षेत्रों और प्रान्तों पर लागू किया गया था।[27] 1876 में कानून में संशोधन करके इसे लोवर बंगाल में भी प्रभावी कर दिया गया। अंग्रेजी शासन को हुए अनुभवों के आधार पर 1871 के कानून में 1897 में फिर संशोधन किया गया (1897 का एक्ट II)। जनजातियों को अधिसूचित करने का अधिकार प्रान्तीय सरकारों को दे दिया गया। जनजाति, गिरोह और वर्ग के किसी भी भाग के विरुद्ध भी अब कार्रवाई की जा सकती थी। कानून की धारा 17 ए के अन्तर्गत स्थानीय शासन को यह अधिकार दिया गया कि वह सुधार बस्तियों की स्थापना और उनका प्रबन्धन कर सके। उन्हें यह अधिकार भी था कि वह बच्चों को उनके माता-पिता से अलग कर सके।[28] सरकार ने अपराधी जनजातियों के लिए सुधारगृह और संस्थान बनाए। इन सुधारगृहों में 4 वर्ष से ऊपर की आयु और 18 वर्ष तक की आयु के बच्चों को रखा गया। बच्चों की देख-रेख करने के लिए अधीक्षकों की नियुक्ति की गई। नियमों के उल्लंघन और अपराधों के दुहराव के लिए दंड और कठोर कर दिए गए।

1871 के कानून का मुख्य लक्ष्य अपराधी जनजाति की गतिविधियों की निगरानी करना था। कानून का उद्देश्य अपराधों को नियंत्रित करना और आदिवासियों में सुधार करके उनका पुनर्वास करने में सहायक होना भी था। सरकारों को यह अधिकार भी दिया गया था कि उन्हें किसी समूह पर उनके न सुधरने का सन्देह हो तो वह उसे अपराधी जनजाति घोषित कर सके। इस कानून से पहली बार 'अपराधी जनजाति' शब्द प्रचलन में आया। पंजीकरण की व्यवस्था शुरू हो गई थी। इस कानून में एक रजिस्टर रखने की व्यवस्था थी, जिसमें जनजाति के नाम और अन्य विवरण लिखे जाते थे। इनमें से कुछ व्यक्तियों को नियमित समय पर पुलिस-स्टेशन जाकर अपनी हाजिरी दर्ज करवाना आवश्यक किया गया था।

यह पाया गया कि इन लोगों के परिवार भी छोटी-मोटी आपराधिक गतिविधियों में संलिप्त रहते हैं। यदि पुरुष जेल भेज दिया जाता है तो उसका परिवार अपनी हरकतें जारी रखता है या फिर भारी आर्थिक हानि और भावनात्मक तनाव में रहता है। अधिकारियों ने यह भी देखा कि जेल से छूटे हुए अपराधी बाहर निकल कर और अधिक खराब हो जाते हैं। इन अनुभवों के बाद 1897 में कानून में एक बार फिर से संशोधन किया गया।

ख. 1897 का अपराधी जनजाति कानून

1897 में औपनिवेशिक सरकार ने एक अन्य अपराधी जनजाति कानून पारित किया। इसके द्वारा भारत की स्थानीय सरकारों को अपराधी जनजाति के बच्चों के लिए सुधारगृह बनाने और उनका संचालन करने की अनुमति दी गई। इन सुधारगृहों में उन्हें काम करने के लिए प्रशिक्षित किया जाना था। उन्हें ईमानदारी का जीवन व्यतीत करने की शिक्षा दी जाती थी। उनकी सन्तानों को स्कूलों में प्रवेश दिलवाया गया। आशा की जाती थी कि इन उपायों से उनमें पूरा-पूरा सुधार हो सकेगा। यदि कोई परिवार पूरी जानकारी नहीं देता था तो उसे दंड दिया जाता था। उन्हें उस समय तक बस्ती में रहना पड़ता था, जब तक अधिकारियों को यह निश्चित विश्वास न हो जाए कि उनके ईमानदार और कानून का पालन करने वाले नागरिक बन जाने के प्रति आश्वस्त हुआ जा सकता है। नियमों के उल्लंघन और बार-बार अपराध करने की स्थिति में कठोर दंड तय किए गए थे।[29]

कई दृष्टियों से 1897 के अपराधी जनजाति कानून II में कमियाँ पाई गईं। 1902-03 में पुलिस आयोग ने इसे लेकर विपरीत टिप्पणियाँ कीं। फलस्वरूप 1911 में एक नया कानून बनाया गया—(1911 का कानून III)। इसमें कुछ नए प्रावधानों को जोड़ा गया। इसके द्वारा अपराधी जनजातियों के सदस्यों के लिए यह अनिवार्य था कि वे अपना पंजीकरण स्वयं करवाएँ, अपनी अँगुलियों के निशान पुलिस को लेने दें और

अपनी गतिविधियों और आवास में परिवर्तन की सूचना दें। इसके अतिरिक्त शासन को यह अधिकार दिया गया कि वह किसी विशेष क्षेत्र या स्थान में एक जनजाति की गतिविधियाँ सीमित कर सकती है। सुधार के प्रयत्नों को और बढ़ा दिया गया। इन कठोर प्रावधानों के साथ-साथ दो उदार संशोधन भी किए गए। पहला यह कि सुधरे हुए सदस्यों को अब जिला मजिस्ट्रेट द्वारा छूट दी जा सकती थी और माता-पिता से सन्तान को अलग करने की न्यूनतम आयु चार वर्ष से बढ़ाकर छह वर्ष कर दी गई। उस समय कहा गया था कि 'प्रकट है कि तब अपराधी जनजाति की गतिविधियाँ बहुत समाज विरोधी रही होंगी, क्योंकि तब गोपाल कृष्ण गोखले जैसे उदार देशभक्तों तक ने इस कानून को अपनी सहमति दे दी थी।'[30]

ग. 1911 का अपराधी जनजाति कानून

1911 के अपराधी जनजाति कानून का उद्‌भव

1911 के अपराधी जनजाति कानून का उद्‌भव भारतीय पुलिस आयोग का वह प्रतिवेदन था, जो उसने 1902-03 में प्रस्तुत किया था। पुलिस आयोग ने यह सिद्धान्त निर्धारित किया कि प्रत्येक पुलिस प्रणाली का दायित्व यह होना चाहिए कि वह अपराधी जनजाति की पूरी-पूरी जानकारी हासिल करे और अपराध में संलग्न किन्हीं गिरोहों की चौकसी रखे। इस सिद्धान्त से शुरुआत करके पुलिस आयोग ने कहा कि अपराधी जनजातियों के सम्बन्ध में पुलिस के पास अधिक शक्तियाँ होनी चाहिए। इसी बात को ध्यान में रखकर पुलिस आयोग ने 1897 के अपराधी जनजाति कानून में कुछ संशोधनों की माँग की। भारत सरकार ने भी समय बीतने के साथ-साथ 1897 के कानून में कई कमियाँ पाई थीं और उन कमियों को दूर कर दिया गया। 1897 के कानून का स्थान 1911 के अपराधी जनजाति कानून ने लिया। 1897 के कानून की तुलना में 1911 का कानून अधिक व्यापक था।

1911 के कानून की मुख्य विशेषताएँ

इस कानून की मुख्य धाराएँ थीं : 1. अधिसूचना, 2. पंजीकरण, 3. गतिविधियों पर नियंत्रण और 4. बस्तियाँ, विद्यालय और सजाएँ।[31] यदि स्थानीय शासन के पास यह विश्वास करने के कारण हों कि कोई जनजाति, गिरोह, व्यक्तियों का वर्ग, या जनजाति का एक भाग, गिरोह अथवा वर्ग व्यवस्थित रूप से गैरजमानती अपराध करते रहने का आदी है, तो वह स्थानीय सरकारी गजट में अधिसूचना निकाल कर ऐसे व्यक्तियों अथवा समूह को अपराधी जनजाति घोषित कर सकता है (सेक्शन 3)।

ऐसे लोगों से निबटने के दो तरीके हैं—पंजीकरण और बस्तियाँ। पंजीकरण के द्वारा जहाँ ऐसे समुदाय रहते हैं वहाँ उन पर पुलिस की निगाह रखी जा सकती है। बस्तियों का अर्थ था उन्हें किसी ऐसी जगह पर लाना जहाँ पंजीकरण की अपेक्षा उन पर अधिक प्रभावी नियंत्रण रखा जा सके। आदिवासियों को जिन बस्तियों में बसाया गया था, वहाँ से बाहर जाने के लिए उन्हें विशेष अनुमति-पत्र दिए गए।[32] एक कार्यक्रम बनाया गया। आदिवासियों की वैयक्तिक पहचान के चिह्न, अँगूठे और हथेली की छाप पर विचार किया गया।

कानून की धारा 32 के अन्तर्गत यदि अपराधी जनजाति के परिवार का कोई सदस्य नियमों का उल्लंघन करता था तो उसे दंड दिया जाता था और उसे जेल जाना पड़ता था। पहली बार के अपराध के लिए एक साल के कारावास का और दूसरी बार के अपराध के लिए दो वर्ष का प्रावधान था। बाद के अपराधों के लिए तीन वर्ष के सश्रम कारावास का दंड दिया जा सकता था।

1871 और 1911 के अपराधी जनजाति कानूनों में अन्तर

1871 का कानून केवल कुछ उत्तरी प्रान्तों में ही प्रभावी था, ये प्रान्त थे बंगाल, संयुक्त प्रान्त, उत्तर पश्चिम सीमान्त प्रान्त, और पंजाब। यह मद्रास पर लागू नहीं था। तथापि 1911 का अपराधी जनजाति कानून समूचे ब्रिटिश भारत पर प्रभावशाली हुआ। 1871 के कानून को कुछ व्यावहारिक कठिनाइयों के कारण कई प्रान्तों में लागू कर पाना अंग्रेजी सरकार के लिए सम्भव नहीं हो सका। 1911 का अपराधी जनजाति कानून इस तरह बनाया गया था कि इसकी व्यवस्थाओं को सभी प्रान्तों की अपराधी जनजातियों पर लागू किया जा सके।[33] 1911 के कानून का एक विशेष लक्ष्य यह था कि स्थानीय शासन के नियंत्रण की शक्ति को बढ़ाया जाए, अब वह अपने ही अधिकार से अपराधी जनजाति की घोषणा कर सकता था, और बसाहट अथवा जीविका के साधनों पर ध्यान दिए बिना सदस्यों का पंजीकरण सुनिश्चित कर सकता था।

1911 के कानून के प्रावधान

1911 के अपराधी जनजाति कानून से स्थानीय शासन को यह अधिकार मिल गया कि (1) वह किसी भी जनजाति, गिरोह या वर्ग को अपराधी जनजाति घोषित कर सकता था यदि उसे यह सन्तुष्टि हो जाए कि वह जनजाति, गिरोह या वर्ग निरन्तर गैरजमानती अपराध करते रहने का अभ्यस्त है। (2) वह किसी भी अपराधी जनजाति के सदस्यों को पंजीकरण करवाने और अँगुलियों की छाप देने का निर्देश दे सकता

था। (3) वह यह भी निर्देशित कर सकता था कि प्रत्येक पंजीकृत व्यक्ति को नियमित रूप से खुद को प्रस्तुत करना होगा और अपने आवास का पता और उसमें होने वाले किसी बदलाव की सूचना देनी होगी। भारत सरकार की स्वीकृति के साथ स्थानीय शासन यह घोषणा भी कर सकता था कि अपराधी जनजाति का आवागमन किसी क्षेत्र विशेष तक ही सीमित रहे और उसकी बसाहट निर्दिष्ट स्थान पर ही होनी चाहिए। (सेक्शन 12)। किन्तु ऐसे किसी कदम से पहले भारत सरकार को यह सन्तुष्टि होनी चाहिए कि ऐसी जनजाति की गतिविधियों को क्षेत्र विशेष में सीमित करना या उसे निश्चित स्थान पर बसाना व्यावहारिक है और उस जनजाति को जहाँ रोका गया है वहाँ उसके जीविकोपार्जन के लिए पर्याप्त साधन उपलब्ध हैं। इस कानून की एक अन्य महत्त्वपूर्ण विशेषता यह थी कि इसमें स्थानीय शासन को यह अधिकार दिया गया था कि वह औद्योगिक, कृषि सम्बन्धी और सुधारक विद्यालयों की स्थापना कर सके, और वह माता पिता से उनकी सन्तान को अलग भी कर सकता था। (सेक्शन 17) यह प्रावधान अत्यन्त महत्त्वपूर्ण था और यह कानून का एक उपयोगी भाग था। इससे स्थानीय शासन को यह शक्ति मिली कि वह सभी बच्चों को एकत्र करके उन्हें शिक्षित कर सके, और वे उस वातावरण से अधिक परिपक्व वातावरण में विकसित हो सकें जो उन्हें बस्तियों में उपलब्ध हो रहा था। सरकार की अपेक्षा थी कि इन उपायों से बच्चों का विकास ईमानदार नागरिक के रूप में हो सकेगा। कानून की धारा 20 में यह व्यवस्था की गई थी कि इसके लक्ष्यों और उद्देश्यों की पूर्ति के लिए स्थानीय सरकार नियम भी बना सकती है। जनजाति के सदस्यों को नोटिस देने, परिवारों से अन्य आवश्यक या अनावश्यक जानकारी एकत्र करने या अँगुलियों के छापे लेने की कठोर प्रक्रिया और कड़े दंड निर्धारित किए गए थे।[34]

घ. 1923 का अपराधी जनजाति कानून

वर्ष 1919 में अपराधी जनजातियों के विषय की समीक्षा की गई। अखिल भारतीय कारागार समिति के सामने अपराधी जनजाति बस्तियों का प्रश्न मुख्य रूप से विचारणीय था। यह समिति 1919 में गठित की गई थी। कारागार समिति ने इस बात पर जोर दिया कि इन बस्तियों को एक अलग किस्म की जेल जैसा नहीं होना चाहिए। अपराधी जनजाति बस्तियाँ ऐसी हों जहाँ आर्थिक विकास के अवसर उपलब्ध रहें। उत्साह, समर्पण और धार्मिक प्रशिक्षण के बिना आर्थिक प्रगति सम्भव नहीं है। समिति ने इस बात पर बल दिया कि बस्ती का लक्ष्य सकारात्मक रूप से रहवासियों का उद्धार होना चाहिए। अपराधी जनजाति बस्तियों का केवल नकारात्मक पक्ष—अपराधों से समाज को बचाना ही नहीं है। समिति ने माता-पिता से बच्चों के अलगाव से असहमति जताई और कहा कि यह कभी-कभी ही किया जाना चाहिए। समिति का सुझाव था

कि औद्योगिक क्षेत्रों में स्थापित बस्तियाँ ही सबसे ज्यादा सफल रही हैं। रहवासियों को उद्योगों में रोजगार मिल जाता है। भूमि की अनुपलब्धता और कृषि कार्यों में अनुभवहीनता के कारण से समिति ने अपराधी जनजातियों की कृषि बस्तियाँ बनाने का समर्थन नहीं किया।[35] समिति ऐसी औद्योगिक बस्तियाँ बनाने के पक्ष में भी नहीं थी, जहाँ रहवासियों को पर्याप्त काम न मिले या उन्हें कम मजदूरी मिले और वे उपयोगी सामाजिक गतिविधियों से अलग-थलग हो जाएँ। जो भी रहा हो, लेकिन सरकार पहली बार अपराधी जनजाति की समस्या पर गम्भीरता से सोच रही थी। वह आर्थिक विकास को प्राथमिकता दे रही थी और दंडात्मक पक्ष उसके लिए गौण था।[36]

च. 1924 का अपराधी जनजाति कानून

कारागार समिति की सिफारिशों को ध्यान में रखते हुए 1923 में अपराधी जनजाति कानून में एक बार फिर संशोधन किया गया। 1924 में यह पूरे ब्रिटिश भारत में प्रभावी हुआ। कई दृष्टियों से 1911 के कानून को अपर्याप्त माना गया और इसमें कई कमियाँ पाई गईं। मूल रूप से यह विरोधात्मक था और इसमें सुधारपरकता के भाव का अभाव था। अपराधियों के सुधार और पुनर्वास का कोई प्रयास इसमें नहीं किया गया था। इसमें माता-पिता से बच्चों को अलग करके उनकी समुचित शिक्षा की व्यवस्था की गई थी। लेकिन इसकी व्यावहारिक कठिनाइयाँ भी थीं। अभिभावकों और सन्तानों के मेल-जोल से नई समस्याएँ उत्पन्न होने वाली थीं और अपराध की संस्कृति बनी रहने वाली थी। इस कानून की मुख्य बातें थीं : (1) अधिसूचना, (2) पंजीकरण, (3) गतिविधियों का नियंत्रण, (4) अपराधी जनजाति की बस्तियाँ और विद्यालय और (5) अनुचित दंड और सजाएँ।[37]

1924 के कानून के प्रावधान

1. पंजीकरण : नामांकित जनजाति के प्रत्येक सदस्य को 'अपराधी' अथवा 'सम्भावित अपराधी' के रूप में श्रेणीकृत किया गया। उन्हें निर्देश दिया गया कि वह स्वयं को पुलिस विभाग अथवा ग्राम-प्रशासन के यहाँ पंजीकृत कराएँ। इसका उद्देश्य था कि उनका अता-पता जाना जा सके और चौकसी की जा सके। रिकॉर्ड को ठीक-ठाक रखने के लिए प्रत्येक नवजात का पंजीकरण अनिवार्य था और इसका पालन न करने वालों को सजा दी जाती थी।

2. सूचना : अपराधी जनजाति के प्रत्येक सदस्य के लिए पुलिस अथवा ग्राम-प्रशासन को अपनी जानकारी देना अनिवार्य करने से एक सूचनातंत्र की स्थापना हुई। प्रत्येक व्यक्ति का आवागमन रिकॉर्ड किया जाता था और प्रत्येक व्यक्ति को बस्ती

से बाहर जाने के लिए अधिकारियों की अनुमति लेनी होती थी, और वापस आने पर जाने की जगह, इसके उद्देश्य (नाम और पता, काम) की जानकारी देनी होती थी। कोई अपराध हुआ हो या नहीं, अपराधी जनजाति का सदस्य होना ही कानूनी तौर पर निगरानी के लिए पर्याप्त था।

3. अलगाव : जो व्यक्ति या परिवार वास्तव में अपराध कर्म में संलिप्त थे, उन्होंने अपने पंजीकरण और अधिकारियों को सूचित करने की कभी परवाह नहीं की। उन पर नियंत्रण और निगरानी रखने के लिए सक्रिय अपराधियों और उनके परिवारों को पकड़ कर विशेष बस्तियों में ले जाया गया। इन बस्तियों का प्रबन्धन ईसाई मिशनरियों को दिया गया जिन्हें न्यायिक और पुलिस अधिकार थे। खेती लायक कुछ जमीन उपलब्ध कराई गई और रहवासियों से अपेक्षा की गई कि वे उस पर खेती करेंगे और उसके उत्पादन पर निर्भर होंगे। सामान्य निर्देश था कि वे दिन में तीन बार प्रबन्धन में अपनी उपस्थिति दिखाएँगे। रात में जाँच और नियंत्रण भी आम था। कुछ बस्तियों को काँटों की बाढ़ से घेरा गया। आन्ध्र प्रदेश में इस तरह की पाँच बस्तियाँ 1906 और 1917 के बीच बनाई गईं। गुंटूर जिले में सीतानगरम और स्टुअर्टपुरम, नेल्लोर जिले में बिट्रगुंटा के पास कप्परल्ला टिप्पा, कुरनूल जिले में सिद्दपुरम और महबूबनगर जिले में लिंगाला बस्तियाँ बनाई गईं। जनजाति के सदस्यों को अलग-थलग करने से अपराध की संस्कृति का विस्तार ही हुआ, क्योंकि इन बस्तियों में पैदा होने वाले बच्चे केवल उन्हीं के मूल्यों और संस्कारों से परिचित होते थे और बस्ती के बड़े-बूढ़ों के कारनामों की कहानियाँ सुनते-सुनते बड़े होते थे।

कानून की धारा 3 में स्थानीय शासन को यह शक्ति दी गई थी कि वह किसी जनजाति या वर्ग को अथवा उसके किसी भाग को अपराधी जनजाति घोषित कर सकती है यदि उसे यह विश्वास हो जाए कि वह गैरजमानती अपराध करती रही है। धारा 4 और 5 में जिला मजिस्ट्रेट को यह अधिकार दिया गया था कि वह अपने प्रभाव क्षेत्र में सम्बन्धित जनजाति के प्रत्येक सदस्य को वांछित जानकारी देने के लिए कहे। कानून की धारा 16 में अपराधियों के लिए औद्योगिक, कृषि, सुधार बस्तियाँ और विद्यालय बनाने के लिए उसे प्राधिकृत किया गया था। स्थानीय शासन को किसी भी जनजाति को किसी भी प्रकार की बस्ती में रखने का अधिकार था।[38] अपराधी जनजाति कानून की धारा 24 में कहा गया था कि इस श्रेणी में आने वाली जनजाति का कोई भी सदस्य एक बार भारतीय दंड संहिता की पहली कार्यसूची में उल्लिखित अपराध के लिए दंडित होता है, तो दूसरी बार उसी अपराध में आरोपित होने पर उसे दस वर्ष या कम-से-कम सात वर्ष का कारावास मिलेगा, यदि उसके बाद भी वह तीसरी बार आरोपित होता है तो उसे आजन्म कारावास दिया जाएगा। अनुमति-पत्र प्राप्त करने और पुलिस या ग्राम प्रशासन को हाजिरी देने की बाध्यता

के कारण निर्धन लोगों से बलात और मुफ्त श्रम लेने की घटनाएँ भी सामने आईं। स्थानीय स्तर पर इससे रिश्वत लेने का चलन भी चल पड़ा।

यद्यपि यह कानून अस्सी साल तक लागू रहा, लेकिन इसके उद्देश्य पूरे नहीं हो पाए। नेताओं और समाज सुधारकों ने अनुभव किया कि यह समाज पर एक कलंक है। 1936 में नेहरू ने कहा था : 'मैं अपराधी जनजाति कानून की भयंकर व्यवस्थाओं से परिचित हूँ जो नागरिक स्वातंत्र्य का अतिक्रमण करती है। इसके क्रियान्वयन का व्यापक प्रचार-प्रसार होना चाहिए और इसे संविधान से निकाल बाहर कर देने का प्रयत्न करना चाहिए।'[39] क्रुद्ध होकर बी. पट्टाभि सीतारमैया ने कहा था : 'बाजार में जानवरों को बेचा और खरीदा जाता है, जंगली जानवर गाँव से बाहर खदेड़े जाते हैं, कीड़े-मकोड़ों को पाँव तले कुचल दिया जाता है, अपराधी जनजातियों के साथ इससे भी खराब व्यवहार किया जा रहा है।'[40] अपराधी जनजाति कानून की आलोचना करते हुए वेन्नलाकुंटी राघवैया ने कहा, 'इस कानून ने पारिवारिक शान्ति भंग कर दी है, मानवीय जीवन को दूभर बना दिया है, और इस मिथ्या सिद्धान्त को बढ़ावा दिया है कि एक बार का अपराधी सदा ही अपराधी रहता है।'[41] ढक्कर बापा की टिप्पणी थी कि 'अपराधी जनजाति कानून हमारे संविधान को अपमानित कर रहा है।'[42]

छ. मद्रास का अभ्यस्त अपराधी निरोध कानून, 1948

वर्ष 1947 में अपराधी जनजाति कानून 1 (धारा 23) के अन्तर्गत दूसरी बार अपराध के लिए न्यूनतम सात वर्ष और तीसरी बार के अपराध के लिए उम्र कैद का निर्धारण कर दिया गया। अपराधी जनजातियों को न्यायालय जो भी दंड उचित समझे, दे सकता था। यह कानून 29 अप्रैल, 1948 से प्रभावशाली हुआ। इसका उद्देश्य उन अपराधियों को नियंत्रित करना था जिन्होंने अपराध को अपना पेशा बना लिया है। 22 नवम्बर, 1949 को फोर्ट सेंट जॉर्ज गजट में कानून के नियमों के प्रकाशित होने के बाद इसे क्रियान्वित किया गया। मद्रास के पुलिस, रेलवे और केन्द्रीय गुप्तचर विभाग के तत्कालीन उप महानिरीक्षक ने अनुभव किया कि 'इस कानून का क्रियान्वयन बहुत सीमित है। यह उन्हीं अपराधियों पर लागू होता है जो गम्भीर अपराधों की सजा पा चुके हैं और बस्तियों में अपराधी प्रवृत्ति के साथ निरुद्ध किए गए हैं। भारत सरकार ने अखिल भारतीय अभ्यस्त अपराधी विधेयक प्रकाशित किया है जो अपराधियों का बेहतर नियंत्रण करने के लिए अधिक प्रभावी साधन है।'[43]

मद्रास प्रेसीडेंसी में अपराधी जनजाति कानून के निरस्तीकरण अथवा समाप्ति के लिए एन.जी. रंगा ने कठिन संघर्ष किया। उनका मत था कि उन दिनों राजनैतिक कार्यकर्ताओं का दमन करने के लिए अपराधी जनजाति कानून का दुरुपयोग हो रहा है।[44] अपराधी जनजाति कानून को समाप्त करने के लिए मद्रास के विधायक वेंकट सुब्बैया

ने पहला विधेयक प्रस्तुत किया। दूसरा विधेयक एन.जी. रंगा ने रखा। उन्होंने कानून की धारा 10, 11, 12, 13, 17, 18, 19 और 20 को समाप्त करने का प्रस्ताव किया था।[45]

ज. अपराधी जनजाति नियम (निरस्तीकरण) कानून, 1952 (क्र. XXIV 1952)

इस कानून को अपराधी जनजाति नियम (निरस्तीकरण) कानून 1952 कहा गया है। यह कानून जम्मू-कश्मीर राज्य को छोड़कर सम्पूर्ण भारत के लिए था। 31 अगस्त, 1952 को अपराधी जनजाति कानून और उससे सम्बन्धित कोई भी कानून रद्द कर दिया गया। तथापि केन्द्रीय सरकार ने शासकीय गजट में एक अधिसूचना प्रकाशित करके घोषणा की कि कथित कानून अथवा अधिनियम सभी राज्यों में समाप्त हो गया है।[46] यद्यपि भारत में 1955 तक यह कानून समाप्त हो गया था, तथापि कुछ राज्यों में 1965 तक इसके प्रावधान चलते रहे। आन्ध्र प्रदेश का अभ्यस्त अपराधी कानून इस बीच 1962 में पारित किया गया।

झ. 1962 का आन्ध्र प्रदेश अभ्यस्त अपराधी कानून

इस कानून के द्वारा आन्ध्र प्रदेश की सरकार ने कुछ नियम बनाए थे, जो इस प्रकार हैं :

1. अपने कार्यक्षेत्र में रहने वाले व्यक्तियों के प्रकरणों की जाँच समय-समय पर पुलिस अधीक्षक द्वारा की जाएगी।
2. बस्तियों में एक रजिस्टर रखा जाएगा। यह रजिस्टर अधीक्षक की हिफाजत में रखा जाएगा।
3. रजिस्टर में दर्ज प्रत्येक अभियुक्त को पहचान का प्रमाणपत्र दिया जाएगा।
4. पुलिस अधिकारी को जब भी आवश्यकता हो, पंजीकृत अपराधी को यह पहचान पत्र देखने और जाँचने के लिए प्रस्तुत करना होगा।
5. प्रत्येक पंजीकृत अपराधी निकटतम पुलिस केन्द्र में अपनी जानकारी देगा।
6. जिलाधीश अथवा उसकी तरफ से प्राधिकृत अधिकारी किसी भी समय किसी भी पंजीकृत अधिकारी की हथेलियों और तलवों की छाप और चित्र लेने का आदेश दे सकता है।
7. इस कानून के अन्तर्गत किसी भी अपराधी को, यदि वह इस क्षेत्र से बाहर पाया जाए जिसमें उसकी गतिविधियाँ निरुद्ध कर दी गई हैं, तो उसे बिना वारंट के भी पुलिस अधिकारी गिरफ्तार कर सकेगी।
8. यदि अभ्यस्त अपराधी गिरफ्तार होता है या उसे सजा दी जाती है तो पहचान प्रमाणपत्र को उसकी निजी सम्पत्ति मान कर व्यवहार किया जाएगा।

9. जब गाँव के मुखिया को यह सूचना मिले कि अन्य ग्राम के किसी पंजीकृत अपराधी ने उसके गाँव में अनुमति-पत्र के बिना रात या रात का कुछ समय व्यतीत किया है तो वह तत्काल इसकी सूचना पुलिस थानेदार को देगा। कोई भी पंजीकृत अपराधी, जिस घर में वह रह रहा है उसे रात के दस बजे से सुबह पाँच बजे के बीच में छोड़ना चाहता है, तो उसे अपने प्रस्थान से पहले गाँव के मुखिया को उस दिन और समय तथा गन्तव्य स्थान और अपनी वापसी के सम्बन्ध में जानकारियाँ देनी पड़ेगी।[47]

4

निष्कर्ष

आदिवासी जातियों पर सर्वप्रथम 1871 में दंडात्मक प्रावधान लागू किए गए थे। 1911 तक इन्हें क्रमशः कठोर किया जाता रहा। 1919 के बाद कानून में ऐसे परिवर्तनों का सुझाव रहा जो अपराधी जनजातियों के हित में हों। अपराधी आदिवासी जातियों के सम्बन्ध में भारतीय कानूनों में 1924 के कानून को 1947 के कानून 1 के द्वारा सुधार किया गया। सरकार ने यह अनुभव किया कि अब समय आ गया है कि शान्तिप्रिय नागरिकों की सुरक्षा को नुकसान पहुँचाए बिना और अपराधी आदिवासियों के उद्धार और सुधार में शासन की भूमिका को कमजोर किए बगैर भी सख्त प्रतीत होने वाले कानून से पीछा छुड़ाया जा सकता है।

मद्रास प्रेसीडेंसी के कई जिलाधीश और पुलिस अधीक्षक अपराधी जनजाति कानून को समाप्त किए जाने के पक्ष में नहीं थे। किन्तु कुछ सहानुभूति रखने वाले जिलाधीशों और पुलिस अधीक्षकों ने इसके लिए दबाव डाला। सामाजिक संगठनों, श्रमिक संगठनों और आदिवासियों के संगठनों (भारतीय आदिम जाति सेवक संघ, ठक्कर बापा के नेतृत्व वाले आन्ध्र राष्ट्र आदिम जाति सेवक संघ, और वी. राघवैया तथा अन्य सामाजिक नेताओं के द्वारा चलाई जा रही सभी बस्तियों की येरुकला, यानाडी और सुगाली संस्थानों) ने सरकार से अपराधी जनजाति कानून को पूरी तरह से समाप्त करने का आग्रह किया। जो जिलाधीश और पुलिस अधीक्षक इस कानून को निरस्त करने का विरोध कर रहे थे, वे भी जनजाति के लोगों का समर्थन करने लगे। उन्होंने 'जनजाति', 'गिरोह', 'वर्ग' शब्दों की और 'गैरजमानती अपराधों' के निरन्तर करने के आदी अपराधी व्यक्तियों की फिर से व्याख्या की।

पहला अपराधी जनजाति कानून 135 वर्ष पूर्व 1871 में पारित किया गया था। उसने भारत के कानून का पालन करने वाले नागरिकों को प्रताड़ित किया और समाज के ईमानदार लोगों को कठोर सजाएँ दीं और उन्हें कलंकित किया।

जनजातियों पर इसने ऐसा प्रभाव डाला कि वह समाज आपस में ही बँट गए। कानून ने समाज को 'अपराधी' और 'गैरअपराधी' वर्गों में बाँट दिया जिनमें रोटी-बेटी के कोई सम्बन्ध नहीं था। आदिवासी समुदायों में विभाजन की एक स्पष्ट लकीर बन गई थी। अनेक व्यक्तियों और परिवारों ने इस त्रासदी का अनुभव किया। जनजाति समूहों, स्वाधीनता सेनानियों, और सामाजिक कार्यकर्ताओं ने एक स्वर से अपराधी जनजाति कानून को निरस्त और समाप्त करने की माँग उठाई। मद्रास प्रेसीडेंसी में अपराधी जनजाति कानून का एक भी फायदा नहीं हुआ। इस कानून का लाखों लोगों पर, विशेष रूप से समुदायों की नई पीढ़ी पर विपरीत मनोवैज्ञानिक प्रभाव जरूर पड़ा और वह 'अपराध-बोध' से ग्रस्त हो गए। कालान्तर में उनमें समाजविरोधी भावना बलवती होने लगी और उन्हें 'अपराधी' बनाकर उनकी निन्दा करने वाले समाज से वे घृणा करने लगे। अन्य जातियों के साथ कक्षाओं में बैठने वाले युवकों ने गम्भीर रूप से अनुचित लज्जा और हीनताबोध का अनुभव किया। रोजगार के क्षेत्रों में जो वयस्क जन थे, उन्हें भी यह संत्रास भोगना पड़ा क्योंकि उनके नियोक्ताओं को यह जानकारी थी कि उनके यहाँ काम करने वाला व्यक्ति अपराधी जनजाति से है।

कई राज्यों ने अपराधी जनजाति कानून को समाप्त करने की दिशा में कदम उठाए। 1949 में सबसे पहले मद्रास सरकार ने इसकी समाप्ति के लिए पहल की। भारत सरकार ने कानून की उपयोगिता का अध्ययन करने के लिए 1949 में एक समिति का गठन किया। इसका मत था कि कानून संविधान की भावना के प्रतिकूल है। जनता में भी इसका विरोध किया जा रहा था, परिणामस्वरूप 1965 में इसे निरस्त कर दिया गया। कानून के निरस्त होते ही लगभग 2,268,348 लोग जो जेलों में बन्द थे, उन्हें रिहा कर दिया गया।

स्वतंत्रता प्राप्ति के बाद भारत सरकार ने अपराधी जनजाति कानून को समाप्त कर दिया है, और अपराधी आदिवासियों को 'जन्मत: अपराधी' होने की ग्रन्थि से मुक्त करने का प्रयत्न किया गया है। उसने इस पर भी बल दिया है कि अपराध को व्यवसाय नहीं बनाया जा सकता। कानूनी स्थिति में परिवर्तन के बाद भी बस्तियों के अपराधी आदिवासियों की स्थिति वैसी ही है, और उन्हें अपने आपको बेहतर स्थिति में लाने के अवसर नहीं मिले। किसी पूरे कबीले या जनजाति अथवा परिवार को अपराधी कहा जाना आज भी दुर्भाग्यपूर्ण है। हमारी जानकारी में दुनिया में ऐसा कोई देश नहीं है जहाँ जनता ने अपराध को अपना पेशा बनाया हो। हमें तब आश्चर्य हुआ जब हमने देखा कि अन्धे लोग भी पंजीकृत किए गए हैं। अपराधी जनजातियों में सुधार लाने के लिए उन्हें किसी प्रकार का व्यावसायिक कौशल सिखाने की आवश्यकता है, जिससे वे अपनी जीविका कमा सकें, क्योंकि समुचित भोजन और आवास के अभाव में यह आशा नहीं की जा सकती कि वे ईमानदार बन जाएँगे।

इस समय कानून की निगाह में अपराधी जनजातियों की स्थिति अन्य भारतवासियों के समान ही है। कानून के निरस्त होने के बाद बनी कई समितियों ने अपराधी जनजाति की समस्याओं का हल करने के लिए कई उपाय अपनाने का सुझाव दिया है। इन जनसमूहों के कष्टों का निवारण करने के लिए भारत सरकार भी भरसक प्रयत्न कर रही है। भारत सरकार और राज्य सरकारों द्वारा प्रदत्त सुविधाओं के बाद भी अपराधी जनजातियों की सामाजिक स्थिति पूर्ववत ही बनी हुई है। कलंक अभी भी उन्हें अभिशप्त करता है। सामाजिक दुराग्रहों से यह समुदाय अभी भी मुक्त नहीं हो पाया है।

सन्दर्भ

1. देखें; *चिरकिटी नागभूषण चार्युलु : आदिमावसुलू* (तेलुगु) तेनाली 1949 पृ. 60, न्याय विभाग का सामान्य आदेश क्र. 917, मई 10, 1913 पृ. 1 भी देखें
2. मद्रास शासन, मद्रास प्रेसीडेंसी के वन विभाग की प्रशासनिक रिपोर्ट 1889-90 मद्रास, पृ. 27, तमिलनाडु अभिलेखागार। यह भी देखें, राधाकृष्णन मीना : डिसआनर्ड बाई हिस्ट्री, क्रिमिनल ट्राइब्स एंड ब्रिटिश कॉलोनियल पॉलिसी, ओरिएंटल लॉन्गमैन, हैदराबाद 2001 पृ. 8 और न्याय विभाग, साल्वेशन आर्मी क्रमांक 918, दि. 10 मई, 1913, पृ. 3
3. दकन के इतिहास में औरंगजेब का पुत्र शहजादा मुहम्मद मासूम कुरनूल से होकर गुजर रहा था तो उसने चेंचुओं को सोना और चाँदी दिया, लेकिन उन्होंने इसकी परवाह नहीं की। मुगल इतिहासकार फरिश्ता के विवरण में चेंचुओं को 'पहाड़ी जन' बताया गया है, जो 'शहद, कंद और जंगली जानवरों के गोश्त पर निर्भर हैं, और इन्हीं चीजों को पहचानते हैं। वह ऐसी भाषा बोलते हैं जो किसी को समझ में नहीं आती।' देखें—हैदराबाद की यात्रा-पेम्फलेट 11, भारतीय आदिम जाति संघ नई दिल्ली द्वारा प्रकाशित नई दिल्ली 1950, पृ. 3। यह भी देखें—न्याय विभाग साल्वेशन आर्मी 918, दि. 10 मई, 1913, पृ. 3
4. वही
5. देखें—*मद्रास शासन : मुख्य वन संरक्षक की कार्रवाई,* कार्रवाई क्र. 321, दि. 15 जुलाई, 1932, और न्याय विभाग साल्वेशन आर्मी 1161, दि. 12 जून, 1913, पृ. 1
6. मद्रास शासन, श्री हरिकोटा के यानाडियों से सम्बन्धित हुक्मनामा और प्रपत्र खंड 1, और न्याय विभाग साल्वेशन आर्मी 1161, दि. 12 जून, 1913, तथा नेल्लोर जिले के चुने हुए पुराने कागजात, नेल्लोर 1915
7. जगन्नाथ पाथी : *सोशल बेसिस ऑफ़ बेंडेट्री एंड दि क्रिमिनल ट्राइब्स एक्ट*—सोशल साइंस प्रोबिंग, खंड 1, अंक 4, 4 दिसम्बर, 1984 पृ. 497, और न्याय विभाग, साल्वेशन आर्मी 1193, दि. 18 मई, 1913 पृ. 3
8. राधाकृष्णन मीना : *फ्रॉम ट्राइबल कम्यूनिटी टु वर्किंग क्लास कांशसनेस : केस ऑफ़ येरुकला वूमन,* इकोनॉमिक एंड पॉलिटिकल वीकली, खंड XXIV अंक 17, 29 अप्रैल, 1989 पृ. 2-3। और न्याय विभाग साल्वेशन आर्मी 1920, दि. 30 जून, 1913 पृ. 2
9. जगन्नाथ पाथी : पूर्वोक्त पृ. 494, और न्याय विभाग साल्वेशन आर्मी 1369, दि. 5 जुलाई, 1913

10. मद्रास शासन—मद्रास प्रेसीडेंसी में सितम्बर 1916 तक अपराधी जनजातियों की बसाहट में हुई प्रगति की रिपोर्ट, मद्रास 1917 पृ. 19, तमिलनाडु अभिलेखागार और न्याय विभाग साल्वेशन आर्मी 1379 दि. 8 मई, 1913
11. माइंडरेड ई. मेकेंजी : दि *मडबुक,* पेनसिल्वानिया 1894, पृ. 60
12. उन्होंने अनुभव किया कि अपराध करने के बाद कहीं दूर चले जाते हैं तो उन तक पहुँचना बहुत कठिन होगा क्योंकि उन दिनों आवागमन के साधन विकसित नहीं थे। अपराध का पता लगाने वाली एजेंसियाँ ठीक से संगठित नहीं थीं। यदि वह कुछ समय के बाद वहीं लौट भी आते थे तो भी अपराधियों को पहचानना और उनका अपराध प्रमाणित करना कठिन था। इस तरह वह सुरक्षित थे और स्थितियों की अनुकूलता के कारण उन्होंने अपराध की इस शैली को अपनाया। देखें, वर्नियर एलविन : दि एबओरिजनल इन ऑक्सफोर्ड पेम्फलेट ऑन इंडियन अफेयर्स नं. 14, ऑक्सफोर्ड यूनीवर्सिटी प्रेस, हम्फ्री मिलफोर्ड 1943 पृ. 1, और न्याय विभाग, साल्वेशन आर्मी 1638 दि. 13 अगस्त, 1913
13. वस्कोम पिकेट जे. : *क्रिश्चियन मास मूवमेंट इन इंडिया,* शिकागो 1933 पृ. 297 और न्याय विभाग साल्वेशन आर्मी 1645, दि. 13 अगस्त, 1913
14. वही, पृ. 298, और न्याय विभाग साल्वेशन आर्मी 1645 दि. 14 अगस्त, 1913
15. वे प्रतिवर्ष तीन या चार महीनों के लिए उपमहाद्वीप में भटकने के लिए अपना गिरोह बनाते थे। शेष काल में वे अपने गाँव में सामान्य गाँववाले की तरह रहते थे। स्लीमन ने लिखा था, 'जब जिला नरसिंहपुर का प्रभार मुझ पर था, तब मेरी जानकारी के बिना कोई चोरी या डकैती नहीं डाली जा सकती थी, और न ही जिले में सामान्य किस्म का कोई चोर या डाकू था, जिसे मजिस्ट्रेट का कर्तव्य निर्वाह करते हुए मैं न जानता होऊँ।' मॉडर्न एशियन स्टडीज खंड 25, 2, 1991 पृ. 234-36। स्लीमन ने उन्हें पाँच श्रेणियों में वर्गीकृत किया था, यह थीं—1. लड़ाकू और सिपाही जिनकी नौकरियाँ चली गईं और अपराधी बन गए। 2. गाँव में चौकीदारी का काम करने वाले समुदाय जिन्होंने अपराधी जीवन अपनाया। 3. जिले की जंगली जातियाँ जो कठिन समय में अपराधी बन गईं। 4. अपराध करने वाले भिखारी और 5. कुछ चुनी हुई जातियाँ-जनजातियाँ जो अत्यन्त निर्धन थीं और समाज में नीच समझी जाती थीं, वह अपराध करने लगीं। अन्य विवरणों के लिए देखें—शाह पी.जी. : विमुक्त जातीय, डिनोटीफाइड कम्यूनिटीज़ इन वेस्टर्न इंडिया। बाम्बे 1965 पृ. 23, और न्याय विभाग साल्वेशन आर्मी 1796 दि. 5 सितम्बर, 1913 पृ. 2
16. नेल्लोर जिले के तत्कालीन पुलिस अधीक्षक ए. बामर ने बताया था कि येरुकला नेल्लोर जिले में लगातार घूमते रहते हैं। येरुकला कुडपा और कुरनूल से विस्थापित होकर वहाँ पहुँचे थे। वह पूरे प्रदेश में फैल गए। उनके ठिकानों पर ठीक से निगरानी नहीं की जा सकी। वह यहाँ-वहाँ रहते थे और जब तक आते-जाते रहते थे। इनका साझा धंधा नमक और खाद्यान्न बेचना था और इसके साथ वे डकैतियाँ डालते थे, उनके मित्र और दलाल सर्वत्र मिलते थे। जिले में डकैती और लूटपाट की दो तिहाई वारदातों के लिए येरुकला जिम्मेदार थे। अपनी घुमन्तू वृत्ति, यात्रा की रफ्तार, सभी जिलों में उनके दोस्तों और विभिन्न गिरोहों से उनके सम्पर्क के कारण इन लोगों की चौकसी और निगरानी कठिन थी। देखें, शासकीय पुलिस रिपोर्ट का परिशिष्ट 1863, मद्रास शासन 1896, पृ. 24-25। तमिलनाडु अभिलेखागार
17. देखें, गनी मुहम्मद अब्दुल : *नोट्स ऑन दि क्रिमिनल ट्राइब्स ऑफ़ दि मद्रास प्रेसीडेंसी।* क्षेत्रीय पुलिस प्रशिक्षण विद्यालय, मद्रास 1915, पृ. 246 और न्याय विभाग साल्वेशन आर्मी 2005 दि. 3 अक्टूबर, 1913

18. देखें, मद्रास शासन साल्वेशन आर्मी 1675 दि. 2 दिसम्बर, 1917 और न्याय विभाग, साल्वेशन आर्मी 2066, 13 अक्टूबर, 1913
19. डेविड मेक्रिन्शी : *अकाउंट ऑफ़ दि जिप्सीज़ ऑफ़ इंडिया,* नई दिल्ली 1962, पृ. 62, और न्याय विभाग साल्वेशन आर्मी 2120, दि. 21 अक्टूबर, 1913
20. देखें, ललिता वी. : *दि मेकिंग ऑफ़ क्रिमिनल ट्राइब्स, पैटर्न एंड ट्रांजीशन,* मद्रास 1995, पृ. 12
21. टेलर मीडोज़ : दि कनफेशंस ऑफ़ ए ठग, नई दिल्ली 1988 पृ. 70 तथा स्लीमन डब्लू. रेम्बल्स एंड रिकलेक्शंस ऑफ़ एन इंडियन आफिशियल, दिल्ली 1915, पृ. 651, (प्रथम संस्करण 1844) तथा न्याय विभाग साल्वेशन आर्मी 9 दिसम्बर, 1913
22. स्लीमन विलियम्स : *रामसीना : ऑर ए वोकब्यूलरी ऑफ़ दि पिक्यूलियर लेंग्वेज यूज्ड बाई द ठग्स,* 1836, कलकत्ता पृ. 32-33, तथा न्याय विभाग साल्वेशन आर्मी 2573, 11 दिसम्बर, 1913
23. स्लीमन विलियम्स, पूर्वोद्धृत पृ. 650 और न्याय विभाग साल्वेशन आर्मी 2573, दि. 11 दिसम्बर, 1913
24. ठगी उन्मूलन के नायक विलियम स्लीमन ने लिखा था : 'प्रणाली को नष्ट कर दिया गया है, पेशा उजड़ गया है, संगठन छिन्न-भिन्न हो चुका है, अब यह विशाल तंत्र कभी नहीं बन पाएगा। ठगी का कौशल और रहस्य अब पिता से पुत्र तक नहीं पहुँचेगा।' देखें, न्याय विभाग साल्वेशन आर्मी 113, दि. 17 जनवरी, 1914
25. बम्बई प्रेसीडेंसी की कुछ अपराधी आदिवासी जातियाँ—बेराड, भंपटू, बारिया, भार, पासी, भील, छप्परबन्द, धराला, कैकदी, कोली, लमानी, माँग गरुडी, मिना, साँसी वोड्डार हैं। भंयटू सारे भारत में घूमते हैं और भीड़ में अपराध करते हैं। बारिया कुशल नकबजन हैं। भार और पासी हत्या करते हैं, छप्परबन्द घुमन्तू हैं, वे ठगी करते हैं। माँग गरुडी भिखारी हैं जो पीतल के गहने सोने का बता कर छलते हैं, कैकादी सेंध लगाते हैं। कम्मी स्थानीय चोर हैं। कटकरी फसलों की चोरी करते हैं। मारवार बाबरी साधुओं का छद्मवेश बनाते हैं। मिना सेंधमार हैं। पारधी जंगल में शिकार और चोरी करते हैं। वाघरी चोरी और धोखाधड़ी के लिए कुख्यात हैं। संयुक्त प्रान्त में 17 जनजातियों को अधिसूचित किया गया है, यह हैं—पारसी, डोम, नेजारी, हबूरा, चम्बार, नट, अहीर, बंटू, बोरया, साँसी, करवाल, हिन्दू गुसाईं, लोध। कुछ मुस्लिम भी हैं। अपराधी जनजातियों में से अधिकांश हिन्दू हैं। गूजर, भाट, केवट अनुसूचित जातियों में आते हैं। देखें, बम्बई सरकार—रिपोर्ट ऑफ़ दि क्रिमिनल ट्राइब्स इंक्वायरी कमेटी, गवर्नमेंट सेंट्रल प्रेस बाम्बे, 1939, पृ. 12-25। और भी देखें यूनाइटेड प्राविंस ऑफ़ इंडिया, इलाहाबाद 1948, पृ. 2-4। यह भी देखें—न्याय विभाग, अपराध शाखा हैदराबाद 1185/सी.आई.बी./58 दि. 27.12.1954 आन्ध्र प्रदेश अभिलेखागार
26. यह जनजातियाँ निम्न हैं : तेलगा पमूला, कोडा डोरा, बोया यनाडी, डोम्मार, येरुकला, बुडबुक्कला, लम्बाडी-वोड्डार, डोंगा दसारी पेड्डा बोरत, निरशिकारी, डोंगा डरकोरचा, कंजरभाट इत्यादि। अधीक्षक पुलिस, अपराध शाखा हैदराबाद की फाइलों से उद्धृत, 1185/सी.आई.बी./58 दि. 27.2.1950। आन्ध्र प्रदेश अभिलेखागार
27. देखें, न्याय विभाग साल्वेशन आर्मी 1316, दि. 4 जुलाई, 1891, और ब्रिटिश भारत सरकार क्रिमिनल ट्राइब्स इंक्वायरी कमेटी दिल्ली 1872, पृ. 1
28. बच्चों से आशय उन सभी व्यक्तियों से था जिनकी उम्र चार वर्ष से ऊपर और 18 वर्ष से कम है। 1897 का कानून संख्या 11 मद्रास की गवर्नर जनरल परिषद ने 1896 में पारित

किया। तमिलनाडु अभिलेखागार यह भी देखें—सिम्हाद्री वाई.सी. : डिनोटीफाइड ट्राइब्स (ए सोशियोलॉजिकल एनालिसिस), क्लासिकल पब्लिशिंग कम्पनी, नई दिल्ली 1991।

29. पहली बार एक साल की सजा, दूसरी बार दो वर्ष, तीसरी बार तीन वर्ष । इसके बाद कोड़े भी लगाए जाते थे। देखें, भारत सरकार, रिपोर्ट ऑफ़ दि क्रिमिनल इंक्वायरी कमेटी, यूनाइटेड प्राविंस ऑफ़ इंडिया 1947 इलाहाबाद 1948, पृ. 5, और न्याय विभाग साल्वेशन आर्मी 657 दि. 16 मार्च, 1914 पृ. 3
30. मद्रास सरकार, क्रिमिनल ट्राइब्स एक्ट इंक्वायरी कमेटी रिपोर्ट 1911 मद्रास 1912, पृ. 1-2, तमिलनाडु अभिलेखागार और न्याय विभाग साल्वेशन आर्मी 700, दि. 21 मार्च, 1914
31. न्याय विभाग साल्वेशन आर्मी 1023, दिनांक 21 मार्च, 1914
32. आन्ध्र प्रदेश में पहली अपराधी जनजाति बस्ती अमेरिका के बॅपटिस्टों के तेलुगु मिशन के द्वारा 1912 में कावाली में स्थापित की गई थी। उससे पहले डोम्मराओं और कथेराओं के लिए नेल्लोर जिले में एक बस्ती 911 में थी। सीतानगरम बस्ती को साल्वेशन आर्मी ने वर्ष 1913 में बसाया। वर्ष 1914 में स्थापित सिद्धपुरम एक स्वयंसेवी बस्ती थी। साल्वेशन आर्मी ने स्टुअर्टपुरम की बस्ती 1914 में स्थापित की। नवाबपेट के कोरचाओं को ध्यान में रखकर भूम्मनागडा में बनाई गई बस्ती खेतिहर बस्ती थी। गुंटूर की सुधार बस्ती को साल्वेशन आर्मी ने स्थापित किया। नेल्लोर जिले की चिन्तलदेवी बस्ती 1914 में महबूबनगर जिले में लिंगाला की बस्ती बसाई गई। देखें, होम जूडिशियल डिपार्टमेंट साल्वेशन आर्मी 101 दि. 15 जनवरी, 1917
33. मद्रास सरकार, ए कलेक्शन ऑफ़ दि एक्ट्स इंडियन लेजिस्लेचर एंड दि गवर्नर जनरल फ़ॉर दि ईयर 1924 (1924 का एक्ट IV), दिल्ली 1925। सिम्हाद्री वाई.सी. दि एक्स-क्रिमिनल ट्राइब्स, नेशनल पब्लिशिंग हाउस नई दिल्ली 1979
34. मद्रास सरकार, नॉट शोइंग दि प्रोग्रेस मेड इन दि सेटलमेंट ऑफ़ क्रिमिनल ट्राइब्स इन मद्रास प्रेसीडेंसी अपटु सेप्टेम्बर 1916, मद्रास 1917, पृ. 1, और गृह न्याय विभाग साल्वेशन आर्मी 160, दि. 23 सितम्बर, 1917
35. मद्रास शासन, मद्रास क्रिमिनल ट्राइब्स मेनुअल, 1924 का क्रिमिनल ट्राइब्स एक्ट VI जिसे 31 मार्च, 1927 तक पूरा किया गया, मद्रास 1927, पृ. 1, मद्रास 1927
36. मद्रास शासन, मद्रास क्रिमिनल ट्राइब्स मेनुअल, सुपरिंटेंडेंट, गवर्नमेंट प्रेस मद्रास 1927, पृ. 1
37. वही
38. वही
39. रघुवैया बी. द्वारा उद्धृत प्रॉब्लम्स ऑफ़ क्रिमिनल ट्राइब्स, पूर्वोद्धृत पृ. 11
40. मद्रास सरकार नॉट शोइंग दि प्रोग्रेस मेड इन दि सेटलमेंट ऑफ़ क्रिमिनल ट्राइब्स इन मद्रास प्रेसिडेंसी अपटु सेप्टेम्बर 1916 मद्रास 1917, पृ. 3
41. वही
42. वही
43. मद्रास शासन, एडमिनिस्ट्रेशन ऑन हेबीच्युअल आफेंडर सेटलमेंट फ़ॉर दि फर्स्ट हाफ ईयर 1953-54 मद्रास, 1955, पृ. 6
44. मद्रास के अभ्यस्त अपराधी निरोधक कानून 1948 के अन्तर्गत व्यक्तियों के पंजीकरण का काम फोर्ट सेंट जॉर्ज गजट में कानून के नियमों के प्रकाशन के बाद शुरू किया गया। कानून के अन्तर्गत 5268 व्यक्तियों का पंजीकरण हुआ जिनमें से 4,097 विमुक्त जनजातियों के

थे। विमुक्त जनजाति के सदस्य घुमन्तू गिरोहों से थे। वर्ष 1951 में कुल मिलाकर 770 व्यक्तियों को इस कानून के प्रावधानों के अन्तर्गत लाया गया। अपराधों और अपराधियों को नियंत्रित करने में कानून का बहुत कम प्रभाव रहा। कानून के प्रावधानों से केवल कुछ सक्रिय अपराधी ही कड़े नियंत्रण में रखे जा सके। सरकार के सामने सुझाव रखे गए। अपराधी जनजाति कानून जाँच समिति के निष्कर्षों की रिपोर्ट में कानून में संशोधन का सुझाव दिया गया था। बम्बई का अभ्यस्त अपराधी निरोधक कानून 1947, मद्रास के अभ्यस्त अपराधी कानून की तुलना में अधिक कठोर और व्यापक था। कानून को क्रियान्वयन में अधिक उपादेय बनाने के लिए 1 मई, 1952 को कुछ संशोधन सरकार को दिए गए। इन संशोधनों का लक्ष्य मद्रास प्रान्त में अपराध और अपराधियों को नियंत्रित करना था। देखें, मद्रास शासन एडमिनिस्ट्रेशन रिपोर्ट ऑन हेबीच्युअल आफेन्डर्स सेटलमेंट फ़ॉर दि इयर 1951-52, गवर्नमेंट प्रेस मद्रास 1953 और मद्रास शासन, साल्वेशन आर्मी 2700, दि. 8.8.1952

45. अपराधी जनजाति जाँच समिति संयुक्त प्रान्त 1947 की रिपोर्ट में कहा गया था कि 'प्रो. एन.जी. रंगा के प्रस्ताव चोट तो पहुँचाना चाहते हैं लेकिन प्रहार करने से पीछे हटते हैं। इन अपराधी जनजाति कानून की अच्छाइयों को तो रखा गया है, किन्तु उसका केन्द्रक निकाल फेंका गया है। अपराधी जनजाति कानून जैसे निवारक कानून में समाज की सुरक्षा के लिए कठोर निरोधक और दंडात्मक प्रावधान होना आवश्यक है, लेकिन रंगा के प्रस्तावित विधेयक में यह उद्देश्य ही समाप्त हो गया है।' विस्तार के लिए देखें, भारत सरकार, रिपोर्ट ऑफ़ दि क्रिमिनल ट्राइब इंक्वायरी कमेटी, यूनाइटेड प्राविंस ऑफ़ इंडिया 1947, गवर्नमेंट सेंट्रल प्रेस, इलाहाबाद 1949, पृ. 11-12 तथा भारत सरकार, गृह विभाग, फाइल 24/21/1943 पुलिस शाखा 1943, पृ. 1 और भारत सरकार, पुलिस शाखा, दि क्रिमिनल ट्राइब एमेंडमेंट बिल—प्रो. एन.जी. रंगा, फाइल 32/3/45 दिल्ली 1945 पृ. 1, राष्ट्रीय अभिलेखागार।
46. देखें सिम्हाद्री वाई.सी. : *डिनोटीफाइड ट्राइब्स (ए सोशियोलॉजिकल एनालिसिस) क्लासिकल* पब्लिशिंग कम्पनी, नई दिल्ली, 1991, पृ. 171
47. वही पृ. 187

अध्याय-2

संक्रमण में जनजातियाँ : विमुक्त जनजातियों का एक अध्ययन

परिचय

भारत में कुछ जनसमूह ऐसे भी हैं, जिनके आपराधिक रुझान जाने-पहचाने हैं और इसलिए उन्हें 'अपराधी' कहा जाता है। जनता और सरकार दोनों ही इनके प्रति सावधान रहते हैं। इन जनसमूहों का अध्ययन हमारे लिए आवश्यक है क्योंकि वह हमारे समाज का एक बड़ा हिस्सा हैं। वे अत्यन्त निर्धन हैं, वे औपचारिक शिक्षा से वंचित रहे हैं और उन भीतियों का शिकार हैं जो समाज के आधुनिक ज्ञान से उत्पन्न होती हैं। इस अध्याय में हम दसारी, डोम्मार, नक्काल, वोड्डार, सुगाली (लम्बाडी), यनाडी, और येरुकलाओं के जीवन के विभिन्न पहलुओं को सामने लाने का प्रयास करेंगे। उन्हें घुमन्तू, अर्द्ध घुमन्तू, पूर्व अपराधी और विमुक्त जनजातियाँ कहा जाता है। समूचे राज्य में वे 'टांडाओं' (बस्ती/गाँव) में निवास करती हैं।[1] उनका जीवन कष्टमय और दूभर है। उन्हें जीविका के समुचित साधन और रोजगार के पर्याप्त अवसर उपलब्ध करवा कर घुमन्तू और अस्त-व्यस्त जीवन से बाहर करके समाज की मुख्यधारा में लाने की महती आवश्यकता है।[2]

1

विमुक्त, घुमन्तू और अर्द्ध घुमन्तू जनजातियाँ—दसारी (कथेरा)

आन्ध्र प्रदेश में विमुक्त जनजातियों में से एक दसारी है। उन्हें अलिगरी या केपमरी भी कहा जाता है।[3] मुख्य रूप से वह बेल्लारी जिले में निवास करते हैं। उन्हें 'अलिगरी' नाम देने का कारण यह है कि वे पेशेवर चोर (जेबकतरे) हैं। पुलिस इस शब्द का व्यवहार ऐसे व्यक्तियों के लिए करती थी जो सन्देहास्पद हों, और जिनकी जाति का

पता न हो। जो अपनी ठीक-ठीक जानकारी न बताते हों और जनगणना में उनका कोई उल्लेख न किया गया हो। ये दसारी कथेरा भी कहलाते हैं जो देवांगों का सगोत्रीय समूह और गडाबाओं का उपभाग है।[4] कथेरा एक तेलुगु शब्द है, जिसका अर्थ कैंची होता है। वे 'कथेरावांडुलु' के नाम से जाने जाते हैं। यह सम्बोधन उन्हें शायद इसलिए दिया गया है कि वे मेलों, उत्सवों और व्यस्त रेलवे स्टेशनों पर जाकर कैंचियाँ और चाकू बेचते हैं।

उनके चार भाग हैं, यथा (1) कपमारी अलगिरी, (2) डोंगा दसारी अलगिरी, (3) गुडू दसारी अलगिरी और (4) पदयाची अलगिरी।[5] कपमारी अलगिरियों का मुख्यालय तमिलनाडु के चिंगलपुट जिले में तिरुवेल्लूर में था। वे बंगलुरु, कुडप्पा और दक्षिण अरकाट जिलों में भी मिलते हैं।[6] कपमारी जनजति का मुखिया तिरुवेल्लूर में था, जो अब्बिलम मठ का वेतनभोगी सेवक होता है। उनकी स्त्रियाँ और पुरुष सुदर्शन होते हैं। उनकी भाषा तेलुगु है। वे तमिल और कनारी भी बोलते हैं। डोंगा दसारी या गुडू दसारी को मुचेरीकला भी कहा जाता है।[7] उनमें बोया, गोल्ला, वोड्डार और सलिया जातियाँ हैं। नेल्लोर जिले में वे कथिरावांडलू (चोर) के नाम से जाने जाते हैं। उनका मुखिया गुडू कहलाता है।[8] वह उत्पाती भ्रमण का जिम्मेदार होता था। इन लोगों के मुख्य स्थान आन्ध्र प्रदेश के कुडप्पा, बेलारी, कुरनूल और नेल्लूर जिलों में होते थे। थोड़ी-बहुत संख्या में वे पूरे आन्ध्र प्रदेश में मिलते हैं। बैरागियों (पर्यटक साधू-संन्यासी) के लिबास में वह धार्मिक चिह्नों के साथ मन्दिरों में जाते हैं। ग्रामीण उन्हें श्रद्धा से देखते हैं। उन्हें वैदिक ऋचाएँ कंठस्थ होती हैं। पदयाची अलगिरी अथवा थोंगामलाई कोरबा धोखा देने और हाथ की सफाई दिखाने में विशेषज्ञ होते हैं।[9]

पुराने समय में दसारी टुच्चे चोर और गिरहकटिए होते थे। उनके समुदाय में सभी वर्गों के हिन्दू और कुछ मुस्लिम हैं। वे चैतन्य महाप्रभु की शिष्य परम्परा में महान सनातनी सम्प्रदाय से हैं, जो बंगाल के निवासी थे और 1527 में जिनकी मृत्यु हुई। चैतन्य ने दक्षिण भारत में कृष्णोपासना का प्रवर्तन किया था। दसारी या अलगिरी बुंदेलखंड और पूना के सोनारिया और भक्पताओं से समानता रखते हैं।[10] स्त्री और पुरुष दोनों ही चतुर होते हैं।

उन्हें जेब काटने और यात्रियों से गहने चुराने का प्रशिक्षण दिया जाता है। पुरुष सम्भ्रान्त व्यापारी के वेश में, सुथरे वस्त्र, और धार्मिक चिह्न पहनते हैं ताकि सम्मानित दिखाई दें। उन्हें मन्दिरों में प्रवेश मिल जाता है।[11] वे सामाजिक प्रतिष्ठा वाले व्यक्तियों के नाम जान लेते हैं और उनके निजी जीवन की जानकारी का पता लगा लेते हैं। और समय-समय पर धोखाधड़ी में इन जानकारियों से फायदा उठाते हैं। स्त्रियाँ और बच्चे सामान्यत: अच्छी पोशाकें पहनते हैं, कभी ब्राह्मणों जैसी तो कभी फैशनेबल, जिससे वे सम्पन्न परिवार के दिखाई दें।[12] इससे आकर्षित होने वाले लोग अन्तत: धोखे का शिकार हो जाते हैं। वे स्त्रियों और बच्चों सहित चार या पाँच लोगों के साथ

पहुँचते हैं और रेल के डिब्बे में बैठ जाते हैं। उनमें से कुछ व्यापारियों या पुरोहितों के छद्म वेश में होते हैं। गहने, और मूल्यवान वस्तुओं की ताक में रहकर उन्हें चुराने के बाद अगले स्टेशन पर उतर जाते हैं। बाद में किसी पूर्व निर्धारित स्थान पर यह गिरोह इकट्ठा होता है।[13] यद्यपि वे तेलुगु भाषी हैं, लेकिन हिन्दुस्तानी भी उन्हें अच्छी तरह आती है। पशु व्यापारियों का वेश बना कर वे पशु-बाजारों में जाते हैं। पोंगल त्योहार के अवसर पर 'धार्मिक दसारी' को अपने पवित्र नन्दी (बैल) के साथ भीख माँगते देखा जा सकता है।[14] किसी उत्पाती अभियान पर निकलने से पहले वे अपनी देवी 'गंगम्मा' की पूजा करते हैं और भेड़ या चिड़ियों की बलि चढ़ाते हैं। वे शकुनों के अन्धविश्वास का पालन करते हैं। 'मालाओं' और 'मडिगाओं' को छोड़ कर सभी वर्गों की महिलाएँ उनके समुदाय में शामिल हो सकती हैं। विवाह संस्कार 'सतानी' सम्प्रदाय के पुरोहित द्वारा सम्पन्न किया जाता है।[15] विवाह के नियम काफी उदार हैं और बहुविवाह प्रचलित है। विधवा-विवाह की भी स्वीकृति है। बाल-विवाह यदाकदा ही देखने को मिलता है। दसारी एक दूसरे के प्रति निष्ठावान रहते हैं। थोटा, मेकला, कुंचला आदि कुछ दसारियों में बहुप्रचलित कुल नाम हैं।[16] अपने समुदाय की संख्या बढ़ाने के लिए दसारी बच्चों की चोरी करते हैं। बालकों का लालन-पालन ऐसे परिवेश में किया जाता है जहाँ जीविका का एकमात्र साधन अपराध है। उन्नीसवीं सदी में समूची मद्रास प्रेसीडेंसी में व्याप्त निकृष्ट आर्थिक परिस्थितियाँ ही दसारियों द्वारा किए जाने वाले जघन्य अपराधों के लिए जिम्मेदार थीं।[17] कहा जाता है कि दसारी येरुकलाओं की तुलना में अधिक खतरनाक थे। बाडेन ने कहा था, 'मुझे कहना होगा कि कालीचेदू के दसारी अधिक निकृष्ट चरित्र वाले अपराधी हैं। भगोड़े और कैदियों में दसारियों की एक बड़ी संख्या है। उन्हें दंडात्मक शिविरों में रखा जाना चाहिए क्योंकि वे नहीं मानते कि हम उनकी सहायता कर रहे हैं।'[18]

उन्हें अपराधी जनजाति घोषित किए जाने के सामाजिक-आर्थिक कारण ये हैं : (1) मद्रास प्रेसीडेंसी में असुरक्षा का वातावरण (2) उन क्षेत्रों में प्रशासनिक कुप्रबन्धन जहाँ धन की असीमित लूट होने से इलाके में अभाव की स्थितियाँ उत्पन्न हुई हैं और परिणामस्वरूप जनता की तकलीफें बढ़ी हैं (3) राजाओं और जमींदारों के अत्याचार (4) मानसून की असफलता जिससे सूखे और अकाल की स्थितियाँ बनीं (5) राज्य में अव्यवस्था, और कानून-व्यवस्था की स्थिति इत्यादि।[19] ये सभी बातें अपराधों के फैलाव का कारण बनीं। जैसा कि शारदा राजू ने कहा था : 'प्रतिद्वन्द्वी सेनाओं के उत्पीड़न, धन-वसूली करने वाले जमींदारों के अत्याचार और डाकुओं के आतंक से देश की दशा वास्तव में दयनीय हो गई थी।'[20] ऐसी परिस्थितियों में दसारियों को नेल्लोर जिले में बसाने के लिए शासकीय अधिकारियों का ध्यान अभ्रक की खदानों की ओर गया। नेल्लोर जिले में कालीचेदू को अभ्रक खदानों का केन्द्र कहा जा सकता है।[21] यह कालीचेहू अभ्रक खदानों के स्थानीय प्रतिनिधि लुडविग की

देख-रेख में था। कुछ 391 सदस्यों के साथ 1911 में बस्ती की स्थापना हुई। 1914 में महायुद्ध शुरू होने पर अभ्रक की खदानें बन्द हो गईं और उनके साथ कालीचेदू बस्ती का भी समापन हो गया।[22]

वर्ष 1912 में कालीचेदू बस्ती आन्ध्र प्रदेश में स्थापित की जाने वाली पहली बस्ती थी। यह बस्ती डोम्मर और दसारियों के लिए बसी थी। निजाम के इलाकों में पुलिस ने एक बड़े कथेरा गिरोह पर छापा डाला था।[23] उन्हें कालीचेदू बस्ती ले जाया गया। लेकिन उनके समुचित रोजगार की व्यवस्था नहीं हो पाई, और उन्हें दान पर निर्भर रहना पड़ा। बाद में उन्हें मायपद ले जाया गया जहाँ उनको कृषि कार्य में लगाया गया। कुछ येरुकलाओं और दसारियों को कप्परल्ला टिप्पा और सीतानगरम बस्तियों में भेजा गया।[24] कप्परल्ला टिप्पा में अन्य समूहों के साथ अन्तर्सम्बन्धों का स्वरूप सीतानगरम बस्ती से अलग है। इन क्षेत्रों में रहने वाले लोग सामान्यत: इन लोगों पर सांस्कृतिक प्रभाव डालते हैं।[25] दूरियों से अन्य बातें उत्पन्न होती हैं। सांस्कृतिक और सामाजिक रूप से ये अलग-अलग और अन्य जनता से कटे हुए हैं।[26] समकालीन विश्व के निकट इन लोगों को लाने में सर्वाधिक महत्त्वपूर्ण यह होगा कि व्यक्ति-व्यक्ति के बीच पारस्परिक सम्बन्धों को बेहतर बनाया जाए।[27]

दसारयों और येरुकलाओं में वैवाहिक अथवा वंशानुगत सम्बन्ध नहीं हैं। उनको तत्कालीन अंग्रेजी सरकार ने अपराधी घोषित किया था और कप्परल्ला टिप्पा तथा अन्य बस्तियों में बसाया।[28] दोनों समुदाय लम्बे अरसे से बस्तियों में एक साथ रह रहे हैं। शुरू से ही उनके बीच सांस्कृतिक सम्बन्ध रहे हैं।[29] तथापि दसारी पिछड़े वर्ग में पंजीकृत हैं। वह आर्थिक रूप से अत्यन्त दीन हैं और अनुसूचित जातियों के वर्ग में रखे जाने की पात्रता रखते हैं। अतीत के आपराधिक जीवन के अनुभव उनकी इस आशंका को पुष्ट करते हैं कि समाज के अन्य प्रभावशाली वर्ग उनका दमन करेंगे।[30] जब तक इन्हें समाज समान अवसर नहीं देता और जीवन के प्रत्येक क्षेत्र में सामान्य और समान व्यवहार वे नहीं पा लेते तब तक ये पूर्व अपराधी अपने बन्धनों से बाहर नहीं निकल पाएँगे। समाज के प्रभावशाली वर्गों को उनका दमन नहीं करना चाहिए। जब तक 'कलंक' उनके साथ जुड़ा रहेगा, तब तक वे राष्ट्रीय समृद्धि में अपनी यथोचित भागीदारी का फल उन तक नहीं पहुँच पाएँगे। वह मनोवैज्ञानिक बाधा जो पूर्व अपराधियों को समाज के अन्य वर्गों से जुड़ने से रोकती है, उनकी 'हीनता ग्रन्थि' है। जब तक समाज के अन्य वर्ग उन्हें शंकालु दृष्टि से देखते रहेंगे तब तक अच्छा वातावरण नहीं बन सकता। जब तक ये लोग सुदृढ़ आर्थिक आधार नहीं पा लेते, तब तक वह भावनात्मक रूप से अन्य वर्गों के साथ सम्बद्ध नहीं हो पाएँगे। समाज के आर्थिक-सामाजिक ताने-बाने में आमूल परिवर्तन होना इसके लिए आवश्यक है।[31] सुधार के उपायों को निरन्तर जारी रखना होगा। परिवर्तन एक सतत प्रक्रिया है और इसे तमाम समर्पण, उत्साह और समूची शक्ति से जारी रखना होगा।

2

डोम्मर : अपराधी जनजाति घोषित किए जाने के कारण

डोम्मर बाजीगरों, नटों और दवाफरोशों की जनजाति है। उनमें से कुछ देहात में घूमते रहते हैं, अन्य ने खेत मजूरी को अपना लिया है। वे चटाइयाँ, कंघियाँ और सौन्दर्य प्रसाधन बनाने में निपुण हैं। अपना बनाया हुआ सामान वे थोक व्यापारियों को बेच देते हैं। उनमें नटों की एक अर्द्ध घुमन्तू बिरादरी होती है। वे सुअर पालते हैं। यह एक घूमने वाले व्यापारियों का समुदाय है। अपने करतब और नाच दिखाते हुए वे एक जगह से दूसरी जगह जाते हैं। अंग्रेज सरकार ने डोम्मारों को पेशेवर नकबजन घोषित किया था। वे कस्बों और गाँवों से बाहर अपना डेरा डालते हैं। वे सुअरों की चोरी करके उन्हें मार डालते हैं और उनका मांस आपस में बाँट लेते हैं। वे गाँव वालों के निकट सम्पर्क में रहते हैं। अपनी जीवन-शैली के सभी पक्षों में वे जिप्सियों जैसे हैं, और उत्तर भारत के डोमों से उनका कोई सम्बन्ध सम्भव हो सकता है। वे निपुण बाजीगर और सपेरे होते हैं। स्त्रियाँ और पुरुष दोनों ही नट, बाजीगरी और नृत्य में दक्ष होते हैं। वे गाँवों में घूमते हुए अपने शारीरिक करतबों का प्रदर्शन करते हैं। पूरी जनजाति सुडौल शरीर और ऊँचे कद की है। उनका रंग गहरा होता है। श्रोट का कथन है कि, 'उनके शारीरिक लक्षण कुछ-कुछ मंगोलियाई हैं, उनकी ठुड्डी नुकीली, आँखें बड़ी और गालों की हड्डी उठी होती हैं, चेहरे पर बाल कम होते हैं।'[32] कबीले के मुखिया को रेन्ड्डी, नायुडू और नायक कहा जाता है। उनके उपनाम राजू, राया, नायुडू, रेड्डी इत्यादि हैं। डोम्मार मुख्य रूप से उत्तरी सरकारस और हैदराबाद में मिलते हैं। वे गुरजाला, रेन्ताचिन्तला, मिरियाला गुडा, और गुंटूर जिले के करमपुडी क्षेत्रों में फैले हुए हैं। वह पूर्वी और पश्चिमी गोदावरी, कृष्णा, नेल्लोर, अनन्तपुर और चित्तूर जिलों में भी पाए जाते हैं। अंग्रेजी शासन में चुराई गई सम्पत्ति और दंड संहिता के अन्य छोटे अपराधों में डोम्मारों को दंड दिया जाता था। 'डोम्मार संज्ञेय और गैरजमानती अपराधों को व्यवस्थित रूप से करने के अभ्यस्त हैं। अत: वे अपराधी जनजाति कानून के अन्तर्गत लाए जाने के लिए उचित पात्र हैं।'[33]

डोम्मराओं ने नटी को अपना मुख्य व्यवसाय बनाया है। वे व्यायाम, खेलों, रस्सी पर नृत्य, वर्जिश और आँखों के धोखे के कई करतब दिखाते हैं और इनसे अपनी जीविका कमाते हैं। खेती में उनकी कोई दिलचस्पी नहीं है। उनका परम्परागत व्यवसाय नटों का करतब ही हैं। तथापि उन्हें इनके लिए न ही सरकार का और न जनता का संरक्षण है। मध्यकालीन तेलुगु साहित्य में उनके जीवन के विभिन्न पहलुओं को लेकर रोचक विवरण मिलते हैं। इससे उनकी जीवन-शैली उनके जीवन की परिस्थितियों और परिवेश, जाति व्यवस्था और जीवन के अन्य पक्षों की जानकारी

मिलती है। उन्हें टिन्नावली के मारबारों और उत्तर अरकाट जिले के आदि-द्रविड़ों की तरह अपराधी घोषित किया गया है। उन पर नियंत्रण करने के लिए उन्हें सन्देह के घेरे में रखा जाता है।[34]

विजयनगर साम्राज्य के काल में डोम्मारों का मूल स्थान कुडप्पा जिले का मड्डालापुरम था।[35] डाम्मारों में कई उपजातियाँ थीं। अभिलेखों से जानकारी मिलती है कि डोम्मार तेलुगु देश के स्थानीय मन्दिरों में समर्पित कर दिए जाते थे।[36] कुड्डपा के एक अभिलेख में जानकारी दी गई है कि धार्मिक महत्त्व का यह दान डोम्मारों के सभी चौबीस कुलों में प्रचलित था।[37] रशपागिरी में 1577 ईस्वी का एक शिलालेख मिला है जो 'बीडस' का उल्लेख करता है। ये वे डोम्मरा थे जो धार्मिक रूप से स्थानीय मन्दिरों में समर्पित किए गए थे। तेलुगु देश में डोम्मराओं के पास इनाम हैं जो विशेष रूप से जम्मालमडुगू, तादीपत्री, प्रोदूतूर और मछेरला क्षेत्रों में स्थित हैं। वे मैसूर के क्षेत्रों में भी फैले हुए हैं। कहा जाता है कि व्यापारी दल के रूप में उन्होंने पचास से अधिक देशों की यात्राएँ की थीं।[38]

डोम्मराओं की उत्पत्ति के विषय में दो पौराणिक कहानियाँ हैं। पहली पुराकथा में कहा गया है कि एक बालक के जन्म को परिवार के लिए अशुभ मानकर उसके माता पिता ने उसे एक भिखारी को दे दिया था। भिखारी ने उसे एक सूखे कुँए में डाल दिया। बालक के रोने की आवाज वहाँ से जा रहे देवताओं—पार्वती और परमेश्वर—ने सुनी। उन्होंने उसे एक कुम्हार के घर से मिट्टी का ढोल पाने और भिक्षा के रूप में प्रत्येक घर से चावल प्राप्त करने का वरदान दिया। ईश्वरीय कृपा से उपकृत हुए बालक ने प्रसन्न होकर सैलानी भिखारी बनने के स्थान पर नटों के करतबों को अपना व्यवसाय बनाने का वरदान माँगा। लोकप्रिय विश्वास यह भी है कि डोम्मार एक रक्षिता-स्त्री की सन्तान हैं। दूसरी पुराकथा के अनुसार बताया जाता है कि एक रेड्डी की स्त्री ने एक पुत्री को जन्म दिया। उसके बाद एक झोंपड़ी उजड़ गई तो रेड्डी की साली ने कहा कि माँ और बेटी को परिवार से अलग कर देना चाहिए। पिता ने अपनी सारी जमीन और सम्पत्ति दूसरी पत्नी की सन्तान के नाम कर दी और इन माँ-बेटी के लिए सिर्फ एक ढोल, एक बाँस और एक रस्सी ही छोड़ी। कन्या ने नटों के करतब सीखे और बाद में जीविका के लिए वह वेश्या बन गई। बताया जाता है कि डोम्मारों में प्रचलित वेश्यावृत्ति का यही कारण है।[39] तथापि इन पौराणिक कहानियों में कोई सच नहीं है। ये उनके बीच संस्कृतिकरण की प्रक्रिया को व्यक्त करती हैं। लगता है कि डोम्मार जाति बंगाल के डोमों की एक प्रशाखा है, जो बंगाल के अतिरिक्त बिहार, और उत्तर-पश्चिमी प्रान्तों में भी हैं। 1871 की जनगणना में ज्ञात हुआ था कि कई गाँवों में डोम बुनकरों के पेशे में है। जयपुर में वह साईस, सफाई-मजदूर और दूसरे काम कर रहे हैं।[40] फाकेट ने लिखा है कि 'यह जंगल के लोग जाति-बाहर हैं, जो वन प्रान्तर में ऊँचे पहाड़ों

पर निवास करते हैं, पूर्वी तट से पचास से अस्सी मील दूर यह विशाखापटनम के आसपास रहते हैं।'[41]

डोम्मारों का विभाजन दो समूहों में है, अर्थात रेड्डी डोम्मार और अर्रे डोम्मार। अर्रे डोम्मारी को मराठा डोम्मार भी कहा जाता है क्योंकि उनकी भाषा मराठी का एक अपभ्रंश रूप है। उन्होंने अपने-आप को मुख्य रूप से निजाम के प्रभाव वाले और मैसूर प्रान्त के जिलों में सीमित कर रखा है। जो भी हो इन दो वर्गों के बीच का अन्तर बहुत कम है और उनके जातीय रिवाज मिलते-जुलते हैं। उनका सम्बन्ध लम्बाडियों से माना जाता है। इस मान्यता का समर्थन शायद उस लोककथा से होता है जिसमें लम्बाडियों के पुरखे 'मोला' के लिए कहा गया है कि उसने राजा के सामने नटी के करतबों का प्रदर्शन किया था। इस दृष्टिकोण को इस तथ्य से भी बल मिलता है कि लम्बाडियों और डोम्मार मुक्त-भाव से आपस में मिलते-जुलते हैं। जनजाति के मुखिया को 'मुल्लीगुरु' कहा जाता है। वह उनका सर्वोपरि पुरोहित होता है और आध्यात्मिक तथा सांसारिक विषयों में उसकी सत्ता सर्वोच्च होती है। उसका मुख्यालय आन्ध्र प्रदेश के कुडप्पा जिले, पुल्लमपेट तालुका के चिटवेल में स्थित था। यह पद वंशानुगत है और इस पद का बहुत सम्मान है।[42]

रेड्डी डोम्मार तेलुगु और अर्रे डोम्मार मराठी बोलते हैं। उनकी अपनी अपभ्रंश बोली है। उनकी बस्तियाँ तमिलनाडु के कोरवारों और जोगियों जैसे ही होते हैं। वे अपने घर ताड़ के पत्तों से बनाते हैं। उनकी झोंपड़ियाँ गाँव से बाहर होती हैं। जब वे एक जगह से दूसरी जगह के लिए विस्थापित होते हैं तो अपनी झोंपड़ियों को गधे की पीठ पर लाद कर साथ ले जाते हैं।[43] डोम्मार पुरुष आमतौर पर सफेद मोटे कपड़े का पाजामा पहनते हैं। वे भड़कीली चादर, बंडी और पाग भी पहनते हैं। करतब दिखाने के बाद दर्शक उन्हें बक्शीश देते हैं। उनकी महिलाएँ अच्छे नाक-नक्श वाली होती हैं और अपनी वेशभूषा और गहनों से पहचानी जाती हैं। रंगीन वेशभूषा, पीतल की चूड़ियाँ, और कौड़ियों के हारों से उन्हें आसानी से पहचाना जा सकता है। डोम्मार स्त्रियों के साथ किया जाने वाला व्यवहार बहुत अलग हैं। बहुत प्रारम्भिक अवस्था से ही उन्हें रस्सी पर नृत्य और करतबों की रहस्यपूर्ण शिक्षा दी जाती है। जो इसमें दक्षता दिखती हैं उन्हें वेश्यावृत्ति के लिए चुन लिया जाता है। शेष को विवाह की स्वीकृति दे दी जाती है। विवाह तरुणाई के बाद होता है। स्त्रियों की चरित्र हीनता को सहन नहीं किया जाता। यदि विवाहित स्त्री किसी दूसरी जाति के पुरुष के साथ भाग जाती है तो उसे शादी के खर्च जितना ही आर्थिक दंड देना होता है। यदि वे लौटती हैं तो उसे 'तीर्था' पिलाया जाता है जो उसे 'कुलमविड्डा' बनाता है, अर्थात उसे जाति में रहने की अनुमति मिल गई है। यदि कोई कन्या समुदाय के ही किसी पुरुष द्वारा गर्भवती हो गई हो तो उनकी शादी कर दी जाती है। यदि पुरुष शादी से इनकार करता है तो उसे जाति से बाहर कर दिया जाता है। तत्पश्चात वह लड़की

किसी अन्य से विवाह कर सकती है, उसके बालों की एक लट काट दी जाती है और सोने से जीभ पर हल्का-सा दाग लगाकर उसे 'विभूति' (पवित्र भस्म) खिला दी जाती है। सामाजिक स्तर पर उन्हें मालाओं और पडिगाओं (हरिजन) के बाद की नीची जाति का माना जाता है।

डोम्मार अपनी लड़कियों को 'बसावी' के रूप में समर्पित करने के लिए कुख्यात हैं। समर्पण की रस्म कन्या के 15-16 साल के होने पर निभाई जाती है। लड़की को नहला कर उसे नए वस्त्र पहनाए जाते हैं। लड़की अपने बड़ों और जाति के वरिष्ठजनों के पाँव छू कर उनका आशीर्वाद लेती है। उसे गाजे-बाजों के साथ 'येल्लम्मा' अर्थात हनुमान मन्दिर ले जाया जाता है जहाँ जाति का 'यजमान' (मुखिया) उसे वेश्या का जीवन व्यतीत करने की अनुमति प्रदान करता है। उसे वेश्या घोषित किया जाता है और उसका सबसे पहले भोग करने वाले पुरुष को उसे नए कपड़े, चार रुपए, एक नई झोंपड़ी और सोने के लिए एक चारपाई देनी पड़ती है। कभी-कभी 'बसावी' को शरीर पर शंख, चक्र आदि धार्मिक चिह्न गुदवाने होते हैं। उनकी मृत्यु होने पर दसारी उनके शव को गाड़ देते हैं। बसावी पुत्रियों का परदादा की सम्पत्ति में हिस्सा होता है। उसकी मृत्यु के बाद भी उसकी सन्तान को भागीदारी का अधिकार रहता है। डोम्माराओं के सगोत्रीय कबीलों में से एक को 'पट्टापुरानी' का नाम दिया गया है। यदि कोई बसावी वेश्या-जीवन को त्यागना चाहे तो उसका फिर से विवाह हो सकता है। लेकिन वह सार्वजनिक रूप से खेल-तमाशा नहीं कर सकतीं। शादी से पहले की उसकी सन्तान पिता के पास छोड़ दी जाती है।[44]

गृहस्थी और दूसरे कामों में महिलाओं की बहुत सक्रिय भूमिका रहती है। पुरुष या तो उनसे विवाह करता है या फिर उन्हें रक्षिता के तौर पर रखता है। बहुपतित्व का प्रचलन नहीं है। वधू का मूल्य बावन रुपए है। डोम्माराओं में यह प्रथा अब भी प्रचलित है, वैवाहिक रस्में बहुत आदिम हैं। अपने मित्रों के साथ दूल्हा दुल्हन के घर जाकर विवाह का प्रस्ताव करता है। दूल्हा और दुल्हन के गोत्र भिन्न होने चाहिए। दोनों पक्षों में होने वाली बातचीत में रिश्ता तय होने पर पान खिला कर अनुबन्ध की पुष्टि की जाती है। विवाह में 'तोलाबोत्तू' (मंगलसूत्र) और पाँच बिछवे दिए जाते हैं। दूल्हा ताली दुल्हन को पहनाता है। दुल्हन एक बिछिया दूल्हे के दाहिने पाँव की तर्जनी में डालती है, और जाति की कोई बसावी अथवा विवाहिता बाकी चार बिछवे दुल्हन के पाँव की चार अँगुलियों में पहनाती है। विवाह समारोह पाँच दिनों तक चलता रहता है। बाल-विवाह स्वीकृत नहीं है। विधवा विवाह चलन में है। बहुपत्नी प्रथा स्वीकार्य है और यौन-सम्बन्ध काफी उदार होते हैं।

डोम्मार जनपदों में घूमते रहते हैं लेकिन वह अर्द्धघुमन्तू अवस्था में हैं। अपनी आर्थिक दुरावस्था के बावजूद वे विभिन्न देवी-देवताओं के नाम पर मन्दिरों में दान चढ़ाया करते हैं। जनजाति के सदस्यों द्वारा मन्दिरों को दिए जाने वाले चढ़ावे के

साथ चेन्नाकेशव, तिरुवैंगलनाथ और गणपति जैसे वैष्णव देवताओं का उल्लेख मिलता है। वे यकिली देवी, येल्लम्मा, संकुलाम्मा, और पोलेराम्मा जैसी देवियों की भी उपासना करते हैं। पोलेराम्मा उनकी कुल-देवी है। उनकी गतिविधियों में सबसे पहले उसका आह्वान किया जाता है और उसका आशीर्वाद लिया जाता है। डोम्मारों का सांस्कृतिक जीवन अत्यन्त समृद्ध है। कुछ डोम्मार महिलाएँ विभिन्न प्रकार के नृत्य और संगीत में पारंगत होती हैं। वे वीणा, ढोल और मृदंगम जैसे वाद्य बजाने में निपुण होती हैं।[45]

डोम्मारों के सम्बन्ध में एक रोचक तथ्य उनका उत्तर भारत के डोमों से सम्बन्ध है। उन्हें 'डोम्बारी' या 'डोम्बर' भी कहा जाता है, जो 'डोम' से निकले हैं, जो उत्तर भारत के अनेक जाति-युत समुदायों का द्योतक है। वे मध्य भारत के कोलती और बेरिया और बंगाल के डोम्मारों में सम्बन्धित थे। क्रुक का मत है कि डोमों का उदय द्रविड़ों की निम्न जातियों से हुआ होगा जो भारत के आदिम निवासी थे। अतीत में उन्हें बस्ती से बाहर रखा जाता था, उन्हें जूठन खानी पड़ती थी, वे मृतक के कपड़े पहने थे और हर प्रकार के सामाजिक सम्बन्धों से वंचित थे। कुछ विद्वान मानते हैं कि डोमपुर, डोमाली, डोमीगढ़ जैसे नगरों के अस्तित्व से ज्ञात होता है कि कभी डोमों का राज्य रहा होगा। उनका उद्‌भव जो भी रहा हो वे पूरे भारत में घूमते रहते हैं।[46]

मद्रास प्रेसीडेंसी में नेल्लोर और गुंटूर जिलों में रहने वाले डोम्मारों को सर्वाधिक खतरनाक अपराधी माना जाता था। उनके लिए नेल्लोर के रापुर ताल्लुके के कालीचेदू (अभ्रक की खदानों) में एक अपराधी जनजाति बस्ती बनाई गई।[47] कालीचेदू बस्ती के प्रयोग के तीन चरण थे : (1) अभ्रक की खदानों में बसाहट और औद्योगिक प्रशिक्षण, (2) भूमि का विवरण और कृषि पद्धतियों का प्रशिक्षण देना तथा (3) इन चरणों से गुजरने के बाद शान्तिमय जनता को अन्यत्र बसाना।[48]

प्रथम विश्वयुद्ध के दबाव में कालीचेदू बस्ती 1917 में समाप्त कर दी गई। नेल्लोर जिले के सुपरिचित समाजसेवी और स्वाधीनता सेनानी स्व. बेनेला कुंटी राघवैया ने इन्हें नेल्लोर जिले के विभिन्न स्थानों पर बसाया। डोम्मारों की आर्थिक विपन्नता, घुमन्तू प्रवृत्ति और उनके समाज में प्रचलित बसावी प्रथा के कारण उनका जीवन दूभर था। चटाइयाँ, कंघियाँ और टोकरियाँ बेच कर उन्हें मामूली-सी आमदनी होती है। वे अत्यन्त गरीब और आर्थिक रूप से पिछड़े हुए हैं।[49]

निष्कर्ष रूप में हम डोम्मारों से सम्बन्धित एक महत्त्वपूर्ण पहलू पर ध्यान आकर्षित करवाना चाहेंगे। इस समय वे आन्ध्र प्रदेश की पिछड़ी हुई जातियों (ओ.बी.सी.) की श्रेणी में हैं। उन्हें अब अनुसूचित जाति का नहीं माना जाता। किन्तु यह दुर्भाग्यपूर्ण है कि उनका पिछड़ी जातियों में होना उन्हें सकारात्मक लाभों से वंचित कर रहा है।[50]

3

नक्काल

घुमन्तू जीवन-यापन मनुष्य जाति जितना ही प्राचीन है। सारे संसार में घुमन्तू समूहों के अस्तित्व के ऐतिहासिक प्रमाण हैं। क्रिमिनल ट्राइब्स एक्ट इंक्वायरी कमेटी ने कहा था, 'मद्रास, बम्बई और हैदराबाद में कुछ घुमक्कड़ जनजातियाँ थीं, जो शिकार, भिक्षाटन, और वनोपज के संग्रह से जीवन-यापन करती थीं। वे पक्षियों को पकड़ने में निपुण थीं।'[51] विश्व स्वास्थ्य संगठन (1964) ने विश्व के छोटे-छोटे आदिम समूहों का तात्कालिक अध्ययन करने की आवश्यकता पर जोर दिया। शिकारी, अटेरी, दस्तकार, नट, जादूगर, कठपुतली नचाने वाले, सपेरा, मदारी, गायक, नर्तक, भविष्यवक्ता, हाथ देखनेवालो, देवताओं का स्वाँग दिखाने वाले इत्यादि अनेक घुमक्कड़ समूह पाए जाते हैं।[52] एल.एच. मारगन कहते हैं, 'यह सम्भव है कि मानवीय प्रगति के महान दौरों को जीवन-यापन के इन स्रोतों के विस्तार में देखा जा सके।'[53] घुमक्कड़ी को व्यक्ति के चरित्र के रूप में परिभाषित नहीं किया जा सकता। यह एक सांस्कृतिक रुझान है जो महत्त्वाकांक्षा के मूल अथवा पूर्ण या आंशिक प्रेरणा से आती है। भारत की 60 करोड़ की आबादी में घुमन्तू एक उल्लेखनीय संख्या में मौजूद हैं।[54] कई घुमन्तू जनजाति समूह अब विलुप्त हो रहे हैं। उनकी जनांकिकी और नृवंशीय पड़ताल की महती आवश्यकता है। जनसंख्या के ऐसे अध्ययन से मानवीय समाजों में हुए परिवर्तनों को मूल्यांकित करने में सहायता मिलेगी। यहाँ आन्ध्र प्रदेश की एक अन्य विशिष्ट घुमन्तू जनजाति, नक्कालों का अध्ययन करने का प्रयास किया जा रहा है। उनके विषय में अधिक साहित्य उपलब्ध नहीं है और उनके सम्बन्ध में बहुत कम जानकारी मिलती है। जिला गजेटियरों में भी बहुत कम ही लिखा गया है। नक्कालों के विषय में यहाँ दिए गए तथ्य मैदानी सर्वेक्षण पर आधारित हैं जो आन्ध्र प्रदेश में किया गया। यह जानकारी आन्ध्र प्रदेश के नेल्लोर जिले के वेंकटचलम मंडलम में स्थित चेमोडिगुंटा की नक्काल वेलफेयर सोसायटी के अध्यक्ष वेंकैया के माध्यम से एकत्र की गई है, उनकी सहायता के बिना उन तक पहुँच पाना और तथ्यों का जुटाना सम्भव नहीं था।

नक्कालों के लिए विविध भाषाओं में अलग-अलम नाम प्रचलित हैं। दक्षिण पूर्व भारत में 'नरिकोरबा' अथवा नक्काल अभ्यस्त घुमन्तू जनजातियों में से एक है। वे प्राय: तमिलनाडु के कस्बों, शहरों और गाँवों में मिलते थे। आन्ध्र प्रदेश में उन्हें नक्काल कहा जाता है। वे सियारों का शिकार करते हैं। उन्हें पुसालावांडलू (मनकों का हार बनाने वाले), अथवा पिट्टालावांडलू या गुव्वालावांडलू (चिड़ीमार) भी कहा जाता है। कर्नाटक में वे शिकारी हैं और हिन्दी भाषी क्षेत्र में वे मालावाले कहलाते हैं।[55] उनकी बोली मराठी और गुजराती के निकट है। 1949-50 की अपराधी जनजाति

जाँच समिति की रिपोर्ट में उनका उल्लेख 'अपराधी' जनजाति के रूप में हुआ है।[56] एन्थोवन ने लिखा था कि वाघरी (नरिकोरवा) पारधियों के सगोत्रीयों का एक समूह है, जो गुजरात की विशाल उत्पाती बावरी जनजाति के अन्तर्गत आता है। उनके पुरखे क्षत्रिय थे, उनमें एक ने सात विवाह किए थे। वे (नरकोरबा) उनमें से चौथी पत्नी की सन्तान हैं। पहली पत्नी की सन्तान मारवाड़ी थे। दूसरी पत्नी ने सुगाली, तीसरी पत्नी ने मराठाओं को जन्म दिया, चौथी पत्नी से नरकोरबा, और पाँचवीं पत्नी से बंजारी उत्पन्न हुए। छठी पत्नी से मीणओं ने जन्म लिया। पुराणों में सातवीं पत्नी की सन्तानों का उल्लेख नहीं है। कुछ अन्य का कहना है कि वे एक क्षत्रिय राजा कालाईराजा की सन्तान हैं। वे गुरु दीनावत के वंशज हैं। नरिकोरवा गुजरात की एक जनजाति है, और मेवाड़ के निवासी हैं। बहुत पहले ये जीविकोपार्जन के लिए दक्षिण चले गए थे। उनके भौगोलिक सम्बन्ध, भाषाई समानता, और वेशभूषा का साम्य इस विस्थापन के पुष्ट प्रमाण हैं। वर्ष 1922 में कुरनूल और बेल्लारी जिलों के निरशिकारी और नक्कालों को अपराधी जनजाति कानून की धारा 3 और 10 के अन्तर्गत लाया गया। वह गोदावरी और विशाखापटनम जिलों और गंजम जिले के दक्षिण में पाए जाते हैं। इन लोगों का मुख्यालय विशाखापटनम के पालकोंडा तालुके में है।

नक्काल अनेक वंशों में विभाजित हैं, यथा—लिनबो, डम्बो, पवार, पिलिओ, थोबानिओं, उर्किओ, निलाजी, लालजी, बोक्कू, नवला, मकीरम, गोविन्दा, नक्काला दत्तो, दामो, जम्बुला, रवेतो, नमो, नाचिंग, कालचिंग, सिनोडी, सालियो, पलहल, मनिजो, मकरो नन्दे, गनीबालू, जगत, ब्लुट्टो, खुबो और विल्यो इत्यादि।[57] सी.पी. रामास्वामी अय्यर के अनुसार वह जीविका के लिए टोकरियाँ बनाते हैं, घोड़ों और खच्चरों का व्यापार करते हैं, पशुओं का गर्भाधान करते हैं, भविष्य बताते हैं और तरह-तरह के जादू दिखाते हैं।[58]

नक्कालों की कोटुम्बिक व्यवस्था पितृसत्तात्मक है। लेकिन स्त्रियों को भी महत्त्वपूर्ण स्थान प्राप्त है। वे अन्य से अलग रहते हैं। अपने रिवाजों और कबीले के नियमों का वे कड़ाई से पालन करते हैं। अपनी स्त्रियों के सम्मान के लिए वह बहुत सतर्क हैं। यदि कोई स्त्री किसी साथी के बिना सूरज ढलने के बाद घर लौटती है तो यह उनके लिए एक गम्भीर मामला होता है। उनमें संयुक्त परिवार प्रथा एक असामान्य बात है। वर्तमान में उनके एकल परिवार ही हैं। नक्कालों में विवाह आदिवासी तरीके से होते हैं। नातेदारों के बीच आपस में विवाह प्रचलित हैं। चचेरे भाई-बहनों में और कभी-कभी चाचा-भतीजे के रिश्ते में विवाह हो सकता है। जीजा अपनी पत्नी की बड़ी बहन से विवाह कर सकता है। कभी-कभी पिता और जीजा की बहन से शादी कर लेते हैं और इसके अनुसार रिश्तों के सम्बोधन बदल जाते हैं। पहले वधू का मूल्य बारह रुपए होता था, अब इसे बढ़ाकर 2,000 रुपए कर दिया गया है। यह तो है ही, साथ में उनकी विवाह-पद्धति में दहेज की भी घुसपैठ हो गई है। साधारणतया:

लड़की के तरुण होने से पहले उसका विवाह कर दिया जाता है। बाल-विवाह अभी भी उनके यहाँ चलन में है। अधिकांश परिवारों में एकल विवाह का पालन होता है, किन्तु कहीं-कहीं बहु-विवाह भी देखने को मिलता है। उनके समाज में बहुपतित्व प्रथा कभी देखने को नहीं मिली। सभी पत्नियाँ और उनकी सन्तानें एक साथ रहती हैं। विवाह समारोह प्रायः तीन दिनों तक चलता है। पहले दिन चावल का पोंगल बनाया जाता है, दूसरे दिन वह मांसाहार करते हैं, तीसरे दिन दूल्हा दुल्हन के घर जाता है। सभी उत्सवों-समारोहों में शिकार और मदिरापान किया जाता है। जनजाति के सभी परिवारों में सुपारी, चावल, सब्जियाँ, हरे चने, प्याज और लहसुन का वितरण होता है। विवाह में काले गुरियों से बनी 'थाली' दुल्हन के गले में पहनाई जाती है।[59]

दूल्हा और दुल्हन अपने हाथों को एक दूसरे की ठोड़ी के नीचे रखते हैं। एक दूसरी उल्लेखनीय रस्म यह है कि वर और वधू की माताएँ पूरी ताकत से अपना माथा एक दूसरे से टकराती हैं जिससे आवाज हो। इसके बाद ही वधू की माता दूल्हे को अपना दामाद स्वीकार करती है। इस अवसर पर शादी में शामिल होने वाले लोग जोर से चिल्लाते हैं और 'थाली' बहू के गले में पहना दी जाती है।

उनके समाज में विधवा के पुनर्विवाह को मान्यता प्राप्त है। चरित्रहीनता और अन्य अपराधों की सुनवाई पंचायत करती है। वह विवादों का समाधान करती है और दोषी पर जुर्माना और सजा निर्धारित करती है। यदि स्त्री पर चरित्रहीनता का अपराध सिद्ध हो जाए तो उसे स्नान करना होता है और उससे कनक दुर्गा देवी की अभ्यर्थना करने को कहा जाता है। उसके हाथों में पान के पत्ते रखकर धागे से बाँध दिए जाते हैं। फिर रक्ततप्त लोहे की एक छड़ उसकी हथेलियों पर रख दी जाती है। उसे यह गरम छड़ ले जाकर भूसे के ढेर पर फेंकना होती है। यदि उसकी हथेलियों पर छाला नहीं पड़ता तो उसे पवित्र माना जाता है। यदि किसी स्त्री के अन्य जाति के पुरुष से अवैध सम्बन्ध हों तो उसे समुदाय से निकाल दिया जाता है।

सन्तान का जन्मोत्सव नहीं मनाया जाता। जनजाति की एक वृद्ध महिला दाई का काम करती है, और उसकी सेवाओं के लिए उसे कोई उपहार दिया जाता है। बच्चे का नामकरण इस बात पर निर्भर करता है कि महिला ने उसे कहाँ जन्म दिया है। मृतकों को गाड़ा जाता है और शव के साथ कुछ नहीं रखा जाता। मृत्यु के ग्यारहवें दिन अन्तिम संस्कार किए जाते हैं जिनमें उसके सभी सगे-सम्बन्धियों को बुलावा भेजा जाता है। यदि मृतक स्त्री है तो यह संस्कार बारहवें दिन होता है क्योंकि यह विश्वास किया जाता है कि लड़के की तुलना में कन्या शिशु जन्म लेने में अधिक समय लेता है। इस संस्कार को 'डो क्कुकुलू डोक्कुलु' कहा जाता है। नक्काल कद काठी में छोटे होते हैं, उनके कंधे और छाती सिकुड़ी हुई और बाँहें लम्बी होती हैं। उनका शरीर कमजोर होता है। वह वृक्षों के साये में और बाजार, बस अड्डों, रेलवे स्टेशन, मन्दिर जैसी भीड़-भाड़ वाली जगहों में फुटपाथ

पर रहते हैं। उनकी जीविका सुई, छोटे आईने, कुमकुम, कंघियाँ आदि बेच कर चलती है। उनके पुरुष धोती और कभी-कभी पाग पहनते हैं, स्त्रियाँ लहँगा और चोली धारण करती हैं। स्त्री और पुरुष दोनों ही रंगीन मनकों की भड़कीली मालाएँ पहनते हैं। शरीर के विभिन्न हिस्सों में गोदना गुदवाने की प्रथा उनमें है। नक्काल धार्मिक रूप से हिन्दू हैं। उनका सम्बन्ध जागौर, वीराघन, विलाईवेलो, नौखाद देवी, सेलमहाम्मरी, बधाई देवी जैसी देवियों से है। देवी प्रतिमाएँ खून से सने हुए एक कपड़े में लपेट कर रखी जाती हैं, जिसे 'सभीसत्रु' अथवा 'समीमूटा' कहा जाता है।[60] वे पहाड़ों की देवी 'पार्वतीश्वरी' की भी पूजा करते हैं। डी.डी. कौशाम्बी ने लिखा है, 'पूना के पास एक पार्वती मन्दिर है, जो अब प्रचलित ब्राह्मण देवताओं के प्रति समर्पित कर दिया गया है। किन्तु अब भी वहाँ आदिम देवता हैं जिनका कुछ-कुछ ब्राह्मणीकरण हो गया है, जिन पर अभी भी पशुओं के रक्त की बलि दी जाती है।'[61] एलमोर का कथन है कि इन देवी-देवताओं के लिए रक्त अथवा बलि चढ़ाने का प्रचलन है।[62]

नक्काल अभी भी घुमक्कड़ी का जीवन व्यतीत कर रहे हैं। सुअर पालन, पशु पालन, चिड़ियों को पालतू बनाना, रद्दी बेचना, भीख माँगना आदि उनके पेशे हैं। शिकार से उन्हें प्रेम है। आज भी इस समुदाय के अनेक नाम ऐसे हैं जो मतदाता सूचियों में नहीं हैं। वे अब भी उसी अवस्था में हैं जब भोज्य का संग्रह किया जाता था। नक्कालों को अनुसूचित जनजाति का दर्जा और मतदान का अधिकार मिलना चाहिए क्योंकि उनमें से अधिकांश घुमन्तू अवस्था में हैं। उनमें राजनीतिक चेतना नहीं मिलती। कोई भी शिक्षित और राजनीतिक रूप से सचेत नहीं है, जो उनके समुदाय की समस्याओं को सामने रख सके। अन्य उल्लेखनीय बात यह है कि ये लोग जमीन की माँग कर रहे हैं जिससे वे अपनी जीविका कमा सकें। कृषि के प्रति बदलता हुआ यह व्यावसायिक रुझान इस इच्छा को प्रतिबिम्बित करता है कि वे अब एक जगह पर स्थायी रूप से बसना चाहते हैं। उनमें एक उभरती हुई सामाजिक भावना है कि वे घुमन्तू स्वभाव को छोड़ कर कृषि को अपनाएँ। आन्ध्र प्रदेश की सरकार ने हाल ही में उन्हें अनुसूचित जनजातियों की सूची में सम्मिलित किया है।

4

वोड्डार

नृवंशीय पृष्ठभूमि

वोड्डार कथेरा अथवा दसारी के नाम से भी जाने जाते थे। आन्ध्र प्रदेश के सभी जिलों में बसे हुए इन लोगों को गुड्डू दसारी या मुचरिकला भी कहा जाता था। वे

बोया, गोल्ला, उडड्डूर और सलियाको से बने थे। सिद्धपुरम में इनके लिए 'डोगा वोड्डार' नाम प्रचलित है। वोड्डार शब्द संस्कृत के 'ओध्र' शब्द का अपभ्रंश है, जिसका अर्थ वह प्रदेश है जिसे आजकल उड़ीसा कहा जाता है, और समझा जाता है कि ये लोग वहाँ से विस्थापित होकर आए थे।[63] वोड्डार जनजाति घुमन्तू थी लेकिन अब उसके अधिकांश सदस्य देश के विभिन्न भागों में विशेष रूप से, आन्ध्र प्रदेश के कुरनूल, गुंटूर, कृष्णा, बांगनपल्ली (नन्दयाल), चित्तूर, कुडप्पा और नेल्लोर जिलों में बस गए हैं।[64] ग्रिबल की कुडप्पा डिस्ट्रिक्ट मैनुअल में इस जनजाति को नकबजन, जेब काटने वाला और मवेशियों का चोर बताया गया है। 1875 में ग्रिबल ने कहा था कि यह वोड्डार अपराधियों का सर्वाधिक कठोर वर्ग है।[65]

यह वोड्डार बिखरी हुई बस्तियों में रहते हैं, उनकी झोंपड़ियाँ डोम्मारों की तरह नोकदार होती हैं, जिनका दरवाजा नीचा होता है।[66] ये झोंपड़े किसी भी गाँव से बहुत दूर होते हैं और बहुत सम्भव है कि वे चुने हुए वन प्रदेश में रहते हों।[67] वह कमर में और ऊपर एक-एक कपड़ा पहनते हैं, और 'नामम' और एक 'बोटू' लगाते हैं।[68] कलवोड्डार अथवा मट्टी वोड्डार के रूप में वे गाँव के हर मकान की बनावट का पता लगा लेते हैं और ऐसे मकानों में नकबजनी करते हैं। वे किसी भी पत्थर अथवा गारे की दीवार में सेंध लगाने में निपुण होते हैं। वे समूहों में काम की तलाश में गाँव में जाते हैं और अपराध को अन्जाम देते हैं।[69]

पहले वे कुरनूल जिले के तालुका मरकापुर के वोड्डचेरला में रहते थे, फिर 1890 में वह गुंटूर जिले के विनुकोंडा तालुका में कोथालपुर चले आए।[70] अब यह इस समुदाय का मुख्यालय बन गया। यहाँ यह उल्लेख किया जा सकता है कि उस समय के कुरनूल जिले में कम्बम तालुके के एक कुख्यात कापू अपराधी माचीरेड्डी ने वोड्डोरी का एक गिरोह बनाया था। एक दूसरे गिरोह के सरगना का नाम वेमुलनागाडू था। यह दोनों गिरोह अपराध अन्वेषण विभाग में 83 और 84 क्रम पर पंजीबद्ध थे।[71] वेमुलनागाडू की मृत्यु के बाद माची रेड्डी गिरोह का सरगना बना। इस गिरोह में 33 सदस्य थे। जब यह सरगना बूढ़ा और अशक्त हो गया तो कुछ समय तक तो साथ रहा, लेकिन फिर उसके छोटे-छोटे गुट बन गए, जिनके अपने-अपने मुखिया थे। शादी-विवाह या अन्य अवसरों पर यदा-कदा उनकी भेंट होती थी। इन सभी जिलों में वे अपराध करते हुए डोलते रहते थे। इस क्रम में एक उत्पाती गिरोह कुरनूल जिले के सिद्धपुरम में बस गया।[72]

मद्रास प्रेसीडेंसी के अपराधी वर्गों पर अपनी टिप्पणियों में एफ.एस. मुलाली ने लिखा था, 'प्रभावित जिलों में कुछ वोड्डारों को 'डोंगा वोड्डार' कहा जाता था। अपने व्यवसाय की वजह से ये चोर वोड्डार कहलाते थे।'[73] वे उद्दंड होते थे और कभी-कभी अत्यन्त क्रूर हो जाते थे। जब उनका प्रतिरोध किया जाता था तो वे पीड़ितों को शारीरिक चोट पहुँचा सकते थे। पौपा राव नायडू ने विभिन्न स्थानों

पर रहने वाले चौदह विविध वर्गों का उल्लेख किया है, जिनकी अपनी-अपनी विलक्षणताएँ थीं।[74]

उत्तर अरकाट जिले की मैनुअल में इन्हें क्षेत्र का मूल निवासी बताया गया है जो अन्य की अपेक्षा अधिक तेजी से पत्थर तोड़ने, कुआँ खोदने, तालाब बनाने, और धरती पर दूसरे काम करते हैं।[75] शर्सटन ने दक्षिण भारत की जातियों-जनजातियों पर अपनी पुस्तक में लिखा है, इन लोगों के दो उप-समुदाय हैं, (1) कल्लु या रती वोड्डार (पत्थर का काम करने वाले) और (2) मन्नू वोड्डार (भूमि कार्य करने वाले)।[76] एम. केनेडी ने इन लोगों का और भी विभाजन किया है—भांडी वोड्डार (गाड़ीवान), पथराट, जांती या दांगदी टछचू वोड्डार (पत्थर काटने वाले) या घट्टी वोड्डार (ठग), घट्टी वोड्डार डोगा (चोर) या वोड्डार (ठग) भी कहलाते हैं। टक्कु वोड्डार (डोंगा वोड्डार) नकबजनी और सेंधमारी भी करते थे।[77]

सभी वोड्डार अपराधी नहीं हैं। प्रभावित जिलों में डोंगा वोड्डार एक अलग ही वर्ग है जो आपराधिक कार्य करता है। सामान्य वोड्डार देशाटन करते रहते हैं और जहाँ इन्हें काम मिलता है, वहीं रुक जाते हैं। बनागनपल्ली राज्य में उन्हें टक्कू वोड्डार कहा जाता था। चेंगलपेट जिले में वह कल्लु वोड्डार और उत्तर अरकाट जिले के गुड्डियाथम कस्बे में मन्नू वोड्डार के नाम से जाने जाते थे। आन्ध्र प्रदेश में कुरनूल, बेल्लारी, कुडपा, चित्तूर, अनन्तपुर, नेल्लोर और गुंटूर जिलों में उन्हें डोंगा वोड्डार कहा जाता था। टक्कू वोड्डार (डोंगा वोड्डर) सेंधमारी और नकबजनी का अपराध करते थे।[78] कुआँ खोदने के अलावा वे कुशल संगतराश थे। संगतराशी के छद्‌म वेश में वे मकानों अथवा यात्रियों के सम्बन्ध में जानकारी एकत्र कर लेते थे, जिन्हें बाद में लूटना है।[79] लूटमार या डकैती डालते समय उनके पास सदा बड़ी-बड़ी लाठियाँ होती थीं और यदि उनका सामना किया जाता तो वे इनका इस्तेमाल भी करते थे। उनकी वारदातें बीस मील (बत्तीस किलोमीटर) के दायरे में सीमित रहती थीं। कभी-कभी वारदात करने की नीयत से वे बड़ी भीड़ के साथ भी निकलते थे।[80]

वोड्डार अच्छे भले दिखाई देते हैं। उनका रंग गहरा होता है, वह काफी सहनशील हैं और प्राय: कड़ी मेहनत करने वाले हैं। पुरुष सुगठित होते हैं और उनके माथे, बाजुओं और छाती पर वैष्णवों के पवित्र चिह्न लगाए गए होते हैं।[81] एक समूह के रूप में वे गंदे, शाह खर्च और अति मद्यपी होते हैं। वह बहुत कम कपड़े पहनते हैं। उनकी पोशाक में धोत्तार या चोलना (कमर का कपड़ा), अंगी या पैरन (कमीज़) और सिर पर बाँधने के लिए रुमाल होता है। कंधों पर वे एक मोटे कपड़े का हच्डा (चादर) या कम्बल डालते हैं।[82] औरतें साड़ी पहनती हैं जिसके पल्लू से सिर और छातियों को ढक कर रखा जाता है। पुरुष जूते नहीं पहनते, और स्त्रियाँ चोलियाँ अथवा दाहिने हाथ में काँच की चूड़ियाँ नहीं पहनतीं।[83] वे पीतल या काँसे के बाजूबन्द पहनती हैं। कम उम्र स्त्रियों का नाक-नक्श सम्भ्रान्त महिलाओं जैसा होता है।

सिद्धपुरम के वोड्डार मूल रूप से आन्ध्र प्रदेश के विभिन्न क्षेत्रों से लाए गए थे। कुछ आपस में सम्बन्धी भी थे। सिद्धपुरम के वोड्डारों में नातेदारी की महत्त्वपूर्ण भूमिका है। वे अपने सम्बन्धियों के पास रहना चाहते हैं। वे समुदाय के भीतर ही वैवाहिक सम्बन्ध बनाना चाहते हैं। वे आन्ध्र प्रदेश के विभिन्न भागों में अपने नाते-रिश्तेदारों से सामाजिक सम्बन्ध बना कर रखते हैं।

तेलुगु परिवार का होने की वजह से उनकी भाषा बिगड़ी हुई तेलुगु है, लेकिन दक्षिणी जिलों में बसे हुए वोड्डार तमिल भी जानते हैं। जिन जिलों में वे रहते हैं वहाँ के अनुसार वे मराठी और कनारी भी बोलते हैं।[84]

वोड्डर मानते हैं कि उनकी कई उपजातियाँ हैं, इनमें से ग्यारह अभी ज्ञात हैं। ये हैं : (1) मन्नू वोड्डार—जमीन का काम करने वाले, (2) कल्लू वोड्डार—संगतराश, (3) अप्पू वोड्डार—नमक के व्यापारी, (4) बांडी वोड्डार—गाड़ीवान-गाड़ी वोड्डार, (5) गिरिनी वोड्डार—पत्थर काटने वाले, (6) राजा वोड्डार—लाख विक्रेता, (7) अरागू वोड्डार—लाख विक्रेता, (8) टुडुरू वोड्डार—चोर, (9) उरु वोड्डार—कस्बों में घूमने वाले, (10) टछचू वोड्डार—लुटेरे और नकबजन तथा (11) घट्टी वोड्डार—जंगलों में रहने वाले।[85]

मन्नू वोड्डार गुलबर्गा, मांड्या और मैसूर जिलों में बड़ी संख्या में मिलते हैं। वे कुआँ खोदने, रेल पटरियाँ बिछाने, नहरें, ताल, बाँध, पुल बनाने और उनकी मरम्मत के कामों में लगे हुए हैं।[86] यवतमाल जिले के एक पुलिस निरीक्षक, रशीद-उल्ला खान द्वारा दी गई एक रिपोर्ट के अनुसार वे सदा वेश बदल कर घूमते हैं जिससे उनकी पहचान आसानी से न हो सके।[87] कल्लू वोड्डारों को पत्थर की खदानों में काम मिला हुआ है, वे इमारतें बनाने, सड़क पाटने और पत्थर तराशने का भी काम करते हैं। वे मुख्य रूप से बंगलुरु, बेलारी, चित्रदुर्ग और कोलार जिलों में हैं। अप्पू वोड्डार नमक और इमली का व्यापार करते हैं। वे बंगलुरु, कोलार और चित्रदुर्ग जिलों में हैं। आन्ध्र प्रदेश में वे चित्तूर जिले के चन्द्रगिरी मंडल में हैं। बांडी वोड्डार पत्थर का काम करते हैं। वे चटाइयों, घास इत्यादि से बनी झोंपड़ियों में रहते हैं। उनके साथ उनके परिवार और पालतू गधे होते हैं। गिरिनी वोड्डारों को यह नाम पत्थर कूटने के उनके पेशे से मिला है। राजा वोड्डारों को लोक निर्माण कार्यों में काम मिला हुआ है। अरागू वोड्डार गोंद और मोम जैसी वनोपज का संग्रह करके उनकी बिक्री करते हैं। टुड्डुगू वोड्डार राहजनी करते हैं। अब्दुल गनी और एडगर थर्सटन ने वोड्डारों के इस समुदाय की चर्चा की है। उरु वोड्डार रस्सियाँ बुनते हैं। घट्टी वोड्डार जंगलों अथवा ऊसर भूमि में रहते हैं। उनके साथ उनके परिवार, पालतू गधे और बकरियाँ वगैरह भी रहती हैं। वोड्डारों का विश्वास है कि वे मूल रूप से एक ही सगोत्रीय समुदाय थे, बाद में वे कई सगोत्रीय समूहों में विभाजित हो गए।[88] प्रत्येक उपजाति को एक नाम दिया गया है और यह नाम उनके व्यवसाय का द्योतक है।

वे हर तरह का पशुमांस खाते हैं, जैसे चूहे, मछली, सुअर, काले मुँह के बन्दर, सियार, छिपकली, गिद्ध, बिल्ली, हिरन, बकरे, सभी पक्षी, कौए और गिलहरी का मांस। वे गो मांस से घृणा करते हैं।[89] सामान्यत: वे मांसाहारी होते हैं। वे भीख माँगने और शिकार करने के लिए बाहर निकलते हैं। वे गाँजे और तम्बाकू का धूम्रपान करते हैं। शराब के वे आदी हैं।[90] डोम्मार, मडिगा और मालाओं से घुलने-मिलने में उन्हें हिचक नहीं होती।[91] मन्नू, कल्लू और बांडी वोड्डार साथ-साथ भोजन कर लेते हैं।[92]

सामाजिक जीवन

वोड्डारों में दो तरह की पारिवारिक व्यवस्था है, एकल और विस्तृत परिवार। एक दो ऐसे भी परिवार होंगे, जिनमें एक ही सदस्य हो जो बाद में एकल परिवार में बदल जाते हैं। सिद्धपुरम बस्ती में तीन सौ परिवार रह रहे हैं। हमने प्रत्येक झोंपड़ी में रहने वालों से भेंट की और उनकी वर्तमान स्थिति के सम्बन्ध में जानकारी ली। इन तीन सौ परिवारों में तीन हजार लोग हैं। औसतन हर परिवार के पास एक से दो एकड़ तक जमीन है। कुछ परिवारों के पास इससे भी अधिक जमीन है और ऐसे भी परिवार हैं जिनके पास जमीन ही नहीं है। कुछ वोड्डारों के पास स्थायी झोंपड़ियाँ नहीं हैं। सभी स्रोतों से उनकी मासिक आय 1,000 से 1,500 रुपए तक है।[93] निर्माण कार्य के दौरान वे साधारण वोड्डारों के निकट सम्पर्क में आते हैं और उनके बीच वैवाहिक सम्बन्ध बन जाते हैं। वोड्डारों का वैवाहिक समारोह दो चरणों में सम्पन्न होता है—ओक्क कूबेट्टेडी (ताम्बूलमबेट्टेडी) अर्थात मँगनी और पेंडली (विवाह)। यह समारोह बड़े-बूढ़ों के सामने होता है। गंगाराजू (ग्राम-प्रमुख) की विवाह की रस्मों के संचालन में महत्त्वपूर्ण भूमिका रहती है।

जब किसी लड़के या लड़की के माता-पिता अपने पुत्र या पुत्री के लिए अनुकूल जोड़ा पा लेते हैं तो उनके बीच पान के पत्ते, सुपारी, हल्दी और फलों का आदान-प्रदान किया जाता है। गंगाराजू और कुछ बड़े-बूढ़ों के साथ लड़के का पिता लड़की के घर यह सब लेकर जाता है।[94] लड़के और लड़की के रिश्तेदार दो पाँतों में बैठकर विवाह की शर्तें और अपनी माँगें तय करते हैं। जब गाँव के मुखिया की मौजूदगी में सुपारी दे दी जाती है तो ब्राह्मण विवाह का शुभ मुहूर्त निकालता है। एफ.एस. मुलाली लिखते हैं कि इन लोगों का अधिभौतिक क्षेत्र ब्राह्मणों द्वारा नियंत्रित है और विवाह तथा दूसरे उत्सवों से सम्बन्धित मामलों में उनसे परामर्श लिया जाता है। विवाह समारोह जटिल नहीं हैं, वर-वधू एक खम्बे के आसपास तीन बार फेरे लेते हैं जो इसी निमित्त गाड़ा जाता है।[95]

विवाह समारोह के साथ दो दिनों तक कई रस्मोरिवाज और सामाजिक कार्यक्रम सम्पन्न किए जाते हैं। विवाह की महत्त्वपूर्ण रस्में हैं—नागुलू, गंगा पूजा, डारे, तली,

ओली और मुई। नालुगू की रस्म उनके समाज की पाँच या सात बुजुर्ग महिलाएँ पूरा करती हैं। मामा वर और वधू को नए वस्त्र प्रदान करता है। वर को दो सफेद धोतियाँ और एक चादर दी जाती है और वधू को एक सफेद साड़ी और ब्लाउज़।[96]

इस रस्म के बाद एक जुलूस गाँव के मन्दिर में ले जाया जाता है जहाँ वर पूजा करता है। मन्दिर की यात्रा के बाद दूल्हे के घर पर एक भोज होता है। पूर्व निर्धारित कार्यक्रम के अनुसार ताली (मंगलसूत्र) बाँधने की रस्म अदा की जाती है। दुल्हन का पिता अपने दोनों हाथों में चावल भरकर दूल्हा-दुल्हन के सिर पर डालता है। इसके पश्चात तली पहनाया जाता है। इस कार्यक्रम में वधू के मामा की मुख्य भूमिका होती है। वह मेटेलू भेंट करता है जो ताँबे या चाँदी के एक जोड़ी बिछिया होते हैं। ओली (वधू का मूल्य), मुई (उपहार देना) की रस्में सामान्यत: भोजन के बाद पूरी की जाती हैं। गंगाराजू ओली की रस्म को शुरू करता है। इसमें आठ रुपए दिए जाते हैं। दूल्हा समुदाय के मन्दिर के लिए गंगाराजू को बीस रुपए देता है।[97]

यह देखा जा रहा है कि वोड्डार धीरे-धीरे अपनी विवाह-संस्कार में बदलाव ला रहे हैं। यह संस्कृतीकरण के द्वारा हुआ है। इन पर ऊँची जातियों का प्रभाव पड़ा है। एक तरफ ओली की रस्म का प्रचलन तो है लेकिन दूसरी तरफ पढ़े-लिखे वोड्डार वर अब दहेज की माँग करने लगे हैं।[98] ईसाइयत के प्रभाव से कुछ शादियाँ चर्च में होने लगी हैं, जहाँ पादरी शादी करवाता है।

विधवा विवाह कुल-पंचायत की अनुमति से होता है। जब महिला और पुरुष परस्पर सहमति से पति-पत्नी के रूप में रहना स्वीकार कर लेते हैं। इस तरह के विवाह में रिवाजों का तामझाम नहीं किया जाता। दूल्हा और उसके साथी साड़ी, जेवर और फूल लेकर दुल्हन के घर जाते हैं जहाँ मुखिया शादी करवा देता है।[99] जब वोड्डार पहले-पहल सिद्धपुरम में बसाए गए थे तब उनके बीच कोई विवाह समारोह नहीं होता था। उनका चलन यह था कि जो पुरुष जेल से बाहर होता था, वह अपने को पुरुष प्रमाणित करे, पुरुष और नारी को एक-दूसरे के साथ निकट सम्बन्धों के लिए छोड़ दिया जाता था। कुछ लोग जेल से बाहर आते थे और कुछ भीतर जाते थे तो नए सम्बन्ध स्थापित हो जाते थे। स्थायी वैवाहिक सम्बन्धों जैसी कोई चीज़ नहीं थी। इसमें बस्ती के प्रबन्धकों के प्रभाव से बदलाव आया। अब सिद्धपुरम के रहवासियों के बीच विवाह समारोह और नियमित सम्बन्ध देखे जा सकते हैं।[100]

थर्सटन ने बताया है कि पुरुषों को बहुविवाह और तलाक की खुली छूट है। तलाक किसी भी समय लिया जा सकता है किन्तु इसके लिए पत्नी के अभिभावकों को 16 रुपए देने पड़ते हैं। कुल-पंचायत के निर्णय से सन्तानें माता और पिता के बीच बँट जाती हैं। तलाक यदा-कदा होने वाली घटना है। बाल-विवाह बहुत कम होते हैं।[101]

उत्सव, समारोह और अन्धविश्वास

डोंगा वोड्डारों के लिए जन्म का समारोह एक अन्य खुशी का अवसर है। यह सभी बिरादरियों में मनाया जाता है लेकिन उनके तरीके अलग-अलग हैं। रिवाज यह है कि वोड्डार स्त्री अपनी पहली और दूसरी सन्तान को अपने पिता के घर में जन्म देती है जहाँ उसकी माँ उसकी देख-रेख करती है। गर्भ के पाँचवें या सातवें महीने में उसे पिता के घर भेज दिया जाता है। वोड्डारों का विश्वास है कि माँ और बेटी के रिश्ते कोमल और आत्मीय होते हैं, और एक गर्भवती पुत्री सदा अन्य जातियों की स्त्रियों की तरह ही इस अवस्था में माता के दुलार की अपेक्षा करती है। सास और बहू के सम्बन्ध बहुत सम्मानजनक होते हैं। वोड्डार लड़की के जन्म का स्वागत नहीं करते। वे पुत्र की कामना करते हैं, जो परिवार की गरिमा बढ़ाता है। वह पुत्र कड़ी मेहनत करता है और परिवार की आर्थिक कठिनाइयों में हाथ बँटाता है। कन्या विवाह के बाद दूसरे परिवार की हो जाती है, यही कारण है कि इसे परिवार की हानि समझा जाता है।

सन्तान के जन्म को माँ, सन्तान और उस परिवार के सभी सदस्यों के लिए छुतहा माना जाता है। माँ-बेटे को तीसरे, पाँचवें और सातवें दिन स्नान कराया जाता है। नवें दिन उसे शुद्ध करने के लिए स्नान से पहले माँ के शरीर पर हल्दी का उबटन लगाया जाता है। कोई पवित्र प्रसाद नहीं चढ़ाए जाते। नवें दिन घर को शुद्ध करने के लिए उसे पानी से धोकर गोबर से लीपा जाता है।[102] परिवार के देवताओं की अभ्यर्थना के लिए दीवार पर उसके सदस्य दीपक जलाते हैं। मीठा पोंगल बनाया जाता है और घर के देवताओं पर नारियल चढ़ाया जाता है। मन्नू वोड्डारों में जन्म के ग्यारहवें दिन नामकरण की प्रथा है।[103] देवता के सामने बालों का दान एक अन्य महत्त्वपूर्ण रस्म है जो उनमें निभाई जाती है। वोड्डार जिन मन्दिरों में प्राय: जाते हैं, वे हैं तिरुपति के वेंकटेश्वर, पंचालकोला का पंचेला नरसिंहस्वामी मन्दिर, पमूरु का मलकोंडा स्वामी मन्दिर, कुउप्पा का वीरब्रह्मा मठ, और नेल्लोर के मल्लापकोंडा स्वामी मन्दिर और पेट्टमा मन्दिर, इत्यादि।[104]

मृत्यु होने पर वह शव को इस तरह रखते हैं कि उसका सिर दक्षिण दिशा में रहे।[105] मृतक व्यक्ति के आभूषण उतार लिए जाते हैं। पिता का ज्येष्ठ पुत्र अथवा मृतक का सबसे छोटा पुत्र मृतक के पाँवों की तरफ अगरबत्तियाँ जलाता है। धनी सम्पन्न लोग कब्र का पत्थर खड़ा करते हैं और अन्य कब्र में पत्थर डालते हैं। वोड्डारों की मान्यता है कि मृतक की आत्मा तीसरे दिन अपनी कब्र पर आती है। पत्तों पर भोजन रखकर वे दूर चले जाते हैं और तब तक इन्तजार करते हैं जब तक एक कौआ उस भोजन में चोंच नहीं मार देता। वोड्डार दस दिन तक मृतक का सूतक मनाते हैं, ग्यारहवें दिन शुद्धिकरण की क्रियाएँ की जाती हैं। यदि मृत्यु गुरुवार या शुक्रवार को हुई तो उनका विश्वास है कि मृतक की दुष्टात्मा तीन महीनों तक सक्रिय रहती हैं।

वोड्डार बहुत अन्धविश्वासी हैं और शकुनों-अपशकुनों में उनकी आस्था है। उनके कुछ अशुभ शगुन इस प्रकार हैं : (1) यदि प्रस्थान के समय कोई छींक दे, (2) रास्ते में दो शूद्रों से उनका सामना हो जाए, (3) अगर बिल्ली उनका रास्ता काट दे, (4) कुत्ते का रोना। इनमें से कोई भी घटना होने पर वे अपनी यात्रा स्थगित कर देते हैं। शुभ संकेत हैं : (1) शूद्र का सामना, (2) घोड़े का हिनहिनाना, (3) गधे का रेंगना और (4) रास्ते में अबाबील की उड़ान।[106]

सिद्धपुरम के वोड्डार भी अनन्तपुरम और कुडप्पा जिले के वोड्डारों जैसे ही पर्व मनाते हैं, किन्तु उनमें से किसी एक के भी साथ उनके रक्त सम्बन्ध नहीं हैं।[107] बस्ती के रहवासी हिन्दू त्योहारों को मनाते थे और बस्ती के मन्दिर में पूजा-अर्चना करने के लिए जाते थे। अब जब तक बस्ती में सार्वजनिक सभाएँ होती हैं जिनमें प्रबन्धक और पुलिस अधिकारी रहवासियों को निर्देशित करते हैं। यहाँ रहने वाले बंजारे रात में नाचते-गाते हैं। वोड्डारों के अतिरिक्त यहाँ रहने वाले दूसरी जातियों के लोग डोंगा दसारी, दलित, मुस्लिम, कापू, चेंचू, रेड्डी, येरुकला, सुगाली और धर्मान्तरित ईसाई हैं। वे मूलत: पिछड़ी जातियों से हैं। वोड्डारों के धर्मान्तरित ईसाई चर्च जाते हैं और ईसाइयों की तरह क्रिसमस और नव-वर्ष मनाते हैं।[108]

अपराध की शैली

वोड्डार कभी भी एक जगह नहीं बसे और सदा घुमन्तू ही रहे। स्त्रियाँ भी पुरुषों की भाँति अपराध करती हैं। वे सुअरों की और अन्य छोटी-मोटी चोरियों में सिद्धहस्त हैं। वे दुस्साहसी होते हैं। उनकी स्त्रियाँ जासूसी करने और चुराई गई चीजों को ठिकाने लगाने में चतुर हैं। वे ऐसी जानकारियाँ एकत्र करती हैं जो उनके मर्दों के अपराधों में काम आएँ। स्त्रियाँ बहुत समस्याएँ खड़ी करती हैं। वे कानूनी हिरासत से अपने पुरुषों को छुड़ाकर ले जाती हैं। बच्चे भी इसी तरह चतुर हैं और चोरियाँ करते हैं।[109]

राहजनी करते हुए वे हमेशा मजबूत लाठियाँ साथ रखते हैं और आवश्यकता होने पर हिंसा से नहीं हिचकते। दीवारों में सेंध लगाने के लिए आमतौर पर वे सब्बल को काम में लाते हैं। यह उनके पत्थर तोड़ने के व्यवसाय का औजार है। ये परकुची नामक दूसरे औजार का भी इस्तेमाल करते हैं, जो लाठी में लगी हुई लम्बी लोहे की फाल का होता है। यह बहुत प्रभावी हथियार नहीं है और इसका प्रयोग आत्म-रक्षा के लिए किया जाता है। जब वे वारदात करने निकलते हैं तो उनके पास खंजर और कुल्हाड़ियाँ होती हैं। कुछ लोग लूटी गई सम्पत्ति को रखने के लिए डलियाँ लेकर चलते हैं। अन्य के पास मांस के टुकड़े होते हैं जिससे भौंकने वाले कुत्तों को चुप कराया जा सके।[110]

किसी गाँव के धनाढ्य व्यक्तियों की जानकारी हासिल करने के लिए वोड्डार उस गाँव की नीच जातियों के लोगों से दोस्ती गाँठते हैं, जैसे माला, मडिगा, और बोया। जब उन्हें जानकारी मिल जाती है तो वह वहाँ से दूर चले जाते हैं। गिरोह में छह-सात या कभी-कभी इससे ज्यादा लोग होते हैं। ये आपस में योजना बनाने में सलाह करते हैं। उनमें से कुछ रास्तों की निगरानी रखते हैं। जो अनुभवी और साहसी हैं, वे गंगाराजू के नेतृत्व में घर पर धावा बोल देते हैं। आपस में वे सीटियों या इशारों से सन्देशों का आदान-प्रदान करते हैं।[111]

दरवाजे खोलने के लिए वे सिटकनी के पास छेद कर देते हैं। इसी तरह वे दीवार से भी इतना बड़ा छेद करते हैं जिसमें से आदमी घुस सके। यह छेद मकान के पिछवाड़े या बगल में नींव के पास किया जाता है। इन सेंधों की विशेषता यह है कि उनकी खुदाई सीधी और साफ सुधरी होती हैं। जहाँ एक सफल सेंध होती है उसके आसपास कुछ अधखुदी सेंधे भी मिलती हैं।[112]

सम्पत्ति के स्वामी, या उन्हें पकड़ने के लिए पीछा करने वालों के साथ वोड्डार कोई रहम नहीं करते, और उनके नाक-कान आदि काट लेते हैं। कभी-कभी उन्होंने पुलिस अधिकारियों की हत्या तक की है और पुलिस का गोला-बारूद लेकर फरार हो गए। पुलिस हिरासत से पलायन की घटनाएँ बार-बार होती हैं। पुलिस के कब्जे से छूटने के लिए वे चलती ट्रेन से भी कूद जाते हैं। पुलिस को गुमराह करने के लिए वे ऊँची जातियों का कीमती सामान रास्ते में या अपराध स्थल पर फेंक देते हैं।[113]

अपराध घटित करने के बाद वे चुराया गया सामान गाँव से बाहर ले जाते हैं। नकदी सदा अपने पास रखी जाती है लेकिन दूसरा सामान ताड़ी के दुकानदार को अमानत के रूप में रखने के लिए सौंप दिया जाता है।[114] जवाहरात उन स्थानीय कमाली, कापू, गोला, कम्मा, एडिगा, बालिजाओं और रेड्डियों को बेच दिया जाता है जो उन्हें लेने के लिए तैयार हों। गाँव के कुछ बलियारी भी इन्हें लेने के लिए राजी हो जाते हैं। कभी-कभी लूटी गई सम्पत्ति को वोड्डार अपने ठिकाने के आसपास जमीन में भी गाड़ देते हैं। जब वह वहाँ से निकलते हैं तब इसे खोदा नहीं जाता। कुछ दिन बाद दो-तीन स्त्रियाँ छुपकर वहाँ आती हैं और इसे निकाल कर दूर की किसी जगह पर दबा देती हैं। जहाँ तक उसके बँटवारे का प्रश्न है गंगाराजू को छोड़कर इसे सभी पुरुषों, स्त्रियों और बच्चों में बराबरी से वितरित कर दिया जाता है। गंगाराजू को दो हिस्से मिलते हैं क्योंकि उसने गिरोह का नेतृत्व किया होता है।[115]

वोड्डारों के रहने का कोई निश्चित स्थान नहीं था। वे निगरानी से आसानी से बच जाते थे और अपराध करते थे। यह अनुभव किया गया कि ऐसा अपराधी जिसका कोई ठिकाना न हो और जिसकी गतिविधियाँ ज्ञात नहीं हों, उन अपराधियों से ज्यादा खतरनाक होता है जिनका निश्चित आवास है। यह वोड्डार पहाड़ी और लगभग निर्जन जगहों पर रहते हैं, जहाँ आसपास घनी झाड़ियाँ हों। ऐसे इलाके में

उनके विरुद्ध कार्रवाई लगभग असम्भव हो जाती है।[116] इसलिए सभी वोड्डारों को सिद्धपुरम तालाब योजना में लगाया गया।[117] कुरनूल के तत्कालीन कार्यपालन मंत्री ने उन्हें काम और क्वॉटर उपलब्ध कराए। कुछ डोंगा वोड्डार स्वेच्छा से सिद्धपुरम पहुँचे, और अन्य, जैसा कि कहा जा चुका है, विभिन्न स्थानों से वहाँ लाए गए।[118]

कुछ वोड्डार गुंटूर से चौबीस किलोमीटर दूर गुंटूर तालुके के सेलमपाद में रहते थे। इस इलाके में भारी मात्रा में ताड़ी की उपलब्धता विविध जनजातियों के आकर्षण का विशेष कारण रही है। इससे अपराधियों को खुफिया सूचनाओं के आदान प्रदान का अवसर मिलता था, नए गिरोह बनते थे और चुराई गई सम्पत्ति खुर्द-बुर्द की जाती थी। गाँव वाले और ऊँची जातियाँ खुशी-खुशी चोरी का सामान ले लेते हैं। जाँच करने वाले अधिकारियों को इसका पता लगाना मुश्किल होता है। अधिकांश गाँव वालों की अपराधियों के साथ मिली-भगत होती थी। बाकी के लोग इन ऊँची जात वालों से डरे हुए होते थे क्योंकि वे कुछ भी कर सकते थे। कठोर अपराधियों की जमानत गाँव वाले देते हैं और यदि उनमें से कुछ की जमानत डूब भी जाए तो भी वे इसकी परवाह नहीं करते। इस तरह की परिस्थितियों में वे सिद्धपुरम की बस्ती में पहुँचे थे।[119] जब रहवासियों को पैसे की जरूरत होती थी तो उनके कई संरक्षकों और चोरी के माल के ग्राहकों ने उन्हें बिना किसी हिचक के पैसा दिया। इसके बाद वे भाग जाते थे और उनके लिए लूट का माल ले आते थे। वे हिंसक अपराधी थे और सार्वजनिक शान्ति के लिए एक संकट बन गए थे।[120]

आज के वोड्डार

वोड्डारों की वर्तमान अवस्था को समझने के लिए उनसे साक्षात्कार किया गया। उनमें से कई ने हमें अपनी वर्तमान समस्याएँ बताईं। पूर्व अपराधी कल्याण समिति (सिद्धपुरम) के सचिव के.आर. सोमन्ना ने माँग की कि सरकार को पूर्व अपराधी जनजातियों को अनुसूचित जनजाति वर्ग में सम्मिलित करना चाहिए।[121] औपनिवेशिक काल में मद्रास के पुलिस विभाग ने उनकी जीवन-शैली पर एक प्रतिवेदन तैयार किया था, जिनके अनुसार वोड्डार, कोरबा, कथेरा और कोरचा जनजातियाँ घुमक्कड़ जनजातियाँ हैं जो 'अपराधों' में पड़ गई हैं। उन्होंने यनाडी, सुगाली, चेंचू, येरुकला आदि अन्य जनजातियों की स्त्रियों से विवाह किए। वोड्डारों का कहना है कि वे इन पहले की जातियों के वंशज हैं और इसलिए उनकी माँग थी कि उन्हें अनुसूचित जनजाति में स्वीकार किया जाए। सिद्धपुरम को सरकार ने एक पूर्व अपराधी बस्ती माना था। बिट्रगुंटा और गोल्लाकप्पम बस्तियों के सदस्य अनुसूचित जनजाति का दर्जा पाने के लिए न्यायालय भी गए लेकिन अब तक यह माँग स्वीकार नहीं हुई है।

सरकारी अधिकारी सत्य की शक्ति को देख नहीं पा रहे हैं। वास्तविकता तो यह है कि इन रहवासियों का सरकारी अधिकारियों में विश्वास ही नहीं रहा है, क्योंकि वे उनकी आशाओं और आकांक्षाओं को कभी समझ ही नहीं पाए। सोमन्ना कहते हैं, 'वृद्धजनों को पेंशन नहीं मिल रही, शारीरिक विकलांगों को लाभ प्राप्त नहीं हो रहा है, बच्चों की उपेक्षा की जा रही है।'[122] वे आगे कहते हैं, 'हम पर पुलिस और वन विभाग के कर्मचारी अत्याचार करते हैं। हम पर आज भी अपराधी कहलाने का कलंक लगा हुआ है। हमारी बिरादरी में ऐसा कोई नहीं है जो दैन्य से मुक्त हो। हम से सब भयभीत रहते हैं लेकिन ऐसा कोई नहीं है जो हमारी मुक्ति के लिए आगे आए। हम कितना अभिशापित और कष्टदायक जीवन व्यतीत कर रहे हैं। हमें ऋण नहीं मिलता। जब हम राजस्व अधिकारियों के पास जाते हैं तो गृह ऋण तथा अन्य के लिए हमसे खोखले वायदे किए जाते हैं। हमारा देश गरीब नहीं है, लेकिन भ्रष्ट अधिकारी हमारी उपेक्षा कर रहे हैं। यदि यही हाल रहा तो गरीब और गरीब होते जाएँगे और अमीरों की अमीरी दिन-प्रतिदिन बढ़ती जाएगी।'[123] रहवासियों ने सामाजिक न्याय के प्रश्न भी उठाए और इस सांस्कृतिक विरासत वाली भूमि में उसके अभाव की बात भी कही। इन अधिकारियों का पेट भरने के लिए उन्हें चोरी करनी पड़ती है। पूर्व रहवासियों पर भ्रष्ट अधिकारियों, लालची वकीलों और असहानुभूतिशील जनता का कठोर शिकंजा है। उनका कहना है कि उनका जीवन सदा ही खतरे में पड़ा रहता है।

जब पुलिस किसी व्यक्ति पर सन्देह करती है तो उसे तत्काल गिरफ्तार करके उस पर थर्ड डिग्री आजमाती है। शारीरिक और मानसिक पीड़ा से बचने के लिए वह व्यक्ति कुछ रहवासियों के नाम ले देता है। इस आधार पर पुलिस रहवासियों के घरों पर छापा डालती है। उन्हें लूटा जाता है, स्त्रियों के साथ दुर्व्यवहार किया जाता है और उनके खिलाफ झूठे मामले बनाए जाते हैं।[124] वोड्डार समुदाय के एक अन्य सदस्य लक्ष्मैय्या ने बताया : 'हर रात पुलिस पूर्व रहवासियों के सम्बन्ध में पूछताछ करती है। हाल ही में पुलिस ने हमारे एक युवक को गोली मार दी जो श्रीसाइलम पर्वत की तीर्थयात्रा से लौट रहा था। पुलिस को जब ज्यादा अपराध दर्शाने होते हैं तभी उन्हें बस्ती में एक आसान अपराधी मिल जाता है। कहीं भी और कभी भी कोई अपराध घटित हो, सिद्धपुरम बस्ती की मुसीबत बढ़ जाती है। हमारे कई सदस्यों पर अभी भी विभिन्न न्यायालयों में मुकदमे चल रहे हैं, और बेकसूर होते हुए भी अनेक को जेलों में डाल दिया गया है। उन पर कौन ध्यान देगा? पहले खुद पुलिस ही हमें चोरी और नकबजनी करने के लिए प्रोत्साहित करती थी। कई मामलों में झूठी गवाही देने के लिए हमें घसीटा जाता था। दरअसल हमें पुलिस ने ही अपराधी बनाया है।'[125] सोमन्ना ने यह भी कहा कि 'हम इस बात से बहुत प्रसन्न हैं कि पुलिस उपनिरीक्षक श्री भास्कर राव बहुत सहायक रहे हैं और उनके उदार प्रशासन से पूरी बस्ती ने चैन की एक साँस ली है। 1994 में सिद्धपुरम बस्ती का नियंत्रण एक पुलिस अधीक्षक

के पास होता था। जब उससे बात करने की कोशिश की गई तो उसने हमें अपराधी गतिविधियों से दूर रहने को कहा, और यही करने पर हमें शासन की सहायता मिल सकती है। हमने वैसा ही किया और तब हमें जमीन और ऋण मिल सके।'[126]

राज्य सरकार ने उनके कल्याण के लिए कई उपाय किए हैं, जैसे (1) खेती के लिए उपयुक्त जमीन का वितरण, (2) शिक्षा के लिए प्राथमिक पाठशाला की स्थापना, (3) कुटीर उद्योग के रूप में हैंडलूम बुनाई केन्द्रों का प्रारम्भ, (4) साख और अन्य आवश्यक जीवन सुविधाओं की पूर्ति के लिए सहकारी समितियों की स्थापना, (5) क्षेत्र में चिकित्सालयों का निर्माण, (6) रहने के लिए पक्के मकानों का निर्माण, (7) कृषि और औद्योगिक बस्तियों में रहवासियों के लिए प्रशिक्षण की व्यवस्था, इत्यादि। सरकार के अतिरिक्त सामाजिक संगठनों ने भी उपयोगी व्यवसाय चुनने में रहवासियों की सहायता की जिससे वे सामान्य नागरिक का जीवन बिता सकें। तथापि ये कल्याण योजनाएँ अब उन्हें उपलब्ध नहीं है। उन्होंने सरकार से सहायता का आग्रह किया है।

बस्ती नल्लाभलाई पर्वत-श्रेणी की तलहटी के एक जंगल में बनाई गई थी, और इसलिए वहाँ साँपों और चीतों का भय सदा बना रहता था। रहवासियों का सूर्यास्त के बाद बाहर निकलना असुरक्षित था। अत: बस्ती में बिजली लाने का प्रस्ताव किया गया। सरकार ने 1951-52 में स्ट्रीट लाइट लगाने के लिए रु. 900 की स्वीकृति दी। वर्ष 1952 में बस्ती का विद्युतीकरण किया गया। केरोसीन की लालटेनों के स्थान पर सिद्धपुरम में बिजली की बत्तियाँ 17 मार्च, 1952 को लगाई गईं।[127] कुछ समय पहले बेयरलुटी के वन निरीक्षक ने बस्ती में आकर उनसे वन-सम्बन्धी कार्यों में सहायता चाही। तदनुसार कई रहवासी काम पर लग गए। वे किसी भी समय कोई भी काम करने के लिए प्रस्तुत रहते थे। 'हम केवल यह अपेक्षा रखते हैं कि हमें प्रचलित दरों पर मजदूरी मिले। कभी-कभी ऐसा नहीं होता। उदाहरण के लिए बेयरलुटी के वन निरीक्षक ने हमें बताया कि प्रस्तुत कार्य के लिए शासन ने जितनी राशि निर्धारित की है, उसी के अनुसार मजदूरी दी जाएगी। तथापि शासन की स्वीकृत राशि सदा मजदूरी की प्रचलित दर से कम होती है।'[128] ऐसा रहवासियों का कहना है।

के.आर. सोमन्ना ने बताया कि बस्ती के विकास के लिए सहयोग के वातावरण में कड़ी मेहनत करनी है, और वर्तमान वन अधिकारी और अमले से वह पूरी तरह सन्तुष्ट हैं। वर्तमान जिलाधीश की तरफ से किसी तरह का सहयोग नहीं मिलता है, और उसे समझाने के प्रयत्न फलीभूत नहीं हुए हैं। यही उनकी कठिनाई है। न तो अधिकारी और न ही राजनेता बस्ती पर कोई ध्यान देते हैं। के.आर. सोमन्ना ने गाँववालों के सामने आने वाली दूसरी कठिनाइयों का भी जिक्र किया है। उनके गाँव की वेंकटपुरम पंचायत भी उन पर ध्यान नहीं देती है। सूखा पड़ने के बावजूद सिद्धपुरम को अकाल पीड़ित क्षेत्र घोषित नहीं किया गया था।

इस समय पूरे-पूरे तीन गाँव अवैध शराब की समस्या से त्रस्त हैं।[129] शराब के स्थानीय व्यापारी उन्हें इसके लिए उकसाते हैं। जब भी एक्साइज विभाग ऐसे मामलों में पकड़ता है तो हमेशा वही धरे जाते हैं और वास्तविक अपराधी पकड़ से बच जाते हैं। व्यापारियों की भारी कमाई होती है, वह ऐशो-आराम की जिन्दगी बिताते हैं जबकि रहवासियों का जीवन दूभर बना रहता है। रोजगार के अवसरों का अभाव उन्हें इस कुचक्र की ओर धकेलता है। मद्य निषेध के कारण उन्होंने शराब बनाना बन्द कर दिया है। 'हमने अपराधों से तौबा कर लिया है और हम यह सीख रहे हैं कि अपने पसीने की कमाई से कैसे जिया जाता है। सरकार को शराब के आदियों को सुधारने के लिए कठोर कदम उठाना चाहिए।'[130] रहवासियों का कहना है कि चटाइयाँ बुनने और कालीन बनाने जैसे धंधों से हम अपने परिवार का निर्वाह नहीं कर सकते। यदि उद्योगों की स्थापना हो तो हमें लाभदायक रोजगार मिल सकता है और हमें विश्वास है कि हम सुचारू जीवन-यापन कर सकेंगे। हाल ही में शासन ने कीट संरक्षण कार्यक्रम की शुरुआत की थी, और हम उससे जुड़े हैं। दुर्भाग्य की बात है कि यह सफल नहीं हुआ। हमें राशन कार्ड भी दिए गए। जब तक सिविल सप्लाई अधिकारियों को रिश्वत न दे दी जाए हमें हमारे राशनकार्ड नहीं मिल पाते। हमारे सामने असमंजस की स्थिति है। हम अपराधी गतिविधियाँ शुरू नहीं कर सकते और वर्तमान परिदृश्य से अपने को अलग भी नहीं कर पाते।[131]

5

लम्बाडी (सुगाली)

सुगाली दक्षिण भारत के आदिवासी नहीं हैं। माना जाता है कि उनका मूल स्थान राजस्थान का मारवाड़ है। अठारहवीं सदी में अंग्रेजों के मैसूर और मराठा युद्धों में वहाँ से आकर ये सतारा के मराठा शासकों, पूना के पेशवाओं और हैदराबाद के निजामों की तरफ से लड़े थे। अंग्रेजों के उत्थान के बाद सामान लाने-ले जाने का उनका परम्परागत पेशा यांत्रिक परिवहन, सड़कों और रेलों के निर्माण के कारण छिन गया।[132] वे गरीब और अशिक्षित थे, और उनके पास कोई तकनीकी कौशल भी नहीं था, इसलिए वे लूटमार, डकैती, मवेशियों की चोरी जैसे अपराध करने लगे और यह क्रम पिछली शताब्दी के मध्य तक चलता रहा। अतएव उनकी आपराधिक गतिविधियों पर अंकुश लगाने की दृष्टि से उन्हें 1871 के अपराधी जनजाति कानून XXVII के अन्तर्गत लाया गया।[133] वर्ष 1912 में पश्चिमी गोदावरी के जिला दंडाधिकारी ने राय दी कि अपराधी जनजाति कानून की कुछ व्यवस्थाओं (धारा 3 और 10) के दायरे में घुमन्तू आदिवासी समुदायों के सदस्यों को लाना चाहिए।[134] उनका इरादा अपराधी

जनजाति कानून को प्रभावशाली रूप से उन समुदायों पर लागू करना था जो कोई काम नहीं करते थे।[135] सुगालियों के कुछ परिवार आन्ध्र प्रदेश के गुंटूर, कृष्णा, पूर्व और पश्चिम गोदावरी जिलों में निवास करते थे।

सुगालियों के जीवन-यापन के साधन पशुपालन और पशुओं का क्रय-विक्रय था। वे डेल्टा क्षेत्रों से वनोपज पठारी क्षेत्र में पहुँचाते थे। इन व्यापारिक गतिविधियों के अतिरिक्त खेती उनका मुख्य व्यवसाय था। वे वर्ष के कुछ समय ऊँची जगहों पर रहते थे और गर्मियों में डेल्टा इलाकों में आ जाते थे। व्यापारिक गतिविधियों में उनके परिवार उनके साथ रहते थे। वर्षा होने पर वे कृषि गतिविधियों में लग जाते थे। वे शारीरिक श्रम भी करते थे। डेल्टा क्षेत्र के लिए विस्थापन के दौरान वे मवेशियों या फसल की चोरी जैसे अपराध जीवन-यापन के लिए करते थे। इन परिस्थितियों में 1911 के अपराधी जनजाति कानून की धारा 10 के अन्तर्गत सुगालियों को अपराधी जनजाति घोषित किया गया। सुगालियों को अपराधी अनुसूचित घोषित किए जाने के लिए औपनिवेशिक प्रशासन ने निम्न तर्क दिए थे[136] :

1. सुगाली गैरजमानती अपराधों को व्यवस्थित रूप से करने के अभ्यस्त हैं।
2. आसपास के जिलों में कुछ सुगाली पहले से ही 'अपराधी जनजाति' घोषित किए जा चुके हैं।
3. उनके अनेक वयस्क पुरुषों को सजाएँ मिली हैं।
4. सम्पत्ति सम्बन्धी अपराधों में सुगालियों पर सन्देह किया जाता है।
5. उन्हें कई बार सजाएँ हुई हैं और उनकी सजाएँ बढ़ाई गई हैं।[137]

औपनिवेशिक प्रशासन के इन आरोपों से सुगालियों का केवल व्यापारिक कौशल ही नष्ट नहीं हुआ, बल्कि 1952 के अपराधी जनजाति कानून के निरस्त होने के समय से उनके विमुक्त होने तक उन पर अपराधी होने का कलंक भी लगा रहा। 1953 तक तेलंगाना को छोड़कर आन्ध्र प्रदेश के सभी भागों में उन्हें घुमन्तू जनजाति माना जाता था।[138] तथापि 1976 में अनुसूचित जाति-जनजाति आयोग का आदेश (संशोधन विधेयक) जारी किया गया जिससे सुगालियों पर बन्धन हटा दिए गए हैं।[139]

6

यनाडी

नृवंशीय पृष्ठभूमि

यनाडी आन्ध्र प्रदेश की एक बड़ी और प्रमुख अनुसूचित जनजाति है। ऐसा समझा जाता है कि वे भारतीय अन्तरीप के प्राचीनतम नृवंशों में से एक है।[140] थर्सटन का

कहना है कि यनाडी संज्ञा उन्हें संस्कृत के अनादि शब्द से मिली, जिसका अर्थ है जिसका प्रारम्भ ज्ञात न हो, और उन्होंने माना है कि वे श्रीहरिकोटा के निवासी थे।[141] अब वे नेल्लोर, चित्तूर और प्रकाशम जिलों में मुख्य रूप से फैले हुए हैं। यनाडी गैर आदिवासियों के साथ मिलजुल कर रहते हैं।[142] 1991 की जनगणना के अनुसार, आन्ध्र में उनकी जनसंख्या 3,95,739 है। उनमें शिक्षा का औसत 14.78 प्रतिशत है।[143] यनाडियों की मातृभाषा तेलुगु है। उनकी सभ्यता प्रकृति की गोद में जन्मी और पली-बढ़ी, आज भी उसका विकास मुख्यतय: वहीं हो रहा है। किन्तु समय बीतने के साथ कई नकारात्मक शक्तियों से उसका अन्तर्विलय भी हुआ, विशेष रूप से वन-विनाश के परिणाम से उनका जीवन अस्त-व्यस्त हो गया। इसका प्रभाव उनकी आर्थिक व्यवस्था पर भी पड़ा। फिर भी बिना किसी सामाजिक विघटन के यनाडियों ने बदलते हुए परिवेश के साथ अपनी संगति बना ली है।[144]

जनजाति का नाम और संक्षिप्त इतिहास

यनाडियों को 'यानाडी' अथवा 'येनाडी' भी पुकारा जाता है। थर्सटन का मत था कि यनाडी एक अलग जनजाति है।[145] विशाखापटनम के पालकोंडा तालुके में उनके रिवाज नक्कालों जैसे ही हैं।[146] यनाडी आवश्यक रूप से एक वन्य जनजाति है। वह अपने को 'यनाडी डोरा' कहते हैं।[147] यनाडियों को तीन समूहों में बाँटा गया है, यथा (1) दम्माला यनाडी (भक्त), (2) कापू यनाडी (खेतिहर) और (3) डोंगा यनाडी (चोर)। दम्माला और कापू यनाडी बहुत ईमानदार होते हैं। डोंगा यनाडियों से वे मिलते-जुलते नहीं, और उनके साथ भोजन भी नहीं करते। 1911 के अपराधी जनजाति कानून की धारा 16 के अन्तर्गत डोंगा यनाडियों को ही 'अपराधी वर्ग' में पंजीकृत किया गया था।[148]

जनजाति का विवरण

यनाडी बस्तियाँ अधिकांशत: जंगलों की सीमा पर मिलती हैं। नृवंशीय दृष्टि से वे गहरे रंग के, घुँघराले लहरदार बाल वाले, मध्यम कदकाठी के होते हैं। उनका सिर लम्बा, ठोढ़ी छोटी, चेहरा चौड़ा, नाक दबी हुई, गालों की हड्डियाँ अधिक अस्पष्ट और दाढ़ी बेतरतीब होती है। उनकी मांसपेशियाँ मुलायम और गदरीली होती हैं। वे अपने आसपास की पड़ोसियों जैसी ही वेशभूषा में रहते हैं। बस्तियों से अलग रहने वाले यनाडियों की झोंपड़ियाँ नीची, नुकीली और गोलाकार होती है, जिन्हें बाँस, ताड़ के पत्तों और घास और भूसे से बनाया जाता है। छप्पर के नीचे एक ही कमरा होता है जिसका प्रवेश-द्वार छोटा होता है। छोटी खिड़कियों की वजह से उनके झोंपड़ों में

कम उजाला रहता है। घर में बहुत कम लोग समा पाते हैं। खाना प्राय: झोंपड़ी के बाहर बनाया जाता है।[149]

घुमन्तू या बसे हुए

यनाडी प्रारम्भ में आन्ध्र प्रदेश के नेल्लोर जिले के श्रीहरिकोटा के उत्तर पूर्वी किनारे पर निवास करते थे। कुछ विद्वानों की मान्यता है कि यनाडी प्रारम्भ में चेंचू जनजाति के सदस्य थे और नालामाला की पहाड़ियों में रहते थे। जब वे पहाड़ों से बाहर निकले और नीचे मैदानों में पहुँचे तो यनाडी बन गए। श्रीहरिकोटा के अठारह गाँवों में वे रहते थे और नदियों-पोखरों में मछली और चूहे पकड़ने का काम दिखावटी पेशे के रूप में करते थे।[150]

यनाडियों के जीवन-यापन की शैली

यनाडियों का स्वभाव बेहद स्थानीय होता है। जीविकोपार्जन के लिए स्त्रियाँ और बच्चे परिवार के पुरुषों के साथ जाते हैं।[151] यनाडी विवाह समारोहों में नियमित रूप से शामिल होते हैं और थालियों तथा पत्तलों पर बचा हुआ भोजन इकट्ठा करते हैं। वे लोगों के घरेलू और मेहनत के काम में उनकी सहायता करते हैं। उन्हें जो काम दिया जाता है उसे वे पूरी निष्ठा से करते हैं। यनाडियों की जीविका का साधन छोटे-मोटे अपराध, सेंधमारी इत्यादि हैं।[152] उनके सम्बन्ध में कहा गया है, 'यद्यपि वे गाँवों में स्थायी रूप से रहने लगे थे, वे फिर भी अर्द्ध-जंगली थे। जब भी पुलिस उन्हें पकड़ने आती, वे पहाड़ियों में भाग जाते थे। गाँवों में बार-बार छापे डाले गए लेकिन हाथ कुछ नहीं आता।'[153] उन्हें खेती, कुलीगिरी, जानवरों को चराने, गाँव की चौकीदारी, घरेलू कामकाज और मवेशी चुराने से भी आमदनी होती है। वे अत्यन्त गरीबी में जीवन-यापन करते हैं। उन्हें बड़े परिवार का भरण-पोषण करना होता है। ऐसी परिस्थितियों में मद्रास प्रेसीडेंसी में उन्हें अपराधी जनजाति के रूप में चिह्नित किया गया था।[154]

भोजन की आदतें

वे सभी प्रकार की साग-सब्जियाँ खा लेते हैं जो आसपास या बाजारों में उपलब्ध हों। स्वभाव से वह मांसाहारी हैं और सियारों को पकड़ते हैं। खरगोश, चूहे, गिलहरी, बाज, बकरे, भेड़, जंगली सुअर, मछली और छोटे जानवर उनका खाद्य हैं। वे गोमांस से दूर रहते हैं। शराबखोरी पुरुषों में आम बात है, स्त्रियाँ भी उत्सवों में मदिरापान करती हैं।[155]

विवाह पद्धति

यनाडियों के लिए विवाह एक आवश्यक जैविक और सामाजिक संस्था है। जीवनसाथी को चुनने के लिए उनके अपने नियम और कायदे हैं। इन नियमों में केवल यही नहीं बताया गया है कि किससे शादी की जा सकती है और किससे नहीं, बल्कि यह भी निर्देश दिया गया है कि किससे विवाह करना अपरिहार्य है। यह नियम सगोत्रीयता के सम्बन्ध में है। सगोत्रीयता के नियम से यनाडी के लिए यह आवश्यक होता है कि वे जनजाति के भीतर और सगोत्रीय उपजाति में ही अपनी वधू का चुनाव करें। किन्तु गोत्र से बाहर के विवाह के लिए यह निर्देश दिया गया है कि व्यक्ति को अपने गोत्रनाम से बाहर की वधू खोजनी चाहिए। एक ही गोत्र-नामों वाले व्यक्तियों को परिवार का मानने का रिवाज है,और कुछ समूहों को भी एक-दूसरे के परिवार का माना जाता है।[156]

वधू के चयन के नियमों के अतिरिक्त यनाडी कुछ रिश्तों को प्राथमिकता देते हैं। इन रिश्तेदारियों में चचेरी-ममेरी-मौसेरी सन्तानें आती हैं, जिनके बीच विवाह किया जाता है, इनमें दोनों पक्ष एक-दूसरे से परिचित होते हैं और समझा जाता है कि विवाह के बाद उनके बीच अच्छी समझ रहेगी। जो भी हो, कोई व्यक्ति पिता के पक्ष में (पिता की बहन की बेटी) या माता के पक्ष में (माता के भाई की पुत्री) से विवाह कर सकता है। यदि दोनों ही तरफ से कन्याएँ हों तो लड़के को उनमें से किसी एक को चुनने की स्वतंत्रता होती है। व्यवहारत: मातृपक्ष में विवाह का औसत कम है। यह भी देखा जा सकता है कि रिश्तों से बाहर की जाने वाली शादियों को प्राथमिकता दी जाती है। यनाडियों में कोई बाल-विवाह नहीं देखा गया है। लड़कियों का विवाह उनकी रजस्वला होने की उम्र के बाद किया जाता है, और लड़कों का विवाह बीस वर्ष की वय के बाद होता है। यनाडियों में वधू-शुल्क देना अनिवार्य है। विवाह आपस में बातचीत, परस्पर प्यार या लड़का-लड़की के भाग जाने से तय होते हैं। तलाकशुदा, विधुर और विधवा विवाह प्रचलन में हैं। अधिकांश परिवार एकल होते हैं।[157]

व्यवसाय

यनाडी सात प्रकार की आर्थिक प्रणाली पर निर्भर हैं : (1) संग्रह, (2) शिकार, (3) मछली पकड़ना, (4) चिड़ियाँ पकड़ना, (5) अनियमित खेती (6) कुली का काम और (7) जलाऊ लकड़ी की बिक्री।[158] इधर कुछ यनाडी जीविका के लिए शासकीय नौकरी भी करने लगे हैं। यनाडी एक साथ दो या तीन काम करते हैं, जिनमें कोई एक काम मुख्य होता है और अन्य काम गौण। वे फलों, कंद, पत्ते,

शहद, जलाऊ लकड़ी और अन्य वनोपज का संग्रह करते हैं और इन्हें पास के गाँवों-कस्बों में बेचते हैं। मार्च-अप्रैल महीनों में शहद इकट्ठा करना यनाडियों का मुख्य पेशा है। अपने उपयोग का शहद रखकर वे शेष शहद को बेच देते हैं। जहाँ तक शिकार का सम्बन्ध है, वे बिल्लियों, जंगली कबूतरों, बन्दरों आदि का शिकार करते हैं। बड़े शिकार पहाड़ों की तलहटी में मिलते नहीं और वन विभाग ने संरक्षित जंगलों में शिकार पर रोक लगा रखी है। यद्यपि पारम्परिक रूप से वे अच्छे शिकारी रहे हैं। मछली पकड़ने की गतिविधियाँ मौसमी अथवा सदाबहार जल-क्षेत्रों में की जाती हैं और इसकी अनेक पद्धतियाँ हैं। तीतर और जंगली कबूतरों को पकड़ने के वे परम्परागत और नए, दोनों ही तरीके अपनाते हैं। छोटे पैमाने पर कृषि कार्य यनाडियों ने आर्थिक गतिविधि के रूप में हाल ही में शुरू किया है। आसपास के किसानों के यहाँ वे खेत मजदूरी भी करते हैं।[159]

सामाजिक जीवन-धर्म

चूँकि यनाडी हिन्दुओं के बीच रहते आए हैं इसलिए उनके जीवन के विभिन्न पक्षों में हिन्दू धर्म का प्रभाव पड़ा है। वे हिन्दू मिथकों को मानते हैं और शैव तथा वैष्णव देवताओं के मन्दिरों में जाते हैं।[160] इन स्रोतों की क्रिया एक साथ प्रभावित करती है, और इससे यनाडियों के जीवन और उनकी संस्कृति पर असर पड़ा है। आसपास की कृषक जातियों, गुरप्पा, मुनिस्वामी, पाटेम्मा आदि से, उन्होंने कई परम्परागत देवी-देवताओं को अपना लिया है। अनेक पर्वों पर वे हिन्दू देवी-देवताओं के वेंकटेश्वर, राम, कृष्ण, शिव, आंजनेय, सरस्वती, लक्ष्मी, सुब्रामन्य, वालीयाम्मा और अन्य का नाम जपते हैं, विशेष रूप से उनका, जिनका सम्बन्ध खेती से है। बच्चों के नामकरण में हिन्दू पुराणों और देवताओं का प्रभाव देखा जा सकता है। उनके नाम वेंकटश्वरम, सुब्रमन्या, नटराज, गणेश, लक्ष्मी, पार्वती, श्रीवल्ली, भारती और अन्य पौराणिक चरित्रों जैसे कृष्ण, धर्मराज, भीम, अर्जुन, सहदेव, धनंजय, यशोदा, शशिरेखा इत्यादि से प्रेरित होते हैं।[161] यनाडियों में अब आधुनिक नाम भी रखे जाने लगे हैं।

यनाडी प्रमुख तीर्थस्थलों—तिरूपति, मेल्मारुवट्टूर, सबरीमाला आदि की तीर्थयात्रा पर भी जाते हैं। अपनी सन्तानों के मंगल, अपनी दैनिक कठिनाइयों के शमन, आरोग्य इत्यादि की कामना के साथ वे वेंकटेश्वर, सुब्रामन्य आदि देवताओं को दक्षिणा भी चढ़ाते हैं जिनके मन्दिर तिरुपति और तिरुत्तानी में हैं।[162] यदि उनकी कामना पूरी हो जाती है तो वे कथित मन्दिरों में फिर पूजा करने के लिए जाते हैं। यदि उनकी प्रार्थना से किसी बच्चे का जन्म होता है तो उस देवता का ही नाम बच्चे को दिया जाता है, जिसकी प्रार्थना की गई थी। इस प्रकार विभिन्न तरीकों से यनाडियों ने कई देवी-देवताओं को स्वीकार किया है, जिनकी वे उपासना करते हैं।[163]

कर्मकांड और अनुष्ठान

अन्य सभी हिन्दू जातियों की तरह यनाडी भी ऐसे कर्मकांडों और अनुष्ठानों में विश्वास करते हैं जिनसे उनका और उनके परिवार का जीवन सरल और सुखी हो सके। उन्हें चैन और समृद्धि मिले और उनका परलोक सुधर सके। वर्ष भर के पर्व और त्योहार मनाने के अतिरिक्त यनाडी समाज में अन्य आध्यात्मिक गतिविधियाँ नहीं होतीं। यनाडियों द्वारा मनाए जाने वाले त्योहार हैं—संक्रान्ति, शिवरात्रि, उगाडी, श्रीरामनवमी, वनातम्मा-पंडुगा, आदि कृत्तिका, विनायक चौथ, दीवाली, शक्तिमला, और अयप्पामला। इन त्योहारों को मनाने से उन पर अत्यधिक हिन्दू प्रभाव प्रगट होता है।[164]

यनाडी विश्व को दो हिस्सों में देखते हैं 'रंगम' और 'रंजक', 'मेलम'। इससे उनकी विश्वदृष्टि और सामाजिक संरचना का निरूपण होता है। उनके लिए दृश्य और अदृश्य दो संसार हैं, और अदृश्य संसार में मनुष्य देवता, शैतान, वनस्पति और पशु रहते हैं जो शुभ और अशुभ हैं। वे एक साथ इन दोनों संसारों में रहते हैं। जीवन का कोई अन्त नहीं है, क्योंकि दृश्य संसार में मृत्यु के बाद भी वे अदृश्य विश्व में जीवित रहते हैं और दृश्य संसार के अपने लोगों से उनका सम्पर्क रहता है। जीवन का कोई चक्र नहीं है, बल्कि इसे दृश्य और अदृश्य जगत के बीच का विस्तार माना जाना चाहिए। दृश्य जगत में मनुष्य के दो वर्ग हैं : यनाडी और जो यनाडी नहीं हैं। ये गैर यनाडी शुभ और अशुभ होते हैं। अदृश्य जगत में सभी वस्तुएँ शक्तिशाली होती हैं और उनके बीच देव और दानव का विभाजन है। यह दर्शाता है कि ब्रह्मांड के सम्बन्ध में यनाडियों का सम्प्रत्यय द्वैतात्मक है। यनाडी के जीवन में 'रंगम' बार-बार घटित होने वाली गतिविधि है और इससे यनाडी का विशिष्ट आचरण निर्धारित होता है। विश्व के प्रति यनाडी का दृष्टिकोण अत्यधिक जटिल है।[165]

राजनीतिक संगठन : कुल-पंचायत

यनाडी समाज के पारम्परिक प्रशासन का जहाँ तक सम्बन्ध है वे सत्तारहित पद्धति के वर्ग में आते हैं, क्योंकि उनमें ऐसी कोई प्रशासनिक व्यवस्था नहीं है जो समूचे समाज को नियंत्रित करती हो। बस्तियों की अपनी व्यवस्था होती है, और ऐसा कोई व्यक्ति अथवा समूह नहीं है जिसकी केन्द्रीय सत्ता समूची जनजाति पर लागू होती हो।

यनाडी समाज का संगठन वंशानुगत मिलाप और इकाइयों पर आधारित है। सभी कबीलों का कोई मुखिया नहीं होता। सभी वर्ग समान हैं। इससे अतिरिक्त किसी प्रकार के और विशेष संगठन जैसे सैन्य संगठन या धार्मिक संगठन आदि नहीं हैं।

अतएव यनाडी समाज को संगठन की दृष्टि से क्षेत्राधारित इकाई के अन्तर्गत रखना उचित होगा। क्षेत्रीय इकाई बस्ती है, और इसकी सबसे छोटी इकाई का प्रतिनिधित्व परिवार करता है। कई कबीलों में बसे हुए यनाडी जनजाति का संगठन बनाते हैं।[166] प्रशासनिक पद्धति ऐसी राजनीतिक व्यवस्था का प्रतिनिधित्व करती है जिसमें कोई वंशानुगत या वंश से बाहर का मुखिया वंशानुगत आधार पर चुने गए अधिकारियों की सहायता से प्रशासन के कार्य सम्पादित करता है। बस्ती के वरिष्ठों की सलाह लिए बिना अधिकारियों को अपने निर्णयों का क्रियान्वयन करने का परम अधिकार नहीं होता। इसके अतिरिक्त यनाडी कबीलों में कोई सैन्य संगठन नहीं है जो आज के किसी भी शासन का अपरिहार्य तत्त्व है। अत: उस व्यवस्था की तुलना जातीय पंचायत से की जा सकती है। पंचायत में एक मुखिया और जाति के वरिष्ठ लोग होते हैं। यनाडी अपनी बस्ती के अधिकारों को राजतंत्र जैसा सम्मान देते हैं, उन्हें राजू और मंत्री कहा जाता है।[167]

कबीले में एक स्थायी वंशानुगत मुखिया होता है जिसे यनाडी पेड्डा (राजू) कहा जाता है और जो परम्परागत पंचायत की अध्यक्षता करता है। मुखिया एक विशिष्ट जाति का ही होता है लेकिन सभी बस्तियों में ऐसा नहीं है। सामान्यत: येनाडी पेड्डा का उत्तराधिकार वंशानुगत होता है। उसकी मृत्यु पर उसके ज्येष्ठ पुत्र को यह पद दिया जाता है लेकिन इसके लिए शर्त यह है कि वह बुद्धिमान हो, बस्ती की चीजों को समझने और उनका प्रबन्ध करने की योग्यता उसके पास हो। ऐसा न होने पर बस्ती के लोग येनाडी पेड्डा के किसी दूसरे पुत्र को अपना प्रधान चुन सकते हैं। नए मुखिया के पदारोहण के अवसर पर कोई विशेष समारोह नहीं होता। उसे वस्तु या धन के रूप में स्वैच्छिक उपहार प्राप्त करने की मनाही है, और करों की तरह इनका भुगतान भी वर्जित है। किन्तु पारम्परिक रूप से यह प्रथा चली आ रही है कि जब विवादों को सुलझाने के लिए पंचायत की बैठक में शराब परोसी जाती है तो यह सबसे पहले मुखिया को ही दी जाती है।[168]

यनाडियों का प्रशासनिक ढाँचा यह है कि कर्तव्य-निर्वाह में सहायता देने के लिए येनाडी पेड्डा के कोलूकरुडू (मंत्री) कुछ वरिष्ठ व्यक्ति होते हैं। ये उसे विचाराधीन मामले में अपनी राय देते हैं और निष्कर्ष तक पहुँचने में उसका सहयोग करते हैं। साधारण विवाद पंचायत ही सुलझा देती है, किन्तु गम्भीर अपराध और जटिल विवाद गाँव के स्तर पर जाति के नेताओं और पुलिस द्वारा हल किए जाते हैं। सामान्यत: विवाद चरित्रहीनता, भाग जाने, चोरी, तलाक, गाली-गलौज आदि से सम्बन्धित होते हैं। हाल ही में दोषियों को उनके अपराध की गम्भीरता को देखते हुए तदनुकूल सजाएँ भी दी गईं। अधिकतम और न्यूनतम के बीच आर्थिक दंड की कई दरें हैं। हानि की पूर्ति के लिए जुर्माना किया जाता है, दंड में माफी माँगने से लेकर जाति-बाहर कर देने तक के प्रावधान हैं।[169]

अपराधों की शैली

जब कोई यनाडी अपराध करने के अभियान पर निकलता है तो उसकी स्त्रियाँ और बच्चे उसके साथ जाते हैं। यह कहा गया था कि यनाडी अपने स्वभाव मे बेहद स्थानीय होते हैं। वे अपने अपराध करने की जगह इतनी दूरी के अन्दर करते हैं, जहाँ एक दिन में पहुँचा जा सके।[170] उनके द्वारा किए गए अपराध भारतीय दंड संहिता के सुरक्षात्मक प्रावधानों के अन्तर्गत आते हैं। सेंधमारी, लूटमार, और पशुओं की चोरी उनके द्वारा प्राय: किए जाने वाले अपराध हैं। यद्यपि वे स्थायी रूप से गाँवों में बस गए हैं, लेकिन स्वभाव से वे आज भी एक अर्द्ध-जंगली जनजाति हैं। पुलिस जब भी उन्हें पकड़ने की कोशिश करती है, वे दूसरे गाँवों और पहाड़ों में भाग जाते हैं। ऐसी परिस्थितियों में पुलिस द्वारा उनकी गिरफ्तारी बहुत कठिन कार्य है। यह कहा गया कि 'बार-बार दबिश देने के बाद भी उन्हें पकड़ने में सफलता नहीं मिली। वे गाँव से पहाड़ तक जाने वाला हर रास्ता जानते हैं और इससे गिरफ्तारी से बच निकलते थे।'[171] यनाडी अपने जीविकोपार्जन के लिए जानवरों की हाँकनी को चुरा लेते थे। जानवरों का स्वामी स्थानीय यनाडियों को कुछ रुपए दे देता था ताकि वह उसके जानवरों की चोरी न करें। यदि मालिक रुपए देने से इनकार करता था तो उसके जानवरों की चोरियाँ एक-के-बाद एक होने लगती थीं। स्त्रियाँ और बच्चे पुरुषों के लिए जासूसी करते हैं। यनाडी अपने आने-जाने को गुप्त रखते हैं। इन परिस्थितियों में तत्कालीन जिला मजिस्ट्रेट ए.एम.ए.जी. गेलेरी ने अपराधी जनजाति कानून की धारा 10ए के अन्तर्गत येनाडी को एक अपराधी जनजाति अधिसूचित किया।[172] ब्रिटिश सरकार ने एक सूचना भी जारी की जिसके द्वारा वे मद्रास में अपराधी जनजाति घोषित किए गए। इस सूचना में कहा गया था, 'यह विश्वास करने के सभी कारण हैं कि अनाडी आदिवासी, जिन्हें डोंगा यनाडी भी कहा जाता है, गैरजमानती अपराध निरन्तर करते रहने के अभ्यस्त हैं, शासन 1924 के जनजाति अपराधी कानून VI की धारा 3 में प्रदत्त शक्तियों का प्रयोग करते हुए डोंगा यनाडी जनजातिं को उपरोक्त कानून के उद्देश्यों के लिए अपराधी घोषित करती है। और भी, कथित कानून की धारा 10 के अनुसार शासन परिषद यह निर्देश देती है कि कथित अपराधी जनजाति के प्रत्येक पंजीकृत सदस्य को नियमित अन्तराल पर अपनी सूचना देनी होगी, उसे अपने रहने का स्थान बताना होगा, इसमें होने वाले किसी भी परिवर्तन या वहाँ अपनी अनुपस्थिति या सम्भावित अनुपस्थिति की जानकारी भी उसे देनी होगी।'[173]

आज के यनाडी

यनाडी जनजाति की विपन्नावस्था की समस्या का हल करने के लिए औपनिवेशिक काल में उन्हें बसाने की योजनाएँ शासन द्वारा शुरू की गईं। यनाडियों के सुधार,

उद्धार और पुनर्वास के लिए इन्हें स्वातंत्र्योत्तर काल में भी जारी रखा गया है। आन्ध्र प्रदेश की सरकार ने भी यनाडी समुदाय के भूमिहीन सदस्यों के लिए भूमि वितरण की योजनाएँ बनाई हैं, जिससे वे खेती कर सकें। जिला प्रशासन ने बस्ती बसाने की एक योजना कारवेतीनगर मंडल में और दूसरी कुप्पम मंडल में चलाई है। कारवेतीनगर मंडल में कुछ परिवारों को एक से दो एकड़ तक जमीन दी गई है।[174] ड्वाकरा (डी.डब्लू.ए.सी.आर.ए.) के अन्तर्गत उनके लिए चार हजार रुपए तक के ऋण स्वीकार किए गए। कुप्पमा मंडल में यनाडी वनक्षेत्र में उन जमीनों पर खेती कर रहे हैं जो उन्हें मिली नहीं हैं। इसके अतिरिक्त कुछ यनाडी परिवारों को भेड़ें और भैंसें भी दी गईं, जिन्हें कालान्तर में उन्होंने अपनी आर्थिक आवश्यकताओं के दबाव में बेच दिया।[175] इसके साथ ही यनाडियों की भलाई के लिए शिक्षा, गृह-निर्माण, नारी और बाल कल्याण, स्वास्थ्य और पोषण, सड़क, विद्युतीकरण, सफाई आदि क्षेत्रों में विकास योजनाओं पर काम हो रहा है। राज्य और केन्द्रीय सरकारों के कार्यक्रमों के इन प्रयासों के बाद भी आन्ध्र प्रदेश के यनाडी परिवारों की प्रगति और विकास की दिशा में वांछित परिणाम नहीं मिल पाए हैं। इसलिए आन्ध्र प्रदेश की सरकार ने 9 सितम्बर, 1997 को नेल्लोर, चित्तूर और प्रकाशम जिलों में रहने वाले यनाडियों के लिए अलग से समन्वित आदिवासी विकास अभिकरण के गठन का निर्णय किया। नेल्लोर, चित्तूर और प्रकाशम जिलों के 166 मंडलों में रहने वाले यनाडियों की उन्नति और विकास के लिए एक यनाडी विकास योजना बनाई गई है।[176] आन्ध्र प्रदेश शासन ने यनाडियों के लिए समन्वित आदिवासी विकास अभिकरण (इन्टीग्रेटेड ट्राइबल डेवलमेंट अथॉरिटी) की स्थापना के लिए आदेश दिए। (साल्वेशन आर्मी मिस. क्र. 136, समाज और आदिवासी कल्याण विभाग दि. 19.12.2001)। परियोजना भारतीय प्रशासनिक सेवा (आई.ए.एस.) के एक अधिकारी की अध्यक्षता में विविध कल्याण कार्यक्रमों को क्रियान्वित करती हुई चल रही है। यह कहने की आवश्यकता नहीं है कि आई.टी.डी.ए. को यनाडियों के विकास का दायित्व अपने ऊपर लेना चाहिए जो आज भी आदिम स्तर पर हैं।[177]

7

येरुकला

नृवंशीय पृष्ठभूमि

दक्षिण भारत की विभिन्न जनजातियों में येरुकलाओं का विशेष स्थान है। विविध इलाकों में वे अलग-अलग नामों से जाने जाते हैं।[178] मद्रास प्रेसीडेंसी के उत्तर

अरकाट जिले के धुर दक्षिण में उन्हें कोरबा कहा जाता था। उत्तर अरकाट जिले से लगे हुए जिलों में वे कोरचा या कोर्चा के नाम से पुकारे जाते हैं। उसके बाद उन्हें येरुकला कहा गया है। थर्सटन ने पाया था कि कलकत्ता में वे नीमहकीमी करते थे। येरुकलाओं के सम्बन्ध में पौपा राव ने लिखा है कि 'भारत भर में रेलों के विस्तार के साथ वह उनसे यात्रा करने के अभ्यस्त हो गए और इसके बाद अपराध-स्थल से दूर चले जाने और सोते हुए यात्रियों को लूट लेने की प्रवृत्ति उनमें विकसित हुई।'[179] एच.ए. स्टुअर्ट ने कहा था कि उन्हें मद्रास प्रेसीडेंसी की एक आवारा जनजाति येरुकला उन्हें भारत के कई दूसरे हिस्सों में भी मिली है।[180] येरुकला, कोरवा, कोरचा वस्तुत: विशाल कोरवा समुदाय की शाखाएँ हैं जो मद्रास प्रेसीडेंसी के विभिन्न भागों में सक्रिय थीं। येरुकला तेलुगु भाषी जिलों में रहते और काम करते थे। कोरवा तमिल भाषी जिलों में और कोरचा कर्नाटक के जिलों में होते थे।[181] आन्ध्र क्षेत्र में इन्हें 'येरुकुल वांडलु' अथवा 'कोरचा वांडुलु' कहा जाता था, लेकिन वे हमेशा खुद को 'कुरू' बताते थे। नेल्लोर जिले में वे आपस में अपने को कुरू या कुला कहते हैं।[182] बताया गया है कि 'येरु' का सम्बन्ध 'एरी' से है, जिसका अर्थ लाल होता है।

तेलुगु में येरुकुल वांडु का अर्थ भाग्यवक्ता अथवा समय सम्बन्धी गणना करने वाला होता है। ओपार्ट का मत है कि यह बहुत सम्भव है कि भविष्यवाणियाँ करने के पेशे की वजह से कुरु वांडुलु या कुल वांडुलुओं को तेलुगु जनता ने येरुकुल वांडुलु कहना शुरू कर दिया हो।[183] वे कुरू शब्द को तु धातु से सम्बद्ध करते हैं जिसका अर्थ 'पहाड़' होता है। थर्सटन हमें सूचित करते हैं कि नवीं शताब्दी के तमिल ग्रन्थ (तिरुमुरुकेरुपदी) में एक पर्वतीय जनजाति कुरु या कुरु का उल्लेख हुआ है।[184] ब्राउन और विलसन ने अपने शब्दकोष में येरुकल वांडलु अथवा एरुकुलवारु शब्दों का प्रयोग किया है जो तेलुगु में एरुकावाडु का बहुवचन है।[185] येरुकला श्यामवर्ण के होते हैं। वे मांसल और गठीले होते हैं। स्त्री और पुरुष दोनों के ही मुँह और हाथों पर गोदने पाए जाते हैं।[186]

प्रत्येक जाति की अपनी उपजातियाँ और जाति के नियम होते हैं। सामाजिक रिवाज, धार्मिक विश्वास, शुभ-अशुभ संकेत, आस्थाएँ और नैतिक मानदंड जनजाति से जनजाति और समुदाय से समुदाय तक बदलते रहते हैं। उनके सामाजिक चाल-चलन और धर्म उनके अपराधी जीवन से पूरी तरह मेल खाते हैं। अनादि काल से अपराधी जनजातियों के सदस्य अनगढ़ रूप से हिन्दू धर्म का अनुसरण करते रहे हैं। इसी प्रकार येरुकलाओं की अपनी जीवन-शैली, रिवाज, परम्पराएँ, अन्धविश्वास, कर्मकांड और पर्व हैं। ये परम्पराएँ उन्हें अन्य जनजातियों से पृथक करती हैं।

येरुकलाओं को आसानी से पहचाना जा सकता है। येरुकला परम्परागत रूप से कमर के आसपास एक कपड़ा गोची पहनते हैं और उनके पास धारियों वाले कपड़े

से बना हुआ एक थैला, वाड़ी साँची होता है। येरुकला स्त्रियाँ काला वस्त्र धारण करती हैं, उनके गले में रंग-बिरंगे मनकों की माला होती है, जो स्त्री और पुरुष दोनों में एक समान है।[187] वे कलाई से कुहनी तक चाँदी, काँच या पीतल की चूड़ियाँ पहनती हैं। अँगुलियों में प्राय: अँगूठियाँ रहती हैं। नई पीढ़ी इस परम्परागत वेशभूषा को छोड़कर हिन्दू स्त्रियों जैसी वेशभूषा की ओर बढ़ रही हैं। यहाँ संस्कृतीकरण की प्रक्रिया देखने को मिलती हैं, जिसकी चर्चा एम.एन. श्रीनिवास ने की है। येरुकला असंख्य समुदायों में विभाजित हैं, इनमें से कुछ अपराधी हैं और कुछ अपराधी नहीं हैं। वे नेल्लोर, कुरनूल, गुंटूर, कृष्णा, गोदावरी और हैदराबाद जिलों में भटकते रहते हैं। अपराध अन्वेषण विभाग ने उन्हें सात प्रमुख वर्गों में रखा है, जिन्हें गिरोह IV, V, VI, VIII, IX, X और XIII की संज्ञा दी गई है।[188] उनकी अपराधी मनोवृत्ति पर अंकुश लगाने के लिए मद्रास के औपनिवेशिक प्रशासन ने आन्ध्र के विभिन्न भागों में कई अपराधी जनजाति बस्तियाँ बसाई थीं। इन बस्तियों में बच्चों के लिए प्राथमिक शिक्षा की व्यवस्था थी। उनमें अब कई स्तानक और परास्नातक हो गए हैं।[189]

प्रारम्भ में येरुकला मन्दिरों के मासूम सेवक होते थे। फिर उन्होंने कई जगह जाकर कृषि उत्पाद बेचने का छोटा-मोटा धंधा अपना लिया। संचार साधनों की प्रगति के बाद येरुकलाओं ने अपना यह व्यापार छोड़ दिया। उनके सामाजिक और आर्थिक जीवन के इस बिखराव ने जीवन-यापन की जरूरतों के लिए उन्हें छोटा-मोटा अपराधी बना दिया। साधारणत: येरुकलाओं को छह आने की मजदूरी के लिए सारे दिन काम करना बेहूदा लगता था। हिम्मत और अच्छी किस्मत से एक रात का दुस्साहस हजारों रुपए पैदा कर सकता है।

सामाजिक जीवन : परिवार

येरुकलाओं के पारिवारिक जीवन का आधार पितृसत्तात्मक था। स्त्री की सामाजिक स्थिति अपेक्षाकृत अच्छी थी। सामान्यत: परिवार में उनके साथ अच्छा व्यवहार होता था। एकल और संकुल दोनों तरह के परिवार होते थे। आबादी चार आयु वर्गों में बँटी थी—यथा 1 से 13 वर्ष, 14 से 21 वर्ष, 22 से 59 वर्ष और 60 से ऊपर। अधिकांश सदस्य इन वर्गों में बँटे होते हैं।[190] मूल रूप से मकान दो तरह के हैं, छप्पर वाले ईंटों के घर टटाकू-इटिकुल्लू और ईंटों से बने हुए पेंकोटिल्लू। येरुकलाओं की आर्थिक दुरावस्था के कारण छप्पर वाले मकानों की संख्या अधिक है। येरुकलाओं की सभी बस्तियों में स्त्री और पुरुष दोनों ही कठोर मेहनत करते हैं। वे अपने काम में व्यस्त रहते हैं। साधारणतय: पुरुष खेत मजूरी, रिक्शा चालन, और औद्योगिक संस्थानों (इंडियन लीफ़ टबैको डेवलपमेंट कम्पनी) में काम करने चले जाते हैं। स्त्रियाँ, यदि कोई रोजगार न हो तो, घर पर रहकर गृहस्थी सँभालती हैं।

स्त्रियों और बच्चों की स्थिति

परम्परागत रूप से इस समाज की स्त्रियाँ अत्यन्त दमित रही हैं और उनकी स्थिति में मामूली सुधार ही हुआ है। उन्हें परिवार के पुरुषों का आदर करना होता था। वे अपने पति का नाम नहीं ले सकतीं। येरुकला अपनी महिलाओं की नेकनामी को लेकर बहुत गम्भीर होते हैं। बिना किसी के साथ सूर्यास्त के बाद घर लौटना बहुत बुरा माना जाता है। लम्पटता को बड़ा पाप माना जाता है और इसे अत्यन्त निन्दनीय माना जाता है। भाग्य बताने वाली महिलाएँ अपने साथ एक टोकरी, पंखा और टहनियों से बनी थाली लेकर चलती हैं जिसमें कौड़ियाँ, गोबर और हल्दी होती है। यह टोकरी कोलापुरियाम्मा का प्रतिनिधित्व करती है। गलियों में यह महिलाएँ 'येरुको अम्मा येरुका' की आवाज लगाते हुए चलती हैं, जिसका अर्थ होता है 'भविष्य कथन, माँ, भविष्य कथन'।[191] येरुकलाओं के जीवन में मिशनरियों का प्रवेश होने के बाद उन्हें पूरे परिवार के साथ ईसाई जीवन अपनाने के लिए कहा गया, और उन्हें साफ-सफाई की प्रेरणा दी गई। 'अनेक तरीके ऐसे थे जिनके द्वारा इन स्त्रियों को उस वेशभूषा से बाहर लाया जाए जो साल्वेशन आर्मी को 'चोरों जैसी' दिखाई पड़ती थी। साल्वेशन आर्मी ने उन्हें बाह्य कलेवर पर ध्यान देने के लिए कहा। 'सबसे साफ पोशाक पहनने वाली स्त्री' के लिए कार्यक्रम आयोजित किए गए जिनमें विजेता को एक रुपए का इनाम दिया जाता था। उन औरतों को बस्ती से बाहर नहीं जाने दिया जाता था जो 'आवारा' जैसी लगती हों। मिशनरी के रिकॉर्ड में 'पहले' और 'बाद की' तस्वीरें रखी गईं, जिनसे पता चलता था कि वे किस तरह पूरे हिन्दुस्तानी कलेवर में बदल गईं। उनकी साड़ियाँ साफ सुथरी, बालों में तेल और कंघी तथा फूल और माथे पर सिन्दूर होता था। बाहर के लोगों के मतानुसार, बस्ती के भीतर की स्त्रियों की वेशभूषा में सुधार किया गया।'[192]

गोत्रम अथवा कबीले

इनके अपने गोत्र अथवा कबीले होते हैं। ये हैं सतुपदी, कावाती, मानेपति और मंद्रागुट्टी। ये सभी तमिल के अपभ्रंश शब्द हैं। सतुपदी तमिल के सट्टूपटि से निकला है जिसका अर्थ हिन्दू देवता पर फूल, रत्न और वस्त्र सजाना है। कावाती एक बाँस होता है जिसके सिरों पर दो टोकरे होते हैं और जिसे कंधों पर ढोया जाता है। मानेपति मानपदी का अपभ्रंश है जिसका अर्थ जूतियाँ सिलकर मन्दिर में चढ़ाना है।[193] प्रारम्भ में ये लोग अपने गोत्रों के प्रति अत्यधिक सतर्क थे। इन चार विभाजनों में सतुपति और कावाती गोत्रों को श्रेष्ठ माना जाता है। एक कावाती पुरुष (तेलुगु में उसे पोथु वाड्डु कहा जाता है) परम्परा के अनुसार सतुपति परिवार में विवाह कर

सकता है क्योंकि वह सगोत्रीय है। किन्तु इसका उल्टा सामान्यत: स्वीकार नहीं किया जाता, यद्यपि कुछ अपवाद भी मिलते हैं।

बताया जाता है कि इन जनजातियों के कई विभेद हैं, लेकिन ये विभिन्न व्यवसायों से सम्बन्ध रखते हैं जो ये करती हैं। इनमें से कुछ हैं : कवाती येरुकला, अप्पू येरुकला, डब्बा येरुकला, कारेपाकू येरुकला, पेरिनियुग्गा, कूट येरुकला, कोटुला, भजंत्री येरुकला, राम येरुकला, नागी येरुकला, सुव्वा येरुकला, कंघापुरी येरुकला, कुड्डिकट्ट येरुकला, इत्यादि।[194] चौकीदारी के लिए नियुक्त व्यक्तियों को कावाली येरुकला कहा जाता है। जिन्होंने नमक के व्यापार को अपना पेशा बनाया है वे अप्पू येरुकला कहलाते हैं। डब्बा येरुकला वे हैं जो बाँस की टोकरी बनाते हैं। पमूला सपेरे हैं जो साँपों को पकड़कर जीविका के लिए गाँवों में उनका तमाशा दिखाते हैं। पारी-मूग्गलाओं का व्यवसाय गोदना गोदना है। कोटुला बन्दर पकड़ते और उसका खेल दिखाते हैं, वे कुशल शिकारी होते हैं। सतुपति येरुकलाओं की जीविका का मुख्य स्रोत डालियाँ बनाना है। एटापुल्ला जाल बुनते हैं। सुव्वा येरुकला लोहे की छड़ों के साथ टोकरी बनाने का कार्य मुख्य रूप से करते हैं।

येरुकलाओं की सभी बस्तियों में दो ही प्रमुख धार्मिक समूह हैं—हिन्दू और ईसाई। हिन्दुओं और धर्मान्तरित ईसाइयों की संख्या बड़ी है।[195] हिन्दू वेंकटेश्वर, लक्ष्मी, शिव और हिन्दू-देवमाला के अन्य देवताओं की उपासना करते हैं। ईसाई चर्च की सर्विस में जाते हैं। किन्तु साल्वेशन आर्मी, अमेरिकी बापटिस्ट मिशन और केनेडाई मिशन के प्रभाव से कुछ ऐसे व्यक्ति भी हैं जो हिन्दू होते हुए भी चर्च में उपस्थित होते हैं। ईसाई और हिन्दू दोनों ही दशहरा, दीपावली, पोंगल, क्रिसमस, नववर्ष मनाते हैं। कुछ लोग, जो अपराधी वृत्तियों में संलग्न हैं, चैतन्यवादी (एनीमिस्ट) हैं। वे प्राकृतिक शक्तियों में विश्वास रखते हैं और पशु, पक्षी, अधिभौतिक शक्तियों की सभी प्रकार की मूर्तियाँ रखते हैं।

येरुकलाओं का 'कुलधर्म' (जातीय धर्म) 'डोंगारनामू' (चोरी) था। घरों में सेंधमारी या किसी शान्त गाँव पर हमले के लिए निकलने से पहले वे मोदेवी (भेड़ों की देवी) की पूजा करते थे। उनकी प्रार्थना होती थी—हम सचेत रहें, उनके शिकार को गहरी नींद आ जाए और उनके अभियान में पुलिस का व्यवधान न पड़े—जब येरुकला पहले-पहल बस्ती में आए थे तब उन्हें ईमानदारी से जीवन बिताना सिखाना आसान नहीं था।[196]

भाषा

इन जनजातियों के पास अपनी भाषा तो है, लेकिन उसकी कोई लिपि नहीं है। येरुकला और कोरवाओं की शब्दावली दक्षिण भारत की तमिल, तेलुगु और केनारी

भाषाओं से ग्रहण की गई प्रतीत होती है। घुमन्तू जातियाँ अन्यों से सम्पर्क बनाने के लिए कई भाषाएँ बोलते हैं। किन्तु एक जगह बसे हुए लोग उस क्षेत्र विशेष की ही भाषा का व्यवहार करते हैं।[197] जो येरुकला पूरे आन्ध्र प्रदेश में फैले हुए हैं, वे केवल तेलुगु भाषा ही बोलते हैं। वे अपभ्रंश उक्तियों का प्रयोग करते हैं जो दूसरों की समझ में नहीं आतीं।

बस्तियों के येरुकलाओं की अपनी भाषा है। अभिभावक सामान्यत: इसी येरुकला भाषा का प्रयोग करते हैं। कुछ बच्चे उनसे इसे सीख लेते हैं। भाषा उनको एक सूत्र में जोड़ती है और वह आसानी से समझ जाते हैं कि कौन येरुकला नहीं है। बस्तियों में अपने गोत्रों या सम्बन्धों का शादी-विवाह में कड़ाई से पालन किया जाता है। वे किसी व्यक्ति को उसके घरेलू नाम से पहचानते हैं, और इस तरह सगोत्रीयता के नियम का पालन करते हैं। अब येरुकलाओं में अन्तर्जातीय विवाह भी होने लगे हैं।

भोजन

इन लोगों के भोजन में बकरे, भेड़, हिरण, और सभी प्रकार के पक्षी, तोते, गिलहरी आदि शामिल हैं।[198] वे पूरी तरह मांसाहारी हैं और शिकार करना उन्हें प्रिय है। किन्तु आर्थिक अभावों से वे अब शाकाहारी होते जा रहे हैं। वे कच्ची शराब भारी मात्रा में पीते हैं। वे सभी प्रकार की साग-सब्जियाँ भी खाते हैं। उनके यहाँ शूद्रों और मुसलमानों जैसा अन्य जातियों के साथ भोजन करने पर प्रतिबन्ध है।

विवाह पद्धति

येरुकलाओं में बहुविवाह प्रथा का चलन है जो चलन अब कम होता जा रहा है। अब वे एकल विवाह का पक्ष लेने लगे हैं। उनका विवाह बड़े-बूढ़े तय करते हैं। वे अन्य जाति की महिलाओं को अपने यहाँ खुशी से स्वीकार करते हैं, इसका अपवाद माला, मडिगा आदि निम्न जातियाँ हैं। अब तो इन जातियों के स्त्री-पुरुषों को भी विवाह के लायक माना जाने लगा है। विवाह के सम्बन्ध में वर और वधू के माता-पिता आपस में बातचीत करते हैं, वर का पिता बोली अथवा वधू-मूल्य देने का वायदा करता है। यह पहले विवाह के लिए रु. 3.50 और स्त्री अथवा पुरुष के पुनर्विवाह के लिए सात रुपए होता है।[199] बाल-विवाह स्वीकृत नहीं हैं। डॉ. शौर्ट ने बताया था कि 'जनजाति में एक रिवाज प्रचलित है कि मामा परिवार की पहली दो लड़कियों को अपने पुत्रों के लिए माँग सकता है।'[200] सामान्यत: जोड़े का चयन इस प्रकार से किया जाता है। उचित कन्या के चयन के बाद दूल्हे का पिता दुल्हन के घर जाता है और उसके साथ सभी वरिष्ठ जन होते हैं। गाँव का मुखिया दोनों पक्षों

के बीच मध्यस्थ की भूमिका का निर्वाह करता है। जब उन्हें लगता है कि कन्या के लिए दूल्हा ठीक है तो सम्बन्ध को स्वीकार कर लिया जाता है। संस्कृतिकरण की प्रक्रिया की वजह से बोली के स्थान पर धीरे-धीरे उनके जीवन में दहेज प्रथा प्रवेश करती जा रही है। वे सामाजिक स्तर के अनुसार दहेज लेने-देने लगे हैं। दहेज खेत, नकद धन, सोना, गाड़ी या अन्य मूल्यवान सामान के रूप में होता है।

चयन के ठीक बाद वे उत्सव को मनाने के लिए ग्राम प्रधान की उपस्थिति में ताड़ी पीते हैं। वर-वधू के पिता एक-दूसरे को ताड़ी भेंट करते हैं और कुल-पंचायत के प्रधान को अलग से ताड़ी की एक बोतल दी जाती है। मदिरापान के बाद दावत का आयोजन होता है। यह समारोह सम्पन्न होने के बाद दोनों पक्ष वचनबद्ध हो जाते हैं। यदि इसका उल्लंघन होता है तो एक बैठक बुलाकर वचन-भंग पर विचार किया जाता है। कुल-पंचायत इसका फैसला करती है जिसे सभी स्वीकार करते हैं।

हिन्दू आस्था रखने वालों के लिए एक ब्राह्मण पुरोहित मुहूर्तम निकालता है और विवाह सम्पन्न करवाता है। जबकि धर्मान्तरित ईसाइयों का विवाह पादरी द्वारा करवाया जाता है। काले मनकों की ताली और बाद में तलम्ब्रालु (वर-वधू के सिर पर चावलों का छिड़काव) की रस्में पूरी की जाती हैं।[201] विवाह समारोह में विधवाओं का भाग लेना वर्जित है। उनके परिवारों का एक रिवाज यह है कि सन्तान के जन्म से पहले दो लोग आपस में मिलते हैं और वचन देते हैं कि 'यदि तुम्हारे यहाँ लड़की पैदा हुई और मेरे यहाँ लड़का, या इसके विपरीत हुआ तो हम उनका विवाह कर देंगे।'[202] किन्तु यदि ब्राह्मण को इसमें आपत्ति हो तो यह वचन तोड़ा जा सकता है।

वय:सन्धि

आदिवासियों के लिए वय:सन्धि प्रसन्नता का एक अवसर है। जैसे ही कन्या रजस्वला होती है उसके मामा को यह खबर पहुँचाई जाती है। कन्या पाँच दिनों तक सूतक में बैठ जाती है। उसका मामा उसके लिए नए वस्त्र, कंघा-शीशा, फूल, कुमकुम, सुपारी, चूड़ियाँ आदि की भेंट लाता है और उसके लिए दावत का आयोजन करता है। समारोह के अवसर पर मिठाइयाँ बाँटी जाती हैं।

तलाक

तलाक एक विरल घटना है, और यदि यह होता भी है तो दोनों पक्षों के विवाद दुश्मनी तक पहुँच जाते हैं। यदि किसी के साथ भाग जाने की स्थिति हो तो लड़की या लड़के का पिता एक सभा बुलाता है जिसमें दोषी को दंडित किया जाता है। जो पुरुष स्त्री को लेकर भागा होता है उसे उस औरत से जबरन विवाह करना पड़ता

है। यदि स्त्री को ले जाने वाला पुरुष पहले से ही शादीशुदा है तो कुल-पंचायत के वरिष्ठ-जन स्त्री और पुरुष दोनों को ही कठोर दंड देते हैं। आरोपियों पर जुर्माना भी किया जाता है। यह व्यवस्था उनके लिए भी है जिनके बीच अवैध सम्बन्ध होते हैं। यदि शादीशुदा पुरुष सन्तान-विहीन हो तो वह दूसरा विवाह कर सकता है। परन्तु पहली पत्नी को उसे गुजारा-भत्ता देना पड़ता है।

विधवा विवाह

इस समुदाय में आम तौर पर विधवा विवाह प्रचलित हैं। जो व्यक्ति किसी विधवा से विवाह करना चाहता है वह उसके लिए एक नई साड़ी खरीदता है और अन्य की उपस्थिति में उसे अपनी पत्नी स्वीकार करता है। इस प्रथा को चीरखट्टू कोवडामू (साड़ी पहनाना) कहा जाता है।[203] ग्राम-प्रधान यहाँ मध्यस्थता करता है। समारोह मनाने के लिए वे सब ताड़ी पीते हैं।

जन्मोत्सव

पुराने जमाने में सन्तान का जन्म होते ही वे झोंपड़ी के बाहर अगरबत्तियाँ जलाते थे। वे इसे शुद्ध करने के लिए गोबर से लीपते थे। शुद्धिकरण के बाद सभी लोग नवजात शिशु को देख सकते हैं।[204] आधिभौतिक शक्तियों से शिशु की सुरक्षा के लिए कुछ चलन किए जाते हैं। वे चलन माँ और शिशु का ध्यान रखते हैं। जन्म के नवें दिन उन्हें नहलाया जाता है।[205] ताड़ी और दावत दी जाती है। बच्चे का नामकरण कुछ महीनों बाद होता है। यह नाम प्राय: पुरुखों से, अपने नायकों से अथवा अपने देवी-देवताओं से लिए जाते हैं। प्रचलित नाम वेंकटिगडू, नंगडू, नागी, अंकाली आदि हैं। (अंग्रेजों ने इनके शब्द बिगाड़ दिए थे)। नामकरण के बाद शिशु की कलाई पर एक काला धागा बाँध दिया जाता है। मामा की दिलचस्पी नवजात में रहती है। वे शुक्ल पक्ष की पड़वा को शिशु का जन्म सौभाग्यदायक मानते हैं।[206] यदि जन्म लेते समय गर्भनाल शिशु की गर्दन में फँसी हो तो यह अशुभ संकेत है और पिता अथवा मामा की मृत्यु की आशंका रहती है। इस अपशकुन के शमन के लिए किसी मुर्गे की बलि दी जाती है और उसके अंतरंगों को जलाने के बाद उन्हें गर्भनाल वाले शिशु के गले में डाल दिए जाते हैं।[207]

मृतक-संस्कार

जब घुमक्कड़ येरुकला की मृत्यु होती है, उसे बिना देर किए गाड़ दिया जाता है। मृतक का सिर उत्तर दिशा में और पैर दक्षिण दिशा में रखे जाते हैं। शव को नए

कपड़ों से ढका जाता है, उसे स्नान करवाया जाता है, और एक तरफ एक सिक्का रख दिया जाता है। वे मानते हैं कि मृत की आत्मा आसपास ही कहीं है और कौओं को बुलाते हैं। एक वर्ष बाद मृतक की बरसी मनाई जाती है और संस्कार पूरे होते हैं। थोड़े-बहुत बदलावों के साथ धर्मान्तरित ईसाइयों में भी यही तरीका है। कुछ येरुकलाओं में मृतक को जहाँ गाड़ा जाता है, उस स्थान पर एक तुलसी का बिरवा रोपने का चलन है।

अन्धविश्वास

सामने छिपकली का गिरना एक अपशकुन समझा जाता है, लेकिन यह दूसरी तरफ आवाज कर रही हो तो यह शुभ होता है। प्रस्थान के समय यदि परिवार का कोई सदस्य एक बार छींक दे तो यह दुर्भाग्य का द्योतक है, लेकिन दो बार छींकना अच्छा होता है। कहीं जाने के समय रास्ते में यदि तेली, नाई, पुलिसवाला या काना सामने आ जाए तो वे अपना प्रस्थान स्थगित कर देते हैं। अटारी पर कागा का बोलना मेहमान के आने का सूचक होता है। यात्रा के लिए प्रस्थान के समय विधवा, दूध का घड़ा, कुत्ते का भौंकना, या बैल को हाँकते हुए किसी व्यक्ति को देखना अशुभ माना जाता है। तीन की संज्ञा दुर्भाग्य की द्योतक है और तीन लोग साथ में कभी नहीं निकलते। विवाह के लिए रविवार शुभ है, किन्तु अपराध इस दिन नहीं किया जाता। सोमवार, बुधवार और शनिवार के दिन अशुभ माने जाते हैं।[208] यह भी अशुभ है यदि रास्ते में लकड़ियाँ या कंडों का ढेर दिखाई दे जाए। यदि वे अच्छे वस्त्र पहने हुए किसी विधवा को या किसी बिल्ली को देख लें, तो वह इसे भी गम्भीर अपशकुन मानते हैं।

हथियार

कुछ येरुकला अपने पास चाकू और एक प्रकार का हँसिया रखते हैं जिसे वे कोडावली कहते हैं। यह धारदार तलवार जैसा है जिसका भोथरा पार्श्व बहुत भारी होता है और इससे गम्भीर चोट पहुँचाई जा सकती है। इस औजार से जानवरों को काटा जाता है, हत्याएँ की जाती हैं और बाँस चीरे जाते हैं। सेंध लगाने के लिए उनके पास लोहे का एक औजार होता है जिसे वह गडीकोलू या सिल्लोकोलू कहते हैं।[209]

कुल-पंचायत

विगत में आदिवासियों के जीवन में ग्राम प्रधान की भूमिका बहुत महत्त्वपूर्ण होती थी। वही व्यक्ति होता था जो जन्म और मृत्यु तथा बस्ती में नए आने वालों का हिसाब रखता था। तमाम येरुकला उसके नियंत्रण में होते थे। उसका चुनाव उसकी

लोकप्रियता, उम्र और विभिन्न प्रकार के मामलों को सुलझाने में उसकी दक्षता के आधार पर किया जाता था। पंचायत में पाँच लोग होते हैं। जनजाति के इन पाँच लोगों को बेरुमानुसम कहा जाता है—बड़े लोग या जाति के वरिष्ठजन। पूरी जनजाति उनके अलिखित नियमों और कुल-पंचायत की इच्छा का सम्मान करती है। इन परम्पराओं के किसी भी उल्लंघन पर कठोर दंड की व्यवस्था है।

पंचायत की बैठक किसी सार्वजनिक स्थान पर आयोजित होती है। एक पंक्ति में आरोपित और उसका पक्ष और दूसरी पंक्ति में पीड़ित पक्ष और उसके साथी बैठते हैं। कुल-पंचायत के सदस्य इन दोनों के बीच अपना स्थान ग्रहण करते हैं। दोषी के अपराध का परीक्षण करने का तरीका पंच गुप्त रूप से आपस में तय करते हैं। प्राय: दोषी से खौलते हुए तेल में अँगुली डुबाने को कहा जाता था, इसे उसकी निरपराधिता या अपराध का फैसला होता था। कहीं-कहीं यह रिवाज आज भी चलन में है। प्रचलन में अन्य तरीके हैं—जलती हुई आग से रक्ततप्त लोहे की छड़ उठाना या पानी से लबालब घड़े को एक भी बूँद गिराए बिना ले जाना।

आदिवासियों की पंचायत में प्राय: ऐसे मामले सुलझाए जाते हैं : (1) जनजाति के सदस्यों की अनैतिकता के प्रकरण। यदि किसी महिला को दुष्कर्म करते हुए रँगे हाथों पकड़ा जाता है तो उसका पति उस मामले को कुल-पंचायत में लाता है। जाँच करने के बाद कुल-पंचायत इसका फैसला करती है। अपराधी को उसका खर्च उठाना पड़ता है। (2) सामाजिक रिवाजों का उल्लंघन, (3) सम्पत्ति सम्बन्धी विवाद, (4) वैवाहिक विवाद, (5) पैतृक सम्पत्ति के बँटवारे को लेकर उठे विवाद, (6) नए सदस्यों का प्रवेश और (7) चुराई गई सम्पत्ति के बँटवारे को लेकर उठे विवाद।[210]

अपराधों की शैली

बस्ती में किए गए साक्षात्कारों से उनके अपराधों का स्पष्ट चित्र हमारे सामने उभर कर आया। वह अकसर इस तरह के अपराध करते हैं : (1) गिरहकटी, (2) डकैती, (3) सेंधमारी, (4) पशुचोरी, (5) रेलों में लूटपाट, (6) बैंक लूटना, (7) दुकान लूटना, (8) जंजीर खींचना और (9) रफू (असली सोने के स्थान पर ग्राहकों को नकली धातु के आभूषण बदलकर देना), इत्यादि।[211]

बस्ती के लोग पाँच प्रमुख कारणों से इन अपराधों की ओर प्रवृत्त होते हैं। ये कारण हैं : (1) रोजगार के वैकल्पिक साधनों का अभाव, (2) सन्तान के लालन-पालन में कमी, (3) उनकी आर्थिक दुरावस्था, (4) काम के प्रति आलस्य और (5) अपराध छोड़ देने के बाद भी उनके प्रति पुलिस का उत्पीड़न, इत्यादि।[212]

साक्षात्कार में एक अपराधी ने बताया, 'मेरे माता-पिता शुरू से ही स्टुअर्टपुरम बस्ती में हैं। मेरे बचपन से ही मेरे पिता छोटी-मोटी चोरियाँ करते थे और शराबी थे।

तपेदिक की बीमारी से उनकी मृत्यु हुई। उसके बाद मेरी माँ भी मर गई। माँ-बाप की मृत्यु के बाद मैं आर्थिक संकट में घिर गया। धीरे-धीरे मैं भी अपराध के रास्ते पर चल पड़ा और एक बड़ा अपराधी बन गया।'[213] एक अन्य रहवासी ने बताया कि पूर्व अपराधियों के बच्चों को पुलिस पकड़ लेती है। बच्चों के कच्चे दिमाग और उनके अभिभावकों पर पुलिस का अत्याचार गहरा प्रभाव छोड़ता है और वे अपराधों की तरफ मुड़ जाते हैं।[214]

साक्षात्कारों में छह अपराधियों ने अपराध करने के कई तरीके बताए। सबसे पहले वे अपराध करने की जगह का चुनाव करते हैं और स्थानीय लोगों की सूचनाओं के द्वारा वहाँ के सम्पन्न घरों की जानकारी जुटाते हैं। चोरी करने के लिए वे गिरोह बनाकर निकलते हैं। वे सोना, चाँदी और मूल्यवान वस्तुओं की चोरी करते हैं। कभी-कभी वे धनाढ्यों की तरह डाका डालने के लिए कारों में निकलते हैं। कभी-कभी उन्हें खाली हाथ भी लौटना पड़ता है। उनकी अपनी कूटभाषा है, जिसका इस्तेमाल वे अपराध करने के दौरान करते हैं। उनके द्वारा प्रयुक्त शब्दावली में से कुछ शब्द यहाँ प्रस्तुत हैं[215] :

सारिणी-1

येरुकलाओं की कूटभाषा

क्र.	*शब्द*	*अर्थ*
1.	ओकुलू	टॉर्च की रोशनी
2.	सोनायम	सोना
3.	कंचकम	रुपया पैसा
4.	बोकोल्लू	पुलिस
5.	बेरीकेदा	पुलिस निरीक्षक
6.	पुल्लाकोल्ली	गिरोह का मुखिया
7.	एल्लावी	उप मुखिया
8.	नेमाती	मनुष्य
9.	तेल्ला बेलुपु	चाँदी
10.	उल्ली मुक्का	चाकू अथवा स्क्रू ड्राइवर

सभी बस्तियों में 'अपराधियों' की विशेषता यह है कि वे अपने गिरोह का रहस्य कभी उजागर नहीं करते। जब वे खतरे में घिर जाते हैं तो उससे बच निकलने के लिए वे अपनी जान तक दे सकते हैं। सच तो यह है कि सभी बस्तियों में कुल मिलाकर

ऐसे लगभग बीस गिरोह हैं और प्रत्येक में चार-पाँच सदस्य हैं। एक गिरोह के सदस्य तब तक दूसरे गिरोह में नहीं जा सकते जब तक काम पूरा न हो जाए। हर गिरोह का अपना मुखिया और उप मुखिया होता है। कोई गिरोह दूसरे गिरोहों के विषय में नहीं बताता। वे केवल देर रात बारह बजे के बाद और सुबह के तीन बजे के बीच में ही अपराध करते हैं। घरों में घुसने के लिए वे दीवार में बड़े छेद बनाते हैं, ताले तोड़ते हैं या घुसने के लिए खिड़कियों का प्रयोग करते हैं। चोरी करने में यदि कोई व्यवधान पड़ रहा हो तो वे चतुराई से भाग निकलते हैं। यह उनके लिए चोरी है। जब घर के बाहर उपस्थित लोगों के सामने वे लूटते हैं तो इसे डकैती कहा जाता है।

इन बस्तियों में महिला अपराधियों की एक बड़ी संख्या है। ऐसे बीस परिवार हैं जिनकी स्त्रियाँ चोरी करने के लिए निकलती हैं। वे गिरहकटी, सूटकेस उठाना, रेलवे स्टेशन और भीड़-भाड़ की जगहों में जंजीर खींचने जैसे अपराध करती हैं। इन स्त्रियों के अपराध करने का कारण लगभग उनके पुरुषों जैसा ही है। तथापि कुछ मामलों में स्त्री तलाकशुदा या विधवा होती है। इन दोनों ही वर्गों में जीविका का कोई आधार नहीं होता, जेल भुगत रही दूसरी स्त्रियों के साथ वे अपराधी गतिविधियों में पड़ जाती हैं।

पाँचों बस्तियों के अपराधियों का कई दुर्दान्त अपराधियों से सम्बन्ध है। कभी-कभी राज्य के बाहर के अपराधियों के साथ उनके सम्पर्क सूत्र रहते हैं। एक अपराधी ने बताया कि किस तरह उन्होंने आन्ध्र प्रदेश के विशाखापटनम जिले में सिंहाचलम के घनी मन्दिर को लूटा था। वे बारह सदस्यों का गिरोह बनाकर वहाँ गए, और उन्होंने मन्दिर के रत्न और आभूषण लूटने की योजना बनाई। उन्होंने विशाखापटनम पहुँच कर मन्दिर के सम्बन्ध में जानकारी प्राप्त की। एक सप्ताह बाद सभी तरह के हथियारों के साथ वे मन्दिर वाले शहर में पहुँचे। पहले एक दर्शनार्थी के रूप में उन्होंने मन्दिर को देखा भाला। अगले दिन उन्होंने वहाँ जाकर महन्त को धमकाया और रुपया-पैसा और आभूषण लूट लिया। इस वारदात के तत्काल बाद महन्त की हत्या कर दी गई थी, लेकिन पुलिस को उनका पता मिल चुका था और उन सभी को बस्ती में पकड़कर जेल भेज दिया गया।[216]

यह बताया गया था कि बस्तियों में अपराधों के विस्तार के लिए पुलिस जिम्मेदार है। पुलिस अपराधों को प्रोत्साहित करती है और लूट का बड़ा हिस्सा गटक जाती है। इसके बदले में वह अपराधियों को जरूरत पड़ने पर छुड़ा देती है। यह रोज की बात है कि पुलिस उनसे आए दिन उगाही करती है। पुलिस की प्रताड़ना सहन नहीं कर पाने से वे झूठे नाम लिखकर देते हैं। साक्षात्कार में एक महिला ने बताया कि पुलिस उन्हें कभी अपराध छोड़ने ही नहीं देती। पुलिस मामुल्लु (रिश्वत) माँगती है। पुलिस की प्रताड़ना से बचने के लिए उन्हें रिश्वत जुटाने को कभी-कभी अपनी सम्पत्ति, अनाज और दूसरी चीजें बर्तन आदि भी बेच देने पड़ते हैं। अपराधियों ने बताया कि जेलों में न्यूनतम सुविधाएँ भी नहीं हैं। इसके अतिरिक्त पुलिस उनके रिश्तेदारों के

साथ दुर्व्यवहार करती है, कभी-कभी उनकी औरतें बलात्कार का शिकार भी होती हैं। जेल में उन्हें दिन में तीन बार लाठियों से पीटा जाता था।[217]

राज्य में कहीं भी डकैती पड़ने की खबर के बाद पुलिस विमुक्त जनजातियों के लोगों को उसमें लपेट लेती है, फिर वे भले ही निरपराध क्यों न हों। रेडियो, दूरदर्शन और समाचारपत्रों में ऐसा ही प्रचार किया जाता है। बदकिस्मती यह है कि वास्तविक अपराधियों को कभी सजा नहीं मिल पाती। एक पूर्व अपराधी ने साक्षात्कार में अपनी आपबीती इन शब्दों में सुनाई—'इनाडू (तेलुगु दैनिक) में बीस दिन पहले समाचार छपा कि मंगलगिरी (गुंटूर जिला) में एक चोरी हुई है, और बताया गया कि इस चोरी में गोल्लाश्रीनू और वेंकटैया नाम के दो युवक संदिग्ध हैं। यह भी कहा गया कि इन दोनों का सम्बन्ध सीतानगरम और स्टुअर्टपुरम की बस्तियों से है।'[218] किन्तु ये दोनों ही वहाँ नहीं रहते थे। दुर्भाग्य से यह बताया जाता है कि इन बस्तियों का सम्बन्ध अपराध से है, और ऐसा काफी समय से हो रहा है। एक पूर्व अपराधी ने बताया कि तिरुपति में एक पुलिस अधिकारी ने समाचारपत्रों से कहा था कि डकैती डालने और हत्या करने वाले स्टुअर्टपुरम के लोग हैं। फलत: उन दोनों को पकड़ लिया गया। लेकिन वास्तव में अपराध पुलिस अधिकारी द्वारा दी गई सार्वजनिक सूचना के विपरीत घटित हुआ था। बाद में सी.आई.डी. की जाँच से पता चला कि यह अपराध दूसरे राज्य के लोगों द्वारा किया गया था। उसने यह भी कहा कि पुलिस अपने खेल में उनका इस्तेमाल चारे की तरह करती है।[219]

यह सही है कि विमुक्त जाति बस्तियों से अनेक अपराधी पैदा हुए हैं। इनमें एक ऐसा कुख्यात अपराधी भी था जिसने एक बस्ती में नायकों जैसी लोकप्रियता हासिल कर ली थी। वह इलाके का स्थानीय राबिनहुड था, और उसने अपनी लूटी हुई दौलत के बड़े हिस्से को अपने समुदाय के गरीबों में बाँट दिया। वह स्वयं भी अनाथ था और इसलिए उसने अनाथों को शरण दी। उस 'नायक' का नाम टाइगर नागेश्वर राव था, जो अपने जीवनकाल में ही किंवदन्ति बन गया था। उसकी मानवता, दयालुता आदि के लिए गीत लिखे गए। ऐसे एक गीत में उसके ऊपर किए गए पुलिस के जुल्मों का बखान हुआ है, जिसके हाथों वह बाद में मारा गया था।

निष्कर्ष

विमुक्त जाति में 'अपराधी' और 'निर्दोष', दोनों ही तरह के लोग हैं। निर्दोष परिवारों का एक हिस्सा सरकारी नौकरियों, औद्योगिक संस्थानों, कृषि और छोटे व्यापारों में लगा हुआ है। अपराधी पृष्ठभूमि वाले व्यक्ति भी अपराध नहीं करना चाहते, इसके स्पष्ट कारण है : (1) उनके कुछ सम्बन्धी पुलिस द्वारा मारे जा चुके हैं, (2) वे पुलिस और जनता से मिलने वाली बदनामी और प्रताड़ना को सहन नहीं कर पाते,

(3) शिक्षा ने उन्हें अपराध की व्यर्थता की सीख दी है, (4) वे अपनी सन्तानों के भविष्य को लेकर चिन्तित हैं, (5) वे एक साफ-सुथरा जीवन चाहते हैं, जिससे वे जीवन की मुख्यधारा में आ सकें। वे धीरे-धीरे नौकरियाँ या व्यापार अपना रहे हैं। और उनकी जीवन-शैली बदल रही है। किन्तु निजी और सार्वजनिक क्षेत्र में पर्याप्त अवसर उपलब्ध नहीं हैं जो उन्हें सार्थक रोजगार दे सकें। यद्यपि छोटे ऋण, मवेशी, रिक्शा आदि देकर सरकार उनकी सहायता कर रही है। यह कहने की आवश्यकता नहीं है कि ये उपाय पर्याप्त नहीं हैं।

सन्दर्भ

1. ललिता वी. : *सोशियो-इकोनॉमिक एंड एडमिनिस्ट्रेटिव आसपेक्ट्स ऑफ़ एन एक्स-क्रिमिनल ट्राइब,* अप्रकाशित एम.फिल. का शोध प्रबन्ध, एस.बी. विश्वविद्यालय, तिरुपति 1982 पृ. 42
2. लवानम और हेमलता लवानम : *नोट्स एंड रिफ्लेक्शंस—ऑन अवर वर्क इन दि रिहेबलीटेशन ऑफ़ एक्स-क्रिमिनल ट्राइब्स पीपुल इन सेटलमेंट्स,* गांधी शान्ति प्रतिष्ठान विजयवाड़ा द्वारा वितरित शोधपत्र 1976 पृ. 4
3. नायडू एम. और पौपा राव : *दि क्रिमिनल ट्राइब्स ऑफ़ इंडिया खंड 2, ए हिस्ट्री ऑफ़ कोरबाज, एरुकलाज और कैकाडीज मद्रास 1905,* पृ. 80
4. नायडू एम. और पौपा राव : 1904, पृ. 81
5. कपाड़िया के.एम. : दि क्रिमिनल ट्राइब्स, *सोशियोलॉजिकल बुलेटिन I* और II और (मार्च 1952) पृ. 14-15
6. मजुमदार डी.एन. : *रेसेज़ एंड कल्चर्स ऑफ़ इंडिया,* दि यूनीवर्सल पब्लिशर्स लि., लखनऊ 1961 पृ. 384
7. भारल जी.पी. : डिनोटीफाइड कम्यूनिटीज एंड देयर प्रॉब्लम्स ऑफ़ रिहेबिलिटेशन, *दि जनरल ऑफ़ सोशल वर्क,* खंड xxvii संख्या 4 जनवरी,1968, पृ. 5
8. भार्गव बी.एस. : *दि क्रिमिनल ट्राइब्स : ए सोशल एंड इकोनॉमिक स्टडी ऑफ़ प्रिंसिपल क्रिमिनल ट्राइब्स एंड कास्ट्स इन नॉर्थ इंडिया,* एथनोग्राफिक एंड फोक कल्चर सोसाइटी लखनऊ 1949, पृ. 17
9. राघवैया वी. : *दि प्रॉब्लम्स ऑफ़ क्रिमिनल ट्राइब्स,* अ.भा. आदिम जाति सेवक संघ, दिल्ली 1943
10. आप्टे जे. तलवाड़ा आश्रम स्कूल, एन एक्सपेरीमेंट इन ट्रायबल एजूकेशन, वन्यजाति खंड 2 अप्रैल, 1960
11. बिश्वास पी.सी. : *दि एक्स-क्रिमिनल ट्राइब्स ऑफ़ डेल्ही स्टेट,* अप्रकाशित पीएच.डी. शोध प्रबन्ध, दिल्ली विश्वविद्यालय 1960
12. एडवर्ड एस.एम. : *क्राइम इन इंडिया,* लंदन, 1924 पृ. 166 और भी देखें : *रिटिन स्टेटमेंट ऑन दि वर्किंग ऑफ़ सी.टी. सेटलमेंट्स इन मद्रास प्रेसीडेंसी,* मद्रास 1918
13. डेरो, क्लेरेंस : *क्राइम : इट्स कॉजेज़ एंड ट्रीटमेंट,* लंदन 1934, पृ. 34
14. चांग डाक एच. : *क्रिमिनोलॉजी—ए क्रॉस कल्चरल प्रोसपेक्टिव,* खंड 1 और 2, नई दिल्ली 1976, पृ. 27

15. सिंह जसपाल : *रिफॉर्मेशन ऑफ़ एक्स-क्रिमिनल ट्राइब्स,* पुलिस एकेडमी, हैदराबाद में प्रस्तुत शोध पत्र, 1978
16. हाच डब्लू.जे. : *दि लैंड पायरेट्स ऑफ़ इंडिया,* सीले सर्विस एंड कम्पनी लंदन 1928, पृ. 263
17. डेकरवाल विजय शंकर : *इकोनॉमिक एंड सोशल आस्पेक्ट्स ऑफ़ क्राइम इन इंडिया,* जॉर्ज अलेन एंड एनविन लि. लंदन, 1934
18. देखें, जिलिन जान लीविस : *क्रिमिनोलॉजी एंड पेनोलॉजी,* मैकमिलन कम्पनी, न्यूयॉर्क 1945 पृ. 20
19. मद्रास शासन : *एडमिनिस्ट्रेटिव रिपोर्ट ऑफ़ इंस्पेक्टर जनरल ऑफ़ पुलिस 1904-1920,* मद्रास तमिलनाडु अभिलेखागार
20. शारदा राजू ए. : *इकोनॉमिक कंडीशन्स ऑफ़ मद्रास प्रेसीडेंसी 1800-1850,* मद्रास 1941, पृ. 13
21. ललिता वी., 1982, पृ. 19
22. मद्रास शासन : *एडमिनिस्ट्रेशन रिपोर्ट 1912-1920,* मद्रास, तमिलनाडु अभिलेखागार
23. भारत सरकार : *रिपोर्ट ऑफ़ दि क्रिमिनल ट्राइब्स एक्ट इंक्वायरी कमेटी 1949-50,* गवर्नमेंट सेंट्रल प्रेस दिल्ली 1951
24. मद्रास सरकार : *रिपोर्ट ऑफ़ दि इंडियन जेल्स कमेटी 1928-20,* गर्वनमेंट प्रेस शिमला
25. मद्रास शासन : गृह विभाग, सामान्य आदेश 1161 दि. 12 जून, 1913
26. मद्रास शासन : गृह विभाग, सामान्य आदेश 1638 दि. 13 अगस्त, 1912
27. मद्रास शासन : न्याय विभाग, सामान्य आदेश 2000 दि. 3 फरवरी,1912
28. विवरण के लिए देखें, *दि हिन्दू,* 3 जुलाई, 1913
29. विवरण के लिए देखें, *दि पेट्रिऑट,* 20 मार्च, 1913
30. वेणुगोपाल राव एस. : क्राइम, सोसाइटी एंड पुलिस, *इंडियन एक्सप्रेस,* 9 जून, 1977
31. सिम्हाद्री वाई.सी. : *दि एक्स-क्रिमिनल ट्राइब्स ऑफ़ इंडिया,* नेशनल पब्लिशिंग हाउस, नई दिल्ली 1979, पृ. 7 और सिम्हाद्री : शिड्यूल्ड कॉस्ट्स एंड डिनोटीफाइड ट्राइब (*दि जनरल ऑफ सोशल वर्क्स* खंड XXXVII संख्या 4 जनवरी, 1977)
32. देखें, लोक निर्माण (श्रम) विभाग, सामान्य आदेश 779 (एक) 26 मार्च, 1936
33. मुलाली एफ.एस., *नोट्स ऑन क्रिमिनल क्लासेज़ ऑफ़ द मद्रास प्रेसीडेंसी,* मद्रास 1912 पृ. 72
34. वही, पृ. 73
35. *पाप कवि चेन्ना बासवपुराणम,* पृ. 90-91। यह भी देखें, सोम रेड्डी : *दि लाइफ़ ऑफ़ डोम्माराज एज रिफ्लेक्टेड इन दि लिटरेचर एंड एपीग्राफ्स ऑफ़ मेडीवियल तेलुगु कंट्री,* आन्ध्र प्रदेश इतिहास कांग्रेस की कार्रवाई।
36. वही, पृ. 30
37. मुलाली, पूर्वो., पृ. 71
38. 'वीडस' वह अभियान हैं जो डोम्मार सम्भागों में आयोजित करते हैं। इन 'वीडस' का प्रमुख सम्बन्धित 'वीडस' की ओर से उपहार देता था।
39. नंजनदैय्या एच और राय बहादुर एल.के. अनन्तकृष्णन अय्यर : *दि मैसूर ट्राइब्स एंड कास्ट्स* खंड II मैसूर 1928, पृ. 142
40. वही, खंड III मैसूर 1928, पृ. 142

41. वही, पृ. 140
42. थर्सटन एडगर : *कास्ट्स एंड ट्राइब्स ऑफ़ सदर्न इंडिया* मद्रास 1908 (पुनर्मुद्रण कॉस्मो पब्लिकेशन दिल्ली 1975)
43. मद्रास सरकार : *मद्रास मैनुअल* खंड 1, 1901
44. इस सम्बन्ध में जानकारी नेल्लोर जिले में मौखिक कथनों से एकत्र की गई है।
45. भार्गव बी.एस., पूर्वोद्धृत
46. वही, पृ. 8
47. मद्रास शासन, *एडमिनिस्ट्रेटिव रिपोर्ट ऑफ़ दि इंस्पेक्टर जनरल ऑफ़ पुलिस* मद्रास 1913
48. मद्रास शासन, पब्लिक वर्क्स (लेबर) डिपार्टमेन्ट साल्वेशन आर्मी 7065 ए/29-1 दि. 29 अप्रैल, 1929, मद्रास शासन गृह विभाग सामान्य आदेश 373 दि. 28 जनवरी, 1937 भी देखें।
49. मद्रास शासन, गृह विभाग सामान्य आदेश 2217 दि. 24 अप्रैल, 1939, गृह विभाग सा. आ. 3092 दि. 5 जून, 1939, मद्रास शासन गृह विभाग सा. आ. 8581 दि. 15 मार्च, 1930, गृह विभाग सा. आ. 1862 दि. 28 अगस्त, 1933, लोक निर्माण (श्रम विभाग) सा. आ. 7068 दि. 19 अप्रैल, 1924
50. गृह विभाग सामान्य आदेश 1161 दि. 11 मई, 1936 और लोक निर्माण विभाग सा. आ. मिस. 7065 ए, 29 अप्रैल, 1929, और भी लोक निर्माण (श्रम) विभाग सा. आ. 779 (एल) 26 मार्च, 1936 फोर्ट सेंट जॉर्ज गजट, अधिसूचना 71, 9 जनवरी, भाग I, पृ. 118
51. मद्रास शासन : *एडमिनिस्ट्रेशन ऑफ़ दि इंस्पेक्टर जनरल ऑफ़ पुलिस,* 1922 मद्रास और *क्रिमिनल ट्राइब्स इंक्वायरी कमेटी रिपोर्ट* 1922
52. चिर्रावुटी नागभूषणचारीयुलु : नोमाडिज्म इन आन्ध्र प्रदेश, द आन्ध्र प्रदेश नोमाडिक ट्राइब्स वेलफेयर कॉन्फ्रेंस, गुंटूर 1967
53. मार्गन एल.एच. : *एन्सिएंट सोसायटी,* न्यूयॉर्क 1877
54. चिर्रावुटी नागभूषणाचारीयुलु 1967, पृ. 98, दीपकुमार वी.एस. : *नक्काल* अप्रकाशित पीएच.डी. शोध प्रबन्ध, श्री वेंकटेश्वर वि.वि. तिरुपति 1985
55. आयंगर : *क्रिमिनल ट्राइब्स इंक्वायरी कमेटी रिपोर्ट 1949-50,* गवर्नमेंट प्रेस नई दिल्ली 1951
56. वही
57. ये सभी नक्कालों के घरेलू नाम हैं। नेल्लोर जिले के बीस नक्काल परिवारों से जानकारी एकत्र की गई।
58. सी.पी. रामास्वामी अय्यर : चमनलाल की पुस्तक *'जिप्सीज़'* की भूमिका।
59. फ्रेडरिक, मुलाली एस. *क्रिमिनल क्लासेज ऑफ़ मद्रास प्रेसीडेंसी,* मद्रास 1892 पृ. 23
60. *समिसत्रु* या *समीपूता* एक पवित्र पोथी होती है जिसे पीढ़ियों तक संरक्षित रखा जाता है। विवाह विधि में इसका होना परम आवश्यक है। यह ज्येष्ठ पुत्र को उत्तराधिकार में प्राप्त होती है। अन्य कोई इसे छू नहीं सकता। यदि ऐसा होता है तो प्रायश्चित के रूप में शुद्धिकरण करना होता है।
61. कोसाम्बी डी.डी. : *एन इंट्रोडक्शन टु दि स्टडी ऑफ़ इंडियन हिस्ट्री,* बम्बई 1975 पृ. 40 और एलमोर डब्लू.टी. : *द्रविडियन गॉड्स इन मॉडर्न हिन्दूइज्म,* नई दिल्ली 1985 पृ. 10
62. ये सभी आन्ध्र प्रदेश की घुमन्तू जनजातियों के विविध सम्बोधन हैं। वास्तव में ये येरुकला

नहीं हैं। वे येरुकलाओं से अलग हुए और अपने परिवारों की वृद्धि के लिए उन्होंने अन्य बिरादरियों के बच्चे चुराए। वर्तमान में शासन ने उन्हें बी.सी.-ए वर्ग/समूह में रखा है। अभी भी उनकी प्रकृति, परम्पराएँ, रिवाज घुमन्तू जनजातियों के ही समान हैं। आन्ध्र प्रदेश में भी वोड्डारों के अन्य घुमन्तू जनजातियों के साथ रोटी-बेटी के सम्बन्ध हैं। (और भी देखें), शासन से इन्हें अनुसूचित जाति में लाने के लिए सोमन्ना का प्रस्ताव (के.आर. सोम्मना से साक्षात्कार, सिद्धपुरम, 24 नवम्बर, 2006) ललिता वी. : *दि मेकिंग ऑफ़ क्रिमिनल ट्राइब : पैटर्न एंड ट्रांजीशन,* न्यू एरा पब्लिकेशन मद्रास 1995 पृ. 74।

वोड्डार येरुकलाओं का भाग नहीं हैं। जो भी नेल्लोर जिले के कप्परल्ला टिप्पा गाँव में रहने वाले वोड्डार या दसारी यह दावा करते हैं कि अन्तर्जातीय विवाहों के कारण से वे येरुकलाओं के वंशज हैं। वोड्डार येरुकलाओं की एक शाखा हैं यह प्रमाणित करने के लिए समाजशास्त्रीय और नृवंशीय स्तर पर काफी खोजबीन और पड़ताल हुई है। उनकी आर्थिक विपन्नता, अन्य आदिवासी समूह के लक्षणों को देखते हुए शासन को उन्हें आन्ध्र प्रदेश में अनुसूचित जाति समूह में सम्मिलित करने की घोषणा कर देनी चाहिए।

63. मद्रास शासन, गृह (न्यायिक) विभाग सामान्य आदेश 1279, 10 जून, 1915 पृ. 1, गृह (न्यायिक) विभाग सा. आ. 1140 दि. 20 मई 1920। गृह (न्यायिक) विभाग सा. आ. 1979 दि. 10 जून, 1915। तमिलनाडु अभिलेखागार।
64. रामचन्द्र शास्त्री ई. : हिस्ट्री ऑफ़ क्रिमिनल ट्राइब्स इन मद्रास प्रेसीडेंसी, मद्रास 1929 पृ. 17-18
65. मद्रास शासन, लोक निर्माण (श्रम विभाग) सामान्य आदेश 2146 दि. 28 अगस्त, 1928
66. वोड्डारों के लिए 450 गुना 340 फीट के क्षेत्र में मकान बनाए गए। जिन्हें 10 फीट ऊँची बाँसों की बाड़ से घेरा गया था। झोंपड़ियाँ छह ब्लाकों में बनाई गई थीं। प्रत्येक झोंपड़ी में 12 गुना 10 फुट की जगह थी। इन पर घास का छप्पर डाला गया था। उनके चारों तरफ साठ फीट की खुली जगह छोड़ी गई थी। ये घर बहुत खराब थे, उन्हें गारे से बनाया गया था और छप्परों की छत थी। जब वोड्डार बेहतर स्थिति में होते थे तो वे इनकी मरम्मत करते थे। देखें, मद्रास शासन, गृह (न्यायिक विभाग) सा. आ. 1860 दि. 5 सितम्बर, 1917 और सा. आ. 2661 दि. 25 अक्टूबर, 1920
67. गुलाली एफ.एस. : पूर्वोद्ध पृ. 28
68. मद्रास शासन, लोक निर्माण विभाग सामान्य आदेश 2146, दि. 28 अगस्त, 1928
69. मद्रास शासन, लोक निर्माण विभाग सा. आ. 2146, दि. 28 अगस्त, 1928
70. मद्रास शासन, गृह (न्यायिक) विभाग सा. आ. 1522 दि. 10 अगस्त, 10 जून, 1915, सा. आ. 3570 दि. 25 जनवरी,1951
71. विथिन शॉ एल. : *डोंगा वोड्डारों के लिए स्मरणपत्र* : जिसमें जनवरी 1926 तक मद्रास प्रेसीडेंसी में अपराधी जनजाति बस्तियों की प्रगति दर्शाई गई है। गवर्नमेंट प्रेस मद्रास 1927 पृ. 36
72. गेयर जी. डब्लू : *लेक्चर्स ऑन सम क्रिमिनल ट्राइब्स ऑफ़ इंडिया एंड रिलीजस मेंडीकेंट्स* (द्वितीय संस्करण), प्रिंसिपल पुलिस ट्रेनिंग स्कूल, सेंट्रल प्राविंस 1910 पृ. 46, और भी अब्दुल गनी मुहम्मद : *नोट्स ऑन दि क्रिमिनल ट्राइब्स ऑफ़ मद्रास प्रेसीडेंसी,* वेल्लोर 1915, पृ. 124
73. मुल्लाली एफ.एस., पूर्वो. पृ. 80
74. नायडू एम. और पौपा राव, पूर्वो. मद्रास 1905
75. ललिता वी., पूर्वो. पृ. 49

76. थर्सटन, पूर्वोद्धृत, खंड V पृ. 422
77. केनेडी एम. : *दि क्रिमिनल ट्राइब्स ऑफ़ इंडिया,* नई दिल्ली 1985, पृ. 165
78. टक्कू वोड्डार संगतराशी के विशेषज्ञ थे। वर्ष 1945 में आर. डोराई स्वामी अय्यर ने इसका उद्योग लगाने के लिए उन्हें कुछ अग्रिम राशि दी। उन्हें नल्लामलाई पहाड़ों से बस्ती तक पत्थर लाने की इजाजत दी गई जहाँ से वे इन्हें बिक्री के लिए आत्माकुर और अन्य पड़ोस के गाँवों तक ले जा सकते थे। देखें, मद्रास शासन : गृह विभाग सा. आ. 504 दि. 15 फरवरी, 1945 पृ. 1-2 राष्ट्रीय अभिलेखागार।
79. मद्रास शासन, लो.नि.वि. सा. आ. 2146, 3 दि. 28 अगस्त, 1928।
80. गेयर जी. डब्लू., पूर्वोद्धृत पृ. 35 और मुल्लाती एफ.एस., पूर्वोद्धृत पृ. 22
81. गनी मुहम्मद अब्दुल, पूर्वो. पृ. 124-25
82. केनेडी एम., पूर्वो. पृ. 167
83. वोड्डार पुरुष पाँवों में किसी भी तरह के जूते कभी नहीं पहनते, हालाँकि सेंडिलें पहनी जा सकती हैं। उनकी औरतें चोलियाँ और सदरी नहीं पहनतीं। किंवदन्ति है कि पुराने जमाने में चूहे उनके सारे जूते और चोलियाँ चुरा कर ले गए थे और उनके पुरखे इनसे वंचित हो गए थे। इसलिए वह इन्हें धारण नहीं करते। यही कारण है कि वे चूहों के जानी दुश्मन हैं। और जब भी चूहे दिखाई दें, उन्हें मार डालते हैं। देखें गेयर जी.डब्लू., पूर्वोद्धृत पृ. 36, तत्कालीन पुलिस उपायुक्त पी.बी. थॉमस ने 1899 में लिखा था : 'मुझे इस बात की जानकारी नहीं है कि ये लोग किसी प्रकार के जूते पहनते हैं, या उन्हें चुराते हैं।' देखें, कमला मनोहर राव, पूर्वो. पृ. 121-22।
84. मुन्नाती एफ.एस., पूर्वो. पृ. 79
85. केनेडी एम., पूर्वोद्धृत पृ. 11
86. देखें, *हुक्मनामा एंड पेपर्स रिलेटिंग टु श्रीहरिकोटा यनाडीज़* खंड 1, *सिलेक्शन ऑफ़ पेपर्स फ्रॉम दि ओल्ड रिकॉर्ड्स ऑफ़ दि नेल्लोर डिस्ट्रिक्ट,* नेल्लोर 1915, पृ. 44 आन्ध्र प्रदेश गजट कार्यालय, हैदराबाद।
87. गेयर जी.डब्लू., पूर्वो. पृ. 47
88. बीसवीं सदी के प्रारम्भ में गतिविधियों के क्षेत्र में बार-बार अकाल पड़ने से उनका व्यापार प्रभावित हुआ। कुछ लोगों के पास जो थोड़ी बहुत जमीन थी उससे गुजारे के लायक फसल नहीं मिली। इन परिस्थितियों में वे वेंकटगिरी, पुत्तूर, नेल्लोर और कुडप्पा की ओर पलायन कर गए।
89. रामचन्द्र शास्त्री ई. : *हिस्ट्री ऑफ़ दि क्रिमिनल ट्राइब्स इन मद्रास प्रेसीडेंसी,* मद्रास 1929 पृ. 19
90. शास्त्री पी.एस. और वर्मा पी.एस., पूर्वो. पृ. 87
91. रामचन्द्र शास्त्री ई. : *ए सोशियो-हिस्ट्री ऑफ़ एक्स-क्रिमिनल कम्यूनिटीज,* ओ.बी.सीज़, नई दिल्ली 1991, पृ. 21
92. भारत सरकार : *गजेटियर ऑफ़ बॉम्बे स्टेट, धारवाड़ डिस्ट्रिक्ट* खंड XXI 1984 बम्बई पृ. 64
93. के.आर. सोमन्ना के साथ साक्षात्कार, सिद्धपुरम, 24 नवम्बर, 2006
94. चन्द्रशेखर भाट : *एथिनिसिटी एंड मोबीलिटी,* नई दिल्ली 1984 पृ. 103
95. सैयद शिराजुल हुसैन : *कास्ट्स एंड ट्राइब्स ऑफ़ निजाम डोमीनियन्न,* दिल्ली 1909 पृ. 649

96. मुल्लाली एफ.एस., पूर्वो. पृ. 81
97. गेयर डब्लू.जी., पूर्वोद्धृत पृ. 48
98. ललिता वी., पूर्वो. पृ. 59
99. उनके विवाह कुल-पंचायत द्वारा निर्धारित किए जाते हैं, यद्यपि वे विवाह में गोत्रों को लेकर अत्यन्त सावधान हैं, लेकिन अब अन्तर्जातीय विवाह होने लगे हैं।
100. ललिता वी., पूर्वो. पृ. 59
101. थर्सटन 1909, 424। यह भी देखें, मद्रास शासन, लोक निर्माण (श्रम) विभाग सामान्य आदेश 137 दि. 19 जनवरी, 1927। गृह विभाग सामान्य आदेश 6170 दि. 22 दिसम्बर, 1938
102. गनी मुहम्मद अब्दुल, पूर्वो. पृ. 126
103. ललिता वी., पूर्वो. पू. 60
104. भाट चन्द्रशेखर, पूर्वो. पृ. 100
105. सैयद शीराज़ुल हुसैन, पूर्वो. पृ. 193
106. मुहम्मद अब्दुल गनी, पूर्वो. पृ. 126
107. मद्रास शासन, गृह (न्यायिक) विभाग सामान्य आदेश 1279 दि. 18 जून, 1915
108. वोड्डार परिवारों के कुछ धर्मान्तरित ईसाई कप्परल्ला टिप्पा बस्ती से आए थे। हिन्दुओं की संख्या अधिक है। हिन्दुओं के 200 परिवारों ने ईसाई धर्म स्वीकार किया है। इसका कारण ईसाई प्रबन्ध वाली बस्तियों से उनका वहाँ पहुँचना है। वे सदा मुसलमानों के विरोध में रहते हैं जो अभी भी वोड्डारों को 'अपराधी' मानते हैं। देखें मद्रास शासन, लो.नि. सामान्य आदेश 2671 दि. 6 दिसम्बर, 1934।
109. मद्रास शासन, गृह न्यायिक सामान्य आदेश 1929 दि. 10 जून, 1915
110. केनेडी एम., पूर्वो. पृ. 172
111. इन वोड्डारों का तरीका यह है कि वे सामान खरीदने के बहाने से किसी व्यस्त दुकान पर जाते हैं। दुकानदार का ध्यान हटाने के लिए वह उसे मोलभाव में उलझा लेते हैं, और जैसे ही मौका मिलता है वे सामान या रुपया-पैसा चुरा लेते हैं। यदि दुकानदार अपने नुकसान को जानकर उनका पीछा करता है तो वे चोरी के माल को दूसरों के झोलों में डाल देते हैं, जो पहले से ही वहाँ मौजूद रहते हैं। इस तरह वे अपने को निर्दोष बताते हैं। प्राय: किए जाने वाले अपराध हैं—राहजनी, घरों में डकैती, बैंकों की लूट, जंगल से चोरी, पशुचोरी और गिरहकटी।
112. मुल्लाली एप.एस., पूर्वो. पृ. 80
113. स्त्रियों से बुरा व्यवहार नहीं किया जाता, विवाहित स्त्री के मंगलसूत्र और बिछियों को कभी नहीं छुआ जाता। केनेडी एम., पूर्वो. पृ. 170
114. मुल्लाली एम., पूर्वो. पृ. 81
115. गेयर जी.डब्लू., पृर्वो. पृ. 47
116. विथिनशॉ एल., पूर्वो. पृ. 36-37
117. देखें अय्यपन ए. : *ए रिपोर्ट ऑन दि सोशियो-इकोनॉमिक कंडीशंस ऑफ़ एन एबओरिजिनल ट्राइब्स ऑफ़ दि प्राविंस ऑफ़ मद्रास,* मद्रास 1948, पृ. 38
118. लोक निर्माण विभाग ने यह काम 1918 तक पूरा कर लिया। शासन ने इसके लिए 1917 में जंगल की जमीन का 650 एकड़ का टुकड़ा दिया था। 1 अप्रैल, 1919 को बस्ती के रजिस्टर पर 65 पुरुष, 65 स्त्रियाँ और 74 बच्चे थे। देखें बस्ती की प्रगति रिपोर्ट, पूर्वो. पृ. 38
119. मद्रास शासन, लोक निर्माण (श्रम) विभाग सामान्य आदेश 1201 दि. 22 मई, 1935

120. अपराधी जनजाति कानून के अन्तर्गत उन्हें नियंत्रित करने के सभी उपाय असफल रहे। इस कानून के आधार पर चलाए गए मुकदमों का कोई प्रभाव नहीं हुआ। अत: शासन ने उन्हें सिद्धपुरम तक सीमित कर दिया। उन्हें प्रबन्धक की निगरानी में नियमित रूप से काम करना होता था। शराबखोरी की आदत पर धीरे-धीरे अंकुश लगाया गया। देखें, मद्रास शासन, सामान्य आदेश 2500 दि. 16 मई, 1938 पृ. 1 से 5।
121. के.आर. सोमन्ना का साक्षात्कार
122. उदाहरण के लिए एक पुलिस अधिकारी का रिवाल्वर गुम हो गया। इसके लिए पुलिस ने सोमन्ना के दामाद को गिरफ्तार किया। उसे रिहा करने के लिए पुलिस अधिकारी ने दस हजार रुपए माँगे, वह यह रकम नहीं दे पाया। फलस्वरूप दामाद को सात वर्ष के कारावास की सजा मिली।
123. ई. लक्ष्मैया का साक्षात्कार। सिद्धपुरम 24 नवम्बर, 2006
124. 'श्री भास्कर राव ने हमारे कल्याण के लिए कई कदम उठाए। उन्होंने बस्ती का पूरा वातावरण ही बदल दिया। वे मद्यनिषेध के पीछे की प्रेरणा थे। वे हमें राजनीतिकों से दूर रहने के लिए कहते थे। वे हमें स्वतंत्रतापूर्वक मतदान करने को कहते थे'—के.आर. सोमन्ना के साथ साक्षात्कार।
125. वोड्डे लक्ष्मैया का साक्षात्कार, सिद्धपुरम 22 नवम्बर, 2006, वन प्रबन्धक ने पूर्व अपराधियों को आश्वस्त किया था कि स्थानीय मंडल राजस्व बोर्ड, ब्लाक डेवलपमेंट अधिकारी, और समन्वित जनजाति विकास अभिकरण की सभी योजनाओं में उन्हें काम दिया जाएगा। उन्होंने कहा, 'हम वैध तरीकों से धनोपार्जन करना चाहते हैं।' उन्होंने बताया कि योजनाएँ सरकार बनाती है और इनमें घपला नहीं होना चाहिए।
126. 'सभी तरह के राजनीतिक दल प्राय: हमारे पास आते हैं, और हमें उनके साथ हो जाने का आग्रह करते हैं। वे रोजगार और अच्छे भविष्य का लालच देकर हमें फँसाना चाहते हैं'—के.आर. सोमन्ना का साक्षात्कार, पूर्वोक्त। सिद्धपुरम की बस्ती में तीन तरह के वोड्डार रह रहे हैं—(1) गडीडला, (2) सन्तामुचु और (3) डोंगा वोड्डार। सिद्धपुरम को तीन हिस्सों में विभाजित किया गया है—(1) जन्द्रापेटा, (2) गुम्मापेटा और (3) सन्तामुचुपेटा।
127. सोमन्ना कह रहे थे कि गरीबी मुख्य कारण है जिससे वोड्डार अपराध करते हैं। उनके मतानुसार जिला वन अधिकारी और पुलिस अधिकारियों की वजह से अपराध होते रहते हैं। वर्तमान जिला वन अधिकारी की तरह यदि वे अधिकारी भी ईमानदार हों तो उनकी समस्याएँ सुलझ सकती हैं। अन्यथा उनकी कमाई का एक बड़ा हिस्सा इन अधिकारियों की जेबों में चला जाता रहेगा। 'वास्तव में हमारी गरीबी और पीड़ाएँ वे आधार हैं जिस पर ये भ्रष्ट अधिकारी ऐश करते हैं।'
128. एर्रा गार्डिडला रामदास के साथ साक्षात्कार, सिद्धपुरम बस्ती, दि. 24 नवम्बर, 2006
129. सिद्धपुरम बस्ती (आत्माकुर मंडल, जिला कुरनूल) के एक पूर्व अपराधी रहवासी के.आर. सोमन्ना के साथ साक्षात्कार दि. 24 नवम्बर, 2006
130. एक पूर्व अपराधी रहवासी बोड्डे लक्ष्मन्ना (सिद्धपुरम, आत्माकुर मंडल, जिला कुरनूल) के साथ साक्षात्कार दि. 24 नवम्बर, 2006
131. एर्रा गाडिंडला रामदास पूर्व अपराधी के साथ साक्षात्कार, सिद्धपुरम बस्ती दि. 24 नवम्बर, 2006
132. सुगाली दक्षिण भारत के मूल निवासी नहीं हैं। उनका मूल स्थान राजस्थान का मारवाड़ समझा जाता है। अठारहवीं शताब्दी में ये मैसूर-मराठा युद्धों में लड़ने के लिए सतारा के

मराठा नरेशों, पूना के पेशवाओं, हैदराबाद के निजाम और अंग्रेजों की सेनाओं में शामिल हो गए थे। अंग्रेजी राज के उत्थान के साथ उन्होंने माल ढोने का अपना परम्परागत पेशा छोड़ दिया क्योंकि सड़कों और रेलों के विस्तार से यह काम यांत्रिक हो चला था। वे गरीब थे, निरक्षर और कौशलविहीन थे, इसलिए उन्होंने पिछली सदी तक डकैती, लूटमार और पशुचोरी के अपराध किए। उनकी आपराधिक गतिविधियों पर अंकुश लगाने के लिए उन्हें 1871 के कानून के अन्तर्गत लाया गया था। देखें, कृष्ण रेड्डी बी. : *ए ट्राइब इन ट्रांजीशन : दि सुगालीज ऑफ़ रायलसीमा रीजन ऑफ़ आन्ध्र प्रदेश,* एस.बी. वि.वि. तिरुपति का पीएच. डी. के लिए प्रकाशित शोध प्रबन्ध, 1984, पृ. 8 और भी देखें, कृष्णा रेड्डी बी. *'फारेस्ट्स एंड सुगालीज इन आन्ध्र प्रदेश : एन्थ्रोपोलॉजीकल एंड हिस्टोरिकल परस्पेक्टिव'* (मैन इन इंडिया 71 : 4) पृ. 611-624।

133. कृष्णा रेड्डी बी., 'ए नोट ऑन दि वरशिपिंग हिन्दू डायटीज ऑफ़ बंजाराज़' मैन एंड लाइफ़ खंड 18, संख्या 1 और 2, पृ. 45-53। और भी कृष्णा रेड्डी बी. तथा रामचन्द्र रेड्डी एम. : 'एन एथनोग्राफिक अकाउंट ऑफ़ बंजाराज़', *वन्यजाति* खंड XXV संख्या 2, पृ. 19-23।
134. लोक निर्माण (श्रम) विभाग सामान्य आदेश 1425 दि. 4 जुलाई, 1932
135. लोक निर्माण (श्रम) विभाग, सामान्य आदेश 1426 एल. 4 जुलाई, 1832। डोंगा लम्बाडी पर अपराधी जनजाति कानून के सेक्शन 3 और 10 के प्रावधान एम.ई.आर. वुड ने लगाए थे जो उन दिनों कृष्णा जिले के जिलाधीश और सरकार के सचिव थे।
136. लोक निर्माण (श्रम) विभाग, सामान्य आदेश संख्या आर.ओ.सी—सी.आई 516/ए 32 दि. 12 मार्च, 1932।
137. सी.बी. कनिंघम, इंस्पेक्टर जनरल मद्रास पुलिस 1 जून, 1932 आर.सी. 267/2/स्टे./32
138. उन्हें अपराधी जनजाति अधिसूचित किया गया, सा. आ. 648 न्यायिक 16 नवम्बर, 1825। देखें, कुरुप ए.एम. और बी.के. राय बर्मन : *लम्बाडा, ए शिड्यूल ट्राइब ऑफ़ आन्ध्र प्रदेश,* सेंसस ऑफ़ इंडिया मोनोग्राफ 1961।
139. वेंकटेश के. शिवराम, पी. भास्कर डी.एस. : सोशियो-इकोनॉमिक कंडीशंस ऑफ़ सुगाली इन आन्ध्र टांडा, *वन्यजाति* खंड XXXVIII सं. 4 पृ. 6-16।
140. विवरण के लिए देखें : बी. कृष्णा रेड्डी : चेंज एंड कंटीन्युटी इन डिनोटीफाइड ट्राइबल कम्यूनिटी, दि केस ऑफ़ यनाडी इन आन्ध्र प्रदेश। भारत की विमुक्त जनजातियों पर हुई राष्ट्रीय संगोष्ठी में पढ़ा गया शोधपत्र, समाजशास्त्र विभाग, पूना विश्वविद्यालय, 5 और 6 जनवरी, 2007।
141. थर्सटन एडगर, पूर्वो. पृ. 301
142. रेड्डी पी.सी. : यनाडीज ऑफ़ मद्रास प्रेसीडेंसी। अप्रकाशित शोध प्रबन्ध, लखनऊ वि.वि. पृ. 7
143. भारत सरकार : सेंसस रिपोर्ट, शिड्यूल कास्ट्स एंड शिड्यूड ट्राइब्स 1891 गवर्नमेंट प्रेस नई दिल्ली पृ. 22
144. विवरण के लिए बी. कृष्णा रेड्डी, लोकवार्ता विभाग, द्रविड़ वि.वि. कुप्पन द्वारा प्रायोजित विमुक्त जनजातियों पर राष्ट्रीय संगोष्ठी, 2006।
145. थर्सटन एडगर, पूर्वो. पृ. 302
146. न्यायिक विभाग, सामान्य आदेश 28 दि. 15 जनवरी,1926
147. न्यायिक विभाग, सामान्य आदेश 1880 दि. 25 अगस्त, 1922

148. न्यायिक विभाग के सामान्य आदेश 28 दि. 15 जनवरी,1926 से स्पष्ट कहा गया था कि 'यनाडी सामान्यत: एक वन्य जाति हैं और उन्हें अपराधी जनजाति कानून के अन्तर्गत लाना उचित नहीं रहेगा।'
149. गौसिया बेगम : *दि यनाडी : ए स्टडी इन मैरिज, फेमिली एंड इंटर कम्यूनिटी लिंकेज।* अप्रकाशित शोध, एस.वी. विश्वविद्यालय तिरुपति, 1986
150. न्यायिक विभाग, सामान्य आदेश 28 दि. 15 जनवरी,1926
151. लोक निर्माण (श्रम) विभाग, सामान्य आदेश 190 एल. दि. 16 सितम्बर, 1932
152. अधिसूचना को फोर्ट ऑफ़ सेंट जॉर्ज के गजट में प्रकाशित किया गया। 30 अगस्त, 1932। अधिसूचना 366 दि. 30 अगस्त, 1932 पृ. 1435 भाग I
153. गृह विभाग सामान्य आदेश 4140 सी/36-3 दि. 2 जून, 1934
154. लोक निर्माण (श्रम) विभाग सामान्य आदेश 1764 दि. 29 अगस्त, 1932
155. मुल्ला रेड्डी ए. : एथनोग्राफिक नोट ऑन यनाडी ट्राइब ऑफ़ आन्ध्र प्रदेश, *वन्यजाति* खंड XXXII, नई दिल्ली
156. प्रताप डी.आर. : *आन्ध्र प्रदेश आदिमाजातुलु* (तेलुगु), हैदराबाद
157. देखें बी. कृष्णा रेड्डी : *चेंज एंड कंटिन्यूटी इन डिनोटीफाइड कम्यूनिटी : द केस ऑफ़ यनाडी इन आन्ध्र प्रदेश,* विमुक्त और घुमन्तू जनजातियों पर राष्ट्रीय संगोष्ठी में प्रस्तुत शोधपत्र, समाजशास्त्र विभाग, पूना वि.वि., 5 और 8 जनवरी, 2007।
158. वही, पृ. 5
159. वही, पृ. 6
160. राघवैया वी. : *दि यनाडी,* अ.भा. आदिम जाति सेवक संघ नई दिल्ली 1962 पृ. 17
161. वसुलू टी.एस. : *डेमोग्राफिक स्टडी ऑफ़ जेनेटिक आइसोलेट, जेनेटिक इम्पलीकेशन ऑफ़ डेमोग्राफी ऑफ़ यनाडी,* एंथ्रोग्राफिक सोसायटी ऑफ़ इंडिया मैसूर का अप्रकाशित लघु प्रबन्ध, 1980।
162. साहेब एस.ए.ए. : *यनाडीज, एन्थ्रोग्राफिक प्रोफाइल ऑफ़ ट्राइब्स* (सम्पादक) के.एल. सिंह : *पीपुल ऑफ़ इंडिया,* तमिलनाडु, तमिलनाडु एन्थ्रोपॉलोजिकल सर्वे ऑफ़ इंडिया, कोलकाता, 2004
163. साहेब एस.ए.ए. : *शमनिज मदर गॉडेस कल्ट अमंग दि इरुला ऑफ़ तमिलनाडु,* एन्थ्रोपॉलोजिकल सर्वे ऑफ़ इंडिया मैसूर, 1993।
164. रमेशम : *आन्ध्र प्रदेश डिस्ट्रिक्ट गजेटियर ऑफ़ चित्तूर,* गवर्नमेंट प्रेस, हैदराबाद, 1979
165. सुधाकर राव एन. : *ए स्ट्रक्चरल परस्पेक्टिव ऑफ़ यनाडीज—टू फार्म ऑफ़ एन्टरटेनमेंट : मेलम एन कीलुगुर्रालू और रंगम ऑफ़ यनाडीज ऑफ़ श्रीहरिकोटा,* दि ईस्टर्न एन्थ्रोपालॉजिस्ट (खंड 50 से 1, 1227 पृ. 42-46 तथा 36, 3, 1983 पृ. 223-36)
166. सुधाकर रेड्डी बी. : *ट्रेडीशन एंड ट्रांजीशन : ए स्टडी ऑफ़ सोशियो कल्चरल चेंज अमंग यनाडीज ऑफ़ आन्ध्र प्रदेश,* अप्रकाशित पीएच.डी. शोध प्रबन्ध, एस.वी. वि.वि., तिरुपति।
167. कृष्णा रेड्डी बी. : *चेंज एंड कंटीन्यूटी इन डिनोटीफाइड कम्यूनिटीज,* पूना वि.वि. की राष्ट्रीय संगोष्ठी में प्रस्तुत शोधपत्र, 5-7 जनवरी, 2007
168. वही।
169. कृष्णा रेड्डी बी. : द्राविड़ वि.वि. तिरुपति कुप्पम के लोकवार्ता विभाग द्वारा आयोजित राष्ट्रीय संगोष्ठी, 2006
170. लोक निर्माण (श्रम) विभाग सामान्य आदेश 1962 दि. 6 सितम्बर, 1922

171. फोर्ट सेंट जॉर्ज गजेटियर 30 अगस्त, 1932, अधिसूचना 306 भाग 1, पृ. 1435
172. न्यायिक विभाग सामान्य आदेश 28 दि. 15 जनवरी,1926
173. फोर्ट सेंट जॉर्ज गजेटियर 15 दिसम्बर, 1925, अधिसूचना 214
174. सुधाकर रेड्डी पी. : *दि डिसप्लेस्ड यनाडीज़ ऑफ़ श्रीहरिकोटा आईलैंड, ए स्टडी इन कंटीन्यूटी एंड चेंज।* एस.वी. वि.वि. तिरुपति का अप्रकाशित पीएच.डी. शोधपत्र।
175. अग्रवाल विनोद, सुधाकर राव सी.एन और गुरुवी रेड्डी पी.सी. : *यनाडी रिस्पांस टु चेंज : एन अटेम्प्ट टु एक्शन एन्थ्रोपोलॉजी,* कंसेप्ट पब्लिशर्स नई दिल्ली 1985
176. कृष्ण रेड्डी बी. : *चेंज एंड कंटीन्यूटी इन डिनोटीफाइड ट्राइबल कम्यूनिटी,* पूना विश्वविद्यालय की राष्ट्रीय संगोष्ठी का शोधपत्र।
177. वही, पृ. 7
178. इन लोगों को तेलुगु में 'येरुकला', मराठी में 'कैकाडी', तमिल में 'कोरवा' और कन्नड में 'कोरमा', 'कोरचा' और 'कुर्वी' कहा जाता है। येरुकुला दक्षिण भारत की विशाल जनजाति 'कोरवा' की तेलुगु शाखा है। पौपा राव नायडू की 'हिस्ट्री ऑफ़ कोरवाज' और एडगर थर्सटन की *कास्ट्स एंड ट्राइब्स ऑफ़ सदर्न इंडिया* खंड III में इस जनजाति का विवरण दिया गया है। येरुकलाओं की असंख्य शाखाएँ हैं, जो 'अपराधी' और 'निर्दोषों' में बँटी हुई हैं, वे अलग-अलग भाषाएँ बोलती हैं और उनके रस्मोरिवाज भिन्न हैं। दक्षिण भारत में येरुकला को एक अलग जाति या गिरोह समझा जाता है। आन्ध्र के तेलुगु जिलों में वह डोंगा येरुकला कहे जाते हैं। (चोरी करने वाले येरुकला)। विस्तार से विवरण के लिए देखें; नायडू एम और पौपा राव : *दि क्रिमिनल ट्राइब्स ऑफ़ इंडिया* खंड II, ए हिस्ट्री ऑफ़ कोरबाज़, एरुकुला और कैकारीज, मद्रास 1905 पृ. 18। और एडगर थर्सटन : कॉस्टस एंड ट्राइब्स ऑफ़ सदर्न इंडिया खंड III, मद्रास 1909, कॉस्मो पब्लिकेशंस, नई दिल्ली 1975 पृ. 39।
179. समय गुजरने के साथ कोरवाओं की शाखाएँ अधिक से अधिक भिन्न होती गईं। कई शाखाएँ ऐसे थीं जो स्थायी रूप से बस्तियों और गाँवों तक सीमित हो गईं। तमिलनाडु में कुछ कोरवा ऐसे थे जो अनाज लेकर आसपास बेचने जाते थे। वे लगातार घूमते रहते थे। मूलत: वे अनाज के ही व्यापारी थे और भैंसों पर माल लादकर अपनी यात्रा करते थे। आज भी कुछ कोरवा ऐसा करते हैं। रेल सेवाओं के विस्तार, जनसंख्या वृद्धि और अन्य कारणों से उनकी और आन्ध्र प्रदेश के तेलुगु जिलों की अन्य घुमन्तू जनजातियों की जीविका का यह स्रोत छिन गया। घुमन्तू अवस्था में ईमानदारी से जीवन चला पाना उनके लिए दुश्वार हो चला था, जैसा कि यूरोप के जिप्सियों के लिए भी यह बहुत कठिन हो गया था। कालान्तर में भारत में घुमन्तू जातियाँ उन जगहों से विलुप्त होने लगीं, जहाँ वह पाई जाती थीं। यह कहा गया था कि मद्रास प्रेसीडेंसी की सभी घुमन्तू जातियाँ अपराधी हैं क्योंकि वह ईमानदारी से जीवन-यापन नहीं कर पातीं। गृह (न्यायिक) विभाग सामान्य आदेश 2294 देखें, दि. 7 अक्टूबर, 1919। जो भी हो अंग्रेजी शासन ने येरुकलाओं को एक अपराधी जनजाति घोषित कर दिया। उन पर अपराधी जनजाति कानून 1911 की धारा 10 बी. के प्रावधान लगा दिए गए। स्थानीय पुलिस को जिन जिलों में वे थे, वहाँ उनके सदस्यों का रजिस्टर बनाने को कहा गया। वर्ष 1913 में आन्ध्र के गुंटूर और नेल्लोर जिलों में ही केवल येरुकलाओं के छह कबीले अधिसूचित किए गए। शासन ने तत्काल उनकी गतिविधियाँ घोषित क्षेत्रों तक सीमित कर दीं। अपराध नियंत्रण विभाग के प्रभारी तत्कालीन उपपुलिस महानिरीक्षक पी.बी. थॉमस ने उनके घुमन्तू स्वभाव और अपराधों का एक विवरण तैयार किया। इसमें कहा गया था कि उनके पास रोजगार का कोई निश्चित साधन नहीं है।

180. येरुकला आन्ध्र के विभिन्न भागों में बसे हुए थे। यह आवश्यक नहीं है कि सभी बसे हुए येरुकला अपराधी ही हों। लेकिन अपराधी जनजाति कानून 1911 में सभी येरुकलाओं को शामिल किया गया था। वह मुख्य रूप से नेल्लोर, गुंटूर, कुरनूल, कृष्णा, गोदावरी, विशाखापटनम और आन्ध्र के निजाम शासित जिलों में रहते थे। उन्हें दक्षिण भारत की कोरला जनजाति से एक पृथक वर्ग में रखा गया। यह कहा गया कि यदि उन्हें एक अलग जनजाति मानने में कोई आपत्ति हो तो उन्हें एक पृथक कबीला या गिरोह माना जा सकता है। देखें, न्यायिक विभाग, साल्वेशन आर्मी 1062 दि. 8 मई, 1914। यहाँ उल्लेख्य है कि जनजाति के सदस्य भिक्षा माँगते और चोरी करते घुमन्तू जीवन बिताते थे। उनका छद्म व्यवसाय टोकरियाँ बनाना, नमक और अनाज तथा मसाले वाले पत्तों इत्यादि को बेचना था। उनके पास थोड़ी-बहुत जमीनें थीं जिनसे उनका भरण-पोषण नहीं हो पाता था। पी.बी. थॉमस ने लिखा था, 'विभिन्न परिस्थितियों के चलते अनाज और अन्य वस्तुओं का उनका व्यापार क्रमशः समाप्त होता गया है। और वह बुरे काम करने लगे हैं। अत: सरकार सोचती है कि जीवन-यापन के साधन उन्हें उपलब्ध कराए जाएँ तो वह जल्दी ही अपराधों से विमुख हो जाएँगे।'

181. मद्रास पुलिस येरुकलाओं को सन्देह से देखती थी। पुलिस को कुछ येरुकला पुरुषों के विषय में जानकारी थी। पुलिस थानों में वह संदिग्ध अपराधी के रूप में दर्ज थे। येरुकलाओं के सभी ज्ञात पुरुषों की अँगुलियों की छाप सहित पूरा विवरण थानों में रखा जाता था। येरुकलाओं को गिरोहों में वर्गीकृत किया गया था। शुरू में जिले में येरुकला पुरुषों की कुल संख्या 1,000 थी। वे अपराधी वृत्ति के अभ्यस्त थे। उनके पास जीविका के समुचित साधन नहीं थे। वे गैरजमानती अपराधों में पंजीकृत थे। उनके पास रहने की कोई निश्चित जगह नहीं थी। उनमें से कई तो दिखाई ही नहीं देते थे। उनमें से अधिकांश गिरफ्तार करके जेल भेज दिए गए। येरुकला छोटा समूह बना कर चलते थे और चटाइयाँ, टोकरियाँ बनाते, नमक, अनाज, जंगल से इकट्ठा की गई करियापाक पत्तियाँ बेचते, या भीख माँगते थे। भारत सरकार ने साल्वेशन आर्मी के द्वारा 1912 में येरुकलाओं के लिए आन्ध्र के गुंटूर जिले के सीतानगरम में एक औद्योगिक बस्ती बसाई ताकि उनका भरण-पोषण हो सके। नेल्लोर जिले के कावाली में अमेरिकी बॅपटिस्ट मिशन ने भी सरकार के सहयोग से एक बस्ती बसाई। इन दो बस्तियों में येरुकलाओं को लाया गया और उन्हें कुछ कृषि कार्य दिया गया।

182. थर्सटन एडगर, पूर्वो. पृ. 146

183. गुस्ताव ओपर्ट : *दि ओरिजिनल इन्हैबिटेंटस ऑफ़ भारतवर्ष ऑर इंडिया,* न्यूयॉर्क 1978 पृ. 8। औपनिवेशिक सरकार ने वर्ष 1910 में येरुकलाओं को एक अपराधी जनजाति घोषित किया था। उन पर 1911 के अपराधी जनजाति कानून की धारा 10 बी के प्रावधान लगाए गए। सामान्य आदेश 917 दि. 10 मई 1913, न्याय विभाग सामान्य आदेश 1714 दि. 4 जुलाई, 1916

184. थर्सटन, पूर्वो. पृ. 275

185. उल्लिखित : *हुक्मनामा एंड पेपर्स रिलेटिंग टु श्रीहरिकोटा यनाडीज़ खंड I ए सिलेक्शन ऑफ़ पेपर्स फ्रॉम दि ओल्ड रिकॉडर्स ऑफ़ दि नेल्लोर डिस्ट्रिक्ट,* नेल्लोर 1915 पृ. 42

186. साधारणत: स्त्रियाँ और बच्चे बहुत सक्रिय होते हैं। वे कुछ मवेशियों और चलती-फिरती झोंपड़ियाँ लेकर घूमते थे। येरुकला स्त्रियों का जीवन केपमारी, नक्काल, यनाडी, डोम्मार और दसारी महिलाओं से बेहतर होता है। वर्ष 1910 में स्त्रियों और बच्चों को भी सुरक्षात्मक

धारा 401 और 402 के अन्तर्गत लाया गया। न्यायिक विभाग सामान्य आदेश 1635 दि. 5 जुलाई, 1913

187. पार्थसारथी जक्का : द *येरुकलाज़ : एन एथनोग्राफिक स्टडी,* एन्थ्रोपालाजिक सर्वे ऑफ़ इंडिया, कलकत्ता 1988, पृ. 65

188. येरुकलाओं की सजातीयता असंदिग्ध है। सभी येरुकला उनकी जाति के चार वर्णों या गोत्र के अन्तर्गत आते हैं। ये हैं—*सतुपति, मेनापति, कावेती* और *मेन्ड्रगुट्टे*। येरुकला एक सगोत्रीय जनजाति है। वह जहाँ भी रहते हों अपने रक्तसम्बन्धों को बनाए रखते हैं। यह बताया गया था कि गिरोह संख्या IV, VI, VII और IX के सदस्यों में रक्त और विवाह के सम्बन्ध थे। गिरोह V, X और VIII के सदस्य भी एक-दूसरे के रिश्तेदार थे। वह अपराध के भागीदार भी थे। सम्भवत: इन सभी के बीच रक्त सम्बन्ध और वैवाहिक सम्बन्ध रहे होंगे। येरुकला जनजाति के गिरोह विभिन्न जिलों में बँटे हुए थे : गिरोह V और X नेल्लोर और बेल्लारी जिलों में घूमता था। गिरोह IV गोदावरी जिले में, गिरोह VI, VIII और IX गुंटूर जिले में मिलते थे और गिरोह XIII कुरुनूल जिले में वारदातें करता था।

189. उस समय की मद्रास सरकार के कार्यवाहक सचिव ए.जी. कारड्यू ने भारत सरकार के सचिव को एक कार्यालयी पत्र में येरुकलाओं और उनके गिरोहों की संक्षिप्त जानकारी भेजी थी। गृह विभाग संख्या 1299 दि. 30 जून, 1913, इसमें बताया गया था कि :

    1. *अपराध अन्वेषण विभाग, गिरोह सं. IV :* इस समूह के येरुकलाओं के पास 51 गधे और छह बन्दर बताए जाते हैं। इनका प्रयोग येरुकलाओं की अस्थायी झोंपड़ियों को ढोने में किया जाता है। बन्दरों का इस्तेमाल भीख माँगने के समय तमाशा दिखाने में होता है। इस गिरोह के येरुकला अपने को 'बिदारी' येरुकला कहते हैं अर्थात सामान ले जाने वाले। उनके पास सामान लादने वाली भैंसें हैं। तत्कालीन खुफिया विभाग ने इसे 51वाँ गिरोह माना था।
    2. *अपराध अन्वेषण विभाग, गिरोह संख्या V :* इस गिरोह के पास नेल्लोर जिले के कोव्वूर तालुके में साढ़े आठ एकड़ सिंचित जमीन है, (वेमूलापद से लगभग बीस मील दूर)। उनके पास 4 गायें, 116 बकरियाँ और 84 गधे थे। गिरोह में कुल 48 पुरुष हैं, जिनमें से 19 सदस्यों को डकैती, लूटमार, सेंधमारी और चोरी में सजाएँ हो चुकी हैं। 14 पुरुषों को सुरक्षात्मक कारणों से हिरासत में लिया गया। उनकी केवल एक अस्थायी झोंपड़ी थी। सारी जमीन और पशुओं के स्वामी सात व्यक्ति हैं। यही सात लोग गिरोह का नेतृत्व करते हैं। वह घुमन्तू हैं और जीवन-यापन का कोई साधन उनके पास नहीं है। इस गिरोह के येरुकलाओं की रिश्तेदारी गिरोह X और XIII के येरुकलाओं से है।
    3. *अपराध अन्वेषण विभाग, गिरोह संख्या VI :* येरुकलाओं के इस गिरोह में 17 गधे थे। ये 'बिदारी' येरुकला थे जिनका सम्बन्ध गिरोह संख्या IV से था। गिरोह के पुरुषों की कुल संख्या 48 थी।
    4. *अपराध अन्वेषण विभाग, गिरोह संख्या VIII :* इस गिरोह के येरुकलाओं के पास 633 पशु और 192 गधे थे। यह 'बिदारी' येरुकला थे जो चौथे और छठवें गिरोहों के येरुकलाओं से सम्बन्धित थे। इस गिरोह के येरुकलाओं को सुरक्षा प्रावधानों के अन्तर्गत गिरफ्तार किया गया। वे जेल भेज दिए गए। उनके मवेशी उनका भरण-पोषण नहीं कर सकते थे। इस गिरोह के येरुकला मवेशी-चोरी में सिद्धहस्त थे।
    5. *अपराध अन्वेषण विभाग, गिरोह संख्या IX :* इस गिरोह के येरुकलाओं के पास 4

गधे और 10 सुअर थे। ये 'बिदारी' येरुकला हैं और गिरोह IV, VI और VIII से सम्बन्धित हैं। इस गिरोह में पुरुषों की कुल संख्या 68 थी।

6. *अपराध अन्वेषण विभाग, गिरोह संख्या X :* इस गिरोह के पास नेल्लोर जिले के बेमुलपाद में 14 एकड़ दलदली भूमि थे। वह छह एकड़ सूखी जमीन के भी स्वामी थे। उनके पास 64 मवेशी, 160 बकरियाँ, 12 भैंसें, 2 सुअर और 77 गधे भी थे। ये 'बिदारी' येरुकला थे लेकिन 'बिदारी' का काम नहीं करते थे। उनके पास केवल दो अस्थायी झोंपड़े थे। दूसरों की तरह इस गिरोह के सदस्य भी घुमन्तू जीवन व्यतीत करते थे।

7. *अपराध अन्वेषण विभाग, गिरोह संख्या XIII :* उनके पास 47 मवेशी, 68 बकरियाँ और कुरनूल जिले में छह एकड़ सूखी जमीन थी। गिरोह में 47 पुरुष थे। गिरोह पूरी तरह घुमन्तू है। वह गिरोह V और X से सम्बन्धित हैं। गिरोह सं. IV का कभी कोई स्थायी घर नहीं रहा। यह गोदावरी, कृष्णा और गंजम जिलों में भटकता रहता है। गिरोह VI गुंटूर (ओंगल) जिले में रहता था, लेकिन उसके पास जमीन नहीं थी। गिरोह VIII गुंटूर जिले के बापट्ला में रहता था, यह गिरोह भी भूमिहीन था। इसी तरह गिरोह IX गुंटूर जिले के विनुकोंडा में रहता था और उसके पास भी जमीन नहीं थी। गिरोह X के पास एक नाम मात्र का घर और वेमुलपाद (नेल्लोर जिला) में थोड़ी-सी जमीन थी। गिरोह XIII सामान्यत: कुरनूल में रहता था पर उसके पास भी जमीन नहीं थी। साल्वेशन आर्मी ने बेजावाड़ा के पास सीतानगरम में एक बस्ती स्थापित की थी। यह एक कृषि बस्ती थी। ये गिरोह संख्या IV, VI, VIII और IX को बसाने की दृष्टि से यह उपयुक्त स्थान था। वे सभी आसपास के इलाकों में घूमते रहते थे। येरुकलाओं में अपराध की बुरी आदतों का विकास धीरे-धीरे हुआ जब साल्वेशन आर्मी कुछ येरुकलाओं को बसा चुकी थी, तब गिरोह संख्या V और X के सदस्यों के पास नेल्लोर के कावाली के पास कुछ जमीन थी, जहाँ अमेरिकी बॅपटिस्ट (तेलुगु) मिशन ने कुछ येरुकलाओं को बसाया था। गिरोह सं. V के सदस्यों को कालीचेदू की अभ्रक की खदानों में काम दिया गया जहाँ डोंगा दसारी अभ्रक के कारखाने में पहले से ही काम कर रहे थे। इसका संचालन एक जर्मन संस्था करती थी। प्रबन्धकों ने अपने उद्धार कार्य के लिए मजबूत लोगों को चुना। सीतानगरम और कावाली की साल्वेशन आर्मी द्वारा बसाई गई बस्तियों में प्रारम्भ में 864 सदस्य थे। अपराध अन्वेषण विभाग के गिरोह संख्या XIII की जनजाति की एक छोटी शाखा बेल्लारी में थी, जहाँ सरकार ने येरुकलाओं की एक बस्ती रुद्रपाद में स्थापित की। इस बस्ती को साल्वेशन आर्मी को दिए जाने का प्रस्ताव था।

अमेरिकी बॅपटिस्ट मिशन का डोंगा येरुकलाओं के उद्धार के लिए कावाली में बनाई गई बस्ती को आर्थिक सहायता देने के लिए सरकार सोच रही थी। कावाली की बस्ती का प्रारम्भ अक्टूबर 1912 में हुआ। इसमें 55 परिवार (लगभग दो सौ के व्यक्ति) थे। इसी जनजाति के बीस परिवार बस्ती में भेजे गए। प्रबन्धकों ने रहवासियों के लिए रोजगार मुहैया करवाने के लिए (क) बुनाई, (ख) सूत की धुलाई, (ग) व्यापारिक बागवानी से सम्बन्धित व्यवस्थाएँ जुटाईं। जिलाधीश ने बॅपटिस्ट मिशन को सौ एकड़ शुष्क भूमि यह सोच कर दी थी कि इस भूमि पर गहरे कुँओं के पानी से सिंचाई की जाएगी। जमीन अच्छे चरित्र वाले येरुकलाओं को दी गई

थी। बस्ती में सुचारू व्यवस्थाओं की दृष्टि से बॅपटिस्ट मिशन ने भवन निर्माण, जल प्रदाय, रहवासियों के रखरखाव और बस्ती के विकास आदि पर 5,000 रुपए की राशि व्यय की। सरकार ने यह रकम इस शर्त पर दी थी कि बस्ती में बसने के लिए ईसाई धर्म स्वीकार करना अनिवार्य नहीं होगा। अपराधी जनजाति कानून 1911 की धारा 12 की व्यवस्था के अनुसार जिला मजिस्ट्रेट को प्रतिवर्ष बस्ती की प्रगति का प्रतिवेदन पुलिस महानिरीक्षक को भेजना होता था। गुंटूर जिले के सीतानगरम में साल्वेशन आर्मी द्वारा स्थापित औद्योगिक बस्ती और अमेरिकी बॅपटिस्ट मिशन द्वारा नेल्लोर जिले की कावाली में स्थापित बस्ती के परिक्षेत्र तक येरुकलाओं की गतिविधियाँ सीमित कर दी गईं।

190. सिम्हाद्री वाई.सी. : *दि एक्स-क्रिमिनल ट्राइब्स ऑफ़ इंडिया,* नेशनल पब्लिशिंग हाउस, नई दिल्ली 1979 पृ. 64
191. हाच डब्लू. जे : *द लैंड पायरेट्स ऑफ़ इंडिया,* सीले सर्विस एंड कम्पनी, लंदन 1928
192. देखें : श्री पी.बी. थॉमस द्वारा येरुकलाओं पर तैयार किया गया स्मरण-पत्र। न्यायिक विभाग सामान्य आदेश 1299 दि. 30 जून, 1913
193. थर्सटन 1909 पृ. 451 और पौपा राव तथा नायडू 1905 पृ. 2
194. न्यायिक विभाग, सामान्य आदेश 784 दि. 25 अप्रैल, 1913 अनेक्श्चर III
195. जोसेफ ए : *येरुकला ट्रेडीशनल जस्टिस, ट्राइबल,* खंड 4, संख्या 1, पृ. 11
196. भारत सरकार ने अपनी अधिसूचना में येरुकलाओं को एक अपराधी जनजाति घोषित कर दिया 'यह विश्वास करने के कारण है कि निम्न उल्लिखित येरुकला गैरजमानती अपराध नियमित रूप से करने के अभ्यस्त हैं। गवर्नर इन काउंसिल 1911 के अपराधी जनजाति कानून (1911 का III) की धारा 3 के द्वारा उन्हें प्रदत्त अधिकार से घोषित करते हैं कि कथित जनजाति का प्रत्येक कबीला इस कानून के अनुसार अपराधी है।' निम्न तालिका में उनके स्थानीय मुखिया के साथ आवागमन को प्रतिबन्धित किया जाता है :

सारणी-2

आन्ध्र प्रदेश में 'डोंगा' येरुकलाओं के आवागमन पर प्रतिबन्ध

कबीले की संख्या	*स्थानीय मुखिया/ मुखियाओं का नाम का प्रतिबन्धित क्षेत्र*	*आवगमन के लिए विशिष्ट कबीलों*
I	मानुपति पिचिगाडू और मानुपति कासीगाडू	गोदावरी जिले तक आागमन सीमित
II	बाचू गुरवाडू	नेल्लोर जिले तक सीमित गिरोह का मुख्यालय नेल्लोर जिले के कोवूर तालुका में था।
III	कावाती कोटाडू	गुंटूर जिला
IV	कर्रेडुला नरसीगाडू	गुंटूर जिला
V	बांडे गुरुवाडू	गुंटूर जिला
VI	अवूलापेड्डा सब्बाडू	गिरोह का मुख्यालय नेल्लोर जिले में और कानिगिरी जिले के वेमुलपादु गाँव में था।
VII	अवूलापेड्डा	गिरोह का मुख्यालय कुरनूल जिले में स्थित था।

कथित कानून की धारा 10बी के अन्तर्गत यह भी अधिसूचित किया गया कि 'गवर्नर इन काउंसिल का निर्देश है कि उल्लिखित अपराधी जनजाति के प्रत्येक सदस्य को निर्धारित विधि के अनुसार अपने निवास की जगह, उसमें किसी परिवर्तन या सम्भावित परिवर्तन अथवा वहाँ से अपनी अनुपस्थिति की सूचना देनी होगी।'

197. नोट 1916 : 36। और मद्रास शासन, *हुक्मनामा एंड पेपर्स रिलेटिंग टु श्रीहरिकोटा यनाडीज़,* खंड 1, *ए सिलेक्शन ऑफ़ पेपर्स फ्रॉम द ओल्ड रिकॉर्ड्स ऑफ़ नेल्लोर डिस्ट्रिक्ट,* नेल्लोर 1915, परिशिष्ट 1 से 3
198. ललिता वी., 1995, पृ. 18
199. शेरिंग एम.ए : *दि ट्राइब्स एंड कास्ट्स ऑफ़ मद्रास प्रेसीडेंसी,* नई दिल्ली 1975 पृ. 18
200. मद्रास शासन : बुलेटिन खंड V संख्या 1, *एन्थ्रोपोलॉजी : विजन ऑफ़ उरालीज एंड सोलगाज़, मोर मेरिज कस्टम्स इन साउथ इंडिया, हुक स्विंगिंग, पलियान्स,* गवर्नमेंट प्रेस मद्रास 1903, पृ. 23-24, दुल्हन का मूल्य 20 पगोडा में तय होता है। मामा का स्वत्व पहली दो कन्याओं पर होता है, इनके लिए बीस पगोडा में से आठ का मूल्य निर्धारित है।
201. मद्रास शासन : *मद्रास गवर्नमेंट बुलेटिन* खंड IV सं. 3, एन्थ्रोपोलॉजी, मद्रास 1903 पृ. 165
202. थर्सटन 1909, पृ. 436 और पौपा राव तथा नायडू 1905 पृ. 6
203. सैयद शिराजुल हुसैन लिखते हैं, 'रिवाज बहुप्रचलित है। विधवा विवाह साधारण होता है। इसमें विधवा को नए कपड़े और चूड़ियाँ पहना कर घर ले आया जाता है।' *कास्ट्स एंड ट्राइब्स ऑफ़ निजाम डोमीनिअन* दिल्ली 1909, पृ. 18
204. येरुकलाओं के विषय में लिखते हुए टी. कैन हमें बताते हैं कि स्त्री की प्रसव पीड़ा प्रारम्भ होते ही वह अपने पति को बताती है। वह उसके कुछ वस्त्रों से उसका पेट और सिर ढँक देता है। स्त्री एक अँधेरी कोठरी में जाकर खाट पर लेट जाती है, और एक चादर ओढ़ लेती है। जब बच्चा जन्म लेता है तो उसे नहला कर पिता के पास खाट पर रख दिया जाता है। शीरा इत्यादि चीज़ें माता को नहीं बल्कि पिता को दी जाती हैं।' देखें : कमला मनोहर राव, *बुलेटिन ऑफ़ ट्राइबल चिल्ड्रन रिसर्च एंड ट्रेनिंग इंस्टीट्यूट,* मद्रास 1901, पृ. 114-15
205. गुस्ताव ओपार्ट 1978 पृ. 14
206. यह माना जाता है कि ऐसे शुभ मुहूर्त में जन्म लेने वाला बच्चा निष्णात चोर बनता है। थर्सटन 1909, पृ. 49
207. पौपा राव और नायडू 1905, पृ. 17
208. देखें, अब्दुल गफूर सैयद ख्वाजा : *ट्राइब्स एंड ट्राइबल वेलफेयर इन हैदराबाद,* गवर्नमेंट प्रेस, मद्रास, 1915, पृ. 49
209. प्रत्येक परिवार की चिड़ियों, खरगोशों आदि के मांस और शिकार के लिए जालों में फँसे जानवरों का भोज्य के लिए हिस्सेदारी होती है। वे इनका इस्तेमाल पालतू पक्षियों और जानवरों को पकड़ने में भी करते हैं। पुरुष इन चीजों के साथ शिकार पर निकलते हैं और जीवित पक्षी और जानवर लेकर लौटते हैं जिन्हें मारकर या तो वे खा लेते हैं, या फिर अनाज या पैसों में उन्हें बेच दिया जाता है। टोकरियों और चटाई को बुनने के अतिरिक्त यह भी उनकी आय और जीविका का एक साधन है। कमला मनोहर राव 1901, पृ. 118
210. ललिता वी., 1995, 168। गृह विभाग सामान्य आदेश 3467 दि. 30.12.1943। सामान्य आदेश 1837 दि. 13 जून, 1944। सामान्य आदेश 2214 दि. 26 जुलाई, 1946। वह नेल्लोर, कुरनूल, गुंटूर, कृष्णा जिलों में घूमते हैं। उन्हें सात वर्गों में विभाजित किया गया

है जो अपराध अन्वेषण विभाग के गिरोह संख्या IV, V, VI, VIII, IX, X और XIII कहलाते हैं। ये सदस्य गैरजमानती अपराधों से सम्बन्ध रखते हैं। उनमें से किसी का भी नाम मात्र का कोई स्थायी निवास नहीं है। उनमें से कई लगातार गायब हैं और कुछ जेल में हैं। कबीले छोटे-छोटे समूहों में टोकरियाँ बनाते हुए, करियापाक पत्तों का संग्रह (जो वे जंगल से एकत्र करते हैं और जो रसोई में काम आते हैं) भीख माँगते और नमक तथा अनाज ले जाते हुए घूमते रहते हैं।

211. वर्ष 1897 से ही येरुकुआ गम्भीर अपराधों में नामजद होते रहे हैं। कहा जाता है कि वे हमेशा से ही जेबें काटते रहे थे। वे सदा अपराधी गिरोह के रूप में मेलों और उत्सवों, कस्बों और रेलवे स्टेशनों पर पहुँचते थे। वे डकैती, राहजनी और सेंधमारी जैसे हिंसामय अपराधों के आदी थे। विस्तार के लिए देखें : गृह (न्यायिक) विभाग सामान्य आदेश 757 दि. 4 अप्रैल, 1917, साल्वेशन आर्मी 920 दि. 2 मई, 1917।

212. देखें : गृह (न्यायिक) विभाग सामान्य आदेश 1006 दि. 14 मई, 1917, साल्वेशन आर्मी 1485 दि. 19 जुलाई, 1917, सामान्य आदेश 1585 दि. 24 जुलाई, 1917, और सामान्य आदेश 1850 दि. 4 सितम्बर, 1917। येरुकलाओं की कुख्याति उन डकैती और राहजनी के कारण हुई, जिन्हें आसपास के इलाकों में वे अंजाम देते थे। यह बताया गया था कि 'उन दिनों नेल्लोर जिले के कुछ हिस्से की सड़कें इतनी असुरक्षित थीं कि मजिस्ट्रेट को यात्रियों को उनकी सुरक्षा के लिए विशेष शस्त्र लाइसेंस देना पड़े। उनके द्वारा किए जाने वाले अपराधों में प्राय: हिंसा भी होती थी।' अत: प्रेसीडेंसी में उनका आवागमन सीमित करने के लिए सरकार को धारा 400 और 402 के अन्तर्गत निषेधात्मक कार्रवाई करना पड़ी।

213. स्टुअर्टपुरम के पूर्व अधिकारी से साक्षात्कार, दिनांक 6 फरवरी, 2007।

214. कप्परल्ला टिप्पा (बिट्रगुंटा) के एक पूर्व अपराधी से साक्षात्कार, 4 फरवरी, 2007

215. सीतानगरम बस्ती (तेदेपल्ली) के एक पूर्व अपराधी से साक्षात्कार, 8 फरवरी, 2007।

216. स्टुअर्टपुरम बस्ती के एक पूर्व अपराधी से साक्षात्कार, 6 फरवरी, 2007।

217. सीतानगरम बस्ती के एक पूर्व अपराधी से साक्षात्कार, 8 फरवरी, 2007।

218. स्टुअर्टपुरम बस्ती के एक पूर्व अपराधी से साक्षात्कार, 6 फरवरी, 2007।

219. वही

अध्याय-3

आन्ध्र में अपराधी जनजातियों की बस्तियाँ : ऐतिहासिक सर्वेक्षण

इस अध्याय में (1) अपराधी जनजाति बस्तियों का विचार और उनका संक्षिप्त इतिहास, (2) ईसाई मिशनरियों की भूमिका, (3) शासकीय नीति, (4) बस्तियों का प्रारूप, और (5) इतने समय से आन्ध्र प्रदेश की बस्तियों में हुई प्रगति का विवेचन किया जाना है। इसके स्रोत वे सरकारी दस्तावेज हैं जो आन्ध्र प्रदेश (हैदराबाद), तमिलनाडु (चेन्नई) के राज्य अभिलेखागारों तथा राष्ट्रीय अभिलेखागार (नई दिल्ली) से उपलब्ध हुए हैं। इस अध्याय के प्रमुख अभिलेखीय स्रोत कानून विभाग, न्यायिक विभाग, गृह विभाग, लोक निर्माण (श्रम) विभाग, मिशनरियों के साधन, प्रकाशित पुस्तकों और शासकीय रिकॉर्डों से एकत्र किए गए हैं।

1

ऐतिहासिक पृष्ठभूमि और अपराधी जनजाति का प्रत्यय

भारत विश्व का ऐसा एकमात्र देश है, जहाँ अंग्रेजी शासन ने उन्नीसवीं शताब्दी में कुछ जनजातियों को यह मानकर कि वे जन्म से ही अपराधी हैं और अपराध ही उनका व्यवसाय है, अपराधी जनजाति घोषित किया था। उन पर अंकुश लगाने के लिए सरकार द्वारा क्रियान्वित किया जाने वाला एक कार्यक्रम यह था कि उन जनजातियों के सक्रिय अपराधियों को एक स्थान पर खुली जेल जैसी जगह में लाया जाए, जहाँ वे परिवार के साथ रह सकें। प्राय: इन अपराधियों की 'बस्ती' का प्रबन्धन ईसाई मिशनरियों को सौंप दिया जाता था जिन्हें दंडाधिकारी की शक्तियाँ प्राप्त थीं। इन परिस्थितियों में अपराध की एक संस्कृति का विकास हुआ। अपराधी समाजद्रोही होता है, इसलिए शेष समाज से उनका टकराव होता रहता था। हिन्दुओं की वर्ण-व्यवस्था में जब किसी विशेष समूह के लिए अपराध एक व्यवसाय बन जाता है

तो उसे नियति का खेल मान लेना चाहिए। तब ऐसी स्थिति के कारणों को समझना और उनमें परिवर्तन करना अत्यधिक कठिन हो जाता है। अन्य सामाजिक श्रेणियों के व्यक्ति भी अपराध करते हैं लेकिन उन्हें भारत की विमुक्त जातियों/जनजातियों[1] की तरह कलंकित नहीं होना पड़ता। जब अंग्रेजी सरकार ने किन्हीं जातियों, समुदायों और जनजातियों पर अपराधी होने का ठप्पा लगा दिया तो उन्हें जन्म और व्यवसाय से अपराधी समझा जाने लगा। शायद अपराधी जनजाति कानून की अन्तर्निहित दृष्टि यह थी कि अपराधी परिवार की स्त्री का गर्भ भी अपरिहार्य रूप से अपराधी ही पैदा करेगा। विमुक्त जनजातियाँ इस श्रेणी में शामिल की गईं, जबकि अन्य अपराधी यह ठप्पा लग जाने से बच गए।

मनुष्य जाति के सामने अपराध की समस्या सदा से एक बड़ी चुनौती के रूप में उपस्थित रही है। जनता की मूल्य-व्यवस्था के अनुसार स्थान-स्थान और समय-समय पर इसका रूप बदलता रहा है। देश के सभी भागों में सड़कों पर, शहरों में, बैंकों और रेलों में अपराध, चर्चा का एक मुख्य विषय बना हुआ है। यह मनुष्य के जन्म जितनी ही पुरानी मानवीय असफलता है। भारत में ही नहीं, संसार भर में जनसंचार के साधन नरसंहार, सनसनीखेज डकैती, गुंडागर्दी, पुलिस-राजनेता दुरभिसन्धि, भ्रष्टाचार, सार्वजनिक धन के सम्मानीय वित्ताधिकारियों द्वारा कल्पनातीत गबन की खबरों से पटे पड़े रहते हैं। वाई.सी. सिम्हाद्री ने कहा था : 'किसी भी समाज में जनता के सहने और प्रतिरोध करने के व्यवहार के लिए सामान्यत: सामाजिक संरचना जिम्मेदार होती है।'[2] क्लेरेंस डारो के अनुसार 'अपराध वह कार्य है जो राष्ट्रीय कानून द्वारा वर्जित किया गया हो, और जिसे काफी गम्भीर मानकर उसे किए जाने पर दंड की व्यवस्था की गई हो।'[3]

किसी समूची जनजाति या कबीले अथवा परिवार को अपराधी बताना दुर्भाग्यपूर्ण है। हमारी जानकारी में दुनिया का ऐसा कोई भी देश नहीं है जहाँ की जनता अपना व्यवसाय समझ कर अपराध करती हो। बिस्वास ने कहा था, 'यह बहुत सम्भव है कि भारत की वर्तमान अपराधी जनजातियाँ ठगों की प्रशाखा हों, तत्कालीन भारत सरकार द्वारा ठगी महकमा स्थापित किए जाने के बाद इन लोगों की विस्थापना की प्रवृत्ति पर रोक लग गई और वह भारत के विभिन्न प्रदेशों में जाकर बस गए।'[4]

अपराधी जनजाति बस्तियों की स्थापना का विचार सबसे पहले 1868 में आया था। अपराधी जनजाति बस्तियों की परिकल्पना उसी रूपरेखा के आधार पर की गई थी जो 1861 में उत्तर भारत में ठगी और डकैती विभाग ने अपनाई थी। वायसराय परिषद के कानून और व्यवस्था के प्रभारी सदस्य जे.बी. स्टीफेन्स ने कहा था : 'भारत का विशेष लक्षण इसकी जाति-व्यवस्था है। बढ़ई का परिवेश हमेशा बढ़ई ही रहेगा, चाहे एक या पाँच सदियाँ क्यों न गुजर जाएँ। जब कोई व्यक्ति आपसे कहता

है कि उसने कानून तोड़ा है तो वह शुरू से ही ऐसा करता रहा है और अन्त तक करता रहेगा। उसका सुधार सम्भव नहीं है क्योंकि यही उसका व्यवसाय है, उसकी जाति यही है बल्कि मैं कहूँगा कि अपराध करना ही उसका धर्म है।'[5]

भारत में अपराधी जनजाति बस्तियों की स्थापना की पृष्ठभूमि यही थी। भारत सरकार ने इस कार्य को दो तरह के पूर्वानुमानों के साथ प्रारम्भ किया। पहला पूर्वानुभव यह कि किसी एक समुदाय अथवा जाति में जन्म लेने वाले सभी व्यक्ति अपराधी होते हैं और दूसरा पूर्वानुभव यह कि एक बार जिसने अपराध कर लिया, वह सदा अपराध करता रहता है। इन दोनों पूर्वग्रहों से इस विचार ने जन्म लिया कि अपराधी जनजातियाँ समाज के लिए खतरा हैं और उनसे समाज की रक्षा की जानी चाहिए।[6] बूथ टकर लिखते हैं कि 'अपराधियों का गाँव खरगोशों के एक बाड़े की तरह है, जब एक सिरे पर नेवला नजर आता है तो वे इधर-उधर भाग जाते हैं। वे खुले आकाश के नीचे सोते हैं, जिससे वे चारों तरफ नजर रख सकें। वे बड़े इलाके में गाँव के रास्तों से दूर फैल जाते हैं, जहाँ पुलिस की निगरानी सम्भव न हो सके।'[7]

ब्रिटिश उपनिवेशवाद की कृति था अपराधी जनजाति कानून, जिसने कुछ सामाजिक समुदायों को अपराधी जनजाति के रूप में वर्गीकृत किया। अंग्रेजों ने उन पर नियंत्रण इस इरादे से किया है कि उनके माध्यम से उन अन्य समूहों की निगरानी की जा सके जो विदेशी आधिपत्य के विरुद्ध षड्यंत्र और विद्रोह कर रहे थे। अपराधी जनजाति कानूनों से बस्तियों की संस्कृति का विकास हुआ। यह कानून अपराधी जनजाति बस्तियों के उद्भव का मूल कारण था। अपराधी जनजाति कानून और बस्तियों ने नागरिकता और सामाजिकता की संस्कृति को ध्वस्त कर दिया। ये बस्तियाँ स्वतंत्र देश के बीच में दासता का द्वीप थीं। अपराधी जनजाति कानूनों की समाप्ति और बस्तियों का उन्मूलन भारतीय स्वाधीनता संग्राम में एक उल्लेखनीय योगदान रहा है। स्वाधीनता संग्राम को आगे बढ़ाने के लिए यह आवश्यक था कि अपराधी जनजाति कानूनों की अवशिष्ट जंजीरों को तोड़ा जाए और बस्तियों के ढाँचों को पूरी तरह समाप्त किया जाए।

2

ईसाई मिशनरियों की भूमिका

अपराधी जनजाति बस्तियाँ उन जिलों में बनाई गई थीं जहाँ गम्भीर अपराध होते रहते थे। सरकार ने एक स्थिर जीवन उपलब्ध कराने के लिए बस्तियाँ बसाईं। अपराधी बस्तियों के प्रबन्धन का दायित्व[8] साल्वेशन आर्मी, लंदन मिशन, कनाडाई मिशन और अमेरिकी बॅपटिस्ट (तेलुगु) मिशन को सौंपा गया। इन मिशनों के तीन मुख्य उद्देश्य

थे : (1) अपराधी जनजाति कानून को प्रभावशाली रूप से लागू करना और उसके दायरे में बस्तियों के रहवासियों का नियंत्रण, जिससे रहवासियों की स्थिति प्रबन्धकों के गुलामों जैसी बन गई। (2) रहवासियों को ईसाई धर्म में परिवर्तित करना और (3) वयस्कों के लिए रोजगार के कुछ अवसर और उनकी सन्तानों के लिए शिक्षा दिलाना।

सरकार ने पाया कि साल्वेशन आर्मी जैसी मिशनरियाँ सफलतापूर्वक कार्य कर रही हैं। अपराधी जनजातियों के क्षेत्र में सक्रियता लाने के कार्य में प्रवृत्त होने वाला पहला संगठन साल्वेशन आर्मी ही था। उन्होंने उत्तर प्रदेश में डोमों के पुनर्वास से अपने कार्य की शुरुआत की थी।[9] मद्रास सरकार ने साल्वेशन आर्मी को अपराधी जनजातियों का और उनके मकानों का दायित्व लेने के लिए आमंत्रित किया। दादाभाई नौरोजी ने कहा था : 'समय-समय पर साल्वेशन आर्मी से सहायता का अनुरोध किया गया। साल्वेशन आर्मी हो या अन्य कोई सुधारक संगठन, इस तरह के लोगों को बुराई के रास्तों पर चलने से रोकने के कठिन कार्य के लिए धार्मिक उत्साह आवश्यक होता है।'[10] साल्वेशन आर्मी के आन्ध्र के अधिकारी विलियम बूथ टकर ने गुंटूर जिले की दो बस्तियों का प्रबन्धन कुशलता के साथ किया। ये थीं सीतानगरम (1913) और दूसरी स्टुअर्टपुरम (1914)। संयुक्त प्रान्त के लेफ्टीनेंट-गवर्नर जॉन हीवेट ने कहा था; 'अपराधी जनजातियों के इतिहास का सर्वाधिक सन्तोषजनक पहलू साल्वेशन आर्मी की सफलता रहा है। संगठन के बूथ टकर और निःस्वार्थ सेवा करने वाले अन्य पदाधिकारी मनुष्यता के लाइलाज शत्रुओं को योग्य नागरिक बनाने के लिए अथक श्रम कर रहे हैं।'[11]

अपराध को नियंत्रित करने के लिए ईसाई धर्मान्तरण के उपाय को निस्सन्देह मिशनरियों और सार्वजनिक अधिकारियों ने जरूरत से ज्यादा महत्त्व दिया, जबकि पुलिस अधिकारी इसको कम करके आँकते थे। वंचित वर्गों में अपराध किसी समूह विशेष की समस्या न होकर सामाजिक आंगिकता का एक रोग होती है।[12] यह कहा गया था कि 'सभी इस बात से सहमत हैं कि ईसाइयत येरुकलाओं, वोड्डारों, यनाडियों और गोल्लाओं के लिए सही और मुक्ति का एकमात्र रास्ता है। उनमें से कुछ इतने लम्बे समय से अपनी मूर्तियों की पूजा करते रहे हैं कि उनके मानस से यह प्रभाव दूर होने में अभी कुछ समय लगेगा, कुछ अपने पाप के प्रति इतने संवेदनशील हैं कि उनसे अचानक पीछा नहीं छुड़ा सकते, लेकिन पाँच या दस वर्षों में वे ईसाई बन जाएँगे।'[13] येरुकलाओं और वोड्डारों के धर्मान्तरण के चार मुख्य कारण थे। ये थे : (1) अस्पृश्य जातियों के जीवन में आया परिवर्तन, (2) हिन्दू धर्म के प्रति उनके विश्वास का डाँवाडोल होना, (3) स्कूलों और चर्चों का प्रभाव, और (4) आपराधिक कानूनों से उनका छुटकारा।

3

शासकीय नीति

अपराधी जनजाति बस्तियों के सम्बन्ध में मद्रास की लेजिस्लेटिव असेम्बली में प्रश्न उठा कि अपराधी जनजातियों के प्रबन्धन का दायित्व क्यों केवल मिशनरियों को ही दिया जाना चाहिए। बहस हुई। तर्क थे, ईसाई मिशनरियों के पास समर्पण और उत्साह है, दलित वर्गों के सुधार और पुनर्वास में उनकी अभिरुचि है और धर्मान्तरण में उनकी दिलचस्पी के कारण अपराधी जनजातियों का दायित्व उन्हें दिया गया है।[14] तथाकथित अपराधी जनजातियों के सम्बन्ध में बनाए गए विभिन्न कानूनों में राजनीतिक समीकरणों और आर्थिक आवश्यकताओं का औपनिवेशिक सोच रहा है। औपनिवेशिक प्रशासन यह मानता था कि स्थानीय जनता पर जब तक अच्छी तरह नियंत्रण नहीं कर लिया जाता, तब तक कानून और व्यवस्था बनाना शून्य में किया जाने वाला उपाय जैसा ही साबित होगा। इसलिए यह आवश्यक समझा गया कि एक विश्रृंखल और बिखरी हुई आबादी कथित सुशासन और 'पेक्स ब्रिटानिका' (ब्रिटिश साम्राज्य की शान्ति) के लिए अनुकूल नहीं हो सकती। इसे प्राप्त करने के लिए जहाँ पश्चिम में अपराध को नियमित करने के लिए कानून बनाए जाते थे, वहीं भारत में अपराधों की रोकथाम का प्रयत्न किया गया। औपनिवेशिक शासन ने ऐसे सम्भावित पुरुषों को बस्ती में सीमित करने का प्रयास किया।[15] स्थायी निवास न रखने वाली कुछ घुमन्तू जनजातियों को 'अपराधी' कहा गया और उन्हें बस्तियों में बाँध दिया गया। यह कहा गया था कि 'स्थानीय प्रशासन के पास यह विश्वास करने के पर्याप्त कारण हों कि कोई जनजाति, या कबीला अथवा समूह या जनजातीय कबीले या वर्ग का कोई भाग नियमित अपराधों का आदी है, तो वह ऐसी जनजाति, गिरोह अथवा कबीले को अपराधी जनजाति घोषित कर सकता है।'[16] बस्तियों के आसपास एक विस्तृत अर्थतंत्र का विकास हुआ। चोरी के सामान के विक्रेता, भ्रष्ट अधिकारी, अपराध में निवेश करने वाले लालची वकील—इन सभी लोगों ने स्थितियों का फायदा उठाया। ये जनजातियाँ लगभग पूरे देश में पाई जाती हैं। भारत के विभिन्न राज्यों में कुल मिलाकर इनकी जनसंख्या अस्सी लाख से भी अधिक आँकी गई है।

अपराधी बस्ती का मुख्य उद्देश्य सुधार करना होता है, न कि पृथक्करण अथवा निरुद्ध करना। अपराधियों के सुधार करने का कोई प्रशिक्षण पुलिस अथवा प्रशासन को नहीं मिला था। उनका कर्तव्य था कि वे अपराधी वर्गों में विश्वास का संचार करें। अशासकीय अभिकरणों में शासन को स्वयंसेवी व्यक्तियों की सहायता मिल जाती है। ऐसे लोग सुधार कार्य के लिए अपना जीवन समर्पित कर देते हैं। सुधार कार्य में गहरी रुचि रखने वाले शासकीय अधिकारियों का तबादला हो जाता है और उनका कार्य आगे ले जाने के लिए योग्य स्थानापन्न नहीं मिल पाता। देखा यह गया है कि

प्रबन्धन में अशासकीय अभिकरण अधिक सफल रहे हैं। इसका आर्थिक पक्ष भी विचारणीय है। शासन जितनी राशि गैरसरकारी संस्थानों को देता है, उससे उसे कुशल कार्यकर्ता नहीं मिल सके। बस्ती के प्रबन्धक को इस बात की पूरी-पूरी स्वतंत्रता होती है कि वह बस्ती की अपराधी जनजाति का दायित्व स्वीकार कर सके। लेकिन अशासकीय प्रबन्धक के पास स्वाधीनता और सम्मान होता है। वह महत्त्वहीन विषयों को निर्णय के लिए उच्च अधिकारियों के पास भेजने से इनकार कर देता है। शान्ति और व्यवस्था बनाए रखने के लिए वह सरकारी अधिकारी या पुलिस की सहायता लेगा। सार्वजनिक सेवकों की तुलना में ये अशासकीय प्रबन्धक उद्धार को मुख्य ध्येय बना लेते हैं जबकि उद्धार कार्यक्रमों में सार्वजनिक सेवकों के पास आवश्यक रुचि का अभाव हो सकता है।[17] शासन का मत था कि 'अन्य प्रान्तों से प्राप्त अनुभव के आधार पर कहा जा सकता है कि साल्वेशन आर्मी जैसे संगठन कम धनराशि खर्च करके उद्धार कार्य कर सकते हैं और अच्छे नतीजे प्राप्त कर सकते हैं।'[18]

प्रत्येक नामांकित जनजाति के पंजीकरण में 'अपराधी' और 'सम्भावित अपराधी' की दो श्रेणियाँ बनाई गई थीं। अपराधी जनजातियों को निर्देश दिया गया था कि वे पुलिस अथवा ग्राम-प्रशासन के पास अपना पंजीकरण कराएँ। उनको पास के थाने में नियमित रूप से समय-समय पर अपनी सूचना देने के लिए कहा गया था। पुलिस अथवा ग्राम-प्रशासन के पास अपराधी जनजाति या बस्ती के प्रत्येक पंजीकृत सदस्य की सूचना अनिवार्य करके निगरानी की एक व्यवस्था खड़ी की गई। प्रत्येक व्यक्ति की गतिविधियों का रिकॉर्ड रखा जाता था। बस्ती से बाहर जाने और वापस आने, आवागमन का उद्देश्य और गंतव्य की सूचना अधिकारियों को देना सभी के लिए अनिवार्य कर दिया गया था। इसके लिए इस बात का ध्यान नहीं रखा जाता था कि सम्बन्धित व्यक्ति अपराध में संलिप्त है या नहीं, केवल बस्ती का रहवासी होना पूरी निगरानी के लिए ठोस कानूनी आधार था। यह भी सही था कि जो व्यक्ति या परिवार वास्तव में अपराधी गतिविधियों में थे, वे अधिकारियों को अपनी सूचना देने की कभी परवाह नहीं करते थे। उन पर प्रभावशाली नियंत्रण और चौकसी रखने के लिए सक्रिय अपराधियों और उनके परिवारों को इकट्ठा करके विशेष बस्तियों में भेज दिया गया। इन बस्तियों का प्रबन्ध ईसाई मिशनरियों को दिया गया, जिनके पास पुलिस की शक्तियाँ थीं। कुछ सिंचाई योग्य जमीन उपलब्ध कराई गई और रहवासियों से अपेक्षा थी कि वे इस पर खेती करके, इसकी उपज से अपना जीवन-यापन कर सकेंगे। एक नित्यकर्म के रूप में उन्हें दिन में तीन बार प्रबन्धन को अपनी गतिविधियाँ सूचित करनी पड़ती थी। रातों में भी जाँच की जाती थी। कुछ बस्तियों में काँटेदार तार खड़े किए गए।[19] 1908 और 1917 की अवधि में आन्ध्र प्रदेश में ऐसी पाँच बस्तियाँ स्थापित की गईं। स्वाधीनता और सम्मान से रहने वाले बस्तियों के ऐसे सदस्य जब इस तरह अलग-अलग कर दिए गए तो अपराध की संस्कृति को बढ़ावा मिला।

4

बस्तियों का स्वरूप

औपनिवेशिक शासन का यह मानना था कि दंडात्मक बस्तियाँ या कृषि, औद्योगिक और सुधार बस्तियाँ अपराधी वर्गों के सुधारात्मक कार्यक्रमों का सर्वश्रेष्ठ साधन हैं।[20] मद्रास शासन की सोच यह थी कि उद्धार कार्यक्रम में कृषि सम्बन्धी बस्तियाँ और औद्योगिक बस्तियाँ अधिक प्रभावी हो सकती हैं क्योंकि कुलियों के काम में श्रमिक बहुत थोड़ा काम करते हैं। यदि किसी व्यक्ति को जमीन का एक टुकड़ा दे दिया जाए तो वह अलस्सुबह खेत पर चला जाता है और देर तक काम करता है। भले उसके पास दूसरा काम हो लेकिन जमीन की देखभाल के लिए वह थोड़ा-बहुत समय निकाल ही लेता है। अत: शासन ने सभी बस्तियों के लिए यह अनिवार्य कर दिया कि उनका मुख्य उद्यम खेती ही होगा। प्रत्येक परिवार को सूखी जमीन का एक टुकड़ा और जीविका के लिए सिंचित भूमि का एक टुकड़ा दिया गया। यदि कोई अपनी जमीन की देखभाल करता नहीं पाया जाता था तो उसे पत्थर तोड़ने, जमीन खोदने जैसे भारी काम करने का दंड मिलता था। उसकी जमीन उससे छीनकर किसी अन्य को दे दी जाती थी। सरकार चाहती थी कि कुछ समय बाद उन्हें उनकी जमीनों के पट्टे दे दिए जाएँ।[21]

औद्योगिक बस्तियों में निम्नानुसार काम दिए गए : (1) रेशम के कीड़े पालना, (2) रेशम बनाना, कातना और बुनना, (3) ऊन कातना और बुनना, (4) सूत की कताई-बुनाई, (5) कालीन बनाना, (6) बढ़ई और लुहार का काम, (7) जूते बनाना, (8) दर्जी का काम, (9) चटाई और टोकरी बनाना, (10) मिट्टी के बर्तन बनाना, (11) धात्विक कार्य, (12) पत्थर तोड़ना, तराशना, उन्हें खदान से निकालना, (13) बागवानी, (14) गृह-निर्माण और उनकी मरम्मत, (15) झोले और बक्से बनाना, (16) मुर्गी पालन और भेड़ें पालना, (17) सफाई इत्यादि।[22]

बस्तियाँ बनाने का फैसला सरकार ने सन् 1910 में किया था। बीस जिलों में रह रही कुल पच्चीस जनजातियों को शासन ने अपराधी जनजाति घोषित किया था। 1915 का वर्ष समाप्त होते-होते इस कानून के अन्तर्गत सात अपराधी जनजाति बस्तियाँ स्थापित की चुकी थीं। इनमें से पाँच का प्रबन्ध साल्वेशन आर्मी को और कावाली की बस्ती का प्रबन्ध अमेरिकी बॅपटिस्ट मिशन को दिया गया था। अन्य शासकीय प्रबन्धन के अधीन थीं।[23] साल्वेशन आर्मी ने निम्न प्रकार की बस्तियाँ और संस्थान बनाए थे : (1) कृषि बस्तियाँ, (2) कृषि और उद्योग की मिली-जुली बस्तियाँ, (3) औद्योगिक बस्तियाँ, (4) रिहा हुए बन्दियों के लिए घर, (5) रिहा हुए बाल अपराधियों के लिए घर और (6) बच्चों के लिए घर, इत्यादि।

प्रशासनिक अधिकारियों के लिए बस्ती में सभी प्रकार की आधारभूत सुविधाएँ उपलब्ध थीं। बस्तियों का प्रशासन सीधे शासन के हाथ में था। आधारभूत संरचना उसके ही नियंत्रण में रहती थी। इस संरचना और इमारतों के लिए सरकार मिशनरी से नाममात्र का किराया लेती थी।[24] प्रबन्धक की नियुक्ति जिस बस्ती में की जाती थी, वहाँ का वह एकमेव प्रभारी होता था। प्रशासकीय पत्र व्यवहार और अन्य कार्यों के लिए क्लर्क उसकी सहायता करते थे। प्रशासनिक कार्यों की देखभाल के लिए भृत्य थे। डॉक्टरों की सहायता के लिए दाइयाँ थीं जो प्रसव करवाती थीं। अस्पताल आने वालों को दवा देने का काम कम्पाउंडर करते थे। कृषि-मिस्त्री रहवासियों की मदद करते थे जिससे वे अकुशल श्रमिकों से कृषि कार्य करवा सकें। डॉक्टरों की सहायता और अस्पताल का काम करने के लिए वार्ड-बॉय थे। अध्यापकों पर पाठशाला चलाने का दायित्व था और चौकीदार रहवासियों की गतिविधियों पर निगाह रखते थे। प्रबन्धक के बंगले, कार्यालयों, स्कूलों और अस्पतालों की सफाई के लिए सफाई कर्मचारी नियुक्त किए गए थे।

5

बस्तियों में हुई प्रगति

आन्ध्र प्रदेश की अपराधी जनजाति बस्तियों को सभी जानते थे। सबसे पुरानी बस्ती कालीचेदू की थी, जो दसारी, डोम्मार और येरुकलाओं के लिए बनाई गई थी। यह एक औद्योगिक बस्ती थी। अमरिकी बॅपटिस्ट मिशन द्वारा स्थापित कावाली की बस्ती एक कृषि बस्ती थी। 1913 में अमरीकी बॅपटिस्ट मिशन द्वारा बनाई गई सीतानगरम की बस्ती एक औद्योगिक बस्ती थी। सिद्धपुरम बस्ती स्वयंसेवी बस्ती के रूप में 1913 में स्थापित की गई। इसे साल्वेशन आर्मी ने बसाया था। साल्वेशन आर्मी ने ही बेटापुडी बस्ती की स्थापना की, जिसे स्टुअर्टपुरम के नाम से जाना गया। इसी वर्ष एक कृषि बस्ती के रूप में साल्वेशन आर्मी ने नवाब पेटा के कोरचाओं के लिए भुमन्नगड्डा बस्ती बनाई। गुंटूर में साल्वेशन आर्मी ने एक सुधारक बस्ती की स्थापना की जिसमें मद्रास प्रेसीडेंसी में कारावास काट रहे कैदियों को रखा जाना था। बम्बई प्रेसीडेंसी के कंजर भाटों के लिए शासन ने चिन्तलदेवी बस्ती का निर्माण किया था।[25]

(क) कालीचेदू बस्ती

नेल्लोर जिले में कालीचेदू बस्ती का प्रारम्भ 1911 में हुआ था। मेसर्स एच. ब्रांड्ट माइका माइन्स कम्पनी के स्थानीय प्रबन्धक श्री लुडविग ने 'बस्ती' का उद्घाटन किया था। कालीचेदू की शुरुआत में वहाँ कथेरा अथवा दसारी जाति के दो सौ व्यक्ति

थे।[26] प्रारम्भ में उनके सामने कई कठिनाइयाँ आईं। सरकार की ओर से 1915 में उन्हें एक पुलिस कांस्टेबल, अस्पताल और स्कूल की सुविधाएँ उपलब्ध कराई गई थीं। बस्ती की प्रगति के लिए श्री लुडविग ने अथक परिश्रम किया।[27]

कथेरा तथा दसारियों के लिए अधिसूचना : शुरू में कथेराओं को कड़ी मेहनत करने का अभ्यास नहीं था। कुरनूल, गुंटूर, गोदावरी और कृष्णा जिलों के अन्य (दसारी) लोगों के साथ वे भी 'अपराधी जनजाति' के रूप में अधिसूचित कर दिए गए थे। उनकी गतिविधियों को कालीचेदू क्षेत्र तक सीमित कर दिया गया था। उन्हें नेल्लोर जिले के डोम्मारों के साथ अपराधी जनजाति माना गया था।[28]

विश्वयुद्ध तक बस्ती की सन्तोषजनक स्थिति : 1914 में यूरोप का युद्ध छिड़ने के समय तक बस्ती बहुत अच्छी बनी रही। यूरोपीय युद्ध के कारण खदानों में कम्पनी का कार्य रुक गया। रहवासियों के पास कोई काम नहीं रहा। वर्ष 1916 में बस्ती के कुछ दसारियों को कावाली की बस्ती में पहुँचाया गया ताकि वहाँ उन्हें उचित रोजगार मिल सके। उन्हें अकुशल श्रमिक उपलब्ध कराए गए। उन्हें लोक निर्माण विभाग की सरकारी इमारतों के निर्माण, सड़कों के निर्माण और ठेकेदारी के दूसरे कामों पर लगाया गया।[29] रहवासियों ने अभ्रक के कामों में बहुत निपुणता प्राप्त कर ली थी और निकटवर्ती गाँवों में उनकी बहुत माँग थी। उन्हें कृषि, चटाई बुनना जैसे दूसरे काम भी दिए गए।[30]

चाय बागानों में रोजगार : चाय बागानों में नौकरी के लिए कुछ दसारी परिवार असम चले गए। दक्षिण भारत की यूनाइटेड प्लांटर्स एसोसिएशन ने अपने बागानों में काम कर रहे दसारियों को स्वैच्छिक आधार पर भर्ती किया था।[31] उन्हें कॉफी की चुनाई और निराई और सड़क निर्माण जैसे काम कामों पर लगाया गया। इन लोगों के परिणाम बहुत सन्तोषजनक थे। लेकिन बागानों में काम कर रहे इन दसारियों को प्रबन्धकों से दुर्व्यवहार की शिकायत थी। वे वहाँ से भाग निकले और वापस कालीचेदू आए गए।[32]

कालीचेदू में खेती : प्रबन्धक प्राय: इस बात की शिकायत करते थे कि दसारियों को देने के लिए उनके पास काम नहीं है। वे आत्मनिर्भर नहीं थे। वर्ष 1920 में उन्होंने कृषि के काम को अपनाया।[33] वर्ष 1921 में चालीस एकड़ सूखी जमीन खेती के काम में लाई गई। उनमें से कई को यह जानकारी नहीं थी कि खेती कैसे की जाती है। जिला बोर्ड, लोक निर्माण विभाग इत्यादि में उन्हें काम दिया गया। वर्ष 1921 में ही कालीचेदू में सूती कपड़ा उद्योग का प्रारम्भ हुआ। दसारी ताड़ के पत्तों से बहुत सुघड़ चटाइयाँ बुनते थे, जो बाजार में बेच दी जाती थीं।[34]

कालीचेदू की पाठशाला : वर्ष 1917 में कालीचेदू में एक स्कूल खोला गया था। इसमें योग्य अध्यापक नियुक्त किए गए थे। वर्ष 1920 में इस स्कूल में चार सौ बच्चे पढ़ रहे थे। 1921 में यहाँ से 39 प्रतिभाशाली बच्चों को साल्वेशन आर्मी की

नेल्लोर बस्ती की पाठशाला में भेज दिया गया। साल्वेशन आर्मी की देख-रेख में सौंपे गए प्रत्येक विद्यार्थी को सरकार तीन रुपए का अनुदान देती थी।[35]

बस्ती प्रबन्धन के अधिकारी दसारी रहवासियों को कई सालों तक पर्याप्त रोजगार उपलब्ध नहीं करवा पाए। वर्ष 1930 में कालचेदू बस्ती से पलायन करने वालों की संख्या बहुत बढ़ गई। नाकारा पुलिस दसारियों को अपराध करने के लिए प्रोत्साहित करती थी। इन कारणों से सरकार ने कालीचेदू की बस्ती को समाप्त करके इसे स्टुअर्टपुरम बस्ती में स्थानान्तरित करने का निर्णय लिया। यह बस्ती आदिवासियों के लिए रोजगार के अभाव, कमजोर प्रबन्धन, पुलिस के भ्रष्टाचार आदि कारणों से असफल हुई।[36]

(ख) भूमन्नागड्डा बस्ती (चित्तू जिला) : आन्ध्र

1913 में नवाबपेटा के कोरचाओं के लिए यह बस्ती शुरू की गई थी। साल्वेशन आर्मी ने इसका प्रबन्धन 1915 में ग्रहण किया। नवाबपेटा के कोरचाओं को बसाने के लिए सरकार ने 855 एकड़ से अधिक जमीन दी थी। साल्वेशन आर्मी के प्रबन्धक एडजुटेंट अलेन ने 550 कोरचाओं का दायित्व स्वीकार किया था। वर्ष 1916 में साल्वेशन आर्मी ने पुलिस विभाग से इसका नियंत्रण अपने हाथ में ले लिया। बूथ टकर ने कहा था, 'बस्ती साल्वेशन आर्मी को सौंपे जाने के बाद भी पुलिस बस्ती के कामों में हस्तक्षेप कर रही है।'[37] बस्ती के प्रबन्धक एडजुटेंट अलेन तेलुगु भाषा नहीं समझते थे और रहवासियों तथा प्रबन्धक के बीच इसलिए संवाद का अभाव था। प्रबन्धक इनकी प्रकृति, रस्मों और रिवाजों से पूरी तरह अनभिज्ञ थे। वे नहीं जानते थे कि उनके साथ कैसा व्यवहार करना चाहिए। उन्होंने रहवासियों को फ्री पास दे दिए। प्राय: कई लोग बस्ती से पलायन कर जाते थे। साल्वेशन आर्मी उनके कार्यों से सन्तुष्ट नहीं थी।[38] 1920 के दौरान कैप्टन स्वामी दास को बस्ती का प्रबन्धक नियुक्त किया गया। बाद में कैप्टन ग्रीन और लेफ्टीनेंट प्रेमनन्दनम बस्ती के प्रबन्धक बने। उन्होंने धीरे-धीरे बस्ती की परिस्थितियों में सुधार किया। 1925 के बाद से बस्ती का प्रबन्ध सुचारू रूप से चल रहा है।[39]

बस्ती में महिलाएँ : बस्ती में रहने वाली महिलाएँ बहुत सक्रिय थीं। बस्ती में उनकी भूमिका बहुत महत्त्वपूर्ण थी। वे आसपास के गाँवों में करीपाक पत्तियाँ बेचती थी। कहा जाता था कि बस्ती में स्त्रियाँ एक महत्त्वपूर्ण अंग हैं। सामान्यत: वे अपने मन से आती और चली जाती थीं और अपने सरदारों के लिए जासूसी तथा सन्देशवाहक का काम करती थीं। वे करीपाक पत्तियों को बेचने के बहाने से निकलती थीं किन्तु वास्तव में उनका अभियान अकसर बाहर के इलाके में जासूसी के लिए होता था और भागे हुए सदस्यों के साथ उनका सम्पर्क बना रहता था। स्त्रियों को औपचारिक

रूप से बस्ती में रखा गया था और उनमें से कई पंजीकृत की गई थीं। यह सोचा जाता था कि प्रगल्भ महिलाओं को दिया जाने वाला औद्योगिक प्रशिक्षण अपराधों के उन्मूलन में सहायक हो सकेगा।[40]

रोजगार : रहवासियों का मुख्य व्यवसाय खेती था। वर्ष 1926 में रहवासियों ने 700 एकड़ जमीन पर खेती की। रहवासियों की कृषि को बढ़ावा देने के लिए बस्ती में बाँध बनाए गए। साल्वेशन आर्मी के अधिकारी बूथ टकर ने उनकी कृषि सम्बन्धी गतिविधियों में और भी सुधार किए। रहवासियों को बुनाई और रेशम उद्योग के उपकरण भी दिए गए।[41] जिससे उनकी आय में वृद्धि हो सके। कोरचा रस्सियाँ बुनते थे, चटाइयाँ बनाते थे और भेड़-बकरियाँ पालते थे। तथापि बस्ती आत्मनिर्भर नहीं थी। साल्वेशन आर्मी ने बस्ती के प्रबन्धन के लिए रु. 5,000 की एक विशेष अनुदान-राशि नियमित रूप से निर्धारित कर दी।[42]

स्कूल : कोरचाओं की सन्तानों की शिक्षा के लिए बस्ती में एक प्राथमिक पाठशाला खोली गई। 57 बच्चे नियमित रूप से स्कूल आ रहे थे। स्कूली छात्रों को बुनाई और कीट पालन के बारे में बतलाया गया। बच्चों ने कीट पालन को जारी रखा। सिलाई, कढ़ाई और कीट पालन के कार्यक्रमों की शिक्षा उन्हें दी जाती थी।[43]

बस्ती की सफलता : बस्ती की समग्र प्रगति सन्तोषजनक नहीं थी। एडजुटेंट अलेन के कार्यकाल में कोई खास प्रगति नहीं हो पाई। कोरचाओं के बीच झगड़े होते थे और बाहरी प्रभाव के कारण बस्ती में शान्ति नहीं रह पाती थी। बस्ती से पलायन करने वालों की एक बड़ी संख्या थी। प्रबन्धक बदले भी गए। कैप्टन ग्रीन और स्वामी दास ने बस्ती के सुधार में कोई दिलचस्पी नहीं दिखाई। सभी दृष्टियों से बस्ती पिछड़ी ही रही। 1930 के बाद बस्ती में रहने वालों की संख्या घटती गई। 1931 में यहाँ 152 महिलाएँ, 135 बच्चे और 161 पुरुष थे। तब से बस्ती की प्रगति में कई व्यवधान आते रहे हैं।[44]

(ग) बिट्रगुंटा सुधार बस्ती, कप्परल्ला टिप्पा और कावाली बस्तियाँ— नेल्लोर जिला : उद्‌भव

नेल्लोर जिले की कावाली बस्ती येरुकलाओं के लिए अक्टूबर 1920 में बनाई गई थी। इसमें 151 स्वैच्छिक रहवासी थे। अमेरिकी बॅपटिस्ट मिशन के रेवरेंड बुलार्ड ने इसका उद्‌घाटन किया।[45] रेवरेंड बुलार्ड ने पुलिस अधिकारियों की सहमति से येरुकलाओं के बीस परिवारों का दायित्व लिया और कावाली की औद्योगिक येरुकला बस्ती को शुरू किया। रास्ते में उनका दिमाग बदल गया और वे भाग कर कालीचेदू जाने का सोचने लगे। येरुकला बुलार्ड के पास गए और ईसाई धर्म में दीक्षित होने की अपनी इच्छा उन्हें बताई।[46] बुलार्ड ने इस अनुरोध को स्वीकार

कर लिया। जिला मजिस्ट्रेट ने येरुकलाओं को कावाली में बसाए जाने के अनुरोध को स्वीकार कर लिया। अमेरिकी बॅपटिस्ट मिशन ने कावाली बस्ती के सामाजिक, औद्योगिक, शैक्षणिक और स्वच्छता सम्बन्धी विकास में यथासम्भव योगदान का दायित्व स्वीकार किया।[47] रेवरेंड बुलार्ड उन सभी को अपनी सीधी देखभाल में रखना चाहते थे ताकि वह उनके साथ प्रयोग किए हुए उनके पुनर्वास के लक्ष्य को साध सकें। उन्होंने उनके लिए करघे, मशीनें आदि जुटाईं और काम करने के लिए एक इमारत और स्टोर की व्यवस्था की। वे एक रेशम-कारखाना भी लगाना चाहते थे किन्तु मौसम सम्बन्धी कारणों से यह सम्भव नहीं हो पाया। कोई भी येरुकला किसी प्रकार के स्थायी श्रम का अभ्यस्त नहीं था।[48]

कावाली में लाभदायक रोजगार : खोजने में आने वाली मुश्किलें : वर्ष 1913 तक बस्ती में परिवारों की संख्या बढ़क़र 55 हो गई। जनवरी 1914 में बस्ती को अपराधी जनजाति कानून की धारा 16 के अन्तर्गत स्थापित बस्ती घोषित कर दिया गया।[49] बुनाई, सूती-कार्य, बागवानी, पत्थरों का उत्खनन, चटाई-टोकरी निर्माण जैसे लघु उद्योग वहाँ लाए गए। तथापि बस्ती की प्रगति धीमी ही रही। जमीन की गुणवत्ता न होने के कारण लाभदायक रोजगार पाना कठिन था। येरुकलाओं के पास कौशल की कमी थी। कृषि के क्षेत्र में सारी कोशिशों के बाद भी कावाली बस्ती आत्मनिर्भरता प्राप्त नहीं कर पाई।

कृषि के लिए भूमि : येरुकलाओं को खेती के लिए 950 एकड़ जमीन दी गई थी। यह जमीन कावाली और बिट्रगुंटा के संरक्षित वन में थी। जमीन पर खेती करने के लिए येरुकलाओं को कृषि उपकरण दिए गए। ये प्रयत्न इसलिए सफल नहीं हो पाए क्योंकि जमीन खेती के लायक थी ही नहीं।[50]

स्वास्थ्य : 1915 में जन्म-दर 36 थी। बस्ती के रहवासियों ने अधिक शिशु-मृत्यु दर की शिकायत की। कावाली का अस्टिटेंट सर्जन समयबद्ध कार्यक्रम से बस्ती को विजिट करता था। उसे इसके लिए दस रुपए प्रतिमाह का भत्ता मिलता था। वर्ष 1915 में मृत्यु-दर 47 हो गई। 1916 के दौरान बस्ती में काला बुखार का प्रकोप रहा। इस बीमारी के उन्मूलन के लिए कोई विशेष उपाय नहीं अपनाए गए।

रहवासियों की संख्या : 1915 के अन्त में बस्ती में 257 पुरुष, 224 स्त्रियाँ और 230 बच्चे रहते थे। कुल 931 व्यक्तियों में से 743 बस्ती में उपस्थित थे। इनमें से लगभग दौ सौ व्यक्तियों को स्टुअर्टपुरम बस्ती में भेज दिया गया।

बस्ती में रोजगार : बुलार्ड के बाद एस.डी. बाडन ने बस्ती का कार्यभार ग्रहण किया। बाडन की कार्यप्रणाली से शासन प्रभावित था। 1915 के वर्ष में श्रम विभाग ने अन्नामलाई क्षेत्र में काम करने के लिए कुछ येरुकलाओं का चयन किया। दक्षिण भारत की यूनाइटेड प्लांटर्स एसोसिएशन में भी येरुकलाओं को रोजगार दिया गया।[51] उनके कुल मिलाकर 72 परिवारों को कम्पनी में काम मिला। 1915 में कावाली

में येरुकलाओं की संख्या 600 थी। उसके बाद से बस्ती के रहवासियों की संख्या लगातार बढ़ती रही है।[52]

1916 के बाद की प्रगति : बुलार्ड कृषि के विशेषज्ञ थे। तत्कालीन जिला मजिस्ट्रेट ने बस्ती का प्रारम्भ करने के लिए उन्हें सौ एकड़ बंजर भूमि दी थी। बुलार्ड ने मिली हुई भूमि पर गहरे पानी के कुँओं से सिंचाई की व्यवस्था करवाई। जिला मजिस्ट्रेट ने कालीचेदू से भागकर आए 55 येरुकला परिवारों को अपनी देख-रेख में रखा था।[53] बस्ती के प्रारम्भ में शासन ने रु. 5,000 का अनुदान उसे दिया था। वर्ष 1914 में इसे अपराधी जनजाति बस्ती के रूप में अधिसूचित कर दिया गया।[54]

बाल-सुधार कार्यक्रम : वर्ष 1914 में कावाली में एक स्कूल का निर्माण किया गया। गाँव के 6 से 12 वर्ष तक के बालकों की शाला में उपस्थिति अनिवार्य कर दी गई थी।[55] स्कूल जाने वाले बच्चों की सहायता के लिए एक छात्रावास भी बनाया गया। अभिभावकों से लड़कों और लड़कियों को इसलिए अलग किया गया था ताकि उन पर उनके माता-पिता का प्रभाव न पड़ सके।[56] 1920 में नब्बे लड़के और सत्तर लड़कियाँ नियमित रूप से स्कूल में उपस्थित हो रहे थे। कावाली बस्ती में बारह वर्ष से अधिक की आयु के युवकों के लिए एक रात्रिकालीन पाठशाला भी शुरू की गई।[57]

अमेरिकी बॅपटिस्ट चर्च द्वारा बस्ती में की जाने वाली धार्मिक सेवा में येरुकला भी भाग लेते थे। प्रबन्धक दैनिक प्रात:कालीन प्रार्थना और रविवार को चर्च में धार्मिक कार्यक्रम का आयोजन करता था। येरुकला केवल चर्च के आयोजन में उपस्थित रहते थे और प्रबन्धकों का वांछित सम्मान करते थे। बॅपटिस्ट चर्च के पादरियों द्वारा दिए जाने वाले प्रवचनों के प्रति उनकी रुचि नहीं थी। बुलार्ड धर्मान्तरित येरुकलाओं के नैतिक अनुशासन पर बहुत जोर देते थे। जनजाति के हिन्दू सदस्यों ने एक मन्दिर का निर्माण किया और बस्ती में नियमित रूप से भजनों का आयोजन करने के लिए एक पुजारी भी नियुक्त किया।[58]

अल्लूर और बिट्रगुंटा में नई बस्तियाँ : वर्ष 1916 में येरुकलाओं पर होने वाले व्यय की पूरी राशि शासन द्वारा वहन की जाती थी। कावाली बस्ती के संसाधन पर होने वाला कुल व्यय रु. 11,674 था।[59] जिला मजिस्ट्रेट, पुलिस महानिरीक्षक और प्रबन्धक ने अनुभव किया कि बस्ती में अब आगे कोई सम्भावनाएँ नहीं बची हैं। इसलिए उन्हें इसे अल्लूर में स्थानान्तरित करने का परामर्श दिया।[60]

दिसम्बर 1916 में कावाली बस्ती से कुछ येरुकलाओं को बिट्रगुंटा भेज दिया गया जहाँ पहले से ही सुधार बस्ती की स्थापना को स्वीकृति मिल चुकी थी। जनवरी 1917 में सरकार ने जिला मजिस्ट्रेट के प्रस्ताव को मानते हुए इस प्रयोगात्मक बस्ती में येरुकलाओं के 75 परिवारों को रखा, इनमें से 50 परिवार कावाली से और शेष कालीवेड से लाए गए थे।[61] बिट्रगुंटा की कृषि बस्ती को कावाली बस्ती का ही एक भाग घोषित किया गया। इसकी देखभाल बाडन को सौंप दी गई जिन्होंने येरुकलाओं

को कठोर परिश्रमी और आत्मनिर्भर बनाने के लिए बहुत मेहनत की थी। सरकार मानती थी कि रहवासियों की सन्तानों को शिक्षित करना अपराधी जनजातियों के उद्धार का सबसे अच्छा तरीका हो सकता है।[62] बाडन असाध्य अपराधियों के लिए एक अलग बस्ती चाहते थे और उनकी शर्तें थीं—(1) उन्हें पलायन का अवसर नहीं मिलना चाहिए, (2) यदि कोई व्यक्ति कावाली, बिट्रगुंटा अथवचा अल्लूर से दूसरी या तीसरी बार भागता है तो उसे दंडात्मक बस्ती में भेज देना चाहिए और (3) सामूहिक भोज नहीं होने चाहिए।[63]

1919 में इन बस्तियों में 1860 व्यक्ति रह रहे थे, इनमें से अल्लूर में 138, बिट्रगुंटा में 363 और कावाली में 1058 आदिवासी थे। शेष या तो गायब थे या फिर छुट्टी पर थे अथवा जेल में थे। अच्छे आचरण वाले येरुकलाओं का कावाली से अन्य बस्तियों में स्थानान्तरण 1920 में भी होता रहा, तब अल्लूर में 153, बिट्रगुंटा में 443 ओर कावाली में 916 रहवासी थे।[64] कावाली के येरुकलाओं को कड़े अनुशासन में रखा जाता था और उन्हें दी जाने वाली वृत्ति पर्याप्त नहीं थी। कावाली की बस्ती अनुशासन और परिवीक्षा के लिए थी और वहाँ जो रोजगार उपलब्ध था, वह पूरी तरह शारीरिक श्रम का था। तत्कालीन श्रम आयुक्त मोइर ने 1921 में कावाली की आर्थिक परिस्थितियों का परीक्षण किया, और वहाँ की असन्तोषजनक स्थितियों के सम्बन्ध में अपनी रिपोर्ट दी। इसके उन्होंने दो कारण गिनाए थे : (1) बस्ती में तेजी से बढ़ती आबादी और (2) बस्ती की कृषि सम्भावनाओं को लेकर अति उत्साही आकलन।[65]

मोइर के अनुसार इसका एकमात्र समाधान यह था कि वहाँ रहने वालों की संख्या कम की जाए। सरकार ने कावाली की बस्ती को दंडात्मक अथवा सुधारात्मक बस्ती में परिवर्तित करने का निर्णय लिया। गुंटूर मे ंएक बस्ती भंग की जानी थी। केवल असाध्य अपराधी ही कावाली में रखे गए, अन्य को अल्लूर की दलदली बस्ती में पहुँचा दिया गया। सिंगापेटा के लोगों से रेवरेंड बाडन की तकरार हो गई, जिसने दंगों का रूप ले लिया। इन लोगों के विरुद्ध कोवूट के जिला न्यायालय में एक आपराधिक प्रकरण चलाया गया।[66]

1918 में येरुकलाओं ने 35 एकड़ भूमि में फसलें लगाईं। ये चने और चोलम की फसलें थीं। येरुकलाओं के स्वास्थ्य की स्थिति अत्यन्त दयनीय थी। 1920 में जन्म-दर 36 थी। येरुकला बच्चों की मृत्यु-दर की शिकायत करते थे। 1921 में वार्षिक मृत्यु-दर 29 थी। उन्हें चिकित्सा सहायता देने के लिए कावाली का सब असिस्टेंट सर्जन बस्ती में निर्धारित दिनों पर आता था। 1925 के वर्ष में मृत्यु-दर 47 रही। बिट्रगुंटा, अल्लूर और कावाली में फैले हुए काला बुखार (एंकीलोस्टोमियासिस) को काबू में लाने के लिए विशेष उपाय किए गए।[67]

रहवासियों ने अपनों में से ही विशेष सिपाहियों की नियुक्ति की। उन्होंने बस्ती से पलायन की अपनी आदत भी छोड़ दी। बस्ती में कोई सीमा की दीवार या घेरा नहीं

था। रात की हाजिरी पूरी तरह से बन्द कर दी गई। विशेष सिपाहियों को येरुकला बहुत इज्जत देते थे। 1925 के साल में बस्ती में 300 पुरुष, 290 स्त्रियाँ और 380 बच्चे रहते थे। इनकी कुल संख्या 970 थी।[68]

सरकार ने कावाली की बस्ती समाप्त करने का प्रस्ताव किया। यहाँ के निवासी बहुत अनुशासित थे और यहाँ काफी प्रगति भी हुई थी। सरकार के सामने केवल येरुकलाओं के भविष्य का प्रश्न था। बस्ती को आत्मनिर्भर बनाने की कोई सम्भावना नहीं थी, इसलिए शासन ने अन्त में कावाली बस्ती को बन्द करने का निर्णय कर लिया।[69]

फलती-फूलती कावाली बस्ती को सरकार ने भंग करने का फैसला क्यों किया? यह प्रश्न येरुकलाओं, प्रबन्धकों, बॅपटिस्ट मिशन के पदाधिकारियों, पुलिस महानिरीक्षक और जिला मजिस्ट्रेटों के बीच बहस का विषय रहा है। कावाली की बस्ती को अल्लूर में स्थानान्तरित करने से वे खुश नहीं थे। शासन ने फिर भी एक समिति बना दी, जिसमें पुलिस महानिरीक्षक, जिला मजिस्ट्रेट और ब्राउन थे। समिति ने अल्लूर की दलदली जमीनों का जायजा लिया और अन्त में नई जगह पर बस्ती बसाने की राय दे दी। बस्ती को बिट्रगुंटा रेलवे स्टेशन के पूरब में मद्रास-विजयवाड़ा राजपथ के 130वें मिल के पत्थर के पास ले जाया गया। शासन ने नई बस्ती को प्रयोग के रूप में बसाया था। इसे बिट्रगुंटा सुधार बस्ती का नाम किया गया, और इसे कावाली बस्ती की एक शाखा बताया गया। मवेशी, बीज, हल-बैल इत्यादि खरीदने के लिए सरकार ने रहवासियों को रु. 7,500 अग्रिम दिए थे।[70] सरकार ने अल्लूर में एक उपबस्ती भी बनाई थी।

येरुकला और कथेरा इन दो नई बस्तियों—अल्लूर और बिट्रगुंटा—में बँट गए। तीन बस्तियों पर आने वाला खर्च बढ़ गया था, इसे कम करने के लिए शासन ने कालीचेदू की बस्ती को समाप्त कर दिया।[71] 1920 के वर्ष में और भी येरुकलाओं को कावाली में लाया गया। अब वहाँ 1350 लोग रह रहे थे। शासन ने येरुकलाओं के संघारण व्यय में वृद्धि कर दी। इन गाँवों में प्रत्येक परिवार को एक एकड़ जमीन दी गई थी।[72]

अच्छा व्यवहार करने वाले कुछ येरुकलाओं को अन्य बस्तियों में भेज दिया गया था। रहवासियों पर कड़ा अनुशासन रखा जाता था। वे जितना काम करते थे उतनी मजूरी उन्हें नहीं मिलती थी। पुरुषों को प्रतिदिन सात आने और स्त्रियों को छह आने दिए जाते थे। प्रबन्धकों ने गरीब येरुकलाओं के लिए जितना काम—उतना भुगतान की नीति बनाई थी। प्रबन्धक अकसर काम की कमी होने की शिकायत करते थे। कड़े अनुशासन, कम भुगतान, और रोजगार के अभाव आदि कारणों से कई येरुकला इन तीनों बस्तियों से भाग गए। यह कहा गया था कि 'कई बार ऐसा हुआ कि रहवासियों पर केवल इसलिए सन्देह किया गया था क्योंकि वे अपराधी जनजाति के सदस्य थे।'[73]

वर्ष 1928 में गाँववालों ने कठोर परिश्रम से अपनी जीविका का उपार्जन शुरू कर दिया। वह ठेके पर काम करने लगे। प्रबन्धक किशोरों को जीविकोपार्जन के तरीके सिखाते थे। स्कूलों में बॉय स्काउट और गर्ल गाइड बनाई गईं। जो स्त्रियाँ और पुरुष दिन में समय नहीं निकाल सकते थे, उनके लिए नियमित रात्रि-पाठशालाएँ शुरू की गईं। वर्ष 1929 में तीनों बस्तियों में कुल मिलाकर 3,000 येरुकला रहते थे। कम मूल्य मिलने की वजह से गाँववालों ने चटाई, टोकरी बनाने जैसे घरेलू उद्योग पूरी तरह छोड़ दिए। मोइर ने कहा, 'प्रत्येक पलायन सजा सम्बन्धित व्यक्ति की असफलता व्यक्त करती है और जेल से लौटकर आया हुआ प्रत्येक व्यक्ति एक नई शुरुआत होता है।'[74]

1930 में ठेकेदारी के काम में गाँववालों को कम मजदूरी मिलती थी। प्रत्येक दस्ते में काम करने वाले मजदूरों पर मिस्त्रियों और विशेष सिपाहियों की कड़ी निगरानी रहती थी। गाँववालों को काम करने के लिए दूर जाना पड़ता था। इसका कुछ येरुकलाओं ने पलायन में फायदा उठाया। इसके अतिरिक्त उन्हें काम के लिए मीलों पैदल चलना पड़ता था, इससे समय की बर्बादी तो होती ही थी, शारीरिक थकावट भी आ जाती थी।[75]

1930 में इन तीन गाँवों की परिस्थितियाँ बहुत खराब थीं। उनके लिए कोई काम नहीं था। रहवासियों को दी गई जमीनें पानी में डूबी हुई थीं। गाँववालों की बेरोजगारी दूर करने के लिए काफी संख्या में येरुकलाओं को दूसरी बस्तियों में ले जाया गया। तीनों गाँवों में उनके व्यवहार पर नियंत्रण करने के लिए पंचायतें गठित की गईं। इनके सदस्य रहवासियों में से ही थे।[76] 1932 में तीनों गाँवों की कुल आबादी 3,500 थी। मृत्यु-दर 18 प्रतिशत और जन्म-दर 45 प्रतिशत थी। बुनाई सिखाने के लिए एक मिस्त्री की नियुक्ति की गई। सुश्री बुलार्ड ने गाँवों के बच्चों के बीच सुधार के लिए बहुत अच्छा काम किया।[77]

दलदली जमीन को जोतने के लिए कृषि विभाग ने एक ट्रैक्टर खरीदा। बाढ़ के पानी में आसपास की जमीन को डूबने से बचाने के लिए नालियों का निर्माण किया गया। फसलों को पानी के भराव से बचाने के लिए खेतों के आसपास ऊँचाइयाँ खड़ी की गईं। 1933 में अधीक्षण यंत्री वहाँ गया और एक पम्पिंग संयंत्र लगाया। 1934 में बस्तियों का प्रबन्धन पुलिस विभाग ने ले लिया, और तब से पुलिस निरीक्षक ही इनका प्रबन्ध देखता है।[78]

वर्ष 1939 में मद्रास के श्रमायुक्त ने कुछ येरुकलाओं को कावाली से सीतानगरम स्थानान्तरित कर दिया। उन्हें टाईपल्ली के किस्टना सीमेंट कारखाने में काम दिया गया। येरुकलाओं को काजा में रखा गया था। उन्हें पत्थर निकालने, काटने और बागवानी के काम दिए गए थे।[79] 1940 में बस्ती के प्रबन्ध के लिए एक प्रबन्धक, दो क्लर्क, एक भृत्य, एक दाई, एक कम्पाउंडर, एक वार्ड-बॉय, पाँच शिक्षक, दस

चौकीदार और एक सफाईकर्मी था।[80] अपराधी जनजाति कानून के निरस्त होने के बाद से सितम्बर 1948 में रहवासी स्वतंत्र हो गए, बस्ती का कार्यालय बन्द कर दिया गया और बिट्रगुंटा की पुलिस चौकी को जनवरी 1949 में स्थायी पुलिस थाने का दर्जा मिल गया है।[81]

(घ) सीतानगरम बस्ती (गुंटूर जिला)

साल्वेशन आर्मी ने अपराधी जनजातियों के उद्धार के लिए बस्तियाँ बसाने का मामला 1910 में अपने हाथ में लिया था। सीतानगरम में एक छोटी-सी बस्ती बनाई गई। आरम्भ में कुछ येरुकला महिलाएँ, जिनके पति और रिश्तेदार जेल में थे, वहाँ रखी गईं। वर्ष 1912 में तब की अंग्रेजी सरकार ने साल्वेशन आर्मी को बस्ती शुरू करने के लिए पाँच हजार रुपए विशेष अनुदान देना स्वीकार किया।[82] साल्वेशन आर्मी को 87 एकड़ जमीन भी इस नियमित मालिकाना हक के साथ नि:शुल्क प्रदान की गई थी जो मद्रास और सदर्न मराठा रेलवे कम्पनी ने खाली की थी। सरकार ने साल्वेशन आर्मी को यह छूट भी दी थी कि वे येरुकलाओं को बसाने के लिए मानमनौवल के रास्ते आजमा सकती है और यदि इसका कोई परिणाम नहीं निकले तो येरुकलाओं को सीतानगरम में बसाने के लिए वह अपराधी जनजाति कानून के प्रावधानों का प्रयोग भी कर सकती है। जो भी हो, साल्वेशन आर्मी का मान-मनौवल सफल नहीं हुआ। शासन ने गोदावरी और गुंटूर जिलों के येरुकलाओं को अपराधी जनजाति अधिसूचित किया था। 1911 के अपराधी जनजाति कानून की धारा 12 के अन्तर्गत उनकी गतिविधियाँ प्रतिबन्धित कर दी गईं।[83]

सीतानगरम बस्ती ने तेजी से प्रगति की। सीतानगरम आने वाले रहवासियों को रोकने के लिए अंग्रेजी सरकार को दूसरी बस्तियाँ बनानी पड़ी। उपबस्ती के रूप में बेठापुदी की बस्ती इसी तरह बनी थी।[84]

सीतानगरम की भौगोलिक स्थिति : सीतानगरम बस्ती गुंटूर जिले में अवस्थित हैं। यह कृष्णा नदी के दक्षिणी किनारे पर स्थित है जो पालनद पहाड़ियों की घाटी से निकल कर एक विशाल मोड़ बनाती हुई बंगाल की खाड़ी में जाकर गिरती है। यहाँ एक विशाल और चौसर डेल्टा मैदान है। इसके दक्षिण में प्रकाशम और नेल्लोर जिले हैं और पश्चिम में यह प्रकाशम और कृष्णा जिलों से घिरा हुआ है।[85] गुंटूर एक सम्पन्न और बहुलता वाला जिला है। जैसा कि राबर्ट एरिक फ्राइकेनबर्ग ने लिखा है, 'यह मैदान पूरे साल भव्य हरियाली के कालीन से ढका रहता है। जिले में सर्वत्र नहरों का जाल बिछा होने से गन्ना, चावल और अन्य खाद्य फसलें लहलहाती रहती हैं। तम्बाकू जैसी नकद फसलें ब्रिटेन, अमेरिका, सोवियत रूस और पूर्व यूरोपीय देशों से विदेशी मुद्रा अर्जित करती हैं। रेलों की मुख्य लाइन से विजयवाड़ा में अन्य

प्रशाखाओं का मिलन होता है और इस तरह यह जिला देश के प्रमुख औद्योगिक व्यापारिक और महत्त्वपूर्ण केन्द्रों से जुड़ा हुआ है।'[86]

कलकत्ता से मद्रास जाने वाली ग्रांड ट्रंक रोड गुंटूर होकर गुजरती है। भौगोलिक दृष्टि से गुंटूर जिले के तीन भाग हैं, मुख्य भूमि, डेल्टा क्षेत्र और समुद्र तटीय क्षेत्र। ब्राह्मण, क्षत्रियों और वैश्यों की प्रमुख जातियों के अतिरिक्त अगड़े और पिछड़े वर्ग में शूद्र तथा अनुसूचित जातियाँ और अनुसूचित जनजातियाँ भी यहाँ रहती हैं। लम्बाडी, येरुकला, यनाडी और चेंचू घुमक्कड़ जनजातियाँ हैं, वे वनप्रान्त के निकट अपनी बस्तियों में रहती हैं और अपनी बोलियाँ बोलती हैं।

रहवासियों का व्यवसाय : बस्ती के रहवासियों को दिया गया मुख्य व्यवसाय खनन था, लेकिन वे कठोर परिश्रम करने के अभ्यस्त नहीं थे। उन्होंने इसे स्वीकार नहीं किया। सरकार खनन को स्वास्थ्यवर्धक काम समझती थी। रहवासियों को यह काम अनुशासन और उनमें मेहनत की आदत लाने के लिए दिया गया था।[87] बस्ती में खनन उद्योग को बढ़ावा देने के लिए सरकार ने 1914 में दस हजार रुपए की राशि स्वीकृत की। प्रबन्धक ने कहा था कि यह काम वे लोग ही करेंगे जिनके शरीर इस योग्य हैं। बस्ती में कुछ स्त्रियाँ और पुरुष ऐसे थे जो इस लायक नहीं थे। ऐसा कोई काम भी नहीं था, जिसमें उन्हें लगाया जा सके।[88]

तथापि प्रबन्धकों ने हाथ से कताई और बुनाई के लिए हथकरघे उपलब्ध कराए जो रहवासियों के लिए एक अनुकूल व्यवसाय प्रमाणित हुआ। स्त्री और पुरुषों को कताई-बुराई का प्रशिक्षण दिया गया। इससे रहवासियों को काफी काम मिल गया और खादी का कपड़ा बनने लगा। श्रम विभाग इस कपड़े को खरीद लेता था। यह कपड़ा आसपास अनुसूचित जाति के लोगों को दिया जाता था, जो श्रम विभाग में सफाई का काम करते थे।[89] रहवासियों द्वारा तैयार किए जाने वाले खादी के कपड़े के लिए सरकार ने बाजार देख लिया था। उसने इसका बिक्री मूल्य निर्धारित किया। प्रबन्धकों ने कहा था : 'बस्ती में अपंजीकृत रहवासियों के लिए कताई-बुराई का काम देना प्रस्तावित है। वे कहीं भी जाकर यह काम करने के लिए स्वतंत्र हैं। उनमें से कुछ तो जा भी चुके हैं। लेकिन बस्ती में अन्य के लिए काम देना सम्भव नहीं होगा।'[90]

सीतानगरम बस्ती में शुरू किए गए उद्योग थे—(1) पुलिस विभाग के लिए मोजों का निर्माण, (2) चटाई का निर्माण और (3) मद्रासी रूमालों का निर्माण। बताया गया था कि 'रहवासियों को भारी मात्रा में कपड़े का उत्पादन करने की जरूरत है। इस अकूत मात्रा में उत्पादन के लिए विभाग मजदूरी देगा। विभाग को जितनी आवश्यकता है, उसका अन्दाज अभी नहीं है। यह योजना आँकड़ों का मसालेदार घालमेल करके बनाई गई थी, जिसे सँभालने के लिए सरकार अभी तैयार नहीं थी।'[91]

सीतानगरम के लिए साल्वेशन आर्मी के लिए 84.06 एकड़ जमीन स्वामित्व के अधिकार के साथ बिना किसी मूल्य के दी गई थी। सरकार चाहती थी येरुकला

रहवासियों के साथ किसी प्रकार की जोर-जबरदस्ती के बिना उन्हें मनाया जाए और जब यह न सफल हो, तभी अपराधी जनजाति कानून की व्यवस्थाओं से काम लिया जाए। उनके मामले में समझाने-बुझाने के तरीके पूरी तरह असफल रहे। अपराधी जनजाति बस्ती 1913 में स्थापित की गई थी, और इसमें थोड़े-से जेल से छूटे हुए लोग ही थे। अपराधी जनजाति कानून की धारा 12 के अन्तर्गत इन लोगों की गतिविधियाँ प्रतिबन्धित थीं। गोदावरी और गुंटूर के येरुकला कानून के अन्तर्गत लाए गए थे। जब बस्ती के निवासियों की संख्या अधिक हो गई तो अंग्रेजी सरकार ने बेथापुड्डी में एक दूसरी बस्ती बसाई जो बाद में स्टुअर्टपुरम के नाम से जानी गई।

सीतानगरम का दो भागों में विभाजन[92] *:* अक्टूबर 1915 में सीतानगरम की बस्ती को दो भागों में बाँट दिया गया, यह थे साईंनाथपुरम और कोंडापेट बस्ती। प्रत्येक के लिए साल्वेशन आर्मी का एक-एक यूरोपीय प्रबन्धक नियुक्त किया गया।[93] यह विभाजन बस्ती के सम्यक प्रबन्धन के लिए किया गया था। अभी भी येरुकलाओं के लिए कृषि जीविकोपार्जन का मुख्य साधन थी और इसके साथ ही वे पत्थर की खदानों में भी काम करते थे। साल्वेशन आर्मी ने खदानों तक रेलपटरियाँ बिछा कर इसे बढ़ावा दिया। रेशम की कताई-बुनाई का काम, सिलाई और अन्य सहायक उद्योग येरुकलाओं के लिए शुरू किए गए। उनकी चटाई और टोकरी बनाने में भी रुचि थी। 1914 में केवल 40 एकड़ जमीन पर ही खेती की जा सकी, क्योंकि कृषि के लिए अधिक जमीन उपलब्ध नहीं थी, तथापि उसी वर्ष जमीन की कमी का अनुभव करते हुए सरकार ने उपजाऊ जमीन का एक बड़ा टुकड़ा साल्वेशन आर्मी को दिया ताकि वह इसे खेती के लिए रहवासियों को सौंप सके।[94]

पलायन और अपराध : प्रारम्भ में रहवासियों के बीच से पलायन करने वालों की एक बड़ी संख्या थी। मद्रास प्रेसीडेंसी में पुलिस, रेल विभाग और खुफिया विभाग के उप महानिरीक्षक सभी बस्तियों की सामान्य निगरानी और नियंत्रण के लिए नियुक्त किए गए थे। मद्रास के उप महानिरीक्षक हनीगंटन ने सूचित किया कि स्टुअर्टपुरम में साल्वेशन आर्मी के कैप्टन रोबीलियार्ड एक क्षमतासम्पन्न व्यक्ति हैं। चूँकि रहवासियों के लिए अधिक भूमि की माँग की जा रही थी, इसलिए शासन ने कृषि कार्यों के लिए और भी जमीन दे दी। कठोरता के साथ इसकी निगरानी रखी गई। इस कृषि कार्य से पलायन करने वालों की संख्या में कमी आई। 1915 के अन्त में बस्ती में 301 पुरुष, 271 महिलाएँ और 337 बच्चों को मिलाकर कुल 902 व्यक्ति थे।[95] बाढ़ की आशंका और अपने आलसी स्वभाव के कारण रहवासी कृषि कार्य के लिए उन्हें मिली 130 एकड़ जमीन का पूरा-पूरा लाभ नहीं उठा पाए। 1916 की वार्षिक रिपोर्ट में बताया गया था कि वे मुख्य रूप से खनन कार्य पर ही निर्भर थे।[96]

स्कूल और शिक्षा : अप्रैल 1913 में साल्वेशन आर्मी ने एक पाठशाला शुरू की। एक रात्रिकालीन पाठशाला को भी शुरू किया गया। ये अब भी अच्छा काम कर

रही है। स्कूल से सम्बद्ध बुनाई केन्द्र में पाँच करघे लगाए गए थे। जो छात्र नियमित रूप से स्कूल में आते थे उनके लिए खाली समय में रोजगार की व्यवस्था की गई थी। चटाई बनाने, धातुकर्म, बढ़ईगीरी जैसे घरेलू उद्योग भी बस्ती में चलाए गए।[97]

1916 के बाद की प्रगति : वर्ष 1917 में बस्ती की दशा बहुत खराब थी। 1917 में बस्ती को लगातार दो महामारियों से सफलतापूर्वक संघर्ष करना पड़ा था। हैजा और स्मॉल पॉक्स के हमलों से रहवासी बेचैन हो गए और बड़ी संख्या में भागने लगे थे।[98] बस्ती की परिस्थितियों से असन्तुष्ट होने के कारण 1917 में इसे समाप्त करने का फैसला लिया गया। यह निश्चित किया गया कि उसके निवासियों को धीरे-धीरे वहाँ से हटा कर अन्य बस्तियों में भेजा जाएगा, विशेष रूप से कृषि बस्तियों में, और इस तरह उनकी संख्या कम होती जाएगी। सौ परिवार वहाँ से स्टुअर्टपुरम बस्ती में भेज दिए गए।[99]

1919 के साल में श्रम-आयुक्त ने सभी बस्तियों को अपने अधिकार में ले लिया। इससे सभी बस्तियों के हालात सुधरने लगे।[100] रोजगार की उपलब्धता और अच्छा मानसून ऐसे सुधार के कारण थे। इससे अपराध की घटनाओं में भी स्पष्टत: कमी देखी गई। इससे इस विचार की पुष्टि हुई कि जब भी आर्थिक गिरावट आती है, छोटे अपराध बढ़ने लगते हैं, और आर्थिक सम्पन्नता से अपराधों में कमी होती है।

शासन द्वारा बच्चों को स्कूल भेजने के विशेष प्रयासों के नतीजे 1921-22 में दिखने लगे। स्कूल जाने वाले 70 लड़कों और 57 लड़कियों में से 48 लड़के और 57 लड़कियाँ नियमित रूप से कक्षाओं में उपस्थित हो रहे थे। बस्ती में एक रात्रि पाठशाला भी चल रही थी।[101] परिवारों का सामान्य व्यवहार इतना सन्तोषजनक था कि अच्छे आचरण के लिए चौदह परिवारों को वहाँ से छुट्टी दे दी गई। यह शुभ संकेत था और इससे यह तय हो रहा था कि सरकार सही दिशा में काम कर रही है। मुक्त किए गए परिवारों को उनके मूल स्थानों पर लौटने को कहा गया। मजे की बात यह है कि छोड़ दिए जाने के बाद भी कुछ लोग बस्ती में ही टिके रहे। इससे प्रकट हुआ कि रहवासियों का बस्ती के साथ एक प्रकार का भावनात्मक लगाव हो गया था। जब उन्हें यहाँ लाया गया था तब उनका सब कुछ छिन चुका था और उन्हें मूलस्थान पर वापस जाने से भय लगता था। और एक अन्य बात यह थी कि बस्ती और प्रबन्धन से उन्हें अपने शरीर और आत्मा की सन्तुष्टि के लिए किसी तरह का रोजगार मिल जाता था। बुनाई, संगतराशी और दूसरे कामधंधों में वे पूरे साल व्यस्त रहते थे। कुटीर उद्योग फल-फूल रहे थे और रहवासी खेती के कामों में दिलचस्पी दिखाने लगे थे।[102]

1925 के वर्ष में रहवासियों की संख्या में वृद्धि हुई। सीतानगरम की बस्ती में रूद्रपाद कोरचा और भूमन्नागडा से कुछ रहवासी लाए गए। वर्ष 1925 में बस्ती में कुल 1,110 सदस्य थे। इन सभी को काम दिया गया। रहवासियों की कुल आमदनी

रु. 28,000 थी। मोइर ने बस्ती में कालीन उद्योग की शुरुआत की। कालीन बनाने में सहयोग देने के लिए एक मिस्त्री की नियुक्ति की गई।[103]

वर्ष 1927 में बस्ती की आबादी 1,092 थी। 41 लोग पलायन कर गए थे। रहवासियों की कुल आमदनी रु. 37,000 थी। बस्ती में 396 बच्चे थे। स्कूल की औसत उपस्थिति 120 थी। बस्ती में और उसके आसपास अभी भी हैजे का प्रकोप था। बस्ती में डॉक्टर नहीं था। बस्ती की चिकित्सा सम्बन्धी जरूरतों की पूर्ति के लिए मंगलगिरि से सप्ताह में दो बार उप सहायक सर्जन वहाँ आता था।[104] बस्ती में रहने वालों का आचरण सन्तोषजनक था। अच्छे आचरण के आधार पर चौदह परिवारों को छुट्टी मिल गई थी। बस्ती में गृह-निर्माण कार्य के लिए पत्थर छाँटने वाला एक मिस्त्री नियुक्त कर दिया गया था, जो यह काम रहवासियों को सिखाता था। ऐसा रहवासियों में उनके कौशल के विकास के लिए किया गया था। 1929-30 में बस्ती की आबादी 1,107 तक पहुँच गई। रहवासी दो सौ एकड़ में खेती कर रहे थे।[105] वर्ष 1932 तक उन्होंने अपनी खेती का क्षेत्र अंडावली तक बढ़ा लिया। बुनाई, कालीन निर्माण, पत्थर तराशी से वे साल भर व्यस्त रहते थे।[106] उनकी आमदनी काफी अच्छी थी। कालीन उद्योग सफल रहा था।[107] पास की जगहों पर कालीनों की बिक्री से उन्होंने रु. 2,700 अर्जित किए।[108] उस समय के श्रम-आयुक्त टी.एस. रदरफोर्ड ने रहवासियों को बम्बई की सीमेंट कम्पनी लिमिटेड में काम दिलवाया। उसने काजा में चूने के पत्थर की खदान शुरू की थी। चूना-पत्थरों की इन खदानों में सीतानगरम और बिट्रगुंटा बस्तियों के निवासियों को उत्खनन का काम मिल गया। वर्ष 1934 में विपरीत आर्थिक और मौसमी परिस्थितियों से अपराधों की स्थिति खराब हुई।[109]

अस्पताल : सीतानगम बस्ती में स्वास्थ्य की परिस्थितियाँ : 1915 में वहाँ एक अस्पताल स्थापित किया गया था। 1933-34 में अस्पताल में पहुँचने वाले मरीजों की संख्या 990 थी। औसतन रोज 33 मरीज वहाँ आते थे। यह अस्पताल रहवासियों के लिए उपयोगी था और इसलिए बहुत लोकप्रिय था, लेकिन वहाँ कोई चिकित्सक नहीं था। मरीजों को मंगलगिरि के अस्पताल में भेजना पड़ता था। अस्पताल के पास संसाधन नहीं थे। बस्ती के अस्पताल में उप सहायक सर्जन आता था। बस्ती मंगलगिरि से आठ मील और बैजवाड़ा से दो मील की दूरी पर थी। खदान में दुर्घटना जैसी स्थितियों में आकस्मिक और आवश्यक मामलों में चिकित्सकों के लिए उपचार में बहुत कठिनाई होती थी। वर्ष 1933 में बस्ती में एक उप सहायक सर्जन और एक कम्पाउंडर की नियुक्ति की गई।[110]

वर्ष 1934 में फसलें खराब हो जाने से आर्थिक मन्दी का दंश और भी बढ़ गया। 1933 के दौरान बस्ती का कालीन उद्योग बन्द हो चुका था। सरकार ने करघों और दूसरे सामान को खरीदने के लिए कोई राशि नहीं दी थी, रहवासियों का सामान नीलाम कर दिया गया।[111] 1937 में आर्थिक स्थिति में थोड़ा-सा सुधार हुआ। प्रेसीडेंसी के

अधिकांश भागों में रोजगार के अच्छे अवसर थे। अपराध विरोधी उपायों पर प्रभावशाली नियंत्रण अपराध अन्वेषण विभाग की तत्परता, और अपराधी जनजाति बस्तियों के दृष्टिकोण में बदलाव और पुलिस अधिकारियों-कर्मचारियों के द्वारा किए गए प्रभावी कामकाज से अपराधों में स्पष्ट रूप से कमी हो रही थी। इसके अलावा येरुकलाओं और कुछ कंजर भाटों की गतिविधियाँ सीतानगरम बस्ती तक सीमित कर दी गई थीं।[112]

तत्कालीन श्रम आयुक्त जी.डब्लू. प्रिस्टले ने बिट्रगुंटा से कुछ रहवासियों को सीतानगरम भेज दिया। बिट्रगुंटा बस्ती को समाप्त करने के प्रस्ताव 1937 में आए थे। वर्ष 1937 में ही सरकार ने चिन्तलवाड़ी में एक नई बस्ती स्थापित करने का प्रस्ताव किया। सरकार दो कारणों से बिट्रगुंटा बस्ती को भंग करना चाहती थी, एक, बस्ती पर होने वाला खर्च अधिक था। और दूसरा निवासी बिना कोई परिश्रम किए सरकार की सहायता पर निर्भर रहना चाहते थे।[113]

अगले श्रमायुक्त थे रामकृष्ण। उनके कार्यकाल में रहवासियों को आन्ध्र प्रदेश कॉटन मिल्स, एसोसिएटेड सीमेंट फैक्ट्री इत्यादि में रोजगार मिला[114]—जितना काम उतनी मजूरी। बस्ती में सौ लोगों (50 पुरुष और 50 स्त्रियाँ) को काम मिला। पुरुषों को 5 आना और स्त्रियों को तीन आना प्रतिदिन दिया जाता था।[115] पास की जगहों से काम पर पहुँचने के लिए उन्हें रेल के पास दिए गए थे। बस्ती के सहायक प्रबन्धक ने 1940 में उनकी अच्छी देखभाल की। सभी रहवासियों को काँटेदार तारों के घेरे में रखा गया। उन्हें पत्थर की खदानों, संगतराशी आदि के कामों पर लगाया गया। पास की पहाड़ियों से बड़े पत्थर ट्राम से ढोकर बस्ती तक लाए गए।[116]

स्कूल में लकड़ी का काम सिखाने की व्यवस्था की गई और बढ़ई का काम सिखाने के लिए नियमित कक्षाएँ लगाई गईं। 1939 में इसके लिए औजार और सामान खरीद कर स्कूल में पहुँचाया गया। 1940 में लोक निर्माण विभाग में पत्थर के काम की कमी हो गई थी, इसलिए वह सभी रहवासियों के लिए काम की व्यवस्था नहीं कर पा रहा था। निजी ठेकेदारों से उनके लिए काम जुटाने का अनुरोध किया गया। गुंटूर जिला बोर्ड को दी गई लीज़ की अवधि समाप्त हो जाने से खदानों का काम भी बन्द हो गया था। पचास प्रतिशत रहवासियों के पास कोई काम नहीं था। रहवासियों को काजा की सीमेंट फैक्ट्री में काम दिया गया। पन्द्रह दिन के लिए वैध 'ओ' पास देकर रहवासियों को अस्थायी रूप से काजा भेजा जाता था। पुलिस ने बस्ती का रात में बन्दोबस्त करने के लिए मिस्त्रियों को नियुक्त किया। खनन कार्य वास्तव में बम्बई की कम्पनियाँ देती थीं। (खनन कम्पनियों ने खदानों को लीज़ पर ले रखा था और रहवासियों की मेहनत से वे भारी मुनाफा कमा रही थीं।) काम के लिए कुछ रहवासियों को पिडुगुराला भी भेजा गया।[117]

वर्ष 1941-42 के दौरान बस्ती की जल-निकासी में सुधार हुआ। पानी के जमाव को रोकने के लिए सड़कों को ऊँचा किया गया। मकानों की मरम्मत की

गई। रहवासियों ने पत्थर और गारे से अपने घर बनाए। सभी तरह से रहवासियों का विकास हो रहा था।[118] वे आत्मनिर्भर थे। खराब मानसून के कारण रहवासियों के कृषि प्रयासों को सफलता नहीं मिली थी, वे केवल 83 एकड़ भूमि में ही फसलें उगा पाए थे।

प्रबन्धकों को शुरू में रहवासियों से काम लेने में काफी दिक्कतें आईं। वे भूमि के एक छोटे-से टुकड़े पर ही काम करते थे। उसी वर्ष बस्ती में मवेशियों के लिए एक तालाब का निर्माण हुआ। बस्ती के कुओं में पानी बनाए रखने के लिए पम्पिंग सैट लगाए गए।

वर्ष 1942 में श्रम आयुक्त ने कुछ और रहवासियों को सीमेंट कम्पनी विजयवाड़ा में रोजगार दिलवाया। रहवासी बिट्रगुंटा से सीतानगरम भेज दिए गए थे। उन्हें चूने के पत्थर की खदानों तक पहुँचने के लिए रेल के पास दिए गए। यह कारखाना टाडेपल्ली रेलवे स्टेशन के पास था। बिट्रगुंटा के निवासियों को कम्पनी की खदानों में काम मिल गया। खनन के लिए जाते हुए रहवासियों को प्रबन्धक कठोर निर्देश देते थे। पुरुष रहवासियों को आठ से दस आने दैनिक मजदूरी मिलती थी, जबकि स्त्रियों की प्रतिदिन की मजदूरी चार या पाँच आने थी। बस्ती तक ट्राम की पटरियाँ डाली गईं। बड़ी-बड़ी चट्टानें बस्ती तक लाई गईं, और रहवासियों से उन्हें तोड़ने को कहा गया। रहवासियों को काँटे के तारों के घेरे में रखा जाता था। रहवासी दो आदमियों द्वारा धकेली जाने वाली गाड़ियों से भी सामान ढोते थे।[119]

पुलिस, खुफिया विभाग और रेल के उप महानिरीक्षक एल. अंडरवुड ने मद्रास शासन के सचिव को लिख कर बस्ती के बच्चों के लिए एक वाचनालय बनाने और स्कूल के लिए पुस्तकें उपलब्ध कराने का अनुरोध किया।[120] 1946 में सीतानगरम स्कूल का दर्जा बढ़ा कर उसे अपर प्राइमरी स्कूल बना दिया गया था। पुलिस उप महानिरीक्षक ने मुक्त रहवासियों के लिए संघारण भत्ते की भी माँग की, जिसे सरकार ने 1947 में स्वीकार कर लिया।

1948 में छोटे अपराधों में वृद्धि के बावजूद कानून और व्यवस्था की स्थिति नियंत्रण में थी। उस वर्ष अपराधी जनजाति कानून की निरस्ती, बड़ी संख्या में अपराधियों की जेल से समय पूर्व रिहाई, बदतर होती आर्थिक व्यवस्था, व्यापक रूप से फैली श्रमिक और कृषक अशान्ति, अपराधों की बेहतर सूचना आदि को अपराधों में हुई वृद्धि का कारण माना गया। डकैती, राहजनी, नकबजनी और अन्य अपराधों की संख्या बढ़ी। प्रान्त के सभी जिलों में लगभग यही स्थिति थी।[121]

मद्यनिषेध कार्यक्रम शुरू किए जाने से रहवासियों के नैतिक और भौतिक स्तर में सुधार आया। ग्रामीण क्षेत्रों में अस्पतालों के खुलने से रहवासियों की स्वच्छता और सफाई की स्थिति सन्तोषजनक हो रही थी। अपराधी जनजाति कानून के अन्तर्गत निरुद्ध ऐसे सभी लोग, जो 1948 के अभ्यस्त अपराधी कानून में परिभाषित

'अभ्यस्त अपराधी' की श्रेणी में नहीं आते थे, बस्तियों से छोड़ दिए गए। तथापि इन छोड़े गए अपराधियों से अधिकांश वहीं बने रहे। शिक्षा सम्बन्धी सहूलियतें, नि:शुल्क वस्त्र और अन्य सुविधाएँ रहवासियों को और छोड़े गए लोगों की सन्तानों को पहले की तरह ही मिलती रहीं।[122]

वर्ष 1949 में अपराधों की कुल संख्या में वर्ष 1940 की तुलना में लगभग पाँच प्रतिशत की वृद्धि हुई थी। अभ्यस्त अपराधियों की अपराध-दर में बढ़ोतरी के कारण थे—सामान्य आर्थिक मन्दी, खाद्यान्नों की कमी और इससे होने वाली मूल्यवृद्धि, अपराधी जनजाति कानून की समाप्ति, अपराधों के खुले और समुचित पंजीकरण का अभियान, 1948 में कम्यूनिस्ट आन्दोलन से निबटने में पुलिस की व्यस्तता, आदि। प्रेसीडेंसी में अभ्यस्त अपराधी कानून 29 अप्रैल, 1948 से प्रभावी हुआ था।[123]

वर्ष 1952 में सीतानगरम बस्ती का प्रबन्ध चार महानुभावों के पास था, यह थे सैयद अब्दुल गफ्फार, टी. गोविन्दराजुलू, के. श्रीमन्तम, और के.वी.आर. पटनायक। बस्ती में 246 (71 पुरुष, 73 स्त्रियाँ और 102 बच्चे) थे। तीस व्यक्ति 1948 के अभ्यस्त अपराधी कानून की धारा 2 (4) के अन्तर्गत निरुद्ध थे।[124] रहवासियों में से कई ऐसे थे जिन्हें स्थायी रिहाई मिल चुकी थी। रहवासियों ने 203 एकड़ जमीन पर फसलें लगाईं। बस्ती के 64 परिवारों को खेती के लिए जमीन दी गई थीं। प्रत्येक परिवार के पास ढाई एकड़ जमीन थी। रहवासियों ने चोलम, भाँग, लाल चना, सज्जा और हल्दी की फसलें उगाई थीं। फसलें बहुत अच्छी हुईं। बस्ती के लिए कृषि अधिकारी नियुक्त किए गए।[125] वर्ष 1955 में बस्ती में कोई संगठित उद्योग नहीं था। खनन उद्योग बन्द हो चुका था। खदानों में काम करने वाले लोग गाड़ीवान या शारीरिक श्रम करने वाले मजदूरों के रूप में रखे जाते थे। भेड़-बकरी पालना, छोटी दुकानदारी, दूध के लिए भैंसें पालना, मुर्गी पालन, जूता बनाना, चौकीदारी की नौकरी, नाव चलाना आदि अन्य व्यवसाय थे जो सीतानगरम के येरुकलाओं के लिए उपलब्ध थे। वर्ष 1960 में रहवासियों के स्वास्थ्य की स्थिति सन्तोषजनक थी। बस्ती में कोई महामारी नहीं फैली थी। बस्ती में एक ग्राम क्षेत्रीय आयुर्वेदिक अस्पताल खोल दिया गया था। अस्पताल में एक एल.आई.एम. डॉक्टर की नियुक्त हो गई थी। उसकी सहायता के लिए एक दाई और एक वार्ड-बॉय था। बस्ती में उनका कार्य सन्तोषजनक था। सीतानगरम का स्कूल 1965 में छठवीं कक्षा तक उच्चीकृत हो चुका था। इसमें 78 बच्चे पढ़ रहे थे। आठ बच्चे बाहर के स्कूलों में थे। तीन को मिडवाइफ़ का प्रशिक्षण मिल रहा था। गुंटूर के चिकित्सा महाविद्यालय में एक युवक एम.बी.बी.एस. की पढ़ाई कर रहा था। बस्ती का एक व्यक्ति पुलिस उपनिरीक्षक के लिए चुना जा चुका था। सीतानगरम बस्ती के निवासियों की सहकारी समिति ठीक से काम कर रही थी।[126] सरकार ने रहवासियों को गायें, बैल, भैंसें, बकरियाँ और भेड़ें दी थीं। उन्हें

कृषि के लिए अग्रिम राशि भी दी गई थी। 1970 के बाद से रहवासियों की आर्थिक स्थिति काफी सन्तोषजनक रही। बस्ती में रहने वाले लोगों के पास विभिन्न रोजगार थे, और वे अपनी जीविका कमा सकते थे। रहवासियों का आचरण सामान्यत: बहुत अच्छा था। कृष्णा नदी, और मुख्य नहर के दोनों किनारों के बाँधों पर पम्पिंग सैट लगाए जा चुके थे जिनसे बस्ती को सिंचाई का पानी मिल रहा था। विजयवाड़ा का अधीक्षण यंत्री इस बात का ध्यान रखता था कि सीतानगरम को पानी की कमी न रहे। रहवासियों ने टाडेपल्ली, गुंडिनेलु लंका और अंडावली लंका में स्थित अपनी जमीनों में फसलें बोई थीं। गुंटूर के जिला कलेक्टर ने ये जमीनें उन्हें लीज़ पर दी थीं। टाड़ेपल्ली में एक पुलिस थाना भी बनाया गया। यह बस्ती से ग्यारह मील दूर था। रहवासियों के बीच अपराधों को रोकने के लिए गुंटूर जिले के पुलिस अधीक्षक और सीतानगरम बस्ती के प्रभारी उपनिरीक्षक नियमित रूप से गश्त करते थे। बस्ती में कोई उद्योग न होने से शासन ने कोई विशेष कार्यक्रम इसके लिए नहीं बनाया और इस बस्ती ने एक मुक्त बस्ती का रूप ले लिया।[127] तथापि मद्रास के अभ्यस्त अपराधी कानून, 1948 के अन्तर्गत व्यक्तियों के पंजीकरण की व्यवस्था चलती रही।

सीतानगरम बस्ती की विशेषता यह थी कि यह एक दंडात्मक बस्ती थी। बिट्रगुंटा सुधार बस्ती के प्रबन्धक बाडन ने इसे अपराधी जनजाति के अभ्यस्त अपराधियों को दंडित करने के लिहाज से बनाना चाहा था। जब सर हेरोल्ड स्टुअर्ट सीतानगरम बस्ती का मुआयना करने आए तो प्रबन्धक डयूवाले ने उनसे जानना चाहा कि 'क्या आप दूसरी बस्ती बनाने का सोच रहे हैं, जो सुधरे हुए व्यक्तियों के लिए हो?' यह दंडात्मक बस्ती थी और सीतानगम से कई लोगों को स्टुअर्टपुरम ले जाया गया था।[128]

अपराधी जनजाति कानून के निरस्तीकरण होने से मुक्त हो चुकी सीतानगरम की बस्ती विजयवाड़ा नगर के बहुत निकट थी, और इसलिए उसके रहवासियों के लिए रोजगार के अनेक अवसर थे। संसाधन, वर्कशॉप और अन्य उपकरण लम्बे समय तक छत के नीचे जंग खाते रहे। लवानम और हेमलता लवानम को यह श्रेय जाता है कि उनके कठोर परिश्रम से बस्ती को वह स्वरूप मिल सका है जिसे हम आज देखते रहे हैं।

एक ही बस्ती में पड़ोस में रह रहे रहवासियों और निवासियों के सामने एक बड़ी समस्या थी। रहवासियों को खेती के लिए जमीन दी गई थी, जबकि दूसरों के पास एक इंच भी जमीन नहीं थी, यद्यपि उनके पूर्वज साल्वेशन आर्मी के प्रबन्धन में वहाँ पहले से रह रहे थे। उन्हें उनके अच्छे व्यवहार के लिए रिहा तो किया गया लेकिन जमीन नहीं दी गईं। इसका अर्थ था कि उन्हें अपने अच्छे व्यवहार के लिए मानो दंडित होना पड़ा था। फिर भी वे पुनर्वासितों के साथ अच्छे सम्बन्ध बनाए हुए थे। सरकार को इन असहाय व्यक्तियों के प्रति सहानुभूति का रवैया अपना कर खेती के लिए पट्टे और घर बनाने में सहायता देनी चाहिए थी।

सीतानगरम में रोके गए लगभग 150 परिवारों को अपराधी जनजाति कानून के प्रावधानों से मुक्त करके बस्ती छोड़ जाने के लिए कहा गया। कुल 1205 सदस्यों के लिए बस्ती के प्रबन्धकों को 44 एकड़ भूमि लीज़ पर दी गई। बाद में 66.77 एकड़ और जमीन लीज़ पर दी गई, ये भूमि रामकृष्ण विद्यालय हाई स्कूल, मगनाती अन्नपूर्णा देवी प्राइमरी स्कूल, श्री वेंकटेश्वर स्वामी मन्दिर, कृष्णा बाँध के निर्माण और तीन राजनीतिक पीड़ितों के लिए थी।[129]

आज भी सीतानगरम के रहवासियों का मुख्य उद्यम खेती ही है। सरकार ने अधिसूचित जनजाति के बच्चों की फीस पूरी तरह से माफ कर देने के साथ-साथ उन्हें छात्रावासों में रहने की सुविधा और औद्योगिक छात्रवृत्तियाँ भी दी थीं। बरकिंघम नहर के उत्तरी भाग में लिफ्ट सिंचाई के लिए दो पम्पिंग सैट लगाए गए। यहाँ धान, हल्दी, मिर्च और मूँगफली की फसलें उगाई जाती थीं। बस्ती में चल रहे ग्रामीण अस्पताल से रहवासियों को बहुत लाभ हुआ है। पहले बस्ती में कालीन-निर्माण, चटाई-निर्माण, टोकरी-निर्माण और बुनाई जैसे कुटीर उद्योग होते थे, लेकिन अब वे बन्द पड़े हैं। खदानों में भी व्यक्तिगत रूप से ही काम होता है। यदि वैयक्तिकता के बजाय सामाजिक आधार पर इसे चलाया जाए तो यह कमी दूर हो सकती है। जून 1986 में गुंटूर जिले के आदिवासी कल्याण विभाग ने एक विस्तृत सर्वेक्षण किया था। इसमें 45 परिवारों का आकलन किया गया था। हम केवल 40 परिवारों की ही जानकारी प्राप्त कर पाए क्योंकि अन्य परिवार बस्ती छोड़ कर चले गए थे। वर्तमान में बस्ती में कोई भी अभ्यस्त अपराधी नहीं है। सभी रहवासी स्वेच्छा से वहाँ रह रहे हैं।[130]

(च) स्टुअर्टपुरम बस्ती (गुंटूर जिला)

मद्रास-दिल्ली ग्रांट रोड रेलवे लाइन पर स्टुअर्टपुरम बापट्ला (गुंटूर) और चिराला (प्रकाशम जिला) के बीच स्थित है। स्टुअर्टपुरम बस्ती को अच्छे आचरण की बस्ती कहा जाता था। इसका आशय यह है कि सीतानगरम में जिन लोगों का आचरण अच्छा होता था, उन्हें यहाँ लाया जाता था और खराब आचरण वाले लोग सीतानगरम ले जाए जाते थे। बस्ती की प्रारम्भ में आबादी 691 थी, जिनमें 200 पुरुष, 196 महिलाएँ और 295 बच्चे थे। बस्ती को मद्रास सरकार के गृहसचिव स्टुअर्ट का नाम मिला है।[131]

स्टुअर्टपुरम बस्ती का प्रारम्भ : गुंटूर जिले के येरुकला प्रतिवर्ष दिसम्बर से अगस्त तक गुंटूर जिले के तालुका बापट्ला में बेथापुडी गाँव में अपना पड़ाव डालते थे। वे ओंगोल, बापट्ला, और तेनाली तालुकों की रैय्यत के लिए खाद्यान्न लेकर आते थे। अगस्त से दिसम्बर तक गुंटूर जिले के विनुकोंडा में अपने मवेशियों को चराते थे। जब येरुकलाओं के पास कोई काम नहीं होता था, तो वे छोटे-मोटे

अपराध करते थे। वर्ष 1913 में येरुकलाओं द्वारा किए गए अपराधों पर पुलिस का ध्यान गया और वह अधिक सक्रिय हो गई। स्थानीय पुलिस की प्रताड़ना से बचने के लिए येरुकलाओं ने साल्वेशन आर्मी की शरण ली।[132] येरुकलाओं को बसाने के लिए वर्ष 1915 में सरकार ने 1,860 एकड़ जमीन और आर्थिक अनुदान साल्वेशन आर्मी को दिए। बापट्ला में काफी रेतीली जमीन मौजूद थी। इसका एक हिस्सा सरकार ने येरुकलाओं के लिए साल्वेशन आर्मी को दे दिया। साल्वेशन आर्मी ने इस जमीन को ठीक-ठाक करके इसे कृषि के योग्य बनाया। 1915 में सीतानगरम और कालीचेदू से लाए गए येरुकलाओं के कारण वहाँ इनकी संख्या काफी बढ़ गई। लेकिन उन पर अकारण ही सन्देह किया जाता था। पास के गाँव वाले शिकायत करते थे और पुलिस उनके 'अपराध' का बखान करती थी। पुलिस ने इन शिकायतों को गम्भीरता से लिया और येरुकलाओं को एक अपराधी जनजाति घोषित कर दिया।[133] उनकी गतिविधियाँ बापट्ला के आसपास तक सीमित कर दी गईं। तत्कालीन पुलिस महानिरीक्षक ने कहा था : 'सरकार के पास यह विश्वास करने का पर्याप्त कारण है कि साल्वेशन आर्मी के बेथापुडी शिविर और बापट्ला की यनाडी बस्ती जब से बनी है, तब से बापट्ला क्षेत्र में अपराध बढ़े हैं। और यह बापट्ला चर्च की पंचायत के लिए चिन्ताजनक हैं।'[134]

1915 का आन्दोलन : प्रतिवर्ष बापट्ला और निकटवर्ती गाँवों के निवासी बेटापुडी बस्ती के विरुद्ध आन्दोलन करके इसे वहाँ से हटाने की माँग सरकार से करते रहे। बस्ती में शान्तिपूर्वक रह रहे येरुकलाओं की वे प्राय: शिकायत करते थे। उनकी नाराजगी का कारण रहवासियों को दी गई जमीनें थीं। वे खुद सरकार से जमीन पाना चाहते थे। सावधानी से की गई एक जाँच में ज्ञात हुआ कि पास-पड़ोस में हुए किसी भी अपराध के लिए येरुकला जिम्मेदार नहीं हैं। आन्दोलन का सूत्रपात धनी जमींदारों ने किया था और इसके पीछे निजी स्वार्थ थे। सरकार ने बस्ती की सुरक्षा के लिए पर्याप्त प्रबन्ध कर दिए।

अपराधी जनजाति कानून के अन्तर्गत स्टुअर्टपुरम की अधिसूचना : 1915 में बेथापुडी बस्ती को अपराधी जनजाति कानून के अन्तर्गत गठित बस्तियों में से एक बस्ती घोषित कर दिया गया।[135] प्रारम्भ में येरुकला किसी के नियंत्रण में नहीं थे। वे विभिन्न स्थानों से बस्ती में पहुँच रहे थे।[136]

येरुकलाओं का व्यवसाय : स्टुअर्टपुरम में कृषि ही येरुकलाओं का मुख्य व्यवसाय थी। उन्होंने काफी बड़ी जमीन को खेती के लायक बनाया। उनकी उपज को बढ़ाने के लिए शासन ने सिंचाई सुविधाओं में सुधार किए। साल्वेशन आर्मी ने नारियल और शहतूत के पेड़ लगाए थे। येरुकलाओं को चटाइयों की बिक्री, बोझा ढोने और पशुओं के व्यापार से भी आमदनी होती थी। जिन रहवासियों का व्यवहार अच्छा था, उन्हें चौकीदार की नियुक्ति दी गई। वे प्रबन्धकों को येरुकलाओं की

गतिविधियाँ सूचित करते थे। येरुकला चौकीदार के पद का बहुत सम्मान करते थे। रहवासियों का अनुशासन बनाए रखने में चौकीदारों की बड़ी भूमिका थी।[137]

प्रबन्धक : कैप्टन रोबिलियार्ड बस्ती के पहले प्रबन्धक थे। वे एक बुद्धिमान व्यक्ति थे। कृषि सम्बन्धी मामलों के वे विशेषज्ञ थे, और बागवानी में भी दक्ष थे। पूरब के रबर उत्पादन में उन्होंने काफी अनुभव प्राप्त किया था। उन्होंने बस्ती बसाने का प्रशंसनीय कार्य किया। उनके द्वारा यहाँ किए गए कार्य की सरकार ने सराहना की थी।[138]

आबादी : 1915 के वर्ष में स्टुअर्टपुरम में 302 पुरुष, 323 महिलाएँ, 243 लड़के और 238 लड़कियाँ रह रही थीं। येरुकलाओं की कुल आबादी 1,106 सदस्यों की थी। बस्ती में अभी भी और येरुकलाओं के लिए काम और स्थान था। येरुकलाओं में अनुशासन बनाए रखने के लिए सरकार ने वहाँ कड़े नियम बना रखे थे। बस्ती की आबादी में कोई वृद्धि नहीं हुई। जो भी हो, नौकरशाही के रवैये, अपराधी जनजाति कानून के क्रियान्वयन, शरारती तत्त्वों के आगमन, प्रबन्धकों के बुरे चरित्र, पुलिस और निकटवर्ती लोगों के आचरण से बस्ती को नुकसान उठाना पड़ा। सरकार ने भी कावाली बस्ती से कुछ येरुकलाओं को वहाँ स्थानान्तरित कर दिया था।[139]

स्टुअर्टपुरम में आत्मनिर्भरता का चरण : कृषि विकास से बस्ती में सम्पन्नता आई। सभी येरुकला आत्मतुष्ट थे और बस्ती आत्मनिर्भर हो गई थी। साल्वेशन आर्मी को सरकार द्वारा निर्धारित अनुदान देर से प्राप्त हुआ। समुचित सहायता के अभाव में साल्वेशन आर्मी के सामने बस्ती को चलाने में आर्थिक कठिनाइयाँ आ रही थीं। गुंटूर जिले में प्रशासकीय प्रबन्ध की दृष्टि से बस्ती सर्वश्रेष्ठ थी। बस्ती की विशेषताएँ अद्‍भुत थीं। इसके साथ बस्ती के प्रबन्धन में कुछ खामियाँ भी थीं। अपराधी जनजाति कानून के अन्तर्गत येरुकलाओं के पंजीकरण में कई दोष थे।[140]

ऐसे येरुकला जो निर्दोष थे और जिन्होंने एक भी अपराध नहीं किया था और न ही जिनका सम्बन्ध या मित्रता उन येरुकलाओं से थी जो पंजीकृत थे, उन्हें भी अपराधी जनजाति का ठप्पा लगाकर बस्ती में डाल दिया गया था। इससे स्टुअर्टपुरम में भीड़-भाड़ हो गई। समुचित प्रबन्ध के अभाव में साल्वेशन आर्मी इस पर काबू नहीं रख पाई। अच्छे चाल-चलन वाले येरुकलाओं को बस्ती में चोर-डाकू जैसे दुष्चरित्रों के साथ रहना पड़ता था। शासन ने यद्यपि इस दोष को स्वीकार तो किया लेकिन बस्ती की स्थितियों में सुधार करने के लिए कोई प्रयत्न नहीं किया गया, और बस्ती की परिस्थितियों को सँभालने की जिम्मेदारी साल्वेशन आर्मी पर छोड़ दी गई थी।

बस्ती में येरुकलाओं की संख्या बढ़ती जा रही थी। 1925 में यह संख्या 1500 हो गई। साल्वेशन आर्मी ने 140 येरुकलाओं को जमीनों के पट्टे दिए थे। उन्हें बिना किसी बाहरी हस्तक्षेप के ही दी हुई जमीन के टुकड़े पर खेती करने का अधिकार था। जमीनें दिए जाने की शर्त यही थी कि रहवासी साल्वेशन आर्मी के निर्देशन में सन्तोषजनक व्यवहार करेंगे।[141]

स्टुअर्टपुरम का विस्तार : रहवासी मुख्य रूप से धान की खेती करते थे। येरुकलाओं ने खेती का सन्तोषजनक विस्तार किया। वर्ष 1920 के दौरान 500 एकड़ पर खेती की गई। उन्हें इसके लिए बन्दोबस्ती पट्टे दिए गए थे। पानी भरपूर मात्रा में उपलब्ध था। फसलें बहुत अच्छी हुईं। बस्ती में नारियल, यूकेलिप्टस और शहतूत की इफ़रात थी। रहवासियों की उपलब्धियाँ बहुत उत्साहवर्धक रहीं। येरुकलाओं ने रागी, चावल जैसे खाद्यान्न पैदा किए। प्रतिवर्ष येरुकलाओं ने इस प्रगति को बनाए रखा। अच्छे मौसम के कारण येरुकला अपनी जमीनों पर सफलतापूर्वक खेती कर रहे थे।

सिंचाई सम्बन्धी कठिनाइयाँ : वर्ष 1925 में येरुकलाओं को अनेक कठिनाइयों का सामना करना पड़ा। खराब मौसम और देर से होने वाली बरसात की वजह से वे अपने फसलें बो नहीं पाए। बस्ती में सिंचाई की पर्याप्त सुविधाएँ नहीं थीं। कृष्णा नहर में पानी छोड़ा नहीं गया था। रोमपेरु नाले में पानी की कमी के कारण येरुकला अपनी जमीन की सिंचाई नहीं कर पाए। रोमपेरु पर एक बाँध बनाया गया था।[142] शासन ने आश्वासन दिया था कि सिंचाई के समय पानी की सप्लाई अनवरत रूप से होती रहेगी। लेकिन यह आश्वासन झूठा साबित हुआ। बाद में शासन ने पेराली का नाला बनाया। लेकिन कार्यपालन यंत्री ने समय पर इसे पूरा करने पर ध्यान नहीं दिया। इस तरह येरुकलाओं को अपनी जमीने सींचने में कई कठिनाइयों का सामना करना पड़ा।

वृक्षारोपण कार्य : बस्ती बसाने का मूल लक्ष्य यह था कि इसमें रहने वाले येरुकला आत्मनिर्भर किसान बन सकें। येरुकलाओं की सहायता से यहाँ वृक्षारोपण का कार्यक्रम शुरू किया गया। उन्होंने वृक्ष लगाने में कड़ी मेहनत की। यह कहा गया था कि 'साल्वेशन आर्मी को बस्ती के प्राथमिक उद्देश्य के विषय में बता दिया जाना चाहिए। उसे दी गई जमीन को विकसित करने की बजाय लगता है कि साल्वेशन आर्मी रोबिलियार्ड के प्रायोगिक कार्यक्रम में फँस कर रह गई है। वृक्षारोपण के प्रति जिनका उत्साह उनकी नियुक्ति के उद्देश्य से परे चला गया है।'[143]

शासन ने वृक्षारोपण के उपाय को येरुकलाओं की आमदनी बढ़ाने के लिए चुना था। स्टुअर्अपुरम में वृक्षारोपण के निम्न कार्य किए गए—(1) जंगल के पेड़ों को लगाना, (2) कैसुरीना वृक्ष लगाना, (3) नारियल के पेड़ लगाना, (4) रबर के बागान बनाना, (5) शहतूत वृक्षारोपण, (6) यूकेलिप्टस के पेड़ लगाना, इत्यादि। गुंटूर के तत्कालीन जिलाधीश डेविस ने बस्ती का निरीक्षण करने के बाद कहा था : 'हम समुद्र के पास सौ एकड़ जमीन जंगली पेड़ लगाने के लिए निकालना चाहेंगे।'[144] यह जमीन किसी भी प्रकार के राजस्व से मुक्त थी। शासन ने टिम्बर ढोने के लिए सड़कों का निर्माण किया। वन विभाग पेड़ों की कटाई करता था। येरुकलाओं को जंगल की लकड़ी और वनोपज ले जाने की मनाही थी।[145] शासन ने जंगल की लकड़ी की निजी ठेकेदारों में नीलामी कर दी। उस समय के वन अधिकारी ने कहा था : 'संरक्षित वन में कटाई करने वाले मजदूरों को बहुत दूर से लाना पड़ता है। मैं सोचता हूँ कि वानिकी

के इस पक्ष का प्रशिक्षण येरुकलाओं को क्यों नहीं देते? यदि ऐसा हो तो बस्ती में चल रहे वनारोपण कार्यक्रम से उन्हें खराब मौसम में रोजगार दिया जा सकेगा।'[146]

बस्ती में बहुत सारी बंजर जमीन उपलब्ध थी। शासन ने और भी सौ एकड़ भूमि में नारियल के पेड़ लगाए। प्रत्येक एक एकड़ में पचास पौधे लगाने का प्रस्ताव था। पौधा 40 × 40 मीटर के क्षेत्र में रोपा जाता था। नारियल का उत्पादन अच्छा रहा और कहा गया कि 'मद्रास से बापट्ला की यात्रा करते हुए कोई भी स्टुअर्टपुरम के पास नारियल के पेड़ों का नयनाभिराम दृश्य देख सकता है।' गोल्डन ब्राउन ने तब वहाँ नारियल-उद्योग शुरू कर दिया। मलाया संघ के निरीक्षक ने कहा था, 'विशाल भूमि को देखते हुए मेरा सुझाव है कि नारियलों के बीच नकद फसल के लिए कैसुरीना के पेड़ लगाए जाने चाहिए। हम इतने ही पेड़ लगा सकते हैं, और तीन वर्ष बाद पेड़ों के आसपास की जमीन खाली कर सकते हैं।'[147]

गुंटूर के तत्कालीन जिलाधीश आर.डब्लू. डेविस ने कैसुरीना वृक्षारोपण के लिए साल्वेशन आर्मी को वेडुलापल्ली संरक्षित वन दे दिया। बस्ती में वनारोपण कार्यक्रम के विकास के लिए आर्थिक सहायता भी दी गई। शासन ने येरुकुआलों से किसी प्रकार की धनराशि लेने से मना कर रखा था, लेकिन साल्वेशन आर्मी संरक्षित वन को, कैसुरीना पेड़ों को निजी सम्पत्ति समझ रही थी। उसने व्यक्तिगत जमींदारों से कैसुरीना पौधों के बड़े होने तक भूमि और वृक्षों का करार कर लिया। वन विभाग ने कुछ जमीन निजी स्वामियों को लीज़ पर दे दी। शासन को समझ में आ गया कि साल्वेशन आर्मी और वन विभाग ने जमीनें लीज़ पर निजी ठेकेदारों को दे दी हैं। भूमि पर होने वाला उत्पादन साल्वेशन आर्मी ले लेती थी। कैसुरीना वनारोपण कार्यक्रम स्टुअर्टपुरम के येरुकलाओं के लिए एक व्यापारिक अभियान था।[148]

शुष्क कृषि का विस्तार : एक अन्य श्रमायुक्त मोइर ने सीतानगरम में शुष्क खेती का सुझाव दिया। खाद मुहैया करवाने की दृष्टि से येरुकलाओं को मवेशी खरीदने के लिए अग्रिम राशियाँ दी गईं। नारियल के पेड़ों से प्रति वृक्ष प्रतिदिन एक रुपए का लाभ मिल रहा था। इस तरह सौ एकड़ जमीन से प्रतिवर्ष पाँच हजार रुपए की आय हो रही थी। स्टुअर्टपुरम में वनारोपण के लिए काफी जमीन थी। येरुकलाओं ने इस कार्यक्रम को गम्भीरता से लिया।[149]

स्टुअर्टपुरम में शासन ने जमीन के एक हिस्से में कैसुरीना, नारियल, रबर, और यूकेलिप्टस के पौधे भी लगाए थे। कैसुरीना को नारियल के पौधों से तीन साल पहले लगाया गया था। वनारोपण के फायदे शासन की समझ में आ गए थे। स्टुअर्टपुरम में कैसुरीना एक नकद फसल बन गई थी।[150] रबर एस्टेट में कैसुरीना के वृक्षों का उपयोग हवाएँ रोकने के लिए किया जाता था। रबर का आरोपण सफल रहा था। शहतूत के पेड़ कैसुरीना वृक्षों के बीच लगाए गए थे। मलाया संघ के तत्कालीन अधिकारी ब्रंटर ने कहा था, 'पूरी बस्ती रबर, नारियल, शहतूत और कैसुरीना वृक्षों से

पटी हुई है।'[151] साल्वेशन आर्मी ने यूकेलिप्टस के वृक्ष लगाए थे। साल्वेशन आर्मी के तत्कालीन आयुक्त बूथ टकर का कहना था कि 'मैं तुम्हें यूकेलिप्टस और शहतूत के पेड़ लगाने की राय दूँगा क्योंकि इनसे भविष्य में बहुत लाभ होगा। जैसा कि तुम देख रहे हो उन्हें लगने से फायदा होता है, जब दस-पन्द्रह वर्ष के अन्तराल पर तुम उन्हें काटोगे तो वे उन्हीं जड़ों से फिर निकल आएँगे और दुबारा उन्हें लगाने की जरूरत नहीं होगी।'[152] यूकेलिप्टस को ज्यादा पानी भी नहीं चाहिए। यूकेलिप्टस लगाने का खर्च सरकार उठाती थी। बस्ती के वनारोपण कार्यक्रम से सरकार को आर्थिक लाभ भी होता था। 1916 के वर्ष में सरकार ने बस्ती में नकद फसल देने वाले वृक्षों को लगाने का कार्यक्रम हाथ में लिया था।[153]

केवल बस्ती की उपजाऊ जमीन पर निर्भर नहीं रहा जा सकता था। येरुकलाओं की आर्थिक दशा पर खराब मौसम का बुरा प्रभाव पड़ता था। उत्तर पूर्वी राज्यों में जलाऊ लकड़ी की भारी माँग थी। बस्ती के निवासी इसकी पूर्ति करते थे। बापट्ला के आसपास की रेतीली जमीन पर येरुकलाओं ने बड़े पैमाने पर पेड़ लगाए। येरुकलाओं को वृक्षारोपण कार्यक्रम, पानी देने और पेड़ों के रख रखाव का अनुभव हो गया। खराब मौसम में भी उन्हें पर्याप्त काम मिल जाता था। खराब मौसम में बस्ती के भरण-पोषण का दायित्व पूरी तरह साल्वेशन आर्मी का था। एक तरह से वनारोपण कार्य नियमित रोजगार रहा था, लेकिन वानिकी उद्योग को साल्वेशन आर्मी और सरकार ने अस्थायी आधार पर ही शुरू किया था।[154]

रोमपेरु के दलदल में 360 एकड़ शुष्क भूमि और 1500 एकड़ का एक प्लाट साल्वेशन आर्मी को दिया गया। साल्वेशन आर्मी ने पुराने रहवासियों से छाँट कर कृषि मिस्त्रियों को नियुक्त किया। वे नए रहवासियों को कृषि के तौर-तरीकों का प्रशिक्षण देते थे। रहवासियों ने रागी, धान और मूँगफली की फसलें लगाईं। उन्हें चटाइयाँ, रस्सियाँ, टोकरियाँ और करीपत्ता, टमाटर तथा हरे चने की खेती से भी आमदनी हुई। उन्हें सड़क निर्माण, पत्थरों के खनन, नाले की खुदाई जैसे लोक निर्माण विभाग के कामों से भी आय हुई। वर्ष 1915 में उनकी आमदनी रु. 19,520,08 थी। प्रबन्धन ने रहवासियों को लीज़ पर जमीनें दे दीं। हेरोल्ड स्टुअर्ट ने लिखा : 'यह बस्ती बहुत सफल थी, इसके पास सबसे अच्छी जमीन थी और इसकी प्रगति तेजी से हुई।' कृषि अधिकारी बाजलुल्ला ने कैसुरीना और टमाटर के प्रसंस्करण के लिए एक योजना बनाई। रोबिलियार्ड नारियल और यूकेलिप्टस के पेड़ रोपने के पक्ष में थे। बेहतर जल प्रदाय के लिए 1919 में रोमपेरु नदी पर एक बाँध बनाया गया। रहवासियों की आय में 1923-24 में 84,189,05 रुपए से लेकर 1,03,109,08 रुपए तक की लगभग वृद्धि हुई।

1925 के बाद से बस्ती की प्रगति : दलदल से आने वाले पानी को खेतों में भरने से रोकने के लिए जॉर्ज पेडिसन ने एक बाँध के निर्माण का सुझाव दिया। 1927 के

नवम्बर में आए चक्रवात ने धान की पूरी फसल बर्बाद कर दी थी। रोबिलियार्ड ने अपने रिकॉर्ड में दर्ज किया कि इस कारण कुछ रहवासियों को भीख माँगने पर विवश होना पड़ा था। कई रहवासियों ने इस बात के प्रमाण दिए कि वे जमीन पर निरन्तर खेती कर रहे थे। बापट्ला के तहसीलदार ने बस्ती में जाकर ऐसे रहवासियों को उस जमीन के स्थायी पट्टे दिए जहाँ वे तीन वर्षों से लगातार खेती कर रहे थे, तथा उनका आचरण अच्छा रहा था, और उनके विरुद्ध अपराध की कोई शिकायत नहीं थी।[155]

भू अभिलेख, नाप-तौल, आबंटन और मवेशियों की देखभाल के लिए एक कारनम (गाँव का अधिकारी) की पूर्णकालिक नियुक्ति की गई। खेती को बढ़ावा देने के लिए रहवासियों का लगान माफ कर दिया गया। जब उन्हें काम पर जाने को कहा गया तो उन्होंने इनकार कर दिया। तब एक आदेश दिया गया कि उन्हें किसी भी तरह के अनुमति-पत्र नहीं दिए जाएँगे, यहाँ तक कि चावल खरीदने के लिए भी नहीं। इस तरह वे काम करने पर मजबूर हुए। पलायन और निर्धारित अवधि से अधिक रहने के मामले बस्ती में ज्यादा हो गए थे। 1916 में मारजोरी बैंक्स ने बस्ती में एक हवालात बनाने का सुझाव दिया। भागे हुए लोगों के साथ कठोरता बरती जाती थी। अनुमति-पत्र देने की प्रथा के कारण कुछ रहवासी बस्ती से पलायन कर गए थे।[156]

1919 के वर्ष में बस्ती में एक स्टोर खोला गया। रहवासियों को ठगने के कई तरीके थे। स्टोर में दो तरह का चावल मिलता था। एक टूटा हुआ (नुकालू) और दूसरा साबुत। स्टोर से कभी-कभी उन्हें मिट्टी और कंकड़ों वाला घटिया चावल मिल जाता था। साल्वेशन आर्मी के प्रयत्नों से 1921 में रेलवे स्टेशन भी बन गया। रेलवे स्टेशन खुलने के बाद उन्होंने तम्बाकू की खेती शुरू की जिससे उनकी आमदनी में और भी इजाफा हुआ।[157]

कृषि क्षेत्र और मेहनत के कार्यों के साथ-साथ येरुकलाओं को इंडियन लीफ़ टबैको डिपार्टमेंट नामक कम्पनी में भी रोजगार दिया गया, जो पास के रामनगर (एपुरुपल्लम) गाँव में 1915 में शुरू हुई थी। पुरुष श्रमिकों को प्रतिदिन आठ आना (साप्ताहिक 48 आना या 3 रुपए—(उन दिनों सोलह आने का एक रुपया होता था) मजदूरी दी जाती थी।[158] स्त्रियों को प्रतिदिन सात आने मिलते थे (प्रति सप्ताह 42 आने या दो रुपए दस आने)।[159] 1920 के वर्ष में येरुकलाओं को चिराला, पेराला, एमुरुपाल, बापट्ला में कोमाटियों के चावल निकालने का काम तथा कमरचेदू में पत्थरों की ढुलाई का काम भी मिल जाता था। कुछ रहवासी बस्ती के बगीचों में काम करते थे। प्रबन्धक उन्हें गड्ढों को भरने पर लगा देते थे। रेतीले इलाकों में तम्बाकू की खेती साल-दर-साल बढ़ती गई।

1927 से पहले 290 अंशधारकों के साथ एक सहकारी समिति गठित हो चुकी थी। सहकारी समितियों का गठन इन उद्देश्यों के लिए किया गया था—(1) गृह-निर्माण के लिए आसान किस्मों पर जमीन लेना, (2) कृषि कार्य के लिए ऋण,

(3) भूमि उद्धार और फसलें लगाना, इत्यादि।[160] वर्ष 1930 में रहवासियों को 'ओ' पास देकर रोजगार के लिए कोदंडा रामा माइका माइंस में भेजा गया, जो नेल्लोर जिले के रापुर ताल्लुके में स्थित थी।[161]

बस्ती में अपराधियों की भौतिक स्थिति को जाँचने के लिए 1956 से पहले एक चौकी बनाई गई थी। मद्रास के पुलिस महानिरीक्षक ने लिखा था—'यहाँ कई अभ्यस्त अपराधी सुधरे हैं और सुधर रहे हैं। पुलिस को अपनी समस्याओं और कठिनाइयों को लेकर प्रबन्धकों के पास आना चाहिए और उन्हें अपना साथी और सहकर्मी समझना चाहिए।'[162]

अपंजीकृत व्यक्तियों की पहचान सरल करने के लिए बस्ती में नये फॉर्म जारी किए गए। बस्ती में रह रहे लोगों में परस्पर विवाद और झगड़े रहते थे। इसका कारण मुख्य रूप से पड़ोस के गाँवों में बिकने वाली ताड़ी थी। वृद्ध स्त्री-पुरुषों को दो वर्गों में भरण-पोषण का भत्ता दिया जाता था : (1) ऐसी विधवाएँ जिनके साथ बच्चे हों और (2) वे विधवाएँ जिनके पति भाग गए हैं या जेल में हैं।[163] 1933-34 के प्रशासकीय प्रतिवेदन में कहा गया था : 'वर्तमान में दी जा रही राशि का दुरुपयोग किया जा सकता है। जिन्हें वास्तव में जरूरत है, उनके लिए भोजन दिया जाना ठीक रहेगा।'[164] 1936 में 168 परिवारों को 'ओ' पास देकर छोड़ा गया। उन्हें चिराला जाकर नई बस्ती में रहने की अनुमति मिल गई जो तम्बाकू कम्पनी के पास थी।[165]

साल्वेशन आर्मी सोचती थी कि इस बस्ती के येरुकलाओं के लिए शिक्षा आवश्यक है और इसके लिए 1916 में एक प्राथमिक स्कूल शुरू किया गया था। 1916 में इस स्कूल में 250 बच्चे जा रहे थे। प्रबन्धकों द्वारा इनके लिए पाठ्य पुस्तकें, नक्शे, स्लेटें, स्लेट बत्तियाँ, पौधों और जानवरों के चित्र, एक पृथ्वी का गोला, आनन्द प्राइमर और कक्षा I, II, III की आनन्द रीडर खरीदी गई। जिन बच्चों के अभिभावक जेल में थे, जिनके माता-पिता अभी जेल से वापस आए थे और अनाथ बच्चों के लिए एक छात्रावास बनाया गया था। प्रबन्धक अभिभावकों को उनके बच्चों से मिलने नहीं देते थे।

पूर्व अपराधियों के बच्चों के सुधार के लिए प्रबन्धकों ने भृत्यों की नियुक्ति की थी। प्रधानाध्यापक उच्च श्रेणी का प्रशिक्षण प्राप्त व्यक्ति था। साल्वेशन आर्मी का अधिकारी मेकेंजी बस्ती में नया वातावरण निर्मित करने के लिए इमारत के ढाँचे को बदलना चाहता था। स्टुअर्टपुरम के बोर्डिंग स्कूल का बन्द किया जाना रहवासियों के बच्चों के लिए एक गम्भीर आघात था। साल्वेशन आर्मी ने 1915 में एक चर्च का निर्माण किया था। उस समय मद्रास के उपपुलिस महानिरीक्षक की राय थी कि 'बच्चे स्वस्थ और प्रसन्न दिखाई देते हैं। बस्ती तेजी से विकास कर रही है।'[166]

1921 में साल्वेशन आर्मी ने स्त्री शिक्षा के लिए एक नया कन्या विद्यालय खोला। 1926 के दौरान ही कुछ लड़कियों को नेल्लोर के औद्योगिक स्कूल में भेज

दिया गया था। 1923 से रहवासियों के बीच बॉय स्काउट की एक टुकड़ी थी। एक बिगुलधारी छोटा दस्ता संगठित किया गया, और इसके लिए साधन दिए गए। बस्ती में 1932 में एक डाकघर शुरू किया गया। मध्याह्न भोजन की व्यवस्था दिसम्बर 1947 से लागू की गई। इन बच्चों के लिए लड़के-लड़कियों के अलग-अलग छात्रावास साल्वेशन आर्मी ने बनाए। आज इन छात्रावासों में 155 विद्यार्थी हैं। पहली कक्षा से दसवीं कक्षा तक पढ़ने वाले 101 लड़के और 54 लड़कियाँ इन छात्रावासों में रहते हैं। साल्वेशन आर्मी ने वर्ष 1958 में पुलिस महानिरीक्षक के सहयोग से रहवासियों की सन्तानों के लिए एक नया हाई स्कूल स्थापित किया है। 2005 के वार्षिक रिकॉर्ड के अनुसार इस हाई स्कूल में 277 छात्र शिक्षा प्राप्त कर रहे हैं।

इंफ्लूएंजा की वजह से वर्ष 1915 में मृत्यु-दर अधिक थी। सरकार ने एक नए अस्पताल का निर्माण किया। 30 सितम्बर, 1919 तक रहवासियों को पका-पकाया भोजन दिया जाता था। स्टुअर्टपुरम में 1920 के दौरान मलेरिया का एक बड़ा प्रकोप हुआ था। सप्ताह में दो बार बापट्ला से उपसहायक सर्जन वहाँ पहुँचता था और अतिसार, हैजा, मलेरिया, बुखार, चेचक, बेरी-बेरी, फोड़े-फुंसी, हृदय-रोग, पेट-दर्द आदि रोगों की दवाएँ देता था।[167] राष्ट्रीय स्वास्थ्य सप्ताह पहली बार वहाँ 1927 में मनाया गया। बस्ती के रहवासियों के स्वास्थ्य में वी. सीताराम अय्यर ने गहरी दिलचस्पी दिखाई थी। एक अशासकीय विजिटर जी.आर. प्रेमैया ने टिप्पणी की थी, कि 'रहवासियों के लिए यह परम सौभाग्य की बात है कि वहाँ एक अनुभवी कम्पाउंडर और एक दाई रह रहे हैं।'[168]

बस्ती में जन्म और मृत्यु का रिकॉर्ड रखा जाता है। 1950 में बस्ती में चेचक का गम्भीर प्रकोप हुआ था। शुरू-शुरू में रहवासियों के बारे में पुलिस प्रबन्धकों से पूछताछ करती रही।[169] प्रबन्धन की अनुमति के बिना पुलिस बस्ती में प्रवेश नहीं कर सकती थी। प्रबन्धक और स्थानीय पुलिस के रहने के बाद भी रहवासियों में लगातार झगड़े होते रहते थे। कानून और व्यवस्था को बनाए रखना एक बहुत बड़ी समस्या थी। ऐसे रहवासी जो आपराधिक गतिविधियों में सक्रिय थे और अनियंत्रित थे, उन पर मद्रास के अभ्यस्त अपराधी कानून 1948 की धारा 10 की कार्रवाई करके उन्हें दंडित किया गया।[170] तत्कालीन श्रम आयुक्त का कहना था कि 'रहवासी असाध्य नहीं थे, और उन्हें काँटेदार तारों के पीछे भी नहीं रखा गया। रहवासियों की निगरानी के लिए कोई विशेष पुलिसकर्मी तैनात नहीं किए गए थे।'[171]

स्वतंत्रता प्राप्ति के बाद सरकार ने साल्वेशन आर्मी के सारे अधिकार समाप्त कर दिए गए। प्रबन्धन का दायित्व आदिवासी कल्याण विभाग को सौंप दिया गया। वर्तमान में बस्ती का आमूलचूल परिवर्तन हो चुका है। दो सौ से अधिक व्यक्ति विश्वविद्यालयीन शिक्षा भी पा रहे हैं। यह स्पष्ट रूप से युवा वर्ग की जागरूकता का परिणाम है। इन लोगों के सुधार में साल्वेशन आर्मी के अतिरिक्त अन्य सामाजिक

कार्यकर्ताओं जैसे गोरा, लवानम, हेमलता लवानम और एम.वी. थॉमस का भी सराहनीय योगदान रहा है।[172] वर्ष 1983-84 में आन्ध्र प्रदेश की सरकार ने इन रहवासियों के आर्थिक सुधार के लिए एक योजना बनाई। यह उल्लेखनीय है कि रहवासियों के बीच स्वाधीनता-सेनानी भी थे। माडीगनी दत्तु, देवारा कोंडा, हनुमन्त राव के नाम इस सन्दर्भ में लिए जा सकते हैं। इन महानुभावों ने रहवासियों में राष्ट्रीय चेतना की भावना को जगाया और उन्हें गांधी विचारधारा से अवगत कराया। आधुनिक काल में अंग्रेजी सरकार ने स्वाधीनता संग्राम के दौरान उच्च-मध्यम वर्ग के शिक्षित कांग्रेसी नेताओं को जेल की कोठरियों में विमुक्त जनजातियों के अपराधियों के साथ रखकर उन्हें प्रताड़ित करने का प्रयास किया था। इसके द्वारा अंग्रेजी शासन स्वाधीनता सेनानियों को सीधा सन्देश देना चाहती थी कि उनके कार्य भी अपराध ही हैं और जेल में उनके साथ कोई अलग से अच्छा व्यवहार नहीं किया जा सकता। देवराकोंडा राजू को औपनिवेशिक शासन ने एक अत्यन्त खतरनाक अपराधी माना था। वह सरदार के नाम से विख्यात था क्योंकि विश्वास किया जाता है कि उसने अपराध और चोरी की कला में दक्षता प्राप्त कर ली थी। वह जब जेल में था तब उसे स्वाधीनता संग्राम के नेताओं से सम्पर्क और विचार-विमर्श करने का अवसर मिला जिन्हें उसकी कोठरी में रखा गया था। कुछ नेताओं ने इस संयोग का लाभ उठाया, अभ्यस्त अपराधियों से अपनी बातचीत में उन्होंने उनसे वायदा किया कि आजादी प्राप्त होने के बाद वे अपराधी जनजाति कानून को समाप्त करवाने में सहयोग देंगे। उन तमाम अपराधियों में से एक देवराकोंडा राजू भी था जो स्वाधीनता संग्राम और गांधी जी जैसे स्वाधीनता सेनानियों की ओर आकर्षित हुआ। राजू के आचरण में जल्दी ही बदलाव आने लगा और वह स्टुअर्टपुरम का पहला व्यक्ति था जो जेल में रहते हुए ही स्वाधीनता सेनानी बन गया। जेल से रिहा होकर उसने खादी पहनना शुरू किया और गांधी टोपी लगाने लगा। उन्होंने स्टुअर्टपुरम के निवासियों को स्वाधीनता संग्राम और गांधीजी के विषय में जानकारियाँ दीं। उसने स्टुअर्टपुरम में स्वाधीनता सेनानियों की एक सभा आयोजित करने का भी प्रयत्न किया जो प्रयास सफल नहीं हुआ। विमुक्त जनजातियों के बीच इस तरह की स्वाधीन चेतना के विकास से उनमें नए युग की भावना विकसित हुई। किन्तु प्रबन्धकों ने इसे पनपने नहीं दिया। स्वाधीनता संग्राम के प्रभाव में आकर देवराकोंडा राजू ने शपथ ली कि अब वह अपराध नहीं करेगा। उसने बच्चों को शिक्षित करने का काम सँभाला। उसके पुत्र देवराकोंडा हनुमन्त राव बाद में प्रान्तीय कांग्रेस कमेटी के जनजाति निकाय के संयोजक बने।

बस्ती की राजनीतिक चेतना समय के साथ बढ़ती गई और आज उनमें से कई सक्रिय राजनीतिक कार्यकर्ता हैं।[173] 1975 में स्टुअर्टपुरम में पंचायत व्यवस्था शुरू की गई। ये मुरुकोंडा पंचायत के अन्तर्गत आते थे। 1981-82 से वे बेरापुडी पंचायत के अन्तर्गत हैं। यहाँ लगभग दस हजार मतदाता हैं। स्टुअर्टपुरम के पूर्व रहवासी एक

पृथक चुनाव क्षेत्र की माँग कर रहे हैं, परन्तु यह अभी तक नहीं बना है। विभिन्न निजी और सार्वजनिक उपक्रमों में कार्यरत युवा स्टुअर्टपुरम के प्रति बहुत उत्साहित हैं। उन्होंने 'येरुकला एकलव्य समिति' बनाई है जो कई गतिविधियों को संचालित करती है।

(छ) सिद्धपुरम बस्ती
(कुरनूल जिला : स्थापना से लेकर 1927 तक का विकास)

सिद्धपुरम की बस्ती आत्माकुर और श्रीसेलम रोड के बीच में है। यह बस्ती आन्ध्र प्रदेश के नल्लामलाई जंगलों के बीच में बसी हुई है। सिद्धपुरम एक स्वैच्छिक बस्ती है। जंगल के भीतर वेंकटपुरम गाँव के पूर्व में तेरह किलोमीटर की दूरी पर बस्ती को बसाया गया था। यह गाँव आत्माकुर-श्रीसेलम रोड पर है। यह आत्माकुर पुलिस थाने के अन्तर्गत आती है और आत्माकुर कस्बे से बारह किलोमीटर पूर्व में है। बस्ती को नई जगह पर ले जाने से वोड्डारों के स्वास्थ्य और सुविधाओं में बढ़ोतरी हुई है। जनवरी 1927 में बस्ती को उसके वर्तमान स्थान पर लाया गया था।[174] प्रारम्भ में सिद्धपुरम में 112 व्यक्ति निवास करते थे—30 पुरुष, 40 महिलाएँ और 42 बच्चे।[175]

व्यवसाय : सिद्धपुरम आने से पहले वोड्डारों की आय बहुत कम थी। आसपास के क्षेत्रों में वे भुखमरी की दशा में जीवन-यापन करते थे। कृषि गतिविधियों से उन्हें जो कुछ भी मिलता था, वह उनके परिवार के निर्वाह के लिए पर्याप्त नहीं था। अंग्रेजी सरकार ने एक विशाल जलाशय का निर्माण किया था जिससे बस्ती से लगी हुई जमीनों की सिंचाई की जा सके। प्रतिवर्ष होने वाला कृषि उत्पादन निराशाजनक रूप से कम था। मेहनत के कामों से प्रतिदिन पन्द्रह रुपए भी नहीं मिल पाते थे। वोड्डारों के व्यवसाय थे—(1) कृषि, (2) शारीरिक श्रम, (3) लकड़ी की कटाई, (4) दैनिक मजदूरी, (5) टोकरियाँ और चटाई बनाना, (6) छोटा-मोटा व्यापार और (7) खनन।[176] बस्ती पुलिस के एक उपनिरीक्षक और एक कांस्टेबल के प्रभार में थी। बस्ती के प्रबन्धन में उपनिरीक्षक की मुख्य भूमिका थी। सिद्धपुरम के वोड्डारों के लिए रोजगार के उपयुक्त साधन थे—सफाई के लिए भूमि पर कार्य और नहरों के निर्माण सम्बन्धी भू-कार्य।[177]

सहायक उद्यमों के अतिरिक्त वोड्डारों के जीविकोपार्जन का मुख्य साधन कृषि ही था। शुरू में 1,066 एकड़ जमीन रहवासियों को दी गई।[178] इन वोड्डारों के अलावा गुंटूर, हैदराबाद, कृष्णा, पूर्वी और पश्चिमी गोदावरी जिले, लिंगाला, चित्तूर, नेल्लोर, हुबली और बेटमचार्ला से भी वोड्डारों को इस बस्ती में लाया गया। उन्हें भी 175 एकड़ से अधिक जमीन और श्रम-कार्य उपलब्ध करवाए गए।[179] उन्हें बैल दिए गए। अन्य फसलों के अतिरिक्त घोड़ों का दाना, चोलम, बैंगन और हरी मिर्च जैसी सब्जियाँ

वहाँ उगाई जाती थीं। हल्दी की खेती से वे और भी पैसा कमाने के प्रति प्रोत्साहित हुए।[180] उन्हें जमीन का महत्त्व समझाने और विभिन्न फसलों की जानकारी देने के लिए मिस्त्रियों की नियुक्ति की गई।[181] वोड्डारों को तत्कालीन श्रम आयुक्त मोइर ने कृषि ऋणों की व्यवस्था की।[182] ऐसे ऋणों का उपयोग पशु और गाड़ियाँ खरीदने में किया जाता था। राजस्व विभाग ने एक सर्वे किया था। इसके अनुसार रहवासियों को पाँच वर्ष के लिए अस्थायी पट्टे की सिफारिश की गई थी।[183] बाद में ये पट्टे दे दिए गए। शासन ने 1932 में नस्ल सुधार के लिए ओंगोल के साँड वोड्डारों को दिए थे। जिन वोड्डारों ने खेती में रुचि दिखलाई उन्हें उपहार के रूप में गायें प्रदान की गईं।[184] अधिकांश वोड्डार खेती के तरीकों से अनभिज्ञ थे, इसलिए कृषि मिस्त्रियों के अतिरिक्त उनकी सहायता के लिए दो खेती के सहायक भी नियुक्त किए गए।

जनवरी 1942 तक वोड्डार आजीविका के लिए सड़कों की मरम्मत, स्कूल और प्रबन्धकों के घरों में मरम्मत, तालाब की साफ-सफाई, पुलिस लाइन्स की मरम्मत जैसे काम करते रहे। पुरुषों की औसत आमदनी तीन आना और महिलाओं की ढाई आना रोज थी।[185] उनके पास जीवन-यापन के लिए अन्य अवसर भी थे, यथा—(1) कुलीगीरी, (2) अपनी और रैयत की जमीन पर खेती, (3) हल जोतना, खर-पतवार साफ करना, (4) फसल कटाई के बाद फिर से जुताई और खेत की सफाई, (5) लकड़ी काटना और उसे सिर पर ढोकर बेचना, (6) घास काटकर उसे बेचना, (7) 'तंगादू' लकड़ी को काटकर उसकी छाल निकालना और (8) सड़कों की मरम्मत, इत्यादि।[186]

इनके अतिरिक्त उन्हें रोड़े तोड़ने, जमीन समतल करने, मशीनों तक पानी पहुँचाने, नौसेना तक बैंगनों को ले जाने और उतारने इत्यादि के दैनिक मजदूरी वाले काम भी दिए गए।[187] रहवासियों को लोक निर्माण विभाग के विभिन्न कामों से भी आमदनी होती थी—जैसे निर्माण कार्य, जंगल के ठेकेदारी का काम, फसलों की बुवाई, कातना-बुनना, जंगलों की सफाई, मवेशियों की बिक्री, इत्यादि।[188]

वर्ष 1954 में तम्बाकू के मौसम में लगभग 1,300 वोड्डारों को रोजगार मिला। सिद्धपुरम का तालाब कुरनूल जिले के बड़े तालाबों में से एक है। इसका क्षेत्र 504.06 एकड़ में फैला हुआ है और मछली पकड़ने की वहाँ अपार सम्भावना है।[189] कृष्णा सीमेंट वर्क्स मंगलगिरि के टर्नर ने कृपा करके कृष्णा जिले के काजा में चूना-पत्थर की खदानों में कुछ वोड्डारों को रोजगार देने की अनुमति प्रदान कर दी, इससे वोड्डारों के कुछ परिवारों को काजा भेज दिया गया।[190]

कुटीर उद्योग : वर्ष 1920 में वोड्डारों को सहायक रोजगार देने के लिए सिद्धपुरम बस्ती की परामर्शदात्री-समिति ने कुटीर उद्योग के स्तर पर एक माचिस कारखाना लगाने का निर्णय किया। रहवासियों के पास एक विशाल हवादार ऊन कारखाना था, जिसमें बारह करघे लगे हुए थे और वहाँ कम्बल बनाए जाते थे। ये करघे स्थानीय स्तर पर ही तैयार किए गए थे। 1920 में वोड्डारों ने 182 कम्बल बनाए थे।[191]

ऊन उद्योग की प्रगति : बुनाई का उद्योग बस्ती की सफलता के लिए महत्त्वपूर्ण था। यह जालीदार कपड़ा अस्पतालों में सप्लाई किया जाता था। यहाँ बनने वाले कम्बलों की कोई माँग नहीं थी।[192] बुनाई उद्योग निम्न कारणों से बन्द कर दिया गया[193]: (1) रेशों के बाजार का विपरीत उतार-चढ़ाव। (2) बाजार में अधिक महीन कपड़ा सस्ते दामों पर उपलब्ध था और बस्ती में तैयार मोटे कपड़े के लिए ग्राहक खोजना कठिन था। (3) अत्यधिक खर्च के लिए कोई गुंजाइश नहीं थी। (4) कम मजदूरी होने के कारण रहवासी उद्योग में विशेष दिलचस्पी नहीं ले रहे थे।[194]

कीट-पालन का कार्यक्रम भी चलाया गया, लेकिन वह सफल नहीं हुआ। सिद्धपुरम के लोगों को पर्वतीय भत्ता मिलता था जो उनके वेतन का 3/10 होता था। 1925 के दौरान बस्ती में एक सहकारी-समिति भी बनाई गई थी।[195] यह देखा गया कि प्रतिवर्ष कुछ रहवासी बस्ती को छोड़कर चले जाते थे। इसका कारण पड़ोस के इलाकों में होने वाला परिवारों का विघटन था, जो बढ़ती हुई महँगाई और रोजगार के अभाव से बस्ती को छोड़ने पर विवश हो जाते थे। इसके अतिरिक्त सिंचाई सुविधाओं की कमी के कारण फसलें बर्बाद हो जाती थीं। यह आए दिन की घटना हो गई थी, इसलिए उन्हें बाहर जाकर काम खोजने के लिए अपनी रिहायश को त्यागना पड़ा। इसके अतिरिक्त वे जान-बूझकर बस्ती से बाहर इसलिए भी चले जाते थे क्योंकि वे किसी शारीरिक श्रम के लायक नहीं थे और यह काम उन्हें गुलामी जैसा लगता था। वे अपराधों के प्रति उन्मुख थे, जो उनके बस्ती में आने के समय तक उनके लिए दूसरा पेशा बन चुका था। यद्यपि यह प्रवृत्ति रहवासियों में आम नहीं थी, लेकिन हम इस बात से इनकार भी नहीं कर सकते कि ये सभी अपराधी जनजाति बस्तियों में मौजूद थीं।

वोड्डार बच्चों की शिक्षा के लिए 1915 में एक स्कूल बनाया गया। शिक्षा 'थ्री आर' शैली पर निर्धारित थी और उन्हें औद्योगिक शिक्षा देने का कोई प्रयत्न नहीं किया गया था। स्कूल में उपस्थिति बहुत हद तक नियमित थी। उस समय के श्रम आयुक्त ने कहा था : 'बच्चों पर ठीक से ध्यान दिया गया है। ऐसा प्रतीत होता है, और उनके पास अपने विषय का सन्तोषजनक ज्ञान है।'[196]

शिक्षित वोड्डारों को कुरनूल के शिक्षण संस्थान में भेजा गया और उसके बाद वे स्कूल में अध्यापक के पद पर नियुक्त हुए। लड़कियों को सिलाई सिखाई गई और वे अपने पोलके सिलने में निपुण हो गई थीं। 1938 तक स्कूल प्रथम श्रेणी के प्राथमिक स्कूल में विकसित हो चुका था।[197] 1947-48 में सरकार ने सिद्धपुरम बस्ती के स्कूल में छठवीं कक्षा शुरू करने की अनुमति दे दी, और प्राथमिक शिक्षक के पद को माध्यमिक शिक्षक के पद में बदल दिया। 2007 के वार्षिक प्रतिवेदन के अनुसार हाई स्कूल के छात्रों की संख्या 158 थी। वर्तमान में सिद्धपुरम के स्कूल की अवस्था और भी स्थानीय दयनीय है। सिद्धपुरम में केवल दो स्नातक हैं जो हाल-फिलहाल बेरोजगार हैं।[198]

सिद्धपुरम जलाशय योजना में एक चिकित्सा-अधिकारी की नियुक्ति की गई थी, जो सभी वोड्डारों का इलाज करता था। वन-क्षेत्रों में मलेरिया एक सामान्य रोग है और इसलिए यह रोग सिद्धपुरम में भी था। आत्माकुर का उप सहायक सर्जन महीने में चार बार बस्ती में आता था। अप्रैल 1929 में वहाँ कम्पाउंडर सहित एक औषधालय खोला गया था। बस्ती में उपचार किए जाने वाली बीमारियाँ थीं—ब्रांकाइटिस, ज्वर, निमोनिया, डिस्पेसिया, चेचक, सर्दी-जुकाम, पेट की बीमारियाँ, गले की बीमारियाँ, अल्सर और त्वचा सम्बन्धी रोग, इत्यादि।[199] यहाँ हम एक रोचक बात का उल्लेख करना चाहेंगे। उन दिनों प्रतिवर्ष बड़े पैमाने पर 'स्वास्थ्य सप्ताह' मनाया जाता था और प्रबन्धक 'सबसे स्वच्छ घर' को प्रथम पुरस्कार के रूप में छह रुपए और सबसे स्वस्थ बालक को दो रुपए का पुरस्कार देता था। इस पुरस्कार के पीछे मंशा यह थी कि रहवासी अपनी झोंपड़ी और आसपास की सफाई रखने और अपने शिशुओं के स्वास्थ्य का ध्यान रखने के प्रति प्रोत्साहित होंगे।[200] बस्ती की वर्तमान दशा वास्तव में चिन्ताजनक है। 1929 में स्थापित किया गया एकमात्र अस्पताल निष्क्रिय हो गया है और वहाँ प्रसव के समय महिलाओं की मृत्यु हो जाती है। चिकित्सा सहायता के लिए उन्हें आत्माकुर भागना पड़ता है। वे अब एक अस्पताल की माँग कर रहे हैं।

यह एक रोचक तथ्य है कि सिद्धपुरम के प्रबन्धकों को निर्देश दिया गया था कि वे बस्ती के प्रत्येक प्रत्याशी का रिकॉर्ड रखेंगे, जिसमें उनके इतिहास, संगी साथियों, अभिरुचियों, गतिविधियों, आचरण और व्यवहार की संक्षिप्त जानकारी होगी जिससे पुलिस उन पर चौकसी रख सके और उन्हें ठीक से नियंत्रित कर सके। पुलिस हर रात गश्त करते हुए रहवासियों का पता लगाएगी और देखेगी कि वे रात में अपराध करने के लिए तो नहीं निकल गए हैं।[201] प्रबन्धकों ने रहवासियों पर विश्वास किया और समझाया कि वे अपराधी नहीं, साधारण जनता हैं। तत्कालीन श्रम आयुक्त मोइर ने कहा था : 'इस बस्ती की सफलता तब के पुलिस महानिरीक्षक के. सुबरामन अय्यर के कुशल और सूझबूझ वाले प्रबन्धन के कारण है।'[202]

मार्च 1937 तक यह एक स्वैच्छिक बस्ती थी। 1937 में सरकार ने इसे नियमित अपराधी जनजाति बस्ती घोषित कर दिया। 1941 तक बस्ती का प्रशासन श्रम आयुक्त के पास था। 1943 के बाद इसे पुलिस उप महानिरीक्षक ने अपने हाथ में ले लिया। जून 1954 में बस्ती का प्रशासनिक नियंत्रण हरिजन कल्याण विभाग को हस्तांतरित कर दिया गया। 1955 में प्रबन्धन समाज कल्याण विभाग के पास आया। 1965 में राजस्व विभाग का एक नायब तहसीलदार इसका प्रबन्ध कर रहा था। अन्त में 1976 में इसे एक मुक्त कॉलोनी घोषित कर दिया गया।

सिद्धपुरम में 300 परिवार हैं। इन तीन सौ परिवारों में दो हजार लोग हैं। हर परिवार के पास औसतन एक से दो एकड़ तक जमीन है। कुछ ऐसे भी हैं जिनके

पास एक एकड़ जमीन भी नहीं है। कुछ वोड्डारों के पास झोंपड़ियाँ भी नहीं हैं। सभी स्रोतों से होने वाली औसत आय एक हजार से ढाई हजार रुपए तक है। पूर्व काल में सिद्धपुरम में अपराधी दस्ते बहुत सक्रिय थे और अन्य बस्तियों से उनके सम्बन्ध थे।[203] वोड्डार परिवारों में अपराध की मनोवृत्ति के कारण थे—(1) जीवन-यापन के वैकल्पिक साधनों का अभाव, (2) बच्चों का ठीक से लालन-पालन न होना, (3) दयनीय आर्थिक अवस्था, (4) आराम से जीने का स्वभाव, (5) पुलिस और वन अधिकारियों की प्रताड़ना, (भले ही वे अपराधी गतिविधियाँ छोड़ चुके हों)।[204]

पुलिस रहवासियों के घरों पर छापा डालती है, और उन्हें लूट लेती है, उनकी औरतों का मान-भंग करती है और उनके खिलाफ झूठे मुकदमे बनाती है। इस जिल्लत से बचने के लिए वे अनावश्यक रूप से अपराध अपने माथे पर ले लेते हैं। सिद्धपुरम में पूर्व अपराधियों की कल्याण समिति के सचिव के.आर. सोमन्ना ने पुलिस विभाग के इस अमानवीय व्यवहार और प्रताड़ना के विषय में बताया। कई सदस्यों पर विभिन्न अदालतों में मुकदमे चल रहे हैं और कई जेलों में हैं।[205] पुलिस प्रताड़ना के अतिरिक्त रहवासी जब भी जंगल में जाते हैं तो वन अधिकारी उन्हें पकड़ लेते हैं, यह भी उनके क्षोभ का कारण है।[206]

सिद्धपुरम के अस्पताल, स्कूल, सड़कों और समूचे परिवेश की दशा बहुत खराब है। हाल-फिलहाल बस्ती का रखवाला कोई नहीं है। के.आर. सोमन्ना ने बताया कि कभी-कभी कोई अधिकारी व्यक्तिगत रूप से इस कार्य में रुचि प्रदर्शित कर लेता है, यही सन्तोष की बात है। उदाहरण के लिए पुलिस उपनिरीक्षक भास्कर राव ने उनकी बहुत सहायता की और उसके सदाशयी प्रशासन में बस्ती ने चैन की साँस ली थी।[207] जो भी हो, बस्ती की वर्तमान दशा बहुत चिन्ताजनक है।

(ज) लिंगाला बस्ती

अपराधी जनजातियों को अपराध से विमुख करने के लिए भारत में वर्ष 1911 में ब्रिटिश सरकार ने कई अपराधी जनजाति बस्तियाँ बसाई थीं। ये कृषि, औद्योगिक, सुधार और स्वैच्छिक बस्तियाँ थीं। इनका प्रबन्ध साल्वेशन आर्मी, अमेरिकी बॅपटिस्ट मिशन (तेलुगु), लंदन मिशन, मुख्य खालसा दीवान, देव-समाज इत्यादि स्वयंसेवी संगठनों को सौंपा गया। कुछ बस्तियाँ सरकार के नियंत्रण में भी थीं। इन्हें स्वैच्छिक बस्तियों के नाम से जाना गया। इसके अतिरिक्त देसी रजवाड़े भी अनुसूचित जातियों और जनजातियों के पुनरुद्धार में रुचि रखते थे। उदाहरण के लिए बम्बई प्रेसीडेंसी में बीजापुर में अपराधी जनजाति के लिए एक औद्योगिक बस्ती बनाई गई। बीजापुर की कागज मिल में अनेक जनजाति अपराधियों को रोजगार मिला। जैसा कि

बीजापुर के अपराधी जनजाति रहवासियों के प्रभारी अधिकारी ओ.एच.बी. शास्त्री, आई.सी.एस. ने कहा था, 'बीजापुर की अपराधी जनजातियों के नियंत्रण और सुधार में आश्चर्यजनक परिणाम मिले।'

आन्ध्र प्रदेश के देशी रियासत क्षेत्र में केवल लिंगाला की बस्ती निजाम के इलाके में बनाई गई थी। यह रियासत की राजधानी से 104 मील की दूरी पर है। यह बस्ती अपनी इमारतों, अस्पताल, पुलिस स्टेशन, जेल, लड़के-लड़कियों के स्कूल, बुनाई के करघों, सरकारी अधिकारियों के बंगलों और एक मन्दिर के साथ आधुनिक गाँव लगती है।[208] निजाम के प्रशासन ने कताई-बुनाई, बढ़ई-गीरी, ईंट-निर्माण और अन्य उपयोगी कार्य सीखने के अवसर वहाँ उन्हें उपलब्ध करवाए थे। उनमें से कुछ ने वहाँ अपना व्यवसाय जमाया था और वे सफलतापूर्वक अपना व्यापार कर रहे थे। कुछ परिवार पशुपालन और अन्य खेती करते थे। निजाम की सरकार ने उन्हें बैल, उपकरण, बीज और दूसरे सामान दिए। रहवासियों को सन्तुष्टि हुई और उन्होंने अन्यत्र पलायन की इच्छा नहीं जताई।

लिंगाला की बस्ती आन्ध्र प्रदेश के महबूबनगर जिले के नल्लामलाई जंगल में स्थित है। 'लिंगाला' शब्द का एक विशेष अर्थ है क्योंकि बस्ती के आसपास तो शैव मन्दिर हैं, इनमें उमामाहेश्वर और श्रीशैलम शामिल हैं। उस समय के निजाम एरुस्मान नवाब खान (1911-40) के सामने समस्या यह थी कि अन्य बस्तियों से भागकर लोग निजाम के इलाके में पनाह लेते थे और वे निजाम के अधिकार क्षेत्र में समस्याएँ खड़ी करते थे। दूसरी बात यह थी कि नल्लामलाई वन में रहने वाले चेंचू वनोपज पर निर्भर थे। भोजन की कमी के चलते वे यात्रियों से लूटपाट करते थे। इसके अतिरिक्त, हैदराबाद की एक घुमन्तू जनजाति सुगाली आसपास के गाँवों में परेशानी का कारण बन गई थी। अपने क्षेत्र में अमन-चैन बनाए रखने के लिए निजाम का यह दायित्व था कि वह इन तीनों जनजातियों के पुनर्वास पर ध्यान दे। मद्रास प्रेसीडेंसी की पुनर्वास बस्तियाँ बहुत अच्छा काम कर रही थीं क्योंकि उनका संचालन ईसाई मिशनरियाँ करती थीं। इन सभी कारणों से निजाम का ध्यान इस ओर गया कि इन घुमक्कड़ जनजातियों को अपराधों से बचाएँ और उनके सामान्य जीवन-यापन करने की व्यवस्था करें। लिंगाला बस्ती में एक अस्पताल, पुलिस-थाना, लड़के-लड़कियों का स्कूल, डाकघर और एक मन्दिर था। बच्चों को राज्य की ओर से स्वच्छ वस्त्र, भोजन और शिक्षा दी जाती थी। उन्हें उपासना के लिए मन्दिर भेजा जाता था और उन्हें उनके स्वभाव के अनुसार व्यवसाय का प्रशिक्षण मिलता था। वे बुनाई, बढ़ई के काम, ईंट बनाने और कपड़े धोने में सिद्धस्त थे कई परिवार निजाम सरकार द्वारा दी गई जमीनों पर खेती करते थे।

हैदराबाद राज्य के मूल रूप से रहने वाले वोड्डारों के समूह लिंगाला और निजामसागर बस्तियों में जा बसे हैं। वे खुद को निजाम के वोड्डार कहते हैं। वे

प्रतिदिन की मजदूरी पर जीते हैं। वे अपने काम में नियमित नहीं थे। उनमें से कुछ सेंधमारी और चोरियाँ करने लगे हैं। कुछ को इसके लिए सजाएँ भी हुईं हैं। 1913, 1915 और 1921 में उन्हें अपराधी जनजाति घोषित कर दिया गया। कई ईसाई मिशनरियों और मानवसेवी समितियों ने अपराधी जनजातियों की नैतिक उत्थान के लिए अपराधी जनजाति बस्तियों का संचालन किया। निम्न मिशनरियों का उल्लेख किया जा सकता है : (1) कनाडाई मिशन, (2) मुख्य खालसा दीवाना, (3) देव-समाज, (4) अंजुमन-इस्लामिया, (5) अहमदिया समाज, (6) अहमदिया अंजुमन इसाद ए इस्लाम, (7) सनातन धर्म सभा, (8) आर्य समाज, (9) पंजाब हिन्दू सभा, (10) सर्वेन्ट्स ऑफ़ इंडिया सोसाइटी, (11) रामकृष्ण मिशन, (12) साल्वेशन आर्मी, (13) अमेरिकी बॅपटिस्ट (तेलुगु) मिशन, (14) ब्रह्म समाज, और (15) सोशल सर्विस लीग। इन संगठनों से सम्पर्क वाले शासकीय और अशासकीय अभिकरण ये थे: (1) लोक शिक्षण विभाग, (2) राजस्व मंडल, (3) वंचित वर्ग मिशन, मद्रास और सईदपेट, (4) श्री केशव पिल्लई, गूटी, (5) इंडियन क्रिश्चियन एसोसिएशन, मद्रास, (6) थियोसोफिकल सोसायटी, अडयार, (7) एस.डी. बवाडन और (8) ए.एच. कर्टिस। इनके अतिरिक्त अंग्रेजी सरकार और निजाम सरकार आन्ध्र प्रदेश की अपराधी जनजाति बस्तियों का भी प्रबन्धन करती थी।[209]

लिंगाला बस्ती में तीन जनजातियाँ थीं, अर्थात येरुकला, चेंचू और लम्बाडी। दक्षिण भारत की जनजातियों में येरुकला महत्त्वपूर्ण हैं। आन्ध्र प्रदेश में वह सबसे बड़ी जनजाति है। मद्रास प्रेसीडेंसी में यह जनजाति सर्वत्र मिलती हैं। लिंगाला के येरुकला कर्नाटक से आए थे। अन्य के मूल स्थान लिंगसूर, रायचूर, आदिलाबाद, निजामाबाद और गुलबर्गा थे। उनमें से कुछ स्टुअर्टपुरम बस्ती से वहाँ पहुँचे थे। प्रारम्भ में इन आगन्तुकों का मार्गदर्शन पुलिस द्वारा किया गया था।[210] लिंगाला बस्ती में बसने वाली दूसरी जनजाति चेंचू थी, यह एक अनार्य जाति है जो पहाड़ों में घूमती रहती है। ये अर्द्धघुमन्तू स्वभाव के हैं और दक्षिण भारत में सबसे पुरानी जनजाति समझी जाती है। चेंचुओं के पाँच सगोत्रीय समूह हैं : (1) तेलुगु चेंचू, (2) अदावी चेंचू, (3) कृष्णा चेंचू, (4) बोंटा चेंचू और (5) देवा चेंचू। तेलुगु चेंचू और कृष्णा चेंचू भिक्षाटन करते हैं। वे मैदानी इलाकों में नाच-गाकर दान माँगते हैं। अदावी चेंचू कृष्णा नदी के किनारों पर श्रीसेलम के आसपास बड़ी संख्या में मिलते हैं। देवा चेंचू और बोंटा चेंचू लिंगम्मा, पेडम्मा, बालम्मा, येलाम्मा, पोचम्मा और तिरुपति के भगवान वेंकटेश्वर के उपासक हैं। उनकी सन्तानों के नाम येलम्मा और पोचम्मा होते हैं। वे जंगलों के अलग-थलग भागों में रहते हैं और शिकार से गुजारा करते हैं। ये लोग यात्रियों को लूटने के लिए बदनाम थे।[211] अत: निजाम प्रशासन उन्हें लिंगाला बस्ती में ले आया।

चेंचू तेलंगाना क्षेत्र के कोमती-कुंटा, रायवरम, चानपेट, पेड्डूर और कोट्टरू से निकले थे। निजाम की सरकार येरुकलाओं और चेंचुओं को लाई और उनके

प्रत्येक परिवार को 'लगानी पट्टे' के साथ पाँच एकड़ जमीन उन्हें दीं।[212] उन्हें आवश्यक कृषि-उपकरण भी दिए गए। बंजारा (लम्बाडा या सुगाली) आन्ध्र प्रदेश के मूल निवासी हैं।[213] वे अधिकांशत: आन्ध्र प्रदेश के तेलंगाना, कुरनूल, वारंगल, आदिलाबाद जिलों में रहते हैं। लम्बाडा बुद्धिमान, सुदर्शन, सुगठित और मजबूत होते हैं। अपने मूल स्थान राजस्थान से आन्ध्र के विभिन्न जिलों तक की अपनी यात्रा में उन्होंने अनेक उतार-चढ़ावों का सामना किया है।[214] वे एक विशेष बोली बोलते हैं जिसमें पंजाबी और गुजराती का मिश्रण है। पहले वे घुमक्कड़ होते थे लेकिन अब उनमें से कई किसान बन गए हैं। उनके गीत फसलों से सम्बन्धित होते हैं। घुमन्तू जीवन में वे छोटी-मोटी चोरियाँ करते थे। ये तीनों ही जनजातियाँ—येरुकला, चेंचू और बंजारा—वर्तमान में लिंगाला बस्ती में रह रही हैं। ये तीनों एक-दूसरी से घुली मिली हैं, यहाँ तक कि उनके बीच शादियों के भी सम्बन्ध हैं। ऐसे विवाहों के विषय में उन्होंने बताया था।[215]

वेन्नालाकुंटी राघवैया की अध्यक्षता और पलपर्ती वीरैया की उपाध्यक्षता में आन्ध्र राष्ट्र आदिम जाति सेवक संघ ने लिंगाला बस्ती में दास-विक्रय और सती-प्रथा जैसी कुरीतियों को समाप्त कर दिया है। पुलिस की नाक के नीचे वहाँ पंजाबी पुरुषों को आदिवासी लड़कियाँ बेची जाती थीं। संघ ने इसे रोकने के लिए सक्रियता से काम किया। संघ ने दासता से सम्बन्धित कानूनों में सजा के प्रावधानों को कठोर करने का सुझाव दिया। इसे केन्द्रीय कानून विभाग ने स्वीकार कर लिया। इस पर गृह-मंत्रालय ने विचार किया। संघ के सक्रिय सहयोग और प्रयासों से वे बुनाई, बढ़ई के काम, कबेलू और ईंट बनाने और कपड़े धोने में निपुण हो गए। निजाम की सरकार ने कई परिवारों को जमीनें दी थीं। उन्होंने उबलते हुए तेल में हाथ डालने और तपते लोहे को पकड़ने जैसे आदिवासी रिवाज भी त्याग दिए हैं।[216]

आज रहवासी खेती, व्यापार अथवा शारीरिक श्रम करते हैं। वे मुख्य रूप से वनोपज पर निर्भर हैं। येरुकला जंगल से बाँस लाते हैं, वे टोकरियाँ बनाने में निपुण हैं। चेंचू अपने जीवन-यापन के लिए वनोपज और किसी सीमा तक कृषि कार्य पर निर्भर हैं। कठोर परिश्रमी होने के कारण सुगाली शारीरिक श्रम करते हैं। उनके साथ रहने वाले अधिकारियों के पास न तो इन लोगों के लिए समय है और न ही उनकी इसमें कोई रुचि है। इसका परिणाम यह हुआ है कि वे उनके जन-जीवन से कटे हुए हैं। जो लोग खेती करते हैं उनके लिए सिंचाई के लिए पानी का अभाव है। बोरवेल नहीं बनाए गए हैं। फिर यहाँ जमीन शुष्क है और इस क्षेत्र में वर्षा कम होती है। अपनी होने वाली आदमनी से वे कुल मिलाकर सन्तुष्ट नहीं हैं। इस इलाके में बहुत सारी बंजर भूमि पड़ी हुई है, ऐसी जमीन के एक विकल्प के रूप में उन्हें दिया जा सकता है और भूमिगत जल का उपयोग हो सकता है। एक अन्य महत्त्वपूर्ण बात यह है कि उनका आमदनी का एक मुख्य स्रोत देशी शराब बनाना और बेचना है। हाल ही में

आन्ध्र सरकार ने शराब पर प्रतिबन्ध लगा दिया है, और उनका यह मुख्य व्यवसाय बन्द हो गया है। वे आय के वैकल्पिक स्रोत खोज रहे हैं, जैसे गोंद, माचिस बनाना, बाँस का काम, और कागज बनाना। माचिस की डिब्बियाँ बनाने ने एक कुटीर उद्योग का रूप ले गया है जिसके लिए कच्चा माल जंगल में उपलब्ध है, लेकिन उनमें से थोड़े-से लोग अब भी छोटे-मोटे अपराध कर रहे हैं।[217]

जहाँ तक लिंगाला की बस्ती में शैक्षणिक सुविधाओं का प्रश्न है, वहाँ एक शासकीय पाठशाला और लड़के-लड़कियों के लिए छात्रावास है। लगभग सभी अभिभावकों ने स्कूल को लेकर अपना असन्तोष व्यक्त किया है। उनकी आर्थिक स्थिति ऐसी नहीं है कि बच्चों का समुचित विकास हो सके। कुछ अभिभावकों को अब भी ऐसा लगता है कि शिक्षा समय और शक्ति का अपव्यय है। उन्हें सातवीं या दसवीं कक्षा तक शिक्षित अपनी सन्तानों के लिए रोजगार की चिन्ता है। उन लोगों की संख्या कम है जिन्होंने इंजीनियरिंग, चिकित्सा और अन्य व्यावसायिक क्षेत्रों की शिक्षा ग्रहण की हो।

चिकित्सा सुविधाएँ कुल मिलाकर अत्यन्त दयनीय हैं। वहाँ एक अस्पताल है जो तत्कालीन निजाम सरकार ने बनाया था, जो अब निष्क्रिय दशा में है। चेंचू प्राय: जड़ी-बूटियों की अच्छी जानकारी रखते हैं। दुर्भाग्य से, वर्तमान समय में इस ज्ञान की कमी होती जा रही है। उन्होंने बताया कि कुरनूल, खम्मम और डोरनाला के चेंचुओं को इन चिकित्सीय पौधों की जानकारी है। उन्होंने एक अस्पताल की जरूरत बताई। इन लोगों में अपनी समस्याओं के प्रति जागरूकता है, और अपनी माँगों के लिए वे सरकार से संघर्ष करने को तैयार हैं। उपभोक्ता सामग्री मुहैया करने के लिए यद्यपि गिरिजन सहकारी समिति बनाई गई थी, लेकिन इसका लाभ गाँव के धनी तबकों को ही मिलता है।[218]

बस्ती के सदस्यों को वन-विभाग के साथ भी समस्याओं का सामना करना पड़ता है। मुख्य समस्या यह है कि सरकारी योजनाओं से वास्तविक लाभ धनाढ्य वर्ग को ही मिलता है और वन-अधिकारी निकटवर्ती अचम्मपेट और अन्य स्थानों के धनी लोगों को ही प्राथमिकता देते हैं। इसके अतिरिक्त शासन द्वारा प्रदत्त सुविधाएँ भी बहुत कम हैं। इस सम्बन्ध में यह आवश्यक है कि आर्थिक पुनर्वास कार्यक्रम को सामाजिक शिक्षा से सम्बद्ध किया जाए। सामाजिक मूल्य उन पर आरोपित करने के साथ ही आवश्यक आर्थिक उपाय भी करने होंगे, जिससे उनकी मूलभूत आवश्यकताओं की पूर्ति हो सके। उन्हें सामाजिक मूल्यों के उच्च स्तर तक पहुँचाने के लिए हमें उनमें यह आत्मविश्वास जगाना होगा कि वे सही रास्ते पर चल रहे हैं और उन्हें इसके प्रयत्न करते रहने चाहिए। उन्हें उन सम्भावनाओं के प्रति जागरूक करना होगा जो सम्भावनाएँ उनके अन्दर हैं। सरकार की तरफ से चलाई जाने वाली विकास की गतिविधियों के बाद भी बस्ती के वातावरण में एक सामान्य नैराश्य-

भाव है। उन्हें लगता है कि सरकार उनकी इतनी चिन्ता नहीं कर रही और उन पर वैसा ध्यान नहीं दे रही, जितना उसे देना चाहिए। जब दूसरी बस्तियों से लिंगाला की तुलना होती है तो लिंगाला निश्चित रूप से पिछड़ रही है, केवल कुरनूल की सिद्धपुरम बस्ती ही इसका अपवाद है। लिंगाला बस्ती में सामाजिक कार्यकर्ता भी उचित रुचि नहीं दिखा रहे हैं।

कुल मिलाकर, इन बस्तियों को मिलने वाले धन का अधिकांश भाग आदिवासियों के आर्थिक पुनर्वास पर व्यय होना चाहिए। योजना आयोग ने विमुक्त जनजातियों के सन्दर्भ में जैसा कहा था, अनुदान का दो तिहाई भाग कल्याण कार्यक्रमों पर व्यय हो, जैसे फेरी लगाना, गोंद और अन्य वनोपज बेचना, आदि। उन्हें जीविकोपार्जन के विकल्प दिए जाने चाहिए। यह भी एक विडम्बना ही है कि आज तक समाजशास्त्रियों या नृत्त्वविज्ञानियों ने इन समुदाय का पूरा सर्वेक्षण भी नहीं किया है। करोड़ों भारतवासियों की नियति को दिशा देने वाले और नियंत्रित करने वाले अधिकारी और स्वयंसेवी इनकी समस्याएँ सुलझा नहीं पा रहे हैं, और उनकी लम्बे समय से चली आ रही कठिनाइयों का समाधान अभी तक खोज नहीं पाए हैं। ऐसी स्थिति में सभी मोर्चों पर एकाग्र सक्रियता बहुत जरूरी है। विमुक्त जनजातियों के मानस से 'मनोवैज्ञानिक अवरोधों' को दूर करना होगा। विमुक्त जनजातियों में परिवर्तन लाने के लिए एक अधिक दायित्वपूर्ण मानवीय समझ से ही लम्बा रास्ता तय किया जा सकता है।

6

निष्कर्ष

विमुक्त जनजातियों की बस्तियों की वर्तमान में समग्र दशा पूरी तरह सन्तोषजनक नहीं प्रतीत होती, और इन बस्तियों में रहने वाले आदिवासियों के सामाजिक-आर्थिक और सांस्कृतिक हालात भी अच्छे नहीं हैं। इसके लिए इनकी निर्धनता को कारण माना जा सकता है। सरकार को उन्हें वैकल्पिक जीविकोपार्जन के साधन जुटाने की दिशा में अग्रसर होना चाहिए। यद्यपि सरकार पुनर्वास के तात्कालिक उपाय कर रही है, जैसे उसने उन्हें भैंसे, रिक्शे, किराने की दुकानें, ऋण आदि उपलब्ध कराए हैं, किन्तु यह कोई स्थायी समाधान नहीं है। तथापि आन्ध्र प्रदेश की इन विमुक्त जनजातियों के पुनर्वास कार्यक्रम में गति लाने के लिए नीचे कुछ सुझाव दिए जा रहे हैं :

1. आत्मनिर्भर बनाने के लिए विमुक्त जनजातियों को पर्याप्त भूमि और बैंक ऋण उपलब्ध कराया जाना चाहिए।
2. लघु उद्योगों जैसे टोकरी-निर्माण, बुनाई, चटाई-निर्माण, ईंट-निर्माण के कार्यक्रम को प्रोत्साहन देना चाहिए।

3. उनके आर्थिक विकास के लिए डेयरी-उद्यम, सुअर-पालन, मुर्गी-पालन जैसी उपयोगी योजनाएँ शुरू की जा सकती हैं। शासन को इनके लिए ऋण या अनुदान के आधार पर आर्थिक सहायता उपलब्ध करानी चाहिए।
4. उन विमुक्त जनजाति के व्यक्तियों को जो साबुन कारखाना, चाय की गुमटी, किराने की दुकान इत्यादि छोटे व्यापारिक उपक्रम स्थापित करना चाहते हैं, बैंकों से सम्पर्क कर ऋणों की उपलब्धता निश्चित की जानी चाहिए।
5. उन्हें कांस्टेबल, भृत्य, बस-परिचालक इत्यादि जैसी नौकरियाँ दी जा सकती हैं। इससे न केवल उन्हें सम्मानजनक जीविका ही मिल सकेगी, अपितु वे बस्ती के वातावरण से भी मुक्त हो सकेंगे।
6. चोरी का माल खरीदने वाले, भ्रष्ट पुलिस अधिकारी, अपराध में निवेश करने वाले लालची वकीलों के साथ कड़ाई से पेश आना होगा।
7. विमुक्त जनजाति बस्तियों में खाली पड़ी जमीन पर उद्योग लगाए जा सकते हैं, जिससे बड़ी संख्या में लोगों को रोजगार के अवसर मिल सकें।
8. वर्तमान में उपलब्ध शिक्षा की सुविधाएँ पर्याप्त नहीं हैं। कुछ और अंग्रेजी माध्यम स्कूल, औद्योगिक प्रशिक्षण संस्थान, और एक विश्वविद्यालय वहाँ खोला जा सकता है। इन सभी स्कूलों (स्नातक स्तर तक) को आवश्यक अधोसंरचना सम्बन्धी सुविधाएँ उपलब्ध कराई जानी चाहिए।
9. विमुक्त जनजाति बस्तियों के लिए नियमित जलप्रदाय होना चाहिए, जिससे वे अपनी जमीनों की सिंचाई कर सकें, और कृषि में उनकी दिलचस्पी बनी रहे।
10. शासन को विमुक्त जनजातियों के लिए कल्याण के कुछ उपाय करने चाहिए, जैसे (1) कृषि योग्य भूमि का वितरण, (2) शिक्षा के लिए उच्च माध्यमिक विद्यालयों की स्थापना, (3) हैंडलूम और बुनाई केन्द्रों की कुटीर-उद्योग के रूप में स्थापना, (4) साख और जीवन की अन्य आवश्यकताओं के लिए सहकारी समितियों का गठन, (5) औषधालय खोलना, (6) रहने के लिए पक्के मकानों का निर्माण और (7) कृषि और औद्योगिक बस्तियों में प्रशिक्षण की व्यवस्था, इत्यादि। ये सुविधाएँ शासन ने अभी तक उपलब्ध नहीं कराई हैं। परिस्थितियों के सुधार के लिए अविलम्ब इन्हें हाथ में लेना चाहिए।
11. भिन्न-भिन्न जिलों में वोड्डार, दसारी, डोम्मार, नक्काल और अन्य को अलग-अलग नामों से पुकारा जाता है, जैसे कि, वोड्डारों को गोला, येरा गोला, कथेरा, दसारी आदि कहा जाता है। दुर्भाग्य से ये समुदाय अनुसूचित जनजातियों की सूची में नहीं हैं। फलस्वरूप नौकरियों और शिक्षा में उन्हें आरक्षण के लाभ नहीं मिल पा रहे हैं। हर बस्ती में बेरोजगार मिलते हैं। अत: सुझाव यह है कि सरकार उन्हें अनुसूचित जाति का स्तर प्रदान करने के उपाय करे। इसके लिए वे न्यायालय तक जा चुके हैं, परन्तु अब तक उन्हें न्याय नहीं मिला है। इन

समुदायों को न्याय दिलाने के लिए मानवाधिकार आयोग, विमुक्त जनजाति और अर्द्ध घुमन्तू जनजातियों के राष्ट्रीय आयोग, समाज कल्याण और सशक्तिकरण मंत्रालय को उनकी सहायता करनी चाहिए।

12. विमुक्त जनजाति बस्तियों और कॉलोनियों में उपलब्ध जलप्रदाय की व्यवस्था सन्तोषजनक नहीं है। उन्हें पूरा-पूरा पानी मिलना चाहिए जिससे वे नकद और व्यापारिक फसलें उगा सकें। उदाहरण के लिए सिद्धपुरम की बस्ती का जलाशय काम का नहीं रहा है। यदि यह अच्छी तरह काम करे तो आसपास के बीस गाँवों के लिए उपयोगी हो सकता है।
13. वर्तमान में विमुक्त जनजाति की सभी बस्तियों में अवैध शराब की बुराई फैली हुई है। रोजगार के अभाव में वे इस बुराई को अपना लेते हैं। विमुक्त जनजाति की स्त्रियों को स्वरोजगार के अवसर मिलने चाहिए।
14. अपराधी होने का अभिशाप उन्हें लगातार ढोना पड़ता है क्योंकि विमुक्त जनजाति बस्ती में कुछ समय गुजार चुके व्यक्ति को हर कोई सन्देह की दृष्टि से देखता है। निश्चय ही यह एक बड़ी मनोवैज्ञानिक समस्या है। इससे जुड़े हुए कलंक से मुक्ति के लिए लम्बा समय लगेगा। 'अपराधी जनजाति', 'अपराधी बस्ती' जैसी शब्दावली का व्यवहार नहीं होना चाहिए।
15. केवल भौतिक सुधार ही नहीं किया जाना है। उनमें आत्मविश्वास का संचार आवश्यक है, जिससे मानवता में उनका विश्वास डिगे नहीं। इन लोगों से सम्बन्धित कल्याण कार्यक्रमों का दायित्व, शैक्षणिक संस्थाओं को उनके विस्तार कार्यक्रमों के अन्तर्गत ऐसी सम्मानित समाजसेवी संस्थाओं को दिया जाना चाहिए जिनकी समझ सदा से मानवतावादी रही हो। पुनर्वास कार्यक्रम में ये उनकी मदद करें। कार्यस्थलीय अनुभव से जो मुख्य कठिनाई सामने आई है, वे उस सामाजिक व्यवहार की है जो विमुक्त जनजाति परिवारों के साथ किया जाता है। पीढ़ियों से विमुक्त जनजाति परिवार और उनके सदस्यों को अपराधी कहा जाता रहा है, और उन्हें काफी उपेक्षा और अपमान का सामना करना पड़ता है। इसका कारण खोज पाना कठिन नहीं है क्योंकि विमुक्त जनजातियों के कुछ सदस्य ऐसे कार्य करते हैं जो समाज की दृष्टि से स्वीकार्य नहीं हैं। बच्चों, स्त्रियों और युवकों की शैक्षणिक प्रगति में यह एक बड़ा कलंक है। सामाजिक जीवन के सभी क्षेत्रों को प्राय: इस अलगाव से सामना करना पड़ता है। सामाजिक अलगाव, विशेष रूप से कच्ची उम्र में बच्चों के मनो-सामाजिक क्षमताओं के विकास में, बाधक बन जाता है। मुख्यधारा के समाज के व्यवहार ने कथित विमुक्त जनजाति परिवारों के बच्चों को अवसरों से रोका है। शासन के तौर-तरीके प्राय: निर्वैयक्तिक होते हैं और उनमें मानवीय तत्त्व का अभाव होता है, और उनकी समझ में सामाजिक संश्लेषण का दृष्टिकोण नहीं होता।

फिर भी, औपचारिक तरीकों और पाठशालाओं के बिना भी शिक्षा दी जा सकती है। लेकिन मुख्यधारा के समाजीकरण से ही बच्चों के लिए विस्तृत दृश्यपटल नहीं खुल पाएगा क्योंकि बाहर का समाज उनके प्रति आक्रामक होता है। बस्ती के क्षेत्र अथवा बस्ती के स्कूल में मिलने वाली शिक्षा को उन उपायों के रूप में समझा जा सकता है जिनसे सांस्कृतिक प्रभाव, भाईचारे की भावना, सामुदायिक भावना, समन्वय की मानसिकता, सामाजिक-सांस्कृतिक आचरण की गतिशीलता और काम के साथ सीखने की प्रवृत्ति मिलती है। विमुक्त बस्तियों के क्षेत्र को भिन्न दृष्टि से देखा और समझा जाना चाहिए क्योंकि उनसे अपेक्षा की जाती है कि वे प्रशिक्षक, परिवर्तन वाहक, उत्प्रेरक और मानवतावादी की भूमिकाएँ एक साथ निभाते हैं।

सरकारी स्कूलों या निजी तौर पर संचालित स्कूलों का सामान्य वातावरण मुख्यधारा के बच्चों की आवश्यकताओं के अनुकूल होता है। इस तरह का वातावरण आवश्यक नहीं कि वह उन बच्चों के लिए भी उपयुक्त हो जिन्हें सामाजिक और आर्थिक परिवर्तन की आवश्यकता है और जो पहले ही सामाजिक कलंक से अभिशप्त हों और अलगाव का दंश भोग रहे हों। जब सरकार मुख्यधारा के बच्चों की चिन्ता करके उन्हें सामान्य स्कूलों में प्रवेश देती है, तो ये बच्चे सम्पन्नता की भावना से युक्त होते हैं और अपने ऊपर होने वाले शारीरिक कष्टों को भूल जाते हैं। ऐसा ही व्यवहार शायद बिना किसी अपवाद के उन बच्चों के साथ भी होना चाहिए जो सामाजिक अलगाव के शिकार हैं। बहरहाल वर्तमान स्थिति में इस दिशा में ऐसा प्रयास होना चाहिए कि सामान्य बच्चों को पृथक विद्यालयों के इन बच्चों के साथ मेल-मिलाप के लिए प्रोत्साहित किया जाए जो विमुक्त जनजातियों से हैं और अलग स्कूलों में पढ़ते और अलग छात्रावासों में रहते हैं। चूँकि हमारे योजनाकार और नीति-निर्माता विमुक्त जनजातियों को 'जनजाति' के विस्तृत शीर्षक में रखकर देखते हैं, इसलिए इनके कल्याण के लिए निर्धारित कोष सीमित और अपर्याप्त होता है। सामाजिक और आर्थिक रूप से पिछड़े हुए वर्गों के अधिकांश परिवारों में यह भावना होती है कि वे अपने कुछ बच्चों को स्कूल न भेजकर घरों में ही रखें। उनकी अपनी पारिवारिक और आर्थिक समस्याएँ होती हैं जिनसे वे अपनी सन्तानों को ज्ञान केन्द्रों तक पहुँचा नहीं पाते। ज्यादा बहस में न पड़ते हुए यहाँ विचारणीय बिन्दु यह है कि तथाकथित विमुक्त जनजाति परिवारों में (सुधरे हुए और अन्य) स्कूल न भेजने की मनोवृत्ति है। अगर पहले ही वे प्रवेश ले चुके हों तो स्कूल से भाग खड़े होते हैं। इसके पीछे उनमें एक संशय होता है कि उन्हें केवल शिक्षा ही नहीं मिलेगी, बल्कि अपने सहपाठियों और शिक्षकों से कभी-कभी अपमान भी सहना होगा। अलग-अलग, एकान्त में सबसे दूर होकर शेष समाज की लगातार अवमानना से बचकर वे ज्यादा खुश रहते हैं। बहुत जरूरी है कि इस जड़ता को तोड़ना है। इसलिए विशेष स्कूलों की स्थापना या फिर वर्तमान स्कूलों में सुविधाओं

का विशेष ढाँचा बनाया जाना जरूरी है, तभी सामाजिक समन्वयन सम्भव हो सकेगा। आवश्यकता इस बात की है कि इन बच्चों को विकासमूलक शिक्षा से परिचित कराया जाए, जहाँ विकास-पहलुओं, मुख्यधारा में विलीनीकरण और निर्बाध सामाजीकरण के द्वारा शिक्षार्थियों के हौसले को ऊँचे पायदान तक पहुँचाया जा सके। निर्धारित और औपचारिक पाठ्यक्रम के अतिरिक्त वास्तविक या वैज्ञानिक ज्ञान, सामाजिक दृष्टिकोण और वैयक्तिक विकास को सामान्य शिक्षण के साथ शामिल किया जा सकता है। यह बस्तियों में नया वातावरण निर्मित करेगा। प्रयास होने चाहिए कि बस्ती से बाहर के सामान्य छात्र भी इन विद्यालयों में प्रवेश लें, इससे अपराधियों (सुधरे हुए या अन्य) और अन्य विद्यार्थियों के बीच का भेदभाव क्रमशः कम होता जाएगा।

यद्यपि स्वतंत्रता के बाद 1952 में अपराधी जनजाति कानून निरस्त हो चुका था, फिर भी शासन के बस्तियों को मुक्त कॉलोनियाँ बनाने के निर्णय को क्रियान्वित करने में किसी ने दिलचस्पी नहीं दिखाई है। इस तरह आन्ध्र प्रदेश की सभी पाँच बस्तियाँ—(सीतानगरम, स्टुअर्टपुरम, कप्परल्ला टिप्पा, सिद्धपुरम और लिंगाला) पूर्व की तरह अपराधी बस्तियाँ ही बनी रहीं। इन बस्तियों की जीवन-परिस्थितियों में बदलाव नहीं हुआ। इन पाँच बस्तियों में से स्टुअर्टपुरम पर साल्वेशन आर्मी का नियंत्रण था। शेष चार को औपनिवेशिक शासन की समाप्ति के समय तक सरकार ने अपने हाथ में ले लिया था। इन्हें राजस्व न्याय क्षेत्र में लाया गया और समाज कल्याण विभाग को सौंप दिया गया। इन कॉलोनियों की सारी जमीनों और मकानों की भूमि पर सरकार का कानूनी स्वामित्व है। लेकिन स्टुअर्टपुरम में अभी भी साल्वेशन आर्मी की प्रमुख भूमिका बनी हुई है। स्वतंत्रता के बाद मद्रास की सरकार ने वेपा रामेसम, आई.सी.एस. के नेतृत्व में एक समिति बनाई। इस समिति ने सभी बस्तियों को मुक्त कॉलोनी/गाँव में बदलने और घरों की जमीनें उनमें रहने वालों को देने का सुझाव दिया। इसने यह सुझाव भी दिया था कि सारी जमीनें उन लोगों में बाँट दी जाएँ जो अधिकृत रूप से वहाँ निवास कर रहे हैं। सरकार ने 1976 में एक अधिसूचना जारी करते हुए यह घोषणा की कि अब से सारी बस्तियाँ मुक्त कॉलोनी समझी जाएँगी। इसके परिणामस्वरूप सरकार ने विमुक्त जनजाति की सभी कॉलोनियों की जमीनों पर अधिकार कर लिया और इन्हें स्थानीय निवासियों के बीच मालिकाना हक के साथ वितरित कर दिया। इस तरह मुख्यधारा के अन्य सदस्यों की भाँति उन्हें भी सम्पत्ति के वैध स्वामी होने की खुशी मिली।

विमुक्त जनजाति बस्तियों सम्बन्धी एक अन्य महत्त्वपूर्ण पहलू यह है कि उनके उस छोटे-से हिस्से को जिसे अनुसूचित जनजाति का दर्जा मिल चुका है, वे अब सार्वजनिक सेवाओं में हैं और अपने परिवार के साथ प्रसन्न हैं। इसलिए ऐसी अनुसूचित जाति का सार्वजनिक नौकरियों के प्रति आकर्षण बढ़ा है। विमुक्त जनजाति परिवारों ने शिक्षा के महत्त्व को समझ लिया है और वे अपनी सन्तानों के लिए अच्छे रोजगार

के महत्त्व को समझ रहे हैं। सरकार भी नि:शुल्क छात्रावास, भोजन, शुल्क, पुस्तक आदि की कुछ सुविधाएँ उन्हें दे रही है। ये सुविधाएँ सभी विमुक्त जनजातियों को नहीं मिली हैं क्योंकि उनमें से कुछ बी.सी.ए. श्रेणी में हैं। इन सुविधाओं का विस्तार अन्य विमुक्त जनजातियों में भी होना चाहिए। बच्चों के अभिभावक उन्हें अंग्रेजी माध्यम के स्कूलों, या स्थानीय कॉन्वेंट स्कूल में भेजना चाहते हैं। शासकीय और अशासकीय संगठन जिन कार्यक्रमों को क्रियान्वित करना चाहते हैं, उनमें कुछ इस प्रकार हो सकते हैं : (1) कॉलोनियों और निकटवर्ती गाँवों के लिए एक समान कार्यक्रमों का निर्धारण, (2) सुधरे हुए परिवारों और अन्य के लिए लाभ के वितरण में समन्वयकारी दृष्टिकोण, (3) युवाओं के लिए कार्यक्रम, (4) काम के अवसर उपलब्ध कराना, (5) समान शिक्षा और स्वास्थ्य कार्यक्रम, (6) महिलाओं के संगठन, (7) समुचित कृषि आधारित कार्यक्रम और (8) शोध और सन्दर्भ के संस्थाओं की स्थापना जहाँ अभिलेखीकरण, संरक्षण और प्रशिक्षण प्रारूप बनाने की सुविधाएँ हों। (9) समय-समय पर जागरूकता कार्यक्रम, कार्यशाला, मानव अधिकारों से सम्बन्धित विषयों पर सार्वजनिक सभा का आयोजन और निवासियों, शिक्षित परिवारों, सार्वजनिक अधिकारियों, सामाजिक कार्यकर्ताओं और विद्वानों का आपस में सम्पर्क।

विमुक्त जनजातियों को आज भी घर में छोटे-मोटे और मामूली झगड़ों में अवमानना और अपमान का सामना करना पड़ता है। उनकी सबसे बड़ी परेशानी वह कलंक है जो उनके साथ जुड़ा हुआ है। नौकरशाहों और जनता के व्यवहार से वे क्षुब्ध हैं। उनमें से कुछ लोग अब सवाल करने लगे हैं, जिस अधिकार का उपयोग वे अब तक नहीं करते थे। सामान्य सामाजिक जीवन में वे अब हर बात पर सवाल उठाते हैं, और बाहर के समाज की हर विसंगति उनके प्रखर प्रश्नों का निशाना बनती है। अब वे अवचेतन रूप से इस दृढ़ विश्वास से मुक्त हो गए हैं कि वे ही सही हैं। उनका कोई कसूर नहीं है। विमुक्त जनजाति परिवारों की सामान्य जीवन-शैली और उनकी समस्याओं के सन्दर्भ में सरकार और जनता अनावश्यक दखलअंदाजी करती है। जब तक ऐसा होता रहेगा तब तक वे आत्मसम्मान और मानवाधिकारों का सुख नहीं भोग सकेंगे। नैतिकता सामाजिकता की अपेक्षा वैयक्तिक होती है। यदि व्यक्तिगत नैतिकता का समाजीकरण हो सके तभी हम सार्वजनिक और जनता की नैतिकता की बात कर सकते हैं। इसके बिना इस मुद्दे पर चर्चा व्यर्थ है। मनुष्य तभी नैतिक हो सकता है जब आसपास के समाज में वह अपने को सुरक्षित अनुभव करे और उसकी आवश्यकताओं की पूर्ति उसकी अपनी मेहनत से हो सके।

अब विमुक्त जनजातियाँ एक अच्छी और सम्मानजनक जिन्दगी बसर कर रही हैं। अपनी पुरानी आदतों से उन्हें अब घृणा है। जब वे विमुक्त जनजातियाँ अपराध के दायरे से बाहर आई हैं और उन्होंने अपने को सुधारा है तब उन्हें बाहर के संस्थानों,

सामाजिक संरचनाओं और उन लोगों से टकराना पड़ा, जहाँ सफेदपोश अपराधी छुपे हैं। जब उन्होंने अपराधीकरण से दूरी बनानी चाही, तब उन्हें बाहर के संस्थानों की अपराधी मनोवृत्ति, सामाजिक व्यवस्था और पुलिस का भी सामना करना पड़ रहा है। जहाँ भारत में वैयक्तिक अपराध गिद्धदृष्टि के नीचे होता है, वहीं संस्थानिक अपराध भारतीय राजनीति को छुपाने वाला आवरण है।

सन्दर्भ

1. इन जनजातियों की विभिन्न राज्यों में आँकी गई आबादी कुल मिलाकर अस्सी लाख से अधिक है।
2. वाई.सी. सिम्हाद्री : 'चेंजिंग क्रिमिनल बिहेवियर ऑफ़ एन एक्स-क्रिमिनल ट्राइबल इन एन इंडियन विलेज', *जरनल ऑफ़ क्रिमिनोलॉजी* खंड 4, संख्या 1 जनवरी, 1976 पृ. 4
3. डेरो क्लेरेंस : *क्राइम, इट्स कॉजेज़ एंड ट्रीटमेंट,* लंदन 1934 पृ. 4
4. बिस्वास पी.सी. : *दि एक्स-क्रिमिनल ट्राइब्स ऑफ़ डेल्ही स्टेट,* अप्रकाशित शोध ग्रन्थ, दिल्ली विश्वविद्यालय 1960, पृ. 188
5. बम्बई शासन : *रिपोर्ट ऑफ़ दि क्रिमिनल ट्राइब एक्ट इंक्वायरी कमेटी,* गवर्नमेंट सेंट्रल प्रेस बम्बई 1939, पृ. 20। रिपोर्ट ऑफ़ दि क्रिमिनल ट्राइब्स इंक्वायरी कमेटी, यूनाइटेट प्राविंस ऑफ़ इंडिया, 1947, इलाहाबाद 1948 पृ. 4, तमिलनाडु अभिलेखागार।
6. मद्रास शासन, गृह विभाग शासन आदेश 1675, दि. 2 दिसम्बर, 1919
7. बूथ टकर एफ. : *क्रिमिनोक्यूरोलॉजी ऑर इंडियन क्राइम एंड वाट टु डू विद हिम—ए रिपोर्ट ऑफ़ दि वर्क ऑफ़ दि साल्वेशन आर्मी,* लंदन पृ. 14
8. मद्रास शासन : *नॉट शोइंग दि प्रोग्रेस इन दि सेटलमेंट्स ऑफ़ क्रिमिनल ट्राइब्स,* मद्रास, 1917 पृ. 6
9. वाई.सी. सिम्हाद्री : *दि एक्स-क्रिमिनल ट्राइब्स ऑफ़ इंडिया,* नेशनल पब्लिशिंग हाउस, नई दिल्ली 1979 पृ. 35
10. मद्रास शासन : गृह विभाग, शा.आ. 1675, दि. 2 दिसम्बर, 1919
11. वही
12. पिकेट वास्कम जे. : *क्रिश्चियन मास मूवमेंट्स इन इंडिया,* शिकागो, 1933, पृ. 297
13. वही, पृ. 298
14. मद्रास शासन : *नॉट शोइंग दि प्रोग्रेस मेड इन सेटलमेंट्स ऑफ़ एक्स-क्रिमिनल्स,* मद्रास, 1927, पृ. 3
15. मुखोपाध्याय, आनन्दिता : *क्रिमिनल ट्राइब्स एंड ब्रिटिश पॉलिसी 1871-1928,* अप्रकाशित शोधग्रन्थ, जवाहरलाल नेहरू वि.वि., नई दिल्ली 1988, पृ. 30-35
16. मद्रास सरकार : *मद्रास क्रिमिनल ट्राइब्स मेनुअल ब्रॉट अप टु 31 मार्च, 1927,* मद्रास, 1927 पृ. 3
17. मद्रास शासन : *नॉट शोइंग दि प्रोग्रेस मेड इन सेटलमेंट ऑफ़ क्रिमिनल ट्राइब्स इन मद्रास प्रेसीडेंसी अप टु जनवरी 1926,* मद्रास 1927 पृ. 6
18. बूथ टकर एफ. : पूर्वोद्धृत, पृ. 18

19. ललिता वी. : *दि मेकिंग ऑफ़ क्रिमिनल ट्राइब्स : पैटर्न एंड ट्रांसीशन*, न्यू एरा पब्लिकेशन्स, मद्रास, 1995, पृ. 14

20. राधाकृष्णन मीना : *कॉलोनियलिज्म एंड एन्थ्रोपोलॉजी, ए क्रिटिक ऑफ़ आइडियाज 1850-1930,* रिसर्च इन प्रोग्रेस पेपर्स, हिस्ट्री एंड सोसाइटी नई दिल्ली जून 1997 और *सर्विलिएन्स एंड सेटलमेंट्स इन दि क्रिमिनल ट्राइब्स एक्ट इन मद्रास, इंडियन इकोनॉमिक एंड सोशल हिस्ट्री रिव्यू* 28.2, 1992 और भी देखें, *कॉलोनियल कंस्ट्रक्शन ऑफ़ ए क्रिमिनल ट्राइब* (नीरा चांदोक (सम्पादक) हिस्टोरिकल ट्रांजेक्टरी, तूलिका, नई दिल्ली 2000।

21. मद्रास सरकार : लोक निर्माण (श्रम) विभाग शा.आ. 1551 दि. 20 जुलाई, 1927 आन्ध्र अभिलेखागार।

22. मद्रास सरकार : मद्रास क्रिमिनल मेन्यूअल, पूर्वोद्धृत।

23. मद्रास सरकार : नोट शोइंग, पूर्वोद्धृत, बस्तियों की एक पूर्व निर्धारित संरचना थी, जिसमें निम्न सुविधाएँ और उपकरण थे।

सारिणी-3

विमुक्त जनजाति बस्ती की संरचना और कर्मचारी

ए. और ए.-1	—	प्रबन्धक का निवास
बी.	—	कार्यालय का भवन
सी. और. सी.-1	—	मध्याह्न भोजन के लिए एक हॉल और रसोईघर
डी.	—	कर्मचारियों का निवास
ई.	—	कम्पाउंडर और दाई का निवास
एफ.	—	शाला भवन
जी.और जी.-1	—	उपस्थिति की जगह और रहवासियों की झोंपड़ियाँ
एच.	—	अस्पताल और भंडारगृह
आई.	—	अध्यापकों और मिस्त्रियों का निवास इत्यादि

बस्तियों में रहवासियों की झोंपड़ियाँ और एक हवालात भी थी। सरकार ने बस्ती के लिए निम्न कर्मचारियों की नियुक्ति की थी :

बस्ती के कर्मचारी

1. निरीक्षक (प्रबन्धक)
2. क्लर्क
3. भृत्य
4. कम्पाउंडर
5. अध्यापक
6. चौकीदार
7. सफाई कर्मी
8. दाई
9. वार्ड बॉय
10. कृषि प्रदर्शक (मिस्त्री)
11. भंगी

24. बूथ टकर एफ. : पूर्वो. लंदन, पृ. 20
25. मद्रास शासन : कानून (सामान्य) विभाग शा.आ. 1803 दि. 24 जुलाई, 1926
26. मद्रास शासन : न्याय विभाग, शा.आ. 924 दि. 10 मई 1913। सदस्यों को नेल्लोर जिले में कावाली बस्ती ले जाया गया, और देखें, बोसवेल : नेल्लोर डिस्ट्रिक्ट मेनुअल, मद्रास, 1973
27. मद्रास शासन : गृह (न्यायिक) विभाग, शा.आ. 681 दि. 26 मार्च, 1917। कुछ दसारियों को हुबली स्थानान्तरित किया गया।
28. मद्रास शासन : गृह (न्यायिक) विभाग, शा.आ. 681 दि. 26 मार्च, 1917, देखें गृह (न्यायिक) विभाग, शा.आ. 2293 दि. 7 अक्टूबर, 1919। ललिता वी. : *सोशियो-इकोनॉमिक एंड एडमिनिस्ट्रेटिव आसपेक्ट्स ऑफ़ एन एक्स-क्रिमिनल ट्राइब,* अप्रकाशित शोध प्रबन्ध, वेंकटेश्वर वि.वि., तिरुपति 1975
29. मद्रास सरकार न्याय विभाग, शा.आ. 616, दिनांक 13 मई, 1922
30. मद्रास सरकार : न्यायिक (पुलिस) विभाग, साल्वेशन आर्मी 58, दि. 15 दिसम्बर, 1924
31. मद्रास सरकार : नोट शोइंग प्रोग्रेस ... पूर्वो., मद्रास, 1927 पृ. 10
32. वही
33. मद्रास सरकार : गृह विभाग, शा.आ. 2797, दि. 2 जुलाई, 1940
34. मद्रास सरकार : गृह विभाग, शा.आ. 5303, दि. 2 जुलाई, 1940
35. मद्रास सरकार : गृह विभाग, शा.आ. 4714, दि. 22 नवम्बर, 1940
36. मद्रास सरकार : गृह विभाग, शा.आ. 2048, दि. 4 मई, 1940
37. मद्रास सरकार : न्याय विभाग शा.आ. 918, दि. 10 मई 1913, शा.आ. 1796 दि. 5 सितम्बर, 1913 और गृह (न्यायिक) विभाग, सा. आ. 414, दि. 20 फरवरी, 1918, न्यायिक विभाग सा. आ. 52 दि. 31 जनवरी, 1923, अक्टूबर 1915 में जिला मजिस्ट्रेट ने सूचित किया कि कोरचा जनजाति के दो मुखिया, जिनके नाम पुली बंगारू बोज्जीगडू और कोनेटी वैंकटीगडू हैं, इनके साथ समूची बस्ती दो हिस्सों में बँट गई है। इससे बस्ती का विकास पूरी तरह रुक गया है। वे लोगों को तालाब परियोजना में काम नहीं करने देते। प्रबन्धक ने बोज्जीगडू को गुटूर की सीतानगरम बस्ती से हटा दिया। न्यायिक विभाग शा.आ. 520 दि. 2 मार्च, 1914 (चित्तूर जिले की बस्ती के अपराधी गिरोहों की रिपोर्ट)
38. मद्रास सरकार : न्यायिक विभाग शा.आ. 371, दि. 10 जुलाई, 1925, और न्यायिक विभाग शा.आ. 592 दि. 20 अक्टूबर, 1925। 1915 वर्ष के अन्त में बस्ती में 161 पुरुष, 152 स्त्रियाँ और 135 बच्चे मिलकर कुल 448 लोग रहते थे।
39. मद्रास सरकार : नॉट शोइंग दि प्रोग्रेस...पूर्वो. मद्रास, 1917 पृ. 12
40. वही
41. मद्रास सरकार न्यायिक विभाग, शा.आ. 1869, दि. 30 जुलाई, 1927
42. मद्रास सरकार न्यायिक विभाग, शा.आ. 562, दि. 23 अक्टूबर, 1929
43. मद्रास सरकार न्यायिक विभाग, शा.आ. 506, दि. 22 अक्टूबर, 1929
44. मद्रास सरकार न्यायिक विभाग, शा.आ. 643, दि. 28 नवम्बर, 1935
45. मद्रास सरकार : नॉट शोइंग दि प्रोग्रेस...पूर्वो., जनवरी 1925, मद्रास, 1927, पृ. 17
46. वही
47. मद्रास सरकार, न्यायिक विभाग, शा.आ. 1937, दि. 13 सितम्बर, 1917
48. मद्रास सरकार, गृह (न्यायिक) विभाग शा.आ. 2874, दि. 6 दिसम्बर, 1916 और न्यायिक विभाग सा. आ. 784, दि. 25 अप्रैल, 1913।

49. न्यायिक विभाग शा.आ. 917, दि. 10 मई, 1913 और न्यायिक विभाग शा.आ. 1714, दि. 4 जुलाई, 1916
50. मद्रास सरकार, गृह (न्यायिक) विभाग शा.आ. 212, दि. 1 फरवरी, 1917
51. मद्रास सरकार, गृह (न्यायिक) विभाग शा.आ. 2731, दिनांक 14 फरवरी, 1937 और गृह (न्यायिक) विभाग शा.आ. 24, दि. 5 जनवरी, 1918
52. मद्रास सरकार : लोक निर्माण और श्रम विभाग, शा.आ. 1734, दि. 15 जुलाई, 1931
53. गृह (न्यायिक) विभाग शा.आ. 377, दि. 26 जुलाई, 1923
54. गृह (न्यायिक) विभाग शा.आ. 1013, दि. 30 अप्रैल, 1940, गृह विभाग शा.आ. 242, दि. 1 फरवरी, 1917
55. वही
56. गृह विभाग शा.आ. 1057, दि. 15 जनवरी, 1940
57. गृह विभाग शा.आ. 1268-जी., दि. 15 जनवरी, 1940
58. गृह विभाग शा.आ. 1004, दि. 13 अगस्त, 1940
59. लोक निर्माण (श्रम) विभाग शा.आ. 1548, दि. 5 अगस्त, 1940
60. विधि (सामान्य) विभाग शा.आ. 1714 दि. 22 अक्टूबर, 1721। अल्लूर और बिट्रगुंटा की उप बस्तियाँ 1917 में शुरू की गई थीं। प्रबन्धन की सेवाएँ अमेरिकी बॅपटिस्ट मिशन ने निःशुल्क दी थीं। वर्ष 1917 के अन्त में बस्ती की आबादी 1,393 थी। बस्ती के रोज़गार थे—ठेकेदारी, कृषि, लकड़ी का काम, बुनाई, चूने की भट्टी, कुली का काम, पत्थर की खदान और जलाऊ लकड़ी चीरना। देखें गृह (न्यायिक) विभाग, शा. आ. 2294, दि. 7 अक्टूबर, 1917।
61. और भी देखें, मद्रास शासन, लोक निर्माण (श्रम) विभाग, शा.आ. 1551, दि. 20 जुलाई, 1927
62. लोक निर्माण (श्रम) विभाग शा.आ. 1654, दि. 6 जुलाई, 1928
63. लोक निर्माण (श्रम) विभाग, शा.आ. 2394, 23 अगस्त, 1929
64. लोक निर्माण (श्रम) विभाग, शा.आ. 2388, दि. 19 अगस्त, 1930 और सा. आ. 666, दि. 26 फरवरी, 1923
65. लोक निर्माण (श्रम) विभाग, शा.आ. 1926, एल दि. 30 जुलाई, 1931 और विधि (सामान्य) विभाग शा.आ. 993, दि. 8 अप्रैल, 1922
66. लोक निर्माण (श्रम) विभाग, शा.आ. 3410 एल, 3 दिसम्बर, 1930 और शा.आ. 296 एल, 8 नवम्बर, 1923
67. लोक निर्माण (श्रम) विभाग, आदेश क्रमांक 1426 एल, 27 जनवरी, 1931
68. लोक निर्माण (श्रम) विभाग, शा.आ. 1350 एल, 18 मई, 1931
69. लोक निर्माण (श्रम) विभाग, 1364 एल, 20 मई, 1931
70. लोक निर्माण (श्रम) विभाग, आदेश 413, दि. 16 फरवरी, 1931 और आदेश क्र. 2874, दि. 6 दिसम्बर, 1916 तथा आदेश 212, दि. 1 फरवरी, 1917
71. लोक निर्माण (श्रम) विभाग, शा.आ. 194 एल, 24 जनवरी, 1933
72. लोक निर्माण (श्रम) विभाग, शा.आ. 427 एल, 20 फरवरी, 1933
73. लोक निर्माण (श्रम) विभाग, आदेश क्र. 5554, 17 नवम्बर, 1938
74. लोक निर्माण (श्रम) विभाग, शा.आ. 5860, दि. 7 दिसम्बर, 1938
75. मद्रास शासन : *एडमिनिस्ट्रेशन रिपोर्ट ऑफ़ दि लेबर डिपार्टमेंट फ़ॉर दि ईयर एंडिंग 31 मार्च, 1933,* मद्रास 1934, पृ. 25-26

76. लोक निर्माण (श्रम) विभाग आदेश 373 एल, दि. 14 फरवरी, 1934
77. ललिता वी., पूर्वो., न्यू एरा पब्लिकेशन मद्रास 1995, पृ. 18
78. वर्ष 1933 तक कावाली सुधार बस्ती और बिट्रगुंटा बस्ती अमेरिकी बॅपटिस्ट मिशन के प्रबन्ध और नियंत्रण में थे। बस्ती की कुल आबादी 31 मार्च, 1933 को 1,111 व्यक्तियों की थी। इनमें पुरुष 378 और स्त्रियाँ 284 तथा बच्चे 446 थे। कावाली में येरुकलाओं के लिए रोजगार अपर्याप्त था और अधिकांश येरुकलाओं को कम मजदूरी पर काम करना पड़ता था। देखें *मद्रास गवर्नमेंट रिपोर्ट ऑफ़ दि लेबर डिपार्टमेंट फ़ॉर दि ईयर एंडिंग 31 मार्च, 1933,* मद्रास 1934, पृ. 24-25, तमिलनाडु अभिलेखागार
79. गृह विभाग शासन आदेश 1059 दि. 1 जनवरी, 1940
80. वही
81. ललिता वी. : *सोशियो-इकोनॉमिक एंड एडमिनिस्ट्रेटिव आसपेक्ट्स ऑफ़ एन एक्स-क्रिमिनल ट्राइब,* अप्रकाशित शोध प्रबन्ध, तिरुपति विश्वविद्यालय, 1977, पृ. 32
82. अनुदान देते हुए शासन ने कहा था कि येरुकला परिवारों को बसाने के लिए समझाया-बुझाया जाए। यदि इससे कोई लाभ न हो तो उन पर अपराधी जनजाति कानून के प्रावधानों का प्रयोग किया जाए।
83. सीतानगरम बस्ती मद्रास प्रेसीडेंसी में अपनी तरह की अकेली बस्ती थी। यह वस्तुत: जेल से लौटे हुए कुछ व्यक्तियों के साथ अन्य रहवासियों के आने से पहले 1913 के जनवरी महीने में शुरू हुई थी। सरकार ने येरुकलाओं को बसाने के लिए समझाने-बुझाने का तरीका अपनाया। किन्तु यह सफल नहीं हुआ तब उसने अपराधी जनजाति कानून की धारा 12 के अन्तर्गत उन्हें अपराधी जनजाति घोषित करके उनकी गतिविधियाँ सीमित करने का सुझाव दिया। जिसे तत्काल स्वीकार कर लिया गया और उन्हें बस्ती में सीमित कर दिया गया। देखें—*नॉट शोइंग दि प्रोग्रेस ऑफ....,* पूर्वो., मद्रास 1917, पृ. 5
84. नोट 1925 पृ. 18
85. ललिता वी. : *दि मेकिंग ऑफ़ क्रिमिनल ट्राइब...,* पूर्वो., न्यू एरा पब्लिकेशन, मद्रास, 1995, पृ. 145
86. राबर्ट एरिक फ्राइकेनबर्ग, मैनुअल ऑफ़ गुंटूर डिस्ट्रिक्ट, 1960, पृ. 17
87. गृह (न्यायिक) विभाग, आदेश 1420, दि. 9 जुलाई, 1917
88. गृह (न्यायिक) विभाग, आदेश 1225, दि. 20 मई, 1918
89. गृह (न्यायिक) विभाग, शा. आ. 1234, दि. 22 मई, 1918
90. गृह (न्यायिक) विभाग, शा. आ. 927, दि. 20 अप्रैल, 1918
91. गृह (न्यायिक) विभाग, शा. आ. 2215, दि. 6 दिसम्बर, 1918
92. गृह (न्यायिक) विभाग, शा. आदेश 2615, दि. 13 दिसम्बर, 1917
93. गृह (न्यायिक) विभाग, आदेश 573, दि. 29 फरवरी, 1916
94. गृह (न्यायिक) विभाग, शा. आ. 2373, दि. 4 अक्टूबर, 1916
95. गृह (न्यायिक) विभाग, शा. आ. 625, दि. 18 मार्च, 1918
96. गुंटूर के जिला मजिस्ट्रेट ने नवम्बर 1916 में सीतानगरम का मुआइना किया और रिपोर्ट दी कि बाढ़ों के कारण बस्ती में बहुत गंदगी है। शासन ने एक समिति गठित की जिसमें पुलिस उप महानिरीक्षक (खुफिया और रेल), अधिशासी यंत्री, बस्ती-प्रबन्धक और जिला मजिस्ट्रेट थे। कमेटी के सुझाव थे : (1) गाँव को अलग करके सैन्यपुरम का सुधार, (2) कोंडपेट में नई झोंपड़ियों का निर्माण, (3) सड़क निर्माण और परनाले की मरम्मत तथा

(4) एक कुएँ का निर्माण। गृह (न्यायिक) विभाग, साल्वेशन आर्मी 22 दि. 5 जनवरी, 1920

97. बच्चे नियमित रूप से स्कूल जा रहे थे। 1915 के अन्त में स्कूल में 92 बच्चे थे। गृह (न्यायिक) विभाग, आदेश 593, दि. 4 अप्रैल, 1918

98. उस समय के बस्ती में शासकीय अधिकारी ए.जी.एन्ड्रयू ने 1917 में बस्ती का दौरा किया था। सीतानगरम के येरुकलाओं में भारी असन्तोष था। सरकार ने इन प्रश्नों पर गम्भीरता से विचार किया कि क्या सीतानगरम की बस्ती को बन्द कर दिया जाए या फिर येरुकुआलों को स्टुअर्टपुरम अथवा गुंटूर भेज दिया जाए। तत्कालीन साल्वेशन आर्मी प्रबन्धक ने एक नया रास्ता खोजा और येरुकलाओं को सीतानगरम में बसाने की बात सोची। किन्तु उनकी सारी कोशिशें शासन और येरुकलाओं ने स्वीकार नहीं कीं। फरवरी, 1915 में प्रबन्धकों की अवहेलना करते हुए अनेक येरुकला गिरोह बनाकर सीतानगरम से चले गए। तत्कालीन मजिस्ट्रेट ने स्वीकार किया कि 'मुझे इस बात का अफसोस है कि मैं बस्ती की सन्तोषजनक व्यवस्था नहीं कर पाया।' देखें, गृह (न्यायिक) विभाग, शा.आ. 946, दि. 27 अप्रैल, 1918

99. गृह (न्यायिक) विभाग साल्वेशन आर्मी 216, दि. 23 सितम्बर, 1918

100. अपराधी जनजातियों की वर्ष 1918-19 की रिपोर्ट में बताया गया था कि सीतानगरम की स्थिति नए प्रबन्धकों के प्रशासन में सन्तोषजनक रूप से प्रगति कर रही है। 31 मार्च, 1919 को सीतानगरम में येरुकलाओं की संख्या 720 थी, जिनमें से 122 पलायन कर गए थे। स्कूल में व्यापक इंफ्लुएन्जा के कारण मात्र 94 बच्चे थे। गृह (न्यायिक) विभाग, शा.आ. 2233, दि. 29 सितम्बर, 1919

101. विधि (न्यायिक) विभाग साल्वेशन आर्मी 2454 दि. 7 अक्टूबर, 1922। वर्ष 1920-21 में सीतानगरम के भविष्य पर विचार किया गया। नए प्रबन्धक ने येरुकलाओं को अनुशासित कर दिया था। जो ऋण लिए गए थे वे धीरे-धीरे चुकाए जा रहे थे। उस समय के पुलिस के महानिरीक्षक ने कहा कि शुरू की दिक्कतों का कारण मुख्य रूप से मिशनरियों का खराब प्रबन्धन था। सभी परिस्थितियों पर व्यापक विचार करते हुए सरकार ने मिशनरियों को सीतानगरम के स्थायी प्रबन्धन का निर्देश दिया।

102. पूरे वर्ष येरुकलाओं को आसानी से रोजगार सुलभ था। उनकी अर्जित की गई मजदूरी 22,600 रुपए तक पहुँच गई थी। 1922 के वर्ष में 728 येरुकला वहाँ थे, जिनमें से 58 भागे हुए थे। स्कूल जाने वाली उम्र के 70 लड़के और 57 लड़कियाँ थीं, और वे सभी स्कूल जाते थे। सीतानगरम में एक रात्रिकालीन पाठशाला भी चल रही थी। येरुकला 83 एकड़ भूमि पर खेती कर रहे थे। कृषि कार्य सफल हो रहा था। ईंटों का एक परनाला बन चुका था। सड़क ऊँची हो गई थी। घरों की हालत बेहतर थी। सभी दिशाओं में येरुकला प्रगति कर रहे थे। येरुकलाओं की परिस्थितियाँ सुधारने के लिए एडजुडेंट और श्रीमती मोइर की निरन्तर कड़ी मेहनत के लिए शासन ने उन्हें बधाई दी। विधि (सामान्य) विभाग आदेश 2314, दि. 19 सितम्बर, 1922, गृह विभाग आदेश 2451, दि. 3 जून, 1940

103. गृह विभाग आदेश 2150 (सी), 20 अगस्त, 1936

104. लोक निर्माण (श्रम) विभाग आदेश 2172 बी., दि. 25 अगस्त, 1933

105. लोक निर्माण (श्रम) विभाग आदेश 5649, दि. 5 मार्च, 1936

106. वही

107. गृह विभाग आदेश 372, दि. 26 जनवरी, 1937

108. मद्रास शासन : *एडमिनिस्ट्रेटिव रिपोर्ट ऑफ़ लेबर डिपार्टमेंटस फ़ॉर दि ईयर एंडिंग 31 मार्च, 1938*

109. मद्रास शासन : *एडमिनिस्ट्रेटिव रिपोर्ट ऑन हेबीचुअल आफेंडर्स सेटलमेंट (1951-52),* मद्रास, 1953 पृ. 5
110. गृह विभाग आदेश 2900, दि. 8 अगस्त, 1952। अस्पताल के कार्यसंचालन के लिए गुंटूर के जिला मेडीकल बोर्ड ने प्रतिमाह पच्चीस रुपए स्वीकृत किए थे। शासन ने भी अस्पताल के उपकरण खरीदने के लिए साल्वेशन आर्मी के प्रबन्धक को 500 रुपए दिए थे। देखें : *नॉट शोइंग दि प्रोग्रेस... ,* पूर्वो., मद्रास 1917, पृ. 6
111. गृह विभाग आदेश 2900, 8 अगस्त, 1952
112. गृह विभाग आदेश 1837, 13 जून, 1944
113. गृह विभाग आदेश 2214, 26 जुलाई, 1946
114. गृह विभाग आदेश 2953, 20 जुलाई, 1939
115. वर्ष 1938 में सीतानगरम बस्ती के प्रबन्धक एस.वी.वी. गोपाल राव नायडू थे। 31 दिसम्बर, 1938 को बस्ती में 298 येरुकला रहते थे। (195 पुरुष, 103 बच्चे)। इनके अतिरिक्त 763 व्यक्ति ऐसे थे (110 पुरुष, 167 स्त्रियाँ और 484 बच्चे), जिन्हें मुक्त कर दिया गया था और जो पंजीकृत नहीं थे। उन पर अपराधी जनजाति कानून लागू नहीं था। येरुकलाओं को खेती के लिए कुल 163 एकड़ जमीन दी गई थी। सीतानगरम में उगाई जाने वाली फसलें अच्छी नहीं हुईं। उत्पादन बहुत कम था। देखें : मद्रास शासन आदेश 3953, दि. 20 जुलाई, 1939
116. मद्रास शासन : *एडमिनिस्ट्रेशन रिपोर्ट ऑन कोल्लार रिक्लेमेशन, कोरवा रिक्लेमेशन, येनाडी रिक्लेमेशन (क्रिमिनल ट्राइब्स) एंड सेटलमेंट्स फॉर 1947-48,* मद्रास 1949 पृ. 36-39
117. वही पृ. 37
118. पृ. 38
119. गृह विभाग आदेश 2960, दि. 2 अगस्त, 1948
120. गृह विभाग शा. आ. 3587, दि. 16 नवम्बर, 1946
121. वही
122. वही
123. *एडमिनिस्ट्रेटिव रिपोर्ट ऑन कोल्लार... 1950-51,* मद्रास, 1952
124. मद्रास शासन : *एडमिनिस्ट्रेशन रिपोर्ट ऑन हेबीचुअल क्रिमिनल्स सेटलमेंट फॉर 1951-52,* मद्रास, पृ. 1
125. गृह विभाग आदेश 2900, दि. 8 अगस्त, 1952
126. ललिता वी. : *ए प्रोफाइल ऑफ़ सीतानगरम सेटलमेंट,* आन्ध्र प्रदेश हिस्ट्री कांग्रेस, गुंटूर में सत्रहवाँ अधिवेशन, 1986, कार्यवाही का पृ. 171-177
127. *एडमिनिस्ट्रेशन रिपोर्ट ऑन कोल्लार... 1949-50,* मद्रास, पृ. 11-12
128. ललिता 1995, पृ. 144
129. हेमलता लवानम : *जीवन प्रभातम्* (तेलुगु) विजयवाड़ा 1984, पृ. 3। *नेरास्टुल संस्कराम्* (तेलुगु) (अपराधियों का सुधार, विजयवाड़ा 1985)। पृ. 4 और *प्रॉब्लम्स ऑफ़ डिनोटीफाइड ट्राइब्स, एन एक्सपेरीमेंट ऑन सीतापुरम,* विजयवाड़ा, 1975
130. ललिता वी., 1995, पृ. 147
131. बापट्ला बस्ती के प्रबन्धक साल्वेशन आर्मी के कैप्टन रोबिलियार्ड : *रिटिन स्टेटमेंट ऑन द वर्क ऑफ़ स्टुअर्टपुरम सेटलमेंट,* पृ. 6; स्टुअर्टपुरम की बस्ती 1 जून, 1914 को प्रारम्भ हुई थी। आठवें भाग में, जो रत्नपुरम कहलाता था, टूटी-फूटी झोंपड़ियों में कुछ लोग रहते

थे। मद्रास के अतिरिक्त कार्यवाहक सचिव स्टुअर्ट ने इसका उद्घाटन किया था, इसलिए इसे स्टुअर्टपुरम के नाम से जाना जाता था

132. मद्रास शासन : *नॉट शोइंग दि प्रोग्रेस...अपटु सेप्टेम्बर 1916*, मद्रास 1917, पृ. 7
133. गृह (न्यायिक) विभाग—आदेश 1093, दि. 16 मई, 1918
134. नोट 1916
135. गृह (न्यायिक) विभाग, शा.आ. 305, दि. 7 फरवरी, 1918
136. गृह (न्यायिक) विभाग 3003, दि. 3 दिसम्बर, 1920
137. गृह (न्यायिक) विभाग, साल्वेशन आर्मी 1298, दि. 6 दिसम्बर, 1921
138. गृह (न्यायिक) विभाग आ. 357, दि. 13 मई, 1921
139. गृह (न्यायिक) विभाग आ. 2233, दि. 29 सिम्बर 1919
140. गृह (न्यायिक) विभाग आ. 2150, दि. 20 अगस्त, 1936
141. गृह (न्यायिक) विभाग आ. 716, दि. 30 मार्च, 1917
142. नोट 1925, पृ. 8
143. गृह (न्यायिक) विभाग शा. आ. 212, दि. 1 फरवरी, 1917, शा.आ. 1579, दि. 1 अगस्त, 1917
144. न्याय विभाग साल्वेशन आर्मी 2491, दि. 1 अगस्त, 1917
145. गृह (न्यायिक) विभाग, स्मरणपत्र सं. 2123/ए. 4, दि. 25 सितम्बर, 1917 तमिलनाडु अभिलेखागार।
146. गृह (न्यायिक) विभाग आ. 305, दि. 7 फरवरी,1918
147. गृह (न्यायिक) विभाग स्मरणपत्र 2123/ए. 4
148. गृह (न्यायिक) विभाग आ. 625, दि. 18 मार्च, 1918
149. गृह (न्यायिक) विभाग आ. 818, दि. 5 अप्रैल, 1918
150. गृह (न्यायिक) विभाग साल्वेशन आर्मी 1235, दि. 22 मार्च, 1918 और साल्वेशन आर्मी 1402, दि. 13 जून, 1918
151. गृह (न्यायिक) विभाग आ. 1224, दि. 20 मई, 1918
152. गृह (न्यायिक) विभाग आ. 1402, दि. 13 जून, 1918
153. गृह (न्यायिक) विभाग आ. 795, दि. 4 अप्रैल, 1918
154. गृह (न्यायिक) विभाग शा.आ. 2163, दि. 28 सितम्बर, 1918 और न्यायिक विभाग आदेश 53, दि. 28 अप्रैल, 1922
155. लोक निर्माण (श्रम) विभाग आदेश 1654 एल, 6 जुलाई, 1928 और न्यायिक विभाग शा.आ. 475, दि. 16 फरवरी,1920
156. गृह (न्यायिक) विभाग आदेश 475, दि. 18 अगस्त, 1916
157. गृह (न्यायिक) विभाग आदेश 475, दि. 19 फरवरी,1920
158. मीना राधाकृष्णन : *फ्रॉम ट्राइबल कम्यूनिटी टु वर्किंग क्लास कांशसनेस ऑफ़ येरुकला वुमन, इकोनॉमिक एंड पॉलिटिकल वीकली,* खंड XXIV, सं. 17 अप्रैल, 29, 1989, पृ. 3-4
159. विधि (सामान्य) विभाग आदेश 3187, दि. 14 नवम्बर, 1924, आन्ध्र अभिलेखागार
160. लोक निर्माण (श्रम) विभाग 1551, दि. 20 जुलाई, 1927
161. लोक निर्माण (श्रम) विभाग आ. क्र. 170, दि. 21 जनवरी, 1931 और साल्वेशन आर्मी 1623 एल., दि. 1 अगस्त, 1932

162. लोक निर्माण (श्रम) विभाग आदेश 1926, दि. 30 जुलाई, 1931 और आदेश क्रमांक 1662 एल., 1 अगस्त, 1932
163. लोक निर्माण (श्रम) विभाग शा.आ. 170, दि. 21 जनवरी, 1931 और आदेश 1452 एल, दि. 24 जून, 1935
164. मद्रास सरकार, इंस्पेक्टर जनरल पुलिस की 1936 के लिए प्रशासनिक रिपोर्ट मार्च 1937 और गृह विभाग का आदेश क्र. 716, दि. 30 मार्च, 1917
165. लोक निर्माण (श्रम) विभाग आदेश 2671, दि. 6 दिसम्बर, 1937 और आदेश 1551 एल, 20 दि. जुलाई 1927
166. विधि (सामान्य) विभाग आदेश 2714 दि. 22 अक्टूबर, 1921, वर्ष 1937-38 में मेजर एच. स्टीवेन्स बस्ती के प्रबन्धक थे।
167. गृह (न्यायिक) विभाग आ. 2615 दि. 13 दिसम्बर, 1917 और आदेश क्र. 1592, दि. 13 अगस्त, 1917
168. लोक निर्माण (श्रम) विभाग आदेश 973 एल. 3 अप्रैल, 1928। वर्ष 1950-51 में ब्रिगेडियर एफ. रतन सिंह स्टुअर्टपुरम बस्ती के प्रबन्धक थे।
169. मद्रास सरकार—अभ्यस्त अपराधियों पर प्रशासनिक रिपोर्ट 1952-53 मद्रास, 1954, पृ. 14
170. वही पृ. 10
171. मद्रास सरकार—*एडमिनिस्ट्रेटिव रिपोर्ट ऑन कल्लार...फॉर 1947-48,* मद्रास, 1949, पृ. 14
172. लवानम और हेमलता लवानम : द क्रिमिनल बैकग्राउंड ऑफ़ स्टुअर्टपुरम, एथीस्ट सेंटर, विजयवाड़ा, पृ. 10-14। भृत्यामा अमृतर्गमय (श्रीमती लवानम की आत्मकथा) विशालेन्द्र पब्लिकेशन्स, विजयवाड़ा 2004 पृ. 1-10 (तेलुगु)
173. लोक निर्माण (श्रम) विभाग : साल्वेशन आर्मी 137, जनवरी 19, 1927
174. वोड्डारों के लिए सिद्धपुरम बस्ती की शुरुआत वर्ष 1913 में शुरू की गई थी। कुरुनूल जिले की सिद्धपुरम जलाशय परियोजना में वोड्डारों को लोक निर्माण विभाग ने काम दिया था। सरकार ने खेत मजदूरों के रूप में वोड्डारों का पुनर्वास किया। वन भूमि में 650 एकड़ का प्लाट उन्हें दिया गया जिससे वे 1918 में अपनी बस्ती बना सके।
175. गृह (न्यायिक) विभाग, आदेश क्रमांक 1860, दि. 25 अक्टूबर, 1920। वर्ष 1919 में सिद्धपुरम की जलाशय परियोजना पूरी हो गई। सरकार वोड्डारों को दूसरा काम नहीं दे पाई। सिद्धपुरम में 1920 के वर्ष में 65 पुरुष, 65 स्त्रियाँ और 74 बच्चे रहते थे। 150 एकड़ जंगली जमीन उनमें वितरित की गई थी, लेकिन वह केवल 15 एकड़ भूमि में खेती कर पाए। वोड्डारों के लिए कम्बल बनाना एक सहायक उद्योग के रूप में लगाया गया। देखें, गृह विभाग आदेश 2667 दि. 25 अक्टूबर, 1920
176. वर्ष 1920 के दौरान सिद्धपुरम में उन उद्योग का विकास हुआ। वर्ष 1921 में जहाँ 12 करघे चल रहे थे और वोड्डारों ने 182 कम्बल बनाए थे। इन्हें स्थानीय बाजार में बेच दिया गया। एक ऊन का कारखाना लगाया गया था जिसमें 18 पुरुष और 15 स्त्रियाँ काम करती थीं। पुरुषों को प्रतिदिन 5 आना और स्त्रियों को तीन आना मजदूरी दी जाती थी। देखें, लोक निर्माण (श्रम) विभाग आ. 137, दि. 19 जनवरी, 1927
177. मौसम खराब रहने से वोड्डारों की कृषि गतिविधियाँ बुरी तरह असफल रहीं। कुछ वोड्डारों को बुनाई उद्योग में काम मिला हुआ था। वोड्डारों द्वारा बनाए जाने वाले कम्बलों के

लिए बाजार नहीं था। उनके द्वारा बनाए गए कम्बल खरीदने से पुलिस महकमे ने इनकार कर दिया।

178. लोक निर्माण (श्रम) विभाग शा.आ. 1843, दि. 25 अगस्त 1927, शा.आ. 1764, दि. 8 दिसम्बर, 1932
179. लोक निर्माण (श्रम) विभाग शा.आ. 2190, दि. 28 जुलाई, 1930, साल्वेशन आर्मी 3671, दि. 6 दिसम्बर, 1934
180. गृह विभाग आदेश 2671 दिनांक 6 मार्च, 1939 और आदेश 1123 मिसलेनियस, दि. 26 जून, 1936
181. गृह विभाग आदेश क्रमांक 1217 दि. 6 मार्च, 1939, और आदेश 3889, दि. 23 सितम्बर, 1940
182. गृह विभाग आदेश 568, दि. 23 फरवरी,1944
183. गृह विभाग आदेश 2113, दि. 12 मई, 1927
184. लोक निर्माण (श्रम) विभाग आदेश 2671, दि. 6 दिसम्बर, 1934
185. गृह विभाग साल्वेशन आर्मी 568, दि. 23 फरवरी,1944
186. गृह विभाग 2113, दि. 13 जुलाई, 1944
187. गृह विभाग 3887, दि. 23 सितम्बर, 1940
188. गृह विभाग आदेश 2482, दि. 9 जुलाई, 1940
189. 1951-52 में बस्ती के प्रबन्धक ये महानुभाव रहे : 1938 में बस्ती के प्रबन्धक एन.आर. वासुदेवन नायडू थे। जनाब सैयद अब्दुल गफ्फार की नियुक्ति 3 अगस्त, 1951 तक के लिए हुई थी, बाद में वी. रामनथैया 2 मई, 1951 तक के लिए प्रबन्धक बनाए गए। जी. आदिशेषिया (प्रभारी एकाउंटेंट) ने 3 मई से 11 मई, 1951 तक कार्य किया। टी. गोपाल राव 12 मई से 1 अक्टूबर, 1951 तक प्रबन्धक रहे। जी. श्रीनिवासुलू नायडू 2 अक्टूबर, 1951 को इस पद पर आए, टी. गोबिन्द राजुलू 4 से 18 अगस्त, 1951 तक, के. श्रीमन्तय (प्रभारी एकाउंटेंट) 19 अगस्त, 1951 से 7 नवम्बर, 1951 तक, के.वी.आर. पटनायक 8 नवम्बर से 2 दिसम्बर, 1951 तक और टी. गोबिन्द राजू 3 दिसम्बर, 1951 से 9 मार्च, 1952 तक बस्ती के प्रबन्धक थे। परन्तु ये बस्ती से लम्बे समय तक अनुपस्थित रहते थे और वोड्डारों पर प्रशासन का दायित्व कार्यालय के एकाउंटेंट पर रहता था। आत्माकुर का पुलिस इंस्पेक्टर बस्ती की देखभाल करता था। सिद्धपुरम में 31 मार्च, 1952 को 613 वोड्डार रहते थे, इनमें 172 पुरुष, 173 महिलाएँ और 268 बच्चे थे। देखें, मद्रास सरकार *एडमिनिस्ट्रेशन रिपोर्ट ऑन हेबीचुअल आफेंडर्स सेटलमेंट 1951-52,* पृ. 4 और 1953-54, मद्रास 1955, पृ. 6
190. गृह विभाग, मेमोरंडम 29832 जी/47-7, दि. 4 दिसम्बर, 1947
191. गृह विभाग, मेमोरंडम 5539 जी/48-2, दि. 11 फरवरी,1948
192. गृह विभाग शा.आ. 2960, दि. 2 अगस्त, 1948
193. गृह विभाग शा. आदेश 2877, दि. 10 जुलाई, 1940
194. गृह विभाग, शा.आ. 2482 दि. 1 जनवरी, 1940
195. गृह विभाग, शा.आ. 2877, दि. 10 जुलाई, 1940
196. विकास विभाग आ. 238, दि. 31 जनवरी, 1940
197. शिक्षा और सार्वजनिक विभाग आदेश 204, दि. 29 जनवरी, 1937
198. मद्रास सरकार—एडमिनिस्ट्रेशन रिपोर्ट ऑन हेबीचुअल आफेंडर्स 1951-52, मद्रास 1953 पृ. 6

199. विधि विभाग साल्वेशन आर्मी 3187, दि. 14 नवम्बर, 1924
200. लोक निर्माण (श्रम) विभाग आदेश 1651, दि. 20 जुलाई, 1927
201. लोक निर्माण (श्रम) विभाग आदेश 170, दि. 21 जनवरी, 1931
202. लोक निर्माण (श्रम) विभाग 1926, दि. 30 जुलाई, 1931
203. लोक निर्माण (श्रम) विभाग आदेश 170, दि. 21 जनवरी, 1931
204. देखें : एडमिनिस्ट्रेशन रिपोर्ट ऑफ़ दि इंस्पेक्टर जनरल ऑफ़ पुलिस 1936 मद्रास, 1937 पृ. 26
205. सिद्धपुरम बस्ती के पूर्व निवासी के.आर. समन्ना से साक्षात्कार, 22 नवम्बर, 2006
206. वही
207. वही
208. वेंकटराव बी.एस. : *इकोनॉमिक एंड सोशल आसपेक्ट ऑफ़ क्राइम इन इंडिया,* लखनऊ 1934 पृ. 166 और आन्ध्र प्रदेश सरकार—एडमिनिस्ट्रेशन ऑफ़ डिस्ट्रिक्ट पुलिस ऑफ़ निजाम गवर्नमेंट, 1918 पृ. 27-28
209. गृह (न्यायिक) विभाग आदेश 1878, दि. 13 मार्च, 1916
210. लिंगाला में अभी भी किला, डाकघर और जेल के अवशेष मिलते हैं। वर्तमान डाकघर एक बंगले में है। इससे प्रकट है कि निजाम प्रशासन लिंगाला पर कितना ध्यान देता था। आसपास से येरुकलाओं को इकट्ठा करके जेल में रखा गया था जो 'जुरमफिस' कहलाती थी। दूसरी जगहों पर जाने के लिए उन्हें पुलिस अधिकारियों की लिखित अनुमति लेनी होती थी। इसके लिए प्रसिद्ध समाजसेवी संगम लक्ष्मी बयाम्मा ने उनके लिए स्वतंत्रता की आवाज उठाई थी। तब 'जुरमफिस' हटा दिए गए।
211. हैकरवाल बी.एस. पूर्वोधृत, पृ. 166
212. ललिता वी : *दि मेकिंग ऑफ़ क्रिमिनल ट्राइब पैटर्न,* पूर्वो. मद्रास 1995 पृ. 49, और भी देखें, आन्ध्र शासन, *एडमिनिस्ट्रेशन ऑफ़ डिस्ट्रिक्स पुलिस,* 1918 पूर्वो., पृ. 24
213. एडगर थर्सटन, पूर्वो. खंड 3, मद्रास 1909
214. सैयद शिराजुल हुसैन : कास्ट एंड ट्राइब्स ऑफ़ निजाम्स डोमीनियम, नई दिल्ली 1989।
215. मद्रास सरकार : दि चेंचूज एंड द मद्रास पुलिस, भाग I और II, मद्रास 1921
216. गिरदावर उन्हें कृषि उपकरण उपलब्ध कराने के लिए जिम्मेदार होता था। लिंगाला बस्ती के पूर्व सरपंच पेरम हुसैन से साक्षात्कार 20 अक्टूबर, 2006, पलापार्ती वीरैय्या, 'व्हाट वी डिड' आन्ध्र राष्ट्र आदिम जाति सेवक संघ के सम्बन्ध में, अनुसूचित जाति., अनुसूचित जनजातियों के गुंटूर, आन्ध्र प्रदेश में सातवें सम्मेलन में पढ़ा गया लेख, नई दिल्ली।
217. लिंगाला बस्ती में एम. डेविड के साथ साक्षात्कार, 20 अक्टूबर, 2006
218. कपिला वात्सायन : *ट्रेडीशन ऑफ़ इंडियन फोक डांस 1976*। समता आर.के. और एल. श्यामसुन्दर : *दि लंबाडाज़, देयर सोशियो-साइकोलॉजिकल एंड एग्रोइकोनॉमिक केरेक्टरिस्टिक्स,* मैन इन इंडिया खंड 65 सं., 3 सितम्बर, 1985

अध्याय 4

अपराधी जनजाति बस्तियाँ : ईसाई मिशनरियों की भूमिका

1

परिचय

अंग्रेजी सरकार ने सन् 1871 में अपराधी जनजाति कानून इसलिए बनाया था कि इसके द्वारा भारत की कुछ घुमन्तू जनजातियों द्वारा किए जाने वाले अपराधों पर नियंत्रण पाया जा सके। इससे पहले अंग्रेज शासक 'अपराधों' से सन् 1793 के रेग्यूलेशन XXVI और सन् 1836 के कानून XXX से निबटते थे। तत्पश्चात सन् 1860 की भारतीय दंड संहिता अस्तित्व में आई। सन् 1871 में अपराधी जनजाति कानून पारित किया गया और सन् 1897, सन् 1911 और सन् 1924 में इसमें संशोधन किए गए। सन् 1911 में इसके द्वारा स्थानीय सरकार को यह शक्ति मिली कि वह किसी जनजाति को अपराधी जनजाति घोषित कर सकती थी। उन्नीसवीं सदी के पूर्वार्द्ध में उत्तर भारत में ठगों और डाकुओं का बोलबाला था। भारत सरकार ने अपराध को दबाने और स्थिति को सुधारने के लिए विशेष उपाय किए। इनके लिए सन् 1830 में एक नया विभाग बनाया गया जो ठगी-डकैती विभाग कहलाता था। भारत में कई अपराधी और घुमक्कड़ आदिवासी जातियाँ हैं जो अनादि काल से अपनी जीविका उपार्जन के लिए उस तरह के जघन्य अपराध कर रही हैं जैसे यूरोप के जिप्सियों ने उन्नीसवीं शताब्दी के उतरार्द्ध में अपनाए थे। इन जनजातियों को अपराधी जनजाति कहा गया क्योंकि ऐसे लोग इन परिवारों में जन्म लेते रहे हैं।[1]

2

शासन की शासकीय नीति

इन्हें सुधारने के लिए यह आवश्यक था कि उन्हें ऐसे काम-धंधे सिखाए जाएँ जिनसे वे अपनी जीविका अर्जित कर सकें। जब तक ऐसा नहीं होता तब तक यह आशा

नहीं की जा सकती कि इन पूर्व 'अपराधियों' को अपराध से मुक्त किया जा सकेगा। इसके लिए एक योजना बनाई गई जिसके द्वारा इनके साथ सामान्य अपराधियों से अलग कार्रवाई की जा सके। इस योजना को भारत में अपराधी जनजातियों की बस्तियों का कार्यक्रम कहा गया। अपराधी जनजाति कानून में भाग दूसरे के अन्तर्गत स्थानीय शासन को यह शक्ति दी गई कि वह भारत सरकार की सहमति से किसी अधिसूचित जनजाति को किसी निर्धारित स्थान पर बसा सके और उन्हें सम्मानित नागरिक बनाने का प्रयत्न करे। अनुशासन रखने और रोजगार की व्यवस्था करने के लिए एक प्रबन्धन व्यवस्था की आवश्यकता थी। अंग्रेजी सरकार का मत था कि यह प्रबन्धन अशासकीय तंत्र के पास होना चाहिए। वह यह भी मानती थी कि जहाँ तक सम्भव हो सके धार्मिक और मानवसेवी संस्थाओं को प्रत्येक बस्ती से जोड़ा जाना चाहिए। इसके साथ बस्ती उस भाषाई क्षेत्र में होनी चाहिए जहाँ की भाषा रहवासियों की समझ में आती हो।[2]

बस्ती बसाने की नीति का उद्‌देश्य था रहवासियों को अर्जन और ईमानदार आजीविका के उचित साधन उपलब्ध कराना। हमारे देश में कृषि ही मुख्य व्यवसाय है, इसलिए भूमि के स्वामित्व को आत्म-सम्मान का प्रमुख साधन माना गया। सरकार ने रहवासियों की सहायता के लिए मानवसेवी संस्थाओं को भूमि-आवंटित की। सरकार किसी रहवासी को जमीन तभी देना चाहती थी, जब वह स्वयं को एक मेहनती और सद्‌आचरण करने वाला व्यक्ति साबित कर सके। इसके साथ रेशम के कीड़े पालने, बुनाई, चटाई और रस्सी बनाने, बागवानी जैसे वैकल्पिक उद्योग (अशक्त व्यक्तियों अथवा अतिरिक्त समय में काम करने वालों के लिए) भी बस्तियों के प्रबन्धकों द्वारा स्थापित किए गए।[3]

3

भारत में साल्वेशन आर्मी की शुरुआत

बस्तियों पर मजिस्ट्रेटों, कमिश्नरों और पुलिस उप महानिरीक्षकों का सीधा नियंत्रण था, लेकिन इनके प्रबन्धन का दायित्व साल्वेशन आर्मी, अमेरिकी बॅपटिस्ट मिशन, लंदन मिशन, कनाडाई मिशन जैसी मानवसेवी संस्थाओं को दिया गया। साल्वेशन आर्मी भारत में निर्धन और वंचित वर्गों के बीच काम करने में बहुत सक्रिय थी। विलियम बूथ टकर उन तक ईसा का सन्देश लेकर गए। लंदन में फ्रेडरिक बूथ टकर ने विलियम बूथ टकर के व्याख्यान सुन रखे थे और इनकी गूँज उन्होंने अपने हृदय में भी सुनी, जिसने उन्हें नई शक्ति प्राप्त हुई। वे मद्रास प्रेसीडेंसी के तेलुगु प्रदेश में साल्वेशन आर्मी के पदाधिकारी नियुक्त हुए थे। वे अपराधियों जैसे कपड़े पहनते थे, और कहते थे वे जब तक जेल में हैं, उन्हें आध्यात्मिक जागृति प्राप्त होती रहती है।

रूहेलखंड के आयुक्त ट्वीडी ने महत्त्वपूर्ण शासकीय प्रतिनिधि के रूप में सन् 1908 में बरेली में हुई साल्वेशन आर्मी की बैठक में भाग लिया। भारत में अपराधी जनजातियों के बीच कार्य की सम्भाव्यता के सम्बन्ध में उन्होंने आयुक्त बूथ टकर से चर्चा की। बूथ टकर गोरखपुर गए जहाँ पुलिस की अभिरक्षा में अपराधी जनजातियों के तीन सौ परिवार रह रहे थे। साल्वेशन आर्मी ने उनके साथ अपना कार्य शुरू किया और साल्वेशन आर्मी को भारत के चार प्रान्तों में कृषि और औद्योगिक बस्तियाँ स्थापित करने में सफलता मिली। उसे इन जनजातियों के बच्चों के लिए घर और स्कूल बनाने में भी सफलता मिली। सन् 1923 तक साल्वेशन आर्मी अपराधी जनजातियों की देखभाल के लिए चौबीस केन्द्र स्थापित कर चुकी थी, जिनमें लगभग कुल 7,840 व्यक्ति रहते थे। बूथ टकर ने अपराधी जनजातियों के उत्थान के लिए जी-तोड़ मेहनत की और उनके बच्चों को भारत का उपयोगी नागरिक बनाने के लिए प्रयास किया। इस तरह साल्वेशन आर्मी ने निर्धनों के लिए घर बनाए और शिक्षा, स्वास्थ्य और उद्योग के क्षेत्र में कल्याणकारी अनेक गतिविधियों का संचालन किया। साल्वेशन आर्मी ने बेघरों को घर दिए, शराबियों को नशामुक्त किया और वेश्याओं का उद्धार किया। साल्वेशन आर्मी ईसाई धर्मान्तरण में यकीन करती थी और इसके लिए लोगों को मनाती थी। आध्यात्मिक प्रेरणा के बिना समाज सेवा उसकी दृष्टि से वैसी ही थी, जैसे आत्मा के बिना शरीर।[4]

जेल की कोठरी से बाहर आकर पूर्व अपराधियों ने पाया कि उन्हें 'जेल का पंछी' कहकर कोसा जाता है। 'घर से दूर, चरित्र से वंचित, सलाह या सहायता देने के लिए कोई साथ नहीं'।[5] साल्वेशन आर्मी को जेल जीवन के इस अभिशाप से अपराधियों के पुनर्वास का कार्य करने की प्रेरणा मिली। जब रूहेलखंड के आयुक्त ट्वीडी और संयुक्त प्रान्त की सरकार के सदस्यों ने बूथ टकर से इस काम को हाथ में लेने का आग्रह किया, तो उन्होंने इसका प्रयास डोमों पर प्रयोग के रूप में किया। कई स्थानों पर वे इस तरह का काम कर रहे थे[6] जैसे, फजलपुर, काँठ, बरेली, साहबगंज, गोरखपुर, कल्याणपुर और अन्य स्थान। पंजाब में बस्तियों में रखी गईं अपराधी जनजातियों के उत्थान के लिए कई मानवतावादी संस्थाएँ सक्रिय थीं, जैसे (1) कनाडाई मिशन, (2) मुख्य खालसा दीवान, (3) देव समाज, (4) अंजुमन इस्लामिया, (5) अहमदिया सोसाइटी, (6) अहमदिया अंजुमन इतिहाद ए इस्लाम, (7) सनातन धर्म सभा, (8) आर्य समाज और (9) पंजाब हिन्दू सभा। इस तरह साल्वेशन आर्मी ने भारत के लगभग सभी राज्यों में और विदेशों में भी इस तरह की बस्तियाँ स्थापित की[7] जैसे—मद्रास के तेलुगु भाषी क्षेत्र, उगांडा, फिलडेलफिया, नेपाल, बम्बई, उड़ीसा, त्रावणकोर, बंगाल, मद्रास, तिरुवन्तपुरम इत्यादि में।

मद्रास प्रेसीडेंसी में साल्वेशन आर्मी ने कई बस्तियाँ बनाईं, जो सफल हुईं। इस तरह घुमन्तू जनजातियों को एकत्र करके बस्ती में स्थापित करने की नीति पर अमल

किया गया। रहवासियों पर सावधानी से ध्यान दिया जाता था। उन्हें रोजगार दिए जाते थे। उनके बच्चों की शिक्षा के लिए व्यवस्था की जाती थी। रात्रि में उन्हें अपनी झोंपड़ियों में वापस आकर एक बाड़े में समय बिताना पड़ता था, जो कड़ी निगरानी में होता था। अपराधी जनजातियों की यह बस्तियाँ सुधारगृहों की अपेक्षा खुली जेल के समान थीं। सरकार ने इन दो आधारों से काम शुरू किया, कपाड़िया ने कहा था : एक, 'एक विशेष समुदाय में जन्म लेने वाला व्यक्ति जाति, वंश, लिंग और आयु पर ध्यान दिए बिना अपराधी जाना जाएगा' और दूसरा, 'एक बार का अपराधी सदा अपराधी रहता है', इस नीति का पालन किया जाएगा।'[8]

साल्वेशन आर्मी पर आन्ध्र प्रदेश में सीतानगरम और स्टुअर्टपुरम के अतिरिक्त मद्रास नगर में कई बस्तियों का दायित्व था।[9] सीतानगरम में एक केन्द्र निर्मित करके वहाँ कुछ स्त्रियों को रखा गया जिनके पति जेल में थे। दिसम्बर, 1912 में मद्रास सरकार ने सीतानगरम बस्ती का भार लेने के लिए साल्वेशन आर्मी को नियमित और अनियमित, दोनों ही प्रकार के अनुदानों की स्वीकृति दी। साल्वेशन आर्मी के मेजर मेकेंजी ने सीतानगरम बस्ती का कार्य-भार सँभाला।[10] वहाँ रहवासियों की संख्या इतनी बढ़ गई थी कि उसे सँभालना मुश्किल हो गया था। अत: अंग्रेजी सरकार ने बेथापुडी में एक और बस्ती बनाई जो बाद में स्टुअर्टपुरम के नाम से जानी गई। वहाँ मुख्य उद्यम खेती था और सीतानगरम में दूसरे व्यवसाय के रूप में पत्थरों का खनन किया जाता था। मद्रास प्रेसीडेंसी के तत्कालीन उप महानिरीक्षक (पुलिस) हेनिग्टन ने रिपोर्ट दी कि कावाली बस्ती में अमेरिकन बॅपटिस्ट मिशन और साल्वेशन आर्मी के रोबिलियार्ड द्वारा स्टुअर्टपुरम में किया गया कार्य बहुत उच्च स्तर का है। वहाँ और अधिक भूमि दिए जाने की माँग की जा रही थी और इसलिए सरकार ने उन्हें कृषि के लिए और भी भूमि उपलब्ध कराई। प्रबन्धन में कड़ाई की गई। इससे पलायन में कमी आई। बस्तियों में स्कूल स्थापित किए गए। स्कूलों से बुनकरों को जोड़ने के लिए उन्हें करघे दिए गए जिससे स्कूल जाने वाले विद्यार्थियों को रोजगार मिल सका। बस्ती में चटाई बनाने, धातु-कर्म और बढ़ईगीरी जैसे लघु कुटीर उद्योग भी स्थापित किए गए।[11]

वर्ष 1917 में साल्वेशन आर्मी ने सीतानगरम बस्ती को बन्द करने का निर्णय लिया। बस्ती में दो गम्भीर महामारियाँ—हैजा और चेचक—फैली थीं। रहवासी क्षुब्ध होकर वहाँ से बड़ी संख्या में पलायन कर रहे थे। कुछ समय बाद रोजगार की उपलब्धता और अच्छी वर्षा से बस्ती की परिस्थितियों में सुधार हुआ। बस्ती का प्रबन्धक उनके लिए किसी तरह के रोजगार की व्यवस्था करता था ताकि वे जीवन-यापन कर सकें।[12] बुनाई, लकड़ी का काम, पत्थर तराशना, और रोजगार के अन्य साधनों से वे सारे साल व्यस्त रहते थे। सीतानगरम की विशेषता यह थी कि यह एक दंडात्मक बस्ती थी जिसमें जनजाति के असाध्य अपराधी रखे जाते थे। सरकार

को बस्ती का नियंत्रण और प्रबन्ध हस्तान्तरित किए जाने तक परिस्थितियाँ अच्छी रहीं। जब रहवासियों को समुचित कार्य नहीं मिल रहा था तब साल्वेशन आर्मी और सरकार ने बस्ती के प्रबन्धक के साथ परामर्श करके रहवासियों को अन्नामलाई के बागानों में काम करने के लिए भेजना शुरू किया।[13]

4

अपराधी जनजातियों के बीच अमेरिकी बॅपटिस्ट मिशन (तेलुगु) के काम का प्रारम्भ

अमरीकी बॅपटिस्ट मिशन संघ सन् 1814 से सन् 1835 तक बंगाल की खाड़ी के पूर्वी तट पर मिशन का कार्य करता रहा था। उसने तेलुगु क्षेत्र में अपनी शाखा बनाने का निर्णय किया। रेवरेंड एस.एस. डे सन् 1836 में विशाखापटनम पहुँचे। वे पहले मद्रास गए, और वहाँ से आकर सन् 1836 की फरवरी में नेल्लोर में मिशनरी कार्य का शुभारम्भ किया। रेवरेंड डे सन् 1845 में अमेरिका वापस चले गए। बीमारियों के कारण उनका स्वास्थ्य गिर रहा था और उनके पास ऐसे स्वयंसेवक नहीं थे, जिन्हें वे अपनी अनुपस्थिति में परिवार के पास नेल्लूर में छोड़ सकें।[14] बाद में लेनम जेवट ने अपनी सेवाएँ देना तय किया। सन् 1860 में जेवेट तीन महीने ओंगोल में रहे और जाति बाहर माला (हरिजन) समुदाय के अनेक बुनकरों को दीक्षा दी। सन् 1926 तक चर्च के हिसाब में यह संख्या 1,40,000 तक पहुँच गई थी। क्रमश: इसका विस्तार कुरनूल, कम्बम, नरसारावपेट, बापट्ला, विनुकोंडा, पोडिली और अन्य स्थानों तक हुआ।[15]

अमरीकी बॅपटिस्ट मिशन ने लोगों के दिमागों को प्रभावित करने के लिए शिक्षा को माध्यम बनाया, उस उम्र में जब वे अतिसंवेदनशील होते हैं। अनेक कथित रूप से अस्पृश्य कहलाने वाले वर्ग उनके प्रभाव में आ गए थे जिनकी स्थिति और सम्मान हिन्दू समाज में छिन चुका था। ईसाई धर्म उन्हें शिक्षा के साथ आर्थिक लाभ भी देता था।[16] इससे अधिक महत्त्वपूर्ण यह था कि यह स्थिति उन्हें रूढ़िग्रस्त और भेदभाव वाले समाज में अनुपलब्ध आत्मसम्मान और समानता भी प्रदान करती थी। उदाहरण के लिए, कावाली बस्ती का प्रारम्भ तब हुआ जब येरुकलाओं के बीस परिवार बुलर्ड के पास आए और उन्होंने उनसे प्रवेश दिए जाने की माँग की, वे ईसाई बनने को तैयार थे। बुलर्ड ने इसे अपना कर्तव्य मानकर उन येरुकलाओं में रुचि ली। इसके अलावा बुलर्ड कावाली में दलित वर्ग के लिए एक बस्ती बनाने की योजना पर विचार कर रहे थे। उन्होंने अपनी इच्छा से नेल्लोर के जिला मजिस्ट्रेट और पुलिस अधीक्षक को अवगत कराया। दीवान बहादुर रामचन्द्र राव और सी.एम. एकिन्सन क्रमश: इन पदों पर थे। दोनों इस सुझाव के पक्ष में थे। वे इस मामले को ओंगोल

के जे.एम. बेकर और रामपटनम के जे. हीट्रिकीस के पास ले गए। उन दोनों ने न केवल इसकी अनुमति ही दी बल्कि येरुकला परिवारों के रोजगार के लिए रु. 1,200 की आर्थिक सहायता भी प्रदान की।[17]

कावाली में इस तरह का कार्य विशेष रूप से सराहनीय था। यह जगह स्वास्थ्यवर्धक थी और आसपास के गाँवों में वहाँ काफी ऐसी खाली जमीन पड़ी हुई थी, जिस पर किसी का स्वामित्व नहीं था। पानी की भरपूर उपलब्धता होने से उस जमीन को सुधार करके उसे खेती के लायक बनाया जा सकता था। इतना ही नहीं, वहाँ अमरीकी बॅपटिस्ट मिशन के पास अपनी पर्याप्त जगह थी, जो देखभाल, स्कूल, उद्योग और प्रारम्भिक कार्य के काम में ली जा सकती थी। अमरीकी बॅपटिस्ट मिशन ने सहर्ष इस प्रस्ताव को स्वीकार कर लिया कि वह जहाँ तक सम्भव होगा अपराधी बस्ती के सामाजिक, औद्योगिक, शैक्षणिक और स्वच्छता विषयक सुधारों में अपना योगदान देगा, यदि सरकार प्रारम्भिक अनुदान के रूप में प्रति परिवार रु. 100 और वार्षिक प्रति परिवार रु. पचास दे, तथा बस्ती से कामचलाऊ दूरी पर, प्रत्येक परिवार को स्थायी रूप से तीन से पाँच एकड़ तक जमीन उपलब्ध कराए, जो खाली हो लेकिन जोतने योग्य हो या जोतने योग्य बनाई जा सके। बुलर्ड सभी रहवासियों पर प्रत्यक्ष नियंत्रण चाहते थे, ताकि वह अपने प्रयोग कर सकें और मिशन को अपना लक्ष्य प्राप्त करने तक उनका पुनर्वास किया जा सके। इस बस्ती की सबसे विशेष बात इसका स्कूल था, जिसका प्रबन्ध बड़ी योग्यता से कुमारी बुलार्ड करती थीं। नेल्लोर के तत्कालीन जिला मजिस्ट्रेट दीवान बहादुर रामचन्द्र राव ने मद्रास सरकार के मुख्य सचिव को लिखा था, 'लगभग चालीस छात्र आए थे और उन्होंने मुझे प्रभावित किया। वे प्रतिभाशाली थे और अन्य छात्रों की तुलना में साफ-सुथरे तथा स्वस्थ थे।'[18]

सन् 1914 में बाडेन ने बस्ती का कार्यभार सँभाला और जल्दी ही उन्होंने एक कुशल प्रबन्धक की प्रतिष्ठा अर्जित कर ली। जनवरी, 1917 में बिट्रगुंटा बस्ती येरुकलाओं और दसारियों के साथ स्थापित की गई थी। वे पूरे साल तक रहवासियों को व्यस्त रखते थे। जहाँ तक इन रहवासियों की धार्मिक आस्थाओं का प्रश्न है, वे दुरात्माओं से डरते जरूर थे लेकिन उन्हें देवताओं से भय नहीं लगता था। पूजा से उनका काम चल जाता था। जिन निवासियों को दैनिक क्रम, प्रात:कालीन उपस्थिति और प्रार्थना में भाग लेने की इच्छा थी, उन्हें इसका अवसर दिया गया। रविवार छुट्टी का दिन होता था। सुबह कम-से-कम दो घंटे और शाम को एक घंटा प्रवचनों के लिए निर्धारित किया गया। बिट्रगुंटा में चर्च बनाया गया और बस्ती के कई सदस्य ईसाई बन गए। इनमें से प्रत्येक बस्ती के लिए धर्मप्रचारकों की व्यवस्था की गई। कावाली और अल्लूर के चर्चों में बस्ती के कई येरुकलाओं और दसारियों ने बॅपटिस्ट सम्प्रदाय को अपना लिया। रेवरेंड बाडेन ने कहा कि उन्हें ईसाई धर्मान्तरित करने में न तो कोई बाध्यता थी और न ही इसके लिए दबाव डाला जाता था। जब माइचे इनीज़

ने बस्ती के धर्म को लेकर प्रश्न किया तो उनका उत्तर था—'उनमें से कुछ हिन्दू हैं लेकिन अधिकांश प्रकृतिवादी हैं।'[19]

वर्ष 1915 में कुछ येरुकलाओं ने आश्चर्यजनक रूप से मद्रास सरकार के मुख्य सचिव को एक पत्र भेजा। उन्होंने लिखा था कि उन्हें उनके मूल स्थानों से लाकर कावाली बस्ती का सदस्य बनाया गया है। जरूरी आवश्यकताओं के अभाव के अतिरिक्त पूर्व 'अपराधियों' ने अपनी कठिनाइयों की शिकायत भी अधिकारियों से की। एक याचिकाकर्ता ने लिखा कि यदि हम बस्ती के प्रबन्धक से अपने साथ होने वाले अन्यायपूर्ण व्यवहार की शिकायत करते हैं तो हमें पीटा जाता है। हर सुबह स्त्री-पुरुषों को धर्म-सभा में लाया जाता है और झोंपड़ियों में बच्चे अकेले छूट जाते हैं। 'बस्ती में प्रबन्धक उन्हें उत्पीड़ित करता है।'[20]

याचिकाकर्ताओं ने मुख्य सचिव से विनम्र भाव से बस्ती के प्रबन्धकों से उनकी रक्षा करने की याचना की थी। उनके कबीले में पाँच गिरोह थे। उन्हें करों की अदायगी के लिए अपने मूल-स्थान जाने की इजाजत नहीं थी।[21] यह पहली या आखिरी याचिका नहीं थी, वे चाहते थे कि सरकार उन्हें अपने मूल गाँवों में जाने की अनुमति प्रदान कर दे।[22] उन्होंने मद्रास के गवर्नर को एक अन्य याचिका दी जिसमें धार्मिक प्रताड़ना का उल्लेख था। बोचू वेंकय्या, गुरावैया, तथा कम्पापेडा नागैया ने इस याचिका में कहा था कि उन्हें सुबह चर्च में उपस्थिति के लिए जबरन बुलाया जाता है, और उन्हें प्रार्थना के काल में पगड़ी उतारकर नंगे सिर रहना होता है। यदि वे ऐसा नहीं करते तो उनको एक घंटा खड़े रहने की सजा मिलती है।[23] बच्चों से भी घरों और स्कूल में प्रार्थना करवाई जाती है। रविवार की प्रार्थना अनिवार्य होती है।[24] इस प्रकार याचिकाकर्ताओं ने अधिकारियों से विनम्रतापूर्वक जाँच करने और उन्हें जाति और धर्म की स्वतंत्रता दिए जाने की माँग की।[25] 1939 की बम्बई जाँच समिति ने ईसाई मिशनरियों की देख-रेख में चल रही अपराधी बस्तियों की व्यवस्थित रूप से जाँच की और मिशनरियों की निम्न आधारों पर भर्त्सना की[26]—(1) पाठ्यक्रम में धार्मिक शिक्षा, (2) मिशन संस्थाओं द्वारा गैर ईसाई लोगों के साथ ईसाइयों के पक्ष में किया जाने वाला भेदभाव, (3) मिशन संस्थाओं द्वारा अपने धर्म के लिए किया जाने वाला खुला प्रचार और (4) मिशनरियों द्वारा बस्ती के कोष का दुरुपयोग।[27] उदाहरण के लिए, शोलापुर बस्ती में पाँच सौ रुपए में प्राय: पेम्फलेट छापे जाते थे और यह भुगतान बस्ती के खर्च में डाल दिया जाता था।[28]

5

साल्वेशन आर्मी की राजनीति

साल्वेशन आर्मी की स्थापना जनरल विलियम बूथ ने की थी और कमिश्नर बूथ टकर भारत में साल्वेशन आर्मी के अधिकारी थे।[29] साल्वेशन आर्मी सन् 1882 में पहली

बार भारत में आई थी। भारत में आन्ध्र प्रदेश के कई जिलों में यह 26,000,000 लोगों के बीच काम कर रही थी।[30] मद्रास और तेलुगु देश में ब्रिगेडियर ब्लोअर्स आर्मी के कामों के प्रभारी थे। बाद में मिलड्रेड मेकेंजी को तेलुगु देश का प्रभारी नियुक्त किया गया। ब्रिगेडियर ब्लोअर्स ने मेकेंजी से कहा था, तुम्हें बापट्ला कस्बे के पास की जगह से एक नए अभियान का सूत्रपात करना है।[31]

साल्वेशन आर्मी के प्रबन्धकों ने जल्दी ही भारतीय तौर-तरीके अपना लिए। वे तेलुगु जनता से प्यार करने लगे। एक साल्वेशन आर्मी प्रबन्धक ने कहा—मैंने जैसे ही उन्हें देखा, मैं उनसे प्यार कर बैठा।[32] उन्होंने पश्चिमी लिबास छोड़कर भारतीय वेशभूषा पहननी शुरू कर दी। वे धोती, पगड़ी, कोट और कुर्ते में रहने लगे। भारतीय ढंग का भोजन लेने लगे। साल्वेशन आर्मी के प्रबन्धक जल्दी ही भारतीय शिष्टाचार से वाकिफ हो गए। भाषा मिशनरियों के लिए एक बड़ी बाधा थी, लेकिन जनता से संवाद की नैसर्गिक आदत से यह भी मुश्किल नहीं रहा। धीरे-धीरे वे स्थानीय भाषा तेलुगु से परिचित हुए और इसका प्रयोग करने लगे। बार-बार के अभ्यास से उन्हें तेलुगु बोलने, समझने और दूसरों को तेलुगु में समझाने की आदत पड़ गई।

साल्वेशन आर्मी ने मुखर तरीकों से काम किया—सड़क पर जुलूस, झंडे, गायन और प्रचार का इस्तेमाल किया। पुरुषों से काम पर जाने को कहा गया। स्त्रियों से कहा गया कि वे अपने घरों को साफ और व्यवस्थित रखें। साल्वेशन आर्मी सोचती थी कि एक ऐसा व्यक्ति जो बोल नहीं सकता, अपनी बात समझा नहीं सकता, वह सुधार लाने के लायक नहीं है।[33] साल्वेशन आर्मी के अधिकारियों ने चिनागंजम प्रशिक्षण केन्द्र में स्वयंसेवकों को प्रशिक्षित किया। यह प्रशिक्षण नौ महीने का था। प्रशिक्षण के बाद उन्हें उनके गाँवों में ईसाई तरीके समझाने के लिए भेज दिया जाता था। उनसे अधिकारियों का सम्पर्क बना रहता था। आने वाले अधिकारी आसपास रहने वाले युवाओं से उनकी समस्याओं की पूछताछ करते थे और उन समस्याओं का हल करते थे।[34] 'निम्न' शूद्र जातियों में, इससे एक विशेष जन आन्दोलन विकसित हो गया। इसमें सर्वाधिक येरुकला शामिल थे, इसके बाद दसारी, फिर वोड्डार और यनाडी और गोलाओं की संख्या थी। ये जातियाँ अधिक तेजी से और व्यापक स्तर पर सामने आईं। येरुकला के अनेक परिवार ईसाई बन गए। यह कहा गया कि 'उन सबको विश्वास हो गया है कि ईसाई धर्म सच्चा है। येरुकलाओं के लिए यही मुक्ति का मार्ग है। कुछ लोगों ने अपनी मूर्तियों की पूजा इतने लम्बे समय से की थी कि उनके मानस का उन मूर्तियों का प्रभाव दूर होने में समय लगा। कुछ को अपने पापों में इतना आनन्द मिलता था कि उन्हें अचानक त्यागने के लिए वे तैयार नहीं थे, लेकिन ये सब पाँच या दस वर्षों में ईसाई बन जाएँगे।'[35] येरुकलाओं और वोड्डारों के ईसाई धर्मान्तरण के तीन मुख्य कारण थे। ये हैं—(1) धर्मान्तरित जातियों के जीवन में बदलाव, (2) हिन्दू धर्म में उनकी आस्था का विलोप और (3) स्कूलों

और चर्चों का उन पर प्रभाव।[36] साल्वेशन आर्मी ने चेल्लाकूट में अनेक हिन्दुओं का धर्म-परिवर्तन किया। हिन्दू पूछते थे कि यदि हम ईसाई बन गए तो क्या होगा? साल्वेशन आर्मी के अधिकारी उत्तर देते थे, 'इसका अर्थ होगा पुराने संस्कारों से बाहर आना, मूर्तियों से मुक्ति, जादू-टोना और अन्धविश्वासों को छोड़ना, हर बुराई और शराबखोरी से पीछा छूटना।'[37] चेल्लाकूट साल्वेशन आर्मी का गाँव बन गया। उपासना के लिए वहाँ एक बड़े कक्ष का निर्माण किया गया। इससे हिन्दू पुरोहितों में नाराजगी फैल गई।[38]

तेनाली सम्भाग एक जाति आधारित इलाका है। यहाँ हिन्दू प्रभाव बहुत अधिक है। किसी ईसाई के लिए यहाँ कोई जगह नहीं है। इतनागरापाडु नामक एक गाँव में साल्वेशन आर्मी के प्रबन्धक ने कई हिन्दुओं को ईसाई बना लिया था। यहाँ ईसाइयत का एक केन्द्र बन गया था, जहाँ 'अन्धकार, मूर्तिपूजा, जादू-टोने और अन्धविश्वासों के अभिशापों से' मुक्ति मिलती थी, ऐसा दावा किया जाता था।[39] अप्पीकुट्टाला बापट्ला से छह मील दूरी पर था। साल्वेशन आर्मी के प्रबन्धक ने कहा था, 'किसी पाठक के लिए यह छोटी-सी बात हो सकती है लेकिन जिसने इस बस्ती में परिश्रम किया है, उसके लिए यह बहुत बड़ी बात है।' शराबखोरी, अन्धविश्वास, टोना-टोटका और प्रेत-पूजा के भयावह अभिशाप यहाँ उनके पुराने जीवन पर छाए हुए थे। ये जिले का सबसे निराशाजनक स्थान था, जिसके लिए एक साल्वेशन आर्मी ऑफिसर ने हताशा से कहा था कि 'समय और धन का अन्यत्र लाभदायक इस्तेमाल किया जा सकता है।'[40]

एक ब्राह्मण या दसारी हिन्दू रस्मों के साथ हिन्दुओं के लिए विवाह-संस्कार पूरे करवाता था। साल्वेशन आर्मी का कहना था कि 'किसी ईसाई के लिए हिन्दू रस्मों के साथ विवाह करना गैरकानूनी है। उसे ईसाई पद्धति से ईसाई रस्मों के अनुसार विवाह करना चाहिए।'[41] इसका उल्लंघन करने वालों को नोटिस दिए गए जिनमें कहा गया था कि 'जो लोग अपने आपको ईसाई होने का दावा करते हैं और हिन्दू पुरोहित को विवाह सम्पन्न करवाने के लिए बुलाते हैं, ऐसा हिन्दू पुरोहित ईसाई कानून के विरुद्ध काम कर रहा होता है, और उस पर मुकदमा चलाया जा सकता है।'[42]

सन् 1872 के ईसाई-विवाह कानून में ईसाई-विवाह के नियम को और कठोर किया गया और अनधिकृत रूप से ऐसे विवाह करने वालों के लिए सजा कड़ी कर दी गई, जिनमें से कोई एक या दोनों पक्षों में कोई ईसाई है।[43] साल्वेशन आर्मी के एक अधिकारी का कहना था कि 'ईसाई नियमों की रक्षा की जानी चाहिए, हम अपने सिद्धान्तों में कोई ढील नहीं दे सकते। हमारे लोग मानते हैं कि मिश्रित विवाहों का कोई नियम नहीं है। यह क्रिश्चियन समाज है इसलिए क्रिश्चियन परिवार से प्रारम्भ होना चाहिए।'[44]

हिन्दू इसके विरोध में थे। वे अपने तरीके से विवाह करते रहे। मजिस्ट्रेट के सामने अभियोग पत्र प्रस्तुत किया गया। मजिस्ट्रेट घबराए हुए थे। इस तरह के मामले

ऊँची अदालत के सामने निर्णय के लिए भेज दिए गए।[45] साल्वेशन आर्मी ने भारतीय युवकों और युवतियों को परिवीक्षा काल में रखा। उन्हें साल्वेशन आर्मी के सिद्धान्त, दस ईश्वरीय आदेश, मुक्ति का मार्ग, वैवाहिक प्रतिज्ञाओं की पवित्रता की शिक्षा दी गई।[46] परिवीक्षा अवधि पूरी होने पर उन्हें विवाह की अनुमति मिली। दम्पती के सिर पर साल्वेशन आर्मी का ध्वज लहराया गया। खुले विवाह-समारोह में अनेक व्यक्ति उपस्थित थे। इससे एक सनसनीखेज माहौल बना, और आसपास के क्षेत्र को यह समझ में आ गया कि ईसाई-नियमों की अनदेखी नहीं की जा सकती।

गर्मियों का मौसम ग्रामीण भारत में कहर लेकर आया, और भयावह महामारी हैजा फैल गया। इसे एक देवी का प्रकोप समझा जाता था। इस देवी को 'अम्माँ' पुकारा जाता था। वह विनाश की माँ थी और उसकी आराधना आवश्यक थी। उसे गाँव से विदा करने के लिए पुरोहितों ने अनुष्ठान किए। मृतक और मरने वाली हालात के लोग आसपास पड़े हुए थे। बीमारी घर-घर तक व्याप्त हो रही थी। चिकित्सा-अधिकारियों ने घर-घर जाकर उन सभी लोगों के मुँह में दवाएँ डालीं जिनके ठीक हो जाने की सम्भावना थी। मृतकों को दफनाने के लिए ले जाया गया। एक कब्र में साल्वेशन आर्मी के अधिकारी ने तीस शवों को मिट्टी दी।[47] साल्वेशन आर्मी ने तेलुगु क्षेत्र में अपने तीन कार्यालय, नेल्लोर, बापट्ला और एलोर में बनाए। साल्वेशन आर्मी ने इसे एक सामाजिक आन्दोलन बताया। गोदावरी डेल्टा के क्षेत्र में साल्वेशन आर्मी ने कावाली और भोगलपुर में काम किया। ये जगहें बदमाशों के कारण बदनाम थीं। लोग शराब पीकर झगड़ा करते थे, लोग कुंद-दिमाग वाले, कड़े मेहनती तथा कठिनाई से जीवन-यापन करते थे।[48] वे बाजारों में गप्पें मारते थे। साल्वेशन आर्मी ने वहाँ श्रमिक वर्गों, खेतिहरों और दलित वर्गों के बीच काम किया।

भारत में साल्वेशन आर्मी सन् 1910 में नए अभियानों के साथ आई। सरकार ने कुछ सामाजिक समस्याओं को सुलझाने में सहायता के लिए साल्वेशन आर्मी से सम्पर्क किया था। यह साल्वेशन आर्मी के लिए सबसे ज्यादा कठिन काम था। इन लोगों के सुधार के लिए सरकार ने मिशनरियों के कार्य को सन्तोषजनक पाया। इनमें साल्वेशन आर्मी, अमेरिकी बॅपटिस्ट (तेलुगु) मिशन और अन्य मानवसेवी संस्थाएँ शामिल थीं। साल्वेशन आर्मी ऐसा पहला संगठन था जिसने अपराधी जनजातियों के बीच कदम रखा।[49] उन्होंने अपने अभियान का प्रारम्भ उत्तर प्रदेश में डोमों के पुनर्वास से किया था।[50] अपने सफल प्रबन्धन के कारण साल्वेशन आर्मी ने भारत की सभी राज्य सरकारों का ध्यान आकर्षित किया। मद्रास सरकार ने अपनी जनजाति बस्तियों और घरों से सम्बन्धित प्रबन्ध को देखने के लिए साल्वेशन आर्मी को आमंत्रित किया। जैसा कि दादाभाई नौरोजी ने कहा था : 'समय-समय पर साल्वेशन आर्मी की सहायता ली गई है। साल्वेशन आर्मी हो या अन्य कोई सुधारक संगठन, इस तरह की जनता के बीच काम करने और उन्हें बुरी आदतों से छुटकारा दिलाने के लिए

धार्मिक उत्साह एक आवश्यक तत्त्व है।'[51] भारत में साल्वेशन आर्मी के संस्थापक विलियम बूथ टकर अपनी निस्स्वार्थ सेवा के लिए जाने जाते थे।[52] इस तरह आन्ध्र प्रदेश में साल्वेशन आर्मी ने दो बस्तियों का सफलतापूर्वक प्रबन्धन किया—एक सीतानगरम (1913) में और दूसरी स्टुअर्टपुरम (1914) में।[53]

1910 में साल्वेशन आर्मी ने येरुकला के घुमक्कड़ कबीलों से सम्पर्क स्थापित करने की महत्त्वपूर्ण सफलता हासिल की। सरकार उन्हें 'अनुवांशिक अपराधी' के रूप में जानती थी। पुलिस के पास उनका रिकॉर्ड था और उनके परिवारों के अनेक मुखिया जेलों में बन्द थे। कृष्णा, नेल्लोर, गुंटूर और चित्तूर जिलों के पुलिस-अधीक्षकों और मद्रास सरकार के गृह सचिव हेरोल्ड स्टुअर्ट ने साल्वेशन आर्मी से चर्चा की। उन्होंने इससे इन जनजाति की बस्तियों का दायित्व सँभालने का अनुरोध किया। वे समझते थे कि साल्वेशन आर्मी इन घुमक्कड़ जनजातियों को कृषि और औद्योगिक बस्तियों में बसाने का काम कर सकेगी। यह बताया गया था कि येरुकला पहले व्यापारी थे, उनके पुरखे जानवरों पर नमक, अनाज और दूसरी चीजें लाद कर ले जाते और बेचते थे, लेकिन रेलों और दूसरे संचार साधनों की प्रगति से उनका व्यापार छिन गया। उनकी जीविका जाती रही, दूसरा कोई काम उन्हें आता नहीं था, और वे अपराध करने लगे।[54]

सन् 1913 में मद्रास प्रेसीडेंसी के तेलुगु क्षेत्र की अपराधी जनजातियों पर कार्य करने के लिए साल्वेशन आर्मी के अधिकारी मेकेंजी की नियुक्ति अधीक्षक के रूप में की गई। उन्होंने 5,000 पुरुषों, स्त्रियों और बच्चों के साथ अपने अभियान की शुरुआत की। मद्रास प्रेसीडेंसी में साल्वेशन आर्मी द्वारा बसाई गई पहली बस्ती सीतानगरम में थी। यह बेजवाड़ा के पास पुरानी रेल कॉलोनी में है।[55] उन्होंने जेल में बन्द कैदियों से बात की। बस्ती में सबसे पहले बसाने के लिए उन्होंने जेल से रहवासियों का चुनाव किया। साल्वेशन आर्मी द्वारा अधिकृत बस्ती में अपनी पत्नी, बच्चों और परिवार के साथ रहने का वादा साल्वेशन आर्मी ने इन रहवासियों के साथ किया। केवल उन्हीं व्यक्तियों का चुनाव किया गया जो बस्ती में रहने के लिए तैयार थे।[56] रहवासी जंजीरों में बाँधकर वहाँ लाए गए। पुलिस उनके साथ थी। बस्ती के भीतर साल्वेशन आर्मी के अधिकार में उन्हें छोड़ दिया गया। फिर नए समूह लाए गए। जनजातियों को आपत्ति थी कि 'उन्होंने कभी अपराध नहीं किया, असल अपराधी तो पुलिस है।'[57] बस्ती में बाद में और बड़े समूह अपने गधों के साथ वहाँ पहुँचे। ये आदिवासी समुद्र तट के शासकीय नमक कारखानों से नमक लाकर भीतरी इलाकों में पहुँचाते थे। इस यात्रा में वे अवैध कारोबार भी करते थे, वे अन्य गिरोहों द्वारा चुराई गई चीजों को ठिकाने भी लगाते थे। उन्हें इस प्रकार बस्ती में लाया गया।[58]

साल्वेशन आर्मी के सामने इन आदिवासियों को रोजगार देने की समस्या थी। एक हजार से ज्यादा लोगों के लिए रोजगार की आवश्यकता थी। बेजवाड़ा के लोक

निर्माण विभाग ने साल्वेशन आर्मी को सिंचाई की नहरों को गहरा करने का काम दिया। रहवासियों को पत्थर की खदानों में काम करने का प्रशिक्षण दिया गया। उन्हें पहाड़ों पर चढ़कर बारूद से पत्थरों को उड़ाना सिखाया गया। वे एक बार में भारी मात्रा में पत्थर लाते थे, अन्य टूटे हुए पत्थरों को ले जाते थे। और भी रहवासी थे जो खेतों पर काम करते थे। रहवासियों को सैकड़ों एकड़ जमीन दी गई थी। उन्हें अन्य व्यवसायों, जैसे टोकरी, चटाई, रस्सी बनाना, बुनाई और रेशम कातने में भी लगाया गया।[59] इससे उन्हें अच्छी मजदूरी मिल जाती थी।

अपने प्रारम्भिक कार्यकाल में साल्वेशन आर्मी के सामने तनाव, संघर्ष और नैराश्य बना रहा। इन लोगों को अनुशासन में रख पाना बहुत कठिन था। सर हेरोल्ड स्टुअर्ट ने मेकेंजी से कहा था—'मैं तुम्हें इन अपराधी जनजातियों के सुधार के लिए बीस वर्ष का समय देता हूँ।'[60] नियम-कायदे बनाए गए और उन्हें लागू किया गया। शराब प्रतिबन्धित कर दी गई। कभी-कभी शराब चोरी-छिपे लाई जाती थी और इसके कारण छोटे-मोटे झगड़े होते थे। खेलकूद, प्रतिस्पर्द्धाओं और मनोरंजन को बढ़ावा दिया गया। वे कुछ मिनट से ज्यादा किसी की कोई बात नहीं सुनते थे। प्रश्न किए जाते थे और जवाब मिलता था। लोग अनुशासनहीन थे। वे जोर-जोर से बोलते थे। प्रबन्धक ने शिकायत की, 'असफलता, पराजय, निराशा और आत्मिक अवसाद मुझ पर हावी है... इससे बचने के लिए मैं उस पहाड़ी को देखता हूँ जो कॉलोनी के किनारे सैकड़ों फीट ऊँची है और मैंने उस पर चढ़ने का सोचा। मैं शिखर तक पहुँच गया। आसमान नीला और स्वच्छ था। मैंने नीचे अपनी निराशा को झाँक कर देखा, और उस निराशा में अपना सिर उठाया तो वहाँ मेरे आकाशीय पिता का चेहरा था।'[61] प्रबन्धकों ने अनुभव किया कि 'यह बुराई की शक्तियों के साथ उनके संघर्ष का अन्त नहीं है, बल्कि यह उनके लिए नई शक्ति और आत्मविश्वास का प्रारम्भ है।' रहवासियों को अनुमति-पत्र के साथ बस्ती से बाहर जाने की छूट थी। यह अनुमति-पत्र प्रबन्धक अपने हस्ताक्षर से जारी करता था। यदि कोई येरुकला बिना अनुमति-पत्र के मिलता था तो पुलिस उसे पकड़ लेती थी। कॉलोनी में नए सहायक लाए गए थे। वे पास के बैजवाड़ा में कुछ लोगों के साथ झगड़ते हुए मिले। जिन लोगों को जेल जाने से बचा लिया गया था, उन्होंने इसके लिए कोई कृतज्ञता व्यक्त नहीं की। वे जल्दी ही भाग जाते थे। पुलिस ने उन्हें पकड़ा और जेल ले गई। जब उनसे उनके मूलगाँव का नाम पूछा गया तो उन्होंने दबे स्वर में बताया—'राजमूंदरी सेंट्रल जेल'।[62]

कुछ ऐसे थे जो अपने प्रबन्धक के प्रति आदर दिखाते थे और उसका परामर्श मानते थे। इससे कठिन स्थितियों में रहवासियों को सहायता मिली। रहवासियों का प्रबन्धकों के प्रति सम्मान प्रबन्धकों के व्यवहार की वजह से था। एक प्रबन्धक ने बताया, 'रहवासियों के बीच रहते हुए मेरी कोई चीज कभी गुप्त नहीं हुई, बस्ती में रहते हुए मैंने कभी अपने दरवाजे पर ताला नहीं लगाया।'[63]

इसलिए जब पुलिस ने प्रबन्धकों के सामने चोरी के कुछ मामले रखे तो प्रबन्धकों को झटका लगा और उन्हें दुःख हुआ। सीतानगरम बस्ती से दो शाखाएँ निकलीं— (1) गुंटूर का 1913-1917 तक का कैदी आवास-गृह और (2) स्टुअर्टपुरम बस्ती सन् 1914।[64] कैदी आवास-गृह का सम्बन्ध उन बन्दियों की सुरक्षा से था, जिनके पास सहारे का कोई और साधन नहीं था। शासन ने साल्वेशन आर्मी को ऐसे लोगों को जेल से बाहर लाने की अनुमति दी थी। उनके परिवारों को गुंटूर के कैदियों के आवास में रहने की सुविधा दी गई। इसका प्रारम्भ सन् 1913 में किया गया था। यह कार्यक्रम तीन वर्ष तक अस्तित्व में रहा। सन् 1914-18 के काल में जो कैदी श्रम करने के लिए तैयार थे, उनके लिए जेलें खोल दी गईं। कैदी आवास समाप्त कर दिया गया। इनमें बचे रह गए बन्दी दूसरी बस्तियों में भेज दिए गए।[65] तेलुगु प्रदेश में अपराधी जनजातियों के लिए बनाई गई दूसरी बस्ती स्टुअर्टपुरम थी। स्टुअर्टपुरम मद्रास-दिल्ली रेल लाइन पर गुंटूर जिले के बापट्ला और प्रकाशम जिले के चिराला में है। बस्ती के प्रारम्भ होने पर इसकी आबादी 691 थी, जिसमें 200 पुरुष, 196 महिलाएँ और 295 बच्चे थे।[66] इसका नामकरण मद्रास सरकार में तब के गृह सचिव स्टुअर्ट के नाम पर किया गया था।

उनकी जीवन-शैली में बदलाव लाने के लिए साल्वेशन आर्मी ने वहाँ कृषि करना प्रारम्भ किया।[67] सन् 1914 में रोमपेरु दलदल में 360 एकड़ शुष्क भूमि और 1500 एकड़ दलदली जमीन साल्वेशन आर्मी को दी गई थी। विभिन्न स्थानों से लाए गए नये लोगों के लिए 525 एकड़ जमीन और भी उपलब्ध करवाई गई। बस्ती के पुराने रहने वालों में से कुछ लोगों को साल्वेशन आर्मी ने मिस्त्री नियुक्त किया।[68] वे नवागन्तुकों को कृषि का प्रशिक्षण देते थे। बड़े क्षेत्र में सिंचाई की जा सके इसके लिए जून 1919 में रोमपेरु नदी पर एक बाँध का निर्माण किया गया।[69] बस्ती के अगले प्रबन्धक पियर्सन थे। उन्होंने नहरें और कुएँ खुदवाए और कृषि के लिए नए उपकरणों का प्रयोग करना शुरू किया। वर्ष 1924 में उनकी आमदनी में इजाफा करने के लिए बस्ती के निवासियों को आम, काजू और नारियल की पौध उपलब्ध कराई गई।[70] दलदल के पानी का भराव खेतों में आने से रोकने के लिए जॉर्ज पेडिसन ने एक बाँध बनाने का सुझाव दिया। पम्प लगाने के दो उद्देश्य थे, पहला, पानी की कमी के मौसम में पानी की आपूर्ति बनाए रखना और दूसरा, अतिरिक्त भूमि में सिंचाई करना।[71]

साल्वेशन आर्मी को सन् 1921 में वहाँ रेलवे स्टेशन खोलने का श्रेय भी प्राप्त है। यह बताया गया कि रेलवे स्टेशन के खुल जाने के बाद उन्हें टमाटर की फसल लगाने का अवसर मिला जो उनकी आय का बड़ा स्रोत बना।[72] उनके लिए यह फसल बहुत लाभकारी थी, और उन्होंने दूर-दूर तक अपनी फसल का निर्यात किया।[73] कृषि और श्रम-कार्य सम्बन्धी गतिविधियों के अतिरिक्त रहवासियों को इंडियन लीफ़

टबैको डिपार्टमेंट में भी रोजगार दिलवाया गया, जो सन् 1915 में पास के एक गाँव रामनगर (एपुरुपालम) में स्थापित हुई थी, और यह फैक्टरी येरुकलाओं के रोजगार का साधन बनी।[74]

साल्वेशन आर्मी ने ऐसे बच्चों पर ध्यान दिया जो खेतों पर काम नहीं कर रहे थे और गाँव के जानवरों को चराते थे। उन्हें प्रारम्भिक शिक्षा की सीख दी गई। साल्वेशन आर्मी के अधिकारी रात में प्रार्थना सभा करते थे, जिनमें ये बच्चे धर्मोपदेशों का वाचन करते थे। इस प्रकार तेलुगु प्रदेश में साल्वेशन आर्मी ने अपना शैक्षणिक अभियान प्रारम्भ किया। यह तरीका उन जगहों में लागू किया गया जहाँ स्कूल नहीं थे।[75] ज्ञान की खोज के लिए प्रतिभाशाली बच्चे-बच्चियों को दूर तक ले जाया गया। बापट्ला में पहला बालक छात्रावास खोला गया। इसमें ईसाई शिक्षकों की नियुक्ति हुई। प्रधानाध्यापक स्वयं भी साल्वेशनवादी था। छात्रावास का प्रारम्भ साठ बच्चों से हुआ, जो आसपास के गाँवों से चुने गए थे। प्रबन्धक और उसकी पत्नी बच्चों के लिए 'फादर' और 'मदर' हो गई थीं।[76] स्कूल के पाठ्यक्रम में व्यावसायिक शिक्षा शामिल थी। स्कूल में बुनाई सिखाई जाती थी। इसके लिए बुनकर-शिक्षक रखे गए। लड़कों ने धोतियाँ बनाईं। ये बिक्री के लिए थीं। इससे स्कूल के खर्च में सहायता मिली। कई गाँवों में बुनाई को कुटीर उद्योग के रूप में अपनाया गया।[77]

साल्वेशन आर्मी मानती थी कि अपराधी बस्तियों के येरुकलाओं के लिए शिक्षा आवश्यक है और इसलिए सन् 1916 में उसने प्राथमिक शालाओं की शुरुआत की। केवल स्टुअर्टपुरम के कुल 481 बच्चों में से 250 बच्चे ही सन् 1916 में स्कूल जा रहे थे।[78] स्कूलों का प्रबन्ध और शिक्षकों की नियुक्ति का दायित्व साल्वेशन आर्मी पर ही छोड़ दिया गया था। उन दिनों की महत्त्वपूर्ण बात यह थी कि बस्ती के स्कूल में नियुक्त होने वाले प्रशिक्षित शिक्षक येरुकला समुदाय से ही थे। महिला और पुरुष दोनों ही शिक्षक वहाँ थे।[79] सन् 1958 के वर्ष में साल्वेशन आर्मी और पुलिस महानिरीक्षक के संयुक्त प्रयास से अपराधी बस्ती के बच्चों के लिए एक नये हाईस्कूल की स्थापना हुई। वर्तमान में बस्ती के डेढ़ सौ से अधिक बच्चे विश्वविद्यालयीन शिक्षा प्राप्त कर रहे हैं। स्पष्ट है कि वर्तमान स्थिति साल्वेशन आर्मी के प्रयत्नों का सुफल है।

अपराधी जनजाति बस्तियों में इंफ्लुएंजा की वजह से मृत्यु-दर सन् 1915 में बहुत अधिक थी। साल्वेशन आर्मी ने नए अस्पताल खोले। पास के कस्बों से उप सहायक सर्जन को सप्ताह में दो बार वहाँ भेजा जाता था जो अतिसार, हैजा, मलेरिया, बुखार, चेचक, बेरीबेरी, फोड़े-फुंसी, हृदय-रोग, पेट-दर्द जैसे रोगों का उपचार करता था।[80] चक्रवात, सूखा और अन्य प्राकृतिक आपदाओं के समय साल्वेशन आर्मी विशेष रूप से व्यस्त हो जाती थी। झोंपड़ियों की मरम्मत के लिए मद्रास सरकार समय-समय पर आर्थिक सहायता देती थी जो प्रति परिवार की झोंपड़ी के लिए सोलह रुपए थी।[81]

शुरू-शुरू में रहवासियों के सम्बन्ध में जानकारी लेने के लिए पुलिस साल्वेशन आर्मी से सम्पर्क करती थी। साल्वेशन आर्मी के प्रबन्धक की अनुमति के बिना पुलिस को बस्ती में प्रवेश का अधिकार नहीं था।[82] प्रेसीडेंसी और बम्बई और निजाम के क्षेत्र की बस्तियों में प्रबन्धक आते-जाते रहते थे। इसका उद्देश्य था पुनरुद्धार और पुनर्वास की नीतियों के सम्बन्ध में आपसी विचार-विमर्श करना।[83] स्वतंत्रता के बाद भारत सरकार ने साल्वेशन आर्मी के अधिकारों में कमी कर दी। बस्तियों के प्रबन्धन का अधिकार आदिवासी कल्याण विकास को सौंप दिया गया। किन्तु अभी भी स्टुअर्टपुरम बस्ती में साल्वेशन आर्मी अपना काम कर रही है। अस्पताल, चर्च, स्कूल और औषधालयों की देखभाल एक व्यवस्थापक, उसकी पत्नी और कुछ वार्डन कर रहे हैं। छात्रावास में 101 लड़के हैं और 54 लड़कियाँ हैं जो कक्षा पहली से दसवीं तक पढ़ रह रहे हैं। साल्वेशन आर्मी 600 एकड़ जमीन का लगान भी लेती है जिसे इसने अपने अधिकार में ले रखा है। साल्वेशन आर्मी के उत्साह और उसके द्वारा किए जा रहे सुधारों के कारण रहवासियों का विश्वास उनमें बना हुआ है।[84]

6

निष्कर्ष

इस तरह ईसाई मिशनरियों ने न केवल पूर्व अपराधियों, बल्कि कई पिछड़ी हुई जातियों की दशा सुधारने का जिम्मा उठाया था। वह ईसाई धर्म का प्रसार करना चाहती थीं। शेर सिंह शेर लिखते हैं, 'धार्मिक प्रचार के अति उत्साह और बस्तियों की जमीन, श्रम और पूँजी से लाभ उठाने की उनकी मनोवृत्ति के कारण ईसाई मिशनरियाँ अलोकप्रिय होने लगीं।' परिणामस्वरूप रहवासियों की दशा उस कहावत जैसी हो गई, जिसमें कहा गया था कि 'जब गोरे आए थे तब उनके पास बाइबल थी और हमारे पास जमीन, अब हमारे पास बाइबल है और उनके पास जमीन है।' जो भी हो, अपराधी जनजातियों के उत्थान के लिए उनके द्वारा किए गए कार्य को कम करके नहीं आँका जा सकता। भारत सरकार ने उनके द्वारा किए गए कार्य का महत्त्व समझते हुए साल्वेशन आर्मी के अनेक अधिकारियों को 'केसरे-हिन्द' पदक प्रदान किए थे। इसके अतिरिक्त कई भूतपूर्व अपराधी आज भी मिशनरियों और उनकी सेवाओं को याद करते हैं। मिशनरी आदिवासियों के बीच अपने काम को दान का काम नहीं मानते थे। इन्हें मजदूरी देना या उनका भरण-पोषण करना उनका काम नहीं था। साल्वेशन आर्मी, अमेरिकी बॅपटिस्ट मिशन और अन्य संस्थानों को सन्देह की दृष्टि से देखा जाता था। जो भी हो, वे उनके बीच रहते थे, उनके जैसे वस्त्र पहनते थे और अपना काम करते हुए उनमें घुल-मिल जाते थे। उनकी निष्ठा, लक्ष्य के प्रति संकल्प और

समर्पण ने उन्हें उनके प्रयासों में सफलता मिली। तथापि इन विकट समस्याओं को स्थायी रूप से सुलझाने का इरादा उनके पास नहीं था। उनके प्रयासों को आगे ले जाने के लिए सरकार को अधिक टिकाऊ और गम्भीर पुनर्वास उपाय करने चाहिए। पूर्व अपराधी यद्यपि मिशनरियों के कार्य से लाभान्वित हुए लेकिन बस्ती के जीवन का उनका काल मुख्यधारा में उनके प्रवेश के लिए एक व्यवधान ही बना रहा। इस व्यवधान को न तो वे सोच पाए और न ही सरकार। सभी बस्तियों में यह समस्या अभी भी अनसुलझी ही है।

सन्दर्भ

1. भौमिक पी.के. : *दि लोधीज़ ऑफ़ वेस्ट बेंगाल,* कलकात्ता, 1963
2. बूथ टकर : *फ्रेडरिक, जीन गोल्ड सर्वेन्ट ऑफ़ इंडिया,* लंदन, 1964
3. एडवईस एस.एम. : *क्राइम इन इंडिया,* लंदन, 1924
4. बूथ टकर, 1963 : 24
5. संडाल राबर्ट्स : 1955 : 17
6. फिशमेन ए.टी. : *फ़ॉर दि परपज,* न्यूयॉर्क
7. एम.ई. मेकेंजी : 1959, 6
8. कपाड़िया : 1952, 19
9. ललिता वी. : *सोशियो-इकोनॉमिक एंड एडमिनिस्ट्रेटिव आसपेक्ट ऑफ़ एन एक्स-ट्राइब,* अप्रकाशित शोध प्रबन्ध, श्री वेंकटेश्वरन वि.वि., तिरुपति, 1977
10. मद्रास शासन : *एडमिनिस्ट्रेशन रिपोर्ट ऑफ़ इंस्पेक्टर जनरल ऑफ़ पुलिस मद्रास 1912-14,* मद्रास, 1915। तमिलनाडु अभिलेखागार
11. बाडन एस.डी. : *येरुकला इंडस्ट्रियल सेटलमेंट—कावाली, इंडियन जेल्स कमेटी रिपोर्ट-1919-20,* खंड III, लिखित वक्तव्य
12. मुलेय एफ.एस. : *दि क्रिमिनल क्लासेज ऑफ़ मद्रास प्रेसीडेंसी,* 1912
13. संडाल राबर्ट्स : *दि हिस्ट्री ऑफ़ साल्वेशन आर्मी,* न्यूयॉर्क 1955
14. मद्रास शासन : *मद्रास एडमिनिस्ट्रेटिव रिपोर्ट ऑफ़ मद्रास प्रेसीडेंसी 1871-1914,* गवर्नमेंट प्रेस मद्रास, 1915 तमिलनाडु अभिलेखागार
15. न्याय विभाग, शा.आ. 208, दि. 28 जनवरी, 1914
16. न्याय विभाग, आ. 784, दि. 25 अप्रैल, 1913
17. न्याय विभाग, आ. 1161, दि. 12 जून, 1913
18. न्याय विभाग, आ. 2000, दि. 3 फरवरी,1912
19. न्याय विभाग, शा.आ. 2568 दि. 25 अक्टूबर, 1915
20. ललिता वी., 1977, 15
21. बॉम्बे क्रिमिनल ट्राइब्स इंक्वायरी कमेटी रिपोर्ट 1939, 21
22. वनीकर पी.जी. : *मिशनरी अप्रोच टु ट्राइबल वेलफेयर*—ट्राइबल सोवेनियर
23. शेर सिंह शेर, 1955, 44

24. राघवैया वी. : द *प्रॉब्लम ऑफ़ क्रिमिनल ट्राइब्स,* अ.भा. आदिम जाति सेवक संघ, दिल्ली 1943
25. हैकरवाल विजय शंकर : *इकोनॉमिक एंड सोशल आस्पेक्ट्स ऑफ़ क्राइम इन इंडिया,* जॉर्ज अलेन एंड अनविन एंड कमेटी लि., लंदन, 1934
26. मजुमदार डी.एन. : *रेसेज एंड कल्चर्स ऑफ़ इंडिया,* बम्बई, 1961 (चौथा संस्करण 1968)
27. मेक्स बेवर : *रिलीजन ऑफ़ इंडिया,* 1958
28. भारत सरकार : *रिपोर्ट ऑफ़ दि क्रिमिनल ट्राइब्स इंक्वायरी कमेटी 1949-50,* नई दिल्ली
29. फ्रेडरिक बूथ टकर : पूर्वो. 1964, 10
30. बूथ टकर फ्रेडरिक : *मुक्ति फौज ऑर 40 ईयर्स विद साल्वेशन आर्मी इन इंडिया एंड सीलोन,* मार्शल ब्रदर्स, लंदन, पृ. 3
31. मेकेंजी मिलट्रेड, *द मड बैंक,* पेनसिल्वानिया 1959 पृ. 24
32. वही, पृ. 24
33. गृह (न्याय) विभाग : आ. 1482 दि. 22 जून, 1918
34. प्रशिक्षुओं के लिए खुले में व्याख्यान, पाठ और कक्षाएँ आयोजित की जाती थीं। उन्हें पाठ्य पुस्तकें मिलती थीं। बाइबल, साल्वेशन आर्मी के सिद्धान्तों की जेबी पुस्तिका, अधिकारियों के लिए निर्देश, चर्च का प्रारम्भिक इतिहास, फिने के पुनश्चर्या व्याख्यान, और अन्य धार्मिक पुस्तकें भी उन्हें दी जाती थीं, जो मन और आत्मा के लिए उपयोगी हों। अंग्रेजी अच्छी तरह जानने वाले उनका अनुवाद करते थे। जीन गोल्ड : भारत देश सैन्य सेवकुडु (तेलुगु) मद्रास पृ. 8
35. वेस्कोम पिकेट जे. : *क्रिश्चियन मास मूवमेंट इन इंडिया,* शिकागो, 1933, पृ. 297
36. वही, पृ. 293
37. मेकेंजी मिलट्रेड : द *मडबैंक,* पूर्वो. पृ. 39
38. गंटा राजा राव : द *हिस्ट्री ऑफ़ साल्वेशन आर्मी इन आन्ध्र,* (तेलुगु) मद्रास, 1933, पृ. 19
39. मेकेंजी मिलट्रेड, पूर्वो. पृ. 45
40. वही
41. *दि वार क्राई*—साल्वेशन आर्मी का मासिक-पत्र, अगस्त, 1938, पृ. 2
42. वही
43. वस्कोम पिकेट, पूर्वो., 1933 पृ. 297
44. मेकेंजी मिलट्रेड, पूर्वो., पृ. 47
45. वही
46. मेकेंजी मिलट्रेड पूर्वो., पृ. 46
47. गंटा राजा राव, पूर्वो., पृ. 26
48. *दि वार क्राई,* अगस्त, 1937, पृ. 6
49. मद्रास सरकार : *नॉट शोइंग दि प्रोग्रेस मेड इन दि सेटलमेंट्स ऑफ़ क्रिमिनल ट्राइब्स इन द मद्रास प्रेसीडेंसी अप टु जनवरी 1925,* मद्रास, 1926
50. डोम उत्तर भारत की अपराधी जनजाति है। साल्वेशन आर्मी की प्रतिष्ठा सरकार में इतनी थी कि उसके एक अधिकारी विलियम बूथ टकर को उनकी सेवाओं के लिए वायसराय ने प्रतिष्ठित 'केसर-ए-हिन्द' का खिताब प्रदान किया था। उनके नेतृत्व में साल्वेशन आर्मी ने कई प्रयोग किए। साल्वेशन आर्मी के विगत इतिहास को देखते हुए शासन ने उन्हें सुधार कार्यक्रमों

को करने के लिए आमंत्रित किया था। गृह विभाग, शा.आ. 1675, दि. 2 दिसम्बर, 1919, पृ. 10 राष्ट्रीय अभिलेखागार

51. गृह विभाग, आदेश 1675 दि. 2 दिसम्बर, आन्ध्र अभिलेखागार
52. बंगाल के एक पूर्व गवर्नर ने भी कहा था : 'जो उपलब्धि हासिल की गई है उसका सर्वाधिक श्रेय साल्वेशन आर्मी को जाता है।' राबर्ट संडाल : *दि हिस्ट्री ऑफ़ साल्वेशन आर्मी, खंड 3, ऑन सोशल रिफार्म्स एंड वेलफेयर वर्क,* न्यूयॉर्क 1956 पृ. 276
53. साल्वेशन आर्मी ने निम्न प्रकार की बस्तियाँ और संस्थाएँ स्थापित किए थे :
    1. कृषि बस्तियाँ
    2. मिश्र कृषि-उद्योग बस्तियाँ
    3. औद्योगिक बस्तियाँ
    4. रिहा हुए बन्दियों के लिए आवास
    5. बच्चों के लिए आवास
    6. किशोर-वयस्क रिहा हुए बन्दियों के आवास
    7. बुनाई और रेशम की कताई के प्रशिक्षण के स्कूल
    8. तैयार माल के संग्रह और व्यापार के डिपो
    9. मलबेरी और युकेलिप्टस की पौध तैयार करने के स्थान
    10. साल्वेशन आर्मी के नियंत्रण में हैंडलूम फैक्टरी, रेपिंग, रीलिंग और ट्विस्टिंग की मशीनें, और सोलह कृषि औद्योगिक बस्तियाँ थीं। इनमें से जिन पर अपराधी जनजाति बस्तियों में विशेष ध्यान दिया गया, वे थीं—हैंडलूम और रेशम की बुनाई, उद्योग गृह, वयस्क बन्दीगृहों में किशोरों के लिए जेल। मद्रास और संयुक्त प्रान्त की दो ही सरकारें ऐसी थीं जिन्होंने अपराधी जनजाति के बच्चों के लिए औद्योगिक आवास बनाए। इस तरह के छह स्कूल थे। देखें, बूथ टकर : *क्रिमिनोलॉजी ऑर द इंडियन क्राइम और वाट टु डू विद हिम,* पृ. 50-51
54. मद्रास सरकार : *नॉट शोइंग दि प्रोग्रेस इन दि सेटलमेंट्स... अप टु सेप्टेम्बर 1916,* मद्रास 1917, पृ. 21-22, तमिलनाडु अभिलेखागार, जिलों में घूमने वाले गिरोह थे, नेल्लोर और वेल्लारी में V और X, गोदावरी में VI, VIII और X तथा कुरनूल में XIII।
55. ललिता वी. : *दि मेकिंग ऑफ़ क्रिमिनल ट्राइब्स—पैटर्न एंड ट्रांजीशन,* न्यू एरा पब्लिकेशंस मद्रास, 1995, पृ. 43
56. वही
57. साल्वेशन आर्मी के कैप्टन रोबिलियार्ड, जो स्टुअर्टपुरम बस्ती के प्रबन्धक थे, बापट्ला मद्रास का लिखित वक्तव्य पृ. 64
58. गृह (न्याय) विभाग, आदेश 2074, दि. 18 अगस्त, 1916
59. ललिता वी., *अ प्रोफाइल ऑफ़ सीतानगरम सेटलमेंट,* आन्ध्र प्रदेश हिस्ट्री कांग्रेस गुंटूर, 1987 में पढ़ा गया आलेख।
60. मिशनरियों को सुधार कार्य सौंपे जाने के कारण थे—(1) प्रभावी नियंत्रण, (2) प्रत्येक रहवासी के साथ निजी सम्पर्क जिससे व्यक्तिगत प्रभाव डाला जा सके, (3) उनके साथ वात्सल्यपूर्ण व्यवहार, (4) बस्ती के सभी सदस्यों में भूमि का वितरण। गृह (न्याय) विभाग, साल्वेशन आर्मी 1537 दि. 27 जुलाई, 1917

61. स्मिथ सालवेग : *बाई लव कम्पेल्ड, दि स्टोरी ऑफ़ 100 ईयर्स ऑफ़ द साल्वेशन आर्मी इन इंडिया एंड एडजसेंट कंट्रीज़,* सालेवेशनिस्ट पब्लिशिंग, सेंट अलबोन्स लंदन, 1981, पृ. 44
62. देखें : मेकेंजी, पूर्वो. पृ. 79
63. वही
64. मद्रास सरकार, *नॉट शोइंग दि प्रोग्रेस...अपटु जनवरी 1925,* मद्रास 1927
65. स्मिथ सालवेग : पूर्वो. पृ. 48
66. विधि (सामान्य) आदेश 1714, दि. 22 अक्टूबर, 1924
67. विधि (सामान्य) विभाग, आदेश 13187, दि. 14 नवम्बर, 1924
68. विधि (सामान्य) विभाग, साल्वेशन आर्मी 1327, दि. 14 फरवरी,1925
69. यह आशा की जाती थी कि बाँध के बनने से फसल के मौसम में बस्ती की जमीनों पर सिंचाई के लिए लगातार पानी मिलता रहेगा। किन्तु इस आशावाद का कोई आधार नहीं था। इसके साथ प्रबन्धक ने पेराली बाँध के साथ एक दूसरा बाँध बनाने का सुझाव भी दिया था। देखें : मद्रास शासन : *नॉट शोइंग... अपटु 1926,* मद्रास 1926
70. उस साल शासन ने (1917-18) निकटवर्ती जंगल में केसुरिना की पौध लगाने का विचार किया था। शासन की शर्त थी कि यह उसके स्वामित्व में रहेगी। बूथ टकर ने कहा यह शर्त उन्हें स्वीकार नहीं है। उन्होंने इस योजना पर काम नहीं किया। किन्तु गुंटूर के जिला मजिस्ट्रेट इस प्रस्ताव के विरोधी थे, क्योंकि इससे सरकार को हानि होने वाली थी। बाद में नियुक्त हुए श्रम आयुक्त मोइर ने केसुरिना वनारोपण की समीक्षा की और इसके स्थान पर उन्होंने खाद की दृष्टि से मवेशी खरीदने का सुझाव दिया। सरकार श्री मोइर से सहमत हो गई। देखें, *नॉट शोइंग...अप टु जनवरी 1925,* मद्रास
71. लोक निर्माण (श्रम) विभाग, आदेश 268, दि. 5 फरवरी, 1927, आन्ध्र अभिलेखागार पम्प संयंत्र बस्ती से 21/2 मील की दूरी पर स्थित था। प्रबन्धक यदा-कदा वहाँ जाता था। वह इसमें इतना समय या शारीरिक शक्ति नहीं लगा सकता था। अतएव सरकार ने एक टट्टू की खरीद मंजूर की ताकि प्रबन्धक पम्प-संयंत्र की देखभाल कर सके। लोक निर्माण (श्रम) विभाग आदेश 2192, दि. 4 सितम्बर, 1928
72. मिलट्रेड मेकेंजी, पूर्वो., पृ. 84
73. विधि (सामान्य) विभाग आदेश 171114, दि. 22 नवम्बर, 1921
74. गृह विभाग, आ. 2074 दि. 10 अगस्त, 1916
75. *दि वार क्राई,* मासिक, मई, 1927 मद्रास
76. वही
77. विधि (सामान्य) विभाग, आदेश 3287, दि. 14 नवम्बर, 1924
78. नॉट शोइंग—दि प्रोग्रेस...पूर्वो., पृ. 7
79. मिलट्रेड मेकेंजी, पूर्वो., पृ. 85
80. विधि (सामान्य) विभाग शासन आदेश। 1474 दि. 22 अक्टूबर, 1921। वर्ष 1925 में दर्ज किया गया था कि इस वर्ष बस्ती में कई मौतें हुईं। परिणामस्वरूप कई येरुकला बस्ती से पलायन कर गए।
81. लोक निर्माण (श्रम) विभाग आदेश 1996, दि. 16 जनवरी, 1933

82. वी. ललिता, पूर्वो. पृ. 46। सीतापुरम में अपराधी वर्ग के पुनरोत्थान के लिए वर्ष 1926 में एक हैड कांस्टेबल और दस कांस्टेबलों की नियुक्ति की गई। लोक निर्माण (श्रम) विभाग आदेश 576

83. देखें, लोक निर्माण (श्रम) विभाग, आदेश 1926 दि. 30 जुलाई, 1931। प्रबन्धक बैजवाड़ा से लिंगाला बस्ती, सिकन्दराबाद, होटगी, शोलापुर, बीजापुर, बगलपोट, गड्डक, गड्डकफाल्स, हुबली, त्रिचनापल्ली, मदुराई, टिन्नावली, कुलशेखरपुरम, बंजोट, बोरस्टल इंस्ट्रीट्यूट, अजीजनगर, पल्लावरम, कावाली, बिट्रगुंटा और अल्लूर की यात्राएँ करता था।

84. स्टुअर्टपुरम बस्ती के प्रबन्धक पी. जकारिया से भेंटवार्ता, 2 फरवरी,1991

अध्याय-5

विमुक्त जनजातियाँ : पुनर्वास की समस्याएँ

1

विषय प्रवेश

अपराधी जनजातियों का अपराध भारत की सामाजिक संरचना का प्रतिफल है। आज वह एक संक्रमणकालीन अवस्था में है और क्रमश: उन वैध उपायों को अपना रहा है जिनसे वे अपने लक्ष्यों तक पहुँच सकें।[1] भारत जैसे विशाल और बड़ी जनसंख्या वाले देश में अपराध एक बड़ी समस्या है। जैसे जैसे जनसंख्या में वृद्धि होगी, आर्थिक विकास होगा और पारम्परिक संस्थाएँ तथा मूल्य टूटेंगे, त्यों-त्यों यह अपना आकार विस्तार करती जाएगी।[2]

सन् 1871 में अपराधी जनजाति कानून बनते ही समूची जनजाति को अपराधी घोषित कर दिया गया था, और ऐसी जनजाति के सदस्यों को उन बस्तियों में ले जाया गया था, जो विशेष रूप से उनके लिए बसाई गई थीं। वहाँ उन्हें कार्यों और व्यवसायों का प्रशिक्षण दिया जाता था। उन्हें उनकी पुरानी आदतों और कृत्यों से दूर करने का हर सम्भव प्रयास किया गया।[3] कुछ ऐसे मानवसेवी सामाजिक संगठन थे जो शासन के निमंत्रण पर भारत की अपराधी जनजातियों के पुनर्वास के लिए आगे आए। ये थे, साल्वेशन आर्मी, लंदन मिशन, अमेरिकी बॅपटिस्ट मिशन, कनाडाई मिशन, शिरोमणि खालसा दीवान, देव-समाज, अंजुमन-इस्लामिया, अहमदिया समाज, सनातन धर्म सभा, आर्य समाज, पंजाब हिन्दू सभा, हिन्दू महासभा इत्यादि। कुछ बस्तियों का संचालन स्वयं शासन करता था।[4] इन बस्तियों में कुछ कृषि बस्तियाँ थीं, कुछ औद्योगिक बस्तियाँ थीं, कुछ सुधार बस्तियाँ, कुछ सामान्य बस्तियाँ और कुछ स्वैच्छिक बस्तियाँ थीं। मद्रास प्रेसीडेंसी में साल्वेशन आर्मी और अमरीकी बॅपटिस्ट मिशन ने विभिन्न जनजातियों के लिए सुधार कार्य और उनके स्थिर जीवन का दायित्व लिया। उनकी बस्तियाँ नेल्लूर जिले के कावाली, गुंटूर जिले के बेथापुडी, स्टुअर्टपुरम, सीतानगरम में, कुरनूल जिले के सिद्धपुरम, दक्षिण अरकाट जिले के

अजीज़ नगर, टिन्नेवाली के कुलशेखरपटनम, तथा मदुरई जिले के कल्लार में हैं। इनके अतिरिक्त अन्य संस्थान भी हैं, जैसे इन जातियों के बच्चों के लिए स्कूल और घर, जो समूची प्रेसीडेंसी में फैले हुए हैं।[5] आन्ध्र क्षेत्र में सबसे पहले कालीचूदे और कावाली में ये बस्तियाँ बसाई गई थीं। यह सन् 1912 की बात है। इस प्रकार आन्ध्र प्रदेश में मिशनरियों ने अपने सुधार कार्य की शुरुआत की थी।

2

विमुक्त जनजातियों के सुधार कार्य की ऐतिहासिक पृष्ठभूमि

कथेरा जनजाति के सुधार कार्य का प्रारम्भ लुडविग ने किया था जो कालीचेदू अभ्रक खदानों के स्थानीय एजेंट थे। बहुत थोड़े-से समय में ही दीवाला निकल जाने के कारण इन खदानों को बाद में बन्द करना पड़ा था। फिर अक्टूबर, 1912 में नेल्लोर जिले के कावाली में कावाली बस्ती की स्थापना हुई।[6] रेवरेंड ई. बुलार्ड ने पुलिस की अनुमति से बीस येरुकला परिवारों का दायित्व लिया और कावाली में एक औद्योगिक बस्ती का प्रारम्भ किया।[7] के.एम. कपाड़िया के शब्दों में एक ओर जहाँ कावाली में सड़कें ठीक करने, बाँधों की मरम्मत करने, नहरों की सफाई जैसे अन्य कार्यों में उन्हें मेहनत के काम उपलब्ध कराए गए, वहीं दूसरी ओर इन्हें मजदूरी बहुत कम मिलती थी जो जीवन-यापन के लिए पर्याप्त नहीं थी। परिणाम यह हुआ कि चालीस प्रतिशत वयस्क वहाँ से भाग निकले या भागने का प्रयत्न करते हुए पकड़े गए और उन्हें जेल जाना पड़ा। बस्ती की अन्तिम सफलता इस बात में निहित है कि यहाँ सन्तानों को उनके माता-पिता की आदत से दूर करके उन्हें किसी व्यवसाय में लाया जा सका है।[8] दिसम्बर, 1916 में कावाली अपराधी बस्ती के कुछ रहवासियों को अल्लूर स्थानान्तरित कर दिया गया और इस प्रकार अल्लूर बस्ती प्रारम्भ हुई। जनवरी, 1917 में इसी तरह से, कालीचेदू बस्ती के कुछ कथेरा परिवारों और कावाली बस्ती के येरुकलाओं को लेकर बिट्रगुंटा की सुधारक बस्ती की स्थापना की गई। इसे 'कप्परल्ला टिप्पा' की बस्ती कहा जाता है।[9] बस्तियों की जमीन के आसपास मजबूत काँटेदार तारों की एक 12 फीट ऊँची बाढ़ खड़ी की गई थी।[10] निवासियों को कृषि औजार दिए गए थे और वे बगीचे में श्रम करते थे। इन सभी बस्तियों का प्रबन्ध बाडन के पास था। उनको बस्ती का प्रबन्ध पुलिस विभाग और पुलिस महानिरीक्षक की अनुमति से दिया गया। 1952 में अपराधी जनजाति कानून के निरस्त होने के बाद अपराधी जनजाति बस्तियाँ समाप्त कर दी गई थीं। इन बस्तियों (कॉलानियों) का दायित्व समाज-कल्याण और आदिवासी-कल्याण विभागों के पास आ गया था।

गुंटूर जिले में येरुकलाओं के सुधार का कार्यक्रम तब शुरू हुआ, जब रोबिलियार्ड साल्वेशन आर्मी के प्रबन्धक थे। मद्रास प्रेसीडेंसी के नाम पर बनी बस्ती के प्रारम्भ में येरुकलाओं के पहले समुदाय को सौंपते हुए स्वयं सर हेरोल्ड स्टुअर्ट ने कहा था—'साल्वेशन आर्मी, इन लोगों को ले जाओ, मैं तुम्हें वह काम करने के लिए बीस वर्ष देता हूँ जो इनके लिए किया जाना है।'[11] स्टुअर्टपुरम में 'अपराधियों' की केवल एक ही जाति थी—येरुकला, जिसमें पाँच से दस कबीले थे। ये येरुकला आन्ध्र प्रदेश के सभी भागों में मिलते हैं। अपराधी जनजाति कानून के समाप्त हो जाने के बाद सरकार ने विमुक्त जनजाति के बच्चों की पूरी फीस माफ कर दी और उनके आवास तथा उद्योग के लिए अनुदान की स्वीकृति दे दी।[12] कानून के समाप्त हो जाने के बाद भी आन्ध्र प्रदेश में राज्य सरकार के समर्थन के साथ बस्तियों का प्रशासन पूरी तरह साल्वेशन आर्मी के हाथों में था। सरकार और राजस्व विभाग ने इस सम्बन्ध में कुछ आकर्षक साधन अपनाए थे। इन येरुकलाओं के पुनर्वास के लिए तत्कालीन पुलिस अधीक्षक एम.वी. थॉमस, लवानम और श्रीमती हेमलता लवानम, आन्ध्र राष्ट्र आदिम जाति सेवा संघ, आन्ध्र राष्ट्र येरुकला समिति और अन्य संस्थाओं ने गहरी रुचि ली। इस प्रकार बस्तियों की स्थापना के बाद से इन येरुकलाओं के आचरण विन्यास में बदलाव हुआ है।

सीतानगरम की बस्ती गुंटूर जिले में है। रोचक तथ्य यह है कि यह यद्यपि गुंटूर जिले में आती है, लेकिन विजयवाड़ा शहर के पास है। यह विजयवाड़ा-मद्रास रेल लाइन के पूरब में कृष्णा नदी और बकिंघम नहर के बीच स्थित है। अक्टूबर, 1915 में सीतापुरम बस्ती दो भागों में विभाजित थी—सेमेयापुरम और कोंडापेट।[13] यह भी एक कृषि बस्ती थी। किन्तु इसे दंडात्मक बस्ती माना जाता था, जहाँ असाध्य अपराधी रखे जाते थे। सुधार का कार्यक्रम बाडन के साथ शुरू हुआ जो उन दिनों बिट्रगुंटा की सुधार बस्ती के प्रबन्धक थे। अब यह एक मुक्त कॉलोनी है, और यहाँ रहने वाले येरुकलाओं के लिए रोजगार के तमाम अवसर खुले हैं। इन येरुकलाओं के जीवन में परिवर्तन लाने के लिए लवानम और श्रीमती हेमलता ने भगीरथ मेहनत की है और यहाँ एक स्पष्ट परिवर्तन देखा जा सकता है।

सिद्धपुरम बस्ती का प्रारम्भ सन् 1913 में किया गया था और यह बस्ती उन वोड्डारों को सुधारों का लाभ देने के लिए बनाई गई थी जो कुरनूल जिले की सिद्धपुरम जलाशय परियोजना में लोक निर्माण विभाग में श्रमिक थे। ये डोंगा वोड्डार एक अपराधी जनजाति थे, सरकार ने उन पर अपराधी जनजाति कानून की धारा 10(बी) के प्रावधान लगा रखे थे। वोड्डारों के अतिरिक्त कुछ चेंचू, सुगाली और बोया भी यहाँ रखे गए थे। शासन ने स्वयं ही यहाँ सुधार कार्यक्रम संचालित किए क्योंकि यह एक स्वैच्छिक बस्ती थी। उपरोक्त के अतिरिक्त, सुधार अभियान बम्बई प्रेसीडेंसी के कंजरभाटों के लिए चिन्तलदेवी बस्ती, और चित्तूर जिले की बोम्मानीगड़ा बस्ती

तक भी ले जाया गया, जो अपने-अपने क्षेत्रों में विमुक्त जनजातियों के सुधार और पुनर्वास के लिए कार्य कर रही थीं।

3

विमुक्त जनजातियों में पुनर्वास की समस्याएँ

शासन, अशासकीय संगठनों और मिशनरियों द्वारा चलाए जाने वाले सुधार और पुनर्वास के कार्यक्रमों को किस सीमा तक सफलता मिली? यह स्पष्ट नहीं है। भारत में विमुक्त जनजातियों के लिए राज्यों और केन्द्र सरकार के संगठनों के लिए शुरू किए गए कार्यक्रमों की सफलता को लेकर अनेक भ्रान्तियाँ हैं। लेकिन अब तक किए गए तमाम प्रयासों को सफलता का आदि बिन्दु कहा जा सकता है। विमुक्त जनजाति के पुनर्वास में लगे संगठनों की कार्य-प्रणाली के लिए एक दार्शनिक समझ की आवश्यकता है। उनके सतत और निरन्तर प्रयत्नों के परिणाम धीरे-धीरे आते हैं। इससे भी सन्तोष होना चाहिए और इन्हें प्रोत्साहित करना चाहिए। आज की आवश्यकता यह है कि विमुक्त जनजाति बस्ती के पुनर्वास के लिए जो भी कार्यक्रम या योजनाएँ शुरू हों उनमें स्थानीय जनता का परामर्श लिया जाए। कुछ कॉलोनियों में कृषि परियोजनाओं को भारी सफलता मिली है (उदाहरण के लिए स्टुअर्टपुरम और लिंगाला बस्तियाँ)। कुछ अन्य बस्तियों (सीतानगरम, सिद्धपुरम और बिट्रगुंटा) में सिलाई, बीड़ी-निर्माण और अन्य लघु उद्योग के लिए प्रशिक्षण देने का कार्यक्रम सफल हुआ है और उनके लाभदायक नतीजे आए। महिलाओं और उम्रयाफ्ता किशोरों को ऐसे कार्यक्रमों में लगाया जा सकता है। वर्तमान में विमुक्त जनजाति कॉलोनियों में शिक्षित लड़के-लड़कियों की एक बड़ी संख्या है। वे रेल-भर्ती, बैंक, पुलिस, होमगार्ड, लोक-निर्माण, शिक्षा तथा अन्य क्षेत्रों में रोजगार पाना चाहते हैं। उन्हें भर्ती परीक्षाओं में सफलता प्राप्त करने के लिए पर्याप्त प्रशिक्षण देने की आवश्यकता है। नौकरी के लिए प्रतिस्पर्धा का सामना करना उन्हें बड़ा कठिन लगता है। अत: सरकार सभी विमुक्त जनजाति बस्ती में कम-से-कम एक कोचिंग केन्द्र स्थापित कर सकती है जिससे वह वहाँ जाकर प्रतिस्पर्द्धा के लिए वांछित कौशल प्राप्त कर सकें। इससे उन्हें सार्वजनिक और निजी क्षेत्र के उद्यमों में उपलब्ध विभिन्न अवसरों में प्रस्तुत होने का नैतिक साहस प्राप्त हो सकेगा।

सभी विमुक्त जनजाति बस्तियों में स्कूल जाने वाले बच्चे बड़ी संख्या में हैं। प्राथमिक और माध्यमिक स्तर पर पढ़ने वाले बच्चों पर पर्याप्त ध्यान दिए जाने के लिए शैक्षणिक समर्थन की आवश्यकता होती है। स्कूल में वे जो भी सीखते हैं, उसके अलावा भी उन्हें शैक्षणिक समर्थन की आवश्यकता होती है। पहली कक्षा के बच्चों

को अंग्रेजी माध्यम के स्कूलों में जाने की इच्छा होती है। उनके उत्साह को देखते हुए इन कॉलोनियों में अंग्रेजी माध्यम के स्कूल और आवासीय स्कूल खोले जाने चाहिए।

महिलाओं और लड़कियों के लिए सिलाई, बुनाई, कढ़ाई और रंगाई के प्रशिक्षण कार्यक्रम होने चाहिए। ऐसे कार्यक्रम केवल आम महिलाओं के लिए उपयोगी नहीं हैं, बल्कि इनसे वे महिलाएँ भी बड़ी संख्या में लाभान्वित होंगी जो बहुत गरीब हैं और जिनके पास रोजगार का कोई अन्य अवसर नहीं है। ऐसी महिलाएँ इस तरह के कार्यक्रमों के प्रति आकर्षित हो सकेंगी। ऐसे कार्यक्रमों से समुदाय में एक नई चेतना का उदय होगा जिसे 'जीने के लिए सीखो' कहा जा सकता है।

सरकार द्वारा विमुक्त जनजाति बस्तियों को दी गई जमीनों की दशा अच्छी नहीं है। उनकी बस्तियों में बनाई गई नहरों और बन्धों में पानी न होने के कारण रहवासियों की खेती में दिलचस्पी नहीं रह गई है। दोषपूर्ण जलप्रदाय की वजह से विमुक्त जनजातियों ने कई साल से अपनी भूमि पर खेती नहीं की है। कृषि कार्यक्रम के अन्तर्गत ग्राम पंचायतों, नगरपालिकाओं और मंडल पंचायतों को पानी की सप्लाई के लिए निकास मार्गों और नलों की मरम्मत करनी चाहिए। बस्ती के निवासियों के लिए नहरों से नियमित पानी मिलना चाहिए। समुदाय की आर्थिक स्थिति सुधारने में फसलों की पैदावार से निश्चित रूप से सहायता मिलेगी।

कॉलोनियों में काफी बड़ी संख्या में वयोवृद्ध लोग रहते हैं। उनकी दशा दयनीय है। उनमें से अनेक अशक्त हैं। उनकी सन्तानों के पास रोजगार नहीं हैं। उनके भरण-पोषण के लिए नियमित रूप से उन्हें वृद्धावस्था पेंशन मिलनी चाहिए। निर्धन, उम्रदराज और इन कॉलोनियों के एकाकी जनों को 'जीने का अधिकार' मिलना चाहिए।

जहाँ तक विमुक्त जनजाति बस्तियों की स्वतंत्रता से पहले और स्वतंत्रता के बाद हुई प्रगति का प्रश्न है, यह प्रगति बहुत मन्द रही है। रहवासियों में ऐसे बहुत कम हैं, जिन्हें शिक्षा, रोजगार और अन्य अवसरों का लाभ मिल पाया हो। तथापि मनोवैज्ञानिक और सांस्कृतिक दृष्टि से विमुक्त जनजाति समुदायों का चरित्र बहुत प्रगतिशील है। आज ऐसे सभी लोग जो विमुक्त जनजाति बस्ती में आने से पहले डरते थे क्योंकि इसे अच्छी जगह नहीं समझा जाता था, आज आसपास के गाँवों से यहाँ आकर निवासियों से घुलमिल रहे हैं। विमुक्त जनजाति कॉलोनियों में एक महान सामाजिक परिवर्तन हो रहा है। विमुक्त जनजातियों का अलगाव समाप्त हो रहा है। वे शेष समाज में अन्तर्विलीन होने लगे हैं। विमुक्त जनजाति सदस्य अब अन्य समुदायों के सदस्यों की ही भाँति अपने कौशल में वृद्धि करके अपने को और बेहतर बनाना चाहते हैं। परिवार का प्रत्येक सदस्य सुनहरे भविष्य के लिए तैयार है। ऐसी स्थिति में शासन को उन्हें और अवसर और मार्गदर्शन प्रदान करना चाहिए। इसके साथ ही तात्कालिक आवश्यकता यह है कि बस्ती को शेष सदस्यों के साथ एक विशाल समुदाय से जोड़ने का प्रयत्न किया जाए। यह एक लम्बा रास्ता है। बस्तियों

की जरूरतों को समझते हुए पंचायतों को विकास कार्यक्रमों के साथ आगे आना चाहिए। इसके साथ निवासियों के बेहतर भविष्य के लिए स्थानीय निकायों और राज्य शासन द्वारा हर सम्भव प्रयास करने चाहिए। यह देश की अधिकांश वंचित आबादी के प्रति संवैधानिक बाध्यता और उसकी आकांक्षा भी है। देश के विकास में जनता के साथ पारस्परिक भागीदारी से न केवल अच्छे परिणाम ही मिलेंगे, यह समाज की पुनर्रचना में भी सहायक होगी। ज्यों-ज्यों अशक्तों को शक्ति मिलती है, रोग और निर्धनता के उन्मूलन से नया वातावरण बनता जाता है। विमुक्त जनजातियों के जीवन में आमूल परिवर्तन लाना होगा। उन्हें तत्काल गरीबी, बेरोजगारी, अभिशाप, प्रताड़ना और 'अपराध' की संस्कृति से मुक्त करना आवश्यक है। उनका यह मानवाधिकार है कि वे शिक्षित हों और मुख्यधारा के समाज में विलीनीकरण के सभी साधनों के साथ एक सम्मानजनक जीवन व्यतीत कर सकें।

यहाँ हमें विमुक्त जनजातियों की सैद्धान्तिक और दार्शनिक समस्याओं को समझने की जरूरत है। वे समाज के विरोधी नहीं हैं। उन्हें शेष समाज के समान ही रखकर उनके साथ सम्मानजनक व्यवहार होना चाहिए। अज्ञान और अरुचिकर जीवन-यापन की वजह से उनके साथ पीढ़ी-दर-पीढ़ी उनका शोषण होता रहा है। अन्य सामाजिक श्रेणियों के अपराधियों के साथ विमुक्त जनजातियों जैसा अपराध का कलंक नहीं रहता।

अपराधियों की खोजबीन करते हुए पुलिस विमुक्त जनजाति बस्तियों में जाती है। इसका विमुक्त जनजाति परिवार के बच्चों, माता-पिता और महिलाओं के मानस पर मनोवैज्ञानिक प्रभाव पड़ता है। पुलिस के दुर्व्यर्वहार से बचने के लिए अपराधी बस्ती से भाग निकलते हैं, और लम्बे समय तक परिवार से दूर हो जाते हैं। वे पारिवारिक जीवन से पूरी तरह कट जाते हैं। उनके बच्चे अनाथ हो जाते हैं। जब इन बच्चों की उम्र बढ़कर इतनी होती है कि वे अपने परिवार का पोषण कर सकें, तो वे भी अपराध की परम्परा को अपनाते हैं। इस समूची समस्या का सीधा-सादा हल यह है कि विमुक्त जनजाति सदस्यों के छोटे-मोटे अपराधों का अन्वेषण करने के लिए पुलिस को बेहतर तरीकों का प्रशिक्षण दिया जाए। सामुदायिक नेतृत्व, समुदाय के शिक्षित-जनों, प्रतिष्ठित समाजसेवियों और पंचायत सदस्यों के साथ खुले परामर्श के द्वारा इस औपनिवेशिक प्रवृत्ति को दूर किया जा सकता है और उनके सुधार का प्रयोग सफल हो सकता है। स्थानान्तरित सरकारी अधिकारियों के कर्तव्य से सम्बन्धित एक अन्य पक्ष यह भी है, जब किसी अधिकारी का स्थानान्तरण होता है तब इस बात की कोई गारंटी नहीं होती कि उसकी जगह लेने वाला अधिकारी अपने पूर्ववर्ती अधिकारी के प्रयासों को आगे ले जाएगा। विमुक्त जनजातियों से व्यवहार करते हुए पुलिस अधिकारियों को अपने प्रकृत उत्साह और सहानुभूति को बनाए रखना चाहिए। अपनी अन्वेषण प्रक्रिया में उनके हौसले पस्त नहीं होने चाहिए।

भारत की जनता को भी सजग करना होगा। विमुक्त जनजाति बस्तियों में सार्वजनिक सभाएँ आयोजित करके जनता को डकैती, चोरी और अन्य अवैध कृत्यों की सामाजिक बुराइयों के प्रति जागरूक करना चाहिए। उसमें ग्राम पंचायत, सामुदायिक नेताओं और शिक्षित वर्ग का सहयोग होना चाहिए। विमुक्त जनजातियों के मन में यह बात बिठानी जरूरी है कि अपराध कोई व्यवसाय नहीं है। आकाशवाणी, दूरदर्शन और नाट्य-माध्यमों को इस बात के लिए प्रोत्साहित किया जाए कि ये विमुक्त जनजातियों की समस्याएँ और उनके लिए समाधान को सामने लाएँ। इससे सामाजिक सन्दर्भों में किसी सीमा तक इनके सुलझने में सहायता मिलेगी। विमुक्त जनजातियों की समस्याओं के प्रति सरकार का दृष्टिकोण गांधीवादी होना चाहिए। विनोबा भावे (1960) और जयप्रकाश नारायण (1972) जैसे नेताओं ने चम्बल घाटी के डाकुओं की समस्याएँ सुलझाने में गांधीवादी तरीके अपनाए थे।

विमुक्त जनजाति बस्तियों में पढ़े-लिखे युवाओं की सुधार प्रक्रिया में बड़ी भूमिका और जिम्मेदारी है। कॉलोनियों के स्कूलों में राष्ट्रीय स्तर के शिविर और संगोष्ठियाँ आयोजित की जा सकती हैं। युवा सूखे के विरुद्ध कार्य करें। येरुकला एकलव्य समिति, येनाडी कल्याण संगठन, सुगाली कल्याण संस्था जैसे संगठनों को विमुक्त जनजाति बस्तियों में गरीबी के सम्पूर्ण उन्मूलन के लिए कार्य करना होगा। ऐसे शिविरों को प्रोत्साहित करना होगा जो सामाजिक दायित्व और नागरिकता के प्रति लोगों को जागरूक करते हों। शिक्षित युवा वर्ग को अपनी बस्तियों में परिवर्तन के एक दृष्टिकोण को लाना होगा। स्कूली बच्चों को अपने परिवेश में अन्य समुदायों के बच्चों के साथ काम करने के अवसर मिलने चाहिए। सामाजिक सम्मिलन के इन प्रयासों से उनकी जीवन-शैली में समुचित विकास हो सकेगा।

स्टुअर्टपुरम के कुछ शिक्षा प्राप्त सदस्य सन् 1980 तक आन्ध्र प्रदेश के विभिन्न भागों में वार्षिक येरुकला सम्मेलन आयोजित करते थे। इन सम्मेलनों में अपराधी जनजाति कानून पूरी तरह हटाए जाने, अवैध शराब पर प्रतिबन्ध, और समुदाय की समस्याओं को हल करने की माँगें की गईं। ये संगठन समाचार पत्रों, साप्ताहिकों, और पेम्फलेटों का प्रकाशन करते थे, और अपनी समस्याओं के समाधान के लिए वे शासन को स्मरण पत्र भी प्रस्तुत करते थे। अभी हाल तक इन संस्थाओं ने विमुक्त जनजातियों के सुधार के लिए सराहनीय कार्य किए हैं। लेकिन आर्थिक कठिनाइयों के कारण इनका काम अब रुक गया है।

विमुक्त जनजाति बस्तियों में रह रहे परिवारों में पिछड़ेपन के चिह्न अभी भी स्पष्ट रूप से देखे जा सकते हैं। परिवार की आय को बनाए रखने के लिए वे अपने बच्चों को बम्बई, पंजाब और दूसरी जगहों पर बेच देते हैं। उनके इस प्रकार के दुष्कृत्यों में स्कूलों में पढ़ रहे बच्चों को बेचा जाता है। घरों में अवैध शराब खुले आम बेची जाती है। पुनर्वास की अनेक समस्याएँ हल की जा सकती हैं यदि इन

विमुक्त जनजाति बस्तियों के निवासियों के साथ अच्छा सम्पर्क बना रहे। विमुक्त जनजातियों की सुधार प्रक्रिया में भाग लेने वाले शासकीय अधिकारियों को उनसे सम्पर्क बढ़ाने पर ध्यान देना चाहिए।

बच्चों और परिवार के सदस्यों को ऐसे महत्त्वपूर्ण निर्णयों के साथ आगे आना चाहिए जो सुधार कार्यों में उनका मार्गदर्शन कर सकें। जनता को इसके लिए प्रोत्साहित करना चाहिए कि वे अपराध में संलिप्त परिवारों से कोई चीज स्वीकार न करें। क्योंकि ऐसा उपहार चोरी का सामान भी हो सकता है। जनता को ऐसे परिवार के किसी पुरुष अथवा महिला से सम्पर्क भी नहीं रखना चाहिए। इस तरह के व्यवहार का निश्चित रूप से प्रभाव अपराधों में संलिप्त परिवार के सदस्यों के मानस पर पड़ेगा। उनके वृद्धजनों द्वारा बताई गई परेशानियाँ और विक्षोभ तथा उनके द्वारा बिताए गए जीवन का विवरण नाटकीय स्वरूप में दिखाया जाना चाहिए और परिवार का प्रत्येक सदस्य विमुक्त जनजाति बस्ती की सोशल इंजीनियरिंग के विकास में अपना योगदान दे।

बैंकों की लूट, चोरी के मामले, डकैती और नकबजनी जैसे उनके द्वारा किए गए अपराधों के लिए उन पर मुकदमे चलते हैं। इन वारदातों में रुपया, सोना और बहुमूल्य सामान की बड़े पैमाने पर हेराफेरी होती है। उनके अपराधों का व्यापक प्रचार किया जाता है। इनमें से कई संदिग्धों ने लूट के माल के साथ पुलिस या मंत्रियों के सामने आत्मसमर्पण भी किया। समर्पण और निर्धारित सजा भुगतने के बाद भी ऐसा कलंक अब तक उनका पीछा कर रहा है। कई पुराने अपराधियों का हृदय-परिवर्तन हो चुका है और वे शासन से अनुनय कर रहे हैं कि उन्हें सम्मानजनक और शान्तिपूर्ण जीवन बसर करने दिया जाए।

विमुक्त अपराधी बस्तियों के कुछ सदस्यों के स्वैच्छिक समर्पण के सम्बन्ध में पुलिस अधिकारियों और समुदाय के बीच एक स्वच्छ सहमति होनी चाहिए। पुलिस को उनकी चार्जशीट में स्पष्ट रूप से यह लिखना चाहिए कि उन्होंने स्वेच्छा से समर्पण किया है। किन्तु पता नहीं क्यों, पुलिस इस तथ्य का उल्लेख नहीं करती है, और बताती है कि उसने उन्हें रेलवे स्टेशन, सिनेमाघर या बस के अड्डे इत्यादि से गिरफ्तार किया है। अनेक विमुक्त जाति सदस्यों ने ईसाई धर्म को अपनाया है, और प्रवचनों में बतलाया गया जीवन जी रहे हैं और अच्छे जीवन मार्ग पर चल पड़े हैं। इन लोगों की अच्छाई को बढ़ावा दिया जाना चाहिए ताकि वे अपनी अतीत की बुरी आदतों से बाहर आ सकें। प्राय: अधिकारी इसमें सहयोग नहीं करते। यह सुधार-प्रक्रिया में एक बड़ा अवरोध है। पुलिस को उनकी बस्तियों में उन्हें गिरफ्तार करने के लिए नहीं जाना चाहिए, अगर जाती भी है तो उसे वहाँ जाकर उनकी कुशलक्षेम मालूम करनी चाहिए। अधिकारियों का यह व्यवहार विमुक्त जनजातियों को अच्छा जीवन जीने के लिए प्रोत्साहित करेगा। ऐसे अधिकारी इनके जीवन में बहुत अधिक सुधार ला सकते हैं।

विमुक्त जनजातियों के कुछ सदस्यों ने न्यायालयों में अपने बचाव का पक्ष रखा। कुछ ने अपराध को माना और प्रायश्चित के रूप में दंड को स्वीकार किया। अपना पूरा जीवन कारागृह में बिताने के बाद जब छूटे तो वे बहुत वृद्ध हो चुके थे। पुलिस उन पर अभी भी सन्देह करती है और उनके प्रति अच्छा दृष्टिकोण नहीं रखती है। इससे वे भी दुराग्रही होते जा रहे हैं। वे वकीलों के पास जाते हैं जो उन्हें निरपराध प्रमाणित कर सकें। सुधार आन्दोलन में पुलिस की भूमिका निश्चित रूप से यह नहीं होनी चाहिए कि वह अपराध या अपराधी का परिमार्जन करे। उसे तो नागरिक समाज के संरक्षक के रूप में व्यवहार करना चाहिए। उन्हें परिमार्जन का काम न्यायालयों पर छोड़ देना चाहिए। उन्हें यह भी देखना चाहिए कि अपराध के मकड़जाल से बाहर निकलने के लिए खुद विमुक्त जातियाँ छटपटा रही हैं। सुधार इकतरफा नहीं हो सकते। इनके विविध आयाम हैं। जब समाज विमुक्त जनजातियों से ईमानदार होने की अपेक्षा रखता है तो उनसे सम्बन्धित सभी पक्षों को भी ईमानदार होना पड़ेगा।

शासन को उनके एकमुश्त सुधार के कार्यक्रमों के साथ आगे आना चाहिए जो इन बस्तियों में रह रहे हैं और जिन्होंने स्वेच्छा से समर्पण किया है। सामाजिक अपमान के कारण वे 'अपराधी जीवन त्यागने पर विवश हुए हैं। इस सन्दर्भ में हेमलता लवानम ने कहा था, 'अब उन्हें सामान्य जीवन बिताने के लिए एकमुश्त पुनर्वास कार्यक्रम की आवश्यकता है। पुलिस अधिकारियों को आत्मसमर्पित जनों के साथ बुरा व्यवहार नहीं करना चाहिए।[14]

विमुक्त जनजातियों के पहली बार अपराध करने वालों को बाल सुधारगृह या जेल भेजने की जगह अशासकीय संगठनों को सौंप देना चाहिए। आन्ध्र प्रदेश उच्च न्यायालय के मुख्य न्यायाधीश बी.एस.ए. स्वामी ने कहा था, 'यदि पहली बार अपराध करने वालों को बाल सुधारगृहों अथवा रिमांड होम में भेजा जाता है तो वे वहाँ अन्य अपराधियों की संगति में और अधिक अपराधी बन जाएँगे। विमुक्त जनजाति बस्तियों के जरूरतमन्द व्यक्तियों को सलाह देने के लिए परामर्श केन्द्र खोले जाने चाहिए। इसके अतिरिक्त उनके पुनर्वास के प्रति पुलिस का दृष्टिकोण अधिक मानवीय होना चाहिए। विमुक्त जनजातियों के सदस्यों को यह नहीं मान लेना चाहिए कि पुलिस उनकी दुश्मन है। समाज का कोई भी व्यक्ति अपराधी नहीं बनना चाहता, परिस्थितियों ने उन्हें अपराध की ओर धकेला है। विमुक्त किए जाने की अधिसूचना के बाद भी उनके साथ नित्य प्रति जीवन में भेदभाव किया जाता है और सन्देह की दृष्टि से देखा जाता है।'[15] सरकार को विमुक्त जनजातियों की समस्याओं के प्रति अधिक मानवीय दृष्टिकोण अपनाना चाहिए और उनके जीविकोपार्जन में कृषि और लघु उद्योगों के माध्यम से सहायता देनी चाहिए। हैदराबाद शहरी विकास प्राधिकरण में जेलों के प्रभारी एम.वी. थॉमस का कहना था कि 'हमें विमुक्त जनजातियों के प्रति एक विवेक-सम्मत और मानवीय दृष्टिकोण रखना चाहिए।'[16] शासन और अशासकीय संगठनों

द्वारा किए गए प्रयत्न इनकी समस्याओं को केवल सतही रूप से ही छू पाए हैं, और पुनर्वास का एक विशाल क्षेत्र अभी भी अछूता है। विमुक्त जनजातियाँ और उनकी बस्तियों की अब तक केन्द्र और राज्य की सरकारों द्वारा उपेक्षा ही हुई है। विमुक्त जनजातियों के पुनर्वास का अर्थ केवल उनका आर्थिक पुनर्वास ही नहीं है, उनका सामाजिक और सांस्कृतिक पुनर्वास भी होना चाहिए। जहाँ तक आर्थिक पुनर्वास का प्रश्न है विमुक्त जनजातियाँ निर्धन नहीं हैं, क्योंकि वे कड़ी मेहनत करके धनोपार्जन करती हैं। उनकी योग्यता-क्षमता के अनुरूप उन्हें ऐसे तरीकों से आमदनी का रास्ता दिखाया जा सकता है जो सामाजिक और सांस्कृतिक दृष्टि से स्वीकार्य हो। दुर्भाग्यपूर्ण पहलू यह है कि जब छोटे-बड़े अपराधों के लिए पुरुष वर्ग को जेल जाना पड़ता है तो परिवार चलाने के लिए स्त्रियों को मजदूरी करनी पड़ती है। विमुक्त जनजातियों के पास कहने के लिए उनकी एक अलग ही कहानी है। वह कहते हैं कि अपराध में एक बड़ा जोखिम उठाने के बाद उनके पास पुलिस की प्रताड़ना और कारावास के अतिरिक्त कुछ नहीं बचता। लूट हासिल करने के बाद एक अपराधी को इसका बँटवारा गाँव के बड़े-बूढ़ों, पुलिस वालों और माल के खरीददारों के साथ करना होता है। इसके साथ न्यायालय में उसका बचाव करने वाले वकील को वे भारी रकम चुकाते हैं। इन कटौतियों के बाद उनके पास जो बचता है, उसे वह शराब और दावत में उड़ा देते हैं। यह रिपोर्ट मिली थी कि 'सामाजिक अस्वीकार्यता के अपने रिकॉर्ड के बावजूद इन अपराधी जनजाति बस्तियों के अपराधी किसी भी अन्य सामान्य नागरिक की तरह जीना चाहते हैं, और अपनी सन्तानों को अच्छी शिक्षा दिलाना चाहते हैं।'[17] अपराध किसी सामाजिक वर्ग, विशिष्ट लोगों या समुदाय का एकाधिकार नहीं है। इतर सामाजिक श्रेणियों के लोग भी अपराध करते हैं। लेकिन जनता की राय बन चुकी है कि सारे-के-सारे अपराध विमुक्त जनजाति के सदस्यों द्वारा ही किए जाते हैं। विमुक्त जनजातियों को आज भी उनके पुराने दर्ज अपराधों के अभियोग पत्रों के लिए पुलिस थाने जाकर अपने हस्ताक्षर और अँगूठे के निशान देने पड़ते हैं।

यद्यपि स्वतंत्रता के पश्चात अपराधी जनजाति कानून सन् 1952 निरस्त हो चुका है लेकिन किसी ने शासन के इस निर्णय के क्रियान्वयन में रुचि नहीं दिखलाई है, जिसके द्वारा विमुक्त जनजाति बस्तियों को मुक्त घोषित कर दिया गया था। और इस तरह आन्ध्र प्रदेश की पाँचों बस्तियाँ—स्टुअर्टपुरम, सीतानगरम, कप्परल्ला टिप्पा, सिद्धपुरम और लिंगाला आज भी पूर्व अपराधी बस्तियाँ बनी हुई हैं। सभी कॉलोनियों के जीवन की आधारभूत संरचना में कोई बदलाव नहीं हुआ है।[18] इन पाँच बस्तियों में से स्टुअर्टपुरम अभी भी साल्वेशन आर्मी के प्रभाव में है, अन्य चार बस्तियाँ औपनिवेशिक राज्य की समाप्ति के समय सरकार ने अपने हाथ में ले ली थीं। कुछ समय के लिए उन्हें पुलिस के अन्तर्गत रखा गया, बाद में वे राजस्व विभाग को सौंप दी गईं। वर्तमान में इन बस्तियों पर समाज और आदिवासी कल्याण विभाग

का प्रत्यक्ष नियंत्रण है। बस्तियों की सारी जमीनों और मकानों की भूमि पर सरकार का वैधानिक स्वामित्व है। भारत जब औपनिवेशिक दासता से मुक्त हुआ तो मद्रास सरकार ने वेपा रामेसम आई.सी.एस. की अध्यक्षता में एक समिति का गठन किया। समिति ने अपराधी जनजाति बस्तियों को स्वतंत्र ग्राम घोषित करके वहाँ के निवासियों को उनके घरों की जमीनें देने का प्रस्ताव रखा।[19] समिति ने यह सुझाव भी दिया कि वहाँ रहने वाले अधिकृत निवासियों के बीच सारी जमीन का वितरण कर दिया जाए। सन् 1976 से अब सभी विमुक्त जनजाति बस्तियों को मुक्त ग्राम-समुदाय माना जाता है। तदनुसार शासकीय विभागों ने इन बस्तियों की समस्त भूमि का नियंत्रण अपने हाथ में लेकर इसे स्थानीय निवासियों को स्वामित्व अधिकार के साथ सौंप दिया है।

सामाजिक मानकों से वंचित इन विमुक्त जनों के समाज के साथ संविलयन के लिए समुचित उपाय किए जाने की आवश्यकता है। जी.पी. भारल के अनुसार उनका पुनर्वास इस बात पर निर्भर करता है कि वे समाज के साथ कितना घुलमिल सकते हैं।[20] अपराध का मूल कारण आर्थिक था, लेकिन सामाजिक और राजनीतिक पक्षों का अपना-अपना योगदान भी इसमें शामिल है। अधिकांश मामलों में देखा गया है कि यह इतिहास की एक दुर्घटना थी। उन लोगों के पास 'अपराधी' बन जाने के अतिरिक्त जीविका के लिए कोई दूसरा रास्ता ही नहीं बचा था।[21] अब भी कुछ लोग हैं जिनमें अपराध की प्रवृत्ति है।[22] अपराधी जनजाति कानून वापस लिए जाने के बाद बहुत सारे लोग आपराधिकता के अभिशाप से मुक्त हो गए। उनकी राहत के लिए भारत सरकार ने कुछ उपाय सुझाए। अब लगभग सभी जनजातियाँ अपने-अपने आर्थिक पिछड़ेपन और समाज में अपने स्थान के आधार पर अनुसूचित जातियों, जनजातियों और पिछड़े वर्गों में शामिल की जा चुकी हैं। उनका पुनर्वास करके उन्हें शेष समाज में अन्तर्विलीन करना होगा। उनके भावी रोजगार के लिए उन्हें, विशेष रूप से उनके बच्चों को उचित शिक्षा मिलनी चाहिए। आर्थिक पुनर्वास से पहले उनका सामाजिक और सांस्कृतिक पुनर्वास पुन: किए जाने की आवश्यकता है।[23]

हमारा अन्तिम ध्येय है, अपराधी का फिर से समाजीकरण, फिर से समाज में उसे स्थापित करना, उसका पुनर्वास और उसका बदलाव। इन लोगों से सम्बन्धित पुनर्वास कार्यक्रमों को या तो शिक्षण-संस्थाओं के जिम्मे कर देना चाहिए या फिर उन्हें उन सम्मानित समाजसेवी संगठनों को सौंप दिया जाए जो इसमें वास्तविक दिलचस्पी रखते हों।[24] अपने बच्चों के भविष्य को लेकर इनकी चिन्ताएँ दूर की जानी चाहिए और उनके सहयोग को उनकी अपनी प्रगति के लिए सोद्देश्य गतिविधियों को दिशा देनी चाहिए। पुनर्वास का सारा मामला इस समझाइश पर टिका हुआ है कि वे समझें कि उनकी तमाम कठिनाइयों का समाधान चोरी-चकारी में खोजना व्यर्थ है और उन्हें इस बात के लिए तैयार किया जाए कि वे पसीने की कमाई से अपनी रोटी-रोजी कमाने लगें। चूँकि उनकी समस्याएँ सामाजिक और आर्थिक आधारों से

जन्म लेती हैं, इसलिए पुनर्वास कार्यक्रम को सामाजिक-आर्थिक पक्षों पर केन्द्रित होना चाहिए। पूरी समस्या को हल करने के लिए पुनर्वास को मानवीय दृष्टिकोण से देखा जाना चाहिए।

आन्ध्र प्रदेश में विमुक्त जातियों के कल्याण कार्यक्रम से सुधार लाने की दृष्टि से निम्नांकित सुझाव प्रस्तुत किए जा रहे हैं : (1) उनके रोजगार, शिक्षा के स्तर, घर और अन्य गतिविधियों की वर्तमान स्थिति को जानने के लिए सरकार एक नमूना-सर्वेक्षण करे। गुंटूर जिले में ऐसा सर्वे पहले ही किया जा चुका है और एक कार्य-योजना सरकार को भेजी गई है। (2) व्यय का एक बड़ा हिस्सा उनकी आर्थिक प्रगति के लिए खर्च किया जाए। जीविकोपार्जन के वैकल्पिक साधन के रूप में उनके लिए किसी प्रकार का वैध रोजगार उपलब्ध कराया जाए। (3) उन्हें दिए गए 'डी' फार्म पट्टों में बदल करके ऐसे पट्टे दिए जाने चाहिए जिन पर ऋण मिल सके तथा विभिन्न पूर्व-बस्तियों के उन विमुक्त जनजाति सदस्यों को जो कृषि में वास्तविक रुचि और रुझान रखते हैं, भूमि और अन्य सुविधाएँ प्रदान की जाएँ। (4) सीतानगरम जैसी बस्ती में विमुक्त जनजातियों के अनेक सदस्य निर्माण, सड़क कार्य, पत्थर निकालने जैसी मेहनत-मजदूरी के काम करते हैं। श्रमिकों के ठेकेदारों के संगठन इन लोगों के परामर्श से बनाए जाने चाहिए जिससे इन ठेकेदारों की मनमानी पर रोक लग सके। (5) ईंट बनाने, चटाई बुनने, सिलाई जैसे केन्द्रों या कुटीर उद्योगों को, जिनमें कम कौशल और मार्गदर्शन की आवश्यकता होती है विमुक्त बस्तियों में प्रोत्साहित किया जाना चाहिए। (6) आर्थिक विकास में दूध की डेयरी, सुअर पालन, मुर्गी पालन आदि बहुत उपयोगी हैं। उन्हें प्राथमिकता मिलनी चाहिए। उनका संगठन सहकारिता के आधार पर किया जाए और सरकार उनके लिए ऋण या अनुदान के आधार पर आर्थिक सहायता उपलब्ध कराए। (7) विमुक्त आदिवासी समाज के सदस्य नौकरी करना भी पसन्द करते हैं क्योंकि इससे उन्हें तत्काल ही धनराशि मिल जाती है। बड़े पैमाने पर औद्योगिक रोजगार सम्भव बनाकर उन्हें इसमें शामिल किया जाना चाहिए। इससे उन्हें सन्तुष्टि मिलेगी। यथा सीतानगरम बस्ती में उनमें से अनेक को नौकरियाँ दिलवाई गई हैं और इससे अपराध में कमी आई है। पुलिस में भी उन्हें सिपाही, पानी पांडे, सफाईकर्मी आदि की नौकरियाँ दी जा सकती हैं। उनमें से कुछ अभी चौकीदारी का काम कर रहे हैं, जिसकी सराहना होती है। (8) जो रहवासी चाय की गुमठी, ठेले लगाने जैसे छोटे-मोटे धंधे करना चाहते हैं, उन्हें बैंकों से ऋण दिलवाने की व्यवस्था होनी चाहिए। स्वरोजगार योजनाएँ व्यवसाय जैसे क्षेत्रों में उन्हें अपनी क्षमता के प्रति जागरूक करेंगी, जिसकी उन्हें बहुत आवश्यकता है। (9) ऐसे कदम उठाने चाहिए कि विमुक्त जनजातियों का कहीं एक स्थान पर जमावड़ा न हो सके। यह देखा गया है कि विमुक्त बस्तियों में पक्के अपराधियों या आदतन अपराधियों की उपस्थिति अन्य सदस्यों के सुधार

में बाधक बन जाती है। अच्छा यह होगा कि आदतन अपराधियों और अन्य को अलग-अलग जगहों पर रखा जाए।

4

निष्कर्ष

कुल मिलाकर हमारे समाज के इन उपेक्षित वर्गों पर ध्यान देते हुए हम लालफीताशाही की कुछ प्रक्रियाओं की अनदेखी कर सकते हैं। आर्थिक विकास एक निरन्तर चलने वाली गतिविधि है इसलिए इन क्षेत्रों में ग्रामीण बैंकों की स्थापना के लिए प्रयास होने चाहिए ताकि वे अपनी बचत इन बैंकों में जमा कर सकें। यह उनके ही हित में होगा। बस्तियों के आसपास वर्तमान में जो दमनकारी और शोषक अर्थतंत्र विकसित हो गया है, उसे समाप्त किया जाना चाहिए। चोरी का माल खरीदने वाले, भ्रष्ट पुलिस अधिकारी, अपराध में निवेश करने वाले और लालची वकीलों ने परिस्थितियों से लाभ उठाकर इस तरह का तंत्र खड़ा कर दिया है, और लूट का बड़ा हिस्सा वे हड़प जाते हैं। पिछड़ा वर्ग आयोग की रिपोर्ट में कहा गया था—'आर्थिक कार्यक्रमों को सामाजिक शिक्षा के गत्यात्मक और सुविचारित कार्यक्रम के साथ चलना चाहिए जिससे उन्हें सामाजिक रूप से अवांछित प्रवृत्तियों से दूर रखा जा सके।'[25] शिक्षा की वर्तमान प्रणाली सन्तोषजनक नहीं है। पूर्व अपराधियों के सुधार का सारा दारोमदार इस पर निर्भर है कि उन्हें शिक्षा की कितनी अच्छी सुविधाएँ मिल पाती हैं। सामाजिक रूपान्तरण के लिए शिक्षा एक कारगर हथियार है। यह स्पष्ट है कि निर्धनता के वर्तमान दलदल से निकलने के लिए वे दस-पन्द्रह वर्षों तक शिक्षा की लम्बी अवधि गुजारने की अपेक्षा तात्कालिक लाभों को प्राथमिकता देंगे। अतएव वर्तमान नीरस और अनुत्पादक शिक्षा के स्थान पर उन्हें एक प्रभावशील विकल्प की जरूरत है।

उनके साथ किए गए साक्षात्कारों से उनकी यह भावना उभर कर सामने आई कि उन्हें नहीं लगता उनकी सन्तानें समाज के ऊँचे स्तरों तक पहुँच पाएँगी क्योंकि उनके साथ कई तरह के मनोवैज्ञानिक अवरोध हैं। विमुक्त जनजातियों के लिए शिक्षा प्रणाली को पुनर्गठित करने के लिए मानवतावादी दृष्टिकोण अपनाना होगा, जिससे उनके आत्मविश्वास को जाग्रत किया जा सके और हिन्दू समाज की मुख्यधारा में उनके विलय का मार्ग प्रशस्त हो सके।[26]

विमुक्त जनजातियों का सामाजिक अनुभव आज भी उस दबे-छुपे भय की याद दिलाता है जिसमें वे समाज के अति मुखर वर्ग के कारण त्रस्त रहे हैं। जब तक समाज उन्हें जीवन के प्रत्येक क्षेत्रों में अन्य के समान अवसर और व्यवहार उपलब्ध नहीं करवा देता, ये लोग अपने कवचों से बाहर आने के लिए तैयार नहीं होंगे।

एकात्मकता की भावना विकसित करने के लिए हमें उनके साथ एकता-भाव और परस्पर समझ को विकसित करना होगा। इसके लिए मनोवैज्ञानिक तरीके अख्तियार करने होंगे। यहाँ यह भी याद रखना चाहिए कि उनके साथ पुलिस अधिकारियों के आक्रामक व्यवहार ने भी उन पर एक गहरी छाप छोड़ी है। जेलों के असह्य और त्रासद जीवन और पुलिस के सहानुभूति-रहित बर्ताव से उनमें एक नकारात्मकता विकसित हो गई है, जो उन्हें बार-बार उन्हीं गतिविधियों में लौटने पर बाध्य करती है।[27] उस औपनिवेशिक दृष्टिकोण या व्यवस्था के कारण, जो हमें विरासत में मिली थीं, चीजें न्यूयाधिक आज भी वैसी ही हैं और इन्हें अब पुनर्गठित करना होगा। अन्यथा ये लोकतांत्रिक समाज के विकास में सहायक नहीं हो सकतीं।

एक दूसरी समस्या यह है कि विमुक्त जनजातियाँ जब तक अपने कलंक के भय से मुक्त नहीं हो जातीं, तब तक अन्य लोगों के साथ उनकी भावनात्मक एकता स्थापित नहीं हो सकती, और यह तब तक सम्भव नहीं है जब तक वे अपने दबे-कुचले और संकीर्ण जीवन से बाहर निकलने की इच्छा और लम्बे समय तक समाज के साथ अपनी अभिन्नता प्रदर्शित नहीं करते। सामाजिक शिक्षा के माध्यम से उनके समाजीकरण और पुनर्वास उपायों के द्वारा उनके मनोवैज्ञानिक बन्धनों को तोड़ने में उनकी सहायता की जानी चाहिए। व्यापक प्रौढ़-शिक्षा कार्यक्रमों, आकाशवाणी और पुस्तकालयों की सुविधा, इन सभी कार्यक्रमों में विमुक्त जनजाति बस्तियों के युवजनों की भागीदारी, उनके जीवन की शैली को बदलने के समग्र प्रयास, और आधारभूत सुविधाएँ जैसे बिजली, संचार और जलप्रदाय उपलब्ध करा देने से उनकी व्यवस्थित प्रगति और विकास को सुनिश्चित किया जा सकेगा।

सन्दर्भ

1. क्लेरेंस एच. पेट्रिक : 'दि क्रिमिनल ट्राइब्स ऑफ़ इंडिया विद स्पेशल इम्फैसिस ऑन द माँग गरुडीज, मैन इंडिया', खंड 48 जुलाई-सितम्बर, 1965, पृ. 244-255
2. वेनुगोपाल राव एस. : *इंडियन एक्सप्रेस,* दि. 8 जून, 1977
3. हैकरवाल बी.एस. : *इकोनॉमिक एंड सोशल आसपेक्ट्स ऑफ़ क्राइम इन इंडिया,* अलेन और अनविन, लंदन, 1934, पृ. 166
4. बोसवेल : *नेल्लोर डिस्ट्रिक्ट मेनुअल,* मद्रास 1873 पृ. 147 और देखें, फ्रेडरिक एस. मुलाली : *दि क्रिमिनल केसेज़ ऑफ़ मद्रास प्रेसीडेंसी,* मद्रास, पृ. 8
5. बेल्लारी के तत्कालीन जिला मजिस्ट्रेट ए.एफ.जी. मोकार्डी का मद्रास सरकार के मुख्य सचिव के नाम पत्र। जुडीशियल प्रोसीडिंग्स, नेल्लोर जिला कलेक्टरेट अभिलेखागार।
6. फिशमेन ए.टी. : *फ़ॉर दिस परपज,* न्यूयॉर्क, पृ. 46। कावाली की औद्योगिक बस्ती उन येरुकलाओं के शरण और पुनर्वास के लिए बनाई गई थी, जो कानून की निगाह में अपराधी जनजाति के सदस्य थे। तथापि अन्ततः ये दो सुव्यवस्थित कृषि-बस्तियों और सक्रिय चर्चों के रूप में विकसित हुईं, जहाँ अपराधियों के सैकड़ों बच्चों को आपराधिक जीवन से विमुख

करके उन्हें उपयोगी और आत्मसम्मानयुक्त बनाने का कार्य सफल हुआ। देखें, मद्रास सरकार ने गजेटियर ऑफ़ नेल्लोर डिस्ट्रिक्ट अप टु 1938। मद्रास 1942 पृ. 84

7. न्याय विभाग, शा.आ. 910, दि. 10 मई, 1913
8. कपाड़िया के.एस. : 'दि क्रिमिनल ट्राइब्स ऑफ़ इंडिया', *सोशियोलॉजिकल बुलेटिन* खंड I-II, 1952 पृ. 106
9. हिस्ट्री ऑफ़ बिट्रगुंटा सेटलमेंट : कप्परल्ला टिप्पा पुलिस थाने में संग्रहीत मूल दस्तावेज।
10. वही
11. हेरी विलियम और विलियम : बूथ टकर, बूथ्स फर्स्ट जेन्टिलमेन, लंदन, 1980, पृ. 184
12. सिम्हाद्री वाइ. सी. : *क्रिमिनल बिहेवियर ऑफ़ एन एक्स-क्रिमिनल ट्राइब इन एन इंडियन विलेज, इंडियन क्रिमिनोलॉजी,* खंड 4, संख्या 1, जनवरी, 1976
13. स्थानिक सर्वेक्षण में हमने पाया कि सीतानगरम बस्ती के तीन हिस्से हैं : सीतानगनम जहाँ उन्नीस परिवार रहते हैं, कोंडापेट जहाँ अन्य रहवासियों के घर हैं और राइफल रेंज, जहाँ सरकार ने रहवासियों की जमीन तीन राजनीतिक पीड़ितों को दी हैं। न्याय विभाग शा.आ. 1161, दिनांक 12 जून, 1913
14. हेमलता लवानम : *मृत्योर्मा अमृतगमया* (आत्मकथा) विशालेन्द्र बुक हाउस, हैदराबाद, 2004
15. रॉ डील टु रेसीडेंट्स ऑफ़ सेटलमेंट कॉलोनीज़, *इंडियन एक्सप्रेस,* 16 जून, 1984
16. ए चेंज टु द बेटर, द *हिन्दू,* 19 जून, 1984
17. रिफॉर्म प्रोसेस एपेस एट स्टुअर्टपुरम, द हिन्दू, 13 मार्च, 1988
18. टवैन्टी फाइव हार्डकोर डेकाइट्स ऑफ़ गुंटूर सरेंडर, द *न्यू इंडियन एक्सप्रेस,* हैदराबाद, 30 मार्च, 1989
19. रिफार्म्ड क्रिमिनल टु टेक पार्ट इन मीटिंग, *न्यूज टाइम्स,* 12 मई, 1984
20. भराल जी.पी. : 'डिनोटीफाइड कम्यूनिटीज एंड देयर प्रॉब्लम्स ऑफ़ रिहेबिलिटेशन', *इंडियन जनरल ऑफ़ सोशल वर्क* खंड XXVIII संख्या 4, जनवरी, 1968, पृ. 353-64
21. भौमिक पी.के. : सम आसपेक्ट्स ऑफ़ इंडियन एन्थ्रोपोलॉजी, कलकत्ता, 1980, पृ. 123
22. ललिता वी. : *रिपोर्ट ऑन दि रिहेबिलिटेटिव मेजर्स फ़ॉर दि एक्स-क्रिमिनल्स ऑफ़ बिट्रगुंटा रिफॉर्मेटिव सेटलमेंट एंड काचेरिमिट्टा,* आन्ध्र प्रदेश हिस्ट्री कांग्रेस एट कावाली (नेल्लोर) की कार्रवाई 4 जनवरी, 1971
23. भारत सरकार : *रिपोर्ट ऑफ़ दि कमिश्नर फ़ॉर शिड्यूल कास्ट्स एंड ट्राइब्स,* पूर्व उद्धृत, पृ. 103।'यह सुझाव दिया जाता है कि इस तरह के व्यवसायों को अपनाने के लिए अधिक से अधिक लोगों को अनुदान देकर प्रोत्साहित किया जाना चाहिए।'
24. लवानम : *नोट्स ऑन रिफ्लेक्शंस ऑन अवर वर्क इन रिहेबिलिटेशन ऑफ़ एक्स-क्रिमिनल्स,* एथीस्ट सेंटर, विजयवाड़ा
25. *रिपोर्ट ऑफ़ द स्टडी टीम ऑन सोशल वेलफेयर ऑफ़ बैकवर्ड क्लासेज़,* खंड 1, नई दिल्ली, 1959
26. बसु मिनेन्द्रनाथ : सजेशन्स फ़ॉर दि एज्युकेशन प्लॉन ऑफ़ द एबोरिजिनल प्रॉब्लम्स ऑफ़ इंडिया, *वैजयन्ती,* खंड 16, संख्या 3, जुलाई 1961 पृ. 123-26
27. वही

अध्याय-6

विमुक्त जनजातियों का प्रशासन, प्रबन्धन और नियंत्रण

1

विषय प्रवेश : 'अपराधी' जनजातियों से सम्बन्धित कानूनों का इतिहास

सन् 1902-03 के भारतीय पुलिस आयोग के प्रतिवेदन में यह सिद्धान्त प्रतिपादित किया गया था कि प्रत्येक पुलिस व्यवस्था का लक्ष्य अपराध के अभ्यस्त सभी व्यक्तियों की जानकारी एकत्र करके उन पर निगरानी रखना होना चाहिए। आयोग ने कहा था कि अपराधी जनजातियों पर नियंत्रण के लिए पुलिस के पास अधिक शक्तियाँ होनी चाहिए।[1] तदनुसार पुलिस आयोग ने सन् 1871 के अपराधी जनजाति कानून में किन्हीं संशोधनों की सिफारिश की। भारत सरकार ने पुलिस आयोग द्वारा सुझाए गए संशोधनों पर विचार किया, और उसने यह महसूस किया कि सन् 1871 के कानून को निरस्त करने की आवश्यकता है। तत्पश्चात पुलिस आयोग ने उसके स्थान पर सन् 1911 में एक अन्य कानून बनाया। पुराने कानून की अपेक्षा सन् 1911 का कानून अधिक व्यापक था। सन् 1911 के कानून के लक्ष्यों में एक यह था कि स्थानीय सरकारों को नियंत्रण की और अधिक शक्तियाँ प्रदान की जाएँ।[2] सन् 1911 के कानून से स्थानीय सरकार के लिए यह सम्भव हो गया कि वह (1) यह विश्वास हो जाने पर कि किसी जनजाति/वर्ग के सदस्य व्यवस्थित रूप से गैरजमानती अपराध करने के अभ्यस्त हैं, तो वह उसे एक 'अपराधी जनजाति' घोषित कर सकती थी। (2) उनकी अँगुलियों की छाप लेने का आदेश दे सकती थी और (3) उस समुदाय को यह निर्देश दे सकती थी कि उसके पंजीकृत सदस्य नियमित अवधि में अपने निवास स्थान की जानकारी देने के लिए पुलिस के पास जाते रहें।[3] सन् 1911 के कानून का अन्य उल्लेखनीय पक्ष यह था कि स्थानीय सरकार को इसके लिए भी अधिकृत किया गया था कि वह कृषि, औद्योगिक और सुधार के विद्यालय स्थापित

कर सकती है और बच्चों को उनके माँ-बाप से अलग कर सकती है। कानून के पारित होने के बाद पहला काम यह हुआ कि अपराधी जनजातियों के पंजीकरण के और निगरानी के लिए नियम बनाए गए।[4] प्रान्तों में अपराधी जनजातियों और 'अपराधी' बस्तियों के नियंत्रण का काम विशेष कर्तव्यस्थ अधिकारियों को दिया गया। मद्रास प्रेसीडेंसी में यह काम जिला अधिकारी कर रहे थे। इसका लाभ यह था कि 'अपराधी' वर्गों के सुधार का दायित्व जिला अधिकारियों को मिल गया था। धीरे-धीरे काम बढ़ता गया और सरकार ने पुलिस, रेलवे और खुफिया विभाग के पुलिस महानिरीक्षक से जिला मजिस्ट्रेटों की सेवाओं का उपयोग करने को कहा। सभी बस्तियों की सामान्य निगरानी, नियंत्रण और प्रशासन में जिला मजिस्ट्रेटों, उप पुलिस महानिरीक्षक, पुलिस के जिला अधीक्षक, और सहकारिता निरीक्षकों का परस्पर सहयोग था।[5]

2

शासकीय प्रबन्धन की अपेक्षा अशासकीय प्रबन्धन के लाभ

अपराधी जनजातियों के नैतिक उत्थान के लिए कार्य कर रही मिशनरियों और मानवसेवा संगठनों द्वारा भी इन बस्तियों का प्रबन्धन किया जाता था। अपराधी जनजाति बस्ती के प्रबन्धन के सम्बन्ध में मद्रास विधान परिषद में एक बार बहस हुई थी। प्रश्न यह था कि अपराधी बस्तियों के प्रबन्धन का कार्य केवल मिशनरियों को ही क्यों दिया जाए? इसके लिए ईसाई मिशनरियों के समर्पण और उत्साह, सुधार कार्यक्रमों से उनके लगाव, वंचित वर्गों का पुनर्वास के अतिरिक्त ईसाई धर्म का हित जैसे कारण बताए गए, जिनसे इन लोगों को अपराधी जनजाति बस्तियाँ सौंपी गई हैं।[6]

'अपराधी' बस्तियों की प्राथमिकता सुधार है, न कि अलगाव या बन्धन। इनका प्रबन्धन पुलिस के हाथों में पड़ गया था। पुलिस अथवा सरकार को 'अपराधियों' के उत्थान का कोई प्रशिक्षण नहीं मिला था। वे 'अपराधी' वर्गों में केवल अविश्वास ही उत्पन्न कर सकती थीं। यह उनके उद्धार में सबसे बड़ी बाधा थी। अशासकीय संगठनों में सरकार को ऐसे व्यक्ति मिल सकते थे जो निस्वार्थ सेवा से सुधारों के लिए अपने जीवन का उत्सर्ग करने के लिए तैयार हों। कभी-कभी ऐसा होता था कि समाज सेवा में गहरी रुचि रखने वाले शासकीय कर्मचारी का तबादला कर दिया जाता था और उस स्थिति में उसके काम को आगे बढ़ाने वाला कोई उत्तराधिकारी नहीं मिलता था। यह पाया गया कि अशासकीय संगठनों का काम सफल रहा है।[7] दूसरा कारण आर्थिक था। शासन गैर सरकारी एजेंसियों को जो

पारिश्रमिक देती थी, उतनी राशि से कुशल सेवाएँ उपलब्ध करना सम्भव नहीं था। बस्ती के प्रबन्धक को अपनी बस्ती में अपराधी जनजाति के सुधार का दायित्व लेने के लिए पूरी स्वतंत्रता प्राप्त थी। अशासकीय प्रबन्धक स्वतंत्र और सम्मानित था। भारत सरकार ने कहा था : 'अन्य प्रान्तों से मिले अनुभव के आधार पर कहा जा सकता है कि जब कार्य को सँभालने और सुचारू रूप से चलाने के लिए साल्वेशन आर्मी जैसे संगठन मिल जाते हैं, तो यह देखा गया है कि इन संस्थाओं को दिया जाने वाला अनुदान आर्थिक रूप में मितव्ययी होता है, क्योंकि न केवल कम धनराशि ही खर्च होती है, बल्कि उसका लाभ भी अच्छा मिलता है।'[8] अत: शासन ने अपनी इन बस्तियों का प्रबन्धन अशासकीय संगठनों अथवा मिशनरियों को सौंपने का निर्णय लिया। मिशनरियाँ भी बार-बार यह कह रही थीं कि वे समाज सुधार के क्षेत्र में हिन्दू और मुस्लिम संगठनों के प्रवेश का स्वागत करेंगी। लेकिन शासन के आह्वान का प्रत्युत्तर केवल साल्वेशन आर्मी, अमरीकी बॅपटिस्ट मिशन और लंदन मिशन की ओर से ही आया।[9]

मद्रास सरकार को लगता था कि इन 'अपराधी' वर्गों के सुधार कार्यक्रम के लिए कृषि और औद्योगिक बस्तियाँ सर्वश्रेष्ठ साधन हो सकती हैं। मेहनत के कामों में श्रमिक बहुत परिश्रम करते हैं। यदि किसी को जमीन का एक टुकड़ा दे दिया जाए तो वह भोर में अपनी जमीन पर चला जाता है और शाम को ही दिन-भर मेहनत करने के बाद शाम को घर लौटता है। यदि उसके पास अन्यत्र कोई काम हो भी, तब भी वह अपनी जमीन पर काम करने के लिए वक्त निकाल ही लेता है। इसलिए सरकार ने सभी बस्तियों के लिए अनिवार्यत: कृषि को मुख्य उद्यम बना दिया। प्रत्येक परिवार को गुजारे के लिए शुष्क भूमि का एक टुकड़ा और दलदली भूमि का कुछ हिस्सा दिया गया। यदि कोई अपनी जमीन की उपेक्षा करता मिलता था तो उसे पत्थर तोड़ने, जमीन खोदने जैसे मेहनत के काम दंडस्वरूप करने होते थे और उसकी जमीन उससे छीनकर किसी दूसरे को दे दी जाती थी। सरकार ने सोचा था कि जो लोग अच्छा आचरण करेंगे और मेहनत से काम करेंगे, उन्हें उनकी जमीनों का पट्टा बाद में दे दिया जाएगा।[10]

'अपराधी' बस्तियों को बसाने के लिए सरकार के सामने दो बातें थीं— (1) प्रत्येक बस्ती के साथ किसी घोषित धार्मिक अथवा मानवसेवी संगठन को जोड़ा जाना, भले ही वे वास्तव में इसका प्रबन्धन न करते हों। और (2) बस्तियों से लोगों को हटा कर इतनी दूर नहीं ले जाना जहाँ उनकी भाषा न बोली जाती हो या वह जगह इतनी दूर हों कि उसे विदेशी मुल्क माना जाए। इस तरह मद्रास प्रेसीडेंसी में वर्ष 1915 की समाप्ति तक सात 'अपराधी' बस्तियाँ बसाई जा चुकी थी, जिनका प्रबन्धन मिशनरियाँ और सरकार कर रही थी।[11]

3

सिद्धपुरम बस्ती का प्रशासन और नियंत्रण

बस्ती एक उपपुलिस निरीक्षक के प्रभार में रखी गई थी, जिसकी सहायता के लिए एक सिपाही था। बस्ती का प्रबन्ध मुख्य रूप से उप निरीक्षक द्वारा किया जाता था। वर्ष 1917 में इसे प्रोन्नत किया गया और सीतापुरम में एक निरीक्षक, एक उप महानिरीक्षक, दो हैड कांस्टेबल और पच्चीस कांस्टेबल नियुक्त हुए। कांस्टेबलों का काम रहवासियों की निगरानी और देखभाल करने का था। रहवासियों को नित्य श्रम-कार्य दिए जाते थे, जैसे टीलों को तोड़ना, मिट्टी बिछाना, मशीनों तक पानी पहुँचाना, और वैगनों से माल उतारना-चढ़ना आदि। अपने जन्मजात आलस्य और उन मिस्त्रियों के आदेशों से बँधे होने के कारण वे नाकरा पाए गए जिनके नीचे वे काम करते थे। उनसे ठीक से काम करने की उम्मीद नहीं की जाती थी। उग्र कर्मचारी मिस्त्रियों को धमकाते थे। अब यह हो सकता था कि उन्हें टुकड़ा-टुकड़ा रोजगार दिया जाए। खदानों से पत्थर निकालना, पुश्ते बाँधना, बन्दों को उठाना, ढाल निकालना और गिट्टी बिछाना जैसे कुछ कार्य ऐसे थे जिनमें कौशल की आवश्यकता नहीं थी। उन्हें केवल मिट्टी सम्बन्धी कार्य ही दिए गए जो अकुशल लोग कर सकते थे।[12]

वर्ष 1918 में जमीन पर उनके द्वारा 3,083 यूनिट काम किया गया। इसके लिए 120 श्रमिक लगाए गए थे। कुछ येरुकलाओं को काम देने का असर निश्चित रूप से हुआ। यह तेजी से काम करने का एक अच्छा समाधान था। किन्तु पुलिस महानिरीक्षक पी.एल. मून ने 27 अगस्त, 1918 को सूचना दी कि सरकार ने उनका यह सुझाव स्वीकार कर लिया है कि येरुकलाओं को योजना से अलग रखा जाए। यह केवल वोड्डारों को रोजगार देने के लिए बनाई गई है। पी.एल. मूर ने कहा था, 'सिंचाई योजनाओं में उन्हें इसलिए लगाया गया था क्योंकि मूलत: ये रहवासी मिट्टी के काम करने के पेशे में थे।'[13]

बस्ती की सीमाओं में कुछ सुगाली परिवारों को 260 एकड़ भूमि दी गई। उनके खेतों के लिए खाद दी गई। कुछ वोड्डार चित्तूर जिले के वेयालपाद तालुके में पिलर सर्किल में रहते थे। वर्ष 1929 में उन्हें वहाँ से इस बस्ती में लाया गया। प्रबन्धक हुबली बस्ती से भी कुछ नए परिवारों को लेकर आए। प्रचार से प्रभावित होकर जनवरी, 1930 में बेतामाचर्ला से पच्चीस वोड्डार स्वेच्छा से वहाँ पहुँचे। वे पुराने 'डोंगा' वोड्डारों से सम्बन्धित थे। बस्ती में वे रहने लगे और भूस्वामी बन गए। किन्तु वे बेलामाचर्ला के उन्हें कर्ज देने वाले प्रस्ताव के विरोध में थे क्योंकि वे उनसे कम मजदूरी देकर श्रम करवाना चाहते थे। पट्टीकोंडा तालुके से टक-वोड्डारों के बत्तीस परिवार फरवरी, 1931 में वहाँ आए। कुछ को अनन्तपुर और कुडप्पा जिलों से वहाँ लाया गया था।[14]

कुरनूल के जिला पुलिस अधीक्षक ने कुछ वोड्डारों को कावाली की सुधार बस्ती में स्थानान्तरित कर दिया था। वे असाध्य अपराधी पाए गए थे। सिद्धपुरम बस्ती के प्रबन्धक ने वर्ष 1933 में सीतानगरम के कुछ वोड्डारों को अपने यहाँ बसाया। उन्हें कुलियों के गैंग में काम करने के लिए कोन्नूर की बस्ती में भेजा गया। वहाँ वे शारीरिक रूप से अक्षम पाए गए और इसलिए उन्हें 'ओ आई' पास देकर सिद्धपुरम भेज दिया गया।[15] सिद्धपुरम के प्रबन्धक ने उन्हें बिट्रगुंटा की बस्ती में पहुँचाया। उनमें सुधार का कोई लक्षण नहीं था, और वे अपनी रोटी गलियों-मेलों में लोगों की जेबें काटकर कमाते थे। वे केवल समाज के लिए ही खतरनाक नहीं थे बल्कि साथ के रहवासियों के लिए भी वे खतरा थे। स्टुअर्टपुरम के कुछ अपराधी जनजाति सदस्यों को इस आधार पर सिद्धपुरम भेजा गया कि वे मूल रूप से कुरनूल जिले के आत्माकुर के निवासी थे।

कंजर भाटों के बीस परिवार कोन्नूर बस्ती से लाए गए। वे नई बस्ती में अपनी संस्कृति साथ लेकर आए थे। रहवासियों के साथ उनके मेलजोल ने उन्हें कट्टर 'अपराधी' बना दिया था। वर्ष 1937 के दौरान विभिन्न बस्तियों से येरुकलाओं और दसारियों के कुछ परिवारों को सिद्धपुरम में स्थानान्तरित किया गया। उसी साल नवाबपेटा की कोरचा और वोड्डार जनजातियाँ सीतानगरम ले जाई गईं। वे 1 सितम्बर, 1937 को 'जी' पास के बिना गायब हो गईं और 16 जनवरी, 1938 को उन्हें पहाड़ियों से पकड़ा गया।[16] वे असाध्य अपराधी थे और दिशाहीन जीवन व्यतीत करते रहे थे। इन अपराधियों ने आसपास के इलाके में कई डकैतियाँ डाली थीं। सन् 1938 में तंजोर से कुछ लड़कों को सिद्धपुरम लाया गया। वे 1943 में गायब हो गए और उन्होंने कुरनूल और नन्दीकोटकुर इलाकों में नकबजनी तथा डकैतियों के गम्भीर अपराध किए।[17]

4

स्टुअर्टपुरम बस्ती का प्रबन्धन और नियंत्रण

यह पहले बताया जा चुका है कि साल्वेशन आर्मी द्वारा स्थापित यह बस्ती मूलत: कृषि बस्ती के रूप में बनाई गई थी, और इसे सीतानगरम की एक सहायक शाखा और उसके सहयोग से काम करना था। गुंटूर जिले के येरुकला बापट्ला तालुके के बेथापुडी गाँव के पास प्रतिवर्ष दिसम्बर से अगस्त तक अपना पड़ाव डालते थे और ओंगोल, बापट्ला और तेनाली तालुकों की जनता से अनाज लाते थे। अगस्त से दिसम्बर तक वे वेनुकोंडा में अपने मवेशी चराते थे। फुर्सत के इन दिनों में येरुकला वारदातें करते थे। 1913 में पुलिस अधिक सजग और सक्रिय हो गई। येरुकलाओं

ने अपनी तरफ से साल्वेशन आर्मी की शरण ली। सितम्बर 1915 तक इस बस्ती को अपराधी जनजाति बस्ती घोषित नहीं किया गया था। इसका अर्थ था कि इन रहवासियों पर किसी का नियंत्रण नहीं था। वे अपनी मर्जी से आते और जाते थे। इस कठिनाई को सुलझाने के लिए बेथापुडी को अपराधी जनजाति कानून की धारा 16 के अन्तर्गत एक अपराधी बस्ती घोषित कर दिया गया।

बस्ती में पहले रहवासियों में से अच्छे आचरण वाले कुछ लोगों को चौकीदार नियुक्त किया गया। वे केवल निगरानी ही नहीं करते थे, वे अपने काम के साथ-साथ प्रबन्धकों को सूचनाएँ भी पहुँचाते थे। एक तरह से वे प्रबन्धकों और निवासियों के बीच का सम्पर्क माध्यम थे। रहवासी चौकीदार को एक प्रभावशाली व्यक्ति मानकर उसका सम्मान करते थे, इससे बस्ती में अनुशासन बनाए रखने की महत्त्वपूर्ण व्यवस्था बन गई।[18] साल के कुछ भाग में साल्वेशन आर्मी ने पुराने रहवासियों में से कुछ को कृषि कार्यों में मिस्त्री नियुक्त किया। वे खेतों में काम की देखभाल करते थे और बस्ती के वृक्षारोपण में सहयोग देते थे। वे नवागन्तुकों को खेती के नए तरीकों की जानकारी भी देते थे। लेकिन रहवासियों की खेती में न तो कोई दिलचस्पी थी और न उसमें कोई कुशलता।[19] रहवासियों को एक-एक मिस्त्री के प्रभार में अलग-अलग समूहों में विभाजित किया गया था। वह उन्हें सुबह खेतों पर ले जाता था और शाम को वापस लाता था। सुबह अपने समूह के साथ उसकी ड्यूटी 5.30 बजे की घंटी के साथ शुरू होती थी। शुरू-शुरू में इन लोगों से काम लेना बहुत कठिन था। कुछ तो ऐसे थे जो यह भी नहीं जानते थे कि टोकरी या सलगापारा को किस तरह पकड़ा जाए। कुछ को दो वर्ष तक सिखाना पड़ा और कुछ को सिखाने में तीन साल लग गए। क्रमशः पुराने निवासी बस्ती का मजबूत मेरुदंड साबित हुए।[20]

कृषि मिस्त्रियों के अतिरिक्त बस्ती के लिए एक पूर्णकालिक कारनाम (ग्रामीण अधिकारी) की नियुक्ति भी की गई। उसका काम था, भू-अभिलेख रखना, नाप-तौल करना, आबंटन और मवेशियों की देखभाल। यह कहा जाता है कि बस्ती में खेती की जानकारी रखने वाला अकेला व्यक्ति बस्ती का कारनाम होता था। उसे हर दिन सुबह आठ बजे से शाम पाँच बजे तक कार्यालय में रहना होता था।[21] बस्ती से पलायन और छुट्टी में देर तक रुक जाने के मामले बहुत हो रहे थे। जिला मजिस्ट्रेट ने सुझाया कि इन मामलों को कोर्ट में ले जाने की जगह प्रबन्धक के स्तर पर ही निबटा लिया जाए। साल्वेशन आर्मी के अधिकारी मारजोरी बैंकस ने बस्ती में एक हवालात बनाने का सुझाव दिया।[22]

वर्ष 1930 में रोजगार के लिए रहवासियों को 'ओ' पास देकर नेल्लोर जिले के रापुर तालुके में कोंडाना रामा अभ्रक की खदानों में भेजा गया। सन् 1936 में लगभग 168 परिवारों को 'क्यू' पास देकर छोड़ दिया गया और उन्हें नवगठित बस्ती चिराला में रहने की अनुमति दी गई, जो इंडियन लीफ़ टबैको डिपार्टमेंट के पास थी,

जहाँ उन्हें कुछ अतिरिक्त काम मिल गया।[23] प्रबन्धक और पुलिस के रहते हुए भी रहवासियों के बीच आपसी झगड़े होते रहते थे। वे अदालतों के पक्षी बन चुके थे। शान्ति और व्यवस्था बनाए रखना बहुत मुश्किल था। पुलिस इन लोगों पर सुरक्षा सम्बन्धी धाराएँ लगा देती थी। जिन निवासियों को आपराधिक रूप से सक्रिय और अनियंत्रित पाया गया, उन पर मद्रास के अभ्यस्त अपराधी कानून 1948 के अन्तर्गत बन्दिशें लगाई गईं और सजाएँ दी गईं।[24]

5

निष्कर्ष

इन लोगों को नियंत्रण में लाने के लिए अपराधी जनजाति कानूनों में कई बार संशोधन किए गए हैं। यद्यपि ये कानून अस्सी सालों तक प्रभावी रहे, लेकिन इसका मूल उद्देश्य कभी पूरा नहीं हो सका। शासकीय नीति यह थी कि जनजातियों के शरारती तत्त्वों को काबू में किया जाए, उन्हें भूमि पर बसने के लिए प्रोत्साहित किया जाए और किसी तरह से उनके लिए ईमानदारी से जीवन-यापन के लिए आय के स्रोत बनाए जाएँ। किन्तु रहवासियों और बस्ती की दशा पहले जैसी ही बनी रही। नेताओं और सामाजिक कार्यकर्ताओं ने अनुभव किया : जनता के किसी वर्ग को अपराधी जनजाति का नाम देना भारतीय समाज पर काला धब्बा है। जवाहर लाल नेहरू ने नेल्लोर में अक्टूबर 1936 में दिए गए अपने एक भाषण में कहा था, 'मैं इस अपराधी जनजाति कानून के शैतानी प्रावधानों से परिचित हूँ जो नागरिक स्वतंत्रता को नकारते हैं। इनके दुरुपयोग को खूब प्रचारित करना चाहिए और इस बात की कोशिश होनी चाहिए कि इसे कानून की किताब से निकाल दिया जाए।'[25] पट्टाभि सीतारमैया ने आक्रोशित होकर कहा, 'बाजार में मवेशियों की बिक्री और खरीद होती है, जंगली जानवरों को गाँव से खदेड़ दिया जाता है, कीड़े मकोड़े पाँवों तले कुचले जाते हैं, उनके साथ भी इतना बुरा व्यवहार नहीं होता जितना अपराधी जनजातियों के साथ हो रहा है।'[26] अपराधी जनजाति कानून की आलोचना करते हुए सुज्ञात समाजसेवी वेनेलाकुंटी राघवैया ने मत व्यक्त किया कि 'जाति व्यवस्था की इतनी विचित्र और निन्दनीय अवधारणा और अपराध की आनुवंशिकता की कोख से जन्मे इस कानून ने घरेलू शान्ति को नष्ट कर दिया है और मानवीय जीवन में कटुता भर दी है। इतना ही नहीं इसने सर्वाधिक मिथ्या यह सिद्धान्त प्रतिपादित किया है कि एक बार का अपराधी आजन्म अपराधी रहता है।'[27] अखिल भारतीय हरिजन सेवक संघ के सचिव ठक्कर बापा ने राय दी, 'अपराधी जनजाति कानून हमारे कानून की किताब का कलंक है।' देशभक्त कोंडा वेंकटपैया पंलूलु ने इसे ऐसा अत्यन्त अमानवीय कानून बताया जो

कानून अपने उद्देश्य से अधिक जी चुका है। न्याय मंत्री कैलाश नाथ काटजू ने कहा था, 'अपराधी जनजातियों के मासूम बच्चों को जन्मजात अपराधी कहना ईश्वर और मानवता का अपमान है।' अपराधी जनजाति कानून के सम्बन्ध में वी.वी. गिरि ने कहा था, 'सरकार वस्तुत: देश में व्याप्त असमानता के विषय में जानती थी। जो तब और भी भयावह हो जाती है, जब समाज के कुछ वर्गों की सम्पन्नता से हम उसकी तुलना करते हैं। समाज में बदलाव और गरीबी का उन्मूलन एक ही प्रश्न के दो पहलू हैं, एक के बिना दूसरे को प्राप्त नहीं किया जा सकता। समूचे भारत की जनता के साठवें हिस्से को, जिससे समूची जनजाति बनती है अपराधी बना देना वास्तव में अपराध है और सरकार इसके लिए दोषी है।' मद्रास प्रेसीडेंसी में अपराधी जनजाति कानून समाप्त करने और आदिवासियों की दशा सुधारने के लिए एन.जी. रंगा ने अनवरत संघर्ष किया। उनका कहना था कि 'अपराधी जनजाति कानून' राजनीतिक कार्यकर्ताओं के दमन के लिए बना है।'[28]

स्वतंत्रता के बाद भारत सरकार ने सन् 1949 में इस कानून की उपादेयता पर विचार करने के लिए एक समिति बनाई। समिति ने मत व्यक्त किया कि अपराधी जनजाति कानून संविधान की आत्मा के विरुद्ध है। जनता भी इसे लेकर आन्दोलित थी, फलस्वरूप सन् 1952 में इसे निरस्त कर दिया गया और इसके स्थान पर अभ्यस्त अपराधी कानून बनाया गया। इस निरस्तीकरण से भारत के लगभग 2,268,348 व्यक्ति वैधानिक रूप से स्वतंत्र हो गए। समिति ने यह भी कहा था कि कानून की समाप्ति के बाद इससे पैदा होने वाली समस्याओं के शमन की दिशा में कदम उठाने चाहिए।[29] सरकार अब इन जनसमूहों की कठिनाइयों को हल करने की दिशा में पहल कर रही है। भारत सरकार द्वारा दी गई तमाम सुविधाओं के बावजूद अपराधी जनजातियों की स्थिति जस की तस है। अभिशाप आज भी उनके साथ जुड़ा है। सामाजिक दुराग्रहों से आज भी छुटकारा नहीं मिल पा रहा है। यह दुर्भाग्य ही है कि पूरी जाति, कबीले या परिवार को अपराधी कहा जाए। हमारी जानकारी में दुनिया में ऐसा कोई देश नहीं है जहाँ अपराध एक व्यवसाय हो। अजूबा तो यह है कि अन्धों को भी अपराधी के रूप में पंजीकृत किया जाता रहा है।

सिद्धपुरम और स्टुअर्टपुरम बस्तियों की वर्तमान स्थितियों को समझने के लिए भेंट वार्ताओं का आयोजन किया गया। उन्होंने हमें बस्ती की वर्तमान समस्याओं से अवगत कराया। पूर्व-अपराधी कल्याण परिषद (सिद्धपुरम) के सचिव के.आर. सोमन्ना ने सभी विमुक्त जनजातियों को अनुसूचित वर्ग में रखने की माँग की। उनकी शिकायत थी कि जब भी पुलिस किसी पर सन्देह करती है, तो उसे तुरन्त गिरफ्तार करके उसे प्रताड़ित किया जाता है। ई. लक्ष्मैया ने कहा, 'हर रात पुलिस हमारी पूर्व-बस्ती में गश्त करती है। अभी हाल में हमारे एक नौजवान को पुलिस ने उस वक्त गोली से मार गिराया जब वह श्रीशैलम पर्वत की तीर्थयात्रा से लौट रहा था।'[30]

जब भी और जहाँ भी कोई वारदात होती है, सीतानगरम को भय और चिन्ता सताने लगती है। फिर बस्ती नल्लामलाई पहाड़ों की तलहटी के घने जंगल में बसी हुई है, इसलिए यहाँ साँप, तेंदुए और चीते घूमते रहते हैं। शिक्षा और स्वास्थ्य की समुचित सुविधाएँ यहाँ नहीं हैं। पूरा गाँव अवैध शराब की बुराई से त्रस्त है।

जहाँ तक स्टुअर्टपुरम की बस्ती का प्रश्न है, स्वतंत्रता के बाद भारत सरकार ने आन्ध्र प्रदेश में मिशनरियों की, विशेष रूप से साल्वेशन आर्मी की सारी शक्तियाँ वापस ले ली हैं। स्टुअर्टपुरम का प्रबन्धन उनसे लेकर आदिवासी कल्याण विभाग को दे दिया गया है। वर्तमान में बस्तियों का सारा प्रशासन, प्रबन्धन और नियंत्रण आन्ध्र प्रदेश सरकार का समाज कल्याण विभाग के पास है। लेकिन साल्वेशन आर्मी अभी भी स्टुअर्टपुरम में सक्रिय है। प्रबन्धक, उसकी पत्नी और वार्डन बस्ती के चर्चों और प्राथमिक तथा माध्यमिक विद्यालयों की देखभाल करते हैं।

सन्दर्भ

1. मद्रास सरकार : *मद्रास क्रिमिनल ट्राइब्स मेनुअल, क्रिमिनल ट्राइब्स एक्ट VI, 1924 अप टु 31 मार्च, 1927,* गवर्नमेंट प्रेस, मद्रास, 1927
2. भारत सरकार : *रिपोर्ट ऑफ़ दि ट्राइब्स इंक्वायरी कमेटी फ़ॉर दि ईयर ऑफ़ 1947,* यूनाइटेड प्राविंस, इलाहाबाद, 1948
3. मद्रास सरकार : *नॉट शोइंग दि प्रोग्रेस मेड इन दि सेटलमेंट ऑफ़ क्रिमिनल ट्राइब्स इन मद्रास प्रेसीडेंसी अप टु सेप्टेम्बर, 1916* गवर्नमेंट प्रेस मद्रास, 1917
4. वही
5. भारत सरकार : गृह विभाग, फाइल 88/2/1945 (पुलिस) *ए रिपोर्ट ऑन दि वर्क डन फ़ॉर दि रिक्लेमेशन ऑफ़ क्रिमिनल ट्राइब्स इन मद्रास प्रेसीडेंसी,* मद्रास 1948 तमिलनाडु अभिलेखागार। मद्रास का श्रम-आयुक्त बस्तियों में पुनरुद्धार कार्यों का संचालक था। वह गाँवों में सहकारी समितियाँ खोलने के लिए ऋण स्वीकृत करता था। गाँव का मुंसिफ ग्राम पंचायत का सदस्य होता था। उसका काम गाँव की दशा सुधारना था। वह अपराधियों द्वारा की गई वारदातों की सूचना पुलिस को देता था। सहकारिता-निरीक्षक का मुख्य दायित्व होता था, अपराधी आदिवासियों द्वारा फसल के मौसम में खाद, बीज, बैलों आदि के लिए दिए गए ऋणों का भुगतान देखना। यदि सूखे या बाढ़ से फसल बर्बाद हो जाती थी, तब भी गरीब आदिवासियों को भारी कर और लगान देना पड़ता था। वह आदिवासियों द्वारा लिए गए ऋण की किस्तें चुकाने का निर्णय करता था। तथापि मजबूर आदिवासियों द्वारा चुकाई गई राशि की रसीदें उन्हें नहीं दी जाती थीं।
6. मद्रास सरकार : न्याय विभाग, आ. 1299, दि. 30 जून, 1913
7. रालैंड एल.ई. : *रिपोर्ट ऑफ़ दि अमेरिकन बॅपटिस्ट तेलुगु मिशन फ्रॉम मे 1 टु डेसिम्बर 31 1928,* ओड़िशा मिशन प्रेस 1929
8. राबर्ट संडाल : द *हिस्ट्री ऑफ़ साल्वेशन आर्मी* खंड III न्यूयॉर्क 1955 पृ. 276
9. मद्रास सरकार : गृह (न्यायिक) विभाग, आदेश 1537, दि. 27 जुलाई, 1917 आन्ध्र अभिलेखागार

10. मद्रास सरकार : लोक निर्माण (श्रम) विभाग, आ. 1147, दि. 26 मई, 1933
11. मद्रास सरकार : *मद्रास क्रिमिनल मेनुअल* (पूर्वो.) पृ. 3। बस्ती के प्रबन्धक और प्रशासन में निम्न बिन्दु शामिल थे : (i) प्रबन्धकों और सह प्रबन्धकों का अवकाश स्वीकार करना, (ii) बस्ती के पुरुषों, महिलाओं, बच्चों, बूढ़ों, अपाहित, एकाकी पुरुषों-महिलाओं, रिहा हुए बन्दियों इत्यादि को एक बस्ती से दूसरी में स्थानान्तरित करना, (iii) कृषि, उद्योग, बुनाई, माचिस उद्योग, लकड़ी का काम, चन्दन बनाना आदि क्षेत्रों में रोजगार के अवसर उत्पन्न करना, (iv) स्वास्थ्य, (v) घर और स्वच्छता, (vi) शिक्षा, (vii) सजाएँ, (viii) पलायन, (ix) बस्ती से मुक्ति, (x) बजट और लेखा, (xi) सहकारिता भंडान, (xii) लाभ-हानि का हिसाब और (xiii) पशुधन और बस्ती के अनुदान, इत्यादि।
12. मद्रास सरकार : गृह विभाग, शा.आ. 2661, दि. 25 अक्टूबर, 1920
13. मद्रास सरकार : लोक निर्माण (श्रम) विभाग, शा.आ. 1719, दि. 9 अगस्त, 1927
14. मद्रास सरकार : लोक निर्माण (श्रम) विभाग, आ. 2190, दि. 28 अगस्त, 1930
15. मद्रास सरकार : लोक निर्माण (श्रम) विभाग आदेश 2247, दि. 17 अक्टूबर, 1933
16. मद्रास सरकार : आदेश 1247, दि. 6 मार्च, 1939
17. मद्रास सरकार, *नॉट शोइंग दि प्रोग्रेस...* (पूर्वो.) मद्रास, 1917
18. मद्रास सरकार, गृह (न्यायिक) विभाग, आदेश 2074, दि. 18 सितम्बर, 1916
19. मद्रास सरकार, विधि (सामान्य) विभाग 1714, दि. 22 अक्टूबर, 1921 और आदेश 3187, दि. 14 नवम्बर, 1924
20. मद्रास सरकार, गृह विभाग आदेश 2074, दि. 18 अगस्त, 1916
21. मद्रास सरकार विधि (सामान्य) विभाग आ. 748 दि. 8 अगस्त, 1925
22. साल्वेशन आर्मी का मासिक द *वार क्राई,* इंटरनेशनल हेरिटेज सेन्टर लंदन, अप्रैल, 1937 और भी देखें, मद्रास न्याय विभाग, आदेश 1974, 10 अगस्त, 1920
23. मद्रास सरकार : लोक निर्माण विभाग आ. 2671 दि. 6 दिसम्बर, 1934
24. मद्रास सरकार : *एडमिनिस्ट्रेशन रिपोर्ट ऑन हेबिचुअल आफेंडर्स सेटलमेंट फ़ॉर द ईयर ऑफ़ 1949-50,* मद्रास, 1951
25. राघवैया वी. : द प्रॉब्लम्स ऑफ़ क्रिमिनल ट्राइब्स, भारतीय आदिम जाति सेवक संघ, नई दिल्ली, 1949, पृ. 6
26. ललिता वी. : *दि मेकिंग ऑफ़ क्रिमिनल ट्राइब्स, पैटर्न एंड ट्रांजीशन,* न्यू एरा पब्लिकेशन्स, मद्रास, 1995
27. राघवैया वी. 1943, पृ. 17
28. वही
29. मद्रास सरकार : *एडमिनिस्ट्रेशन रिपोर्ट ऑन कल्लार, कोरवार रिक्लेमेशन फ़ॉर द ईयर 1949-50,* मद्रास 1951 और भी देखें—सिम्हाद्री वाई.सी. डिनोटीफाइड ट्राइब्स (पूर्वो.) नई दिल्ली, 1991
30. के.आर. सोमन्ना और ई. लक्ष्मैया के साथ साक्षात्कार, 19 फरवरी, 2006

अध्याय-7

विमुक्त जनजाति बस्तियों का वित्तीय-प्रबन्धन

1

परिचय

आन्ध्र प्रदेश की अपराधी जनजाति बस्तियों का प्रबन्धन मात्र किसी एक संस्था के पास नहीं रहा। कई संस्थाएँ एक वृत की तरह काम करती थीं। इनका उदय एक विभ्रम की दशा में हुआ। प्रेसीडेंसी में अपराधी जनजातियों और उनकी बस्तियों का भार जिला अधिकारियों को सौंपा गया था। बस्ती का रिकॉर्ड सरकार रखती थी। बस्तियों के आर्थिक प्रबन्धन के लिए जब सरकार को एक जैसे नियम निर्धारित करने में कठिनाई आई तो उसने यह काम ईसाई मिशनरियों को सौंप दिया। सरकार इन बस्तियों की देखभाल, बूढ़े और अशक्त लोगों की देखभाल, अस्पतालों का प्रबन्ध, स्कूलों का प्रबन्धन, साफ-सफाई, वृक्षारोपण आदि के लिए प्रबन्ध में लगी संस्थाओं को अनुदान देती थी। बस्ती के हर पक्ष में आर्थिक प्रबन्धन की समस्या थी। बस्ती के संचालन के लिए मिलने वाली सहायता राशि के कुप्रबन्ध की भी समस्या थी। इसके साथ ही प्रबन्धकों, रहवासियों, जिला-अधिकारियों, मिशनरियों और पुलिस तथा उसके अधिकारियों को लेकर गम्भीर नैतिक समस्याएँ भी थीं। इस अध्याय में हम विभिन्न प्रश्नों पर विचार करेंगे, जैसे बस्ती के संचालन के लिए मिशनरियों को मिलने वाली आर्थिक सहायता, बस्ती के हिसाब का लेखा-जोखा, जर्जर बस्तियों को मिलने वाला अनुदान, जनजाति बस्तियों की अर्थव्यवस्था, कावाली, सिद्धपुरम और स्टुअर्टपुरम के प्रबन्धन अथवा कुप्रबन्धन का ऐतिहासिक परिप्रेक्ष्य आदि। सीतानगरम और स्टुअर्टपुरम की बस्तियों का नियंत्रण साल्वेशन आर्मी के हाथों में था।[1] साल्वेशन आर्मी उन सामान्य नियमों का पालन करने पर सहमत हो गई थी जो शासन ने निर्धारित किए थे। बस्ती के प्रशासन और देखभाल के लिए सरकार वार्षिक रूप से साल्वेशन आर्मी को एक निर्धारित धनराशि देती थी। यह धनराशि त्रैमासिक किस्तों में दी जाती थी। बस्ती के व्यय को दो मदों में

विभाजित किया गया था—सेवा व्यय और उद्योग व्यय। बस्ती को मिलने वाली शासकीय वित्तीय सहायता में से आन्ध्र प्रदेश में 31 मार्च, 1922 तक हुई बचत की राशि रु. 25,635 थी।[2]

2

बस्तियों के संचालन के लिए साल्वेशन आर्मी को मिली धनराशि

आन्ध्र प्रदेश की अधिकांश बस्तियाँ घाटे और वित्तीय हानि पर चल रही थीं। इसकी क्षतिपूर्ति के लिए सरकार ने साल्वेशन आर्मी को मिलने वाले ऋणों में घाटे की धनराशि के बराबर कटौती कर दी। लेकिन बस्ती को मिलने वाली आवर्ती राशि को बढ़ा दिया। सरकार ने मकानों, सड़कों के निर्माण और कृषि तथा औद्योगिक विकास के लिए एकमुश्त सहायता दी। बूथ टकर ने बताया था, 'ठेकों में नुकसान था। खदानें ठेकेदारी पर चलाई जाती थीं। इन खदानों में भारी नुकसान हुआ। खदानों सहित ठेकों में होने वाले नुकसान का कारण उनका बुरा प्रबन्धन था।'[3] मद्रास के तत्कालीन जिला मजिस्ट्रेट ने कहा, 'बस्तियों को अधिक मितव्ययिता से काम करना चाहिए।'[4] बस्तियाँ अपने काम में सुधार कर सकें, इसके लिए आवर्ती अनुदान की राशि बढ़ा दी गई। बिल-विभाग सभी खातों और बस्तियों को दिए जाने वाले ऋणों का लेखा-परीक्षण करता था।

3

बस्तियों को दिया गया अनुदान

नए ऋणों के लिए मिशनरियों ने सरकार के सामने कई नए प्रस्ताव रखे। सरकार से मिले नए कर्ज की राशि से मिशनरियों ने बस्तियों में नई इमारतें बनाईं। सरकार के धन से जिन इमारतों का निर्माण होता था, उन पर स्वामित्व सरकार का था।[5] खर्चों में कमी के लिए सरकार कुछ बस्तियाँ बन्द करना चाहती थी। बस्तियों की कृषि और उद्योगों में भारी हानि हो रही थी। कुछ बस्तियाँ बन्द किए जाने के लिए चिह्नित कर ली गईं क्योंकि उनका प्रबन्धन खराब था और उनके आवर्ती व्यय बहुत अधिक थे। बस्तियों को बन्द करने के कारण थे—(1) नए रहवासियों के लिए जमीन का न होना, (2) औद्योगिक रोजगार की सम्भावना नहीं होना, (3) शहरों से उनकी निकटता और (4) केवल प्रशिक्षित प्रबन्धकों पर ही बस्ती के संचालन के लिए सरकार की निर्भरता। सरकार नए रहवासियों के लिए उन्हें नई झोंपड़ियों के निर्माण, भरण-पोषण के लिए भत्ता और चिकित्सा सहायता देती थी।[6]

4

'अपराधी' जनजाति बस्तियों के वित्तीय स्त्रोत

गुंटूर के उन दिनों के जिला मजिस्ट्रेट ई.ए. डेविस ने कहा था, 'अपराधी' बस्तियों के सम्बन्ध में नियमित रिपोर्ट मँगवाई जाती हैं, जिससे पता चल सके कि इनका भविष्य क्या है।' उन्होंने जिन बातों पर बल दिया था, वे थीं—(1) उदारता से एकमुश्त धनराशि का अनुदान जिससे सभी प्रकार के व्यय और रोजगार की व्यवस्था करने की पूर्ति हो सके, (2) प्रभावशाली नियंत्रण और मिशनरियों के साथ सम्पर्क के लिए बस्तियों को जिला मजिस्ट्रेटों के सीधे अधिकार के अन्तर्गत लाना। इस व्यवस्था से विमुक्त जनजाति बस्तियों की वित्तीय व्यवस्था का विकेन्द्रीकरण हो सका।[7]

5

विमुक्त जनजाति बस्तियों के संचालन की खामियाँ

'अपराधी' बस्तियों के प्रकरण विभ्रमित दशा में सामने आते थे। अपराधी जनजातियों और उनकी बस्तियों का नियंत्रण प्रेसीडेंसी के जिला अधिकारियों को दिया गया था। मद्रास के पुलिस महानिरीक्षक ने कहा था—'बस्तियों से सम्बन्धित सभी मामलों के लिए औपचारिक रूप से अपराध अन्वेषण विभाग में एक उप पुलिस महानिरीक्षक नियुक्त किया जा सकता है जो पुलिस महानिरीक्षक और सभी जिला मजिस्ट्रेटों को सुझाव दे सके।'[8] कार्य के संगठन और समन्वय के लिए बस्तियों पर पुलिस, रेलवे और अपराध अन्वेषण के उप महानिरीक्षक का सामान्य नियंत्रण था। पुलिस उप महानिरीक्षक समन्वय के तौर पर काम करता था। रहवासियों के लिए रोजगार के औद्योगिक साधनों की सम्भावनाएँ खोजने के लिए सरकार ने विशेष अधिकारी नियुक्त किए थे। गिलमेन ने लिखा था, 'यह व्यवस्था तब तक चलाई जानी है जब तक परिस्थितियाँ एक विशिष्ट अधिकारी की नियुक्ति की सम्भावना नहीं पैदा कर देतीं।'[9]

जिला मजिस्ट्रेटों के सामने बस्तियों की देखभाल की समस्या आई। मद्रास प्रेसीडेंसी के एक जिला मजिस्ट्रेट एलेक्जेंडर कारड्यू ने बस्तियों को बन्द करने का सुझाव दिया। साल्वेशन आर्मी के अधिकारी बूथ टकर ने बस्तियों पर जिला मजिस्ट्रेटों के नियंत्रण का विरोध किया था। जिला मजिस्ट्रेटों और बस्ती प्रबन्धकों के बीच का पत्राचार प्राय: विवाद में बदल जाता था। साल्वेशन आर्मी की शिकायत थी कि 'मिशनरियों द्वारा अपराधी जनजाति बस्तियों के प्रबन्ध को सरकार गलत तरीके से समझ रही है।'[10] सरकार ने मिशनरियों से उनके और जिला मजिस्ट्रेटों के बीच होने वाले विवादों से बचने का आग्रह किया।

बस्तियों के रिकॉर्ड सरकार के पास रहते थे। ये रिकॉर्ड उस समय प्रचलित प्रबन्धन के स्वरूप, शासन द्वारा आर्थिक दंड के रूप में मिलने वाले सहयोग, अनुदानों के आँकड़े, नागरिक बजट के पूर्वानुमान, विशेष कार्यों के लिए मिली आर्थिक सहायता, इत्यादि से सम्बन्धित थे। सरकार से प्राप्त आर्थिक सहायता और होने वाला व्यय मुख्यत: दो मदों में वर्गीकृत किया जाता था। इसे विशिष्ट सुझावों के साथ शासन को भेजा जाता था।

बस्ती में शैक्षणिक सुविधाओं के लिए अलग से अनुदान दिए जाते थे। शासन बस्ती के विद्यालय को एक पृथक इकाई मानता था। मद्रास के तत्कालीन जिला मजिस्ट्रेट ने कहा था, 'शिक्षा पर होने वाला व्यय बहुत अधिक है, स्कूलों को शैक्षणिक अनुदान प्राप्त करने की इजाज़त दी जा सकती है। जिला बोर्ड चिकित्सा सहायता देते हैं।'[11] बस्ती में आकर चिकित्सा कार्य करने वाले उप सहायक सर्जन को दैनिक भत्ता मिलता था। मिशनरी छोटे-मोटे कामों पर बहुत ज्यादा खर्च करती थी। बस्ती के संधारण के लिए ऋण और अनुदानों की व्यवस्था शासन करता था। खेतों में फसलें लगाने और रहवासियों को दैनिक मजूरी देने के लिए अलग से अग्रिम राशि का भुगतान किया जाता था। बस्ती के अक्षम निवासियों का 'प्रबन्धन' साल्वेशन आर्मी द्वारा किया जाता था।

6

कावाली बस्ती का वित्तीय प्रबन्ध

कावाली बस्ती अमरीकी बॅपटिस्ट मिशन (तेलुगु) के अन्तर्गत थी। शासन बस्ती के संचालन पर होने वाले कुल व्यय का भार उठाता था। अमरीकी बॅपटिस्ट मिशन को केवल प्रबन्धक का वेतन ही देना होता था। हर महीने के शुरू में एक निश्चित अनुदान-राशि प्रबन्धक को दे दी जाती थी। यह व्यवस्था सन् 1915 में की गई थी। मासिक अनुदान बस्ती में रहने वालों की संख्या के अनुसार कम या ज्यादा होता रहता था। अनुदान की राशि निश्चित नहीं थी। घाटा होने की दशा में मिशन को अतिरिक्त सहायता मिलती थी। बस्ती के उस समय के एक अंग्रेज अधिकारी आर्थर नेप ने कहा था, 'अन्य बस्तियों के खर्च से इस बस्ती के खर्च की विस्तृत तुलना करने से ज्ञात होता है कि कावाली का बोझ शासन पर सबसे ज्यादा है। बस्ती के संचालन पर बहुत अधिक राशि व्यय की जा रही है।'[12]

कावाली बस्ती के अधिक व्यय का एक कारण वहाँ का आवासीय विद्यालय था। यहाँ बस्ती के सभी स्कूल जाने वाले बच्चों को शिक्षा दी जाती थी। वर्ष 1923 में स्कूली बच्चों की शिक्षा पर होने वाला व्यय रु. 22,533.29 था।[13] स्कूल बहुत

अच्छा काम कर रहा था। जो खर्च हो रहा था उसका उपयोग भी था। संचालन पर होने वाला व्यय भी बहुत अधिक था। सन् 1924 में संचालन पर हुआ व्यय रु.15,553.03 था।[14] बस्ती के लिए होने वाले अधिक व्यय के कुछ अन्य कारण भी थे। जैसे बस्ती में रहने वाले अधिकांशत: 'अभ्यस्त' वर्ग के अपराधी थे। रहवासियों के लिए काम तलाशने की भी कठिनाई थी। रहवासियों को पुलिस की अभिरक्षा में दूर-दूर तक भेजना पड़ता था। यह देखा गया कि अमरीकी बॅपटिस्ट मिशन द्वारा लगाए गए लोगों की अपेक्षा साल्वेशन आर्मी के लोग सस्ते पड़ते थे।

लोकल फंड अकाउंट्स के लेखा परीक्षकों द्वारा विमुक्त जनजाति बस्ती के हिसाब का परीक्षण किया जाता था। प्राय: ये लेखा परीक्षक बस्ती के अधिकारियों द्वारा रखे जाने वाले हिसाब-किताब की पद्धति पर नाखुशी जाहिर करते थे। बस्ती के पारिश्रमिक वाले कार्यों में होने वाली कठिनाइयों को देखते हुए कई बार रहवासियों को बिट्रगुंटा और अल्लूर स्थानान्तरित करना पड़ता था। कावाली बस्ती की स्थापना एक दंडात्मक अथवा सुधार बस्ती के रूप में हुई थी। मिशनरियाँ सुधारक बस्तियों का हिसाब अलग से रखती थीं।[15]

7

सिद्धपुरम बस्ती का वित्तीय प्रबन्ध

सिद्धपुरम बस्ती का प्रशासनिक नियंत्रण सीधा शासन के पास था। बस्ती पर होने वाला कुल खर्च शासन ही वहन करता था। बस्ती के लिए व्यय की मदें थीं : (1) रुग्ण और अशक्त रहवासियों का निर्वाह, (2) प्रत्येक व्यक्ति के लिए चिकित्सा सुविधा, (3) नियमित रूप से बस्ती में आने वाले उप सहायक सर्जन को दी जाने वाली निश्चित राशि, (4) पुलिस कर्मियों के संधारण का व्यय और (5) वोड्डार बच्चों की शिक्षा पर होने वाला खर्च। यह कहा गया था कि 'बस्ती के विद्यालय में शिक्षा पूरी कर लेने के बाद सिद्धपुरम बस्ती के किसी भी छात्र को आगे उच्च शिक्षा के लिए नहीं भेजा गया था।'[16] सिद्धपुरम बस्ती के बच्चों को ऊँची शिक्षा दिलाने के लिए बस्ती के प्रबन्धक को ही व्यवस्था करनी पड़ी। ऐसे बच्चों को आत्माकुर के आदि आन्ध्र फ्री बोर्डिंग स्कूल में दाखिला दिलाया गया। यहाँ उन्हें नि:शुल्क शिक्षा मिलती थी। इन छात्रों को छात्रवृत्ति पाने की अर्हता नहीं थी क्योंकि वे छात्रवृति पाने की आयु सीमा पार कर चुके थे। ये सभी विद्यार्थी वोड्डार थे जो सामान्यत: अति पिछड़े होते हैं। कुछ विद्यार्थी मेधावी थे और वे उच्च शिक्षा के योग्य थे, उन्हें विशेष प्रकरण मानकर सरकार ने छात्रवृत्तियाँ प्रदान कीं। सिद्धपुरम बस्ती में पुलिस का एक निरीक्षक, दो हैड कांस्टेबल और चौदह सिपाही रहते थे। इनका खर्च शासन पुलिस

के बजट से वहन करता था। बस्ती के लिए पचास रुपए महीने पर एक अस्थायी क्लर्क की नियुक्ति की गई थी।

8

स्टुअर्टपुरम का वित्तीय प्रबन्ध

अपराधी जनजातियों के परिवारों को एक बस्ती से दूसरी बस्ती में स्थानान्तरित करने के लिए शासन ने साल्वेशन आर्मी को वित्तीय सहायता दी थी। जब इन परिवारों के स्थानान्तरण की संख्या में वृद्धि हुई तो कॉलोनियों में बेहतर निगरानी की दृष्टि से शासन ने पुलिसकर्मी भी बढ़ा दिए। अकाउंटेंट जनरल ने मद्रास के एक बैंक में साल्वेशन आर्मी के नाम पर धनराशि जमा कर दी। बस्ती के संधारण पर होने वाले खर्च की पूर्ति वार्षिक रूप से स्वीकृत बजट की पुलिस मद से की जाती थी।[17] शासन ने दो महत्त्वपूर्ण प्रश्न उठाए। पहला प्रश्न साल्वेशन आर्मी द्वारा एक बस्ती से दूसरी बस्ती में परिवारों के स्थानान्तरण से सम्बन्धित था और दूसरा प्रश्न था कि संधारण व्यय का भुगतान साल्वेशन आर्मी को क्यों किया जाता है? साल्वेशन आर्मी का कहना था कि उसके द्वारा माँगे गए संधारण व्यय का मकसद रहवासियों के अपने भरण-पोषण और उन्हें दी गई जमीनों पर फसल उगने तक उनकी सहायता करना है।[18] स्टुअर्टपुरम बस्ती की संख्या में वृद्धि के लिए साल्वेशन आर्मी ने अलग-अलग सुझाव दिए। बूथ टकर ने मद्रास परिषद के तत्कालीन सदस्य हेराल्ड स्टुअर्ट को लिखा—'मैं इतनी बड़ी बस्ती को लेकर चिन्तित हूँ, जिसके विषय में रोबीलियार्ड ने सोचा है। लेकिन मैं पुलिस महानिरीक्षक और जिला मजिस्ट्रेट से परामर्श करके यह देखूँगा कि क्या किया जा सकता है।'[19]

साल्वेशन आर्मी ने शासन से रहवासियों की निगरानी के लिए एक अतिरिक्त चौकीदार रखने का अनुरोध किया। लेकिन स्टाफ बढ़ाने पर शासन को आपत्ति थी। सरकार ने साल्वेशन आर्मी से पूछा कि 'परिवारों से ऐसा और अधिक काम करने के लिए क्यों नहीं कहा जाता जिससे उन्हें और आमदनी हो?' साल्वेशन आर्मी के अधिकारियों ने बताया कि 'रहवासी अब भी ठीक वैसे ही हैं जैसे बस्ती में आने से पहले थे। यदि उन्हें मजूरी वाले कामों पर लगाया जाता है तो स्पष्ट है कि वे नई जमीनों को ठीक नहीं करेंगे और यही कारण है कि अधिक अनुदान की माँग की जा रही है।'[20] कैप्टन रोबिलियार्ड ने एक सौ रहवासियों पर एक चौकीदार की माँग की थी, जबकि बाडन चाहते थे पचास पर एक चौकीदार होना चाहिए। सरकार चौकीदार के कार्य का महत्त्व जानती थी। अंग्रेजी सरकार के सचिव का कहना था कि 'चौकीदार अच्छा काम कर रहे हैं और मैं ऐसा

कोई काम नहीं करूँगा जिससे उनकी उपादेयता कम हो, वास्तव में वे विशेष कांस्टेबल हैं।'[21]

सन् 1916 में रहवासियों की देखभाल के लिए साल्वेशन आर्मी को रु. 70,000 देने की स्वीकृति मिली। शासन देखभाल और अन्य खर्चों के लिए मासिक रूप से पाँच वर्ष तक रु. 300 की आवर्ती आर्थिक सहायता देती थी। येरुकला चौकीदार के लिए रु. 75 प्रतिमाह और भी दिए जाते थे तथा रहवासियों की देखभाल की बढ़ी हुई जिम्मेदारी को देखते हुए प्रतिमाह सौ रुपए की अतिरिक्त आवर्ती सहायता भी दी गई। साल्वेशन आर्मी द्वारा माँगी गई धनराशि को स्वीकृति देने के साथ ही सरकार ने यह भी पूछा कि स्टुअर्टपुरम बस्ती में और अधिक 'अपराधी' पहुँचाने के लिए क्या उपाय किए जा सकते हैं? साल्वेशन आर्मी ने उत्तर दिया कि सुरमंगलम और करुप्पुर की बस्तियाँ अभी शुरू नहीं हुई हैं, इसलिए रुद्रपाद कोरचाओं को इसी बस्ती में भेजा जा सकता है। वित्त विभाग ने साल्वेशन आर्मी द्वारा प्रस्तावित अधिक रहवासियों को लाने के सुझाव को स्वीकार कर लिया।[22]

साल्वेशन आर्मी ने बस्ती के स्कूलों में चपरासियों की नियुक्ति की थी। उनकी सेवाएँ आठ रुपए महीना पर जारी रहीं। मेकेंजी ने कहा था : 'चपरासी प्रचलित अर्थ में चपरासी नहीं हैं। उनका मुख्य दायित्व है सभी बिखरी हुई बस्तियों से बच्चों को जुटाना भी है। बच्चों को स्कूल तक लाने के लिए थोड़ा-बहुत दबाव इस्तेमाल करना पड़ता है।'[23]

स्टुअर्टपुरम और सीतानगरम के प्रबन्धकों ने सरकारी खर्च पर विचार-विमर्श के लिए मद्रास, बम्बई और निजाम अधिकृत क्षेत्रों की बस्तियों का दौरा किया। वे प्रबन्धक जिन स्थानों पर गए, वे थीं बैजवाड़ा से लिंगाला बस्ती, सिकन्दराबाद, होटगी, शोलापुर, बीजापुर, बगलाकोट, गड्डक, गड्डक फाल्स, हुबली, त्रिचनापल्ली (कुलशेखरपटनम बस्ती), तंजोर, बोरस्टल इंस्टीट्यूट, अजीजनगर, पल्लावरम, कावाली, बिट्रगुंटा और अल्तूर की बस्तियाँ। अन्य बस्तियों का अध्ययन करने के लिए की गई इन यात्राओं के लिए शासन ने रु. 250 का भत्ता मंजूर किया था। प्रबन्धक ने बताया, 'इन जगहों तक सीधे रेल मार्ग से किराया द्वितीय श्रेणी में रु.112 और तीसरे दर्जे में रु. 40.93 है। अन्य व्यय, जैसे अन्य स्थानों तक सड़क मार्ग से यात्रा, ठहरने आदि पर रु. 75 खर्च आता है।'[24] प्रबन्धकों से तीसरे दर्जे में यात्रा करने को कहा गया, इस तरह समूची यात्रा का खर्च रु. 125 आता था। मदुराई के तत्कालीन जिलाधीश एलिस ने अपनी राय दी थी कि 'कल्लारों के पुनरुद्धार के लिए किए जा रहे प्रयासों का परिणाम अत्यधिक उपयोगी होगा, और इससे हमें कई बातें सीखने को मिलेगा।'[25]

बस्तियों के संचालन में प्रबन्धक की सहायता के लिए साल्वेशन आर्मी ने सहायक प्रबन्धकों की नियुक्ति की थी। इन सहायक प्रबन्धकों का वेतन बहुत कम

था। उन्हें प्रतिमाह रु.180 दिए जाते थे। स्टुअर्टपुरम में सन् 1923 में एक यूरोपीय सहायक प्रबन्धक की नियुक्ति की गई थी। उसका वेतन वार्षिक रु.1800 निर्धारित किया गया था। साल्वेशन आर्मी ने कहा था, 'जहाँ तक यूरोपीय सहायक प्रबन्धकों का प्रश्न है, उन्हें प्रबन्धकों जैसी फरलो, स्थानान्तरण-व्यय जैसी कुछ सुविधाएँ दी जाती हैं।'[26] बस्ती में चलाए जाने वाले उद्यमों का सम्बन्ध पशुपालन, बागवानी और खेती से था। उद्योग शब्द का प्रयोग भ्रामक था। पशुओं का पालन अधिक नहीं था। जैसे ही अवसर मिला साल्वेशन आर्मी ने तमाम पशु बेच दिए। पशुओं के संरक्षण पर होने वाला व्यय 1925-26 में जो रु. 897.57 था, वह घटकर 1927-28 में रु. 495 तक आ गया।[27]

स्टुअर्टपुरम की बस्ती मद्रास प्रेसीडेंसी में साल्वेशन आर्मी की सबसे बड़ी बस्ती थी। वित्त सचिव ने सूचना दी कि बस्ती के कार्य-निर्वाह में घाटा हो रहा है। केसुरिना पौधारोपण की रिपोर्ट पहली बार 30 जनवरी, 1920 को मिली। पौधारोपण योजना की लागत बहुत अधिक थी, जबकि इसके लाभ बहुत कम थे। बस्ती की गीली जमीन पर पौधे लगाने का सुझाव दिया गया। यह कहा गया कि 'बापट्ला की जमीन पर कैप्टन रोबिलियार्ड द्वारा लगाए गए आम, रबर और अन्य वृक्ष बहुत उपयोगी हैं, रोबिलियार्ड का व्यक्तित्व अद्भुत है, वे एक जीनियस तो हैं ही, उनके पास कौशल और उत्साह भी है।'[28] इन बस्तियों में यूरोप से उन लोगों को बुलाया गया जो डिब्बाबन्द फलों के उद्योग का अनुभव रखते थे। उन्होंने टमाटर की डब्बाबन्दी करने की योजना का सुझाव दिया। इस उत्पाद को मद्रास तथा स्थानीय बाजार में भेजा गया। रहवासियों द्वारा रोपे गए केसुरिना के पेड़ आठ साल बाद सूख गए। रहवासियों ने इनका इस्तेमाल जलाऊ लकड़ी के रूप में किया। वे इसे बाजार ले गए और इसकी बिक्री से उन्हें आमदनी हुई। बस्ती के दो तिहाई निवासियों को मेहनत के काम करना आता था। रहवासियों को दैनिक मजूरी चार आने दी जाती थी। मद्रास के तत्कालीन श्रम आयुक्त जे.एफ. हाल ने कहा था, 'साल्वेशन आर्मी के स्थानिक कमांडर शासन के सहयोग से बस्तियों की एकाकी महिलाओं की देखभाल करते हैं। शासन ने अपराधी जनजाति बस्तियों के संचालन के लिए साल्वेशन आर्मी द्वारा चाही गई धनराशि की व्यवस्था अपने बजट में कर दी है।'[29]

सन् 1936 में शासकीय अंग्रेज अधिकारी टी.जी. रदरफोर्ड ने बताया कि स्टुअर्टपुरम में कई बच्चे हैं। ये बच्चे अनाथ थे। वे अपराधियों के बच्चे थे। उन्हें समुचित देखभाल नहीं मिल पाई थी। उनमें कई विधवा माताओं की सन्तान थे जो उनके लिए भोजन तक नहीं जुटा पाती थीं। ये बच्चे नियमित रूप से स्कूल नहीं जा पाते थे। उनके माता-पिता को उन्हें स्कूल भेजने के लिए सहमत कर पाना सम्भव नहीं था, क्योंकि बस्ती की परिस्थितियाँ ऐसी ही थीं। साल्वेशन आर्मी ने अनुरोध किया कि ऐसे बच्चों के लिए प्रति व्यक्ति प्रतिमाह रु. 3.84 की व्यवस्था सरकार

द्वारा की जाए ताकि उनका पेट भर सके। इस व्यय को वार्षिक बजट में होने वाली बचत से पूरा किए जाने की अपेक्षा की गई थी।[30] साल्वेशन आर्मी की प्राय: यह शिकायत रहती थी कि पीढ़ी दर पीढ़ी से ये रहवासी जीवन-यापन के लिए समाज को निशाना बनाते रहे हैं।[31] सरकार और मिशनरी से उन्हें मिलने वाला आर्थिक और नैतिक समर्थन इसलिए था कि वे आत्म-गरिमा के साथ कानून को मानने वाले नागरिक-जीवन व्यतीत कर सकें। आर्थिक सहयोग मिलने से उन्होंने पहले तो काम करना सीखा और फिर वे समझने लगे कि ईमानदारी का जीवन ही स्वाभाविक और सामान्य जीवन होता है। उन्हें बन्धनों से मुक्ति तभी दी गई जब वे अपने सीखे हुए को कार्य-रूप में परिणत करने के लिए तैयार हो गए। उन्होंने प्रबन्धकों को विश्वास दिलाया कि वे उस काम को करेंगे, जो उन्हें दिया जाएगा। उन्होंने वायदा किया कि वे आर्थिक तनाव में होने के बाद भी लालच में नहीं पड़ेंगे। वे अधिकारियों को यकीन दिलाते थे कि वे पुरानी आदतें नहीं अपनाएँगे। साल्वेशन आर्मी ने भी अपनी तरकीबें बनाए रखीं। साल्वेशन आर्मी ने बस्तियों से एकाएक या धीरे-धीरे वापस जाने की नहीं सोची। साल्वेशन आर्मी मानती थी कि उसका काम तभी पूरा होगा जब ये स्त्री-पुरुष रहवासी समाज में अपनी स्वतंत्र, आत्मनिर्भर और मूल्यवान हैसियत पा लेंगे।[32] बस्तियों के इतिहास की नियामक यह मिशनरी थीं। इनके प्रबन्धकों की प्रतिभा, उत्साह और लगन की उपलब्धियाँ अद्‌भुत थीं और उन्होंने अपनी महान क्षमताओं और सम्भावनाओं को दिखाया भी।

9

निष्कर्ष

यदि शासन और मिशनरियों की गतिविधियों तथा योजनाओं का बारीकी से अध्ययन किया जाए तो वे बस्ती के अस्तित्व की उपयोगिता प्रमाणित करने की बजाय अपने प्रयासों में खुले बाजार के लिए एक साहसी विकास उद्यम की तरह काम करते दिखाई देते हैं। रहवासियों के लिए योजनाओं के स्थान पर रहवासी योजनाओं द्वारा नियंत्रित थे। उनका आर्थिक पुनरुद्धार तो दूर की बात थी, उनका दैनिक भरण-पोषण भी अभी निश्चित नहीं था। जिन स्रोतों से इसे जुटाया जाना था, वे स्रोत अभी अस्पष्ट थे।[33] साल्वेशन आर्मी ने रहवासियों के धर्मान्तरण से भी वर्तमान व्यवस्था में एक अड़चन पैदा हो गई। बस्तियाँ सस्ती मजूरी के लिए एक खुला बाजार बन गई थी जो उन लोगों के रूप में उपलबध था जिन्होंने ईसाई धर्म स्वीकार कर लिया था। सरकार और साल्वेशन आर्मी ने रहवासियों के आर्थिक उत्थान के लिए बहुत काम किया। उनके वित्तीय पक्षों और उनके प्रबन्धन पर मिशनरियों और शासन का नियंत्रण था।

यदि गहराई से देखा जाए तो यह साफ हो जाता है कि उनकी प्रगति नहीं हुई, बल्कि हुआ यह कि वे शासन और मिशनरियों के लिए आमदनी का एक माध्यम बन गए।

सन्दर्भ

1. मद्रास शासन : विधि (सामान्य) विभाग, शा.आ. 2454, दिनांक 7 अक्टूबर, 1922
2. किसी एक बस्ती का घाटा दूसरी बस्ती की बचत से पूरा नहीं किया जा सकता था। व्यय की विविध मदों से पुनर्विनियोग की अनुमति नहीं थी। शासकीय अनुदानों का हिसाब माँगा जाता था। देख-रेख के लिए मिलने वाली राशि में स्थानान्तरण अवकाश, कार्यधारक भत्ते, यूरोप के सहायकों के लाने का यात्रा भत्ता और मुख्यालय का प्रबन्ध इत्यादि शामिल था। देखें, मद्रास सरकार, विधि (सामान्य) विभाग, आदेश 432, दि. 9 फरवरी,1924
3. सेवा व्यय में शिक्षा, चिकित्सा, निर्माण, अशक्तों की सहायता और नये आने वालों को दी जाने वाली राशियाँ शामिल थीं। औद्योगिक व्यय में बस्ती के विभिन्न उद्योगों का संधारण व्यय था। उद्योग के मद को अलग से रखा जाता था। सेवा व्यय नियमों से नियंत्रित था, जैसे रसीदें, मंजूर, पुनर्विनिमय, समर्पण आदि। बस्ती के प्रबन्धक को यह अधिकार नहीं था कि वह इस मद से कोई दूसरा खर्च कर सके। व्यय के लिए वार्षिक बजट निर्धारित होता था, और मुख्य मदें होती थीं। व्यय के बाद जो राशि बचती थी वह शासन को लौटा दी जाती थी। मद्रास सरकार : गृह (न्यायिक) विभाग, आदेश 1225, दि. 22 मई, 1918
4. मद्रास सरकार, गृह (न्यायिक) विभाग, आ. 22 दि. 5 जनवरी, 1920
5. मद्रास सरकार, गृह (न्यायिक) विभाग, आदेश 2000, 3 दिसम्बर, 1912। मिशनरी द्वारा प्रस्तावित सभी सुझावों को शासन ने स्वीकार कर लिया। इसके बदले में कर्ज को सरकारी योगदान से समाप्त करने को कहा गया। इसका परिणाम यह हुआ कि बस्ती के प्रबन्धन ने जो राशि दी थी वह मिशनरियों के हाथ से निकल गई।
6. मद्रास सरकार, गृह (न्यायिक) विभाग, आदेश 22, दि. 5 जनवरी, 1920
7. मद्रास सरकार, गृह (न्यायिक) विभाग, आदेश 573 दि. 29 फरवरी,1916। और देखें : दिलीप डिसूजा, बांडेड बाई लॉ : लुकिंग एट इंडियाज़ डिनोटीफाइड ट्राइब्स, पेंगुइन, नई दिल्ली, 2001
8. मद्रास सरकार : गृह (न्यायिक) विभाग आदेश 678, 13 मार्च, 1916
9. मद्रास सरकार : गृह (न्यायिक) विभाग 818, 5 अप्रैल, 1918। और देखें : पालिटिक्स ऑफ़ हेरिडिटरी क्राइम्स, दि हिन्दू, 18 मार्च, 2001
10. मद्रास सरकार : गृह (न्यायिक) विभाग आदेश 625 दि. 18 मार्च, 1918
11. मद्रास सरकार : गृह (न्यायिक) विभाग 1225, 20 मई, 1918
12. मद्रास सरकार : गृह (न्यायिक) विभाग आदेश 2233, दि. 29 सितम्बर, 1919
13. मद्रास सरकार, *नॉट शोइंग दि प्रोग्रेस मेड इन दि सेटलमेंट्स अप टु 1925,* मद्रास 1926
14. वही
15. मद्रास सरकार : विधि (सामान्य) विभाग, आदेश 532, 9 फरवरी,1924
16. मद्रास सरकार : लोक निर्माण (श्रम) विभाग 1843, 25 अगस्त, 1927
17. मद्रास सरकार : गृह (न्यायिक) विभाग आदेश 2615, 13 दिसम्बर, 1917
18. मद्रास सरकार : गृह (न्यायिक) विभाग, 2491, 12 अक्टूबर, 1915

19. मद्रास सरकार : गृह (न्यायिक) विभाग 1275, 3 जून, 1914
20. मद्रास सरकार : गृह (आर्थिक) विभाग 716, 30 मार्च, 1917
21. मद्रास सरकार : गृह (न्यायिक) विभाग 2273, 20 सितम्बर, 1915
22. मद्रास सरकार : गृह (न्यायिक) विभाग 430, 17 जुलाई, 1906, और देखें, मीना राधाकृष्णन : डिसआनर्ड बाई हिस्ट्री, क्रिमिनल ट्राइब्स एंड ब्रिटिश पॉलिसी, ओरिएंट लॉन्गमैन, नई दिल्ली, 2001
23. मद्रास सरकार : गृह (न्यायिक) विभाग 1771, 26 मई, 1926
24. मद्रास सरकार : विधि (सामान्य) विभाग 1096 मिस, 1 अप्रैल, 1926
25. मद्रास सरकार : विधि (सामान्य) विभाग 950, दि. 4 अगस्त, 1926
26. मद्रास सरकार : विधि (सामान्य) विभाग 1786, 24 नवम्बर, 1926
27. मद्रास सरकार : विधि (सामान्य) विभाग 1098 मिस, 1 अप्रैल, 1926
28. मद्रास सरकार : विधि (सामान्य) विभाग 2907, 3 फरवरी,1920
29. मद्रास सरकार : विधि (सामान्य) विभाग 22, 5 जनवरी, 1920
30. मद्रास सरकार : विधि (सामान्य) विभाग 958, 30 अप्रैल, 1919
31. मद्रास सरकार : गृह (न्यायिक) विभाग 2163, 23 सितम्बर, 1918
32. मद्रास सरकार : गृह (न्यायिक) विभाग 829, दि. 6 अप्रैल, 1918
33. मद्रास सरकार : गृह (न्यायिक) विभाग, 1449, दि. 13 जुलाई, 1917, और भी विश्वनाथन एस. : ऑस्पेक्ट्स फ़ॉरऐवर मेम्बर्स ऑफ़ डिनोटीफाइड ट्राइब्स, *फ्रंटलाइन,* खंड 19, सं. 12 जून, 2002

अध्याय-8

भू-आबंटन

1

परिचय

विमुक्त जनजाति बस्तियाँ संरक्षित वनों से घिरी हुई थीं। प्रारम्भिक काल में वन-विभाग ऐसी जमीनों का इस्तेमाल नहीं करता था। इसका लाभ उठाकर निजी व्यक्तियों ने इन जमीनों पर अतिक्रमण कर लिया। इस वनभूमि से वे मुनाफा कमाते थे। इमारती लकड़ी ये काटकर बेच देते थे। उन्होंने गरीब आदिवासियों के मवेशियों के वहाँ चरने पर भी रोक लगा दी थी। इस बीच आसपास के सम्पन्न लोगों ने दलदली भूमि को सुधारने के लिए भी सरकार पर दबाव डाला। सहकारी समितियाँ सरकार से अपनी सहायता के लिए माँग कर रही थीं।

मद्रास सरकार ने विमुक्त जनजातियों की कृषि और औद्योगिक बस्तियों के लिए स्थान उपलब्ध करवाए थे। प्रबन्धक अभिकरणों को उसने जो जमीन दी थीं, उसके साथ कई शर्तें थीं। रहवासियों से अपेक्षा की गई थी कि वे जमीनों को जोत-बो कर अपनी जीविका स्वयं अर्जित करेंगे।

निजी उद्यमियों को प्रोत्साहित करने के लिए शासन ने इन जमीनों पर वृक्षों की कटाई कार्यक्रम चलाया। रेतीली जमीनों पर पेड़ लगाए गए और आदिवासी बस्तियों के लिए दी गई भूमि को छह प्रमुख वर्गों में वर्गीकृत किया गया—(1) वह क्षेत्र जहाँ केसुरिना के पेड़ पहले ही लग चुके थे, (2) केसुरिना के नए पेड़ लगाने के लिए प्रस्तावित क्षेत्र, (3) आम की पौध के रोपण का क्षेत्र, (4) खुली चारागाह का क्षेत्र, (5) झाड़ियों की सघनता से ढका हुआ क्षेत्र और (6) अनुत्पादक नमक पारा (बंजर जमीन) का क्षेत्र।[1]

पहले से लगे केसुरिना पेड़ों का क्षेत्र, वह क्षेत्र जहाँ कैसुरीना का ताजा पौधारोपण होना है और आम के पेड़ों का क्षेत्र वन विभाग के अन्तर्गत आता था। केसुरिना पौध के क्षेत्र के लिए जिले के वन अधिकारी नियमित रूप से कार्य-योजना बनाते थे। आदिवासी जनसमूहों के मवेशियों, भैंसों, भेड़-बकरियों के चरने की जरूरतों

को नजरअंदाज़ कर दिया गया था। बस्ती के इलाके की बंजर-जमीन पर कुछ उग नहीं सकता था। झाड़ियों के जंगल में घने काँटेदार पौधे लगे हुए थे। निजी लोगों ने झाड़ियों के जंगल की जमीनों पर बिना कुछ मुआवज़ा दिए कब्जा कर लिया। बस्ती की जमीन के कुछ हिस्सों को वन-विभाग ने निजी और सम्पन्न लोगों के हाथ कौड़ियों के मोल इस आशा में बेच दिया कि वे वहाँ निवेश करके गरीबों के लिए रोजगार के अवसर बनाएँगे। निजी व्यक्तियों ने जंगल की इन जमीनों से मुनाफा कमाया। तात्कालिक लाभ के लिए इमारती लकड़ी की कटाई की गई। उन्होंने गरीबों के चारागाह के अधिकार पर भी बन्धन लगा दिए।

2

आदिवासियों के लिए संरक्षित जमीनों का निर्वनीकरण

ब्रिटिश सरकार ने जंगलों में पेड़ लगाने के लिए हजारों एकड़ जमीन सुरक्षित कर रखी थी। सरकार वर्षा को नियंत्रित और भूमि के संसाधनों का संरक्षण करना चाहती थी। ब्रिटिश शासन का यह बुद्धिमत्तापूर्ण और लाभकारी कदम था। जनता अपने अज्ञान से वनों को नष्ट कर डालती है। संरक्षित वनों में सैकड़ों एकड़ ऐसी भूमि पड़ी रह जाती है जो खाली रहती है और जिसमें पौधे नहीं लगाए जाते। निकटवर्ती क्षेत्रों में जलाऊ लकड़ी की बहुत अधिक माँग थी। निजी भूस्वामियों ने सैकड़ों एकड़ पर कैसुरीना और दूसरे पेड़ लगा रखे थे। इस तरह जंगल की जमीन के एक बड़े हिस्से पर निजी लोगों का कब्जा था। सरकार ने निजी उद्यमियों को जंगल की जमीन निम्न कारणों से बेची थी—(1) सरकार वृक्षारोपण कार्यक्रम में निजी उद्यम की साझेदारी बढ़ाना चाहती थी। (2) नीलामी के द्वारा जमीन बेचकर सरकार सार्वजनिक-सेवाओं के लिए अधिक धन जुटाना चाहती थी। (3) धनी लोग अपना पैसा व्यापारिक गतिविधियों में नहीं लगाना चाहते थे, सरकार से जंगल की जमीन खरीदना उनके लिए एक सुरक्षित और उपयोगी निवेश था। (4) निजी स्वामी जमीनों के वार्षिक आंकलन का कर चुकाते थे। इस तरह निर्वनीकरण की भूमि से शासन के राजस्व में वृद्धि हुई।[2] सामान्य जनता का इससे लाभ यह था कि बस्ती के क्षेत्रों में सैकड़ों मजदूरों को जंगल में काम मिल सका।[3]

3

दलदली भूमि की माँग

आसपास रहने वाले प्रभावशाली व्यक्तियों ने शासन पर दबाव डाला कि 'शासन बस्ती-क्षेत्र की दलदली भूमि को सुधारे'। जमींदारों द्वारा दलदली भूमि में खेती से

आदिवासियों के रहने की जगह बर्बाद हो रही थी। उनकी फसलें बाढ़ में बह जाती थीं। दस साल के अर्से में वे तीन खराब फसलों से ज्यादा कुछ नहीं उगा पाए।[4] सहकारी समितियाँ उनकी मदद के लिए सरकार से अनुरोध करती रहती थीं। उन्होंने शासन से प्रार्थना की कि समिति के योग्य सदस्यों को जमीन बेचने के काम में उन्हें सरकार की ओर से मध्यस्थ बना दिया जाए। समितियों के धनाढ्य सदस्यों को जमीनें बेचकर सहकारी समितियों ने गरीब आदिवासियों का हक मारकर अपने लिए कमाई का एक जरिया जुटा लिया।

सरकार ने गरीबों और जनता के सक्षम लोगों को ये जमीनें निम्न शर्तों पर दी थीं—(1) लोक निर्माण विभाग ने दलदली भूमि का मूल्य पच्चीस रुपए प्रति एकड़ निर्धारित किया था। सरकार ने सहकारी समितियों से इसी मूल्य पर जमीनों की बिक्री करने को कहा। (2) बंजर भूमि पर केवल ताड़ के पेड़ ही लगाने की अनुमति दी गई, इनमें केवल पत्तियाँ लगती थीं। जिन किसानों ने दलदली भूमि ली थी उन्हें दस प्रतिशत भूमि बिना मूल्य के दी गई। बस्ती के क्षेत्रों में बंजर भूमि पर लगे हुए पेड़ अतिरिक्त झोंपड़ों के निर्माण में सहायक हुए। (3) जमीन तब तक किसी और को नहीं दी जा सकती थी, जब तक जिला प्रशासन से किसानों को इसके लिए बिक्री की अनुमति न मिल जाए। (4) सरकार को दलदली भूमि निश्चित राजस्व और मकानों के करों के भुगतान का आश्वासन दिया गया।[5]

सूदखोर दलदली जमीनें और गृह-निर्माण की भूमि हथिया न लें, इसके लिए स्थानीय जनता ने शासन को याचिका देकर अनुरोध किया कि सहकारी समितियों को भूमि का आबंटन न किया जाए। याचिकाकर्ता चाहते थे कि (1) सभी संरक्षित वनों की भूमि का निर्वनीकरण किया जाए और उसे उन निजी व्यक्तियों को बेचा जाए जो यहाँ निवेश करने के इच्छुक हैं। (2) दलदली भूमि सहकारी समितियों को आबंटित की जाए ताकि वे इसे अपने सदस्यों में वितरित कर सकें।[6]

4

'अपराधी' जनजातियों में जमीन का बँटवारा

अपराधी जनजातियों की कृषि तथा औद्योगिक बस्तियों के लिए मद्रास सरकार ने भूमि उपलब्ध करवाई थी। कृषि बस्तियों को रहवासियों के सदाचरण का पुरस्कार समझा जाता था। इसका अर्थ यह था कि औद्योगिक बस्तियों में जिनका आचरण सन्तोषजनक होता था, उन्हीं को कृषि बस्तियों में स्थान दिया जाता था। शासन ने कहा था, 'सभी देशों के सभी वर्गों के साथ हुए अनुभव से यह प्रमाणित हो चुका है कि कुली व्यवस्था में श्रमिक कम-से-कम काम करते हैं, लेकिन जैसे ही उनको

जमीन का एक टुकड़ा दे दिया जाता है, वे सुबह निकल जाते हैं और शाम को लौटते हैं। यदि उन्हें दूसरे काम भी करने होते हैं, तब भी वे समय निकालकर अपने खेत पर काम करना चाहते हैं।[7] सरकार ने सभी बस्तियों के लिए कृषि को मुख्य उद्यम के रूप में स्वीकार किया और रहवासियों के लिए भूमि की व्यवस्था की।

5

रहवासियों को भूमि देने की शासकीय नीति

प्रबन्धक-अभिकरणों को जमीनें देने के साथ सरकार ने कई शर्तें लगाई थीं। रहवासियों को जमीन देने या उनसे वापस लेने का पूरा अधिकार सरकार के ही पास था। रहवासी को सीधे-सीधे जमीन नहीं दी जाती थीं। रहवासियों को जमीन के आबंटन का तरीका भी हर बस्ती के लिए अलग-अलग था। तथापि साधारण नियम यह था कि शासन प्रत्येक परिवार को शुष्क भूमि के एक भाग के साथ दलदली भूमि का भी एक टुकड़ा देना चाहती थी। इस जमीन पर खेती के लिए रहवासियों को जिम्मेदार बनाया गया। इन जमीनों से उनके अलगाव को रोकने के लिए रहवासी बस्ती की प्रबन्ध समिति के किरायेदार बनाए गए थे। रहवासियों को अपनी जमीन का किराया प्रबन्ध समिति को देना पड़ता था। कालान्तर में, शासन ने रहवासियों को इन जमीनों के पट्टे ऐसे लोगों को दे दिए जिन्होंने अपने कठिन परिश्रम, अच्छे आचरण और सतत उद्यम के द्वारा भूस्वामित्व के लिए अपनी योग्यता प्रमाणित कर दी थी।[8] इस तरह रहवासियों से अपेक्षा की जाती थी कि वे अपनी जमीनों को जोत-बोकर जीविकोपार्जन के ईमानदार तरीके अपनाएँगे। सन् 1911 के अपराधी जनजाति कानून के अन्तर्गत बनाई गई सात अपराधी जनजाति बस्तियों में सन् 1915 के अन्त तक पाँच बस्तियाँ ऐसी थीं जिनका भू-प्रबन्धन साल्वेशन आर्मी द्वारा किया जाता था। कावाली बस्ती की जमीन का प्रबन्ध अमेरिकी बॅपटिस्ट तेलुगु मिशन करता था और सिद्धपुरम बस्ती की वन-भूमि शासकीय प्रबन्ध के अन्तर्गत थी।[9]

6

सिद्धपुरम, सीतानगरम और स्टुअर्टपुरम के प्रारम्भ में भू-आबंटन

(क) सिद्धपुरम बस्ती

सिद्धपुरम एक स्वैच्छिक बस्ती थी। इसकी सीमाएँ इस प्रकार थीं। उत्तर-दक्षिण सीमा पर कृष्णपुरम अग्रहरम है। पश्चिम-दक्षिण दिशा में वेलगोडे रिजर्व और

डारनल-आत्माकुर सड़क से इसकी सीमा बनती है। पूर्व में यह सीमा दक्षिण पश्चिम की ओर चलते हुए सिद्धपुरम जलाशय के बाँध से मिल जाती है और कंडम के दक्षिण पूर्वी किनारे को छूती है। इसी तरह पश्चिम में यह वेलगोडे रिजर्व तक पहुँचती है। समूची बस्ती विशाल जलाशय के बन्द से दो-तीन सौ गज के भीतर थी। बन्ध और गाँव के बीच एक गहरा गड्ढा था जिससे बन्ध के लिए मिट्टी निकाली गई थी। इसमें पूरे साल पानी भरा रहता था और इसमें घनी घास-पात उगी रहती थी। गाँव के उत्तर में एक परनाला है जिसमें पानी भरकर सड़ता रहता है और जो सेवार-काई से जमा हुआ है।

गाँव के चारों तरफ गन्दगी के कारण बहुत अधिक मच्छर पैदा होते थे। जंगल की नमी और पानी के जमाव से मच्छर पैदा होते हैं, और मलेरिया से अनेक मौतें होती हैं। बस्ती के निवासियों के लिए आय का मुख्य स्रोत कृषि था। प्रारम्भ में 1066 एकड़ भूमि रहवासियों के बीच वितरित की गई। बस्ती में बाहर से अनेक व्यक्ति आना चाहते थे, जो इस बस्ती का महत्त्व बतलाता है। निवासियों के मन में 'अपराधी' होने का बोध दूर करने के लिए प्रबन्धक ने : (1) अच्छा व्यवहार करने वाले कुछ परिवारों के नाम रजिस्टर से हटा दिए गए। (2) एक मुखिया की नियुक्ति की गई जो उन सभी दायित्वों का निर्वाह करता था जो सामान्यत: ग्राम-प्रधान के होते हैं। (3) समुदाय पर नियंत्रण रखने के लिए दो व्यक्ति तैनात किए गए और पाँच वर्ष के लिए अस्थायी पट्टे दिए गए। शुष्क और दलदली जमीनों पर सरकार की तरफ से खेती की जाती थी। इसका मकसद रहवासियों को खेती के ठीक-ठीक तरीके सिखाना था। इसके अतिरिक्त उन्हें थोड़ी-बहुत मजूरी उपलब्ध करवाना भी था। कृषि विभाग के अधिकारी नियमित रूप से बस्ती का दौरा करते थे। कृषि के उन्नयन में कृषि-मिस्त्रियों के प्रयास अत्यन्त प्रभावशाली प्रमाणित हुए।

(ख) सीतानगरम बस्ती

कुछ येरुकला स्त्रियों को लेकर, जिनके पति जेल में थे, साल्वेशन आर्मी ने सीतानगरम बस्ती का प्रारम्भ किया था। साल्वेशन आर्मी को इसके लिए 84.06 एकड़ जमीन बिना किसी मूल्य के सीतानगरम में मद्रास और सदर्न मराठा रेलवे कम्पनी ने उपलब्ध कराई थी। शासन ने इस जमीन के स्वमित्व और राजस्व-वसूली के अधिकार भी साल्वेशन आर्मी को प्रदान किए थे। यह बस्ती अपनी तरह की पहली बस्ती थी। बस्ती का विधिवत उद्घाटन जनवरी 1913 में किया गया। येरुकलाओं के लिए कृषि को जीविका का मुख्य उद्यम बनाया गया। लेकिन शुरू-शुरू में बस्ती में कृषि कर्म की परिस्थितियाँ बहुत सीमित थीं।

(ग) स्टुअर्टपुरम बस्ती

गुंटूर जिले के आसपास ही तीन बस्तियाँ काम कर रही थीं। बस्तियों की अपने-अपने विशेष लक्षणों के कारण इन बस्तियों के बीच का सहकार और रहवासियों का पारस्परिक आदान-प्रदान भी सम्भव हो सका। प्रत्येक बस्ती की सफलता में इस सहकार का योगदान था। ये सारी बस्तियाँ समान परिस्थितियों में साथ-साथ काम कर रही थीं।[10] सीतानगरम और स्टुअर्टपुरम की बस्तियाँ 'खुली बस्तियाँ' थीं। दोनों बस्तियाँ उन लोगों के लिए आरक्षित थीं, जो भविष्य में 'सुधरने' वाले थे। जिन लोगों को वहाँ बसाया गया था, उनमें से शायद ही किसी ने पलायन किया हो। इन दो बस्तियों की विशेषता यह थी कि यदि कोई स्थिर जीवन से भागना भी चाहता था तो अन्य रहवासियों का स्वभाव उसे प्रेरणा देता था कि वह बस्ती से पलायन न करे। दोनों बस्तियों की प्रकृति और सम्भावनाएँ अन्य निवासियों को बस्ती का स्थिर जीवन छोड़कर पलायन से रोकती थीं। एक बड़ी सीमा तक इसका कारण अपराधी जनजाति बस्ती के रहवासियों के बीच भूमि का वितरण था।

स्टुअर्टपुरम की बस्ती अनिवार्यत: एक कृषि बस्ती थी।[11] साल्वेशन आर्मी ने इसकी स्थापना एक सहायक बस्ती के रूप में की थी। प्रतिवर्ष बापट्ला तालुके के बेटापुडी गाँव के पास गुंटूर जिले के कुछ येरुकला अपने खेमे डालते थे। वे ओंगोल, बापट्ला और तेनाली तालुकों की जनता के लिए अनाज लेकर वहाँ आते थे। वेनुकोंडा में वह अपने मवेशी चराते थे। वर्ष 1913 में येरुकलाओं ने साल्वेशन आर्मी का समर्थन लिया। इसके परिणामस्वरूप, शासन ने येरुकलाओं की बस्ती स्थापित करने के लिए 1860 एकड़ भूमि साल्वेशन आर्मी को प्रदान की। इस बीच बापट्ला और अन्य निकटवर्ती गाँवों के निवासियों ने क्षेत्र में बढ़ते अपराधों के विरुद्ध प्रदर्शन शुरू किया, और वे बस्ती बसाने के लिए जमीन की माँग कर रहे थे। सरकार ने सावधानी से छानबीन की तो उसे विश्वास हो गया कि येरुकलाओं का अपराध में कोई हाथ नहीं है, और जो प्रदर्शन हो रहे हैं उनके पीछे कुछ निहित स्वार्थ हैं। अक्टूबर, 1915 में बेटापुडी को अपराधी जनजाति कानून 1911 की धारा 16 के अन्तर्गत एक 'अपराधी बस्ती' घोषित कर दिया गया।[12]

बेटापुडी बस्ती अच्छी तरह फल-फूल रही थी। निकटवर्ती क्षेत्रों में इसे अच्छी निगाह से देखा जाता था। रहवासियों ने कृषि कार्य में अपनी रुचि प्रदर्शित की। रेल की पटरी के उस पार संरक्षित वन था। बापट्ला तालुके के बाहरी हिस्से में स्थित पावेल के शुगर-फार्म से लेकर इपुरुपालम गाँव तक फैला हुआ था। यह उठी हुई रेतीली भूमि पर था। बस्ती की जमीन में सतह के पास पानी की भारी मात्रा थी। यह जमीन रागी, मूँगफली और दूसरी फसलों के लिए बहुत अनुकूल थी। विशेषज्ञों की राय थी कि यह जमीन शहतूत के वृक्षारोपण के लिए बहुत अच्छी है। यह बताया गया कि

'सरकार यहाँ रेल पटरी के दोनों तरफ कनाडाई पद्धति से एक बस्ती बनाना चाहती है, जिसमें झोंपड़ियों की लम्बी और सँकरी कतारें होंगी। हर झोंपड़ी के सामने पटरी होगी, और उसके आगे एक बगीचा रहेगा। उनके पास ही बाकी जमीन झोंपड़ी के पिछवाड़े रहेगी। इस तरह हर झोंपड़ी अपनी ही जमीन पर बनाई जाएगी, और यह सारी व्यवस्था एक नयनाभिराम दृश्य उपस्थित करेगी।'[13] बस्ती की दलदली जमीन बहुमूल्य थी, लेकिन उनके सामने निकासी, बाँध और सिंचाई की समस्याएँ थीं। रहवासियों को बसाने के लिए पन्द्रह सौ एकड़ का एक भूखंड चुना गया था। इस पर आने वाले व्यय की पूर्ति के लिए थोड़ा-सा किराया भी निर्धारित किया गया था।[14]

रोमपेरु दलदल के पास कई बंजर जमीनें खाली पड़ी हुई थीं। साल्वेशन आर्मी के अधिकारी मेकेंजी ने बापट्ला के तहसीलदार के साथ इन जमीनों का मुआयना किया और सावधानी से जमीन के कई टुकड़ों का चुनाव किया। अन्तिम रूप से चुनी गई ये जमीनें बेटापुडी, मुरुकोंडापाडु और इपुरुपालम गाँवों में थीं। इन जमीनों को संरक्षित वन और बंजर भूमि की श्रेणियों में वर्गीकृत किया गया।[15] तब के वन संरक्षक ने इन जमीनों का दौरा किया और राय दी : 'इन जमीनों का निर्वनीकरण नहीं किया जाना चाहिए। बोर्ड ने अभी हाल ही में इस जिले के संरक्षित वनों के निर्वनीकरण का सुझाव दिया था और यह मामला अभी विचारणीय है। हरेक जंगल को जिला वन अधिकारी और सम्भागीय अधिकारी मिलकर देखेंगे और इसकी रिपोर्ट तैयार होने में अभी छह महीने लग सकते हैं। वेणुलापल्ली संरक्षित क्षेत्र की भूमि निजी व्यक्तियों को देने का मुद्दा अभी स्थगित रहेगा और मेकेंजी ने इसकी जगह अन्य जमीनों का चुनाव किया है।'[16]

शासन ने साल्वेशन आर्मी के कमिश्नर बूथ टकर के इस प्रस्ताव को स्वीकार कर लिया कि गुंटूर जिले के बेटापुडी के पास अपराधी जनजातियों के लिए एक और बस्ती खोली जाए। इस बस्ती के संचालन के लिए साल्वेशन आर्मी को मुरुकोंडापाडु और इमुरुपालम गाँवों में 360 एकड़ शुष्क बंजर राजस्व भूमि दी गई। इसके अतिरिक्त रोमपेरु के दलदली क्षेत्र में भी 1,500 एकड़ का भूभाग उसे बस्ती के लिए सौंपा गया। बस्ती प्रारम्भ करने के आदेश राजस्व विभाग ने दिए थे और भूमि स्थानान्तरण के साथ कुछ शर्तें लगाकर साल्वेशन आर्मी को जमीन का एकमात्र एजेंट बना दिया गया।[17]

बेटापुडी में साल्वेशन आर्मी ने 13 एकड़ भूमि प्राप्त कर ली थी और खुफिया विभाग के गिरोह संख्या VIII को वहाँ बसने के लिए प्रोत्साहित किया गया। साल्वेशन आर्मी के तत्कालीन कमिश्नर बूथ टकर वहाँ एक नियमित कृषि कॉलोनी शुरू करने पर सहमत हो गए थे। बस्ती का प्रारम्भ करने के लिए वहाँ पर्याप्त बंजर भूमि उपलब्ध थी। बूथ टकर ने स्वयं वहाँ जाकर जमीन को देखा। यह भूमि साल्वेशन आर्मी को, अन्य लोगों के हितों की चिन्ता किए बिना 15 दिसम्बर, 1913 को दे दी गई।[18]

7

रोमपेरु की दलदली भूमि और येरुकला

दलदली जमीनें एक ओर कोम्मामूर नहर और दूसरी ओर रेल पटरी के किनारे की ऊँची जमीन के बीच में स्थित थीं। यह बापट्ला के निकट मुलापालम से शुरू होकर पेडागंजम में समाप्त होती हैं। लोक निर्माण विभाग नहर में निरन्तर पानी देने में सक्षम नहीं था। रहवासी अपने खेतों की सिंचाई के लिए वर्षा-जल और आसपास के क्षेत्रों से बहकर आने वाले पानी पर निर्भर थे। रोमपेरु का दलदल सत्रह गाँवों तक फैला हुआ था, इसका कुल क्षेत्रफल 20,000 एकड़ था। पेराली नाले की खुदाई और नल्लामदा नाले से निकासी मार्गों को निकालकर खेती की परिस्थितियाँ सुधारने का उपक्रम किया गया।[19] बेटापुडी के पास आकर बसने वाले येरुकला अपनी मर्जी से वहाँ आए थे। वे कृषि कर्मी के रूप में व्यवस्थित जीवन के प्रति गम्भीर थे। उनके लिए मार्गदर्शन की कोशिशें की गईं। बस्ती के रहवासियों की गतिविधियाँ नियंत्रित की गईं। केवल उन्हीं को स्थायी रूप से भूमि आबंटित की गई, जिनका आचरण और व्यवहार अच्छा था। लेकिन उन्हें अब तक कोई स्थायी पट्टा नहीं दिया गया।[20]

बोर्ड का मत था कि बेटापुडी के पास का संरक्षित वन क्षेत्र येरुकलाओं को प्रारम्भिक रूप से बसाने की दृष्टि से सबसे अच्छा है। बोर्ड ने शुरू में कुल 360 एकड़ जमीन इस काम के लिए राजस्व विभाग के माध्यम से साल्वेशन आर्मी के नाम कर दी। बोर्ड ने इपुरुपालम गाँव में सर्व 1 बी और 144 के दो भूखंडों पर भी विचार किया और इन्हें येरुकला रहवासियों के लिए आरक्षित कर दिया। बोर्ड ने साल्वेशन आर्मी की उस प्रार्थना पर भी विचार किया जिसमें आन्ध्र प्रदेश में भू-क्षेत्रों के आबंटन की माँग की गई थी, लेकिन तकनीकी कारणों से उसकी प्रार्थना अस्वीकार कर दी गई थी।[21]

8

दलदली भूमि में सिंचाई से खेती

दलदली भूमि नल्लामदा नाले से पेडागंजम तक फैली हुई थी ओर मुलापालम से पेडागंजम के बीच के सत्रह गाँव इससे प्रभावित थे।[22] बस्ती की जलनिकासी सुधारने के लिए लोक निर्माण विभाग ने पूरब की दलदली भूमि तक नालियाँ बनाईं।[23] नालियों को ढकने के लिए ढक्कन उपलब्ध कराए गए। मुख्य उद्देश्य यह था पानी नल्लामदा नाले तक न पहुँचे। बाढ़ की स्थिति में पानी नाले से उफन कर बहने लगता था और मुलापालम, जमुलापालम आदि गाँवों की दलदली भूमि पर सारी फसलें नष्ट

हो जाती थीं। यह पानी जमीन पर दस दिनों तक भरा रहता था। सरकार ने बाढ़ के दौरान नल्लामदा नाले में पानी भरने से रोकने के लिए उठने वाले शटर उपलब्ध कराए।[24] पेलारी नाले की खुदाई सन् 1899-1900 में की गई थी, इसकी मरम्मत लोक निर्माण विभाग ने सन् 1909-10 में की। पेलारी नाला उपयोगी नहीं था क्योंकि यह रेतीली जमीन पर बना हुआ था। रोमपेरु के नाले को अधिक प्रभावकारी बनाने के लिए पेराली नाले को बन्द कर दिया गया। चार गाँवों की दलदली भूमि खेती के लायक नहीं थी।[25]

बस्ती के पश्चिम भाग में स्थित रामपेरु का नाला दलदली भूमि के आखिरी छोर तक पहुँचता था जो चिराला में था। जमीनें उपजाऊ थीं। काली मिट्टी होने के कारण वर्ष के अधिकांश भाग में वहाँ कपास की खेती होती थी। किन्तु रहवासियों को दी गई जमीनें खेती के लायक नहीं थीं। इन पर वर्ष के अधिकांश भाग में पानी भरा रहता था। सरकार की ओर से सिंचाई विभाग ने या लोक निर्माण विभाग ने इस जमीन को खेती के योग्य बनाने के कोई प्रयत्न नहीं किए। लोक निर्माण विभाग ने केवल रोमपेरु और पेराली नालों को गहरा करने का ही काम किया। यद्यपि दलदली भूमि शुष्क फसलों की दृष्टि से बहुत उपयोगी थी, लेकिन रहवासियों के लिए पानी की निकासी के लिए नालियाँ नहीं बनाई गईं। रहवासी जो भी फसल उगाते थे, वह बाढ़ से प्रभावित होती थी। उत्पादन बहुत कम था। गरीब रहवासियों के लिए आय का कोई दूसरा स्रोत नहीं था।[26] भूमि की उर्वरकता बहुत कम थी। मिट्टी में खार था। इस सबका नतीजा यह हुआ कि बड़ी संख्या में रहवासी येरुकला बस्ती से पलायन कर गए।

वर्ष के कुछ महीनों में मिशनरी पूर्व निवासियों में से कुछ कृषि-मिस्त्रियों को नियुक्त करती थी जो नवागन्तुकों को खेती के तरीकों में प्रशिक्षित करते थे। इन कृषि मिस्त्रियों के अतिरिक्त एक कारनाम (ग्रामीण अधिकारी) भी नियुक्त किया जाता था जो पूर्णकालिक होता था। वह भू-अभिलेखों और भूमि आबंटन का रिकॉर्ड रखता था। कारनाम के अन्य दायित्व थे—भू राजस्व का संग्रह, खेतों की नाप-तौल, खेतों की सीमा को लेकर होने वाले विवादों का निबटारा, नालियों की मरम्मत और जमा हुई गाद की सफाई, कृषि कार्यों का आकलन, और भूमि सम्बन्धी विवादों में शान्ति-व्यवस्था बनाए रखना।[27] रहवासी धान, रागी, मूँगफली, करीपत्ता, तम्बाकू, टमाटर, हरा चना, केसुरिना, नारियल और यूकेलिप्टस की खेती करते थे। अधिकांश खेतिहर अपनी फसलों से सन्तुष्ट थे। उन्होंने कृषि कार्यों को सीख लिया था, वे भूमि का मूल्य जान गए थे और खेती के फायदे समझने लगे थे। बिना किसी रुकावट के वह खेती में लगे रहे। कृषिकर्म से उन्हें लाभ हुआ। प्रतिवर्ष उनकी आमदनी बढ़ती गई। रहवासियों ने बहुत उत्साहित होकर खेती को अपनाया। उन्हें अपनी जमीनों से लगाव हो गया था। आज येरुकला अपनी बस्ती की जमीनों से बहुत कुछ हासिल कर रहे हैं।

9

विमुक्त जनजाति बस्तियों में भूमि की वर्तमान अवस्था

जब निजी पट्टे के आधार पर रहवासियों को जमीनें दे दी गईं तो निकटवर्ती गाँवों के धनी लोगों के लिए यह आँख की किरकिरी बन गई। आज भी आसपास के लोग रहवासियों से उनकी जमीनें खाली करवाने के लिए लड़ रहे हैं। लेकिन रहवासियों ने एक होकर उनका सामना किया। उनका कहना था कि इन जमीनों पर किसी का अधिकार नहीं था। धनाढ्य लोग अपने निजी स्वार्थों के कारण शिकायत करते थे कि येरुकला लोग अपराधी गतिविधियों में लिप्त हैं। सावधानीपूर्वक की गई जाँच में शासन ने पाया कि निकटवर्ती क्षेत्रों में होने वाले अपराधों से येरुकलाओं का कोई लेना-देना नहीं है और ये शिकायतें महज निहित स्वार्थों के वश की जाती हैं। इसे रोकने के लिए शासन ने बापट्ला के निवासियों के लिए सुरक्षा की व्यवस्था की। इसके लिए उसने स्थानीय पुलिस को अधिकृत किया कि वह सड़कों पर ठीक से निगरानी करे और गश्त लगाए। रहवासियों पर किसी का नियंत्रण नहीं था और इसलिए वे अपनी मर्जी से आते-जाते थे। इस कठिनाई को हल करने के लिए अक्टूबर 1916 में बेटापुडी को अपराध जनजाति कानून की धारा 16 के अन्तर्गत एक 'अपराधी बस्ती' घोषित कर दिया गया। आज भी बापट्ला, चिराला, करमचेदु, कर्लापलम, इसुरुपालम के सम्पन्न लोग रहवासियों की जमीनें सस्ती कीमत पर खरीद रहे हैं या वास्तविक किसानों से फसल के वक्त साझे की खेती करवाते हैं।[28]

10

निष्कर्ष

अपनी भूमि पर अधिकार को लेकर आज विमुक्त जनजाति समूहों को अनेक समस्याओं का सामना करना पड़ रहा है। विमुक्त जनजातियों के पास अभी भी स्थायी पट्टे नहीं हैं। इस कारण से गरीब आदिवासी अपनी फसल लगाने के लिए बैंकों से कर्ज नहीं ले पाते। इसके अतिरिक्त विमुक्त आदिवासियों को दी गई जमीनों के लिए पानी की कोई सुलभता नहीं है। पानी के बिना ये जमीनें बंजर रह जाती हैं। विमुक्त जनजाति के अधिकांश लोगों ने खेती छोड़ दी है। गरीब आदिवासियों ने सिंचाई के लिए पानी की व्यवस्था करने को सरकार से बार-बार विनती की है, लेकिन उनकी सुनवाई नहीं हुई। सभी विमुक्त जनजाति बस्तियों के रहवासी सरकार द्वारा दी गई अतिरिक्त भूमि पर सिंचाई नहीं कर पा रहे हैं। इस तरह उनकी निर्धनता और बढ़ गई है और वे अपने पुराने पेशों की तरफ लौट रहे हैं। इसके अलावा विमुक्त जनजाति बस्तियाँ घने जंगलों में स्थित हैं। उदाहरण के लिए,

सिद्धपुरम और लिंगाला की बस्तियाँ। वहाँ पानी का उनका एकमात्र स्रोत वर्षा-जल है। यद्यपि सिंचाई के लिए सिद्धपुरम की बस्ती में एक तालाब का निर्माण किया गया था, लेकिन अब वह काम नहीं कर रहा है। शासन ने उसकी पूरी मरम्मत भी नहीं करवाई है। सिद्धपुरम के निवासी मानते हैं कि यदि तालाब की मरम्मत हो जाए तो केवल उन्हें ही नहीं, बल्कि आसपास के बीस गाँवों के रहने वालों को भी उसका लाभ मिलेगा। आज सिद्धपुरम, लिंगाला और अन्य बस्तियों के निवासी अच्छे खेतिहर और किसान बन चुके हैं। वे चाहते हैं कि उनकी जमीनों की गुणवत्ता बढ़ाने के लिए सरकार उन्हें साल भर नियमित रूप से पानी और नवीनतम तकनीकी उपकरण उपलब्ध कराए। वे बस्ती की जमीनों पर विविध व्यावसायिक फसलें भी लगाना चाहते हैं और इसके लिए सरकार से अनुरोध कर रहे हैं कि उनके लिए बैंकों से ऋण की व्यवस्था की जाए। गरीब रहवासी सरकार से अच्छी व्यापार व्यवस्था, अपनी फसलों के लिए मूल्य और भंडारण सुविधाओं की भी माँग करते हैं। उनके विकास की कुँजी अब कृषि बन चुकी है। रहवासियों के सामने अपनी जमीन के राजस्व भुगतान की भी समस्या है। लगान का बोझ उठा पाने में असमर्थ कुछ रहवासियों ने अपनी जमीनें छोड़ दी हैं और कुछ ने खेती करना ही छोड़ दिया है। बस्ती में कृषि से सम्बन्धित गतिविधियों को जारी रखा जा सके, इसके लिए सरकार को उनका लगान माफ कर देना चाहिए। यह आज सरकार का दायित्व हो गया है कि वह रहवासियों की जमीनों को उत्पादक और कृषि योग्य बनाने के लिए उनकी सहायता अपने सामाजिक और आर्थिक पुनर्वास कार्यक्रमों के अन्तर्गत करे।

सन्दर्भ

1. राजस्व विभाग : आदेश 2971, दि. 9 अक्टूबर, 1973
2. राजस्व मंडल : आदेश 365-जी.टी./13-2, दि. 22 सितम्बर, 1913
3. राजस्व मंडल : आदेश 5265/ए/13-1, दि. 12 नवम्बर, 1913
4. राजस्व मंडल कार्रवाई, वन सं. 7, दि. 12 जनवरी, 1914
5. मद्रास सरकार, *नॉट शोइंग दि प्रोग्रेस मेड इन दि क्रिमिनल सेटलमेंट्स अप टु सेप्टेम्बर 1916,* मद्रास, 1917
6. याचिकाकर्ताओं को जिलाधीश ने बताया कि बापट्ला के संरक्षित वन के कुल 28,912 एकड़ क्षेत्र में से जलाऊ लकड़ी के लिए 5,067 एकड़ और चरागाह के लिए 7,605 एकड़ जमीन छोड़ दी गई है। झाड़ियों से भरा हुआ 9,427 एकड़ जंगल वन विभाग को दिया गया था कि वह वहाँ से कँटीले पौधों की सफाई करे। बापट्ला तालुके की बंजर राजस्व भूमि केसुरीन पौधारोपण के लिए छोड़ी गई है, इन परिस्थितियों में जिलाधीश ने कहा, 'मंडल संरक्षित वन के किसी भी भाग का निर्वनीकरण करने की स्थिति में नहीं है।' गृह विभाग, शा.आ. 749, दि. 18 मार्च, 1920, लोक निर्माण (श्रम) विभाग क्र. 475 दि. 19 फरवरी, 1920 और राजस्व मंडल 651 दि. 10 फरवरी,1912
7. मद्रास सरकार, *नॉट शोइंग, अप टु सेप्टेम्बर 1916* (पूर्वो.) मद्रास 1917 तमिलनाडु अभिलेखागार
8. मद्रास सरकार, *नॉट शोइंग... जनवरी 1925* (पूर्वो.) मद्रास 1927

9. वही
10. गृह (न्यायिक) विभाग, 572, दि. 8 मार्च, 1917
11. गृह (न्यायिक) विभाग 946, दि. 27 अप्रैल, 1918
12. गृह (न्यायिक) विभाग 2451, दि. 3 जून, 1940
13. न्याय विभाग 2419, दि. 12 अक्टूबर, 1915
14. विधि (सामान्य) विभाग 1714, दि. 22 अक्टूबर, 1921
15. विधि (सामान्य) विभाग 2267, दि. 16 जुलाई, 1925
16. लोक निर्माण (श्रम) विभाग 1551, दि. 10 जुलाई, 1927
17. लोक निर्माण (श्रम) विभाग 1654, एल. 6 जुलाई, 1928
18. गृह (न्यायिक) विभाग 1093, दि. 16 जून, 1919
19. लोक निर्माण (श्रम) विभाग 1836, दि. 20 दिसम्बर, 1932
20. लोक निर्माण (श्रम) विभाग 3003, दि. 3 दिसम्बर, 1920
21. लोक निर्माण (श्रम) विभाग 2394 एल., 23 अगस्त, 1929 और राजस्व विभाग आ. 2972, दि. 9 अक्टूबर, 1913
22. लोक निर्माण (श्रम) विभाग 305, दि. 7 फरवरी,1918
23. लोक निर्माण (श्रम) विभाग 1298, दि. 6 सितम्बर, 1921
24. लोक निर्माण (श्रम) विभाग 357, दि. 13 मई, 1921
25. लोक निर्माण (श्रम) विभाग 268, दि. 5 फरवरी,1927
26. रहवासियों की कम आय के कई कारण थे : (1) जमीनें अनुत्पादक थीं और हाल ही में उनको ठीक किया गया था। (2) पौधारोपण में बहुत विलम्ब हुआ था। (3) पौधे काफी महँगी कीमत पर खरीदे गए थे। (4) जमीन के एक हिस्से पर देर से फसल देने वाला धान बोया गया था। (5) कोई आवर्ती फसल नहीं लगाई गई थी। (6) जमीन को ठीक से तैयार नहीं किया गया था और उसमें खाद की कमी थी। (7) रहवासियों की अनुभवहीनता और आलस्य के कारण खेती में लापरवाही बरती गई और (8) इस बात का कोई प्रयत्न नहीं किया गया कि पूरे रकबे में सिंचाई की व्यवस्था करके उसे खेती के अनुकूल बनाया जा सके। देखें, मद्रास सरकार, लो.श्र.वि. आदेश 2394 एल., 23 अगस्त, 1929
27. मद्रास सरकार, विधि (सामान्य) शा.आ. 748, दि. 8 अगस्त, 1925 और लोक निर्माण (श्रम) विभाग 35, दि. 4 जनवरी, 1930
28. मद्रास सरकार लोक निर्माण (श्रम) विभाग 1551, दि. 20 जुलाई, 1921

सारिणी-4

स्टुअर्टपुरम बन्दोबस्त भूमि का विवरण—इयुरुपालम गाँव

भूमि	*सर्वे*	*एकड़ में रकबा*	*आकलन*
राजस्व भूमि बंजर	832-सी	40.56	10 2 0
शुष्क भूमि	832-ई	38.07	9 8 0
	832-जी	159.64	39 15 0
	833	4.25	1 1 0
योग		**242.52**	**60 1 0**

अध्याय-9

विमुक्त जनजाति बस्तियों का आर्थिक परिदृश्य

1

बीसवीं सदी के प्रारम्भ में वोड्डारों के बीस या तीस कबीले गुंटूर और कुरनूल जिलों में और निजाम के अधिकृत क्षेत्रों में घूम रहे थे। कुरनूल जिले के वोड्डार, गिरोह संख्या XIV, पेशेवर डकैतियों, लूटमार, नकबजनी और तरह-तरह के अन्य अपराधों के लिए कुख्यात हो चुके थे।[1] ऐसी परिस्थितियों में सरकार ने सन् 1911 के अपराधी जनजाति कानून की धारा 12 के अन्तर्गत वोड्डारों और कुछ येरुकलाओं के लिए कुरनूल जिले के सिद्धपुरम में एक बस्ती स्थापित करने के सुझाव पर विचार किया।[2] 31 दिसम्बर, 1914 को सिद्धपुरम बस्ती में वोड्डारों की संख्या 112 थी, इनमें 30 पुरुष, 40 स्त्रियाँ और 42 बच्चे थे। इनको सिद्धपुरम की सिंचाई परियोजना में काम मिला हुआ था।[3]

बस्ती का पुराना स्थान मलेरिया ग्रस्त था। पूरी बस्ती विशाल जलाशय के बन्ध से दो सौ से तीन सौ गज की दूरी पर थी।[4] गाँव के आसपास का वातावरण मलेरिया के मच्छरों का प्रजनन करने के लिए बहुत अनुकूल था।[5] जंगल की नमी, पानी के जमाव में मच्छर पैदा होते थे और मलेरिया से होने वाली मौतों की संख्या बहुत अधिक थी।[6] इस पुराने स्थान से डेढ़ मील की दूरी पर एक नई जगह का चुनाव किया गया। यह भवनासी नाले से डेढ़ मील की दूरी पर थी।[7] नए स्थान के चयन से रहवासियों के स्वास्थ्य में सुधार हुआ और रहवासियों के जीवन में चैन आया। बस्ती को जनवरी 1927 में वर्तमान स्थान पर लाया गया था।[8]

2

सिद्धपुरम का आर्थिक पार्श्वदृश्य

सहायक उद्यमों के अतिरिक्त सिद्धपुरम रहवासियों के जीविकोपार्जन का मुख्य स्रोत कृषि थी। 1066 एकड़ जमीन का वितरण प्रारम्भ में रहवासियों के बीच किया गया

था। उन्हें बैल भी दिए गए थे और रस्सी बनाने, टोकरी बनाने और जाल बुनने का काम वे करते थे जिसके लिए सामान उन्हें उपलब्ध था।[9] उन्हें बाजार की सुविधा भी दी गई थी। सन् 1920 में लगभग 173 एकड़ जमीन पर खेती की गई।[10] मुख्य रूप से घोड़ा-दाना और चोलम की खेती की गई थी, अन्य फसलों में रागी, मिर्च और सब्जी थीं। उन्हें आवश्यक कृषि उपकरण भी दिए गए।[11] स्त्री और पुरुषों को मासिक वेतन पर नियुक्त किया गया था। पुरुषों को आठ रुपया और स्त्रियों को छह रुपए दिए जाते थे और उन्हें खेतों और मवेशियों की रखवाली करना होती थी।[12] इमली की फसल ने उन्हें और अधिक पैसा कमाने के लिए प्रोत्साहित किया। रहवासियों ने कड़ी मेहनत करके कृषि में अपनी रुचि को प्रदर्शित किया। सन् 1920 में इस दिशा में भारी प्रगति हुई, और अधिक भूमि पर खेती की जाने लगी।[13]

रहवासी लोक निर्माण विभागों की विविध गतिविधियों से भी धन कमा रहे थे, जैसे (1) निर्माण कार्य, (2) जंगल की ठेकेदारी, (3) खेती, (4) कताई, (5) बुनाई, (6) छोटी दुकानें, (7) जंगलों की सफाई और (8) मवेशियों का विक्रय।[14] 1 अप्रैल, 1926 से 12 दिसम्बर, 1926 के बीच प्रति परिवार आय का औसत ग्यारह रुपए था। फसलों में बढ़ोतरी से उनकी आमदनी में और इजाफा हुआ।[15]

आत्मनिर्भर बनाने के लिए रहवासियों को पूँजीगत सहायता के रूप में बैल और गाड़ियाँ दी गईं। यह उन्हें मुख्यधारा में लाने का प्रयास था। कालान्तर में ये अपराधी आम जनता के रूप में बदल गए।[16] स्वस्थ ग्रामीण जीवन के संकेत दिखाई देने लगे थे। जिस जमीन पर पहली बार खेती की जा रही थी, उससे अपेक्षा थी कि वह अच्छी फसल देगी। बस चुके ग्रामवासियों को अस्थायी पट्टे (डी-फार्म पट्टा) दिए गए। अच्छे आचरण के लिए पाँच वर्ष बाद इन्हें स्थायी पट्टों में बदले जाने की योजना थी।[17]

वर्ष 1927 में कुल 210 एकड़ शुष्क भूमि को साफ किया गया था, और यह सरकार के सीधे नियंत्रण में थी। रहवासियों ने दस एकड़ गीली और सौ एकड़ शुष्क भूमि पर खेती की थी।[18] वर्ष 1930 में उन्होंने दो सौ एकड़ जमीन पर फसलें लगाईं, इसमें चालीस एकड़ जमीन दलदली थी। फसलें काफी अच्छी हुईं। कृषि कर्म के प्रति और अधिक उत्साह था। कृषि से अनेक रहवासियों को रोजगार मिला और निकटवर्ती क्षेत्र के लोग भी इसके प्रति आकर्षित हुए। कृषि कार्य के अन्तर्गत आय का एक अन्य साधन जलाऊ लकड़ी की बिक्री था।[19]

कृषि में मुनाफे की गुंजाइश बहुत कम थी, यह मुनाफा तब और भी घट जाता था जब रहवासियों जैसे अनाड़ी किसान हों। भारी भू-राजस्व और जल-कर चुकाने के बाद उनके पास जो बचता था उससे आवश्यकताओं की पूर्ति नहीं हो पाती थी।[20] भू-राजस्व अन्य जमीनों की तुलना में कम था। शासन सिद्धपुरम बस्ती को शुद्ध रूप से एक कृषि बस्ती बनाना चाहता था। पशुधन में सुधार की दृष्टि से सरकार ने

सन् 1932 में रहवासियों के लिए ओंगोल के साँड़ वहाँ भेजे। उन्हें और गाएँ भी दी गईं। गाएँ उन लोगों को उपहार में दी गई थीं, जो खेती में अच्छा काम कर रहे थे। यह एक प्रकार से प्रोत्साहन था जिससे रहवासी कृषि में रुचि ले सकें। रहवासियों के लिए चोलम मुख्य खाद्यान्न था और इसे अधिक मात्रा में उगाया गया।[21]

सिद्धपुरम बस्ती के लिए सन् 1932-33 में कृषि के लिए अग्रिम-राशि स्वीकृत की गई। ऋण के पहले वर्ष में उन्हें उस जमीन पर काम करना होता था जिसे वे साफ-सुथरा करते थे। अपने भरण-पोषण के लिए उन्हें पर्याप्त राशि मिल गई थी। दूसरे साल वे ज्यादा नहीं बचा पाए। तीसरे साल वर्षा न होने से फसलें खराब हो गईं। अत:, प्रबन्धक ने सुझाव दिया कि ऋण के भुगतान की अवधि तीन वर्ष बढ़ा दी जाए।[22] जुलाई, 1934 में पशुओं में काली बीमारी फैल गई, किन्तु पशुपालन विभाग द्वारा समय रहते टीकाकरण किए जाने से पशुओं को मृत्यु से बचा लिया गया।

श्रम आयुक्त ने सिद्धपुरम बस्ती में एक सरकारी फार्म बना रखा था। अधिकांश रहवासी खेती के तौर-तरीकों से पूरी तरह अनभिज्ञ थे, इसलिए कृषि-मिस्त्री के साथ सात रुपए महीने पर दो सेवक नियुक्त किए गए।[23] कृषि फार्म पर ऐसे रहवासियों को श्रम-कार्य मिलता था, जिनके पास उनकी अपनी जमीन नहीं थी, या वे जिन्हें अपने खेतों में काम नहीं मिला था।[24] सरकार की तरफ से इस फार्म की शुष्क और गीली जमीन पर खेती की जाती थी, इसका उद्देश्य रहवासियों को खेती के उपयुक्त तरीकों की जानकारी देना तो था ही, साथ ही वहाँ उन्हें थोड़ी-बहुत मजदूरी भी मिल जाती थी। रहवासियों की खेती और उनके मार्गदर्शन के लिए दो कृषि मिस्त्री रखे गए थे, जिनमें से एक को अठारह रुपए और दूसरे को सत्रह रुपए प्रतिमाह वेतन मिलता था।[25] मुख्य और सहायक मिस्त्री को वर्ष के अन्त में सौ रुपए तक बोनस देने का भी प्रावधान था। सन् 1942 के वर्ष में कुल 1,538 एकड़ जमीन खेती के अन्तर्गत लाई गई।[26]

1944 में 1,538 एकड़ जमीन पर फसलें लगाई गईं। दलवा धान और मूँगफली की पैदावार अच्छी हुई थी। कुछ कुएँ खोदे जाने से वे अपने धान की फसल को बचा पाए थे।[27] सन् 1948-49 में तम्बाकू की पौध लगाई गई, और तम्बाकू की बिक्री से उन्हें छह हजार रुपए मिले। वर्ष 1949 में कुल 2,150.45 एकड़ जमीन पर खेती की गई, इसमें दलदली भूमि 429 एकड़ और शुष्क भूमि 158 एकड़ थी। लेकिन रहवासियों की खेती में दिलचस्पी नहीं रह गई थी क्योंकि वे वहाँ खेतिहर मात्र थे, जमीन के वास्तविक स्वामी नहीं। प्रबन्धकों के समय-समय पर होने वाले स्थानान्तर के कारण भी काम में काफी शिथिलता आ गई थी। बैलों की खरीद इत्यादि के लिए माँगे गए ऋणों के प्रार्थनापत्र महीनों अनिर्णीत पड़े रहते थे।[28] वर्ष 1951 में शासन ने सिद्धपुरम में 1,135.40 एकड़ भूमि को संरक्षित घोषित कर दिया। शेष भूमि राजनीतिक कार्यकर्ताओं, भूमिहीनों और पूर्व सैनिकों में वितरित कर दी गई। राजस्व विभाग ने भूमि सुधार शुरू करने के लिए उसके सशर्त पट्टे जारी किए गए।

रहवासियों के व्यवहार की शिकायतें वन संरक्षण विभाग लगातार कर रहा था। जिले के वन-अधिकारियों ने रहवासियों के गलत व्यवहार को रोकने और तदनुसार तुरन्त अपराध दर्ज करने के लिए कदम उठाए। रहवासी जंगल में भीतर तक घुस जाते थे और इमारती लकड़ी तथा अन्य वनोपज की चोरी करते थे।[29] वर्ष 1954 में तम्बाकू की फसल के समय लगभग 1,300 रहवासियों को काम मिला। सिद्धपुरम का तालाब कुरनूल जिले का सबसे बड़ा जलाशय है जो 504.06 एकड़ में फैला हुआ है। यहाँ भरपूर मछलियाँ हैं। मार्च और अप्रैल में ये रहवासी सिद्धपुरम ताल में मछली पकड़ने के अपने अधिकार का प्रयोग कर सकते हैं। पिछले कई वर्षों से तालाब से मछली पकड़ना रहवासियों के लिए आय का एक अतिरिक्त साधन रहा है। यह उनकी भोजन सम्बन्धी समस्या को भी हल करता है।[30]

गर्मी के मौसम में रहवासियों का जीवन और ज्यादा दूभर हो जाता था। पीने तक के लिए पानी नहीं मिल पाता था।[31] वर्ष 1964 में उपलब्ध 1,251.35 एकड़ जमीन में से 1,066.04 एकड़ जमीन बस्ती के निवासियों में वितरित की गई थी, उसमें से 96.94 एकड़ कारीगरों को दी गई थी और 62.75 एकड़ कृषि विभाग को दी गई जो वहाँ आदर्श कृषि फार्म संचालित कर रहा था। 25.62 एकड़ जमीन खाली पड़ी थी। कृषि फार्म की व्यवस्था कॉलोनी के प्रबन्धक द्वारा की जाती थी। उसने यह जमीन कृषि विभाग को दे दी ताकि वहाँ राज्य का बीज फार्म बनाया जा सके।[32] कम वर्षा होने से फसल को बहुत नुकसान पहुँचा था। सिद्धपुरम बस्ती में खोदे गए बोरवेल और कुओं ने काम करना बन्द कर दिया था।

जनवरी, 1942 तक जीविकोपार्जन के लिए वोड्डार मजदूरी के काम करते रहे। उनके कार्यों में सड़क की मरम्मत, स्कूल और प्रबन्धक की इमारतों की मरम्मत, तालाबों का जीर्णोद्धार, पुलिस-लाइन की मरम्मत जैसे काम शामिल थे। इसमें पुरुषों को तीन आना प्रतिदिन और स्त्रियों को डेढ़ आना प्रतिदिन की मजदूरी मिलती थी।[33] मेहनत के कामों से जीविका कमाने के उनके सामने कई और रास्ते और थे, जैसे (1) अपने और जनता के खेतों पर काम, (2) हल चलाना और खरपतवार निकालना, (3) फसल कटाई के बाद खेतों की जुताई और जमीनों से घास निकालना, (4) जलाऊ लकड़ी काटना और सिर पर ढोकर उसे बेचने जाना, (5) घास को काटकर चारे के रूप में बेचना, (6) तंगेदू लकड़ी काटकर उसकी छाल निकालना और (7) मेहनत-मजूरी के दूसरे काम।[34]

उनमें निराशा व्याप्त थी। उनकी परिस्थितियाँ बदतर होती जा रही थीं। कृष्णा सीमेंट वर्क्स के टर्नर ने काजा की पत्थर की खदानों में कुछ रहवासियों को काम पर रखने की स्वीकृति दी। इस तरह दस परिवारों को काजा भेजा गया।[35] वर्ष 1960 में सिद्धपुरम कॉलोनी के परामर्शदाता मंडल ने बस्ती में कुटीर उद्योग स्तर पर एक माचिस कारखाना खोलने का निश्चय किया जो रोजगार का एक सहायक साधन बन सके।[36]

बस्ती में एक बड़ा और हवादार ऊन का सायबान था जिसमें दस करघे और अन्य उपकरण थे। ये करघे एक कार्यवाहक निरीक्षक की देख-रेख में स्थानीय स्तर पर बनाए गए थे। ये करघे बहुत अच्छे कम्बल बुनते थे। सन् 1920 में रहवासियों ने 182 कम्बल बनाए थे। उनके पास साल्वेशन आर्मी के करघे थे। एक रहवासी को बुनाई का मिस्त्री नियुक्त किया गया। उसे महीने में 281 आना दिया जाता था परन्तु अतिरिक्त मजदूरी के लिए उसे अतिरिक्त पैसा मिलता था। दैनिक मजदूरी के रूप में रहवासियों के पुरुषों को पाँच आना और स्त्रियों को तीन आना मिलता था। टुकड़ों के काम में पुरुष प्रतिदिन पाँच से नौ आना और स्त्रियाँ तीन से पाँच आना तक कमा लेती थीं।[37]

बस्ती में रेशम के कीड़े पालने का उद्यम भी विकसित किया गया, लेकिन यह भी सफल नहीं हुआ। सिद्धपुरम के निवासियों को पहाड़ पर रहने का भत्ता दिया जाता था जो उनके वेतन का 3/10 होता था। सन् 1925 के दौरान बस्ती में एक सहकारी समिति का गठन किया गया। इस समिति के माध्यम से सभी प्रकार के ऋण दिए जाते थे। रहवासियों के पास बैल, बकरियाँ, गायें और भैंसें थीं। सहकारी समिति का गठन स्वयं रहवासियों ने किया था और प्रबन्धक इसकी देखभाल करता था। रहवासियों की बचत में वृद्धि हुई। इस समिति को इसलिए शुरू किया गया था जिससे रहवासियों को सरकार से ऋण मिल सके। इस ऋण का भुगतान ब्याज रहित किस्तों में किया जाता था। समिति का काम प्रबन्धक सँभालता था, जिसके कार्यालय में आवश्यक रजिस्टर आदि रहते थे।

सन् 1921 में बस्ती की सफलता में बुनाई उद्योग की महत्त्वपूर्ण भूमिका थी। वहाँ बनने वाले कम्बलों की माँग नहीं थी। जिले की दूसरी जगहों पर बुने गए कम्बल सस्ते थे। बंगलौर और अन्य स्थानों पर मिलें इन्हें बनाती थीं और उनके कम्बल सस्ते और अच्छे होते थे।[38] बुनाई सायबान को जून 1929 में गिरा दिया गया और पक्की इमारत बनाने के लिए रु. 4,800 की राशि स्वीकृत की गई। बेहतर कम्बलों की माँग थी, जिनका मूल्य चार या पाँच रुपए था। दो-तीन रुपए के मूल्य के कम्बलों के लिए बाजार खोजने में कठिनाइयाँ आईं।[39]

वर्ष 1943 में पेड्डा अनन्तपुरम और आत्माकुर के आदि-आन्ध्राओं को बस्ती में रहने की अनुमति दी गई। प्रबन्धक का मत था कि ये परिवार अच्छे बुनकर और किसान हैं। इनसे बस्ती वालों को बुनाई का प्रशिक्षण मिल सकेगा और जालीदार कपड़े (गेज़ क्लाथ)[40] की युद्धकालीन सप्लाई की माँग पूरी की जा सकेगी। कुछ सरकारी अस्पतालों को भी जालीदार कपड़े की जरूरत थी और उनकी आपूर्ति इनके द्वारा की गई। प्रबन्धक का कहना था कि न केवल उद्योग को मुनाफे पर चलाना मुश्किल था, बल्कि उद्योगों को आत्मनिर्भर बनाए रखना भी बहुत मुश्किल था। यद्यपि बुनाई उद्योग रहवासियों को अतिरिक्त आय के स्रोत के रूप में शुरू किया

गया था, तथापि रहवासियों के द्वारा इसमें रुचि न लेने के कारण से यह सफल नहीं हो सका। फलस्वरूप 30 अक्टूबर, 1949 को इसे बन्द कर दिया गया। प्रबन्धक ने उसमें लाभ न होने के लिए ये कारण गिनाए थे : (1) सूत के बाजार में कीमतों का उतार-चढ़ाव, अर्थात मार्च 1949 में सूत के दाम 1950 की अपेक्षा बहुत अधिक थे। सूत के दामों के लिए पन्द्रह प्रतिशत और बुनाई के लिए पाँच प्रतिशत को मूल्य में जोड़ना पड़ता था। (2) अधिक महीन कपड़ा बाजार में कम दामों पर उपलब्ध था। बस्ती में उत्पादित मोटे कपड़े के लिए बाजार खोज पाना कठिन था। (3) सम्भावित नुकसान को पूरा करने के लिए अधिक लागत या उत्पादन की कोई सम्भावना नहीं है क्योंकि बुनकर महीन कपड़ा बुन ही नहीं सकते थे। (4) कम वेतन की वजह से रहवासियों की इस उद्योग में रुचि नहीं है।[41]

बस्ती के प्रबन्धक ने रहवासियों में आत्मविश्वास का संचार किया और उन्हें यह अहसास करवाया कि वे सामान्य जनता के जैसे ही हैं, अपराधी नहीं हैं। प्रबन्धक उनके साथ इस तरह व्यवहार करता था कि जैसे वे एक स्वाधीन ग्राम्य-समुदाय हों। जिन रहवासियों का आचरण अच्छा प्रमाणित हो चुका था, उनके नाम रजिस्टर से हटा दिए गए थे। श्रम आयुक्त मोइर ने कहा कि 'इस बस्ती की सफलता के पीछे तत्कालीन पुलिस महानिरीक्षक के. सुब्रामनिया अय्यर का प्रभावी और चतुर प्रबन्धन है। वे बस्ती के साथ इसकी सन् 1913 में इसकी स्थापना के समय से ही जुड़े रहे थे।'[42] वे इसे एक सम्पूर्ण गाँव बनाना चाहते थे। इस उद्देश्य में उनकी गहरी रुचि थी। उन्होंने पास के गाँवों से वोड्डारों को आमंत्रित किया, जिससे वे भी स्थिर जीवन का लाभ उठा सकें। विभिन्न आरोपों, जैसे अनैतिकता, चीजों की गुमशुदगी, उनके सबूत, बयान आदि का काम बस्ती के प्रबन्धक द्वारा किया जाता था।

राज्य सरकार ने रहवासियों के कल्याण के लिए कई उपाय किए थे, जैसे : (1) खेती के लायक जमीन की व्यवस्था, (2) कुटीर उद्योग के रूप में हैंडलूम से बुनाई की व्यवस्था, (3) साख और अन्य आवश्यकताओं के लिए सहकारी समितियाँ गठित करना, (4) रहने के लिए पक्के मकानों का निर्माण, (5) रहवासियों के लिए कृषि तथा उद्योगों का प्रशिक्षण, आदि। शासन के अतिरिक्त सामाजिक कार्यकर्ताओं ने भी रहवासियों को उपयोगी व्यवसायों में लगने और सामान्य जीवन-यापन करने में सहायता दी।[43]

सिद्धपुरम की वर्तमान आर्थिक स्थिति को समझने के लिए रहवासियों से भेंटवार्ताओं का आयोजन किया गया। उन्होंने हमें बस्ती की वर्तमान समस्याओं से अवगत कराया। वह हमेशा ही किसी व्यवसाय में लगने के लिए तैयार थे। उनका कहना था—'हमें केवल यह चाहिए कि हमारा भुगतान मौजूदा कीमतों के अनुसार किया जाए। कभी-कभी यह नहीं हो पाता है। उदाहरण के लिए बायरलुटी के वन संरक्षक का कहना है कि इस काम के लिए सरकार ने जितनी राशि तय की है, उसी

के हिसाब से बस्ती में भुगतान किया जाएगा। जो भी हो सरकार द्वारा निर्धारित राशि हमेशा मजदूरी की प्रचलित दरों से कम ही होती है।'[44]

के.आर. सोमैया ने विस्तार से गाँववालों की तकलीफों का विवरण दिया। यहाँ तक कि वेंकटपुरम पंचायत भी, जिसमें यह गाँव आता है, उनकी परवाह नहीं करती। सूखे की स्थितियाँ होने पर भी सिद्धपुरम का यह दुर्भाग्य है कि उसे सूखा पीड़ित क्षेत्र में शामिल नहीं किया गया। वर्तमान में तीनों गाँवों में अवैध शराब की बुराई का बोलबाला है।[45] स्थानीय शराब के ठेकेदार गाँववालों को इसके लिए प्रोत्साहित करते हैं। जब आबकारी विभाग के लोग छापा डालते हैं तो रहवासियों को परेशानी होती है और असल अपराधी भाग निकलते हैं।[46] असली अपराधी भारी दौलत कमाते हैं और वैभव का जीवन व्यतीत करते हैं जबकि गाँव के लोगों की मुसीबत बढ़ जाती हैं। रोजगार के अभाव में वे इस दुष्चक्र में फँस जाते हैं।[47]

रहवासियों ने बताया कि चटाई बनाने या कालीन बुनने जैसे काम हमारे परिवारों का भरण-पोषण नहीं कर सकते। यदि उद्योगों की स्थापना की जाए तो हमें कुछ अनुकूल रोजगार मिल सकता है, और हमें विश्वास है कि हम आराम से जी सकेंगे। हाल ही में सरकार ने रेशम के कीड़े पालने की शुरुआत की है, और हमें उससे सम्बद्ध किया है। दुख इस बात का है कि यह कार्यक्रम सफल नहीं रहा। हमारे लिए राशन कार्डों का प्रावधान किया गया है, किन्तु नागरिक आपूर्ति अधिकारी बिना रिश्वत लिए राशन-कार्ड नहीं बनाते। हमारे लिए यह असमंजस का समय है, हम अपनी आपराधिक गतिविधियाँ फिर से अपना नहीं सकते और वर्तमान परिस्थितियों से बाहर निकल भी नहीं सकते।'[48]

3

स्टुअर्टपुरम का आर्थिक पार्श्व-चित्र

साल्वेशन आर्मी ने स्टुअर्टपुरम की बस्ती शुद्ध रूप से एक कृषि बस्ती के रूप में बसाई थी।[49] आरम्भ में यहाँ 691 व्यक्ति थे, 200 पुरुष, 196 महिलाएँ और 295 बच्चे। कैप्टन एच. रोबिलियार्ड इसके प्रबन्धक थे, उनकी पत्नी और एक सहायक उनकी मदद करता था। कैप्टन एच. रोबिलियार्ड ने बस्ती का प्रबन्ध कुशलता के साथ किया और अपने सराहनीय कार्य के लिए प्रशंसा अर्जित की। गिलमेन का कथन है—'कैप्टन रोबिलियार्ड ने जादू किया है, और इस सफलता के लिए वे हमारी हार्दिक बधाई के पात्र हैं।'[50]

स्टुअर्टपुरम के येरुकला बहुत गरीब थे और जीवन-यापन के लिए वनोपज पर निर्भर थे। हेरोल्ड स्टुअर्ट ने कहा था, 'वे नमक और अनाज का व्यापार करते थे

और इन्हें अपने जानवरों की पीठ पर लादकर सैकड़ों मील दूर घूमते रहते थे। नई स्थितियों से उनका तालमेल कठिन था। उनके पास पशु थे, उनकी गतिविधियों का क्षेत्र विस्तृत था और वह निरन्तर विस्थापित होते थे। पशुओं का विक्रय पशु-चोरी में बदल गया और दूसरे गिरोहों द्वारा चुराया गया माल उन पर विश्वास करके उन्हें सौंपे जाने से धीरे-धीरे एक अपराधी-संगठन बन गया।'[51]

साल्वेशन आर्मी ने जीवन-शैली बदलने के लिए कृषि को एक उपाय के रूप में अपनाया। शुरू-शुरू में शुष्क भूमि के 360 एकड़ और रोमपेरु की दलदली भूमि के 1,500 एकड़ के भूखंड 1914 में साल्वेशन आर्मी को दिए गए। बस्ती की कार्य-शैली का विवरण देते हुए मेकेंजी ने लिखा था : 'सिंचाई की समस्या हमारी सबसे बड़ी बाधा थी। हम आत्मनिर्भर नहीं थे।'[52] साल के कुछ महीनों में साल्वेशन आर्मी ने पुराने रहवासियों में से कृषि मिस्त्री नियुक्त किए थे। वे खेतों का निरीक्षण करते थे और बस्ती में वृक्षारोपण की व्यवस्था करते थे। वे नए रहवासियों को खेती के तरीकों का प्रशिक्षण भी देते थे। क्रमश: पुराने लोग बस्ती का मजबूत मेरुदंड बन गए और नवागन्तुकों पर उनका गहरा प्रभाव हुआ। बहरहाल, इन जमीनों पर रहवासी रागी, धान और मूँगफली की खेती करते थे। उन्हें चटाइयों, टोकरियों, रस्सी, करीपत्ता, टमाटर और हरे चने से भी आमदनी होती थी। कृषि के अतिरिक्त इन रहवासियों को सड़क-निर्माण, पत्थर के खनन, नालों की खुदाई और लोक निर्माण विभाग के अन्य कामों में भी लगाया गया। दैनिक मजदूरों और ठेके पर काम करने वालों में पुरुषों को पाँच आना और स्त्रियों को तीन आना मजदूरी मिलती थी। वर्ष 1915 में उपरोक्त स्रोतों से उनको रु.19,520 की आय हुई।[53]

प्रबन्धक ने रहवासियों को जमीनें लीज़ पर दी थीं। सन् 1916 में कुल 420 एकड़ भूमि लीज़ पर दी गई। साल्वेशन आर्मी को इससे रु.1,126 मिले। बस्ती की शुरुआत में शासन से रु.10,000 का ऋण 6 प्रतिशत वार्षिक ब्याज पर लिया गया था। जब हेरोल्ड स्टुअर्ट मरजोरी बैंक्स के साथ बस्ती के दौरे पर आए तब यह सवाल उठा कि रहवासियों को कितना कर देना होगा। हेरोल्ड स्टुअर्ट ने कहा कि 'स्टुअर्टपुरम के लिए यह प्रश्न न्यायसंगत नहीं है। यह बस्ती अपनी उत्कृष्ट जमीनों की दृष्टि से बहुत सफल है, और इस बस्ती ने तेजी से तरक्की की है।'[54] इस क्षेत्र में सामान्यत: जुलाई से नवम्बर तक वर्षा-काल रहता था। वर्षा प्रतिवर्ष 21 से 50 इंच तक होती थी। रहवासी मई से खेती का काम शुरू कर देते थे। मई में बीज नर्सरियों में बो दिए जाते थे। जुलाई तक वह खेतों की सिंचाई और नर्सरी में बीजों की देखभाल जैसे दूसरे काम करते थे। खेतों में बोने से पहले पौधों को पचास दिनों तक सहेज कर रखा जाता था। पौध के पास एक उथला गड्ढा बनाकर पानी से भर दिया जाता था, जहाँ से पौधे को नमी मिलती रहती थी, पौधे को दिन में तीन बार पानी दिया जाता था। अगस्त के पहले सप्ताह में पौधे खेते में लगा दिए जाते थे।

जेल-समिति की राय थी कि स्टुअर्टपुरम में कोई सहायक उद्योग होना चाहिए, इसके लिए केसुरिना के वृक्षारोपण की उनके लिए योजना बनाई गई। रोबिलियार्ड ने नारियल और युकेलिस्टस के वृक्षारोपण का सुझाव दिया। रोबिलियार्ड को भारी सफलता मिली। जमीन रेतीली थी और उसमें भरपूर खाद थी, जो सफल पौधारोपण में सहायक थी। मुटाकोंडापाडु में रहवासियों को 180 एकड़ बंजर भूमि दी गई। उन दिनों एक हजार रुपए प्रति एकड़ की दर से यह एक बहुमूल्य उपहार था।

खाद की समस्या का समाधान करने के लिए उन्होंने कुछ मवेशियों को खरीदा और इन्हें प्रबन्धक के प्रबन्धन में रखा गया। बस्ती की जमीनों के लिए कृष्णा नहर के पानी का उपयोग किया गया।[55] पानी की उपलब्धता बढ़ाकर खेती का क्षेत्र विस्तृत करने की दृष्टि से रोमपेरु नदी पर जून 1919 में एक बाँध का निर्माण किया गया।[56] अपराधियों के लिए उनका अच्छा व्यवहार लाभदायक न होकर पाप जैसा था, क्योंकि उनके जाने के लिए कोई जगह नहीं बची थी। सन् 1921 में साल्वेशन आर्मी के प्रयत्नों से उन्हें अच्छे आचरण के लिए कुछ सुविधाएँ तो मिलती थीं, लेकिन जिनके पास घर नहीं थे, ऐसे लोग वापस वहीं चले जाने को बाध्य थे जहाँ से उन्हें लाया गया था। उनके पास बस चोरी-चकारी का ही विकल्प होगा, अर्थात वे अपने पुराने धंधे में लौट जाएँगे। साल्वेशन आर्मी को लगा कि वास्तविक सफलता तभी मिलेगी जब ऐसे लोगों को ठीक से बसाया जा सकेगा।[57]

वर्ष 1924 में रहवासियों की आमदनी बढ़ाने के लिए साल्वेशन आर्मी ने उन्हें आम, काजू, नारियल आदि की पौधें दीं। साल्वेशन आर्मी ने अपने नियंत्रण वाली 600 एकड़ भूमि का राजस्व वसूल किया। इस राशि से साल्वेशन आर्मी के विभिन्न कर्मचारियों के वेतन का भुगतान किया गया। शेष राशि गाँव के रख-रखाव पर हुई।[58]

सारिणी-5

1925-30 में स्टुअर्टपुरम के निवासियों की आय [59]

वर्ष	*कुल आय*
1925	रु. 1,25,741
1926	रु. 0,75,237
1927	रु. 1,47,522
1928	रु. 1,08,513
1929	रु. 1,83,981
1930	रु. 1,16,066

बस्ती की जमीन में कुछ जमीन पूरी तरह दलदली थी और कुछ शुष्क और रेतीली। प्रतिवर्ष की जाने वाली खेती एक जुआ जैसी थी। रहवासी अपना पैसा खेती में खर्च करने से हिचकते थे, क्योंकि इसकी वापसी अनिश्चित थी। साल्वेशन आर्मी ने जमीन की उर्वरकता बढ़ाने के लिए एक बड़ी योजना बनाई थी। सन् 1926 में बस्ती की 335 एकड़ जमीन और ब्लाक 300 की 110 एकड़ भूमि पर धान की खेती की गई। पचास एकड़ भूमि में मूँगफली और पचास एकड़ में रागी भी बोई गई।[60] जॉर्ज पेडिसन ने एक बाँध के निर्माण का प्रस्ताव रखा जिससे दलदल के पानी का खेतों में आकर भरना रोका जा सके। पम्पों को लगाने के दो उद्देश्य थे—एक, पानी की कमी वाले मौसम में सिंचाई के लिए पानी मिल सके और दूसरा, अतिरिक्त भूमि पर सिंचाई की जा सके।

सन् 1927 के बाद खेती के काम को बड़े उत्साह से शुरू किया गया। नवम्बर, 1927 में आए चक्रवात ने धान की समूची फसल को बर्बाद कर दिया था। 63 एकड़ में मूँगफली, 73 एकड़ में साजा, 75 सेंट में जोना और 50 एकड़ में रागी की फसल बोई गई थी। उनके घरों के पास लगाई गई रागी और मूँगफली की फसलों से उन्हें उस समय पर्याप्त लाभ मिल सका जबकि अन्यत्र यह लाभ ही कम था।[61] वर्ष 1928 में रहवासियों ने 609 एकड़ में धान, 158 एकड़ में मूँगफली और 80 एकड़ में रागी की फसलें लगाईं। फसलों का कुल मूल्य रु. 29,557 था। तत्कालीन श्रम आयुक्त स्लेटर ने स्टुअर्टपुरम बस्ती का जुलाई 1928 में दौरा किया। रहवासियों ने उन्हें एक प्रार्थना पत्र दिया जिसमें उन्होंने स्थायी पट्टों की माँग की थी।[62]

मौसम जब सूखा रहता था तब फसल बहुत अच्छी होती थी, लेकिन वर्षा-काल में फसल पानी में डूब जाती थी। अपनी दैनिक रिपोर्ट में रोबिलियार्ड ने लिखा था कि कुछ रहवासी भीख माँगने लगे हैं और इससे चौर्य कर्म की आशंका पैदा हो जाती है।[63] कृषि उप संचालक वर्ष 1930 में बस्ती में आया और उसने रेतीली जमीन पर खेती के कुछ उपायों की जानकारी दी। बैजवाड़ा के कार्यपालन यंत्री ने सिंचाई के तरीकों के सम्बन्ध में कुछ सुझाव दिए जिससे बारी-बारी से जमीन के सभी हिस्सों में सिंचाई की जा सके।[64] वर्ष 1930 में रोजगार के लिए रहवासियों को 'ओ' पास देकर नेल्लोर जिले के रापुर तालके में कोदंडराम अभ्रक की खदानों में भेजा गया। खदानों के प्रबन्धक ने कावाली के कुछ रहवासियों को भी अपने यहाँ रोजगार देने का प्रस्ताव किया था। अभ्रक की खदानों में काम स्थायी नहीं था। समस्या का यह हल अस्थायी था। एक अन्य समूह रोजगार के लिए रापुर तालुके (नेल्लोर जिला) के थुम्माला तालपुर गाँव गया।[65]

सितम्बर, 1930 से मार्च, 1931 के बीच तम्बाकू कम्पनी पूरी तरह बन्द हो गई, उसके पास पर्याप्त कोष नहीं था और कम्पनी रहवासियों को रोजगार देने में असमर्थ थी। वर्ष 1930 में ही जिला मजिस्ट्रेट एफ.डब्लू. स्टीवर्ट ने रहवासियों को सब्जियाँ बोने का सुझाव दिया। कुछ अन्य लोग बस्ती से सत्रह मील दूर परचूर में गाँव का तालाब खोदने के काम पर लगाए गए थे।[66]

यही नहीं, इन लोगों को अलग-अलग जगहों पर छोटे-छोटे कामों में लगाया गया। ये काम थे—सड़क निर्माण, गड्ढों की खुदाई, बाढ़ खड़ी करना, खाद डालना, पेड़ों को सींचना इत्यादि। वर्ष 1930-31 में बेरोजगारी के सन्दर्भ में मद्रास के पुलिस महानिरीक्षक ने कहा था—'1930 के साल में आए संकट का सफलतापूर्वक सामना करने के लिए प्रबन्धक को बधाई दी जानी चाहिए।'[67] सन् 1931 में 449 एकड़ नम भूमि और 70 एकड़ शुष्क भूमि पर खेती की गई। धान के 174 गट्ठरों से रहवासियों को रु. 14,711 मिले, रागी के 45 एकड़ और मूँगफली के 35 एकड़ से उन्हें रु. 2,020 की आमदनी हुई।[68] वर्ष 1932 में 654 एकड़ धान के 328 गट्ठर बने और उन्हें रु.16,400 की आय हुई। भूसे की बिक्री से रु.1,640 की आय अलग से थे। इस प्रकार कुल आमदनी रु.18,040 थी। 43 एकड़ की रागी फसल से रु.1,325 और दो सौ एकड़ में मूँगफली की फसल से रु. 3,600 मिले। कई रहवासियों ने इस बात के प्रमाण दिए कि वे स्थायी निवासी बन चुके हैं और उन्हें दी गई जमीनों पर वे कई वर्षों से खेती करते रहे हैं।[69]

लम्बे अरसे से नियमित रूप से खेती कर रहे रहवासियों को गुंटूर के जिलाधीश ने स्थायी पट्टे जारी कर दिए। इस विषय में बापट्ला का तहसीलदार बस्ती में आया। उसकी राय थी कि ऐसे रहवासी जो तीन वर्ष से खेती कर रहे हैं और जिनके विरुद्ध कोई शिकायत नहीं है, उन्हें स्थायी पट्टे दे दिए जाना चाहिए। साल्वेशन आर्मी और श्रम आयुक्त इस सुझाव से सहमत थे। इस प्रस्ताव के अनुसार 262 परिवार स्थायी पट्टा पाने के योग्य पाए गए। कृषि मिस्त्रियों के अतिरिक्त एक पूर्णकालिक कारनाम (ग्राम अधिकारी) की भी नियुक्ति की गई, जिसका काम भू-अभिलेख, नाप-तौल, आबंटन और मवेशियों की निगरानी करना था। एक अक्टूबर, 1933 को इस कारनाम ने अपना कार्यभार सँभाला। उसे प्रतिमाह सत्ताइस रुपए वेतन दिया जाता था।[70] कारनाम का पद बस्ती के मिश्रित कर्मचारियों में शामिल था। कृषि को प्रोत्साहित करने के लिए शासन ने रहवासियों का भूमि-कर माफ कर दिया। उनमें से अधिकांश धीरे-धीरे खेती के तरीके सीख गए, और उन्हें जमीन का मूल्य और इससे होने वाले फायदे समझ में आ गए। उनके द्वारा 1,000 एकड़ शुष्क जमीन जोती जाती है और इससे सन् 1950 में धान के 500 गट्ठर और रागी के 1,000 बोरों का कृषि उत्पादन हुआ। सत्तर परिवारों को जमीनें दी गई थीं। बस्ती का निरीक्षण करने वाले एक वरिष्ठ अधिकारी ने कहा था, 'मैंने विशेष रूप से यह देखा कि रागी का बहुत सारा उत्पादन रेतीली जमीन में पॉट कल्टीवेशन और केसुरिन की जमीन पर रहवासियों ने व्यक्तिगत प्रयासों से किया है।'[71]

रहवासियों द्वारा की जाने वाली खेती में प्रतिवर्ष प्रगति हो रही थी। सन् 1964 के वर्ष में बस्ती में कुल 2,007.71 एकड़ भूमि उपलब्ध थी और इसमें से 1,772.58 एकड़ भूमि पर रहवासी खेती कर रहे थे।[72] सन् 1965 में बस्ती को गम्भीर आर्थिक

संकट का सामना रना पड़ा। किन्तु पेराला की इंडियन लीफ़ टबैको कम्पनी से उन्हें सहारा मिला और बस्ती आर्थिक पराभव से बच गई। फिर भी बस्ती के लोगों के लिए पर्याप्त रोजगार उपलब्ध करवाने में कठिनाई आती रही। टबैको कम्पनी में पाँच महीने तक रहवासियों के लिए रोजगार नहीं था। वर्ष 1966 में कारखाने ने मेहनत के यत्र-तत्र अन्य कार्यों से रु. 37,060 तक रोजगार दिया।[73] सन् 1967-68 में गाँव से अनेक लोग पलायन कर गए। इस पलायन के मुख्य कारण थे—(1) बेरोजगारी, (2) घरेलू कलह, (3) काम के प्रति आलस्य, (4) सामान्य असन्तोष, (5) शासन की नीतियाँ, (6) पुलिस प्रताड़ना और (7) कठोर निगरानी, इत्यादि।[74]

यद्यपि इन लोगों को जमीनें मिल गई थीं, लेकिन कृषि के तौर-तरीकों से पूरी तरह अनभिज्ञ थे। आए दिन आने वाली बाढ़, चक्रवात, पानी का समय पर न मिल पाना, और भूमि की अनुर्वरकता से उनकी फसलें कमजोर होती गई थीं।[75] यह बताया गया था कि 80 से 90 प्रतिशत पलायन स्टुअर्टपुरम में सजाओं के कारण था। बस्ती के प्रारम्भ से सन् 1920-21 के अन्त तक बस्ती से पलायन करने वालों की संख्या 168 थी। तब से वर्ष 1924 के अन्त तक 161 व्यक्तियों ने बस्ती से पलायन किया। बस्ती में 'अपराधी' आचरण के साथ सन् 1921 से सन् 1930 तक रहने वालों का विवरण निम्न तालिका में दर्शाया गया है।[76]

सारिणी-6

स्टुअर्टपुरम में 1921-30 में रहने वालों का विवरण

वर्ष	*पुरुष*	*स्त्रियाँ*	*बच्चे*	*योग*
1921	546	500	561	1,607
1922	556	541	682	1,779
1923	539	526	718	1,783
1924	649	638	829	2,116
1925	666	657	881	2,204
1926	664	651	907	2,222
1927	699	640	890	2,229
1928	678	615	743	2,036
1929	679	601	775	2,055
1930	692	611	813	2,116

कम्पनी के निर्देशन में विकसित हुई पौध प्रणाली से खेती ने रोजगार की समस्या को सरल कर दिया। टबैको कम्पनी के प्रबन्धक व्हिटेड रेत में तम्बाकू की फसल उगाने पर प्रयोग कर रहे थे। वे सफल रहे। रेतीले क्षेत्र में प्रतिवर्ष तम्बाकू की खेती बढ़ती गई। सन् 1927 से पहले 290 शेयरधारकों के साथ एक सहकारी समिति गठित हो चुकी थी। इसकी जमा पूँजी रु. 2947.70 थी। इस सहकारी समिति के माध्यम से लोगों को अपनी जमीन में सुधार, सिंचाई सुविधाओं आदि बातों में सहायता मिली। सहकारी समितियों के प्रमुख उद्देश्य थे—(1) भुगतान की आसान व्यवस्था के साथ घरों के लिए भूमि पाना, (2) कृषि कार्यों के लिए ऋण पाना, (3) भूमि को और अधिक उपयोगी बनाना और उस पर खेती, (4) सूदखोरों से महँगी ब्याज दरों पर लिए गए कर्जों की अदायगी, (5) सामूहिक विनियम-विक्रय, (6) बिक्री और व्यापार और (7) बाढ़ पीड़ित लोगों की सहायता।

उस समय के श्रम आयुक्त जॉर्ज पेडिसन और सहकारी समितियों के उप-पंजीयक एच.एम.एफ.एम. टाइलर वर्ष 1927 में बस्ती में निरीक्षण के लिए आए और उन्होंने रहवासियों को बहुमूल्य सुझाव दिए। सन् 1948-1950 के बीच बस्ती की सहकारी समिति की आर्थिक स्थिति निम्नानुसार थी[77] :

सारिणी-7

स्टुअर्टपुरम बस्ती की सहकारी समिति की आर्थिक स्थिति—सन् 1948-50

स्रोत	*वर्ष 1948 रु.*	*वर्ष 1949 रु.*	*वर्ष 1950 रु.*
सुरक्षित निधि	454.00	454.00	501.00
शेयर पूँजी से	49.00	38.00	अप्राप्य
कुल शेयर पूँजी	2,146.00	2,156.00	2,188.00
सम्पत्ति	6,008.00	6,174.00	6,424.00
देनदारियाँ	5,421.00	5,529.00	5,029.00
दिए गए ऋण	350.00	350.00	450.00
संग्रहीत ऋण	404.00	509.00	587.00

घाटे में चलने के कारण बस्ती की सहकारी समिति और स्टोर को जुलाई 1949 में बन्द कर दिया गया। हालाँकि स्टुअर्टपुरम के रहवासियों की सहकारी समिति को वर्ष 1961-62 में शासन ने रु. 5,000 की अनुदान राशि दी थी।[78] सन् 1952 में अपराधी जनजाति कानून के निरस्त हो जाने के बाद यह सोचा गया था कि सभी राज्य सरकारें इन लोगों के लिए कल्याण योजनाओं पर काम करेंगी।

राज्य सरकारों के प्रयासों में सहायता देने के लिए सन् 1953 में केन्द्र सरकार ने पहली बार विमुक्त जनजातियों की कल्याण योजनाओं में सहायता अनुदान देने का निश्चय किया। डॉ. राजेन्द्र प्रसाद का कहना था कि 'राज्य सरकारों ने अपनी भूमिका का निर्वाह भलीभाँति किया है, लेकिन अभी और भी बहुत कुछ किया जाना चाहिए है।'[79]

पहली पंचवर्षीय योजना में राज्य स्तरीय कार्यक्रमों के अन्तर्गत विमुक्त जनजातियों के लिए कल्याण योजनाएँ सम्बन्धित राज्यों द्वारा चलाई गईं। द्वितीय पंचवर्षीय योजना में सरकार के आर्थिक विकास के लिए धनराशि का प्रावधान किया। तीसरी पंचवर्षीय योजना में इस उद्देश्य के लिए रु. 375.00 लाख की योजनागत राशि रखी गई। वर्ष 1962-63 में 55.36 लाख रुपए का आकलित व्यय हुआ। चौथी पंचवर्षीय योजना में इन लोगों की समस्याओं का अध्ययन करने के लिए विशेष कदम उठाए गए, और इस समस्या के आर्थिक, सामाजिक तथा सांस्कृतिक पहलुओं पर विचार किया गया। इन समुदायों पर 43,000 लाख रुपए का व्यय हुआ। पाँचवीं योजना के बाद से विमुक्त समुदायों से सम्बन्धित योजनाओं के लिए केन्द्र ने अलग से कोई प्रावधान नहीं किया है।[80] उदाहरण के लिए, 1974 में आन्ध्र प्रदेश की राज्य सरकार ने स्टुअर्टपुरम के पूर्व-अपराधियों के सुधार के लिए प्रायोगिक रूप से विशेष प्रयास किया। लगभग 135 एकड़ उर्वरक भूमि 145 'अपराधियों' या उनके परिवार को आबंटित की गई। वेतन भुगतान, बीजों की आपूर्ति, खाद, कीटनाशकों इत्यादि की व्यवस्था की गई। गिरिजन सहकारी समिति ने कर्ज-अनुदान आधार पर कुछ रहवासियों को रिक्शा उपलब्ध कराए। राज्य सरकार ने उनको सिलाई मशीनें और टोकरी बनाने की सामग्री खरीदने के लिए कर्ज दिया।[81]

आर्थिक प्रोत्साहन कार्यक्रमों के अन्तर्गत कृषि कर्मियों की सहायता के लिए सशक्तीकरण योजनाएँ क्रियान्वित की गईं। सन् 1974-75 में 62 आदिवासी परिवारों को व्यापार के लिए रु.12,200 का ऋण स्वीकार किया गया। आदिवासी किसानों को रु. 7,250 मूल्य के कृषि उपकरण दिए गए। इसके अतिरिक्त स्टुअर्टपुरम के किसानों को हलों के लिए बारह जोड़ी बैल दिए गए। आर्थिक सहयोग कार्यक्रम के अन्तर्गत सन् 1976-77 में 65 आदिवासी परिवारों को दुधारू मवेशी मिले। बापट्ला के विकास खंड अधिकारी ने अल्पकालीन सहायता और भूमि-उद्धार इत्यादि के लिए एक योजना बनाकर आदिवासी कल्याण विभाग को प्रस्तुत की। वर्ष 1980-81 में आर्थिक सहायता कार्यक्रम में 29 परिवारों को चुना गया और उन्हें दूध देने वाले जानवर उपलब्ध कराए गए।[82]

वर्ष 1983-85 में रहवासियों की आर्थिक उन्नति के लिए आन्ध्र प्रदेश शासन ने एक योजना पर कार्य किया। गुंटूर जिले के जिलाधीश टी. गोपालराव आई.ए.एस. ने ऋण स्वीकृति, भू-आबंटन, गृह-निर्माण के रूप में रहवासियों की सहायता की।

जिलाधीश पद पर चन्द्रैया के कार्यकाल में इस बस्ती के पूर्व 'अपराधी' रहवासियों को 146 एकड़ दलदली भूमि का आबंटन हुआ।

4

निष्कर्ष

येरुकला, यनाडी, सुगाली, वोड्डार और अन्य विमुक्त जनजातियों के कल्याण के लिए किए जाने वाले उपाय रेत से तेल निकलने की कोशिश की तरह थे। अनुसूचित जनजातियों का विकास वर्तमान सरकार के लिए एक वास्तविक चुनौती है। कल्याणकारी उपायों के सम्बन्ध में सरकार के दावे खाली बर्तन से आती हुई आवाजों की तरह हैं। नीति निर्धारण और उसके क्रियान्वयन के बीच एक गहरी खाई है। अन्य शुल्कों से मुक्ति के बाद भी आदिवासी बच्चों को स्कूलों में प्रवेश के समय विशेष फीस देनी पड़ती है। यही नहीं, आदिम जाति कल्याण छात्रवृत्ति प्राय: देर से आती है और उसका भुगतान वर्ष के अन्त में होता है। इससे छात्रों को अनेक कठिनाइयों का सामना करना पड़ता है। अतिरिक्त जमीनों के विवरण में आदिवासियों के साथ बहुत अन्याय हुआ है, और उनके द्वारा बार-बार किए गए स्मरण-पत्रों से राजस्व अधिकारी बेखबर हैं।

रोजगार के क्षेत्र में भी आदिवासियों के सामने कई गम्भीर समस्याएँ हैं। यद्यपि सार्वजनिक विज्ञापनों में आदिवासियों के लिए रिक्तियों का आश्वासन दिया जाता है, लेकिन साथ ही यह भी बता दिया जाता है कि यदि योग्य अभ्यर्थी नहीं मिल पाए तो यह जगहें अन्य जातियों के उम्मीदवारों से भरी जा सकेंगी। ऐसी स्थिति में आरक्षण की नीति का आशय और उपयोगिता ही समाप्त हो जाती है। हमारा कहना यह है कि सरकार को इन विसंगतियों को समाप्त करने के समुचित उपाय करने चाहिए। आदिवासी क्षेत्रों से चुने गए जनप्रतिनिधियों का दायित्व है कि वे जनजातियों की मूलभूत कठिनाइयों की जानकारी सरकार को तक पहुँचाएँ।[83]

विमुक्त जनजाति बस्तियों में बेरोजगार परिवारों की एक बड़ी संख्या बसती है। कुछ ही परिवार ऐसे हैं जिनके सदस्यों को सरकारी नौकरी, औद्योगिक संस्थानों, कृषि कर्म अथवा छोटी व्यावसायिक गतिविधियों में काम मिला हुआ है। अधिकांश परिवार ऐसे हैं जो बेरोजगारी के कारण विपन्न आर्थिक दशा में कष्टकारी जीवन-यापन कर रहे हैं। अपने 'आपराधिक' अतीत के बावजूद अब वे अपराध नहीं करना चाहते। प्रकट कारण ऐसे हैं, जैसे उनके कुछ सम्बन्धी पुलिस मुठभेड़ों में मारे गए। वे पुलिस और जनता के दुर्व्यवहार और प्रताड़ना को सहन नहीं करना चाहते। शिक्षा के कारण वे पूर्व में की गई मूर्खताओं की विफलता को समझ गए हैं। वे अपनी

सन्तानों के भविष्य को लेकर चिन्तित हैं और जीवन की मुख्यधारा में प्रवेश कर सम्मानित जीवन-यापन करना चाहते हैं। वह क्रमशः छोटे-मोटे धंधे अपना रहे हैं और अपनी जीवन-शैली में परिवर्तन के प्रति सजग हैं। लेकिन सार्वजनिक या निजी क्षेत्र में उनके सामने अधिक अवसर उपलब्ध नहीं हैं जो उन्हें सार्थक रोजगार दे सकें। तथापि सरकार छोटे कर्ज, मवेशी, रिक्शा आदि उपलब्ध कराकर उनकी सहायता करती है। कहना जरूरी नहीं है कि ये उपाय अपर्याप्त है।

उपरोक्त विश्लेषण के सन्दर्भ में आन्ध्र प्रदेश की विमुक्त जनजातियों की आर्थिक स्थिति में सुधार और उनके कल्याण के लिए कुछ सुझाव दिए जा सकते हैं—

1. शासन को उनकी वर्तमान आर्थिक अवस्था, उनके जीवन-यापन, शिक्षा का स्तर, आवास और उनकी गतिविधियों के सम्बन्ध में जानकारी के लिए एक नमूना सर्वेक्षण करवाना चाहिए।
2. जीवन-यापन के वैकल्पिक स्रोत के रूप में उनके लिए वैध रोजगार उपलब्ध करवाने के लिए कोष का एक बड़ा भाग उनके आर्थिक विकास पर खर्च किया जाना चाहिए।
3. उन्हें डी-फॉर्म पट्टे (जिन पर ऋण नहीं मिलता) दिए गए हैं, इन्हें बदलकर उनको ऐसे पट्टे दिए जाने चाहिए जिन पर कर्ज मिल सके। विभिन्न कॉलोनियों में बसे हुए विमुक्त जाति के ऐसे लोग जिन्हें कृषि कार्य में वास्तविक रुचि और रुझान हो, उन्हें पर्याप्त भूमि, निरन्तर जलप्रदाय और सिंचाई की सुविधाएँ मिलनी चाहिए।
4. श्रम की ठेकेदारी करने वाली समितियों का इन जातियों की सहमति से पुनर्गठन किया जाना चाहिए जिससे पक्षपात और मनमानी पर रोक लग सके।
5. रहवासियों के लिए ईंट-उद्योग, चटाई-उद्योग और कपड़ा सिलने के केन्द्र जैसे उद्यम स्थापित किए जाने चाहिए जिनमें ज्यादा कौशल की आवश्यकता नहीं है।
6. उनके आर्थिक विकास के लिए स्व-रोजगार योजनाएँ बहुत लाभदायक होंगी। इन्हें सहकारिता के स्तर पर संचालित करना चाहिए और शासन इनके लिए आर्थिक सहायता दे।
7. उन्हें ऐसा रोजगार मिलना चाहिए जो उन्हें तत्काल पारिश्रमिक और राहत देने वाला हो। इनमें से जो कम पढ़े-लिखे हैं, उन्हें पुलिस जैसे विभागों में सिपाही, भृत्य आदि नियुक्तियाँ दी जा सकती हैं। उनमें से कई चौकीदार का काम कर भी रहे हैं और उनकी साख बनी हुई है।
8. जो रहवासी चाय की रेहड़ी, शरबत की गुमटी जैसे छोटे धंधे शुरू करने के इच्छुक हैं, उन्हें बैंकों से ऋण दिलवाने की व्यवस्था की जानी चाहिए।
9. पुलिस ने बस्ती के कुछ निवासियों को मुठभेड़ में मार गिराया था, उनकी

सन्तान और परिवार के सदस्यों को भारी आर्थिक कठिनाई का सामना करना पड़ रहा है। इस समस्या का तत्काल निदान होना चाहिए। विमुक्त जातियों के सुधार का आधार हिंसा नहीं, बल्कि आर्थिक विकास होना चाहिए।

10. बस्तियों में खाली पड़ी जमीन पर अनेक उद्योग स्थापित किए जा सकते हैं, जैसे वृक्षारोपण आदि। इससे विमुक्त जनजातियों के रोजगार की समस्या हल की जा सकती है।

सन्दर्भ

1. गृह (न्यायिक) विभाग शा.आ. 1297, 10 जून, 1915 तमिलनाडु अभिलेखागार
2. गृह (न्यायिक) विभाग आदेश 1860, दि. 5 सितम्बर, 1915 अपराध अन्वेषण विभाग ने 'अपराधी जनजाति' के रूप में वोड्डार को गिरोह XIV और येरुकलाओं को गिरोह XIII के अन्तर्गत दर्ज कर रखा है।
3. इस बस्ती की सीमा निम्न प्रकार है—उत्तर-दक्षिण सीमा पर कृष्णापुरम अग्रहरम स्थित है। पश्चिम-दक्षिण में वेलगोडे संरक्षित वन और होरमल-आत्माकुर सड़क। पूर्व में सीमा दक्षिण पूर्व दिशा में घूम कर उस बिन्दु तक पहुँचती है जहाँ सिद्धपुरम जलाशय का बन्ध है और दक्षिण में सीमा कंदम के दक्षिणपूर्वी किनारे को छूती है। इसी तरह पश्चिम में सीमा वालगोडे संरक्षित (तराई) के प्रारम्भ बिन्दु तक जाती है। गृह (न्यायिक) विभाग शा.आ. 1284, दि. 27 मार्च, 1937
4. बस्ती की जगह वनक्षेत्र के भीतर के गाँव में चुनी गई जो आत्माकुर श्रीशैलम सड़क से वेंकटपुरम गाँव के पूर्व में 13 किलोमीटर की लगभग दूरी पर था। यह आत्माकुर पुलिस थाने के क्षेत्र में है और आत्माकुर कस्बे से लगभग बारह कि.मी. पूर्व में है। गृह न्याय विभाग आदेश 6170, दि. 22 दिसम्बर, 1938
5. बन्ध और गाँव के बीच में एक गड्ढा है जहाँ से बन्ध के लिए मिट्टी खोदी गई थी। इसमें साल भर पानी भरा रहता है और घनी झाड़ियों, काई, घास से यह भरी रहती है। गाँव के उत्तर में दो सौ गज की दूरी पर बहाव की एक नीची सतह है जिसमें रुका हुआ पानी और झाड़ियाँ हैं। गाँव के दक्षिण और दक्षिण-पश्चिम में भवनासी नाले के साथ-साथ दो-तीन फर्लांग तक ऐसी ही परिस्थितियाँ मिलती हैं। मद्रास सरकार लोक निर्माण (श्रम) विभाग आदेश 137, दि. 19 जनवरी, 1927
6. पानी के जमाव के ये क्षेत्र बन्ध के निर्माण का परिणाम हैं और जमीन के नीचे रिसाव से इनका पोषण होता रहता है। बन्ध में गहरे गड्ढे हैं जिनमें साल भर पानी जमा रहता है। दक्षिण-पश्चिमी मानसून के दौरान, जब मलेरिया फैल रहा होता है, गाँव से हवाएँ आती हैं जो संक्रामक होती हैं। किन्तु भवनासी के किनारे की नई जगह को झाड़-झंकड़ों से साफ कर दिया गया है। लोक निर्माण (श्रम) विभाग शा.आ. 1719, दि. 9 अगस्त, 1927
7. लोक निर्माण (श्रम) विभाग 2190 दि. 28 जुलाई, 1990 आन्ध्र अभिलेखागार
8. सिद्धपुरम बस्ती में आने से पहले वोड्डारों की आमदनी नाममात्र की थी। आसपास के इलाकों में वे भुखमरी की दशा में जी रहे थे। आज भी कृषि कर्म से होने वाली आमदनी इतनी नहीं है कि वे अपने परिवार का भरण-पोषण कर सकें। सिद्धपुरम बस्ती के वोड्डार

मुख्य रूप से कृषि पर निर्भर हैं। बस्ती के पास उसकी जमीन की सिंचाई के लिए ब्रिटिश सरकार ने एक जलाशय बनाया था, जो वर्षा पर आश्रित था और वर्षा कभी-कभी बहुत कम होती थी, इसलिए अधिकतर यह जलाशय खाली रहता है। यदि यह ठीक-ठाक हो तो यह आसपास के बीस गाँवों के लिए उपयोगी है। प्रतिवर्ष उत्पादन निराशाजनक रूप से कम रहता है। शारीरिक श्रम के कार्यों से भी पन्द्रह रुपए प्रतिदिन से अधिक नहीं मिल पाता। लोक निर्माण (श्रम) विभाग 1433, दि. 31 मार्च, 1938

9. लोक निर्माण (श्रम) विभाग आदेश 2662, दि. 25 अक्टूबर, 1924
10. कृषि ऋण रहवासियों को श्रम आयुक्त मोइर ने स्वीकृत किए थे। इस ऋण को मवेशी और गाड़ियों को खरीदने पर खर्च किया गया। इनकी किस्तें नियमित रूप से मद्रास सरकार चुकाती थी। गृह विभाग 2662, दि. 25 अक्टूबर, 1920
11. वही
12. वही
13. उपकरणों की मरम्मत के साधन उपलब्ध कराए गए। फसलों के लिए बीजों की व्यवस्था की गई। रहवासियों के पशुओं के लिए चारा उपलब्ध कराया गया। चरवाहों को रोजगार दिलाया गया। भूमि की बहुमूल्यता बताने और विविध फसलों की जानकारी देने के लिए मिस्त्रियों को नियुक्त किया गया। रहवासियों द्वारा जोती गई जमीन सरकार की जमीन से अलग थी। सरकार अपनी जमीन पर रहवासियों से काम तो लेती थी, लेकिन उत्पादन का संग्रह वह स्वयं करती थी। इस प्रक्रिया का निर्देशन मिस्त्री के द्वारा किया जाता था। मद्रास सरकार 2461 दि. 25 अक्टूबर, 1920
14. लोक निर्माण (श्रम) विभाग शासन आदेश 2425, दि. 12 नवम्बर, 1935
15. रहवासियों को जलाशय से पानी लेने की अनुमति थी। बस्ती को जलाशय के नियमित जलप्रदाय क्षेत्र में शामिल नहीं किया गया था। जलाशय में पानी की पूरी आपूर्ति कभी नहीं हो पाई। बस्ती में थोड़ी सी दलदली भूमि थी। सरकार ने भूमि को समतल करने के लिए बहुत प्रयत्न किया और उसे खेती योग्य बनाया। जलाशय की स्थिति आज भी नहीं बदली है। बस्ती के निवासी इस बात के लिए क्षुब्ध हैं कि सरकार इस जलाशय को कृषि क्षेत्र के लायक बनाने के लिए और प्रयत्न नहीं कर रही है। लोक निर्माण (श्रम) विभाग 137, दि. 9 अगस्त, 1927
16. लोक निर्माण (श्रम) विभाग 1718, दि. 9 अगस्त, 1927
17. लोक निर्माण (श्रम) विभाग आदेश 2543, दि. 5 सितम्बर, 1929
18. लोक निर्माण (श्रम) विभाग आदेश 137, दि. 19 जनवरी, 1927
19. लोक निर्माण (श्रम) विभाग आदेश 137, दि. 19 जनवरी, 1927
20. एक अन्य श्रमायुक्त टाइलर ने आठ रुपए महीना वेतन पर एक मुखिया की नियुक्ति की, जिसके दायित्व ग्राम प्रधान के समान था। रहवासियों को तलयारी के रूप में छह रुपए प्रतिमाह पर नियुक्त किया गया जिन्हें बस्ती के कल्याण कार्यक्रमों पर नजर रखनी थी। लोक निर्माण (श्रम) विभाग 137, दि. 19 जनवरी, 1927
21. बस्ती के वयस्क निवासियों में से प्रत्येक को कृषि के लिए एक एकड़ नम जमीन और पाँच एकड़ शुष्क भूमि आबंटित की गई। जो जमीन साफ की गई उसे भविष्य के आगन्तुकों के लिए सुरक्षित रखा गया। अर्थात (1) वे जो जेल से रिहा होकर बस्ती को भेजे जाएँगे, (2) अन्य बस्तियों से स्थानान्तरित और (3) रहवासियों में तरुण जो वयस्क हो रहे हैं। लोक निर्माण (श्रम) विभाग शा.आ. 2671, दि. 6 दिसम्बर, 1934

22. लोक निर्माण (श्रम) विभाग 2671, दि. 6 दिसम्बर, 1934
23. वही
24. लोक निर्माण (श्रम) विभाग 1782, दि. 23 फरवरी, 1935
25. गृह विभाग 568, दि. 23 फरवरी, 1944
26. गृह विभाग 2113, दि. 13 जुलाई, 1944
27. गृह विभाग 568, दि. 23 फरवरी, 1944
28. मद्रास स्टेट एडमिनिस्ट्रेशन रिपोर्ट 1950-5 भाग 1, मद्रास 1954, पृ. 42
29. आन्ध्र प्रदेश स्टेट एडमिनिस्ट्रेशन रिपोर्ट 1961-62 भाग 1, हैदराबाद, 1963 पृ. 111
30. गृह विभाग 1227, दि. 24 मार्च, 1942
31. गृह विभाग 2063, दि. 7 जून, 1952
32. गृह विभाग 1227, दि. 24 मार्च, 1942
33. आन्ध्र प्रदेश स्टेट एडमिनिस्ट्रेशन रिपोर्ट 1964-65 खंड 1, हैदराबाद, 1966, पृ. 86
34. लोक निर्माण (श्रम) विभाग 1425, दि. 5 मई, 1944
35. लोक निर्माण (श्रम) विभाग 2190, दि. 28 जुलाई, 1930
36. लोक निर्माण (श्रम) विभाग 1719, दि. 9 अगस्त, 1928
37. आन्ध्र प्रदेश एडमिनिस्ट्रेटिव रिपोर्ट 1961-62 खंड 1, हैदराबाद, 1963
38. लोक निर्माण (श्रम) विभाग 1719, दि. 9 अगस्त,, 1928
39. मद्रास सरकार : *नॉट शोइंग दि प्रोग्रेस मेड इन दि सेटलमेंट ऑफ़ क्रिमिनल ट्राइब्स इन मद्रास प्रेसीडेंसी अप टु जनवरी, 1925,* मद्रास, 1926, पृ. 29-30
40. गृह विभाग 3570, दि. 27 जनवरी,1951
41. मद्रास सरकार : एडमिनिस्ट्रेव रिपोर्ट ऑन हेबीचुअल आफेंडर्स सेटलमेंट्स फॉर 1949-50 पृ. 19
42. गृह विभाग 3570, दि. 27 जनवरी,1951
43. लोक निर्माण (श्रम) विभाग 137, दि. 19 सितम्बर, 1927
44. औपनिवेशिक काल के मद्रास पुलिस विभाग ने उनकी जीवन-शैली पर एक रिपोर्ट तैयार की थी। इसके अनुसार वोड्डार, कोरवा, कथेरा और कोरचा जनजातियाँ घुमन्तू आदिवासी हैं और आपराधिक कृत्यों में लिप्त हैं। वे यनाडी, सुगाली, चेंचू, येरुकला आदि अन्य आदिवासी महिलाओं से विवाह करते हैं। वोड्डारों का दावा था कि वह इन जनजातियों के वंशज हैं और उन्हें भी अनुसूचित जनजातियों में शामिल किया जाना चाहिए। सरकार ने अधिकृत रूप से सिद्धपुरम को एक पूर्व 'अपराधी' जनजाति बस्ती स्वीकार किया था। बिट्रगुंटा और गोला कुप्पन जैसी अन्य बस्तियों के सदस्य अनु. जनजाति के रूप में मान्यता के प्रश्न को लेकर न्यायालय गए, किन्तु यह अभी उन्हें मिली नहीं है। के.आर. सोमैया से भेंटवार्ता, सिद्धपुरम 24 नवम्बर, 2006
45. ई. लक्ष्मैया से भेंटवार्ता, सिद्धपुरम, 24 नवम्बर, 2006
46. के.आर. सोमैया से भेंटवार्ता, सिद्धपुरम, 24 नवम्बर, 2006
47. ई. लक्ष्मैया से साक्षात्कार, सिद्धपुरम, 24 नवम्बर, 2006
48. के.आर. सोमैया से साक्षात्कार, सिद्धपुरम, 24 नवम्बर, 2006
49. मद्रास सरकार : *नॉट शोइंग दि प्रोग्रेस...अप टु सेप्टेम्बर 1916,* मद्रास 1917, पृ. 6
50. साल्वेशन आर्मी के कैप्टन रोबिलियार्ड, प्रबन्धक बापट्ला बस्ती मद्रास की स्टुअर्टपुरम बस्ती के सम्बन्ध में लिखित रिपोर्ट पृ. 44। स्टुअर्टपुरम की बस्ती 1 जून, 1914 को

स्थापित हुई थी। कुछ परिवार आठवें डिवीजन की टूटी-फूटी झोंपड़ियों में रहते थे, जिसे उस समय रतनपुरम कहा जाता था।

51. मिलड्रेड मेकेंजी : दि मड बैंक, दि स्टोरी ऑफ़ मिशनरी एंडीवर, पेनसिलवानिया, 1959 पृ. 7

52. गृह विभाग आदेश 2074, दि. 8 अगस्त, 1916

53. नॉट शोइंग दि प्रोग्रेस...अप टु 1927, मद्रास, 1928 पृ. 7

54. मरजोरी बैंक्स ने प्रत्येक रहवासी को सात रुपए प्रति एकड़ दिए जाने का प्रस्ताव किया था, किन्तु इसे कम करके पाँच रुपए कर दिया गया। कुछ रहवासियों से फसल-मूल्य के अनुसार तीन, दो या एक रुपया लिया गया। वर्ष 1916 में साल्वेशन आर्मी ने दो-दो एकड़ के 140 पट्टे वितरित किए। न्याय विभाग शा.आ. 572, दि. 8 मार्च, 1917 तमिलनाडु अभिलेखागार

55. अगस्त से सितम्बर तक खेतों की जुलाई, पौधारोपण, और रोपने का काम चलता रहता था। इस दौरान स्त्रियाँ ओर बच्चे गृहस्वामी की सहायता करते थे। अक्टूबर से जनवरी तक प्रतिदिन सुबह नाली खोल कर और शाम को उसे बन्द करके वह खेतों में सिंचाई करते थे। इस बीच वे खेतों से खर-पतवार भी हटाते थे। जनवरी-मार्च में कटाई और सफाई का मौसम शुरू हो जाता था। कुशल प्रबन्धक के अन्तर्गत उन्हें पूरे साल काम मिलता रहता था। देखें गृह (न्यायिक) विभाग शा.आ. 572, दि. 8 मार्च, 1917

56. वर्ष 1917-18 में सरकार ने निकट के संरक्षित वन में कैसुरीना के वृक्षारोपण की योजना बनाई थी। शासन ने शर्त लगाई थी कि ये वृक्ष उसकी सम्पत्ति होंगे। बूथ टकर ने कहा कि यह शर्त उन्हें स्वीकार नहीं है। उन्होंने इस योजना पर काम शुरू नहीं किया। 1918-19 में शासन ने तत्कालीन श्रम आयुक्त पेडीसन को निर्देश दिया कि वे काम शुरू करवाएँ। तथापि गुंटूर का जिलाधीश इस योजना से सहमत नहीं था। बाद में नियुक्त श्रम आयुक्त मोइर ने कैसुरीना के पौधारोपण का विरोध किया। उन्होंने इसके स्थान पर मवेशियों की खरीद का प्रस्ताव रखा, जिससे खार मिलेगी। सरकार मोइर से सहमत हो गई। देखें, *नॉट शोइंग दि प्रोग्रेस... अप टु जनवरी 1925,* मद्रास 1926 पृ. 9, तमिलनाडु अभिलेखागार

57. यहाँ यह उल्लेख किया जा सकता है कि साल्वेशन आर्मी के प्रबन्धक ने 1921 में सदाचरण करने वाले रहवासियों को बाहर भेजा था। यह तो किया गया लेकिन उनके लिए वैकल्पिक रोजगार की कोई व्यवस्था नहीं थी। रहवासी अपनी जमीनों पर इतने वर्षों से काम करते रहे थे, और स्वाभाविक रूप से बस्ती में बस गए थे। इसके बाद उन्हें बस्ती छोड़ना पड़ती है तो वह कहाँ जाएँगे? उनका मूल-स्थान कौन-सा है? इस तरह अच्छा व्यवहार उनके लिए एक सजा बन गया। वे वापस आए और कथित रहवासियों के साथ रहने लगे। देखें, *दि वार क्राई,* साल्वेशन आर्मी का मासिक पत्र, मई 1937, पृ. 5

58. प्रायोगिक स्तर पर लगभग तीस एकड़ भूमि पर नारियल और बीच-बीच में शहतूत के पेड़ लगाए गए थे। मलय संघ के एक शिक्षक गोर्डन ब्राउन ने, जो 1918 में बस्ती में आया था, ने बताया था वृक्षारोपण के लिए 40×40 का क्षेत्र सही रहेगा। देखें गृह विभाग आदेश 305, दि. 7 फरवरी, 1918

59. यह तालिका 1925 से 1930 के बीच के शासकीय आदेशों पर आधारित है। देखें, लोक निर्माण (श्रम) विभाग शासनादेश क्र. 1926, 2881, 1147, 1313, 1927, 2007, 967, 1551 दि. जनवरी 1928, 2394 दि. 23 अगस्त, 1930 और 2338 दि. जनवरी 1931। यह आय विभिन्न स्रोतों से हुई थी, जैसे धान, मूँगफली और रागी की फसल, चटाई,

टोकरी और रस्सियों के निर्माण, मजदूरी, पशु विक्रय, बोरों की सिलाई, तम्बाकू कारखाने का वेतन, और अन्य घरेलू कामकाज। उपरोक्त स्रोतों से सन् 1949 के अन्त में उनकी कुल आय रु. 65,21,88.73 थी। बस्ती में दुधारू पशु रखे जाते थे, जिनकी देखभाल के लिए एक ग्वाला था। दूध की बिक्री से प्रतिमाह चार या पाँच रुपए की आय होती थी।

60. लोक निर्माण (श्रम) विभाग 1551, दि. 1 जुलाई, 1927, आन्ध्र अभिलेखागार
61. लोक निर्माण (श्रम) विभाग 1664, दि. 6 जुलाई, 1928
62. लोक निर्माण (श्रम) विभाग 1147 दि. 26 मई, 1933
63. वही
64. रहवासियों की आय बहुत कम थी। कम आय के कारण थे—1. भूमि अनुर्वरक थी और हाल ही में खेती योग्य बनाई गई थी। 2. पौध रोपने का काम देर से हुआ। 3. पौध को ज्यादा कीमत पर खरीदा गया था। 4. भूमि के कुछ भागों में देर से उगने वाली धान लगाई गईं। 5. बदली वाली फसलें नहीं लगाई गईं। 6. नई तकनीकों की जानकारी न होने से खाद ठीक से नहीं डाली और जमीन की तैयारी नहीं हुई। 7. रहवासियों की अनुभवहीनता और आलस्य के कारण खेती ठीक से नहीं की जा सकी। 8. समूची जमीन पर सिंचाई की व्यवस्था नहीं हो पाई। देखें, गृह (न्यायिक) विभाग शा.आ. 425, दि. 19 फरवरी,1920
65. लोक निर्माण (श्रम) विभाग 36, दि. 4 जनवरी,1930
66. एडमिनिस्टेशन रिपोर्ट ऑफ़ दि इंस्पेक्टर जनरल ऑफ़ पुलिस फ़ॉर दि ईयर 1921, मद्रास 1922 पृ. 28
67. लोक निर्माण (श्रम) विभाग 1313 दि. 17 जून, 1932
68. जलप्रदाय के सुधार के लिए लोक निर्माण अधिकारियों ने केमूर नहर में रहवासियों की जमीनों के लिए 12 फीट का एक जलमार्ग बनाया था। इस जलमार्ग से एक नाले के द्वारा पानी जाता था, जिसे साकी-कल्वा कहा जाता था, और जो अन्ततः रोमपेरु परनाले में मिल जाता था। लोक निर्माण विभाग ने रोमपेरु नाले पर शटर भी लगाए थे जिससे स्टुअर्टपुरम बस्ती को सिंचाई के लिए पानी मिल सके, पानी की बचत की जा सके और बाढ़ को नियंत्रित किया जा सके। लोक निर्माण (श्रम) विभाग आदेश 1149, दि. 28 अक्टूबर, 1930
69. लोक निर्माण (श्रम) विभाग 1926 दि. 16 जून, 1933
70. कहा जाता है कि फसलों की जानकारी रखने वाला बस्ती में अकेला व्यक्ति गाँव का कारनाम होता था। उसे प्रतिदिन सुबह आठ बजे से शाम के पाँच बजे तक कार्यालय में उपस्थित होना होता था। शुष्क मौसम में उसकी व्यस्तता के कार्य थे—1. सभी भूमिकरों का संग्रह, 2. खेतों की फिर से नाप-तौल, 3. जमीन और सीमाओं के विवादों को सुलझाना, 4. नालियों की सफाई और गाद हटाना, 5. बस्ती के घरों और इमारतों की वार्षिक मरम्मत के अनुमान तैयार करना, 6. बस्ती में कानून-व्यवस्था को बनाए रखना। देखें, विधि सामान्य विभाग शा.आ. 748 दि. 8 अगस्त, 1925
71. मद्रास सरकार : *एडमिनिस्ट्रेशन रिपोर्ट ऑन हेबीचुअल ऑफेंडर्स सेटलमेंट फ़ॉर दि ईयर 1949-50,* मद्रास 1951 पृ. 2
72. आन्ध्र प्रदेश सरकार : आन्ध्र प्रदेश स्टेट एडमिनिस्ट्रेशन रिपोर्ट फ़ॉर दि ईयर 1963-64 खंड 1 हैदराबाद 1965, पृष्ठ III
73. विधि सामान्य विभाग आदेश 1974, 20 अगस्त, 1920

74. लोक निर्माण (श्रम) विभाग आदेश 697, दि. 1 जुलाई, 1926 और लोक निर्माण (श्रम) विभाग शासन आदेश 1551 दि. 20 जुलाई, 1927
75. लोक निर्माण (श्रम) विभाग आदेश 697, दि. 1 जुलाई, 1926
76. देखें, *एडमिनिस्ट्रेशन रिपोर्ट ऑफ़ दि इंस्पेक्टर जनरल ऑफ़ पुलिस मद्रास प्रेसीडेंसी फ्रॉम 1921 टु 1930,* मद्रास, और विधि सामान्य विभाग कार्रवाई मद्रास प्रेसीडेंसी 1921-1931 आन्ध्र अभिलेखागार
77. देखें, लोक निर्माण (श्रम) विभाग शा.आ. 1551 दि. 20 जुलाई, 1927। वर्ष 1927 में चुकाई गई शेयर पूँजी रु. 2947.70 रुपए थी। रहवासियों द्वारा की गई फिक्स जमा 345 रुपए थी। शेयर और फिक्स्ड डिपॉजिट से रु. 4360.90 प्राप्त हुए। वर्ष 1927 में रहवासियों को 4282 रुपए का ऋण दिया गया। समिति को कुल रु. 3,555.11 प्राप्त हुए। शान्तिपूर्ण रहवासियों ने अधिकारियों के प्रति अच्छे दिनों के लिए अपनी कृतज्ञता व्यक्त की, जैसे दिन उनके लिए पहले नहीं थे। लोक निर्माण (श्रम) विभाग 1654, दि. 6 जुलाई, 1928
78. देखें, *एडमिनिस्ट्रेशन रिपोर्ट ऑन कल्लर, कोटवार एंड यनाडी रिक्लेमेशन एंड हेबीचुअल ऑफेंडर्स सेटलमेंट फ्रॉम 1948-1952* मद्रास सरकार
79. देखें, *आन्ध्र प्रदेश स्टेट एडमिनिस्ट्रेशन रिपोर्ट 1961-62* खंड 1, हैदराबाद 1963, पृ. 87
80. देखें, *रिपोर्ट ऑफ़ द कमिश्नर फ़ॉर शिड्यूल कास्ट्स एंड शिड्यूल ट्राइब्स फ़ॉर दि ईयर 1953।* एल.एम. श्रीकान्त की तीसरी रिपोर्ट, नई दिल्ली 1954, पृ. 200
81. देखें, *रिपोर्ट ऑफ़ दि कमिश्नर फ़ॉर शिड्यूल कास्ट्स एंड शिड्यूल ट्राइब्स 1973-74 बाइसवीं रिपोर्ट,* नई दिल्ली 15 सितम्बर, 1975, पृ. 288
82. चेंचूराजू : *स्टुअर्टपुरम गिरिजन सेटलमेंट, ए रिहेबिलिटेशन सेंटर फ़ॉर एक्स-कन्विक्ट्स,* गवर्नमेंट प्रेस, हैदराबाद 1981, पृ. 2
83. आदिवासी (तेलुगु पत्रिका) संख्या 10, क्र. 10 गुंटूर दि. 15 सितम्बर, 1962, पृ. 2

अध्याय-10

विमुक्त जनजातियों का शैक्षणिक परिदृश्य

1

विषय प्रवेश

विमुक्त जनजातियों के बच्चों की शिक्षा शासन के लिए एक अत्यन्त महत्त्वपूर्ण चिन्तनीय विषय है। यद्यपि उनकी बस्तियों में स्कूलों की स्थापना की गई है और स्कूल जाने लायक उम्र वाले बच्चों की उपस्थिति को अनिवार्य किया गया है, उनकी शिक्षा के व्यय को शासन वहन करता था, बच्चों को भोजन दिया जाता है, लेकिन शैक्षणिक स्तर को लेकर वांछित परिणाम प्राप्त नहीं किए जा सके हैं। विमुक्त जनजाति की सन्तानों से सम्बन्धित शैक्षणिक समस्याओं को सर्वोच्च शैक्षणिक संस्थानों द्वारा अपने विस्तार कार्यक्रम के अन्तर्गत गम्भीरता से सुलझाने का प्रयास किया जाना चाहिए। इस पृष्ठभूमि में, इन विमुक्त जनजाति बच्चों के लिए वर्तमान शैक्षणिक ढाँचे के अध्ययन का निश्चय किया गया जिससे बस्तियों के स्कूलों में पढ़ रहे विमुक्त जनजातीय बालक-बालिकाओं की उपलब्धि के स्तर में सुधारा जा सके। इस अध्याय का मुख्य लक्ष्य विमुक्त जनजातीय बच्चों की सैद्धान्तिक/शैक्षणिक स्थितियों का अध्ययन और ऐसे उपाय सुझाना है जिससे उनकी शिक्षा की गुणवत्ता में सुधार आ सके।

2

सिद्धपुरम का शैक्षणिक पार्श्व-दृश्य

वर्ष 1915 में वोड्डार बच्चों की शिक्षा के लिए एक स्कूल की स्थापना की गई थी। वर्ष 1916 में इसमें छब्बीस लड़के और छब्बीस लड़कियाँ शिक्षा प्राप्त कर रही थीं। शिक्षा में किसी तरह का औद्योगिक प्रशिक्षण नहीं था और यह तीन आर (रीडिंग, राइटिंग, रीजनिंग) पर आधारित थी। उपस्थिति सामान्यत: नियमित रहती थी। स्कूल में दो शिक्षक और एक शिक्षिका थीं, जिन्हें क्रमशः रु.15, रु.12 और रु.10

रुपए वेतन दिया जाता था।[1] शिक्षा विभाग द्वारा समय-समय पर शाला का निरीक्षण किया जाता था।

1924 में उपस्थिति का औसत 76 था।[2] लड़कों को फसलों के मौसम में कृषि का प्रशिक्षण दिया जाता था। लकड़ी का काम, बुनाई, राजगीरी और ईंट बनाना भी वे सीखते थे। लड़कियों को सिलाई सिखाई जाती थी। वे अपने ब्लाउज सिलने में दक्ष हो गई थीं। तत्कालीन श्रम आयुक्त टेलर ने कहा था कि 'बच्चे अच्छी तरह रखे गए हैं और अपने विषयों की सन्तोषजनक जानकारी रखते हैं।'[3] बस्ती का स्कूल हर दृष्टि से अच्छा था। अधिकांश बालक तेलुगु अच्छी तरह लिख और पढ़ सकते थे। वे चतुर, स्वच्छ और मेहनती थे। नीचे की तालिका में वर्ष 1927 की कक्षागत स्थिति दर्शाई गई है।[4]

सारिणी-8

सिद्धपुरम बस्ती के स्कूल की स्थिति—सन् 1927

कक्षा	*बालक*	*बालिका*	*योग*
शिशु	8	7	15
कक्षा-1	2	2	4
कक्षा-2	-	3	3
कक्षा-3	3	2	5
कक्षा-4	5	-	5
कक्षा-5	4	-	4

लड़कों के लिए 1923 में स्काउट दस्ता बनाया गया था। बॉय-स्काउटों को अधिकारियों के निरीक्षण के लिए तैयार किया गया। अधिकारी उनकी चुस्ती-फुर्ती से प्रभावित हुए। शिक्षित वोड्डारों को अध्यापकीय प्रशिक्षण के लिए कुरनूल भेजा गया और बाद में उन्हें स्कूल में शिक्षक के पद पर नियुक्ति दे दी गई। स्कूल एक वर्ष में 252 दिन लगता था।[5] स्कूल की अध्यापिका कम्पाउंडर की पत्नी थी और वह नीचे की कक्षाओं में छात्राओं का ध्यान रखती थी। प्राथमिक कक्षाओं के छात्रों को सरकारी फार्म पर कृषि का व्यावहारिक प्रशिक्षण दिया जाता था। शालेय उप निरीक्षक नियमित रूप से स्कूल का निरीक्षण करता था। बड़े बालकों को कक्षा में कृषि के कुछ सबक सिखाए जाते थे और फिर उन्हें सरकारी फार्म पर श्रम करना होता था। कुछ को बुनाई में भेज दिया जाता था। कुछ स्काउट के रूप में प्रशिक्षित किए जाते थे। शिक्षा में अभिरुचि जगाने की दृष्टि से जो छात्र अच्छा प्रदर्शन करते थे उन्हें स्कूल की तरफ से आठ बकरियाँ पुरस्कार में दी जाती थीं।[6]

प्रधानाध्यापक सेकेंडरी स्तर पर प्रशिक्षित शिक्षक था। उसके पास शिक्षक की योग्यता और संगठन की अच्छी क्षमता होती थी। चौथी और पाँचवीं कक्षा के लिए सन् 1937 में अंग्रेजी को एक अतिरिक्त विषय बनाया गया। इसका सुझाव जिला अधिकारियों ने दिया था। केवल प्रधानाध्यापक के पास ही इस भाषा को पढ़ाने की क्षमता थी।[7] सिद्धपुरम के बच्चों की तुलना जिले के अन्य प्रगतिशील क्षेत्रों के छात्रों से की जा सकती है। वोड्डार के बच्चों में अच्छा अनुशासन आया। उन्हें आत्मनिर्भर और समाज का उपयोग नागरिक बनने की शिक्षा मिली। स्कूल के पुराने छात्रों को एक नाट्य-दल बनाने के लिए प्रोत्साहित किया गया और उन्होंने चार नुक्कड़ नाटक प्रस्तुत किए। ये उनके लिए कुछ अलग किस्म का अनुभव था और यह उनकी नैतिक शिक्षा के लिए उपयोगी था। एक 'पशु सप्ताह' मनाया जाता था और रहवासियों को सिखाया जाता था कि उन्हें अपने पशुओं के प्रति सहानुभूति बरतनी चाहिए। पर्चे पढ़कर सुनाए जाते थे और उनमें बतलाई गई बातों की व्याख्या की जाती थी। सिद्धपुरम में स्कूली बच्चों के लिए मध्याह्न भोजन का कार्यक्रम 13 मार्च, 1937 को शुरू किया गया।[8]

कभी-कभी बस्ती का प्रबन्धक मासूम वोड्डारों को लोकापवाद में भी डाल देता था। प्रबन्धक स्कूल का भी प्रभारी होता था इसलिए वह सयानी लड़कियों को ट्यूशन पढ़ाने का काम भी सौंप देता था। बड़ी लड़कियों को अपराधियों के घर जाकर ट्यूशन पढ़ाना और बंजारा गीत सीखना होते थे। ऐसी स्थिति में कभी-कभी स्कूली लड़कियों पर पाशविक आक्रमण हो जाते थे और इसकी जानकारी बहुत दु:खद होती थी। 'एक विद्यालय में, विशेष रूप से यदि वह अपराधी बस्ती में हो तो अनुशासन अत्यन्त महत्त्वपूर्ण होता है। और इस तरह के अनुशासन के लिए प्रधानाध्यापक द्वारा उठाए गए कदमों की आलोचना नहीं होनी चाहिए। अनुशासन के लिए किए गए प्रयत्नों को अलग मानदंडों पर परखा जाना चाहिए।'[9]

वर्ष 1930 में स्कूल प्रथम श्रेणी की प्राथमिक शाला के रूप में विकसित हो गया।[10] सिद्धपुरम की पाठशाला में छठवीं कक्षा शुरू करने की अनुमति सरकार ने 1947-48 में दे दी। और उच्च माध्यमिक शिक्षक के पद को सेकेंडरी स्तर पर उन्नत कर दिया गया। जिन छात्रों ने छठवीं कक्षा उत्तीर्ण कर ली थी उन्हें तेलुगु के आगे अध्ययन के लिए बेलगोडे के लोअर सेकेंडरी स्कूल में भेजा गया। जिन लड़कियों ने छठवीं कक्षा उत्तीर्ण कर ली थी उन्हें मिड-वाइफ के प्रशिक्षण के लिए भेजा गया।[11] 'प्राथमिक शाला और सेकेंडरी ग्रेड स्कूल के विद्यार्थी समुचित प्रेरणा के अभाव में पाठों को समझ पाने में बहुत सुस्त थे। प्रत्येक कक्षा में छात्रों की संख्या अधिक थी। इतनी अधिक संख्या में विद्यार्थियों को पढ़ा पाना किसी शिक्षक के बस की बात नहीं थी। बच्चों के माता-पिता शिक्षा के महत्त्व को नहीं समझते थे। वह अपने सन्तानों को स्कूल भेजने में टाल-मटोल करते थे। वर्ष 1948-49 में स्कूल की संख्या निम्नानुसार थी'[12]—

सारिणी-9

सिद्धपुरम विद्यालय की वर्ष 1948-49 में छात्र संख्या

कक्षा	*1948-49 में औसत उपस्थिति*	
	बालक	*बालिकाएँ*
कक्षा-1	18	17
कक्षा-2	10	6
कक्षा-3	9	6
कक्षा-4	10	2
कक्षा-5	6	1
कक्षा-6	4	11
योग	**57**	**43**

वर्तमान में सिद्धपुरम के स्कूल का स्थान और अवस्था दोनों ही दयनीय हैं। सेकेंडरी ग्रेड टीचर ट्रेनिंग क्वालिफिकेशन (एस.जी.टी.) प्राप्त एक शिक्षक विद्यालय का संचालन कर रहा है। स्कूल के लिए कोई निर्धारित पाठ्यक्रम और शैक्षणिक रूपरेखा नहीं होने से यह ठीक से नियोजित नहीं है। पूरी बस्ती में केवल दो ही स्नातक हैं, और उनके पास भी रोजगार नहीं है।

3

स्टुअर्टपुरम में शिक्षा का पार्श्व-चित्र

साल्वेशन आर्मी ने अनुभव किया कि इस बस्ती के येरुकलाओं को शिक्षा दिया जाना आवश्यक है और इसलिए सन् 1916 में यहाँ एक प्राथमिक पाठशाला शुरू की गई। प्राथमिक शिक्षा अनिवार्य कर दी गई और जो बच्चे शाला से अनुपस्थित रहते थे, उन्हें कड़ा दंड दिया जाता था। बस्ती के 481 बच्चों में से सन् 1916 में 250 बच्चे स्कूल जा रहे थे। इनमें 74 बच्चे ऐसे थे जो नियमित रूप से उपस्थित होते थे। स्कूल के बच्चे बहुत प्रतिभावान थे। मद्रास का गवर्नर इस शाला से बहुत प्रभावित हुआ और उसने इनकी एक तस्वीर खींची थी।[13]

स्कूल एक बरामदे में चलाया जाता था जिसका छाजन ताड़ के पत्तों से बना था। इसका आकार 60'×20' था और इसकी छत टपकती थी। प्राथमिक पाठशाला में बच्चों को तीन 'आर' सहित सामान्य ज्ञान की शिक्षा दी जाती थी, जिसमें प्रकृति-

अध्ययन, अंग्रेजी, शारीरिक शिक्षा और बाइबल शामिल थी। ऊँची कक्षाओं में औद्योगिक और नैतिक शिक्षा को भी शामिल किया गया। स्कूली पाठ्यक्रम में कृषि एक अनिवार्य विषय था। यह एक सहशिक्षा की पाठशाला थी। प्रत्येक वर्ग में 40 छात्र थे। कॉपियाँ, नक्शे, स्लेटें और खड़िया, पशुओं-वनस्पतियों के चित्र, एक ग्लोब, आनन्द प्राइमर, और पहली, दूसरी, तीसरी कक्षा की आनन्द रीडर तथा बच्चों के लिए बागवानी के उपकरण बस्ती प्रबन्धक उपलब्ध करवाता था।[14] वयस्कों के लिए रात्रिकालीन कक्षाएँ चलाई जाती थीं। दिन की कक्षाओं के लिए नियुक्त शिक्षक ही रात में भी पढ़ाते थे। कर्मचारियों की पत्नियाँ बालिकाओं की शिक्षा में गहरी रुचि रखती थीं। इसके लिए शिक्षकों को अतिरिक्त वेतन मिलता था, प्रधानाध्यापक को आठ रुपए और सहायक अध्यापक को पाँच रुपए प्रतिमाह। रात्रि-शाला में पढ़ाए जाने वाले विषय थे—पढ़ना, लिखना और गणित। 29 अक्टूबर, 1917 को स्कूल की छात्र संख्या और उपस्थिति निम्नानुसार थी[15]—

सारिणी-10

प्राथमिक पाठशाला स्टुअर्टपुरम की छात्र संख्या, 1917

कक्षा	*छात्र संख्या*		*योग*	*उपस्थिति*		*योग*
	बालक	*बालिका*		*बालक*	*बालिका*	
शिशु वर्ग क	14	11	25	14	9	23
शिशु वर्ग ख	22	14	36	13	11	24
शिशु वर्ग ग	15	23	38	10	18	28
शिशु वर्ग घ	30	34	64	25	27	52
कक्षा-एक	8	3	11	6	2	8
कक्षा-दो	11	1	12	8	1	9
कक्षा-तीन	7	3	10	7	3	10

स्कूल का प्रबन्धन और शिक्षकों की नियुक्ति पूरी तरह साल्वेशन आर्मी की जिम्मेदारी थी। शासन यह चाहता था कि शिक्षा विभाग के नियम ही वहाँ लागू हों। उस समय की एक उल्लेखनीय बात यह थी कि येरुकलाओं में से शिक्षित अध्यापक और अध्यापिकाएँ ही स्कूल में नियुक्त की गईं।[16] इसका उद्देश्य बस्ती में एक ऐसे वातावरण का निर्माण करना था जो बस्ती में रहने वाली समूची जनजाति में आत्मविश्वास की भावना का संचार कर सके और यह भी कि जो लोग काम करना चाहते हैं वे पूरी गम्भीरता से उस काम को करें। इन उद्देश्यों के लिए ऊँची मानसिक

क्षमता रखने वाले शासकीय अधिकारी समय-समय पर शाला का निरीक्षण करते थे।[17] अध्यापकों को अच्छा वेतन मिलता था और उन्हें बस्ती में रहने के लिए मकान बिना किसी किराए के दिए गए थे। सुबह और शाम, दोनों सत्रों में उपस्थित छात्रों को दोपहर में गंजी (उबले हुए चावलों का पानी) मिलती थी।[18] वर्ष 1918 में स्कूल में निम्नानुसार शिक्षकों की स्थिति रही।[19]

सारिणी-11

स्टुअर्टपुरम प्राथमिक पाठशाला में शिक्षकों की स्थिति

शिक्षक का नाम	*योग्यता*	*वेतनमान*
के. जेकब	एल.एस.पी.टी.सी. (1915)	25
च. जोसेफ	एस.एस.एल.सी. (1915)	20
सन्तोषामल	एल.एस.पी.टी.सी. (1915)	15
सौभाग्यमल	एल.एस.पी.टी.सी. (1915)	15
पी. साइमन	अनुत्तीर्ण	12
लायसामल	चौथी कक्षा उत्तीर्ण	12
वी. सालोमन	अनुत्तीर्ण	12

अपराध के वातावरण से मुक्त होने में रहवासियों को नवनिर्मित छात्रावास से भी सहायता मिली। इस छात्रावास की स्थापना उन बच्चों के लिए की गई थी जो (1) अनाथ थे, (2) जिनके माता-पिता जेल में थे, (3) जिनके माता-पिता अत्यन्त निर्धन थे, (4) जिनके माता-पिता अभी-अभी जेल से रिहा हुए थे, (5) ऐसे बच्चे जिन्हें माता-पिता के दुष्चरित्र के कारण उनसे अलग कर दिया गया था या बच्चों का चरित्र सन्देहास्पद था तथा (6) जिनके माँ-बाप पलायन कर गए थे।[20]

इस आवासीय विद्यालय का प्रबन्धन बहुत अच्छा था और प्रबन्धक ने एक रिपोर्ट में बताया था कि यह विद्यालय बस्ती के लिए उपयोगी था। बच्चों की शयन-सुविधाओं के लिए श्रम आयुक्त ने वहाँ लड़के और लड़कियों के लिए अलग-अलग डोरमिटरी बनाई थीं। दो परिचारिकाएँ इनकी अलग-अलग देखभाल के लिए नियुक्त थीं। इसी तरह से कम और अधिक आयु के बच्चों की व्यवस्था भी अलग-अलग थी। मनोरंजन के लिए अलग से इमारत बनाई गई थीं।

अभिभावकों से स्कूल में या घर पर बच्चों की मुलाकात उनके दिमागों में खलल पैदा करती थी। यह अनुभव किया गया कि जब तक अपराध-संस्कृति के वातावरण का उन्मूलन नहीं हो जाता, तब तक सुधार सम्भव नहीं है। साल्वेशन आर्मी

ने अभिभावकों के बच्चों से मिलने पर रोक लगा दी। किन्तु अलग रखे गए बच्चों पर उनके माता-पिता का प्रभाव गहरा था। नई पीढ़ी ईमानदार लोगों की बनाई गई। साल्वेशन आर्मी ने काम के घंटों का बँटवारा कुछ इस तरह से किया था कि इतना समय ही नहीं बचता था कि बच्चे अपने अभिभावकों के पास जा सकें। इस तरह नई पीढ़ी को पुराने कुसंस्कारों से बचाया जा सका।[21] उन्होंने बच्चों को उनके परिवार से अलग करके छात्रावास-विद्यालय बस्ती में बनाया, जहाँ कभी-कभी माता-पिता बच्चों से मिलने को आ सकते थे।

साल्वेशन आर्मी ने पूर्व रहवासियों के बच्चों में सुधार के लिए भृत्यों की नियुक्ति की। इन स्कूलों में भृत्यों की नियुक्ति के लिए लोगों को रहवासियों में से ही चुना गया।[22] उन्हें आसपास जाकर बच्चों को स्कूल लाना होता था। रहवासियों के बच्चों को पाँच वर्ष की उम्र से स्कूल जाना अनिवार्य था।[23] प्राथमिक विद्यालय में पाँचवीं कक्षा तक शिक्षा की व्यवस्था थी। प्रधानाध्यापक के पास ऊँची कक्षाओं तक पढ़ाने के प्रशिक्षण का प्रमाणपत्र था।[24]

स्कूल आने वाले बच्चों की संख्या प्रतिवर्ष बढ़ रही थी। वर्ष 1924 में स्कूल के बच्चों की संख्या लगभग 401 तक पहुँच गई थी, और वहाँ औसत उपस्थिति 261 थी।[25] इतना ही नहीं बच्चों पर पड़ने वाले बाहरी प्रभावों को महसूस किया जा रहा था। साल्वेशन आर्मी के अधिकारियों ने सोचा कि इसका हल यह हो सकता है कि बालिकाओं को नेल्लूर और बालकों को पेराम्बूर (मद्रास शहर के निकट) भेज दिया जाए।[26] इससे उनके सुधार में सहायता मिलेगी। साल्वेशन आर्मी का अधिकारी मेकेंजी इमारत का नक्शा बदल देना चाहता था जिससे बस्ती में नया माहौल बनाया जा सके। नेल्लोर में कई इमारतों का उपलब्ध होना एक सकारात्मक संकेत था, जो बच्चों के विकास के अनुकूल था। साल्वेशन आर्मी ने 1926 में अचानक स्टुअर्टपुरम के आवासीय विद्यालय को बन्द कर दिया और कुछ लड़कियों को नेल्लोर के कन्या विद्यालय में स्थानान्तरित कर दिया। तथापि स्टुअर्टपुरम के आवासीय विद्यालय का बन्द होना बस्ती के बच्चों के लिए एक आघात था।[27]

बस्ती के स्कूल की एक विशेषता यह थी कि प्रबन्धक एल.आर. गेल ने समूचे वातावरण को ईसाई रंग दे दिया था। जब येरुकला बच्चों का पहला समूह यहाँ पहुँचा तो तब उनका रहन-सहन गंदा था और वे छोटी-मोटी चोरी-चकारी और रास्तों में लूटमार करते थे। उन्हें सन्मार्ग पर चला सकना आसान नहीं था, और उस शुभ लक्ष्य तक पहुँचना बहुत कठिन था। नई पीढ़ी ने इसे समझा और अनुकूल प्रतिक्रिया व्यक्त की।[28] वर्ष 1915 में साल्वेशन आर्मी ने बस्ती में एक चर्च का निर्माण किया था। इसका आशय येरुकलाओं को बाइबल की शिक्षा देना और उन्हें अनुशासन में रखना था। बस्ती के सभी रहने वालों को एकत्र करके चर्च में लाया जाता था।

श्रम आयुक्त एस.एच. स्लेटर ने स्कूली छात्रों पर ध्यान दिया। कुछ छात्रों ने एस.एफ.एल.सी. (सेकेंडरी स्कूल लीविंग सर्टिफिकेट) परीक्षा दी। जो इसमें अनुत्तीर्ण रहे थे, उन विद्यार्थियों पर विशेष ध्यान दिया गया। उन्हें या तो पेडिसन हॉस्टल में रखा गया या फिर पेराम्बूर मद्रास के औद्योगिक स्कूल में भेज दिया गया।[29] कुछ छात्र जिन्होंने बस्ती के स्कूल की पाँचवीं कक्षा उत्तीर्ण कर ली थी, उन्हें बापट्ला के हाईस्कूल में चौथी और छठवीं कक्षा में प्रवेश दिलाया गया।[30] मद्रास के पुलिस उप महानिरीक्षक डासन ने 8 जुलाई, 1931 को बस्ती के स्कूल का निरीक्षण किया था और लिखा : 'मैं जानता हूँ कि बस्ती अभी प्रारम्भिक शैशवास्था में है, मेरा आज यहाँ आना काफी रोचक रहा। पहली बार में सन् 1914 में यहाँ आया था। आज, यानी कि 8 जुलाई, 1931 को यह देख पाना सम्भव है कि बस्ती ने उन उद्देश्यों को पूरी तरह से पूरा किया है, जिस उद्देश्य के लिए इसे स्थापित किया गया था।'[31] स्कूल का निरीक्षण करने के बाद उसने लिखा—'बच्चे स्वस्थ और खुश दिखाई देते हैं। प्रबन्धक या पुलिस में कोई विवाद नहीं है। बस्ती में तेजी से विकास हो रहा है।'[32]

नारी शिक्षा को बढ़ावा देने के लिए साल्वेशन आर्मी ने एक नया कन्या विद्यालय शुरू किया। वर्ष 1921 में इसमें लगभग सौ बालिकाएँ थीं। नेल्लोर के औद्योगिक स्कूल से 1926 में कुछ लड़कियाँ स्थानान्तरित होकर यहाँ पहुँचीं। नेल्लोर के कन्या सुधार विद्यालय के बन्द हो जाने से कई लड़कियों को उनके अभिभावकों के पास भेज दिया गया था।[33] वहाँ पाँचवीं कक्षा के बाद पढ़ाई की व्यवस्था नहीं थी। जिन लड़कियों ने नेल्लोर में ऊँची शिक्षा प्राप्त की थी उन्हें कावाली के उच्च प्राथमिक आवासीय विद्यालय में फिर से भेजा गया। लड़कियों को नर्सिंग और सिलाई का प्रशिक्षण दिया गया। स्टुअर्टपुरम के प्रबन्धक ने कुछ महिलाओं को चुना जो न केवल लिखने-पढ़ने और गणित में दक्ष थीं, बल्कि वार्तालाप करने की कला में भी निपुण थीं, और इन विषयों को दूसरों को विस्तार से समझा सकती थीं। इसके अतिरिक्त वे घर या कार्यस्थल की साफ-सफाई और पाक-कला में भी प्रवीण थीं। उनकी प्रतिभा की अभिव्यक्ति के लिए उन्हें प्रोत्साहन दिया गया। उदाहरण के लिए 10 मार्च, 1928 को 'स्वास्थ्य सप्ताह' की प्रतियोगिता में एक लड़की ने 'घर की स्वच्छता' पर निबन्ध लिखकर एक पदक प्राप्त किया था।[34]

सन् 1923 से बस्ती में एक स्काउट दल था। यद्यपि रोजगार या अन्य कारणों से इसके सदस्य बदलते रहते थे, फिर भी यह एक योग्य संगठन था। एक छोटा बिगुल बैंड भी बना लिया गया था और उसे उपयुक्त साधन उपलब्ध कराए गए थे। सहायक प्रबन्धक की इस अभियान में गहरी रुचि थी और वह स्वयं भी स्काउटों के साथ शिविरों में जाता था।[35] स्कूल में स्काउट गतिविधियों का संचालन अध्यापकों द्वारा किया जाता था जो स्काउट टीचर के रूप में प्रशिक्षित किए गए थे।[36] जिन

वयस्क रहवासियों में सुधार आ चुका था उनसे नैतिकता को महत्त्व देने की अपेक्षा की जाती थी। बहुविवाह प्रथा प्रचलन में थी, और उनमें इस प्रथा का न होना विरल था। साल्वेशन आर्मी भी सोचती थी कि उनकी इस प्रथा में सुधार धार्मिक और नैतिक शिक्षा से आ सकता है। वे बस्ती की स्त्रियों को समझाते थे कि अपराधों को नियंत्रित करने के लिए भी उन्हें प्रयत्न करना चाहिए। किन्तु होता इसके विपरीत था क्योंकि उनकी पत्नियाँ भी अपराध की संस्कृति में लिप्त थीं।[37]

स्टुअर्टपुरम में मध्याह्न भोजन की व्यवस्था पहली बार दिसम्बर, 1949 में चालू की गई। बस्तियों के अन्य विद्यालयों में मध्याह्न भोजने देने के लिए सरकार को तीन रुपए खर्च करना पड़ते थे। स्कूली छात्रों को मध्याह्न भोजन देने का उद्देश्य यह था कि इसके कारण वे नियमित रूप से स्कूल में उपस्थित हों और शिक्षा ग्रहण करने के योग्य बन सकें।[38] इन स्कूली छात्रों को भ्रमण के लिए बाहर भी ले जाया जाता था। शासकीय अधिकारियों, पुलिस, खुफिया और रेल के उप महानिरीक्षक ने इसके लिए अधिकतम व्यय-राशि पचास रुपए प्रतिवर्ष स्वीकृत की थी।[39]

यह बात दिलचस्प है कि येरुकला समुदाय में अब कई लोग केन्द्र और राज्य सरकारों में अच्छी नौकरी पाने का सपना देखने लगे हैं। वर्तमान में डेढ़ सौ ऐसे सदस्य हैं जिन्होंने विश्वविद्यालय स्तर तक की शिक्षा प्राप्त कर ली है। स्पष्ट है कि यह साल्वेशन आर्मी के प्रयासों और नई पीढ़ी में आई चेतना का परिणाम है। इन बच्चों के लिए साल्वेशन आर्मी लड़के-लड़कियों का अलग-अलग छात्रावास चलाती है। आज इन छात्रावासों में 155 विद्यार्थी रह रहे हैं। पहली कक्षा से दसवीं कक्षा (एस.एस.सी.) तक 101 लड़के और 54 लड़कियाँ पढ़ रही हैं। साल्वेशन आर्मी छात्रवृत्ति, भोजन, आवासीय-सुविधा और कपड़े छात्रों को उपलब्ध करवाती है। साल्वेशन आर्मी ने मद्रास सरकार के सचिव से बच्चों के लिए स्कूल क्षेत्र से बाहर एक सामान्य पुस्तकालय बनाए जाने की माँग की थी, और सरकार द्वारा इसे स्वीकार कर लिया गया।

वर्ष 1958 में पुलिस महानिरीक्षक और साल्वेशन आर्मी ने संयुक्त रूप से रहवासियों के बच्चों के लिए एक नए हाईस्कूल की स्थापना की। इस हाईस्कूल में अधिकांश येरुकला बच्चे हैं जो कुछ धर्मान्तरित ईसाई बच्चों और उच्च जाति के बच्चों के साथ पढ़ाई करते हैं। बाद में 1958-59 के शैक्षणिक सत्र में इसे मिडिल स्कूल में बदल दिया गया। इसे समाज कल्याण विभाग संचालित करता था।[40] हाईस्कूल में आन्ध्र प्रदेश के बोर्ड ऑफ़ सेकेंडरी एजुकेशन द्वारा निर्धारित पाठ्यक्रम चलता था। वर्ष 2006 के वार्षिक प्रतिवेदन के अनुसार स्कूल की छात्र संख्या 277 है। छठवीं से दसवीं कक्षा तक छात्र संख्या का विवरण निम्नानुसार है[41]—

सारिणी-12

स्टुअर्टपुरम के हाई स्कूल की छात्र संख्या, 2005

कक्षा	*बालक*	*बालिका*	*योग*
6	34	26	60
7	29	18	47
8	26	17	43
9	34	28	62
10	41	24	65

सन् 1952 में अपराधी जनजाति कानून के निरस्त होने के बाद यह सोचा गया था कि सभी राज्य सरकारें अपने कल्याण-कार्यक्रमों में विशेष रूप से शिक्षा को महत्त्व दे। दूसरी पंचवर्षीय योजना में इन जनजातीय बच्चों की शिक्षा के लिए सरकार ने धनराशि स्वीकृत की।[42] तीसरी पंचवर्षीय योजना में इसके लिए 375.00 लाख रुपए निर्धारित किए गए। 1962-63 में अनुमानत: 55.36 लाख रुपए इस मद पर खर्च किया गया। पाँचवीं पंचवर्षीय योजना में विमुक्त जनजाति समुदायों की शिक्षा और अन्य राज्य द्वारा संचालित योजनाओं के लिए अलग से कोई प्रावधान नहीं किया गया है।[43]

इन समुदायों के सुधार के लिए भारतीय आदिम जाति सेवक संघ (नई दिल्ली), आन्ध्र राष्ट्र आदिम जाति सेवक संघ, आन्ध्र राष्ट्र येरुकला महासंगम जैसे कई संगठन सामने आए हैं।[44] आन्ध्र राष्ट्र आदिम जाति सेवक संघ के उद्देश्य थे—(1) शिक्षा, (2) साहित्य, (3) मुक्ति और (4) सदाचार, इत्यादि।[45] तत्कालीन गृहमंत्री यू.एन. ढेबर के प्रयासों से संसद ने सन् 1956 में येरुकला, येनाडी और बंजारा को अनुसूचित जनजाति की सूची में शामिल किया था।[46] संघ ने अनुसूचित जनजातियों के लिए पहली पाठशाला सन् 1934 में स्थापित की थी। पहले हरिजन विद्यालय की स्थापना सन् 1929 में की गई थी। पहला आदिवासी छात्रावास सन् 1939 में बना। संघ ने आदिवासी नारी-शिक्षा के क्षेत्र में भी पहल की है।[47] विविध पुस्तिकाओं, पत्रिकाओं और लेखों का तेलुगु और अंग्रेजी में प्रकाशन किया गया, इनमें कल्लूमुंटा, राम राज्यम, एकलव्य जैसे उल्लेखनीय काव्य शामिल हैं। आन्ध्र राष्ट्र आदिम जाति सेवक संघ ने *आदिवासी, दलितमार्ग, गिरिजन ज्योति, एक लव्य पत्रिका, हरिजनोद्धारन* आदि महत्त्वपूर्ण पत्र-पत्रिकाओं का प्रकाशन किया।[48]

साल्वेशन आर्मी और विभिन्न सामाजिक संगठनों के अतिरिक्त एथीस्ट सेंटर, विजयवाड़ा के गोरा, लवानम, हेमलता लवानम और पूर्व पुलिस अधीक्षक एम.बी. थामस, गुंटूर जिले के पूर्व जिलाधीश टी. गोपालराव आदि ने शिक्षा के माध्यम से

इन लोगों के सुधार के लिए कठोर परिश्रम किया। वर्ष 1983 में विमुक्त जनजाति के जिन छात्रों ने सातवीं और दसवीं कक्षा में स्टुअर्टपुरम के स्कूल में सर्वोच्च अंक प्राप्त किए थे, उन्हें लवानम और हेमलता लवानम द्वारा पुरस्कृत किया गया।

येरुकला, वोड्डार, यनाडी और सुगालियों के लिए शुरू किए गए कल्याण कार्यक्रम वैसे ही कठिन हैं जैसे रेत में से तेल निकालने की कोशिश। वर्तमान सरकार के लिए अनुसूचित जनजातियों का विकास एक वास्तविक चुनौती है। सरकार की ओर से कल्याण कार्यों के सम्बन्ध में किए जाने वाले दावे खोखले ढोल से गूँजती आवाज की तरह हैं। नीतियों का निर्माण और उनके क्रियान्वयन के बीच एक गहरी खाई है। आदिवासी बच्चों के लिए शुल्क-मुक्ति के बावजूद स्कूल में प्रवेश के समय उन्हें विशेष फीस देनी पड़ती है। निर्धन आदिवासियों में इतनी सामर्थ्य नहीं है। इसके अतिरिक्त उनकी छात्रवृत्तियाँ प्राय: देर से आती हैं और उनका भुगतान वर्ष के अन्त में किया जाता है। इन कारणों से छात्रों को अनेक कठिनाइयों का सामना करना पड़ता है। आदिवासी बच्चों के साथ बहुत अन्याय हो रहा है।

रोजगार के क्षेत्र में भी आदिवासी सन्तानों के सामने गम्भीर समस्याएँ हैं। यद्यपि सार्वजनिक रूप से ज्ञापित विज्ञापनों में उनके लिए रिक्तियों की घोषणा की जाती हैं लेकिन उसके साथ यह टीप भी होती है कि यदि वांछित योग्य प्रत्याशी नहीं मिलेंगे तो इन पदों को अन्य प्रत्याशियों से भर दिया जाएगा। ऐसी अवस्था में शासन की आरक्षण नीति की वैधता और सार्थकता निरर्थक हो जाती है। हमारा कहना है कि सरकार को इन समस्याओं का हल निकालना चाहिए। आदिवासी क्षेत्रों से निर्वाचित होने वाले जनप्रतिनिधियों को आदिवासी बच्चों की इन मूलभूत कठिनाइयों से शासन को अवगत करवाना चाहिए।

यह स्पष्ट है कि इस भयावह निर्धनता के इस माहौल में वे लम्बे समय तक लाभ की प्रतीक्षा करने के स्थान पर जो दस या पन्द्रह साल की पढ़ाई के बाद उनके सन्तानों को मिलने वाला है, वे तात्कालिक लाभ को पसन्द करेंगे। उन्हें यह भ्रम है कि स्कूलों को दिया जाने वाला समय उनकी आर्थिक उपलब्धियों को नष्ट करता है। अतएव, वर्तमान एकरस और अनुत्पादक शिक्षा-प्रणाली के स्थान पर एक प्रभावी विकल्प खोजा जाना चाहिए जो आवश्यकतानुसार रोजगारोन्मुख हो। भेंटवार्ताओं में, रहवासियों ने हमें बताया कि उनके बच्चे समाज के उच्च वर्ग से घुल-मिल नहीं पाते क्योंकि उनके साथ मनोवैज्ञानिक बाधा बनी रहती है। इसे दूर करने के लिए वर्तमान स्कूल पद्धति को आश्रम या गुरुकुल शैली में ढाला जाना चाहिए। इस बदलाव से बहुत फर्क पड़ेगा। इन कॉलोनियों के बच्चों का व्यक्तित्व सँवारने में प्रशिक्षित शिक्षकों और साधनयुक्त पाठशालाओं का बहुत महत्त्व है। सिद्धपुरम बस्ती में इन सुविधाओं के अभाव को हम देख चुके हैं, जहाँ स्कूलों की व्यवस्था ठीक नहीं है और इसलिए बस्ती का समुचित विकास भी नहीं हो पाया है।

इन जनजातियों में निरक्षरता मिटाने के लिए एक बड़ा अभियान चलाना होगा। यह कहने की आवश्यकता नहीं है कि अपनी जीविका का उपार्जन करने के लिए उनके स्वभाव में सकारात्मक बदलाव के लिए उन्हें शिक्षा की उपयोगिता की समझ होनी चाहिए। सामाजिक शिक्षा के उद्देश्य तभी पूरे हो सकते हैं जब उनके मानस से वंचना, भेदभाव और अकेलेपन के भाव मिटा दिए जाएँ। उनके बीच सजग विचारधारा का प्रसार करने का दायित्व गतिशील स्वयंसेवी युवा सामाजिक कार्यकर्ताओं को लेना होगा।

बस्तियों के वर्तमान स्कूलों और शैक्षणिक वातावरण की इस समय की दयनीय दशा के सम्बन्ध में गम्भीर आपत्तियाँ उठाई गई हैं। इन जनजातियों के सन्दर्भ में आन्ध्र प्रदेश की स्थिति शेष देश की तुलना में विशिष्ट है। आन्ध्र प्रदेश में जहाँ ये विमुक्त जनजाति बस्तियाँ हैं, उनके सदस्यों में सामाजिक और आधारगत बदलाव हो रहे हैं। स्टुअर्टपुरम, सीतानगरम (गुंटूर जिला), कप्पाटाला टिप्पा और बिट्रगुंटा (नेल्लोर जिला), सिद्धपुरम (कुरनूल जिला) और लिंगाला (महबूबनगर जिला) जैसी विमुक्त जनजाति बस्तियों से आन्ध्र प्रदेश की कुल आदिवासी जनसंख्या का एक बड़ा हिस्सा रहता है। इन सभी बस्तियों के क्षेत्रों में येरुकला, वोड्डार, कथेरा, चेंचू, सुगाली, यनाडी और अन्य जनजातियों से जनसंख्या का एक बड़ा हिस्सा बनता है। बस्ती के कुछ निवासियों के साथ अभी भी अपराध प्रवृत्ति और निरक्षरता की गम्भीर समस्याएँ हैं। कुल मिलाकर आन्ध्र प्रदेश एक और ही तस्वीर पेश करता है।

वास्तविक अनुभव और स्थल-सर्वेक्षण से जो मुख्य समस्या सामने आई है वह इन जनजातीय परिवारों के साथ होने वाले सामाजिक व्यवहार को लेकर है। कई पीढ़ियों से ये परिवार और इनके सदस्यों को अपराधी माना जाता रहा है, और उन्हें सामाजिक उपेक्षा और अपमान सहन करना पड़ता है। यह अकारण नहीं है, इसके पीछे की पृष्ठभूमि यह है कि इन जनजातियों के लोग कुछ ऐसे काम करते रहे हैं जो सामाजिक दृष्टि से स्वीकार्य नहीं हैं। बच्चों और स्त्रियों को विशेष रूप से समाज की मुख्यधारा से अवमानना सहन करनी पड़ती है। आज भी अपराध का कलंक बच्चों और युवजनों के सुगम शैक्षणिक प्रगति की यात्रा में एक बड़ा रोड़ा है। समाज के अनेक क्षेत्रों में बच्चों को अलगाव का शिकार होना पड़ता है। प्रारम्भिक आयु में ही सामाजिक अलगाव का यह अनुभव बच्चों के सामाजिक-मनोवैज्ञानिक विकास को अवरुद्ध कर देता है। मुख्यधारा के सामाजिक व्यवहार ने बस्तियों के निकटवर्ती क्षेत्रों में रहने वाले तथाकथित अपराधी परिवारों के बच्चों को अवसरों से वंचित रखा है। सरकार के प्रयास प्राय: निवैयक्तिक होते हैं और उनमें मानवीयता का भाव नहीं होता। सरकार सामूहिकता को ध्यान में रखकर सोचती है। जो भी हो, शिक्षा ऐसी भी हो सकती है, जिसका ढाँचा अनौपचारिक हो और जो स्कूल की पारम्परिक पद्धति से हटकर हो। किन्तु, मुख्यधारा के सामाजीकरण मात्र से बच्चों के लिए बहुत ज्यादा सम्भावनाएँ नहीं खोली जा सकतीं, क्योंकि बाहर के

समाज में अभी भी इनके प्रति आक्रामकता बनी हुई है। स्कूल अथवा बस्तियों के क्षेत्र में स्कूल-पद्धति का इस्तेमाल एक साधन के रूप में किया जा सकता है जो सामाजिक संस्कृति, सामूहिक भ्रातृत्व की भावना, सामूहिक प्रयास, समन्वय की मानसिकता, काम करने और सीखने में सहकार का वातावरण, और अन्ततः सामाजिक-सांस्कृतिक व्यवहार में नैतिक गतिशीलता का निर्माण कर सके। इन बस्तियों के क्षेत्र में काम कर रहे स्कूलों का एक भिन्न प्रकार से मूल्यांकन करना होगा, क्योंकि वह ज्ञानदाता होने के साथ-साथ ये परिवर्तन वाहक भी हैं।

4

बस्तियों के प्राथमिक विद्यालयों का रेखाचित्र

आन्ध्र प्रदेश की विमुक्त जनजाति बस्तियों में प्राथमिक शाला सुविधाओं और शैक्षणिक आवश्यकताओं का निष्पक्ष विश्लेषण निम्नानुसार है :

विद्यालय-1 : स्टुअर्टपुरम का साल्वेशन आर्मी द्वारा संचालित विद्यालय, बापट्ला तालुका, जिला गुंटूर।

इस स्कूल की स्थापना मिशनरी संस्था साल्वेशन आर्मी द्वारा की गई थी। बाद में आन्ध्र प्रदेश की सरकार से इसे अनुदान मिलने लगा। वर्तमान में यह अनुदान प्राप्त प्राथमिक शाला के रूप में काम कर रहा है। यह दो अध्यापकों का विद्यालय है। ये दोनों शिक्षक स्कूल के गाँव में न रहकर चार-पाँच किलोमीटर की दूरी पर रहते हैं। वर्तमान में स्कूल की छात्र संख्या का विवरण निम्न प्रकार से हैं—

सारणी-13

स्टुअर्टपुरम का अनुदानप्राप्त साल्वेशन आर्मी का स्कूल

कक्षा	*बालक*	*बालिका*	*योग*
कक्षा-1	10	10	20
कक्षा-2	10	05	15
कक्षा-3	11	06	17
कक्षा-4	07	10	17
कक्षा-5	16	08	24
योग	**54**	**39**	**93**

प्रत्येक कक्षा में छात्र संख्या कम है, केवल 15 से 24 तक। कक्षा-4 को छोड़कर सभी कक्षाओं में बालकों की संख्या बालिकाओं से अधिक है। स्कूल में एक ही

अध्यापक कई कक्षाएँ पढ़ाता है, प्रधानाध्यापक एक से तीन तक की कक्षाएँ लेता है जबकि कक्षा-4 और कक्षा-5 में पढ़ाने का दायित्व सहायक-अध्यापक के ऊपर है। विषय-अध्यापक के स्थान पर कक्षा-शिक्षक की व्यवस्था अपनाई गई है। बच्चों को नि:शुल्क पाठ्यपुस्तकें और दोपहर का भोजन दिया जाता है। इसके अलावा, अन्य कोई प्रोत्साहन बच्चों के लिए नहीं हैं। अध्यापकों के अलावा बच्चों के लिए फर्नीचर की व्यवस्था नहीं है। स्कूल और कक्षाओं के लिए न्यूनतम उपकरण भी नहीं हैं। स्कूल संचालन और अध्यापकों के वेतन के लिए अनुदान मिलता है। स्कूल के अनुदान से एक रेडियो खरीदा गया था और छात्र रेडियो से पाठ सुन सकते हैं। शाला में सभा प्रतिदिन होती है जिसमें बच्चे रेडियो से खबरें सुन सकते हैं। बच्चों को नीति-कथाएँ, सुभाषित आदि भी सुनाए जाने चाहिए। इसके अतिरिक्त ऐसी गतिविधियों का आयोजन भी आवश्यक है जिनसे बच्चों में ईमानदारी के संस्कार विकसित हो सकें। स्कूल जिस जगह पर है, वहाँ एक ओर रेल और दूसरी तरफ सड़क इस स्कूल के पास से गुजरती है। यह स्थिति बच्चों की सुरक्षा दृष्टि से ठीक नहीं है क्योंकि माता-पिता दुर्घटनाओं से आशंकित होकर अपने बच्चों को स्कूल भेजने में हिचकते हैं। स्कूल कबेलू की छत वाली एक इमारत में चलता है, जिसमें पाँच कमरे हैं। इनमें से केवल दो कमरे ही काम में आते हैं। अन्य तीन खाली हैं जिनमें स्कूल का पुराना फर्नीचर भरा पड़ा है। छत टपकती है और जल्दी ही उसकी मरम्मत की जरूरत है। न तो अनुदान प्राप्त प्रबन्धकों का और न ही अनुदान देने वाली सरकार का इमारत की मरम्मत पर कोई ध्यान जाता है। अंग्रेजी माध्यम से शिक्षा के प्रति आकर्षण के कारण कई अभिभावक अपने बच्चों के पास के कस्बों के स्कूलों में भेज रहे हैं जहाँ परिवहन के लिए स्कूल-बस, ऑटो या रिक्शा जैसी सुविधाएँ उपलब्ध हैं। फिर स्कूलों के लिए कोई चहारदिवारी भी नहीं है, न तो बगीचा है और न खेल का मैदान। खुली जगह पर खेलकूद होते हैं। स्कूल में सामाजिक रूप से उपयोगी गतिविधियों पर भी ध्यान नहीं दिया जाता।

सारिणी-14

बस्ती (कॉलोनी) की आबादी का विवरण

जनसंख्या	661	688	1349
स्कूल जाने की उम्र के बच्चे	139	143	282
स्कूल में दर्ज बच्चे	54	39	93
शेष	85	104	189

कुछ सम्पन्न परिवारों के बच्चे अन्यत्र पढ़ाई कर रहे हैं। वही बच्चे स्कूल जाने से बचे रहते हैं जिनके माता-पिता अत्यन्त निर्धन हैं। ऐसे बच्चों को स्कूल में

दाखिला दिया जाता है। स्कूल में खेलने का सामान बहुत कम उपलब्ध है। गत वर्ष (2005-06) में लगभग बीस छात्रों ने कक्षा-5 की पढ़ाई पूरी कर ली थी, उन्हें गाँव में ही स्थित हाई स्कूल की छठवीं कक्षा में प्रवेश दिया गया। अध्यापकों के सामने आने वाली कुछ समस्याएँ इस प्रकार हैं—(1) स्कूल की इमारत की मरम्मत, (2) छात्रों के लिए फर्नीचर तथा अन्य सामग्री का अभाव, (3) शिक्षण में सहायक सामग्री और खेल सामग्री का अभाव, (4) स्वच्छता सुविधाओं में कमी, कम्पाउंड वॉल की कमी, (5) पुलिस प्रताड़ना के कारण अभिभावकों के पलायन की दशा में छात्रों की लम्बी अनुपस्थिति। इससे छात्र मनोवैज्ञानिक रूप से अवसादग्रस्त हो जाते हैं और पढ़ाई में मन नहीं लगा पाते, (6) सामाजिक रूप से उपयोगी गतिविधियों के लिए सुविधाओं का अभाव, (7) समुदाय के साथ जुड़ा हुआ सामाजिक कलंक। इसके कारण शिक्षित बच्चों को न तो रोजगार है और न ही वे आत्मनिर्भर हैं। इसलिए इस बात का खतरा बना रहता है कि वे चोरी-डकैती की पुरानी आदतें फिर से न अपना लें। (8) स्कूल परिसर में 'अर्लियर चाइल्ड केयर एजुकेशन सेंटर' नहीं है।

बस्ती में वर्तमान शिक्षा की दशा देखते हुए स्कूल की हालत सुधारने के लिए कुछ सुझाव इस प्रकार दिए जा सकते हैं—(1) शिक्षा विभाग/समाज कल्याण विभाग शिक्षकों को सूक्ष्मता से बच्चों को देखने की सुविधा प्रदान करे। (2) सामाजिक उपयोगिता वाली गतिविधियों के लिए सुविधाएँ उपलब्ध की जाएँ। (3) ऐसी गतिविधियों का आयोजन किया जाए जिनसे विद्यार्थियों में ईमानदारी की भावना को जागृत किया जा सके। (4) स्थानीय शिक्षित युवजनों और अन्य कर्मियों के सार्वजनिक भाषण आयोजित हों। (5) गाँव के व्यापक हित को दृष्टिगत में रखते हुए विशेष कार्यक्रमों के लिए स्वैच्छिक संगठन बनाए जाएँ। (6) रहवासियों (ग्रामवासियों) को आत्मनिर्भर बनाने के लिए दुधारू गायें, मशरूम उत्पादन, ऑटो रिक्शा, सूअर पालन, काजू की खेती जैसे कामों के लिए सहकारी समितियों का गठन किया जाए। (7) बस्ती में ही रहवासियों को रोजगार मुहैया करवाने की दृष्टि से उद्योगों की स्थापना की जाए और इसके लिए रुचि दर्शाने वाले उद्योगपतियों को आमंत्रित किया जाए। (8) कुछ अशासकीय संगठनों को रहवासियों के हित में इन कार्यक्रमों को शुरू करने पर विचार करना चाहिए। (9) इन स्कूलों को आश्रम स्कूलों में रूपान्तरित करके यहाँ व्यावसायिक पाठ्यक्रम लागू किया जाना चाहिए। (10) गणवेश, लेखन सामग्री इत्यादि सुविधाओं में बढ़ोतरी की जानी चाहिए, और (11) लड़कियों की सुरक्षा में वर्तमान में कमी को देखते हुए छात्राओं की सुरक्षा के कड़े प्रबन्ध किए जाने चाहिए।

विद्यालय-2 : शासकीय विमुक्त जनजाति प्राथमिक पाठशाला सिद्धपुरम (जिला कुरनूल)

इस विद्यालय की स्थापना अंग्रेजी सरकार ने विमुक्त जनजातियों के बच्चों के हित में वर्ष 1913 में की थी, वर्ष 2006 में विद्यालय की छात्र संख्या निम्नानुसार है :

सारिणी-15

सिद्धपुरम विद्यालय की वर्तमान छात्र संख्या, 2006

कक्षा	*बालक*	*बालिका*	*योग*
कक्षा-1	13	18	31
कक्षा-2	18	23	41
कक्षा-3	17	12	29
कक्षा-4	16	06	22
कक्षा-5	10	10	20
योग	**74**	**69**	**143**

नीचे की कक्षाओं में लड़कियों की संख्या लड़कों से ज्यादा है। गाँव में स्कूल जाने की उम्र वाले (5 से 11 वर्ष) बच्चों की संख्या 168 है। लेकिन वर्ष 2006 में 25 छात्रों ने ही दाखिला लिया। गाँव की आबादी में 571 पुरुष और 564 महिलाएँ हैं अर्थात कुल जनसंख्या 1,135 है। इनमें से 34 प्रतिशत साक्षर हैं। यह चार अध्यापकों वाला विद्यालय है। विद्यालय में विषय-शिक्षक के स्थान पर कक्षा-शिक्षक की पद्धति है। केवल एक ही शिक्षक कई कक्षाओं को पढ़ाता है। वह तीसरी और चौथी कक्षाएँ देखता है। कोई भी शिक्षक गाँव में नहीं रहता। सभी गाँव के बाहर निवास करते हैं। कुछ दस किलोमीटर दूर से आते हैं और कुछ पाँच किलोमीटर की दूरी से। स्कूल तीन इमारतों में चलता है। (दो पक्की छत वाली इमारतें हैं और एक इमारत कबेलुओं से पटी है)। पुरानी इमारत की तत्काल मरम्मत की जानी चाहिए। दोनों पक्की इमारतें में एक बरामदा और एक कमरा है जिनमें से प्रत्येक में दो कक्षाएँ चलती हैं। फर्नीचर केवल अध्यापकों के लिए ही उपलब्ध है, बच्चे जमीन पर बैठते हैं। स्कूल में खेल का मैदान है। स्कूल में कोई उपकरण नहीं हैं। स्कूल में शिक्षकों के वेतन और विद्यालय के लिए अनुदान मिलता है। बताया जाता है कि गाँव में रहने वालों का मुख्य व्यवसाय अरक (कच्ची शराब) बनाना है। यहाँ तक कि छात्र भी इसे बनाने और लाने-ले जाने के काम में लगे हुए हैं। गाँव के लिए उच्च प्राथमिक स्कूल की स्थापना बेहद जरूरी है। लड़कियाँ निकटवर्ती उच्च प्राथमिक स्कूल में छेड़छाड़ और असुरक्षा के कारण जाने से डरती हैं। गाँव के लिए निश्चित कार्यक्रम चलाए जाने चाहिए। कुछ क्षेत्रों में कुछ उद्योगों की स्थापना की जा सकती है, जैसे रेशम के कीड़े पालना, माचिस-उद्योग, जालीदार कपड़े की बुनाई, शहद-संग्रह और प्रसंस्करण,

तेंदूपत्ता संग्रह, बाँस-उद्योग, आदि। ग्रामवासियों के विकास और आत्मनिर्भरता के लिए कुछ अशासकीय संगठन आगे आकर उनकी सहायता कर सकते हैं। विद्यालय में सामाजिक उपयोगिता के कार्यक्रमों पर ध्यान दिया जाना चाहिए जिससे छात्र अपने जीवन में स्वमेव अपनी सहायता के योग्य बन सकें।

विद्यालय-3 : बिट्रगुंटा (कप्पाटाला टिप्पा, बोगोल मंडल, जिला नेल्लोर) का साल्वेशन आर्मी शासकीय उच्च प्राथमिक विद्यालय।

यह एक उच्च प्राथमिक विद्यालय है जिसमें सात कक्षाएँ चलती हैं। सन् 2006 के दौरान स्कूल की छात्र-संख्या निम्नानुसार है :

सारिणी-16

स्कूल की छात्र-संख्या

कक्षा	*बालक*	*बालिका*	*योग*
कक्षा-1	22	27	49
कक्षा-2	16	16	32
कक्षा-3	08	13	21
कक्षा-4	03	11	14
कक्षा-5	09	17	26
कक्षा-6	04	12	16
कक्षा-7	08	09	17
योग	**70**	**105**	**175**

गाँव की जनसंख्या 1300 है जिसमें 640 पुरुष और 660 स्त्रियाँ हैं। अभी भी 10 बच्चे ऐसे हैं जो स्कूल नहीं जाते हैं। कोई भी शिक्षक उसी गाँव में नहीं रहता। प्रधानाध्यापक और शिक्षक बीस किलोमीटर दूर से स्कूल में पहुँचते हैं। प्रधानाध्यापक कक्षा छह और सात को पढ़ाता है, अन्य कक्षाओं के लिए प्रति कक्षा के लिए एक अध्यापक है। स्कूल तीन इमारतों में चलता है, जिनमें से एक कबेलू छत, एक एसबेस्टस की छत और एक सीमेंट की छत वाली है। तीनों ही इमारतों को मरम्मत की दरकार है। पाँचवीं कक्षा तक छात्रों के लिए फर्नीचर है। स्कूल को उपकरणों और सहायक-सामग्री की आवश्यकता है। स्कूल की समस्याएँ हैं— (1) उपकरणों और साधनों का अभाव, (2) इसको हाईस्कूल में प्रोन्नत न किया जाना, (3) लड़कियाँ के साथ छेड़छाड़ और असुरक्षा के कारण उनका भयभीत रहना। अत: बस्ती में लड़कियों को सामाजिक सुरक्षा मिलनी चाहिए।

विद्यालय-4 : शासकीय उच्च प्राथमिक विद्यालय, सीतानगरम, टाडेपल्ली मंडल, गुंटूर जिला

इस विद्यालय की स्थापना पूर्व अंग्रेजी शासन ने वर्ष 1916 में की थी। आन्ध्र प्रदेश की सरकार का समाज कल्याण विभाग इस स्कूल को अनुदान देता है। वर्तमान में स्कूल का प्रबन्ध आन्ध्र प्रदेश के समाज कल्याण विभाग के पास है। स्कूल में नौ अध्यापक हैं, जिनमें से दो बी.एड. प्रशिक्षित, पाँच सेकेंडरी श्रेणी शिक्षक और दो पंडित हैं। वर्ष 2006 में कॉलोनी के विमुक्त जनजाति बच्चों की उपस्थिति का विवरण निम्नानुसार है :

सारिणी-17

स्कूली छात्रों की संख्या

कक्षा	*बालक*	*बालिका*	*योग*
कक्षा-1	1	2	3
कक्षा-2	1	1	2
कक्षा-3	2	1	3
कक्षा-4	2	2	4
कक्षा-5	1	3	4
कक्षा-6	1	1	2
कक्षा-7	0	0	0

विषय-शिक्षक और कक्षा-अध्यापक द्वारा शिक्षण, दोनों ही पद्धतियाँ व्यवहार में लाई जाती हैं। विमुक्त जनजाति बच्चों के साथ ही ईसाई, मुस्लिम और हिन्दू जातियों के बच्चे भी एक साथ यहाँ पढ़ते हैं। आदिवासी बच्चों को मुफ्त पाठ्यपुस्तकें, गणवेश, कॉपियाँ, छात्रवृत्ति, मध्याह्न भोजन यहाँ नहीं दिया जाता। सरकार ने अब तक इस स्कूल को अन्य प्रोत्साहक-सुविधाएँ भी नहीं दी हैं। बच्चे जमीन पर बैठते हैं, उनके लिए फर्नीचर नहीं है। स्कूल की इमारत गिरी हुई और बुरी तरह क्षतिग्रस्त है। स्कूल में न्यूनतम उपकरणों और साधनों का भी अभाव है। बस्ती के रहवासी तीन क्षेत्रों में फैले हुए हैं। ये हैं—टाडेपल्ली वार्ड-1, टाडेपल्ली वार्ड-2 और अन्नपूर्णा देवीनगर। सम्पन्न परिवार अपने बच्चों को निकटवर्ती अंग्रेजी माध्यम के स्कूलों में भेजते हैं। स्कूल छोड़ चुकी कुछ बड़ी उम्र की लड़कियों को स्कूल में सिलाई का काम दिया गया है। प्रधानाध्यापक सभी कक्षाओं में गणित की शिक्षा देता है। यद्यपि स्कूल को अनुदान मिलता है लेकिन प्रधानाध्यापक पूरे अनुदान का उपयोग नहीं कर पाते।

5

निष्कर्ष

इन बस्तियों में रह रहे आदिवासी लोगों का सामाजिक स्तर, आय और शैक्षणिक स्तर आन्ध्र प्रदेश के अन्य गैर आदिवासी जनों की तुलना में बहुत नीचे है। अधिक भाग्यशाली लोगों को यह दु:खद वास्तविकता इस बात की याद दिलाती रहती है कि सरकार के युद्धस्तर के प्रयासों और भारी धनराशि की स्वीकृति और उसके व्यय के बाद भी वास्तविकता यही है। वर्षों से मिशनरियों और अशासकीय संगठन जैसे साल्वेशन आर्मी, अमेरिकी बॅपटिस्ट मिशन (तेलुगु), कनाडाई मिशन, अन्य सामाजिक समूह, कई स्वयंसेवी संगठन और अशासकीय संस्थाएँ यद्यपि भरपूर परिश्रम कर रही हैं, परन्तु परिस्थितियों में बदलाव नहीं आया है।

जनसंख्या से सम्बन्धित तथ्यों की अनुलब्धता, विमुक्त जनजातियों पर नीतिगत विचार विनिमय का अभाव, योजना आयोग के आकलन में विमुक्त जनजातियों से इतर आदिम जनजाति समूहों पर ज्यादा ध्यान देना, बस्तियों और कॉलोनियों में सामूहिक भागीदारी की कमी, बस्तियों में काम कर रहे शिक्षकों को आवश्यक विषय सन्दर्भित प्रशिक्षण न मिल पाना, आदि कुछ बातें हैं जो इन कॉलोनियों में देखने को मिलीं। ये कमियाँ विमुक्त जनजातियों की प्रगति को गम्भीर रूप से प्रभावित कर रही हैं।

बस्तियों में किए गए व्यापक और सम्पूर्ण सर्वेक्षण से यह बात सामने आई कि इन बस्तियों में अलग से शालाओं को खोलना आवश्यक है जिनमें शिक्षा का माध्यम अंग्रेजी हो। चुनी हुई बस्तियों के अनेक सुधरे हुए रहवासी अपनी सन्तानों को पढ़ाई के लिए अलग-अलग स्थानों पर भेजते हैं क्योंकि उनका मानना है कि समाज की मुख्यधारा में आने के लिए अंग्रेजी माध्यम से शिक्षा एक महत्त्वपूर्ण साधन है। बस्ती में कार्य कर रहे अशासकीय संगठनों की नजर रीजनल इंस्टीट्यूट ऑफ़ एजुकेशन/नेशनल काउंसिल ऑफ़ एजुकेशनल रिसर्च एंड ट्रेनिंग (आर.आई.ई./एन.सी.ई.आर.टी.) से सम्बद्धता पर है, और वे सामाजिक एकीकरण की दृष्टि से अलग से विद्यालय स्थापित करना चाहते हैं। अशासकीय संगठनों ने यह भी बताया कि वे इन स्कूलों के लिए भूमि-अधिग्रहण, भवन-निर्माण, कर्मचारियों की नियुक्ति, विद्यालय की अधोरचना, बस्ती के छात्रों को प्रवेश देने और बस्तियों के आसपास के इलाकों से भी छात्रों को प्रवेश देने का दायित्व वहन करने के लिए तैयार हैं। अशासकीय संगठन आर.आई.ई. अथवा एन.सी.ई.आर.टी. या ऐसी उच्च शैक्षणिक संस्थाओं से अपने शिक्षकों के प्रशिक्षण पर भी राज़ी है। विमुक्त जनजातियों के बच्चों की शिक्षा की समूची जिम्मेदारी अशासकीय संस्थाओं को उठानी चाहिए। आर.आई.ई. अथवा एन.सी.ई.आर.टी. या ऐसी उच्च शैक्षणिक संस्थाएँ शिक्षक-प्रशिक्षण और

शैक्षणिक सहायता तक ही अपने को सीमित रखेंगी। एन.सी.ई.आर.टी. एक व्यापक जनसंख्या गत जानकारियाँ, वर्तमान बस्तियों के सम्बन्ध में, अपने शैक्षणिक कार्यक्रमों के सर्वे में एकत्र कर सकता है। अपना पक्ष रखने और बदलाव से गुजर रही इन जनजातियों के मुद्दे और समस्याओं के सम्बन्ध में शासकीय विभागों और एन.सी.ई.आर.टी. से सम्पर्क स्थापित करके ऐसे मुद्दों को आदिवासी कल्याण के सामान्य कार्यक्रम पर विचार-विमर्श की कार्य-सूची में लाया जा सकता है।

उपरोक्त विश्लेषण के आधार पर आन्ध्र प्रदेश की विमुक्त जनजातियों के शैक्षणिक परिदृश्य में सुधार के लिए यहाँ कुछ सुझाव दिए जा रहे हैं—

1. शासन को प्राथमिक विद्यालयों में उनकी वर्तमान स्थिति को समझने के लिए नमूना-सर्वेक्षण करना चाहिए जिससे ज्ञात हो सके कि विमुक्त जनजातियों के बच्चों की साक्षरता-उपलब्धियाँ क्या हैं?
2. उनके लिए रोजगार की व्यवस्था की जाए जिससे उन्हें तात्कालिक लाभ और सन्तुष्टि मिल सके। उनमें से जिनके पास न्यूनतम शिक्षा है, उन्हें पुलिस जैसे विभागों में सिपाही, सफाई-कर्मी आदि की नौकरियाँ दी जा सकती हैं।
3. वर्तमान में जिस तरह की शैक्षणिक सुविधाएँ हैं, वे सन्तोषजनक नहीं हैं। कुछ और शालाओं की स्थापना की जा सकती है और इन शालाओं में अधोसंरचनागत आवश्यक सुविधाएँ अवश्य होनी चाहिए।
4. अनिवार्य प्राथमिक शिक्षा कानून के प्रावधानों का कड़ाई से पालन किया जाना आवश्यक है। जिन क्षेत्रों में विमुक्त जनजातियों के लोग पर्याप्त संख्या में रह रहे हैं, शासन को वहाँ के विद्यालयों के विभिन्न संचालक मंडलों को कड़े निर्देश देकर प्राथमिक शिक्षा की व्यवस्था सुनिश्चित करनी चाहिए।
5. इन कॉलोनियों में शिक्षित बेरोजगारों के लिए नि:शुल्क कोचिंग सेंटर बनाए जाएँ। कोचिंग की सुविधा तकनीकी और सामान्य दोनों प्रकार के प्रशिक्षण के लिए होनी चाहिए।
6. विमुक्त जनजाति के बच्चों में खेल की श्रेष्ठ प्रतिभाएँ मिलती हैं। शारीरिक शिक्षा में दिए जाने की प्रक्रिया में सुधार होना चाहिए, और उसके लिए विशिष्ट प्रशिक्षण की सुविधाएँ होनी चाहिए जिससे वे कालान्तर में राज्य और राष्ट्रीय स्तर के खिलाड़ी बन सकें।

सन्दर्भ

1. शिक्षकों को कपड़े, राशन और हर प्रकार का आकस्मिक अनुदान दिया जाता था। अस्वास्थ्यकर क्षेत्र में काम करने के लिए पाँच रुपए प्रतिमाह का विशेष भत्ता सिद्धपुरम के प्राथमिक विद्यालय के सहायक अध्यापकों को मिलता था। उच्च प्राथमिक श्रेणी के

शिक्षकों को 1 अप्रैल, 1932 से रु. 27-1-1-50 का वेतनमान दिया गया। 1 अप्रैल, 1932 से ही उन्हें अस्वास्थ्यकर कार्य के लिए दस रुपए का भत्ता मिला। लोक निर्माण (श्रम) विभाग शा. आदेश 1675, दि. 9 अगस्त, 1932। आन्ध्र अभिलेखागार

2. बस्ती के 76 बच्चों में से 23 लड़के और 17 लड़कियाँ स्कूल में उपस्थित हो रहे थे। वर्ष 1924 में पूरे साल औसत उपस्थिति 19 थी। देखें, *नॉट शोइंग दि प्रोग्रेस मेड इन द सेटलमेंट्स ऑफ़ क्रिमिनल ट्राइब्स इन मद्रास प्रेसीडेंसी अप टु जनवरी 1926*, मद्रास, 1927, पृ. 30 हैदराबाद।
3. लोक निर्माण (श्रम) विभाग, आदेश 137, दि. 19 जनवरी, 1927, पृ. 5। बच्चों को माता-पिता से अलग रखा जाता था। बहुत छोटे बच्चे रात को घर भेज दिए जाते थे। अन्य बच्चों को स्कूल में ही सोना पड़ता था। और देखें, लोक निर्माण (श्रम) विभाग 1719, दि. 9 अगस्त, 1927

सारिणी-18

वर्ष 1930 में स्कूल की स्थिति

कक्षा	*बालक*	*बालिका*	*योग*
कक्षा-1	24	26	50
कक्षा-2	2	1	3
कक्षा-3	2	2	4
कक्षा-4	3	-	3
कक्षा-5	5	-	5
योग	**36**	**29**	**65**

4. देखें, गृह विभाग 3557, दि. 6 सितम्बर, 1937, राष्ट्रीय अभिलेखागार
5. लोक निर्माण (श्रम) विभाग 21900, दि. 28 जुलाई, 1930
6. लोक निर्माण (श्रम) विभाग 2671, दि. 6 दिसम्बर, 1934
7. गृह विभाग 6170, दि. 22 दिसम्बर, 1938
8. लोक निर्माण (श्रम) विभाग 2671, दि. 6 दिसम्बर, 1934
9. गृह विभाग 6170, दि. 22 दिसम्बर, 1938
10. वही
11. गृह विभाग 149, दि. 11 जनवरी, 1947
12. गोला कुप्पन दसारियों को बस्ती में लाए जाने के बाद स्कूल की छात्र संख्या में वृद्धि हुई। पाँचवीं कक्षा उत्तीर्ण करने के बाद विद्यार्थियों को आगे पढ़ाई के लिए कुरनूल भेज दिया गया। देखें, *एडमिनिस्ट्रेशन रिपोर्ट ऑन कल्लार रिक्लेमेशन, कोरवा रिक्लेमेशन, क्रिमिनल ट्राइब्स सेटलमेंट्स एंड यनाडी रिक्लेमेशन फ़ॉर द ईयर ऑफ़ 1947-48,* मद्रास, 1949, पृ. 13
13. गृह (न्यायिक) विभाग 2074, दि. 18 अगस्त, 1916
14. गृह (न्यायिक) विभाग 1225, दि. 20 मई, 1918

15. पूर्वोक्त, पृ. 6
16. मिलड्रेड मेकेंजी : द *मड बैंक*, पेनसिल्वानिया, 1959, पृ. 12
17. विधि (सामान्य) विभाग, वार्षिक रिपोर्ट, सा. आ. 3187, दि. 14 नवम्बर, 1925
18. वही
19. दो अनुत्तीर्ण शिक्षकों को सैशनल स्कूल में भेजा गया। गृह (न्यायिक) विभाग 1225, दिनांक 20 मई 1918
20. विधि (सामान्य) विभाग 1714, दि. 22 अक्टूबर, 1921
21. रहवासियों की आपत्ति थी कि माता-पिता से बच्चों को अलग करना एक क्रूरता है। साल्वेशन आर्मी ने समझाया कि ऐसा इसलिए किया जा रहा है ताकि भविष्य में बच्चे ईमानदारी का पेशा अपना सकें। तब अभिभावक मान गए। तथापि यहाँ यह उल्लेखनीय है कि माबे और रोबिलियार्ड दोनों ही बच्चों को उनके माँ-बाप से अलग करने के घोर विरोधी थे। वे आवासीय विद्यालयों का समर्थन कर रहे थे जहाँ अभिभावकों को अपने बच्चों से मिलने की अनुमति दी जा सकती थी। गृह (न्यायिक) विभाग, आदेश 1759, दि. 5 अगस्त, 1918
22. विधि (सामान्य) विभाग 2267, 16 जून, 1925
23. लोक निर्माण (श्रम) विभाग 2338, 19 अगस्त, 1930
24. वही
25. विधि (सामान्य) विभाग आदेश 3187 दि. 14 नवम्बर, 1924
26. विधि (सामान्य) विभाग 1907, 15 जून, 1925
27. विधि (सामान्य) विभाग 2267, 16 जुलाई, 1925
28. लोक निर्माण (श्रम) विभाग 1551, 20 जुलाई, 1927
29. लोक निर्माण (श्रम) विभाग 2061, 21 अगस्त, 1928
30. लोक निर्माण (श्रम) विभाग 1926, 30 जुलाई, 1931
31. लोक निर्माण (श्रम) विभाग 1313, 17 जून, 1932
32. वही
33. बूथ टकर का कहना था कि यदि कोई व्यक्ति बस्ती की लड़की से विवाह करना चाहता है तो उसे बस्ती में आकर ही रहना होगा। गिलमेन ने बताया कि अधिकांश मामलों में भावी पति पहले से ही जनजाति का सदस्य होगा। देखें, गृह (न्यायिक) विभाग शा.आ. 1639, 5 अगस्त, 1917
34. गृह (न्यायिक) विभाग, आदेश 1639, 8 अगस्त, 1917
35. स्काउट टोलियाँ 1931 में पाँच दिनों के लिए शिविरों में गईं और उन्होंने बाह्य-जीवन का आनन्द उठाया। लोक निर्माण (श्रम) विभाग 1313, 17 जून, 1932
36. गृह विभाग शा.आ. 1571, 21 अप्रैल, 1947
37. गृह विभाग 1508, 21 मार्च, 1938
38. गृह विभाग 1571, 21 अप्रैल, 1947
39. गृह विभाग 1571, 21 अप्रैल, 1946
40. स्टुअर्टपुरम हाईस्कूल की प्रधानाध्यापिका से भेंटवार्ता, 6 फरवरी, 2006
41. वही
42. स्टुअर्टपुरम बस्ती के प्रबन्धक से वार्तालाप, 2 फरवरी, 2006
43. देखें, *रिपोर्ट ऑफ़ द कमिश्नर फ़ॉर शिड्यूल कास्ट्स एंड शिड्यूल ट्राइब्स वर्ष 1962-74*

44. एल.एम. श्रीकान्त : *रिपोर्ट ऑफ़ द कमिश्नर फ़ॉर शिड्यूल कास्ट्स एंड शिड्यूल ट्राइब्स ईयर 1953,* तीसरी रिपोर्ट, नई दिल्ली, 1954, पृ. 200

45. एल.एम. श्रीकान्त : वही, चौथी रिपोर्ट, नई दिल्ली 26 फरवरी,1955 पृ. 232

46. *आदिवासी,* अंक 9 और 10, 15 दिसम्बर, 1962, 15 जनवरी,1963

47. *आदिवासी* (*तेलुगु* मासिक) प्रकाशक आर. नागैया, खंड 10, संख्या 9 और 10 गुंटूर दि. 15 दिसम्बर, 1962 और 15 जनवरी,1963

48. *कल्लूमुंटा* एक काव्य-गाथा है। इसके लेखक पोन्ना कोटेश्वर राव और पोन्ना सत्यनारायण हैं। इसका प्रकाशन 1950 में हुआ था। पोन्ना कोटेश्वर राव द्वारा लिखित *राम राज्यम* येरुकलाओं पर लिखा गया एक अन्य गाथा काव्य है। इसे सन् 1960 में जयन्ती पब्लिकेशंस विजयवाड़ा ने प्रकाशित किया था। ये दोनों बहुमूल्य स्रोत वर्तमान में उपलब्ध नहीं हैं। इन प्रकाशनों से येरुकलाओं की संस्कृति के विषय में विस्तृत जानकारी मिलती है और उनकी विवाह-प्रथा का परिचय प्राप्त होता है। इन ग्रन्थों से इन बस्तियों की सामान्य परिस्थितियों का परिचय भी मिलता है। *आदिवासी* तेलुगु में प्रकाशित होने वाली एक मासिक पत्रिका है, जिसे गुंटूर से 1943 में रामेश्वर नागैया ने प्रकाशित किया था। इसका वार्षिक चंदा एक रुपया और प्रति अंक का मूल्य एक आना था। वर्ष 1943 में ही कम्पा पुनैया ने *येरुकला* पत्रिका का प्रकाशन किया था। पोन्ना कोटेश्वर ने *दलित मार्ग* नाम से एक अन्य पत्रिका प्रकाशित की थी। इस तरह के अन्य पत्र पत्रिकाएँ *गिरिजन ज्योति,* और *एकलव्य* थीं। आर्थिक कठिनाइयों के कारण सन् 1980 के बाद से इनका प्रकाशन नहीं हो रहा है।

अध्याय-11

विमुक्त जनजातियों में स्वास्थ्य-स्तर

1

परिचय

आन्ध्र प्रदेश में चिकित्सा के क्षेत्र में मिशनरियों द्वारा दिया गया योगदान लम्बे समय से ऐतिहासिक शोध का उपेक्षित पक्ष रहा है। आन्ध्र प्रदेश में मिशनरियों ने 'परिवर्तन वाहक' की भूमिका का निर्वाह किया है। तेलुगु प्रदेश में जिस जनता के सम्पर्क में मिशनरी आए, उन्होंने उसके स्वास्थ्य मानकों और व्यवहार को बदलने का प्रयत्न किया। मिशनरियों ने बार-बार यह समझाने की कोशिश की है कि कुपोषण, बढ़ती जनसंख्या और स्वच्छता-सुविधाओं का अभाव तपेदिक, हैजा और चेचक जैसी गम्भीर बीमारियों के फैलने के लिए जिम्मेदार हैं। वे मानती थीं कि अन्धविश्वास और तात्कालिक औषधियों पर अडिग भरोसा होने के कारण अत्यधिक जनहानि होती है।[1]

आन्ध्र प्रदेश में मिशनरियों ने अपना काम रहस्य-कथाओं, मृत्यु और भयावहता वाले क्षेत्रों में शुरू किया। वे औपनिवेशिक शासन के अन्तर्गत स्थानीय जनता के बीच अपना काम कर रहे थे। ईसाईकरण की जटिल प्रक्रिया के साथ-साथ वे अपनी 'देखभाल और निदान' (केयर एंड क्योर) नीति का अनुसरण कर रहे थे। वर्ष 1920 में एक यूरोपीय मिशनरी ने कहा था—'चिकित्सा अभियान के अलावा हिन्दू और मुसलमानों में ईसाइयत के फैलाव का अन्य कोई ज्यादा कारगर तरीका नहीं है।'[2]

अकाल की घटनाओं और उनसे बड़े पैमाने पर होने वाली जनहानि ने मिशनरियों को यह विश्वास दिला दिया था कि मिशनरी कार्यों में चिकित्सा-कार्यक्रम की प्रमुख भूमिका होनी चाहिए। कनाडा की बॅपटिस्ट तेलुगु मिशनरियों ने तटवर्ती तेलुगु भाषी जिलों में चिकित्सा-अभियान के माध्यम से अपने नए अनुयायियों का विश्वास प्राप्त किया। वे इंफ्लूएंजा, हैजा और कुष्ठ जैसी घातक बीमारियों का इलाज करते थे। निम्न जातियों में उनकी पैठ कुष्ठाश्रमों के द्वारा बनी।[3] भारत में अमेरिकी बॅपटिस्ट मिशनरी की गतिविधियों ने कनाडाई बॅपटिस्टों और तेलुगु जनता के बीच सम्पर्क

का मार्ग प्रशस्त किया। सन् 1830 में अमेरिकी बॅपटिस्ट मिशनरी यूनियन के पादरी सेमुअल डे ने तेलुगु क्षेत्र के दक्षिण में मेहनत की। सन् 1897 के दुर्भिक्ष के बाद हैजा और चेचक की महामारियाँ फैल गईं।[4] शासकीय राहत कार्यों में सहायता देने के लिए मिशनरियों ने अपनी चिकित्सा टोलियाँ इन क्षेत्रों में पहुँचाईं। अकाल के व्यापक प्रभाव के कारण कनाडाई बॅपटिस्ट मिशन को एक बड़े क्षेत्र में चिकित्सा-सेवा करने का अवसर मिला।

इस विषय पर शासन ने अनुभव किया कि साल्वेशन आर्मी, अमेरिकी बॅपटिस्ट तेलुगु मिशन और अन्य मानवसेवी संस्थाएँ जनता की सहायता के लिए सफलतापूर्वक काफी कार्य कर रही हैं। साल्वेशन आर्मी पहला ऐसा संगठन था जिसने देश की 'अपराधी' जनजातियों के बीच अपनी चिकित्सा-सेवाओं का सूत्रपात किया। सन् 1895 में साल्वेशन आर्मी नई-नई सक्रिय हुई थी। कमिश्नर बूथ टकर सन् 1901 की जनवरी में भारत आए थे। कार्यभार देकर मेकेंजी को तेलुगु प्रदेश में भेजा गया। मद्रास से दो सौ मील उत्तर में उनका मुख्यालय बनाया गया। इन इलाकों में 1902 में तेलुगु-भाषियों की संख्या 26,000,000 थी। साल्वेशन आर्मी जल्दी ही आन्ध्र प्रदेश के कई जिलों में फैल गई।

बीस के दशक में चिकित्सा-सहायता गतिविधियों का विस्तार हुआ। विदेशी और देसी आर्थिक सहायता से नई इमारतें बनाई गईं, नए उपकरण खरीदे गए और चिकित्सा की नई प्राविधियों का प्रयोग किया गया। साल्वेशन आर्मी ने कुष्ठ उन्मूलन अभियान को चलाने और बाह्य चिकित्सा केन्द्र बनाने में भारतीय डॉक्टरों से सहायता ली। इन लोगों को साल्वेशन आर्मी से मिलने वाली सहायता सामाजिक वातावरण में बदलाव का एक महत्त्वपूर्ण कारण थी। साल्वेशन आर्मी ने पुराने पेटदर्द से पीड़ित मरीजों और कुष्ठ रोगियों के उपचार में नए तरीकों का इस्तेमाल किया। उनके शब्दों में यह एक 'क्रान्ति' थी। कहा गया कि 'जलाशय के एक किनारे पर ब्राह्मण पुरोहित हैं, आधुनिक डाकू जो अपने पापों से मुक्ति के लिए गन्दे हाथ स्वच्छ पानी में धोते हैं, और दूसरे किनारे पर ये ईसाई डॉक्टर हैं जो महान चिकित्सकों के प्रतिनिधि के रूप में, घावों को साफ करते और धोते हैं, रोगों का निदान करते हैं और हर तरह की बीमारियाँ दूर करते हैं और उन्हें ईश्वर की भेड़ को सौंप देते हैं जो दुनिया के पापों को ले जाती है।'[5]

सन् 1920 में तपेदिक और कुष्ठ जैसी बीमारियों के इलाज में साल्वेशन आर्मी की पहल का काफी प्रचार हुआ। कुष्ठ के उपचार में साल्वेशन आर्मी से मिलने वाली सहायता से बड़ी संख्या में अस्पृश्य जातियों ने ईसाई धर्म अपनाया। कुष्ठ रोग ग्रस्त रोगी सामाजिक दमन से छुटकारा पाने के लिए ईसाई बन जाते थे। स्वस्थ हो चुके लोगों ने ईसाई धर्म इसलिए ग्रहण किया क्योंकि यहाँ रोजगार की गारंटी थी। वे लोग मिशनरी कार्य में लग गए।

सन् 1930 में आई आर्थिक मन्दी के परिणामस्वरूप, साल्वेशन आर्मी को कई कठिनाइयों का सामना करना पड़ा। दूर-दूर तक फैल गई हैजा की महामारी ने भी मिशनरियों का काम बढ़ा दिया। हैजा और शिशु-प्रसव के प्रकरणों में सहायता के लिए भारतीय डॉक्टरों की नियुक्तियाँ की गईं। अनेक कठिनाइयों के होते हुए भी कई स्थानों पर मिशनरियों ने उल्लेखनीय कार्य किया। बड़ी संख्या में भारतीय युवक-युवतियों को नर्सिंग का प्रशिक्षण दिया गया। कुष्ठ और अन्य त्वचा रोगों के उन्मूलन के लिए घर-घर जाकर अभियान चलाया गया। मिशनरियों को शैक्षणिक कार्य में संलग्न अन्य सहयोगी मिशनरियों का समर्थन भी प्राप्त था, और उन्होंने गाँवों में प्रचार कार्य भी शुरू कर दिया। मिशनरियों ने भारत के पादरियों और चर्च कर्मचारियों की सहायता ली और नशाखोरी के खिलाफ धर्मादेश निकाले। सन् 1890 में भारत सरकार ने कहा कि 'अन्य प्रान्तों में प्राप्त अनुभव के आधार पर कहा जा सकता है कि जब साल्वेशन आर्मी जैसे संगठन इस काम के लिए सुलभ हैं और ठीक से इसे क्रियान्वित करने में लगे हैं तो उनके अभियान को सहायता देना पर्याप्त मितव्ययी होता है, न केवल इसलिए कि इस पर खर्च कम होता है, बल्कि इसलिए भी क्योंकि उसके परिणाम भी अच्छे प्राप्त होते हैं।'[6]

अतएव, मद्रास सरकार ने रहवासियों के स्वास्थ्य सम्बन्धी मामले जहाँ तक सम्भव हो, गैर सरकारी संगठनों, चाहे मिशनरी हों या कोई अन्य, पर छोड़ने का निर्णय लिया। उसने बार-बार यह भी कहा कि सरकार उन हिन्दू या मुस्लिम संस्थाओं का भी स्वागत करेगी जो समाज सेवा या चिकित्सा के क्षेत्र में कार्यरत हैं। केवल साल्वेशन आर्मी, अमेरिकी बॅपटिस्ट मिशन और लंदन मिशन ही प्रेसीडेंसी में गरीबों और पीड़ितों के चिकित्सा कार्य के लिए सामने आए। सरकार ने अपने प्रबन्धन के अन्तर्गत दस बस्तियाँ बनाई थीं।[7] इनमें स्कूल और अस्पताल भी थे। इन बस्तियों से सरकार को अपेक्षा थी कि इससे अपराध में कमी होगी और जेल में कैद बन्दियों के रोगों को नियंत्रित किया जा सकेगा। इन बस्तियों का मुख्य उद्देश्य था—अच्छा स्वास्थ्य, उचित शिक्षा और सदाचारी जीवन। मौजूदा बस्तियों में किया गया चिकित्सा कार्य उच्च स्तर का था। सरकार को आशा थी कि समय बीतते मानव-सेवा की भावना से जुड़े और अधिक व्यक्ति और संस्थाएँ सरकार के इस मूल्यवान कार्यक्रम में उसका साथ देने के लिए आगे आएँगे।[8]

2

ईसाई मिशनरियों की भूमिका

विमुक्त आदिवासियों की बस्तियाँ घने जंगलों में बनाई गई थीं। जिन क्षेत्रों में उनकी बसाहट के लिए मकान बनाए गए थे वे क्षेत्र मलेरिया रोग से आक्रान्त थे। बस्तियों

के आसपास के इलाके में एनोफिलीस मच्छर बड़ी संख्या में पैदा होते थे। जंगल की नमी और पानी के भराव से मच्छर पैदा होते थे और मलेरिया से विमुक्त जनजातियों के लोग बड़ी संख्या में मरते थे।[9] मद्रास प्रेसीडेंसी में इंफ्लूएंजा के कारण वर्ष 1915 में मृत्यु-दर बहुत अधिक थी। सरकार ने नए अस्पताल खोले। ये अस्पताल उस जगह से केवल दो फर्लांग की दूरी पर थे जहाँ विमुक्त जनजाति बस्तियाँ बसाई गई थीं। सामान्यत:, अस्पतालों का निर्माण मुख्य सड़क के दाहिने किनारे पर किया जाता था। इंफ्लूएंजा के प्रभाव से मुख्य रूप से बस्तियों की मृत्यु-दर स्पष्टत: बहुत अधिक थी। सप्ताह में दो बार निकटतम स्थान से उप सहायक सर्जन को बुलाया जाता था जो बस्ती में आकर अतिसार, हैजा, मलेरिया, बुखार, बेरीबेरी, फोड़े-फुंसी, हृदय-रोग आदि की औषधियाँ देता था। इन बस्तियों में ऐसे मरीजों की प्रतिदिन की उपस्थिति दो सौ से भी अधिक होती थी।[10]

बस्तियों की स्वास्थ्य परिस्थितियों को सुधारने के लिए चिकित्सा अधिकारी नियुक्त किए गए, जो सभी रहवासियों का उपचार करते थे जो रोगी थे। रहवासियों में आम रोग मलेरिया था। बस्तियों में रजिस्टर रखे गए जिनमें रोगियों के नाम, रोग का नाम और अन्य टिप्पणियाँ लिखी जाती थीं। अप्रैल 1920 के बाद से बस्तियों में एक औषधालय खोला गया, जहाँ एक कम्पाउंडर उपलब्ध था। विमुक्त आदिवासी बस्ती में प्रतिवर्ष 'स्वास्थ्य सप्ताह' का आयोजन किया जाता था। रहवासियों को अपनी झोंपड़ियाँ स्वच्छ और आसपास सफाई रखने के लिए प्रोत्साहन स्वरूप पुरस्कार दिए जाते थे, और उन्हें अपने बच्चों के स्वास्थ्य पर ध्यान देने के लिए कहा जाता था।[11] वर्तमान में, आदिवासी गाँवों की स्थिति वास्तव में दयनीय है। सन् 1920 के दशक में स्थापित अस्पताल अब काम नहीं कर रहे हैं। प्रसव के दौरान स्त्रियों की मृत्यु हो जाती है। चिकित्सा सहायता के लिए उन्हें अस्पताल भागना पड़ता है जो काफी दूर हैं। सभी विमुक्त जनजाति बस्तियों के रहवासी अपने यहाँ नियमित अस्पताल की माँग कर रहे हैं।[12] स्टुअर्टपुरम बस्ती में वर्ष 1914 में साल्वेशन आर्मी द्वारा एक अस्पताल खोला गया। स्वास्थ्य-स्तर में सुधार के लिए साल्वेशन आर्मी ने एक अस्पताल का निर्माण किया। चक्रवात, सूखा और अन्य प्राकृतिक आपदाओं के काल में साल्वेशन आर्मी विशेष ध्यान देती थी। प्रत्येक रोगी का तब तक उपचार किया जाता था जब तक वह पूरी तरह निरोग नहीं हो जाता। चिकित्सा सम्बन्धी मामले उप सहायक सर्जन वी. सीताराम अय्यर को सौंपे गए थे जो येरुकलाओं के कल्याण में गहरी दिलचस्पी रखते थे। समुचित भोजन न मिलने से अतिसार और एक्जिमा रहवासियों में आम बीमारियाँ थीं।[13] निराश्रित व्यक्ति अपनी सन्तानों की ठीक से देखभाल नहीं कर सकते थे। उनमें से कई की माताएँ विधवा थीं जो अपने बच्चों को भोजन दे पाने में समर्थ नहीं थीं। बच्चे नियमित रूप से स्कूल नहीं आ पाते थे, और ऐसी परिस्थितियों में

उन्हें स्कूल जाने के लिए विवश करना कठिन था। जो भी हो, वर्तमान में बस्ती की दशा बहुत चिन्ताजनक है।[14]

साल्वेशन आर्मी और ज्यादा अस्पताल और औषधालय खोलने के काम में गम्भीरता से जुटी हुई थी। मरीजों की संख्या में वृद्धि होने से अधिक वार्डों की आवश्यकता हुई। चिकित्सा में सहायक कर्मचारियों के प्रशिक्षण की व्यवस्था भी की गई। कम्पाउंडर, जो साधारणतया, निम्न जातियों को चिकित्सा सहायता उपलब्ध करवाते थे, उन्हें स्वास्थ्य सेवा और सफाई का विशेष रूप से कड़ा प्रशिक्षण दिया गया। चिकित्सा कार्य के विस्तार से साल्वेशन आर्मी के सामने कुछ कठिनाइयाँ भी आईं।[15] दलित जातियों से साल्वेशन आमी के निकट के सम्पर्कों के कारण उन्होंने अनुभव किया कि मद्यनिषेध के प्रचार-प्रसार के लिए एक मजबूत आन्दोलन की जरूरत है। साल्वेशन आर्मी के अधिकारी मानते थे कि कुष्ठ रोगियों के उपचार के सम्बन्ध में सवर्ण हिन्दुओं के विरोध को रोकने का तरीका यही हो सकता है कि महिला स्वास्थ्य मिशनरियों को इस कार्यक्रम में लगाया जाए। अस्पतालों के शल्य-क्रिया और बाह्यरोगी विभागों द्वारा किए गए कुशल कार्य से जनता का भरपूर सहयोग मिला। विभिन्न रोगों की पहचान और उनके उपचार में डॉक्टरों की दक्षता से लोक-प्रचलित अन्धविश्वासों और दुराग्रह में कमी आई। नीम हकीमों और जादू-टोना करने वालों से साल्वेशन आर्मी पूरी तरह से निबट रही थी। इन समुदायों के मरीजों की जिस तत्परता से साल्वेशन आर्मी सेवा कर रही थी, उसका प्रभाव अनेक परिवारों पर पड़ा और वे राहत और समर्थन के लिए ईसा मसीह की तरफ देखने लगे।[16] शराबखोरी, रंगरेली, जादू-टोना, प्रेत-पूजा जैसी पुरानी जीवन-शैली अपनी भयावहताओं के साथ अभी भी बस्तियों में देखी जा सकती थी।

गर्मी का मौसम ऊर्जा और शक्ति को कम करता है। लोग निष्क्रिय हो जाते हैं और वर्षा की प्रतीक्षा करते हैं। वर्षा शुरू होने से पहले बस्तियों में बहुत कुछ भयावह घटता है। 'हैजा' जैसे शब्द का उच्चारण घबराहट में किया जाता है। इसे एक देवी माना जाता है जो 'अम्मा' कहलाती है। वह आतंक की माँ है, और उसे सन्तुष्ट किया जाना चाहिए, ऐसा रहवासी मानते थे। बस्ती के लोग सामने आगे आते थे और अनुष्ठान करते थे, और हैजा अम्मा को गाँव से चले जाने के लिए प्रार्थना करते थे पर बीमारी घर-घर में फैलती जाती थी। मृतक और उसके परिजन साथ-साथ लेटे हुए होते थे। मेडीकल मिशनरी घर-घर जाकर उन सबके गलों में दवा की घूँटें टपका रहे हैं जिन रोगियों के रोगमुक्त होने की आशा थी। शवों को अन्तिम संस्कार के लिए बाहर निकाला जाता है। प्रबन्धक ने बताया कि एक 'कब्र में तीस शव तक दफनाए गए'। लोगों से उनके घर छोड़कर जाने को कहा गया और तब तक खुले मैदान में रखा गया जब तक की महामारी चली नहीं गई।[17]

हैजा फैलने से कुछ दिन पहले, रहवासियों का विश्वास था कि किसी स्त्री पर प्रेतात्मा का साया आता है, जिससे सभी डरते हैं और उसे भारी सम्मान देते हैं। विमुक्त जनजाति बस्ती की एक रहवासी महिला ने बताया—'एक साया मेरे ऊपर आया, कोई बुरी आत्मा मेरे शरीर में प्रवेश कर गई और उसने मुझ पर काबू कर लिया।'[18] इस दौरान वह अर्द्ध-मूर्छा की अवस्था में रहती है और विचित्र तथा भयावह शब्द उसके मुँह से निकलते हैं। कभी-कभी वह चीखने-चिल्लाने लगती है और जिसे सुनकर लोग आतंकित हो जाते हैं। लोग उस प्रेतात्मा के लिए फूल और भेंटें लाते हैं। उस स्त्री के मुँह से एक प्रेत बोल रहा है जिसे सन्तुष्ट करना जरूरी है।'[19]

साल्वेशन आर्मी ने कुष्ठ-बस्ती में एक भारतीय डॉक्टर और उसके लिए एक सहायक की नियुक्ति की। कुछ रोगी तो छाजन से ग्रस्त थे। आज भी कुष्ठ बस्तियों में साल्वेशन आर्मी और उसके अपने डॉक्टर अपना काम कर रहे हैं। साल्वेशन आर्मी ने एक बड़ा काम यह किया है कि कुष्ठ पीड़ितों के लिए दो सौ पचास घर बनाए हैं।[20]

मद्रास प्रेसीडेंसी में हैजे की चपेट में कस्बे और आसपास के गाँव आ गए। विमुक्त जनजाति बस्तियों के आवासीय स्कूलों में बहुत से छात्र रहते थे। साल्वेशन आर्मी ने उनके आने-जाने पर कड़ा प्रतिबन्ध लगा दिया। तमाम सावधानियों के बाद भी कुछ स्कूली बच्चों को हैजा हुआ। उन्हें अलग रखा गया। मिशनरियों ने यह खबर फैलने नहीं दी। गरम पानी का सेंक और खाने की दवाएँ दी गईं। लेकिन परिणाम कुछ नहीं निकला। जो बच्चे मर गए उन्हें तत्काल दफना दिया गया। उनके कमरे चूने से धोए गए और उनके कपड़े जला दिए गए।[21]

विमुक्त जनजाति बस्तियों के रहवासियों में अनुशासन बनाए रखना एक कठिन कार्य था। लेकिन नियम बनाए गए और उन्हें क्रियान्वित भी किया गया। खुली और आजाद जिन्दगी के बाद बँधकर एक जगह रहना आसान नहीं था। साल्वेशन आर्मी बस्ती में शराब नहीं पीने देती थी। कभी-कभी शराब चोरी-छिपे वहाँ पहुँच जाती थी। शराब पीने के बाद झगड़े होते थे। सभी धार्मिक सभाओं में खेल-कूद, स्पर्द्धाएँ, मनोरंजन आदि जैसे विकल्प आजमाए गए।[22] जो बच्चे काम पर नहीं थे और गाँव के जानवर चराते थे, उन्हें साल्वेशन आर्मी ने एकत्र किया। प्रबन्धक ने उन्हें शुरुआती शिक्षा दी। जल्दी ही लड़के और लड़कियाँ लिखना-पढ़ना सीख गए।[23] साल्वेशन आर्मी के अधिकारी ने बताया, 'बहुत छोटे बच्चे धूप में नाचते रहते थे या गाँव के तालाब या नहर में तैरते हुए चरागाह में चरते हुए गाँव के पशुओं की निगरानी करते रहते थे। छोटी लड़कियाँ एक दूसरी की चोटियों में फूल सजाती रहती थीं। छोटे बच्चे घर में पतंगे उड़ाते थे। शाम को वे अपनी भैंसों की पीठ पर सवार होकर निश्चिन्त घर लौटते थे लेकिन घर पर कठिनाई, बीमारी और मौत हमेशा ही उनका सामना

करती है। ईश्वर सुनने के लिए तैयार नहीं था, भले ही तमाम प्रार्थनाएँ की जाएँ और बलियाँ दी जाएँ, ईश्वर खुश नहीं होगा। एक काली खामोशी थी, कोई आशा नहीं, न कोई सहायता, कहीं कोई उजाला नहीं।'[24]

3

सिद्धपुरम बस्ती में स्वास्थ्य और स्वच्छता

वोड्डार रहवासियों का स्वास्थ्य शुरू में बहुत खराब था। बस्ती जिस क्षेत्र में थी वह क्षेत्र मलेरिया से आक्रान्त था। समूची बस्ती बड़े जलाशय के बन्ध से दो-तीन सौ गज की दूरी पर थी। बन्ध और बस्ती के बीच में एक गड्ढा था जहाँ से बन्ध के लिए मिट्टी की खुदाई की गई थी। इस गड्ढे में साल-भर पानी जमा रहता था और वहाँ बेतहाशा झाड़ियाँ और घास उग आई थी। बस्ती के उत्तर में दो हजार गज की दूरी पर एक परनाला था जिसमें पानी जमा रहता था और काई-घास, पतवार उगते रहते थे। गाँव के दक्षिण और दक्षिण-पश्चिम भवनासी नाले के किनारे-किनारे दो-तीन फर्लांग तक इसी तरह की स्थितियाँ थीं। इन गड्ढों में मच्छर पनपते रहते थे। बरसात के मौसम में वह एक-दूसरे से जुड़ जाते थे। बस्ती से दो फर्लांग की दूरी पर दूसरे गड्ढे थे। वर्षा ऋतु में मिट्टी बहुत गीली हो जाती थी। 20 दिसम्बर, 1926 को यह सुझाव दिया गया कि बस्ती को किसी दूसरी जगह ले जाया जाना चाहिए जो सुरक्षित और सुविधाजनक हो।[25]

गाँव चारों तरफ से एनोफिलीज़ प्रजनन क्षेत्रों से घिरा हुआ है। पानी के जमाव वाले गड्ढे मुख्य रूप से तालाब के निर्माण का नतीजा हैं और उनमें रिसाव का पानी भी इकट्ठा होता रहता है। तालाब की तली में गहरे गड्ढे हैं जो साल भर पानी को रोके रहते हैं। दक्षिण-पश्चिम मानसून में मलेरिया का प्रकोप जब सबसे ज्यादा होता है, गाँव से हवा आती है और संक्रमण का एक सम्भावित माध्यम होती है। भावनासी का नया इलाका खरपतवार से साफ है।[26] जंगल की नमी और पानी के जमाव में मच्छर पलते थे और मलेरिया से अनेक मौतें होती थीं। एक नया स्थान चुना गया जो पुरानी जगह से लगभग डेढ़ मील दूर था। नए स्थान से रहवासियों के स्वास्थ्य और चैन में सहायता मिली। बस्ती को वर्तमान स्थान पर जनवरी 1927 में स्थानान्तरित किया गया था।[27] सिद्धपुरम तालाब परियोजना में एक मेडीकल ऑफिसर की नियुक्ति की गई जो सभी बीमार रहवासियों का उपचार करता था। सिद्धपुरम के निवासियों में मलेरिया एक आम बीमारी थी। तेज गर्मी से लोग मरते थे, विशेष रूप से वृद्ध और बालक-बालिकाएँ। रहवासियों में यौन रोगियों की बहुतायत थी। जंगल का भीतरी हिस्सा आज भी मलेरिया-ग्रस्त है।[28] बस्ती में एक रजिस्टर रखा गया जिसमें रोगियों

के नाम, उनकी बीमारी का नाम और टिप्पणियाँ दर्ज की जाती थीं। आत्माकुर का उप सहायक सर्जन महीने में एक बार बस्ती में आता था, वह अपने साल्वेशन आर्मी आत्माकुर से दवाएँ लाता था और बस्ती के प्रभारी अधिकारी को सौंप देता था। बेहतर देखभाल के लिए रोगियों को आत्माकुर भेजना पड़ता था। कम्पाउंडर के साथ एक औषधालय की स्थापना अप्रैल, 1929 में की गई। डिस्पेंसरी की औसत उपस्थिति 24 रोगी प्रतिदिन थी। बस्ती में उपचार किए जाने वाले रोग सामान्यत: ब्रोंकाइटिस, बुखार, मलेरिया, निमोनिया, डिस्पेप्सिया, चेचक, सर्दी जुकाम, पेट की तकलीफें, कान और गले के रोग, अल्सर, त्वचा रोग और इंफ्लूएंजा के कुछ मामले होते थे।[29]

बस्ती में अधिक जन्म-दर का कारण पुरुष और महिला दोनों का ही शिथिल-चरित्र था। वे अपना पति बार-बार बदलती हैं और सिफलिस तथा दूसरे यौन रोगों का शिकार हो जाती हैं। सिफलिस के लिए नियो-साल्वेशन इंजेक्शन दिए जाते थे। अधिक मृत्यु-दर के लिए मलेरिया मुख्य कारण था। इन सब बातों से पता चलता है कि ब्रिटिश सरकार ने सहानुभूतिपूर्ण और व्यवस्थित रुख अपनाया था और उन्होंने किस तरह रहवासियों की स्वास्थ्य समस्याओं में दिलचस्पी दिखलाई थी।[30] वर्ष 1927 में मौतों की संख्या बढ़ गई। यौनरोगों से पीड़ित व्यक्तियों की संख्या बहुत ज्यादा थी। जिला चिकित्सा अधिकारी ने जाँच के लिए रहवासियों को गुंडी अस्पताल में भेजा। बीमारी के उन्मूलन के लिए आवश्यक उपाय किए गए। प्रबन्धक ने वजन तोलने की एक मशीन खरीदी जिससे समय-समय पर बच्चों का वजन लिया जा सके और उनके स्वास्थ्य का ध्यान रखा जा सके। प्रबन्धक ने एक छोटी सिनेमा मशीन भी खरीदी, जिससे वह बस्ती में रहवासियों को सिनेमा दिखाता था। उनके मनोरंजन के लिए मेजिक लालटेनें भी खरीदी गईं।[31]

यहाँ उल्लेख किया जा सकता है कि सिद्धपुरम के प्रबन्धक को बस्ती में रहने वाले सभी निवासियों का रिकॉर्ड रखने का निर्देश दिया गया था, इसमें उनका संक्षिप्त इतिहास, जान-पहचान, धंधे, गतिविधियाँ, चाल-चलन और आचरण का विवरण रहता था। इसका उद्देश्य था कि प्रबन्धक और पुलिस उन पर अच्छी तरह नियंत्रण और निगरानी रख सकें। सम्भाग स्तर के पुलिस अधिकारी समय-समय पर बस्ती का निरीक्षण करने आते थे और वर्ष में एक बार इस रिकॉर्ड का निरीक्षण करते थे। बस्ती की पुलिस चौकी के कांस्टेबल और हेड कांस्टेबल नियमित रूप से रात्रिकालीन गश्त करते थे और यह जाँच करते थे कि अपराध के इरादे से कोई बाहर तो नहीं निकल गया हैं।[32]

सिद्धपुरम में प्रतिवर्ष 'स्वास्थ्य सप्ताह' का आयोजन किया जाता था। जिला चिकित्सा अधिकारी और श्रम आयुक्त ने 20 अक्टूबर, 1930 से 27 अक्टूबर, 1930 तक यह सप्ताह मनाया। स्वास्थ्य सप्ताह के आयोजन के सिलसिले में प्रबन्धक ने निम्न पुरस्कार दिए जाने का सुझाव दिया—

सारिणी-19

सिद्धपुरम रहवासियों को दिए गए पुरस्कार

क्रमांक	*विषय*	*पुरस्कार*	*राशि*
1.	सबसे स्वच्छ घर	प्रथम	रु. 6
2.	सबसे स्वच्छ घर	द्वितीय	रु. 4
3.	सबसे स्वस्थ शिशु	प्रथम	रु. 2
4.	सबसे स्वस्थ शिशु	द्वितीय	रु. 1
योग			**रु. 13**

यह पुरस्कार रहवासियों को इस बात के लिए प्रोत्साहन देने के लिए था कि वे अपनी झोंपड़ियों और आसपास की जगह को साफ रखें और अपने बच्चों के स्वास्थ्य पर ध्यान दें। पुरस्कार की राशि प्रतिवर्ष बढ़ा दी जाती थी। इस तरह सन् 1934 में सबसे स्वस्थ बच्चे को तीन रुपए और सबसे स्वच्छ झोंपड़ी को नौ रुपए पुरस्कार स्वरूप दिए गए।[33]

कभी-कभी, बस्ती के प्रबन्धकों द्वारा निर्दोष रहवासी भी विवाद का कारण बन जाते थे। प्रबन्धक स्कूल का प्रभारी होता था। बड़ी उम्र की लड़कियों को ट्यूशन दी जाती थी। स्कूल की बड़ी लड़कियाँ अपराधियों के घर पढ़ाने और बंजारा-गीतों को सीखने के लिए जाती थीं। उन लड़कियों पर नृशंस हमले हुए और कहा गया, 'एक विद्यालय में, विशेष रूप से यदि वह अपराधी रहवासियों का विद्यालय हो, तो वहाँ अत्यन्त कठोर अनुशासन पूरी तरह आवश्यक है। इस अनुशासन को बनाए रखने में प्रधानाध्यापक के किसी भी कृत्य की आलोचना नहीं की जा सकती।'[34]

सिद्धपुरम में स्वास्थ्य की वर्तमान परिस्थितियों को जानने के लिए भेंटवार्ताएँ आयोजित की गईं। विमुक्त जनजाति कल्याण संघ के सचिव के.आर. सोमैया ने कहा, 'गाँव में वर्तमान परिस्थितियाँ वास्तव में दु:खद हैं। एकमात्र अस्पताल जो सन् 1929 में बनाया गया था, अब बन्द हो चुका है। चिकित्सा सहायता के लिए हमें आत्माकुर भागना पड़ता है। प्रसव के समय महिलाओं की मृत्यु हो जाती है। हम अस्पताल को खोलने की माँग करते रहे हैं।' बस्ती नल्लामलाई पहाड़ की तलहटी वाले क्षेत्र में बसी हुई है, जहाँ साँप और चीतों की बहुतायत है। सूर्यास्त के बाद सिद्धपुरम बस्ती के निवासियों का स्वास्थ्य और स्वच्छता सुरक्षित नहीं रहती, अत: आवश्यकता इस बात की है कि वहाँ प्रकाश और स्वास्थ्य सुविधाओं की व्यवस्था की जाए।[35]

4

स्टुअर्टपुरम बस्ती में स्वास्थ्य और स्वच्छता

स्टुअर्टपुरम (बेथापुडी) की बस्ती मुख्यत: कृषि बस्ती है जिसे साल्वेशन आर्मी ने सीतानगरम बस्ती की जुड़वाँ और सहयोगी बसाहट के रूप में शुरू किया था। सीतानगरम में रोजगार की उपलब्धता एक कठिन समस्या हो गई थी, और साल्वेशन आर्मी ने नई बस्ती को इसलिए स्थापित किया था जिससे सीतानगरम में अच्छा व्यवहार और चाल-चलन वाले रहवासियों को पुरस्कार के रूप में वहाँ भेजा जा सके। इसके प्रबन्धक कैप्टन रोबिलियार्ड थे, जो कृषि विशेषज्ञ थे, उन्हें युवावस्था में सघन-बागवानी का प्रशिक्षण मिला था, उन्हें पूर्वीय देशों में रबर पौधारोपण का व्यापक अनुभव था। उन्होंने बहुत अच्छा काम किया और बस्ती का अच्छा विकास हुआ। शासन ने बस्ती में किए गए उपयोगी कार्यों के लिए साल्वेशन आर्मी की प्रशंसा की थी।[36]

कुल मिलाकर बस्ती में रहने वालों का स्वास्थ्य अच्छा था। सन् 1915 में जन्म-दर 36 प्रति हजार थी। सन् 1915 में रहवासियों ने बस्ती में अधिक मौतें होने की शिकायत की। परीक्षण से पता चला कि वार्षिक मृत्यु-दर केवल 29 प्रति हजार थी और यह शिकायत में बढ़ा-चढ़ाकर की गई थी। शासन ने बापट्ला के सहायक उप सर्जन को निर्देश दिया कि वह समय-समय पर बस्ती का दौरा करे, इसके लिए उसे दस रुपए माहवार का भुगतान भी निर्धारित किया गया। सन् 1915 में मृत्यु 47 प्रति हजार थी। काला-बुखार (एंकाइलोस्टोमियसिस) के निवारण के लिए विशेष उपाय किए गए जो रोग बस्ती के निवासियों में आमतौर पर पाया जाता था।[37]

वर्ष 1918 में बस्ती को कई आपदाओं का सामना करना पड़ा। इनमें महामारी के रूप में इंफ्लूएंजा था।[38] बस्ती के 600 निवासी इस रोग से पीड़ित थे, लेकिन उल्लेखनीय है कि इससे केवल बीस की ही मृत्यु हुई (19 वयस्क और 1 बच्चा)। बस्ती में कोई अस्पताल नहीं था, पीड़ितों की सेवा के लिए बापट्ला का सहायक उप सर्जन सुलभ था, जो सप्ताह में दो बार स्टुअर्टपुरम आता था। इंफ्लूएंजा के मौसम में यह व्यवस्था सन्तोषजनक नहीं थी। किन्तु सन् 1918 की परिस्थितियाँ अपवाद स्वरूप ही थीं और यह सोचा गया कि बस्ती में अलग से एक अस्पताल होना चाहिए।

सन् 1918 में बस्ती की मृत्यु-दर 30 प्रति हजार हो गई। यह बहुत ज्यादा नहीं थी। यह माना गया कि बस्ती में औषधालय की स्थापना, काम की नियमित व्यवस्था और शराबखोरी में कमी से निवासियों के स्वास्थ्य में सुधार होगा। सन् 1918 के साल में बस्ती को दो गम्भीर महामारियों का सामना करना पड़ा—हैजा और चेचक। दुर्भाग्य से सत्तर प्रतिशत मामले ऐसे थे जिनका टीकाकरण हो चुका था। रहवासियों में बेचैनी फैल गई और वे बड़ी संख्या में पलायन करने लगे। बस्ती के अधिकारी

ए.जी. कारड्यू ने रिपोर्ट दी, 'मुझे अफसोस है कि मैं बस्ती की कार्य-शैली से सन्तुष्ट नहीं हूँ। वर्तमान में, स्टुअर्टपुरम को सुधारने के लिए गाँव को खाली कराना पड़ेगा और इसके उत्तर में तीस नई झोंपड़ियाँ बनाकर पानी की निकासी की समुचित व्यवस्था के साथ उसका विस्तार करना होगा।'[39]

वर्ष 1919 में इंफ्लूएंजा ने एक गम्भीर महामारी का रूप ले लिया। शासन ने अस्पताल के उपकरणों के लिए पाँच सौ रुपए की सहायता दी।[40] स्टुअर्टपुरम के प्रबन्धक ने सूचित किया कि वर्षा न होने से गाँव में अकाल की स्थिति बन रही है। अकाल सहायता के लिए सरकार ने दो हजार रुपए भेजे। सर्जन-जनरल ने बस्ती का निरीक्षण किया और राय दी कि गड्ढों को तत्काल भरा जाना चाहिए। वह इन्हें मलेरिया का कारण मानता था। भराई के काम से रहवासियों को मजदूरी मिली। सर्वनाश से बचने के लिए निवासियों से कहा गया कि वे सरकार से अकाल राहत कार्य की माँग करें। 30 सितम्बर, 1919 तक रहवासियों के बीच पका-पकाया भोजन वितरित किया गया।[41] कई महीनों तक बस्ती में कोई डॉक्टर नहीं था। लेकिन सौभाग्य से वर्ष 1921 में रहवासियों का स्वास्थ्य अच्छा बना रहा। सहायक उप सर्जन मंगलगिरि सप्ताह में दो बार बस्ती में आता था और जरूरतमन्दों का उपचार करता था।

एक डिस्पेंसरी की स्थापना की गई जिसे गुंटूर का जिला बोर्ड रख-रखाव के लिए प्रतिमाह पच्चीस रुपए देता था। चिकित्सा राहत की दृष्टि से सरकार ने बस्ती में अलग से अस्पताल बनाने के प्रश्न पर विचार किया (शासकीय आदेश 357 दि. 13 मई, 1921)। किन्तु सर्जन-जनरल की राय पर यह प्रस्ताव टाल दिया गया। उसकी राय थी कि व्यावहारिक रूप से वर्तमान व्यवस्था काफी ठीक है। इंफ्लूएंजा के कारण सन् 1923 में मृत्यु-दर अधिक हो गई। सरकार ने एक नए अस्पताल का निर्माण किया। अस्पताल की निकटतम दूरी दो फर्लांग थी। यह मुख्य सड़क के दाहिने किनारे पर था। इसके साथ के औषधालय की देख-रेख एक प्रशिक्षित यूरोपीय नर्स करती थी। जटिल प्रकरणों को बस्ती से पाँच मील दूर चिराला या बापट्ला भेज दिया जाता था। अस्पताल में आधुनिक उपकरण उपलब्ध थे। वर्ष 1925 में बस्ती में कुछ ही मौतें हुईं।

बापट्ला से सप्ताह में दो बार उप सहायक सर्जन बुलाया जाता था जो संग्रहणी, हैजा, मलेरिया, ज्वर, चेचक, बेरी-बेरी, फोड़े-फुंसी, हृदय रोग, पेट के रोगों की दवाइयाँ देता था। अस्पताल में प्रतिदिन आने वाले मरीजों की संख्या दो सौ से कम नहीं होती थी। सन् 1926 में मौतों की संख्या में वृद्धि हुई और इसका परिणाम यह हुआ कि बड़ी संख्या में येरुकला लोग बस्ती से भाग गए।[42]

स्टुअर्टपुरम एक बड़ी बस्ती है, लेकिन यह बहुत बिखरी हुई है। उनके घर दो-तीन फर्लांग के दायरे में फैले हुए हैं। रहवासी अपने घरों से बाहर रहते हैं और खुले में सोते हैं। भारी ओस या वर्षा में वे मधुमक्खी के छत्ते जैसी झोंपड़ी में रहते

हैं। यहाँ आने वाले अकसर प्रश्न करते हैं कि उन्हें अच्छे मकान क्यों नहीं दिए गए? इसका कारण यह था कि गारा बहुत महँगा था।[43] इस सम्बन्ध में पुलिस महानिरीक्षक का कथन उद्धरणीय है : 'झोंपड़ी बनाने के लिए गारा जुटाने में कठिनाई थी, इसकी वजह यह थी कि रत्नपुरम जाने के लिए कोई सड़क नहीं थी, और रेल-पटरी पर कोई लेवल क्रॉसिंग भी नहीं था।'[44]

बस्ती के अनेक रहवासी बहुत गरीब थे, और कुछ तो अति वृद्ध थे। जब चक्रवात आता था तो टूटी-फूटी झोंपड़ियों पर खासा खराब प्रभाव पड़ता था। साल्वेशन आर्मी के अधिकारी पेनिक का कहना था : 'सभी झोंपड़ियों की छतें उड़ गई हैं और उन्हें फिर से बनाना पड़ेगा। यहाँ उपलब्ध ताड़ के पत्तों पर भरोसा करना ठीक नहीं है। चक्रवात का प्रभाव केवल बस्ती पर ही नहीं हुआ है, बल्कि आसपास के इलाके की हर एक झोंपड़ी इसने उजाड़ दी है।'[45]

पुनर्निर्माण के लिए प्रत्येक झोंपड़ी को चार रुपए की सहायता स्वीकार की गई। कुछ सरकारी इमारतें भी बुरी तरह क्षतिग्रस्त हुई थीं, जिन्हें तत्काल मरम्मत किया जाना था। साल्वेशन आर्मी के कर्मचारियों और समुदाय के युवाओं ने इस चुनौती का सामना किया। उन्होंने लोगों की जान बचाई और उन्हें सुरक्षा दी। साल्वेशन आर्मी ने भोजन की व्यवस्था के लिए चावल के पचास बोरे खरीदे। पास जारी नहीं किए गए थे और सभी रहवासी बस्ती में ही रहे। चक्रवात से नष्ट हुए झोंपड़ियों को बनाने पर साल्वेशन आर्मी ने रु. 3,700 खर्च किए। रहवासियों के लिए भोजन की आपूर्ति और क्षतिग्रस्त सरकारी इमारतों की मरम्मत आवश्यक थी। कहा गया कि 'बस्ती की एक अच्छी बात यह है कि जिन रहवासियों ने कृषि-कार्य को अपनाया है, उन्होंने अपने लिए जो घर हाल ही में बनाए हैं वे बहुत सुन्दर हैं। इस बात के संकेत मिल रहे हैं कि वे स्थायी रूप से यहीं रहना चाहते हैं।'[46]

साल्वेशन आर्मी चक्रवात, सूखा और अन्य प्राकृतिक आपदाओं के समय विशेष ध्यान देती थी। झोंपड़ियों को ठीक रखने के लिए मद्रास सरकार समय-समय पर धनराशि स्वीकार करती थी जो औसतन प्रति झोंपड़ी सोलह रुपए होती थी।[47] व्यक्तिगत रोगियों का उपचार तब तक किया जाता था, जब तक वे पूर्णत: स्वस्थ नहीं हो जाते थे। वर्ष 1927 में डिस्पेंसरी में 10,650 प्रकरणों में इलाज किया गया। यह आश्चर्य है कि वर्ष 1922 में पहली बार बस्ती में राष्ट्रीय स्वास्थ्य सप्ताह मनाया गया। येरुकलाओं ने इसमें बढ़-चढ़कर भाग लिया।[48] डिस्पेंसरी को भेजी जाने वाली दवाएँ लोगों की आवश्यकता को देखते हुए अपर्याप्त थीं। वर्ष 1927 में कोंडाया नायडू की नियुक्ति चिकित्सा अधिकारी के पद पर हुई और उन्होंने लोगों की जरूरतों पर पूरा ध्यान दिया। वर्ष 1927 में ही स्टुअर्टपुरम के औषधालय में एक कम्पाउंडर की नियुक्ति की गई। उसका वेतनमान 30-1/2-351/2-40 था। साल्वेशन आर्मी ने उसी योग्यता का कम्पाउंडर नियुक्त किया जो सरकारी अस्पतालों के लिए आवश्यक था।[49]

मद्रास के श्रम आयुक्त जे. गेरी ने सन् 1929 में बस्ती का निरीक्षण किया। उन्होंने अस्पताल में हैजा और संक्रामक रोगों के लिए अलग से बनाए गए वार्ड देखे। ऐसे रोगियों की देखभाल के लिए कम्पाउंडर और ड्यूटी नर्स के अतिरिक्त और कोई नहीं था। इस काम में सहायता करने के लिए दस रुपए महीने पर एक वार्ड बॉय की नियुक्ति की गई।[50]

वर्ष 1930 में उप सहायक सर्जन वी. सीताराम अय्यर ने चिकित्सा के मामलों की पड़ताल की। वे रहवासियों के कल्याण में गहरी दिलचस्पी रखते थे। उन्होंने कुछ रहवासियों को बापट्ला के अपने स्थानीय अस्पताल में रहने की अनुमति भी दी थी, जिससे उन पर लगातार ध्यान दिया जा सके। एक अशासकीय प्रेक्षक जी.आर. प्रेमैया का कहना था, 'रहवासियों का यह एक बड़ा सौभाग्य है कि बस्ती में एक अनुभवी कम्पाउंडर और एक नर्स रह रही है।'[51] अस्पताल रहवासियों के लिए बड़ा उपयोगी था। रहवासियों के स्वास्थ्य की दृष्टि से वे अस्पताल से बहुत खुश हैं जो आधुनिक रूप से हवादार है और शासन ने रहवासियों को आरामदायक रूप से रहने की तमाम सुविधाएँ प्रदान की हैं।[52] वर्ष 1930 में ही बस्ती में एक जच्चा-वार्ड भी खोला गया। साल्वेशन आर्मी के क्षेत्रीय कमांडर ने कहा, 'बाह्य रोगियों और प्रसव प्रकरणों की संख्या लगातार बढ़ रही है। बस्ती में अतिथि चिकित्सक के स्थान पर पूर्णकालिक चिकित्सा अधिकारी की नियुक्ति की गई है।'[53]

अस्वास्थ्यकर भोजन की वजह से संग्रहणी और एक्जिमा के प्रकरण बहुत ज्यादा होते थे। येरुकला रहवासी टूटे हुए चावल और मिर्च का बहुत प्रयोग करते थे। स्टुअर्टपुरम से चार मील के दायरे में चौबीस गाँव थे। जनता निरन्तर माँग करती थी कि अस्पताल सर्वसाधारण के लिए खोल दिया जाना चाहिए। अस्पताल में सफाई नहीं थी और वहाँ अस्वास्थ्यकर दुर्गन्ध आती थी। डॉक्टर भी नियमित रूप से उपस्थित नहीं होते थे। वर्ष 1934 में कुछ रहवासी कुष्ठ से संक्रमित हो गए। उन्हें बापट्ला की कुष्ठ कॉलोनी में बाह्य रोगी के रूप में उपचार दिया गया। कपड़े, भोजन और दवाएँ उन्हें पहुँचाई गईं। बस्ती में जन्म और मृत्यु का रिकॉर्ड साल्वेशन आर्मी द्वारा रखा जाता था।[54]

निराश्रित रहवासी अपनी सन्तानों की ठीक से देखभाल नहीं कर पाते थे। अनेक बच्चों की माताएँ विधवा थीं जो उनके लिए भोजन की व्यवस्था भी नहीं कर पाती थीं। बच्चे स्कूल भी नहीं जाते थे और इन परिस्थितियों में उन्हें विवश भी करना उचित नहीं था। साल्वेशन आर्मी तीन रुपए प्रतिमाह के सरकारी व्यय से उन्हें भोजन देती थी। आवासीय विद्यालय में निराश्रित बच्चों के भोजन के लिए निम्न शर्तें थीं—(1) प्रत्येक बच्चे पर तीन रुपए से ज्यादा खर्च नहीं होना चाहिए, (2) बच्चे को नियमित रूप से स्कूल में उपस्थित होना पड़ेगा, (3) यदि बच्चे को कोई आश्रय प्राप्त हो जाता है तो भोजन देना बन्द किया जाएगा और (4) बच्चे की आयु 16 वर्ष से अधिक हो जाने पर उसे भोजन नहीं दिया जाएगा।[55]

रहवासियों के बीच अकसर लड़ाई-झगड़े होते रहते थे, इसका मुख्य कारण पास के बापट्ला, गोविनिवारिपालम, इपुरुपालम और वेड्डलापल्ली आदि गाँवों में ताड़ी की बिक्री था। जहाँ भी ताड़ी उपलब्ध थी, वहीं विवाद जरूर होता था। इपुरुपालम गाँव में शराब की बिक्री का लाइसेंस देने में सावधानी नहीं बरती गई थी। बहुत से मजदूर ऐसे थे जो इपुरुपालम गाँव से तम्बाकू कारखाने में काम करने के लिए वहाँ से दिन में दो बार गुजरते थे।[56] तम्बाकू कारखाना जब चालू रहता था तब वहाँ 3,500 पुरुष-स्त्रियों को रोजगार मिला होता था। कॉलोनी के मुक्त रहवासी वहाँ नियमित रूप से काम पर जाते थे। उन्हें सुबह सात मील चलकर कारखाने में पहुँचना होता था। श्रम आयुक्त ने कहा था, 'रहवासी परिस्थितियों से अप्रभावित नहीं हैं और उन्हें बंदिश में नहीं रखा जा सकता।' तम्बाकू कारखाने में काम करने वालों की निगरानी के लिए पुलिस नहीं लगाई गई थी।'[57]

वृद्ध स्त्री-पुरुषों को भरण-पोषण के लिए भत्ता दिया जाता था। इसकी दो श्रेणियाँ थीं : (1) सन्तान सहित विधवाएँ और (2) ऐसी स्त्रियाँ जिनके पति जेल में हैं अथवा गायब हैं। इस धन का कई तरह से दुरुपयोग होता था। जरूरतमन्दों के लिए अच्छे भोजन का आकर्षण तो था ही। एक नई व्यवस्था की गई जिस के अन्तर्गत अक्षम लोगों को उनकी जरूरत का भोजन और वस्त्र दिए जाते थे। सन् 1933-34 की सरकारी रिपोर्ट में कहा गया था, 'यह तो साफ है कि नकद सहायता का कई तरीके से दुरुपयोग किया जा सकता है, लेकिन भोजन का मिलना उन्हें पसन्द आएगा क्योंकि इसकी जरूरत उन्हें वास्तव में है।'[58] जब ग्रामीण चिकित्सक ने कार्यभार ग्रहण किया तब स्टुअर्टपुरम के कम्पाउंडर को 4 जनवरी,1949 को हटा दिया गया। डिस्पेंसरी की मिडवाइफ प्रसूति के मामलों में सहायता करती थीं। सन् 1950 में स्टुअर्टपुरम बस्ती में चेचक का एक बड़ा प्रकोप हुआ। लेकिन स्वास्थ्य विभाग द्वारा चेचक उन्मूलन के उपाय करने से इस प्रकोप पर अंकुश लग गया।

5

निष्कर्ष

सन् 1945 के बाद चिकित्सा मिशनरियों की गतिविधियों में कमी आई है। जब यूरोप में महायुद्ध से समाप्ति के संकेत मिल रहे थे, तभी अनेक मिशनरियों ने अपने देश लौटने की इच्छा व्यक्त की थी। आन्ध्र प्रदेश में भी मिशनरी और चिकित्सा विशेषज्ञ स्वदेश जाना चाहते थे।[59] दूसरे महायुद्ध में इतना अधिक खर्च हो चुका था कि मिशनरियों की अधिकांश मानवीय गतिविधियाँ लगभग रुक गई थीं। इन मिशनरियों के लिए अब मुफ्त चिकित्सा सहायता दे पाना बहुत कठिन हो गया था। इधर, भारत सरकार

ग्रामीण स्वास्थ्य के लिए विशेष कार्यक्रम शुरू कर रही थी। मिशनरी अस्पताल शासकीय संस्थाओं के सामने प्रतिस्पर्द्धा में आ गए थे। ऐसी स्थिति में, बने रहने के लिए मिशनरियों ने अपने अस्पतालों का परस्पर विलीनीकरण करने का निर्णय लिया जिससे उनके संसाधनों का समन्वय हो सके।[60] मिशनरियों की गतिविधियाँ 'चिकित्सकीय धर्म प्रचार' का महत्त्व प्रदर्शित करती हैं। मिशनरियों का साहित्य बीसवीं सदी की शुरुआत से ही चिकित्सा अभियानों की कथाओं से भरा पड़ा है। इस बात का बार-बार उल्लेख किया गया है कि सामूहिक धर्मान्तरण की प्रक्रिया में धर्म और औषधि का अद्‌भुत सम्मिश्रण धर्मान्तरण के लिए प्रभावी उत्प्रेरक का काम करता है।[61]

तथापि, यह संदिग्ध ही है कि ऐसे दोहरे गुणों से सम्पन्न मिशनरियाँ सामूहिक धर्मान्तरण की जटिलता में अप्रभावी रही हैं। भारत में सामूहिक धर्मान्तरण में मिशनरियों को बहुत कम सफलता मिली है। उनकी धर्मान्तरण की प्रक्रिया में सफलता प्राय: और प्रधानत: उन कुष्ठ पीड़ित रोगियों तक ही सीमित रहीं जिनका उन्होंने कुष्ठ-गृहों में उपचार किया गया। मिशनरियों ने सुशिक्षित डॉक्टर भेजे, मेडीकल प्रशिक्षण केन्द्र बनाए, हैजा और टायफाइड जैसी भीषण महामारियों से संक्रमित क्षेत्रों में उन्होंने अस्पताल और डिस्पेंसरियाँ स्थापित कीं। प्रसव और शिशु-चिकित्सा के केसों में मिशनिरयों ने सफलता अर्जित की थी। मिशनरियों द्वारा प्रदान की गई चिकित्सा सेवा शासकीय संस्थानों की तुलना में बहुत कम थी। लेकिन सीमित कार्य के बाद भी उपचार और स्वास्थ्य की दृष्टि से तथा आधुनिक उपकरणों और तरीकों का उनके द्वारा किया गया प्रयोग सन्तोषजनक रहा है।[62] रोगियों के उपचार में उनकी सहानुभूति, मातृत्व-भाव, और निष्काम सेवा के गुण उनकी सफलता का कारण रही है। सामाजिक स्वीकृति प्राप्त करने के लिए मिशनरियों ने कड़ी मेहनत की थी। सवर्ण जातियों द्वारा उनका विरोध उनकी प्रगति में बाधक बना रहा। लेकिन इसकी भरपाई संक्रामक रोगों की चिकित्सा में उनकी सफलता से हो गई थी। साल्वेशन आर्मी, अमरीकी बॅपटिस्ट मिशन, कनाडाई और अन्य मिशनरियों द्वारा प्रदर्शित अनन्य सेवा भावना ने रहवासियों का दिल जीत लिया था। बस्ती के अस्पतालों में इलाज के लिए आनेवाले रोगियों की संख्या बढ़ती गई। मिशनरी प्रत्येक आत्मा की सेवा और सार्वभौतिक मानवीय बन्धुत्व में विश्वास करते थे।

सन्दर्भ

1. यू. वाह च्युंग : *मिशनरी मेडिसिन इन चाइना, ए स्टडी ऑफ़ टू कैनेडियन प्रोटेस्टेंट मिशन्स बीफ़ोर 1937*, लेनहम, 1988, पृ. 3
2. मेरी पालीन जेफरी : *इडा एस. स्कुडर ऑफ़ वेल्लोर : एन एप्रीसिएशन ऑफ़ फॉर्टी ईयर्स ऑफ़ सर्विस इन इंडिया*, मैसर, 1939, पृ. 13-17

3. डी. क्लार्क विलसन : द *स्टोरी ऑफ़ डॉक्टर इडा ऑफ़ वेल्लोर,* लंदन, 1959, पृ. 83-87। कनाडा की बॅपटिस्ट मिशनरी ने अपनी सारी शक्ति चिकित्सा सहायता में लगाई। उन्हें आदिवासी क्षेत्रों में अपने अनुयायी मिले गए। उन्होंने चर्च, मिशन केन्द्रों और वार्षिक सम्मेलनों का आयोजन किया। बाइबल की शिक्षा, स्कूलों को खोलना, दवाखाने और अस्पताल खोलने और दलित-वर्ग के रोगियों के उपचार में उन्होंने कई महिलाओं का भी सहयोग लिया।
4. गृह (न्यायिक) विभाग, आदेश 475 दि. 9 फरवरी,1920। और देखें, *नॉट शोइंग द प्रोग्रेस मेड इन दि सेटलमेंट ऑफ़ क्रिमिनल ट्राइब्स इन मद्रास प्रेसीडेंसी अप टु जनवरी 1975,* मद्रास, 1926, पृ. 8
5. लोक निर्माण (श्रम) विभाग 2671, दि. 6 दिसम्बर, 1934
6. वही
7. *नॉट शोइंग दि प्रोग्रेस...* (उपरोक्त) पृ. 10
8. वही
9. गृह विभाग, 372, दि. 28 जनवरी, 1937
10. लोक निर्माण (श्रम) विभाग 379, दि. 30 अप्रैल, 1943
11. गृह विभाग 1625, दि. 31 मार्च, 1941
12. गृह विभाग 140, दि. 10 जून, 1941
13. गृह विभाग 372, दि. 28 जनवरी,1937
14. लोक निर्माण (श्रम) विभाग 738, दि. 27 मई, 1936
15. गृह विभाग 1284, दि. 28 मार्च, 1937
16. गृह विभाग 2181, दि. 7 जून, 1937
17. मिलट्रेड ई. मेकेंजी : *दि मड बैंक,* पेनसिलवानिया, पृ. 30
18. वही
19. बूथ टकर एफ. : *मुक्ति फौज और फॉर्टी ईयर्स विद साल्वेशन आर्मी इन इंडिया एंड सीलोन,* मार्शल ब्रदर्स लंदन, पृ. 40
20. बूथ टकर एफ. : *क्रिमिनोक्यूरोलॉजी आर दि इंडियन क्राइम एंड व्हाट टु डू विद इट—ए रिपोर्ट ऑफ़ दि साल्वेशन आर्मी एमंग दि क्रिमिनल ट्राइब्स,* लंदन
21. साल्वेशन आर्मी : *दि वार क्राई 1911-1919,* इंटरनेशनल हेरिटेज सेंटर, लंदन
22. वही
23. वही
24. वही
25. लोक निर्माण (श्रम) विभाग 52, दि. 6 जनवरी, 1927
26. लोक निर्माण (श्रम) विभाग 137, दि. 19 जनवरी, 1927
27. लोक निर्माण (श्रम) विभाग 2190, दि. 26 जुलाई, 1930
28. गृह विभाग 2662, दि. 25 अक्टूबर, 1920। सितम्बर 1926 से आत्माकुर का उप सहायक सर्जन महीने में चार बार जाने लगा। यह भी देखें, लोक निर्माण (श्रम) विभाग 137, दि. 19 जनवरी, 1927
29. लोक निर्माण (श्रम) विभाग 2190, दि. 28 जनवरी,1930
30. लोक निर्माण (श्रम) विभाग 137, दि. 19 जनवरी, 1927
31. मद्रास शासन : *नॉट शोइंग द प्रोग्रेस मेड इन द सेटलमेंट्स ऑफ़ क्रिमिनल ट्राइब्स इन मद्रास प्रेसीडेंसी 1916,* गवर्नमेंट सेंट्रल प्रेस, 1917। पच्चीस रुपए प्रतिमाह के वेतन पर

सिद्धपुरम बस्ती में एक मिडवाइफ की नियुक्ति की गई। बुखार और चेचक के कारण मृत्यु-दर लगातार बढ़ रही थी। समय पर टीकाकरण से इसे रोका जा सका। गृह विभाग शा.आ. 2113 दि. 13.7.1944। और देखें, लोक निर्माण (श्रम) विभाग 2190 तथा 2671 वर्ष 1930, और 1934

32. लोक निर्माण (श्रम) विभाग 2671, दि. 6 दिसम्बर, 1934
33. लोक निर्माण (श्रम) विभाग 2970, दि. 8 जनवरी, 1934
34. गृह विभाग 149, दि. 8 जनवरी, 1934
35. विमुक्त जनजाति संघ के अध्यक्ष के.आर. सोमैया के साथ साक्षात्कार, सिद्धपुरम, 24 नवम्बर, 2006
36. गृह विभाग 475, 2074, दि. 18 अगस्त, 1916
37. लोक निर्माण (श्रम) विभाग 1974, दि. 10 अगस्त, 1920 और गृह (न्यायिक) विभाग 2074, दि. 22 मार्च, 1920
38. वर्ष 1918 में इंफ्लूएंजा के कारण मृत्यु दर में तेजी आई। चिकित्सा अधिकारी गिफार्ड को बस्ती के अस्पताल में जाना पसन्द नहीं था। चिटाला, वेटापालम और बापट्ला में मलेरिया का प्रकोप था। इसलिए सिद्धपुरम में भी मलेरिया का प्रभाव पड़ा। मलेरिया की वजह से रोमन कैथोलिक पादरी चर्च छोड़कर चले गए। जिला चिकित्सा और सफाई अधिकारी ने निम्नलिखित मलेरिया-रोधक उपाय सुझाये—(1) नालों को भरना, (2) सारा कचरा हटाना, (3) सारे गड्ढों को भर देना, (4) रहवासियों के घरों के आसपास मिलने वाले घड़ों और खाली डिब्बों को तोड़कर गाड़ देना, (5) मलेरिया पालने वाले मच्छरों के गड्ढों को बन्द करते समय पाइरेथ्रम और मिट्टी के तेल का प्रयोग करना। साल्वेशन आर्मी ने यह दायित्व सँभाला।
39. गृह विभाग 1974, दि. 10 अगस्त, 1920
40. विधि (सामान्य) विभाग 1714, दि. 22 अक्टूबर, 1921
41. विधि (सामान्य) विभाग 732, दि. 8 अगस्त, 1925
42. लोक निर्माण (श्रम) विभाग 1996, दि. 16 जनवरी, 1939
43. लोक निर्माण (श्रम) विभाग 3064, दि. 5 नवम्बर, 1936
44. वर्ष 1934 में स्टुअर्टपुरम में कुल चौदह इमारतें थीं। पहली और छठवीं इमारत में प्रबन्धक रहता था, और दूसरी इमारत में सहायक प्रबन्धक। इमारत 3, 4, 5, 7, 8 और 14 में शिक्षक रहते थे। दसवीं इमारत में नर्सें थीं। ग्याहरवीं में कम्पाउंडर, तेरहवीं इमारत स्टोर रूम थी। नवीं में पोस्ट ऑफिस और 12वीं नम्बर की इमारत में प्रबन्धक का रसोइया रहता था। लोक निर्माण (श्रम) विभाग आदेश क्र. 1757, दि. 6 अगस्त, 1935
45. दि वार क्राई, साल्वेशन आर्मी का मासिक पत्र, अप्रैल, 1937
46. लोक निर्माण (श्रम) विभाग 1986, दि. 16 जनवरी, 1933, और विधि (सामान्य) विभाग शा.आ. 748, दि. 15 सितम्बर, 1925
47. लोक निर्माण (श्रम) विभाग 1551, 20 जुलाई, 1927
48. लोक निर्माण (श्रम) विभाग 1654, दि. 6 जुलाई, 1928
49. लोक निर्माण (श्रम) विभाग 973, दि. 3 अप्रैल, 1928
50. लोक निर्माण (श्रम) विभाग 3260, दि. 18 नवम्बर, 1930
51. लोक निर्माण (श्रम) विभाग 156, दि. 30 जुलाई, 1931
52. लोक निर्माण (श्रम) विभाग 2007, दि. 11 सितम्बर, 1934

53. लोक निर्माण (श्रम) विभाग 1298, दि. 4 जून, 1935
54. लोक निर्माण (श्रम) विभाग 543, दि. 1 मार्च, 1935
55. लोक निर्माण (श्रम) विभाग 1925, दि. 5 सितम्बर, 1936
56. गृह विभाग 5701, दि. 30 अक्टूबर, 1939
57. लोक निर्माण (श्रम) विभाग 1313, दि. 17 जून, 1932
58. भरण-पोषण भत्ता किन परिस्थितियों में दिया जाता था, यह निम्न तालिका में दर्शाया गया है—

सारिणी-20

भरण-पोषण भत्ता

क्रमांक	*परिस्थितियाँ*	*प्रतिमाह दी जाने वाली राशि*
1.	दो छोटे बच्चों के साथ विधवा	रु. 4.00
2.	पति जेल में, एक स्कूली बच्चा	रु. 4.00
3.	परित्यक्ता महिला, दो बच्चे	रु. 4.00
4.	विधवा, दो किशोर बच्चे	रु. 4.00
5.	पति जेल में, तीन बच्चे	रु. 4.00
6.	पति जेल में	रु. 3.00
7.	पति जेल में, एक छोटा बच्चा	रु. 4.00

59. रोजमेरी फिट्जेराल्ड : *क्लीनिकल क्रिश्चेनिटी, इमरजेंस ऑफ़ मेडीकल वर्क ऐज़ ए मिशनरी स्ट्रेटेजी इन कॉलोनियल इंडिया 1800-1914।* विस्वामीपति और मार्क हेरिसन (सम्पादक) *हेल्थ, मेडिसन एंड एम्पायर, प्रॉसपेक्टिव्स इन कॉलोनियल इंडिया,* हैदराबाद 2001, पृ. 80
60. लोक निर्माण (श्रम) विभाग 2671, दि. 6 दिसम्बर, 1934
61. जहाँ संस्कृति और विश्वासों में विविधता थी वहाँ मिशनरियों ने ईसाइयत को फैलाया। डॉ. अर्नेस्ट एफ.नेव : *ए क्रूसेडर इन कश्मीर, बीइंग द लाइफ़ ऑफ़ डॉ. आर्थर नेव, विद एन एकाउंट ऑफ़ दि मेडीकल मिशनरी वर्क ऑफ़ टू ब्रदर्स,* लंदन 1928, पृ. 14
62. *रिपोर्ट ऑफ़ दि केनेडियन बॅपटिस्ट मिशन इन इंडिया,* सत्ताइसवाँ वार्षिक सम्मेलन, पृ. 18, यह भी देखें—
    1. *मिशन डेन्डवुक, बॅपटिस्ट फॉरैन मिशनरी सोसायटी,* टोरंटो, 1895, पृ. 13
    2. ऑरवल ई. टेनियल : *राइजिंग टाइड्स इन इंडिया (ए प्रोफाइल ऑफ़ पास्ट एंड प्रजेंट)* खंड-V,1836, पृ. 362
    3. रेव. एम.एल. आरकार्ड और के.एस. मेकलारिन : *दि एंटरप्राइज, द जुअली स्टोरी ऑफ़ द कनाडियन बॅपटिस्ट मिशन इन इंडिया 1874-1914,* टोरेंटो, 1924, पृ. 32
    4. रेव. एम.एल. आरकार्ड : *केनाडियन बॅपटिस्ट मिशन इन इंडिया,* टोरेंटो, 1922, कनाडियन बॅपटिस्ट (तेलुगु) मिशन की 1899 की रिपोर्ट (23वीं वार्षिक कॉन्फ्रेंस), कोकनाडा 12-16, जनवरी, 1900, मद्रास 1909, पृ. 38
    5. मेरिस मेकलारिन : 25 ईयर्स, पृ. 100

अध्याय-12

विमुक्त समुदाय—स्वतंत्रता के बाद

1

औपनिवेशिक सरकार ने बहुत पहले सन् 1871 में मनमाने और अन्यायपूर्ण तरीके से हमारे देश की आदिम जनजातियों, जातियों और यहाँ तक कि मुसलमानों के भी एक समुदाय के विरुद्ध अपराधी जनजति कानून पारित किया था। औपनिवेशिक शासन इस कानून के द्वारा हमारी जनसंख्या के कुछ उद्दंड और अपराधी वर्गों को नियंत्रित करना चाहता था। क्रमश: संशोधनों के बाद वर्ष 1924 में यह कानून वर्तमान स्वरूप ग्रहण कर पाया। सन् 1947 में मद्रास प्रेसीडेंसी ने और बम्बई प्रेसीडेंसी ने और सन् 1949 में बम्बई प्रेसीडेंसी ने इस कानून को निरस्त कर दिया। आदिम जनजातियों की अखिल भारतीय जाँच समिति ने सन् 1949 में अपराधी जनजातियों की समस्याओं का मूल्यांकन करने के बाद इस कानून को हटाने की सिफारिश की थी। उसके बाद से इन अपराधी समूहों के सदस्यों को विमुक्त समुदायों के रूप में पहचान मिली है।

इन अपराधी जनजातियों की 'अपराधी' गतिविधियों को रोकने के लिए अंग्रेजी शासन ने अनेक बस्तियाँ बसाईं और उनके प्रबन्धन का दायित्व साल्वेशन आर्मी, अमेरिकी बॅपटिस्ट मिशन, शिरोमणि खालसा दीवान, देव समाज, आर्य समाज जैसी स्वयंसेवी संगठनों को सौंप दिया। इनके अतिरिक्त आदिम जाति सेवक संघ को भी कुछ बस्तियों के प्रबन्ध का प्रभारी बनाया गया। ये संगठन अपराधी जनजातियों के नैतिक उत्थान में शासन को अपना सहयोग दे रहे थे। अपराधी जनजाति कानून के निरस्तीकरण के बाद, तमाम तथाकथित 'अपराधियों' को अपराध के कलंक से छुटकारा मिला है। भारत सरकार द्वारा गठित पिछड़ा वर्ग जाँच आयोग (1995) ने उनके सुधार के लिए अनेक सुझाव दिए थे, जिससे वे अपने लिए जीवन का नया अध्याय लिख सकें और अच्छे नागरिक बन सकें।

विमुक्त जनजातियों का समाजगत अनुभव आज भी समाज के मुखर वर्ग द्वारा उन्हें दमन के भय से आक्रान्त करता है। जब तक समाज जीवन के सभी क्षेत्रों में उनके साथ अन्य जैसा समान व्यवहार नहीं करती और उन्हें समान अवसर नहीं

देती, तब तक वह अपने खोल से बाहर नहीं आ पाएँगे। हमें जो करना चाहिए, वह यह है कि उनमें एक्य का भाव और संसक्ति और समझ की भावना विकसित की जाए। इसके लिए मनोवैज्ञानिक उपाय करना होंगे।[1]

2

यथास्थिति में बदलाव : जंगल के कानून, भूस्वामित्व और कृषि

आदिम समुदायों के लिए माना जाता है कि वे सबसे पहले बसने वाले स्थानीय जनसमूह थे, लेकिन यह भी सच है कि कई परिस्थितियों के दबाव में वे एक जगह स्थिर नहीं थे और भटकते रहते थे। हजारों वर्षों तक ये जनजातियाँ वनवासी बनी रहीं जिनका बाहर की दुनिया से कोई सम्पर्क नहीं था। उन्नीसवीं और बीसवीं सदी में रेल और सड़क जैसे संचार साधनों का विस्तार हुआ और ये संचार साधन पर्वतों-जंगलों तक जा पहुँचे जहाँ यत्र-तत्र बिखरी हुई जनशून्य बस्तियों में ये आदिम समुदाय रहते थे। मध्य तथा दक्षिणी भारत में आदिवासी क्षेत्रों पर जमीन के लालच में उच्च जातियों का वहाँ अतिक्रमण हुआ। सूदखोर, ठेकेदार, और भूमि हड़पने वालों का आदिवासियों की जमीनों पर कब्जा हुआ और आदिवासी कर्ज के दुष्चक्र में फँसते चले गए। पूर्व में ये आदिवासी अपनी जीविका के लिए वन्याश्रित थे। लेकिन पहले तो जंगलों पर जमींदारों का और फिर सरकार का कब्ज़ा हो गया। एक तरफ गैर आदिवासी और दूसरी तरफ औपनिवेशिक सरकार द्वारा लादे गए नियम-कायदों के दबाव में जनजातियों को अपने न्यूनतम जीवन के लिए यहाँ से वहाँ भागना पड़ा।[2] जैसा कि भौमिक का कथन है, 'नए माहौल में आर्थिक और क्षेत्रीय विस्थापन ने अर्थतंत्र के विन्यास को बुरी तरह प्रभावित किया और पूरे समाज के सन्तुलन को अस्त-व्यस्त कर दिया।'[3] एक पर्वतीय निवासी ने इसे इन शब्दों में व्यक्त किया है : 'जंगल अनादि काल से हमारे थे, हमारे पुरखों ने उनको बनाया था और उनकी रक्षा की थी, आज जब ये जंगल बहुमूल्य हो गए हैं, सरकार सामने आई है और हमें वहाँ से उखाड़ फेंका।'[4] उदाहरण के लिए एक आदिम जाति, चेंचू, पर जंगल के कानूनों का प्रभाव पड़ा। उनकी शिकार गतिविधियों को गैरकानूनी घोषित कर दिया गया। वनोपज पर उनका अधिकार छीन लिया गया, और विवश होकर वे डाकू बनने पर बाध्य हुए।

3

अपराध और सामाजिक उपादान

समाज में अपराध एक विराट और जटिल संघटना है। वर्तमान समय में सारी दुनिया में अपराध तेजी से फैल रहा है। अपराध वहाँ फलता-फूलता है जहाँ आर्थिक वंचना,

सामाजिक व्यतिक्रम और मूलभूत भेदभाव मौजूद हों। असमानता, आर्थिक शोषण, भौतिक सम्पदा के लिए अस्वस्थकर आपाधापी और समाज के नैतिक स्तरों का तेजी से विचलन समाज के लिए अपराध की उर्वरक भूमि होती है। अपराध अनुवांशिक नहीं है और अनेक जातियों-जनजातियों में आपराधिक भावना समय-समय पर उनके आर्थिक और क्षेत्रीय विस्थापन के परिणामस्वरूप सामाजिक आधारों की अस्त व्यस्तता के कारण उत्पन्न हुई है। उनकी वंचना का मुख्य कारण यह है कि उनसे उनके पारम्परिक जीविकोपार्जन के साधन छिन गए हैं। कोई भी मनुष्य जन्मत: अपराधी नहीं होता।

'अपराधी' शब्द ही अपने-आप में भ्रामक है। भारत में 'अपराधी जनजाति' के अन्तर्गत कई जनजातियाँ, जातियों तथा कई समुदाय आते हैं। इनमें से कई जातियाँ अनुसूचित या अन्य पिछड़ा वर्गों के अन्तर्गत भी आती हैं। श्रीकाकुलम जिले में रेली एक 'अपराधी' जनजाति समझी जाती है। आज भी वे सिर्फ दो गाँवों में रहते हैं जिनके नाम पुल्लोटा और थल्लोटा है। उनका व्यवसाय कृषि अथवा मेहनत-मजूरी है। नेल्लोर जिले के कपोटीपालम माला और प्रकाशम जिले के अन्नेबायनीपल्ला के माला भी मजूरी करने वाले हैं।[5] शेर बहादुर ने कहा था : 'व्यवस्था नष्ट हो गई है, धन्धा बर्बाद हो गया है, संगठन बिखर गया है अब यह भी एक बड़ा संगठित समूह नहीं बन सकेगा। ठगी का कौशल और रहस्य अब कभी पिता से पुत्र को हस्तान्तरित नहीं हो पाएगा।'[6]

अपराधी जनजातियाँ भारत के लगभग सभी राज्यों में बिखरी हुई हैं। आज भी वे आदिम जीवन-शैली को अपनाए हुए हैं, आज भी वे भोजन संग्रह या शिकार करते हैं, या घुमक्कड़ अवस्था में हैं। सन् 1937 में तिवारी के नेतृत्व में बनी अपराधी जनजाति समिति ने मत व्यक्त किया था : 'सदियों से किए जा रहे गलत व्यवहार और रुग्ण सामाजिक वातावरण की विरासत हैं अपराधी जनजातियाँ। वे पापी नहीं हैं, उनके विरुद्ध पाप किया गया है।' उत्तर भारत की कथित 'अपराधी' जनजातियाँ हैं—बावरिया, भन्तू, कंजर, नट, करवाल, मीना, पाखीवारा, तागू, साँसी, और लोधा। इसी तरह दक्षिण भारत में लम्बाडी, कोरवा, डोमार, वोड्डार, कलार, परिया और कुछ अपराधी जनजातियाँ और पूर्वी भारत में लोधा और खेरिया को अपराधी श्रेणी में वर्गीकृत किया गया है।[7] भौमिक ने कहा था : 'अपराधी जनजाति एक ठप्पा है, एक कड़ा आवरण जो कुछ समूहों को प्रकृत अपराधी के स्थान पर 'आदतन' अपराधी बना देता है।'[8]

4

समितियाँ और आयोग

अपराधी जनजाति कानून के निरस्त होने के बाद विमुक्त जनजाति बस्तियों की वर्तमान स्थितियों का अध्ययन करने के लिए अनेक समितियों का गठन हुआ। इन समितियों

के सुझावों के कारण कई विमुक्त जनजातियाँ अपराध के अभिशाप से मुक्त हो चुकी हैं। सन् 1955 में भारत सरकार द्वारा गठित पिछड़ी जाति जाँच आयोग ने राहत के उपाय सुझाव थे जिससे ये जनजातियाँ जीवन का नया अध्याय शुरू कर सकें और अच्छे नागरिक बन सकें।[9] इस आयोग के सुझाव थे—(1) अपराधी जनजातियों को डिनोटीफाइड ट्राइब्स अथवा विमुक्त जनजाति समुदाय कहा जाए। (2) इन समुदायों को अनुसूचित जाति, जनजाति और पिछड़ा वर्ग की श्रेणी में शामिल किया जाए। (3) उन्हें समूहों में पुनर्वास देकर अन्ततः एक विशाल समाज बनाया जाए। (4) स्वतंत्र भारत का मुक्त और उत्तरदायी नागरिक बनाने के लिए उन्हें समुचित शिक्षा प्रदान की जाए। (5) सुधार की गतिविधियाँ शुरू की जानी चाहिए। (6) उन लोगों के बीच भेद किया जाना चाहिए जो सामूहिक रूप से अपराध करते हैं या जो व्यक्तिगत अपराधी हैं। (7) उनकी सन्तानों को सही शिक्षा और समुचित रोजगार मिलना चाहिए। (8) इसके साथ-साथ उनका आर्थिक पुनर्वास भी सुनिश्चित होना चाहिए।[10] इन सुझावों को यदि क्रियान्वित किया जा सके तो निश्चित ही विमुक्त जनजातियाँ समाज में अपनी नई जगह बना सकेंगी।

यदि हम इन राहत-उपायों का विश्लेषण करें तो हमारे सामने यह वास्तविकता प्रगट होगी कि हमारे समाज में किस सीमा तक इन उपायों का क्रियान्वयन हो पाया है। इस सन्दर्भ में, उत्तर प्रदेश के डोम, जिनके लिए भारत में सन् 1908 में पहली बस्ती बसाई गई थी तथा पंजाब के साँसी और गुजरात-राजस्थान के मीनाओं के उदाहरण महत्त्वपूर्ण हैं। डोम उड़ीसा के डोम्बों की तरह एक अनुसूचित जाति हैं। वे अब भी अस्पृश्य वर्ग में हैं। साँसी अभी भी आन्ध्र प्रदेश के येरुकलाओं जैसे हैं, और सम्बन्धित पंजाब की सरकार ने उनके लिए पर्याप्त पुनर्वास-कार्य नहीं किया है। तमिलनाडु के मारवरों और राजस्थान के मीनाओं में कुछ लोग धनाढ्य हो चुके हैं और उन्हें अब विमुक्त जनजाति समुदाय नहीं कहा जाता।

उन सभी को 'विमुक्त जनजाति समूह' कहना यदि गलत है तो इससे क्या फर्क पड़ता है कि हम उन्हें 'अपराधी', 'पूर्व अपराधी' या 'विमुक्त समुदाय' कहें? उन्हें इन सभी शब्दों से पूरी तरह छुटकारा मिलना चाहिए और उन्हें भारत का स्वतंत्र नागरिक स्वीकार करना चाहिए। उन्हें भिखारी या जेबकतरा क्यों कहा जाए? इन समुदायों को अनुसूचित जाति, जनजाति या पिछड़ा वर्ग में शामिल भी कर लिया जाए तो उनमें से कुछ को छोड़कर इस वर्ग के सभी का भला नहीं होने वाला है। शेष सभी लगभग घुमन्तू जीवन व्यतीत कर रहे हैं। राष्ट्र का यह दायित्व बनता है का वह इन सभी को धीरे-धीरे सम्पूर्ण सामाजिक पक्ष में विलय करे और उन्हें यह विश्वास दिलाए कि वे समाज के एक महत्त्वपूर्ण अंश हैं। स्वतंत्रता के साठ वर्ष बाद भी उनका ठीक से पुनर्वास नहीं हो पाया है तो हम उनसे कैसे यह आशा कर सकते हैं कि वे व्यापक समाज के साथ अपने को एकाकार कर लेंगे! इस पृष्ठभूमि में हम

यह कह सकते हैं कि सिद्धपुरम, सीतानगरम, स्टुअर्टपुरम, कप्परल्ला टिप्पा और लिंगाजा के रहवासी शिक्षा और रोजगार की दृष्टि से अवसन्न स्थिति में हैं। आज भी, पुलिस उनकी निगरानी करती है। ये रहवासी, जिन्हें समाज से काट दिया गया है, इसी कारण सरकार और जनता के प्रति आक्रामक रवैया रखते हैं। वे अपना आत्मविश्वास खो बैठे हैं, और उनमें उदासीनता का भाव पनप गया है। वे अपने सगों और परिवार से भी एक दूरी बनाए रखते हैं। उनका मानना है कि समाज ने उन्हें हताश किया है। ऐसे वातावरण में ही उनकी सन्तानें बड़ी होती हैं। जे.जे. पानक्कल का मत है कि 'विमुक्त जनजातियों का सुधार तब तक पूरा नहीं होगा, जब तक समाज बिना किसी भेदभाव के उनको अपना स्वीकार नहीं कर लेता।'[11]

उनके विपन्न जीवन का प्रधान कारण है उनके रोजगार की अस्थिरता, जिसमें आमदनी की निश्चितता नहीं है और खर्च उस आमदनी के अनुपात से अधिक है। उन्होंने यह तथ्य तो समझ लिया है कि उनकी सन्तानों का जीवन उनके जैसा नहीं होना चाहिए। अपने बच्चों के भविष्य को लेकर वे बहुत चिन्तित हैं। उन्हें यह अवसर मिलना चाहिए कि उनके बच्चे ऊँची जातियों के बच्चों के साथ सामाजिक स्तर पर मेल मिलाप कर सकें। जैसा कि सिक्का कृष्णलाल ने संकेत किया है, 'बच्चे के सामाजिक और वैयक्तिक विकास की पहली सीढ़ी परिवार होती है।'[12] शिक्षा एक प्रभावी अस्त्र है और सामाजिक परिवर्तन का एक साधन है। बच्चों के भाग्य और जीवन-शैली के बदलाव में शिक्षा की मुख्य भूमिका होती है। अतएव, इन समुदायों में सुधार का समूचा ताना-बाना इस बात पर निर्भर करता है कि इनके बच्चों को शिक्षा की कितनी अच्छी सुविधाएँ मिल पाती हैं। शिक्षा ही लाभदायक उद्देश्यों की पूर्ति के लिए उनकी ऊर्जा को दिशा दे सकती है। आर्थिक दशा और पर्यावरण के प्रभाव भी उनकी शिक्षा पर अपना प्रभाव छोड़ते हैं।

शेष समाज के साथ उनकी तुलना करने पर हम पाते हैं कि उनमें हीनता का भाव होता है। अभिभावकों को लगता है कि वे कभी भी समाज के उच्च स्तर तक नहीं पहुँच पाएँगे क्योंकि वे एक मनोवैज्ञानिक अवरोध से पीड़ित हैं। बच्चों को स्वस्थ और समुचित वातावरण में शिक्षा मिलनी चाहिए जहाँ दमन, भय, उत्पीड़न और सन्देह न हो। जैसा कि इस सन्दर्भ में लवानम ने कहा है : 'अपराध-संस्कृति से सामाजिकता की संस्कृति में संक्रमण हो रहा है, जीवन-यापन के समाज विरोधी साधनों का स्थान सामाजिक साधन ले रहे हैं, अनन्त ग्रन्थियों के स्थान पर सहकार का भाव और कर्कश आचरण की जगह विवेक और समझ उत्पन्न हो रही हैं।'[13]

समूचे सवाल का महत्त्वपूर्ण पक्ष यह है कि उन्हें अपराध से किस तरह विमुख किया जाए और कैसे उन्हें समाज की मुख्यधारा का अविभाज्य अंग बनाया जाए। अनगिनत उद्दंड अपराध करने के बाद भी रहवासी आज भी विपन्नता के शिकंजे में जकड़े हुए हैं। उनकी मेहनत का फल धनी जमींदार, व्यापारी, महाजन, राजनेता,

वकील, पुलिस-अधिकारी जैसे थोड़े-से लोग छीनकर ले जाते हैं।[14] इसका अर्थ यह है कि पूर्व-रहवासियों के आसपास एक अभिशप्त चक्र रच गया है जिसमें चुराई गई चीजों को खरीदने वाले व्यापारी, भ्रष्ट पुलिस अधिकारी, अपराध में निवेश करने वाले और लालची फौजदारी के वकील शामिल हैं और ये सब मिलकर एक विस्फोटक परिस्थिति निर्मित कर रहे हैं।[15]

5

वर्तमान स्थिति

विमुक्त जनजाति बस्तियों में बंजर जमीन भारी मात्रा में उपलब्ध है। इस भूमि पर शासन का अधिकार है। यहाँ सिंचाई की सुविधाएँ ठीक नहीं हैं। विमुक्त जनजातियाँ इस जमीन को न तो बेच सकती हैं और न रहन रख सकती हैं। सभी रहवासी दैनिक मजदूरी पर काम करते हैं। जो लोग सार्वजनिक रोजगार में हैं वे अपनी कमाई के पैसे से बिना किन्हीं अड़चनों के अपने परिवार का पालन कर रहे हैं। इन रहवासियों का क्षेत्र के प्रति आकर्षण अधिक है, इसलिए विमुक्त जनजाति कॉलोनियों में बच्चों की शिक्षा पर ज्यादा ध्यान दिया जाता है। बिना अच्छी शिक्षा के विमुक्त जनजाति के बच्चे सरकारी नौकरियों के लिए कैसे चुने जा सकेंगे? विमुक्त जनजातियाँ अनुसूचित जाति के श्रेणी में होने के कारण सरकार उन्हें आवास, भोजन, फीस, पुस्तकें आदि नि:शुल्क देती हैं। ये बच्चे स्नातकोत्तर स्तर तक पढ़ते हैं। वर्तमान में कई बच्चे मैट्रिक, स्नातक और स्नातकोत्तर तक पढ़ाई कर चुके हैं, जो इन बस्तियों में सुधरे हुए परिवारों से निकले हैं। अपराध एक मकड़जाल की तरह से होता है। अपराधी के अतिरिक्त अन्य जैसे चुराई गई सम्पत्ति को खरीदने वाले व्यापारी, फौजदारी वकील और भ्रष्ट अधिकारी भी आपराधिक गतिविधियों में शामिल हैं। अकसर ऐसा होता है कि अपनी करतूत के बाद अपराधी के पास बहुत कम हिस्सा बचता है और बाहर के सफेदपोश लोग उसका बड़ा हिस्सा गटक जाते हैं। जब तक अपराधी अपराध करते रहते हैं तब तक अपराध में निवेश करने वालों को भरोसा रहता है कि उनकी लागत उन्हें वापस मिल जाएगी और वे अपराधी के परिवार की सहायता करते हैं क्योंकि वह जानते हैं कि यह राशि भी उन्हें वापस मिल जाएगी। यह कर्ज गृहस्थी के खर्च के लिए दिया जाता है। एक बार जब अपराधी अपराध छोड़ देता है तो महाजन उसे ऋण नहीं देता क्योंकि उसकी वापसी की उम्मीद उसे नहीं होती। आज अपराध के परित्याग का अर्थ है अपराधियों द्वारा अपनी गरीबी को बुलाना। अतएव, सुधरे हुए अपराधियों के लिए कर्ज की छोटी-सी भी राशि जुटाना बहुत मुश्किल हो जाता है, यहाँ तक कि उनके अपने रिश्तेदार भी काम नहीं आते हैं।

सुधार कार्यक्रम की सबसे बड़ी समस्या है इन लोगों के लिए कोई काम जुटाना जिससे ये सम्मानजनक तरीके से अपनी मामूली-सी जीविका जुटा सकें। अपनी बुनियादी जरूरतों के अत्यधिक दबाव में उन्हें चोरी-चकारी और जेबतराशी जैसी गतिविधियों का सहारा लेना पड़ता है। अतएव, किसी भी सुधारक के लिए यह नैतिक असमंजस की स्थिति होती है कि वह उन्हें दोषी कहे या न कहे। कहावत है कि 'सभी सम्पत्तियाँ चोरी से कमाई जाती हैं।' बाहर का समाज इन विमुक्त जनों को खतरनाक मानता है। ऐसे उदाहरण पाए जाते हैं जहाँ विमुक्त जनजातियों के परिवारों ने जनता के दुर्व्यवहार से तंग आकर आत्महत्या तक की है।

विमुक्त जनजाति बस्ती में ऐसे लोगों की कमी नहीं है जो आदतन शराबी हैं या जुआ खेलने के आदी हैं। जब भी कोई इन बस्तियों में पहुँचता है तो वह पुरुष द्वारा परिवार के वृद्धों, बच्चों और औरतों की पिटाई करते हुए देख सकता है। जुआ खेलने वाले अकसर बाजी हार जाते हैं और परिवार चलाने के लिए छोटे-मोटे अपराध करते हैं। जुआ और शराबखोरी पर प्रतिबन्ध लगाकर वांछित परिणाम निकल सकते हैं। समस्या तो यह है कि विमुक्त जनजाति के लोग मनोवैज्ञानिक पुनर्वास के बाद भी इस तरह के अपराधों में संलग्न रहते हैं।

विमुक्त जनजातियों की अपराध संस्कृति में पारस्परिक सन्देह और वैयक्तिक सामाजिक सम्बन्धों तथा व्यवहार की कर्कशता बहुत अधिक स्पष्ट दिखलाई पड़ती है। अपराधी होने की वजह से परिवारों के पुरुष सदस्यों को पुलिस द्वारा पकड़े जाने का भय बराबर बना रहता है। घर में रहते हुए भी उन्हें शान्ति नहीं मिलती। जब वे फरारी में होते हैं तो उन्हें परिवार के साथ सुखी जीवन बिताने का अवसर नहीं मिलता, वे परिवार से दूर और अकेले होते हैं। जेल में होने की दशा में वे सभी से मिल और बात नहीं कर सकते। इस तरह परिवार के प्यार और मानवीय सम्बन्धों की अन्तरंगता से वंचित इन लोगों में बहुत कर्कशता आ गई है। विमुक्त जनजातियों को अधिकांशत: इस कठोरता और कर्कशता के साथ जीना पड़ता है। अपराधियों का सुधार एक त्रिपक्षीय प्रक्रिया है, जिसमें तीन अलग अलग किस्म के वर्गों की हिस्सेदारी होती है—(1) स्वयं अपराधी, (2) राज्य का तंत्र (पुलिस और अन्य अधिकारी) तथा (3) व्यापक रूप से समाज।

विमुक्त जनजातियाँ खुद को बदलने के लिए तैयार हैं। वास्तविकता तो यह है कि वे बदल भी गए हैं। राज्य का समर्थन-तंत्र, सभी विभागों और अशासकीय संगठनों के साथ सक्रिय होकर इन्हें सामाजिक और आर्थिक पुनर्वास प्रदान करने के लिए आगे आए। उपरोक्त विश्लेषण के आधार पर कुछ महत्त्वपूर्ण कार्यक्रम, जिन पर तत्काल ध्यान दिए जाने की जरूरत है; इस प्रकार गिनाए जा सकते हैं—

1. विमुक्त जनजाति बस्ती के लिए समान न्यूनतम कार्यक्रम निर्धारित किए जाएँ।

2. विमुक्त जनजाति बस्ती के लिए सभी कार्यक्रमों को समन्वित आधार पर तय किया जाए जिससे उनसे होने वाले लाभ विमुक्त जनजाति बस्तियों के सभी निवासियों तक पहुँच सकें।
3. युवा भागीदारी के कार्यक्रम, जिनमें समुदाय के सभी युवजनों की भागीदारी हो।
4. विमुक्त जनजाति बस्ती के युवजनों को नियमित कार्य उपलब्ध करवाने के लिए सभी अवसरों और सम्भावनाओं को खोजा जाए।
5. सबके लिए स्वास्थ्य और सबके लिए शिक्षा के कार्यक्रम शुरू किए जाएँ।
6. महिला समूहों का संगठन किया जाए।
7. कृषि आधारित औद्योगिक विकास कार्यक्रम शुरू किए जाएँ।
8. एक शोध और सन्दर्भ संस्थान की स्थापना हो, जहाँ अभिलेखीकरण, संरक्षण, विमुक्त जनजाति के बीच सुधार कार्यक्रम के प्रादर्श और प्रशिक्षण को प्राथमिकता दी जाए। इस प्रक्रिया में शासन की संलिप्तता के उपाय भी खोजे जा सकते हैं।
9. मानवाधिकारों पर जागरुकता कार्यक्रम और समय-समय पर कार्यशालाएँ आयोजित की जाएँ जिनमें सुधर चुके परिवारों, सार्वजनिक अधिकारियों, सामाजिक कार्यकर्ताओं और विद्वानों की हिस्सेदारी हो।
10. केन्द्र और राज्य के विमुक्त जनजाति आयोगों का संगठन किया जाए और उन्हें राज्य में विमुक्त जनजातियों का विकास करने की शक्ति प्रदान की जाए।

6

सुधार और पुनर्वास : सीमाएँ और प्रगति

अन्तिम लक्ष्य है विमुक्त जनजातियों का पुनर्सामाजीकरण, उन्हें फिर से समाज में स्थापित करना, उनका पुनर्वास और परिवर्तन। इन लोगों के पुनर्वास कार्यक्रमों को या तो शैक्षणिक संस्थाओं को या फिर प्रतिष्ठित समाजसेवी संगठनों को सौंप देना चाहिए जो इस प्रक्रिया में सचमुच रुचि रखते हों। उनमें पनप रही चिन्ता मुख्य रूप से उन्हें अपने बच्चों के भविष्य को लेकर है। उनकी यह चिन्ता दूर होना चाहिए और उनकी तत्परता को उनके अपने लाभ के लिए सोद्देश्य गतिविधियों की ओर उन्मुख करना चाहिए। पुनर्वास का समूचा मुद्दा उस जटिल प्रक्रिया पर निर्भर करता है, जिसके द्वारा उन्हें सहमत करके, उन्हें ऐसे व्यक्ति में बदला जाना है जो अपने पसीने से अपनी जीविका का उपार्जन कर सकें। चूँकि उनकी समस्याएँ सामाजिक और आर्थिक परिस्थितियों से जन्मी हैं, इसलिए पुनर्वास की प्रकृति भी सामाजिक और आर्थिक होनी चाहिए। सम्भावित पुनर्वास के लिए समूचे प्रश्न को मानवीय

दृष्टिकोण से सुलझाना होगा। समस्याओं का हल धीरे-धीरे ही हो सकता है। आन्ध्र प्रदेश में विमुक्त जनजातियों के कल्याण के लिए कार्यक्रमों में सुधार लाने के लिए कुछ सुझाव यहाँ दिए जा रहे हैं, जैसे—(1) उनकी वर्तमान स्थिति को समझने के लिए सरकार को नमूना सर्वेक्षण करवाना चाहिए जिसमें उनकी आजीविका, शैक्षणिक-स्तर, आवास और गतिविधियों की जानकारी जुटाई जाएँ। गुंटूर जिले में इस तरह का सर्वे किया जा चुका है और कार्य-योजना सरकार को सौंप दी गई है। (2) इन पर किए जाने वाले व्यय का बड़ा हिस्सा इनके आर्थिक विकास पर लगाया जाना चाहिए। वैकल्पिक जीविका के रूप में किसी तरह का वैध साधन उन्हें उपलब्ध करवाया जाए। (3) उन्हें दिए गए डी-फार्म पट्टों को ऐसे पट्टों में बदला जाए जिन पर ऋण मिल सके। (4) सीतानगरम जैसी बस्तियों में अनेक विमुक्त जनजाति के लोग निर्माण और सड़क कार्य में, खदानों इत्यादि में श्रमिक के रूप में कार्य करते हैं। इनके परामर्श से मजदूर मुहैया करवाने वाली समितियों को संगठित किया जाए जिससे भेदभाव और मनमानी पर रोक लग सके। (5) ईंट-निर्माण, चटाई-बनाना, नवारा-निर्माण, पोशाक सिलाई केन्द्र जैसे उद्योग जिनमें तकनीकी कौशल और निर्देशों की जरूरत नहीं होती, कुटीर उद्योग की तरह विकसित किए जाएँ। (6) आर्थिक विकास में डेयरी उद्योग, सुअर पालन, मुर्गीपालन और बागवानी जैसी गतिविधियाँ बहुत सहायक हो सकती हैं। ऐसी गतिविधियों को प्राथमिकता मिलनी चाहिए। इसका संगठन सहकारी स्तर पर किया जाए और सरकार इन्हें ऋण-अनुदान आधार पर वित्तीय सहायता प्रदान करे। (7) विमुक्त जनजाति के लोग ऐसा रोजगार पसन्द करते हैं जिससे उन्हें तत्काल आमदनी हो सके। उनके लिए बड़े पैमाने पर औद्योगिक रोजगार के अवसर निर्मित किया जाने चाहिए जो उन्हें सन्तोष प्रदान करेंगे। उदाहरण के लिए, सीतानगरम में अधिकांश लोगों के पास रोजगार है और वहाँ अपराध न्यूनतम हो गया है। उन्हें पुलिस और वन विभाग में सिपाही, पानी-पांडे और सफाई-कर्मचारी की नौकरी दी जा सकती हैं। उनमें से कई को चौकीदार नियुक्त किया गया है और वे अच्छा काम कर रहे हैं। (8) रहवासियों को बैंकों से ऋण मिल सके इस बात की व्यवस्था की जानी चाहिए। वे उस ऋण से छोटी दुकानों, रेहड़ी, खोमचों, चाय के ठेलों जैसे छोटे-मोटे धंधे शुरू कर सकते हैं। स्वरोजगार योजनाएँ व्यवसाय जैसे क्षेत्रों में उनकी सुप्त क्षमताओं को जागरूक करने का माध्यम बनेंगी।

7

निष्कर्ष

उदारीकरण, निजीकरण और भूमंडलीकरण की ओर देश के तेजी से हो रहे रूपान्तरण ने गरीब तबकों और विशेष रूप से विमुक्त जनजाति समुदायों के सामने कुछ और

भी समस्याएँ खड़ी कर दी हैं। उदारीकरण ने इन समुदायों के स्त्री वर्ग पर क़ाम का बोझ, गृहस्थी और बाहर दोनों ही क्षेत्रों में बढ़ा दिया है। इसकी अपरिहार्यता यह है कि उन्हें काम तो ज्यादा करना पड़ता है, लेकिन उससे लाभ कम मिलता है। इतना ही नहीं, इन समुदायों के लिए अपनी सन्तानों को अंग्रेजी माध्यम के स्कूलों में भेजना कठिन है क्योंकि उतना खर्च वे उठा नहीं सकते। इन तमाम परिस्थितियों के बावजूद, भूमंडलीकरण तेजी से फैल रहा है। बहुराष्ट्रीय निगमों ने जंगलों की जमीनों पर कब्जा कर लिया है और उनके दैनन्दिन जीवन में गम्भीर समस्याएँ खड़ी हो गई हैं। एक विकासशील देश होने के नाते भारत कल्याणकारी राज्य की प्रतिबद्धता से बँधा हुआ है। तब यह प्रश्न उठता है कि यदि शिक्षा, बैंकिंग, उद्योग और संचार जैसे सभी क्षेत्रों का निजीकरण कर दिया गया तो हम समाज के सीमान्त वर्गों के लिए अवसरों का सृजन किस तरह कर पाएँगे? इसका एक ही विकल्प देश के सामने बचता है कि ऐसे प्रशासन से छुटकारा पाया जाए।

कुल मिलाकर कुछ प्रशासनिक प्रक्रियाओं से मुक्त होकर हम समाज के इन उपेक्षित वर्गों पर वांछित ध्यान दे सकते हैं। आर्थिक विकास एक निरन्तर चलने वाली प्रक्रिया है, इसलिए इनके इलाकों में ग्रामीण बैंकों की स्थापना के लिए पहल करनी चाहिए जिससे उनकी बचत को उनके लाभ के कामों में लगाया जा सके। बस्तियों के आसपास विकसित हुए वर्तमान दमनकारी और शोषणकारी अर्थतंत्र को तोड़ना बहुत आवश्यक है। पिछड़ा वर्ग आयोग की एक रिपोर्ट में कहा गया है कि 'आर्थिक कार्यक्रमों को समाज शिक्षा के एक गतिशील और सुचारू रूप से अनुकूलित कार्यक्रम के साथ-साथ चलाया जाना चाहिए ताकि उन्हें सामाजिक रूप से अवांछित गतिविधियों से दूर रखा जा सके।' वर्तमान शिक्षा व्यवस्था सन्तोषजनक नहीं है। विमुक्त जनजातियों के सुधार के तमाम प्रयत्न इस बात पर निर्भर हैं कि हम उन्हें कितनी अच्छी शैक्षणिक सुविधाएँ दे पाते हैं। सामाजिक बदलाव के लिए शिक्षा एक कारगर औज़ार है। अपनी भेंट वार्ताओं में हमारे सामने यह बात आई है कि अभिभावकों को लगता है कि उनकी सन्तानें अपने मनोवैज्ञानिक अवरोधों के कारण समाज के ऊँचे स्तर तक नहीं पहुँच पाएँगी। विमुक्त जनजातियों की शिक्षा व्यवस्था की पुनर्रचना ऐसी होनी चाहिए जिसमें मानवीय पक्ष हो और जो आत्मविश्वास के साथ उन्हें हमारे समाज की मुख्यधारा का अविभाज्य अंग बनने की प्रेरणा दे सके। विमुक्त जनजातियों का सामाजिक अनुभव उन्हें आज भी अधिक मुखर वर्गों के अधिकारों के नीचे जीवित रहने के भय से आक्रान्त रखता है। जब तक समाज इन्हें जीवन के सभी क्षेत्रों में समान अवसरों और समान व्यवहार के प्रति आश्वस्त नहीं करता तब तक उन्हें उनके खोल से बाहर निकालना सम्भव नहीं है। हमें ऐसा कुछ करना चाहिए जिससे ये लोग समाज से अपनापन, एकता-भाव और समझदारी का अनुभव कर सकें। आवश्यक रूप से ऐसी स्थिति मनोवैज्ञानिक तरीकों से ही सम्भव है।

यह भी ध्यान में रखना चाहिए कि पुलिस द्वारा उनके साथ किए गए कठोर व्यवहार का गहरा असर भी उनके आचरण पर हुआ है। कारागृहों के घुटन और त्रास-भरे जीवन और पुलिस के सहानुभूति रहित व्यवहार ने उनमें एक नकारात्मक भाव उत्पन्न कर दिया है। व्यवस्था के औपनिवेशिक दृष्टिकोण के कारण जो बातें हमें एक खुमारी की तरह विरासत में मिली हैं वे आज भी कमोबेश उसी तरह हैं। इस तथ्य को स्वीकार करना चाहिए अन्यथा विकासशील लोकतांत्रिक समाज के लिए यह परिवर्तन का साधन नहीं बन पाएगी।[16] अन्य समस्या यह है कि जब तक विमुक्त जनजातियाँ 'अभिशाप' के भय से मुक्त नहीं हो जातीं तब तक शेष समाज के साथ वह भावनात्मक एकता का अनुभव नहीं कर पाएँगी, और इससे छुटकारा पाना तब तक सम्भव नहीं है जब तक विमुक्त जनजातियाँ अपने सड़ाँध और संकीर्ण जीवन से बाहर आकर एक लम्बे समय तक समाज के साथ अपने एकीकरण को प्रमाणित नहीं कर देतीं। सामाजिक शिक्षा और पुनर्वास के अन्य उपायों से उन्हें उनके मनोवैज्ञानिक अवरोधों से मुक्त होने में उनकी सहायता की जानी चाहिए।[17] इलेक्ट्रिक माध्यमों और पुस्तकालय सुविधाओं के साथ व्यापक प्रौढ़ शिक्षा कार्यक्रम, बस्तियों के सभी युवकों की इन कार्यक्रमों में भागीदारी, उनकी जीवन-शैली को दिशा देने के लिए विविध स्तरीय प्रयास और बिजली, संचार, जलप्रदाय जैसी अधोरचनागत सुविधाएँ उपलब्ध करवाकर ही उनकी व्यवस्थित प्रगति और विकास के प्रति आश्वस्त हुआ जा सकता है।

सन्दर्भ

1. आरनोल्ड डेविड : डेकोइटी एंड रूरल क्राइम इन मद्रास 1860-1940, *जनरल ऑफ़ पीजेंट सोसाइटीज़,* जनवरी, 1979
2. भार्गव बी.एस. : *दि क्रिमिनल ट्राइब्स ऑफ़ इंडिया,* लखनऊ, 1949
3. भौमिक पी.के. : *दि लोधाज ऑफ़ वैस्ट बेंगाल,* कलकत्ता, 1963
4. रामचन्द्र गुहा और माधव गाडगिल : *स्टेट फारेस्ट्री एंड सोशल कॉनफ्लिक्ट इन ब्रिटिश इंडिया : पास्ट एंड प्रजेंट,* संख्या 122-123, फरवरी, 1989
5. गांधी मल्ली : *अ हिस्टोरिकल सर्वे ऑफ़ एक्स-क्रिमिनल ट्राइब्स सेटलमेंट्स इन आन्ध्रा—ए केस स्टडी ऑफ़ सिद्धपुरम एंड स्टुअर्टपुरम 1913-90,* अप्रकाशित शोध प्रबन्ध, इतिहास विभाग, हैदराबाद विश्वविद्यालय, 1996। यह जनजातियाँ निम्न हैं—तेलगा पमूला, डंडासी, कोंडा डोरा, रेली, पाइड, किंटिल, कलिंगा, नक्काल, पिरिकी मुक्काल, डोंगा यथा, वेड्डरुप का माला, बोया, नेट्टी कोथला, रेड्डिका, यनाडी, डोम्मार, अनिपिमाला, वाड्डी उपारा, बूडा बक्काल, लोम्बाडा, वोड्डार, केमपारी, बांडा, जोगुला, नवाबपेठ कोरचा, अमागुंटा पालेगर, पराया, थोटा, रेड्डी यनाडी, जारुगुमाली माडिगा, डोंगा दसारी, नायक, भाट्यू, तुराका, पेड्डा बोया, डब्बला वागुला, निरशिकारी, इरानी, कंजर भट्ट, जतुर मिश्र कबीले। ये सभी अनुसूचित जनजाति घोषित किए गए हैं। उद्धृत पुलिस अधीक्षक, अपराध शाखा की फाइलें, क्र. 1185/सी.आईबी/58, दि. 27 फरवरी, 1958

6. शेर बहादुर 'शेर' : *दि साँसीज़ ऑफ़ पंजाब, ए जिप्सी एंड डिनोटीफाइड ट्राइब ऑफ़ राजपूत ओरिजन,* मुंशीराम मनोहरलाल, दिल्ली, 1965, पृ. 80
7. मद्रास शासन : गृह विभाग की कार्रवाई 1937-1952
8. भौमिक 1963, पृ. 48
9. ललिता वी : *डिनोटीफाइड ट्राइब्स ऑफ़ आन्ध्र प्रदेश, सम प्रॉब्लम्स ऑफ़ रिहेबिलिटेशन आन्ध्र प्रदेश* इतिहास कांग्रेस, छठवाँ अधिवेशन, हैदराबाद, 1982
10. ललिता वी. : *दि मेकिंग ऑफ़ क्रिमिनल ट्राइब्स, पैटर्न्स एंड ट्रांजीशन,* मद्रास, 1995
11. पानक्कल जे.जे. : *एन एजेंडा फ़ॉर क्रिमिनोलॉजी, इंडियन जरनल ऑफ़ क्रिमिनोलॉजी,* मद्रास, 1973
12. ललिता वी. : *सोशियो-इकोनॉमिक एंड एडमिनिस्ट्रेटिव आसपेक्ट्स ऑफ़ एन एक्स-क्रिमिनल ट्राइब,* अप्रकाशित शोध प्रबन्ध, तिरुपति विश्वविद्यालय, 1973
13. हैकरवाल बी.एस. : *इकोनॉमिक एंड सोशल आसपेक्ट्स ऑफ़ क्राइम इन इंडिया,* लंदन 1934, लवानम और हेमलता लवानम, *प्रॉब्लम्स ऑफ़ डिनोटीफाइड ट्राइब्स—एन एक्सपेरिमेंट ऑन स्टुअर्टपुरम,* एथीस्ट सेंटर विजयवाड़ा 1984
14. जसपाल सिंह : *क्राइम इन इंडिया,* लंदन, 1924 और रिफॉर्मेशन ऑफ़ एक्स-क्रिमिनल्स 1976
15. मीना राधाकृष्णन : 'सरविलेन्स एंड सेटलमेंट अंडर द क्रिमिनल ट्राइब्स एक्ट इन मद्रास', *इंडियन इकोनॉमिक एंड सोशल हिस्ट्री रिव्यू,* खंड XXIV, संख्या 2 अप्रैल-जून, 1992
16. निगम संजय : 'डिसिप्लिनिंग एंड पुलिसिंग दि क्रिमिनल्स बाई बर्थ', भाग I और II *इंडियन इकोनॉमिक एंड सोशल हिस्ट्री रिव्यू,* नई दिल्ली, 27 फरवरी, 1990
17. सत्यनारायण चतुर्वेदी : *येरुकलाज़, एन एक्स-क्रिमिनल ट्राइब ऑफ़ आन्ध्र प्रदेश इन इट्स सेटलमेंट* (स्टुअर्टपुरम), एम.ए. का शोध प्रबन्ध, सागर विश्वविद्यालय, 1959-60

परिशिष्ट-I

अपराधी जनजाति बस्तियों की सूची

बस्ती का नाम और जिला	*निकटतम रेलवे स्टेशन*	*निकटतम पुलिस थाना*	*डाक का पता*	*क्षेत्रीय अधिकारी*
1. सीतानगरम (गुंटूर)	टाडेपल्ली	मंगलगिरि	टाडेपल्ली डाकघर	सब डिवीजनल मजिस्ट्रेट, गुंटूर
2. स्टुअर्टपुरम (गुंटूर)	स्टुअर्टपुरम	बापट्ला	बापट्ला डाकघर	सब डिवीजनल मजिस्ट्रेट, ओंगोल
3. सिद्धपुरम (कुरनूल)	नांदयाल (बस्ती से 40 मील दूर)	आत्माकुर	सिद्धिपुरम (वाया आत्माकुर)	सब डिवीजनल मजिस्ट्रेट, नांदयाल
4. पल्लावरम (चिंगलपेट)	पल्लावरम	पल्लावरम	पल्लावरम	सब डिवीजनल मजिस्ट्रेट, सैदापेट
5. पेराम्बूर (मद्रास)	पेराम्बूर	पेराम्बूर बेरक्स जी-3 पुलिस थाना	कुक्सरोड, ओटरी, पोस्ट ऑफिस पेराम्बूर बैरेक्स	पुलिस कमिश्नर, मद्रास
6. कावाली (अल्लूर और बिट्रगुंटा सहित नेल्लोर)	कावाली कस्बा	कावाली	कावाली	सब डिवीजनल मजिस्ट्रेट, कावाली
7. अजीजनगर (दक्षिण अरकाट)	ऊमंगलम	ऊमंगलम	अजीजनगर, ऊमंगलम डाकघर	सब डिवीजनल मजिस्ट्रेट, चिदंबरम

[**स्रोत**— मद्रास क्रिमिनल ट्राइब्स मैनुअल, गवर्नमेंट प्रेस मद्रास, 1927]

परिशिष्ट-II

उन बस्तियों के नाम जहाँ 'अपराधी जनजातियों' को रखा गया

बस्ती का नाम (जिला)	*प्रबन्धक संस्था*	*शासन द्वारा प्रदत्त अनुदान (रु.)*	*1 अप्रैल, 1924 को रहवासियों की संख्या*	*बस्ती में उपस्थित जनजाति*	*व्यवसाय*	*अशासकीय कर्मचारियों के नाम*
(1)	(2)	(3)	(4)	(5)	(6)	(7)
सीतानगरम (गुंटूर)	साल्वेशन आर्मी	5,218	1,031	डोंगा येरुकला और नवाबपेटा कोरचा	खेती और उद्योग बुनाई, कालीन बुनना, संगतराशी	खानसाहब मुहम्मद, अब्दुर्रहमान साहब बहादुर, (गुंटूर), श्री एस. वेपा, (बारएटला, गुंटूर)
स्टुअर्टपुरम (गुंटूर)	साल्वेशन आर्मी	7,300	1,958	डोंगा येरुकला और नवाबपेटा कोरचा	खेती, चटाई, डलिया बनाना, बागवानी	एम.आर.रे, जे. कुप्पूस्वामी चौधरी, जगरलामुडी, श्री पी.एस. थलपसाए बार एट ला (बापट्ला)
कावाली (एल्लूर, बिट्रगुंटा, जिला नेल्लोर)	अमेरिकी बॅपटिस्ट मिशन	16,800	2,055	डोंगा येरुकला, डोंगा दसारी, डोम्मार और कथेरा	एल्लूर और बिट्रगुंटा के रहवासियों का मुख्य व्यवसाय कृषि है, कावाली में वे तेल मिलों और बुनाई कारखानों में काम करते हैं।	एम.आर रे, ए.एस. कृष्णाराव पांतुल, एस. सामाया, बी. रामचन्द्र रेडी,

(1)	(2)	(3)	(4)	(5)	(6)	(7)
पेराम्बूर (मद्रास)	साल्वेशन आर्मी,	4,000	284	वेप्पूर आदि द्रविड	रहवासियों के लिए सूत, ओटाई और बुवाई मिलों में रोजगार की व्यवस्था की गई है।	श्री पी. होल्ट, मै. पी. होल्ट एंड कम्पनी लि. मद्रास, एम.आर.रे, जे.आर. शिव. सुब्रामनियम एवरगल सेवानिवृत इंजीनियर स्वामा सन थोम हाई रोड, मयलापुर, खान बहादुर अब्दुल करीम सेवानिवृत्त उप पुलिस अधीक्षक
पल्लावरम (चिंगलपेट)	साल्वेशन आर्मी	4,000	204	वेप्पूर आदि द्रविड	औद्योगिक (चमड़े का काम, खदान, कालीन बुनना, बागवानी)	श्री सी.ए. परखुम्ट, एम.आर. रे, आर. नागसुन्दरम अय्यर सेवानिृत्त डिप्टी कलक्टर अडमाबक्कम
अजीजनगर (दक्षिण अरकाट)	शासन	-	1,052	वेप्पूर आदि द्रविड	कृषि और बुनकरी	एम.आर. रे, एम.जी. पार्थसारथी, मुदालियर अवरगल, अध्यक्ष तालुका बोर्ड वृद्धिचलम, श्रीनिवास आचार्य, चिदम्बरम म्युनिसिपल बोर्ड के अध्यक्ष।
सिद्धपुरम (कुरनूल)	शासन	-	200	डोंगा वोड्डार	कृषि, कुबली बुनाई और सड़क कार्य	किसी की नियुक्ति नहीं की गई।
कुलशेखर पटनम (टिन्नोवली)	ईस्ट इंडिया डिस्टलरी एंड शुगर फैक्ट्रीज (मै. पुरी एंड कम्पनी लि.)	1,320	265	उप्पू कोटवा (कोइल पट्टू) और टिन्नेवली जिले के अन्य कोरवा और अनावरा दानालूट	शक्कर कारखाने में रोजगार मिल गया	रेव.ए.पी. रांडाल, पादरी एस.पी.जी नजारथ, एम.आर. रे, एस.के. सुब्बा अय्यर अवरगल बी.ए.बी.एल. श्री विल्कुमतम

[**स्रोत**—मद्रास सरकार, मद्रास प्रेसीडेंसी में अपराधी जनजातियों के जनवरी, 1925 तक पुनर्वास प्रदर्शित करने वाला प्रतिवेदन, मद्रास 1927]

परिशिष्ट-III

अपराधी जनजाति कानून की धारा 3 और 10 के अन्तर्गत पंजीकृत 'अपराधी जनजातियाँ'

जिला	*अपराधी जनजाति का नाम*	*अपराधी जनजाति कानून की धारा 3 और 10 बी के अन्तर्गत शासकीय आदेश*	*अपराधी जनजाति कानून की धारा 10 ए के अन्तर्गत शासकीय आदेश*	*रिमार्क*
गंजम	तेलगा पमूला	160 होम (जूडि.), 23 जनवरी, 1917	160 होम (जूडि.), 23 जनवरी, 1917	पंजीकरण ज्ञात अपराधी पुरुषों, उनके सम्बन्धियों और साथियों तक सीमित
	डंडासी	116 जूडि. (पुलिस) 13 मार्च, 1923	116 जूडि. (पुलिस) 13 मार्च, 1923	
विशाखापटनम	कोंडा डारा	1583 होम (जुडि.) 21 जुलाई, 1914	116 जूडि. (पुलिस) 13 मार्च, 1923	
	रेली	965 जुडि. 4 मई, 1914	1579 होम (जुडि. 1 अगस्त, 1917	
	पादी	1891 जुडि. 27 जुलाई1910	उपरोक्त	
	तेलगा पमूला	160 होम (जुडि.) 23 जनवरी, 1917	उपरोक्त	
	किटाली कलिंगा	473 होम (जुडि.) 4 मार्च, 1921	160 होम (जुडि.) 23 जनवरी	
गोदावरी एजेंसी	उड़िया डोम	439 होम (जुडि.) 16 फरवरी, 1920 2120 जुडि., 21 अक्टूबर, 1813 (सेक्शन 3)	होम (जुडि.) 16 फरवरी, 1920	
	नक्काल	1128 जुडि., 21 मई, 1915 (सेक्शन 19 बी)	1579 होम (जुडि.) 11 अगस्त, 1917	
	तेलगा पमूला	160 होम (जुडि.) 23 जनवरी, 1917	160 होम (जुडि.) 23 जनवरी, 1917	
	अनिपाई माला	48 होम (जुडि.) 17 जनवरी, 1920	48, होम (जुडि.) 7 जनवरी, 1920	सदस्यों को नेल्लोर जिले की कावाली बस्ती में भेजा गया।
	डोंगा दसारी	924 (जुडि.) 10 मई, 1913		

कृष्णा	डोंगा येरूकला डोंगा वोड्डार तेलगा पमूला	7917 (जुडि.) 10 मई, 1913 1161 (जुडि.) 12 जून, 1913 और 1279 (जुडि.) 10 जून, 1916 160 होम (जुडि.) 23 जनवरी, 1917	816 (जुडि.) 31 अक्टूबर, 1921 उपरोक्त 160 होम (जुडि.) 23 जनवरी, 1917	
गुंटूर	डोंगा येरुकला डोंगा वोड्डार तेलगा पमूला गुंडलपद वोड्डार जारुगुपल्ली मडिगा चकाला और पमूला बुडबुक्कला	917 (जुडि.) 10 मई, 1913 1161 (जुडि.) 12 जून, 1913 160 होम (जुडि.) 23 जनवरी, 1917 450 (जुडि.) पुलिस 30 अगस्त, 1923 585 (जुडि.) पुलिस 2 नवम्बर, 1923 656 जुडि. पुलिस 18 नवम्बर, 1923	1579 (जुडि.) 1 अगस्त, 1917 349 (जुडि.) 14 मार्च, 1922 160 होम (जुडि.) 23 जनवरी, 1917 450 (जुडि.) पुलिस 30 अगस्त, 1923 585 जुडि. (पुलिस) 2 नवम्बर, 1923 656 (जुडि.) पुलिस 18 दिसम्बर, 1923	कावाली बस्ती तक सीमित
नेल्लोर	डोंगा दसारी डोंगा येरुकला डोम्मार वायालपाद या नवएबपेटा कोरचा जोगुला (जोगी) तेलगा पमूला डोंगा वोड्डार	924 (जुडि.) 10 मई, 1913 917 (जुडि.) 10 मई, 1913 1639 (जुडि.) 13 अगस्त, 1913 918 (जुडि.) 10 मई, 1913 और 1796 (जुडि.) 5 सितम्बर, 1913 109 (जुडि.) 19 जनवरी, 1915 और 461 (जुडि.) 21 फरवरी, 1914 160 होम (जुडि.) 28 जनवरी, 1917 1161 (जुडि.) 12 जून, 1913 और 2859 (जुडि.) 27 दिसम्बर, 1918	— 1937 होम (जुडि.) 13 सितम्बर, 1917 1619 (जुडि.) 19 जुलाई, 1919 1619 (जुडि.) 19 जुलाई, 1919 1937 होम (जुडि.) 3 सितम्बर, 1917 160 होम (जुडि.) 23 जनवरी, 1917 1937 होम (जुडि.) 13 सितम्बर, 1917	

कुरनूल	डोंगा येरुकला	917 (जुडि.) 10 मई, 1913	1579 होम (जुडि.) 21 अगस्त, 1917	
	डोंगा वोड्डार	1461 (जुडि.) 12 जून, 1913	उपरोक्त	
	बोया (1)	1120 होम (जुडि.) 13 मई, 1918		
	बोया (2)	824 होम (जुडि.) 3 जुलाई, 1922	824 (जुडि.) 3 जुलाई, 1922	
	निरशिकारी	1245 (जुडि.) 7 नवम्बर, 1922	1245 (जुडि.) 7 नवम्बर, 1922	
	सुगाली	673 (पुलिस) 28 नवम्बर, 1923	823 (जुडि.) पुलिस 28 नवम्बर, 1923	
	मडिगा और पाला (निगिरीपल्ली गाँव)	344 (जुडि.) पुलिस 27 जून, 1924	344 जुडि. (पुलिस) 27 जून, 1924	
बेल्लारी	रुद्रपाद कोरचा	1369 (जुडि.) 5 जुलाई, 1913	1579 (जुडि.) 1 अगस्त, 1917	सीतानगरम बस्ती को भेजे गए
	डोंगा येरुकला	917 (जुडि.) 10 मई, 1913 और 1714 जुडि. 4 मई, 1916	-	
	डोंगा दसारी	681 होम (जुडि.) 26 मार्च, 1917	681 होम जुडि. 26 मार्च, 1917	हुबली बस्ती में भेजे गए
	निरशिकारी	1245 (जुडि.) 7 नवम्बर, 1922	1245 (जुडि.) 7 नवम्बर, 1922	
	सुगाली	240 जुडि. (पुलिस) 21 मई, 1923 और 582 जुडि. (पुलिस) 30 अक्टूबर, 1925	240 जुडि. (पुलिस) 7 नवम्बर, 1922 और 582 जुडि. (पुलिस) 30 अक्टूबर, 1925	
	उपरोक्त-सिद्धपुरम तालुका	343 (जुडि.) पुलिस 27 जून, 1924	313 जुडि. (पुलिस) 27 जून, 1924	
अनन्तपुर	डोंगा वोड्डार	1161 जुडि. 12 जून, 1913	1140 होम (जुडि.) 1 मई, 1920	
	वायालपाद या नाअबपेटा कोरचा	1918 जुडि. 10 मई, 1913 और 1796 जुडि. 5 सितम्बर, 1913	1649 होम जुडि. 19 जुलाई, 1919 और 2197 होम (जुडि.) 29 अक्टूबर, 1919	
	डोंगा दसारी	681 होम (जुडि.) 26 मार्च, 1917 और 2293 होम (जुडि.) 5 अक्टूबर, 1919	681 होम (जुडि.) 26 मार्च, 1917 और 2293 होम (जुडि.) 7 अक्टूबर, 1919	
	डोंगा येरकला	110 जुडि. 27 अप्रैल, 1921		

	जतूर मिश्र गिरोह	161 (जुडि.) 12 मई, 1921	110 जुडि. 27 अप्रैल, 1921	
	डोंगा उरकोरचा	52 (जुडि.) 3 जून, 1923	161 जुडि. 12 मई, 1921, 52 जुडि. 31 जनवरी, 1923	कंबादुर पुलिस थाना क्षेत्र (कल्याण दुर्ग सर्किल) में रहनेवाले डोंगा उरकोर्चाओं पर ही प्रभावी
	सुगाली	241 जुडि. (पुलिस) 1 फरवरी, 1924		
	डोंगा उरकोरचा (कल्याणदुर्ग और बेनगनपल्ली की सीमाओं में रहनेवाले उरकोरचा)	396 जुडि. (पुलिस) 21 फरवरी, 1924	62 जुडि. (पुलिस) 1 फरवरी, 1924 396 जुडि. (पुलिस) 21 जुलाई, 1924	
	डोंगा उरकोरचा	566 जुडि. (पुलिस) 11 नवम्बर, 1924 पटनम, पालकोडा और मचावरम पुलिस क्षेत्र में रहनेवालों पर प्रभाव		अनन्तपुर ताल्लुके के अनन्तपुर और सिंगामाला पुलिस क्षेत्रों और धर्मवरम के तिदिमर्री पुलिस क्षेत्र के निवासियों पर प्रभावी
कुडापा	डोंगा वोड्डार	1161 जुडि. 12 जून, 1913		
	थोंगामलाई कोरचा या केयमारी	1193 जुडि. 18 जून, 1923		
	भाड़े के हत्यारे	700 जुडि. 21 मार्च, 1914		
	डोंगा दसारी	681 होम (जुडि.) 26 मार्च, 1917	681 होम (जुडि.) 26 मार्च, 1917	
	वयालपाद या नवापेट्पा कोरचा	1918 जुडि. 10 मई, 1913, 1796 जुडि. 5 सितम्बर, 1913 और 414 होम (जुडि.) 20 फरवरी, 1918		
	डोंगा येरुकला	917 जुडि. 10 मई, 1913 और 1635 जुडि. 20 फरवरी, 15 जुलाई, 1913	161 जुडि. 12 मई, 1921	
	जतूर मिश्र गिरोह	161 जुडि 12 मई, 1921	243 जुडि. 3 मई, 1921 1649 होम जुडि. 19 जुलाई, 1919 और 2497 होम (जुडि.) 29 अक्टूबर, 1919	
	डोंगा वोड्डार	918 जुडि 10 मई, 1913 918 जुडि 12 मई, 1913		

चित्तूर	वयालपाद या नवाबपेट्टा कोरचा	918 जुडि. 14 फरवरी, 1914	1579 होम जुडि. 1 अगस्त, 1917	
	जोगी	461 जुडि. 21 फरवरी, 1914	उपरोक्त	
	डोंगा दसारी	681 होम (जुडि.) 26 मार्च, 1917	681 होम (जुडि.) 26 मार्च, 1917	
	नट्टम कोरचा	390 होम जुडि. 18 फरवरी, 1918	390 होम जुडि. 18 फरवरी, 1918	
	अमागुंटा कोरचा	640 जुडि. 21 सितम्बर, 1921	640 जुडि. 21 सितम्बर, 1921	
	डोम्मार	266 जुडि. 11 जून, 1921	266 जुडि. 11 जून, 1921	
	भट्टू उरका	51 जुडि. 31 जनवरी, 1923	51 जुडि. 31 जनवरी, 1923	
	सुगाली	71 जुडि. 17 फरवरी, 1923	71 जुडि. 17 फरवरी, 1923	
	यनाडी या इरुलार (वयालपाद ताल्लुका और सदाम स्टेशन क्षेत्र में सीमित)	227 जुडि. (पुलिस) 21 अप्रैल, 1924	727 जुडि. (पुलिस) 21 अप्रैल, 1924	
	बोया	272 जुडि. (पुलिस) 21 मई, 1924	272 जुडि. (पुलिस) 21 मई, 1924	
उत्तर अरकाट	थोंगामलाई कोरवार या केयमारी	1193 (जुडि.) 18 जून, 1913	1579 होम (जुडि.) 1 अगस्त, 1917	
	सलेम मोलर्नाड कोरवार	1645 जुडि. 14 अगस्त, 1913 (सेक्शन 3) और 872 जुडि. 27 अप्रैल, 1917 सेक्शन 10बी	1390 होम (जुडि.) 23 अगस्त, 1919	
	वेंगनूर पराया	381 (जुडि.) 14 फरवरी, 1914	1579 होम (जुडि.) 1 अगस्त, 1917	
	जोगी	461 (जुडि.) 21 फरवरी, 1914	वही	
	सक्करातामदाल कोरवार	101 होम (जुडि.) 15 जनवरी, 1917	1142 (जुडि.) 12 अक्टूबर, 1922	
	थोरियानायक	616 (जुडि.) 13 मई, 1922	616 (जुडि.) 13 मई, 1922	
	डोम्मार	1141 (जुडि.) 12 अक्टूबर, 1922	1141 जुडि. 12 अक्टूबर, 19122	

चिंगलपेट	थोंगामलाई कोरवार या केपमारी	1193 (जुडि.) 18 जून, 1913	1759 होम (जुडि.) 1 अगस्त, 1917	
	जोगी	461 जुडि. 21 फरवरी, 1914	वही	
	कलोदर	896 जुडि. (पुलिस) 8 अगस्त, 1923	896 जुडि. (होम) 8 अगस्त, 1923	
	वेप्पूर पराया	1098 (जुडि.) 4 जून, 1913	2258 होम (जुडि.) 2 अक्टूबर, 1919	उनके लिए जो बस्तियों में नहीं हैं
दक्षिण अरकाट	थोंगामलाई कोरवार या केयमारी	1193 (जुडि.) 18 जून, 1918	665 होम (जुडि.) 21 मार्च, 1918	
	अत्तुरकीलाड कोरवार	2066 (जुडि.) 13 अक्टूबर, 1918 सेक्शन 3 और 872 जुडि. 27 अप्रैल, 1917 सेक्शन 10 बी	1930 होम जुडि. 28 अगस्त, 1919	
	जोगी	461 जुडि. 21 फरवरी, 1914		
	वेलायाकुप्पन पदयाची	2490 जुडि. 14 नवम्बर, 1914	70 जुडि (पुलिस) 17 फरवरी, 1923	
	सक्करतामुडाई कोरवा	1089 (जुडि.) 26 अप्रैल, 1920	1089 होम (जुडि.) 26 अप्रैल, 1920	
	गुडू दसारी	616 जुडि. 13 मई, 1922	616 जुडि. 13 मई, 1922	
तंजोर	गुंडावारकोट्टल कोरवा	2554 जुडि. 9 दिसम्बर, 1913 सेक्शन 3 और 2357 होम (जुडि.) 14 नवम्बर, 1917 सेक्शन 10 बी	2357 होम (जुडि.) 14 नवम्बर, 191	
	थोट्टा नायक	616 जुडि. 13 मई, 1922	616 जुडि. 13 मई, 1922	
	कुटप्पा कलार	26 जुडि. 6 जनवरी, 1915	1519 होम जुडि. 1 अगस्त, 1917	
	मेलुमद कोरवार	450 जुडि. (पुलिस) 29 अगस्त, 1924	450 जुडि. (पुलिस) 29 अगस्त, 1924	
	उरालीगाउन्डन	811 जुडि. 19 अप्रैल, 1917	811 जुडि. 19 अप्रैल, 1917	
	थोंगामलाई कोरवार	1193 जुडि. 18 जून, 1913	665 होम (जुडि.) 21 मार्च, 1918	
	सलेम मेलुनदि कोरवार	1645 जुडि. 14 अगस्त, 1913 सेक्शन 3, 872 जुडि. 27 अप्रैल, 1917 सेक्शन 10 बी	1930 होम जुडि. 28 अगस्त, 1919	
	अत्तुर किलनाद कोरवार	2066 जुडि. 13 अक्टूबर, 1913 सेक्शन 3 872 जुडि. 27 अप्रैल, 1917 सेक्शन 10 बी	वही	

त्रिचनापल्ली	कोटाप्पल कलार	26 जुडि. 6 जनवरी, 1915	1579 होम (जुडि.) 1 अगस्त, 1917	
	थोट्टाई नायक	616 जुडि. 13 मई, 1922	616 जुडि. 13 मई, 1922	
	वारागनोरी कोरवार	117 जुडि. (पुलिस) 13 मार्च, 1923	117 जुडि. (पुलिस) 13 मार्च, 1923	
	अंबालगार (कुलिटलाई तालुका में और सुरियानूर गाँव में)	226 जुडि. (पुलिस) 21 अप्रैल, 1924	226 जुडि. (पुलिस) 21 अप्रैल, 1924	
	वेठिवा गाउन्डन	226 जुडि. (पुलिस) 21 अप्रैल, 1924	226 जुडि. (पुलिस) 21 अप्रैल, 1924	
मद्रास	वेदुआरपट्टी कोरवार	1890 जुडि. 20 जुलाई, 1916	1579 होम (जुडि.) 1 अगस्त, 1917	
	पिराम्बदाई कलार	1331 होम (जुडि.) 5 जून, 1918	1331 होम (जुडि.) 5 जून, 1918	
	सलेम येलुर्नाड कोरवार	470 होम (जुडि.) 4 मार्च, 1921	470 होम (जुडि.) 4 मार्च, 1921	
	थोट्टा नायक	616 जुडि. 13 मई, 1922	616 जुडि. 13 मई, 1922	
	वालायार	499 जुडि. (पुलिस) 18 सितम्बर, 1923	499 जुडि. (पुलिस) 18 सितम्बर, 192	
रामनद	चेट्टीनाद वालायार	919 जुडि. 1 मई, 1915	1579 होम (जुडि.) 1 अगस्त, 1917	
	वाडुवरपट्टी कोरवार	1890 जुडि. 27 जुलाई, 1916	वही	
	थोटिया नायक	616 जुडि. 18 मई, 1922	616 जुडि. 18 मई, 1922	
	पिरमलाई कलार	1172 जुडि. 18 अक्टूबर, 1922	1172 जुडि. 18 अक्टूबर, 1922	
	कारूम्बरवास	53 जुडि. 31 जनवरी, 1923	53 जुडि. 31 जनवरी, 1923	कुलशेखरपटनम बस्ती के भीतर प्रतिबन्धित
	सोम्बनाद मारावार	72 जुडि. 17 फरवरी, 1923	72 जुडि. 17 फरवरी, 1923	उपरोक्त
	अप्पू कोरवार	2494 जुडि. 12 अक्टूबर, 1915	—	उपरोक्त
	(अनवरदनल्लूर और काऊपट्टी)		—	
	कोरवार (मेला, इराल आदि)	1834 होम (जुडि.) 1 सितम्बर, 1917	—	उपरोक्त

तिन्नेवली	वडुवारपट्टी (रामनद जिला) के कोरवार (1) वडुवारपट्टी (रामनद जिला) के कोरवार (2) पुलम के मारवार थोट्टा नायक	1890 होम जुडि. 27 जुलाई, 1916 553 जुडि. 28 अप्रैल, 1922 405 होम जुडि. 18 फरवरी, 1919 616 जुडि. 18 मई, 1922	1579 होम (जुडि.) 1 अगस्त, 1917 553 जुडि. 28 अप्रैल, 1922 405 होम जुडि. 18 फरवरी, 1919 616 जुडि. 18 मई, 1922	72 जुडि. 17 फरवरी, 1923 उपरोक्त केवल सेक्शन 10 बी प्रभावी
सेलम	सेलम मोलुर्नाद कोरवार अत्तुरकिलनाद कोरवार थल्ली कोरवारी	1645 जुडि. 14 अगस्त, 1913 सेक्शन 3 और 872 जुडि. 27 अप्रैल, 1917 (सेक्शन 10 बी) 2066 जुडि. 17 अक्टूबर, 1913 (सेक्शन 3) और 872 जुडि. 27 अप्रैल, 1917 (सेक्शन 10 बी) 1817 जुडि. 9 अगस्त, 1918	2009 जुडि. 5 सितम्बर, 1918 1579 होम (जुडि.) 1 अगस्त, 1917 1817 जुडि. 9 अगस्त, 1918	
पेन्नाग्राम	अत्तुर मालनाड पेरम बाबई कोरवार कोरवार अप्पू कोरवार अप्पू कोरवार (कृष्णगिरी तालुका) मोंडा कोरवार (धर्मपुरा तालुका)	805 जुडि. 28 अक्टूबर, 1921 581 जुडि. (पुलिस) 30 अक्टूबर, 1923 31 जुडि. (पुलिस) 12 जनवरी, 1924 342 जुडि. (पुलिस) 12 जनवरी, 1924	805 जुडि. 28 अक्टूबर, 1921 812 जुडि. 31 अक्टूबर, 1921 581 जुडि. (पुलिस) 30 अक्टू., 1923 31 जुडि. (पुलिस) 12 जनवरी, 1924 342 जुडि. (पुलिस) 12 जनवरी, 1924	
कोयम्बटूर	सलेम मेलरनाड कोरवार वालायार 1 वालायार 2 वालायार 3 वालायार 4	1645 जुडि. 14 अगस्त, 1913 (सेक्शन 8) और 812 जुडि. 27 अप्रैल, 1917 (सेक्शन 10 बी) 1385 जुडि. 26 मई, 1916 404 होम (जुडि.) 19 फरवरी, 1917 405 होम (जुडि.) 19 फरवरी, 1917 2026 होम (जुडि.) 28 सितम्बर, 1917	1203 होम (जुडि.) 1 अगस्त, 1917 1579 होम (जुडि.) 1 अगस्त, 1917 624 होम (जुडि.) 18 मार्च, 1918 624 होम (जुडि.) 18 मार्च, 1918 2038 होम (जुडि.) 28 सितम्बर, 1917	

	वालायार 5	2027 होम (जुडि.) 28 सितम्बर, 1917	2027 होम (जुडि.) 28 सितम्बर, 1917	
	वालायार 6	18 होम (जुडि.) 4 जनवरी, 1918	18 होम (जुडि.) 4 जनवरी, 1918	
	वालायार 7	147 होम (जुडि.) 18 जनवरी, 1918	147 होम (जुडि.) 18 जनवरी, 1918	
	वालायार 8	232 होम (जुडि.) 28 जनवरी, 1918	232 होम (जुडि.) 28 जनवरी, 1918	
	वालायार 9	233 होम (जुडि.) 28 फरवरी, 1918	233 होम (जुडि.) 28 जनवरी, 1918	
	वालायार 10	482 होम (जुडि.) 25 फरवरी, 1918	482 होम (जुडि.) 25 फरवरी, 1918	
	वालायार 11	714 होम (जुडि.) 25 मार्च, 1918	714 होम (जुडि.) 25 मार्च, 1918	
	वालायार 12	1820 होम (जुडि.) 4 जून, 1918	1820 होम (जुडि.) 4 जून, 1918	
	वालायार 13	1593 होम (जुडि.) 6 जुलाई, 1918	1593 होम (जुडि.) 6 जुलाई, 1918	
	वालायार 14	1618 होम (जुडि.) 12 जुलाई, 1918	1618 होम (जुडि.) 12 जुलाई, 1918	
	वालायार 15	184 होम (जुडि.) 24 जनवरी, 1919	185 होम (जुडि.) 24 जनवरी, 1919	
	वालायार 16	186 होम (जुडि.) 24 जनवरी, 1919	186 होम (जुडि.) 24 जनवरी, 1919	
	वालायार 17	1035 होम (जुडि.) 9 मई, 1919	1035 होम (जुडि.) 9 मई, 1919	
	वालायार 18	1850 होम (जुडि.) 13 जून, 1919	1850 होम (जुडि.) 13 जून, 1919	
	वालायार 19	1514 होम (जुडि.) 4 जुलाई, 1919	1514 होम (जुडि.) 4 जुलाई, 1919	
	वालायार 20	2246 होम (जुडि.) 1 अक्टूबर, 1919	2246 होम (जुडि.) 1 अक्टूबर, 1919	
	वालायार 21	377 जुडि. (पुलिस) 26 जुलाई, 1923	377 जुडि. (पुलिस) 26 जुलाई, 1923	
	वालायार 22	397 जुडि. (पुलिस) 3 अगस्त, 1923	397 जुडि. (पुलिस) 3 अगस्त, 1923	
	वालायार 23	655 जुडि. (पुलिस) 18 दिसम्बर, 1923	655 जुडि. (पुलिस) 18 दिसम्बर, 1923	
	थोरिया नायक	616 जुडि. 13 मई, 1922	616 जुडि. 13 मई, 1922	
	गुड्डू दसारी	616 जुडि. 13 मई, 1922	616 जुडि. 13 मई, 1922	
	वालायार (कोयम्बटूर तालुल्के के कुछ गाँवों के निवासी)	549 जुडि. (पुलिस) 31 अक्टूबर, 1924	549 जुडि. (पुलिस) 31 अक्टूबर, 1924	

मद्रास	कोरवार	367 जुडि. (पुलिस) 4 जुलाई, 1924	540 जुडि. पुलिस 29 अक्टूबर, 1924	नगरीय क्षेत्र में आवागमन पर प्रतिबन्ध
सम्पूर्ण प्रेसीडेन्सी	कंजर भाट	148 जुडि. (पुलिस) 16 मार्च, 1924	148 जुडि. (पुलिस) 16 मार्च, 1924	
	इरानी	506 जुडि. (पुलिस) 7 अक्टूबर, 1924	506 जुडि. (पुलिस) 7 अक्टूबर, 1924	
अनन्तपुर	डोम्मार	658 जुडि. (पुलिस) 15 दिसम्बर, 1924	658 जुडि. (पुलिस) 15 दिसम्बर, 1924	
अनन्तपुर	पेड्डा बोया	9 जुडि. (पुलिस) 8 जनवरी , 1925	9 जुडि. (पुलिस) 8 जनवरी, 1925	
नेल्लोर	डोंगा येनाडी	678 जुडि. (पुलिस) 23 दिसम्बर, 1924	678 जुडि. (पुलिस) 23 दिसम्बर, 1924	
नेल्लोर	माला	645 जुडि. (पुलिस) 10 दिसम्बर, 1924	645 जुडि. (पुलिस) 10 दिसम्बर, 1924	
चिंगलपेट	नोक्कर	646 जुडि. (पुलिस) 10 दिसम्बर, 1924	646 जुडि. (पुलिस) 10 दिसम्बर, 1924	वर्ष 1933 के अन्त में कानून के अन्तर्गत निरुद्ध कुल व्यक्तियों की संख्या 3795 थी।
सेलम	अप्पू डिकोरवार	54 जुडि. (पुलिस) 15 दिसम्बर, 1924	54 जुडि. (पुलिस) 15 दिसम्बर, 1924	
दक्षिण अरकाट	इरूला	96 जुडि. (पुलिस) 24 फरवरी, 1925	96 जुडि. (पुलिस) 24 फरवरी, 1925	
तंजोर	जम्बूवानोदाई मिश्र गिरोह	8 जुडि. (पुलिस) 8 जनवरी, 1925	8 जुडि. (पुलिस) 8 जनवरी, 1925	
चिंगलपेट	कोरवार			

[**स्त्रोत—** मद्रास प्रेसिडेन्सी में अपराधी जनजाति बस्तियों की स्थापना में जनवरी, 1925 तक हुई प्रगति की रिपोर्ट, मद्रास शासन, मद्रास, 1927]

परिशिष्ट-IV

अपराधी जनजातियों की बस्तियों की स्थापना, प्रबन्धन, रोजगार अवसर और शासकीय सहयोग

बस्ती का नाम और जिला	स्थापना का वर्ष	प्रबन्धकर्ता	1917 के अन्त में रहवासियों की संख्या	उपलब्ध रोज़गार	भुगतान	1919-20 का बजट	व्यय	1918-19 का बजट	1917-18 का लेखा-जोखा
सीतानगरम बस्ती गुंटूर जिला	जनवरी 1913	साल्वेशन आर्मी	989	पत्थर की खदानें, जमीन खोदना, खेत मजूरी कीट पालन, रेशमी और सूती बुवाई बस्ती के दो भाग हैं और दो यूरोपीय इसकी देखरेख करते हैं	1. देखभाल और प्रबन्ध के लिए अनुदान 400 रु. प्रति माह	4,800	4,800	4,800	4,800
					2. वृद्ध और अशक्त जनों की सहायता के लिए 10 रु. प्रति माह	840	840	840	840
					अन्य व्यय	—	18	—	295
					योग	5,640	5,658	5,640	5,935
सीतानगरम बस्ती गुंटूर जिला	1914	साल्वेशन आर्मी	1223	कृषि, बागबानी के प्रयोग, पशु पालन, कुलीगीरी, चटाई डलियाँ बनाना बस्ती के प्रबन्ध के अतिरिक्त एक सहायक यूरोपीय दम्पती भी वहाँ रहता था	1. देखभाल और प्रबन्ध के लिए 500 रु. प्रति माह,	6,000	5,800	4,800	4,800
					एक चौकीदार के लिए 96 रु. प्रति माह	1,152	1,152	1,152	955
					2. प्रबन्धक को घोड़े का भत्ता 15 रु. प्रति माह	180	55	—	—
					शैक्षणिक अनुदान, स्कूल का फर्नीचर	—	300	—	—
					बापट्ला के सहायक	2,000	1,400	—	771
					चिकित्सक का	300	800	700	—
					भुगतान	180	180	720	90
					अस्पताल के लिए दवाएँ,			900	
					उपकरण की खरीद अन्य व्यय				
					योग	**9,887**	**9,687**	**8,272**	**6,616**

भूमन्ना बस्ती चित्तूर जिला	जनवरी 1914	साल्वेशन आर्मी	513	कृषि, कृमि पालन, बुनाई, चटाइयाँ, डलियाँ बनाना, आम, नारियल, तम्बाकू उगाना	1. देखभाल व्यय @ 200 रु.	3,360	2,880	2,400	2,400
					रहवासियों की मजूरी @ 300 रु.	2,736	3,600	4,800	6,000
					2. 100 छात्रों के लिए छात्रवृत्ति प्रति माह 3 रु.	3,600	—	—	—
					3. चिकित्सा सहायता अमरीकी	360	300	360	90
					अरकोट मिशन को	7,000	—	—	—
					4. छात्रावास, निरीक्षण बंगला	4,700	—	—	—
					जलप्रदाय	950	3,000	—	—
					अन्य व्यय	730	—	—	—
					योग	24,036	9,840	7,840	8,490
सिद्धपुरम बस्ती कुरनूल जिला	1913	शासकीय प्रबन्ध	128	भूमि सफाई, भूमि पर खेती, कम्बल बनाना, सड़क निर्माण	शिक्षा, राशन, चिकित्सा और	944	784	754	
					बुनाई मिलों पर व्यय	50	—		
						1,500	2,060	150	
					अन्य व्यय—निर्माण, मरम्मत	600	600	600	
					योग	3,184	3,184	3,184	600
गुंटूर की सुधार बस्ती	पूर्व में कैदियों का आवास नवम्बर 1913	साल्वेशन आर्मी	31	जूट मिल में काम, बढ़ईगीरी, बस्ती में बागवानी, सड़क निर्माण छोटी बड़ी मजूरी	देखभाल	3,600	3,600	3,600	3,600
					भवन की मरम्मत,	250	250	250	250
					नगर पालिका का घर चिकित्सा, व्यय,	304	304	304	304
					सहायक चिकित्सक का भत्ता	120	120	120	60
					अन्य व्यय	200	300	300	140
					यात्रा	200	200	300	140
					योग	**4,674**	**4,774**	**4,874**	**4,432**

कावाली बस्ती नेल्लोर जिला	एल्लोर और बिट्रगुंटा की सहायक बस्ती 1917	अमरीकी बॅपटिस्ट मिशन प्रबन्धक की सेवाएँ मिशन ने निःशुल्क दी हैं	1393	खेत मजूरी, कृषि, बुनाई, चूने की कुलीगीरी, पत्थर की खदान लकड़ी चीरना	देखभाल, प्रबन्धन सहित खर्चे@ 1200	33,000	39,000	45,000	29,868
					चिकित्सा सहायता, दवाइयों और चिकित्सक का खर्च	120	120	120	120
						250	373	—	—
					आकस्मिक व्यय	2,350	—	200	1,549
					योग	35,720	33,493	45,320	31,537
साल्वेशन आर्मी का कन्या विद्यालय नेल्लोर	1915	साल्वेशन आर्मी	1915 से अपराधियों के बच्चों को शिक्षा दी जा रही है, लड़कियों की कुल संख्या 48 है	कढ़ाई, गृहकार्य, सामान्य शिक्षा	60 लड़कियों के लिए प्रति माह 4 रु छात्रवृत्ति, अन्य व्यय	2,800	2,400	2,400	2,248
					छात्रावास का निर्माण	50	4,894	—	
					योग	**2,930**	**7,294**	**2,400**	**2,248**

[**स्रोत**—देखें, मद्रास सरकार के गृह विभाग (जूडिशियल) का सामान्य आदेश क्र. 2491 दिनांक 12.10.1915]

सन्दर्भ सूची

प्राथमिक स्त्रोत :

अभिलेखागार सामग्री, प्रतिवेदन, गजेटियर, जिले के रिकॉर्ड, मिशनरी स्त्रोत और मैनुअल

विभिन्न शासकीय विभागों जैसे न्याय, लोक निर्माण (श्रम), विधि, गृह, गृह (न्यायिक) विभाग के शासकीय आदेश, तमिलनाडु राज्य अभिलेखागार, इग्मोर चेन्नई, आन्ध्र प्रदेश राज्य अभिलेखागार और शोध संस्थान, तरनाका हैदराबाद और राष्ट्रीय अभिलेखागार, नई दिल्ली से संग्रह किए गए हैं।

गृह विभाग, शासन आदेश क्रमांक., दिनांक

48 दि. 7 जनवरी, 1920
22 दि. 26 जनवरी, 1920
451 दि. 17 फरवरी, 1920
475 दि. 19 फरवरी, 1920
503 दि. 23 फरवरी, 1920
596 दि. 3 मार्च, 1920
637 दि. 3 मार्च, 1920
1269 दि. 19 मई, 1920
1339 दि. 31 मई, 1920
1356 दि. 1 जून, 1920
1389 दि. 4 जून, 1920
1390 दि. 4 जून, 1920
1407 दि. 8 जून, 1920
1469 दि. 14 जून, 1920
1555 दि. 24 जून, 1920
1867 दि. 30 जून, 1920
3070 दि. 9 दिसम्बर, 1920
2005 दि. 11 अगस्त, 1920
1977 दि. 11 अगस्त, 1920
1985 दि. 11 अगस्त, 1920
2008 दि. 13 अगस्त, 1920
2052 दि. 18 अगस्त, 1920
2075 दि. 20 अगस्त, 1920
2124 दि. 25 अगस्त, 1920
2247 दि. 9 सितम्बर, 1920
2349 दि. 21 सितम्बर, 1920
2468 दि. 4 अक्टूबर, 1920
2482 दि. 5 अक्टूबर, 1920
2661 दि. 25 अक्टूबर, 1920
2679 दि. 27 अक्टूबर, 1920
2904 दि. 20 नवम्बर, 1920
2948 दि. 25 नवम्बर, 1920
1855 दि. 4 अक्टूबर, 1921
1912 दि. 12 अक्टूबर, 1921
2332 दि. 20 दिसम्बर, 1921
277 दि. 2 फरवरी, 1925
227 दि. 12 फरवरी, 1925
243 दि. 13 फरवरी, 1925

244 दि. 13 फरवरी,1925
292 दि. 25 फरवरी,1925
267 दि. 25 मार्च, 1925
497 दि. 2 अप्रैल, 1925
716 दि.14 अप्रैल, 1925
71 दि. 18 जनवरी, 1927
12 दि. 4 जनवरी, 1927
194 दि. 10 फरवरी, 1927
314 दि. 4 मार्च, 1927
852 दि. 12 मार्च, 1927

शा.आ. क्रमांक 587 दि. 26 अप्रैल, 1927

1790 दि. 2 जून, 1927
1834 दि. 17 जून, 1927
1087 दि. 15 जुलाई, 1927
1889 दि. 30 जुलाई, 1927
2479 दि. 4 अगस्त, 1927
2087 दि. 3 दिसम्बर, 1927
4079 दि. 20 दिसम्बर, 1927
4091 दि. 21 दिसम्बर, 1927
423 दि. 8 मार्च, 1928
821 दि. 4 मई, 1928
1813 दि. 25 अक्टूबर, 1928
1816 दि. 25 अक्टूबर, 1928
1820 दि. 25 अक्टूबर, 1928
1828 दि. 27 अक्टूबर, 1928
1704 दि. 8 अक्टूबर, 1928
27 दि. 5 जनवरी, 1929
172 दि. 28 जनवरी, 1929
231 दि. 6 फरवरी, 1929
234 दि. 7 फरवरी, 1929
268 दि. 13 फरवरी, 1929
385 दि. 5 मार्च, 1929
1971 दि. 11 नवम्बर, 1929
1962 दि. 11 नवम्बर, 1929
2034 दि. 19 नवम्बर, 1929
2143 दि. 1 दिसम्बर, 1929
525 दि. 8 अप्रैल, 1931
560 दि. 15 अप्रैल, 1931
905 दि. 17 जून, 1931
984 दि 4 जुलाई, 1931
1283 दि. 28 अगस्त, 1931
1426 दि. 29 सितम्बर, 1931
1614 दि. 7 नवम्बर, 1931
505 दि. 12 अप्रैल, 1932

शा.आ. क्रमांक 1849 दि. 15, अक्टूबर, 1932

802 दि. 19 मई, 1933
154 दि. 24 नवम्बर, 1933
195-196 दि. दिसम्बर 1933
291 दि. 28 फरवरी,1934
472 दि. 9 अप्रैल, 1934
622 दि. 8 मई, 1934
713 दि. 31 मई, 1934
855 दि. जून 28 1934
1358 दि. 25 सितम्बर, 1934
1472 दि. 11 अक्टूबर, 1934
1652 दि. 5 दिसम्बर, 1934
785 दि. 1 जून, 1935
1066 दि. 1 अगस्त, 1935
1573 दि. 9 नवम्बर, 1935
114 दि. 16 जनवरी, 1936
178 दि. 25 जनवरी, 1936
645 दि. 9 मार्च, 1936
662 दि. 10 मार्च, 1936
731 दि. 21 मार्च, 1936
454 दि. 21 मार्च, 1936
782 दि. 26 मार्च, 1936
802 दि. 28 मार्च, 1936
807 दि. 28 मार्च, 1936
850 दि. 31 मार्च, 1936
583 दि. 8 अप्रैल, 1936
602 दि. 15 अप्रैल, 1936
927 दि. 8 जून, 1936
998 दि. 19 जून, 1936

1097 दि. 6 जुलाई, 1936
1376 दि. 17 अगस्त, 1936
1470 दि. 27 अगस्त, 1936
1480 दि. 28 अगस्त, 1936
1281 दि. 14 सितम्बर, 1936

शा.आ.क्र. 1624 दि. 14 सितम्बर, 1936

1624 दि. 14 सितम्बर, 1936
1624 दि. 14 सितम्बर, 1936
1577 दि. 14 सितम्बर, 1936
1766 दि. 8 अक्टूबर, 1936
1859 दि. 21 अक्टूबर, 1936
827 दि. 12 नवम्बर, 1936
1981 दि. 8 नवम्बर, 1936
2241 दि. 10 दिसम्बर, 1936
169 दि. 15 जनवरी, 1937
207 दि. 16 जनवरी, 1937
223 दि. 19 जनवरी, 1937
372 दि. 28 जनवरी, 1937
373 दि. 28 जनवरी, 1937
799 दि. 29 जनवरी, 1937
373 दि. 29 जनवरी, 1937
979 दि. 29 जनवरी, 1937
1284 दि. 28 मार्च, 1937
1573 दि. 20 अप्रैल, 1937
1787 दि. 6 मई, 1937
1884 दि. 15 मई, 1937
2181 दि. 7 जून, 1937
2230 दि. 10 जून, 1937
2309 दि. 14 जून, 1937
2411 दि. 24 जून, 1937
2506 दि. 2 जुलाई, 1937
2732 दि. 17 जुलाई, 1937
2977 दि. 30 जुलाई, 1937
3114 दि. 9 अगस्त, 1937
2411 दि. 27 अगस्त, 1937
3541 दि. 4 सितम्बर, 1937
3610 दि. 11 सितम्बर, 1937
3686 दि. 16 सितम्बर, 1937
28 दि. 28 सितम्बर, 1937
4125 दि. 15 अक्टूबर, 1937
4448 दि. 6 नवम्बर, 1937

शा.आ.क्र. 479 दि. 29 सितम्बर, 1937

4719 दि. 29 सितम्बर, 1937
4479 दि. 9 नवम्बर, 1937
4557 दि. 11 नवम्बर, 1937
4517 दि. 23 नवम्बर, 1937
4863 दि. 1 दिसम्बर, 1937
5112 दि. 16 दिसम्बर, 1937
32 दि. 3 जनवरी, 1938
37 दि. 3 जनवरी, 1938
373 दि. 21 जनवरी, 1938
501 दि. 29 जनवरी, 1938
710 दि. 11 फरवरी, 1938
714 दि. 11 फरवरी, 1938
767 दि. 14 फरवरी, 1938
790 दि. 15 फरवरी, 1938
820 दि. 17 फरवरी, 1938
1316 दि. 11 मार्च, 1938
1448 दि. 19 मार्च, 1938
1489 दि. 19 मार्च, 1938
1200 दि. मार्च 1938
1519 दि. 22 मार्च, 1938
1839 दि. 31 मार्च, 1938
1796 दि. 4 अप्रैल, 1938
2370 दि. 6 मई, 1938
2748 दि. 14 मई, 1938
2520 दि. 6 मई, 1938
2445 दि. 11 मई, 1938
2509 दि. 16 मई, 1938
2510 दि. 16 मई, 1938
2575 दि. 20 मई 1938
2594 दि. 23 मई, 1938
2694 दि. 27 मई, 1938
2846 दि. 3 जून, 1938
3055 दि. 16 जून, 1938
3880 दि. 9 अगस्त, 1938

गृह विभाग, शा.आ.क्र. दिनांक

3285 दि. 4 जुलाई, 1938
3494 दि. 26 जुलाई, 1938
3973 दि. 15 अगस्त, 1938
3380 दि. 9 जुलाई, 1938
4087 दि. 24 अगस्त, 1938
4272 दि. 3 सितम्बर, 1938
4826 दि. 9 सितम्बर, 1938
4519 दि. 18 सितम्बर, 1938
3842 दि. 28 सितम्बर, 1938
4721 दि. 29 सितम्बर, 1938
4719 दि. 29 सितम्बर, 1938
4823 दि. 5 अक्टूबर, 1938
5219 दि. 27 अक्टूबर, 1938
5273 दि. 31 अक्टूबर, 1938
5275 दि. 31 अक्टूबर, 1938
5394 दि. 8 नवम्बर, 1938
5395 दि. 8 नवबर 1938
5535 दि. 16 नवम्बर, 1938
5536 दि. 16 नवम्बर, 1938
5595 दि. 21 नवम्बर, 1938
5747 दि. 1 दिसम्बर, 1938
786 दि. 3 दिसम्बर, 1938
5787 दि. 3 दिसम्बर, 1938
5890 दि. 6 दिसम्बर, 1938
5902 दि. 8 दिसम्बर, 1938
50 दि. 5 जनवरी, 1939
185 दि. 11 जनवरी, 1939
235 दि. 16 जनवरी, 1939
256 दि. 16 जनवरी, 1939
2295 दि. 20 जनवरी, 1939
299 दि. 4 फरवरी, 1939
597 दि. 6 फरवरी, 1939
609 दि. 6 फरवरी, 1939

गृह विभाग शा.आ.क्र. 331 दि. 7 फरवरी,1939

348 दि. 8 फरवरी,1939
701 दि. 10 फरवरी, 1939
734 दि. 13 फरवरी, 1939
1083 दि. 27 फरवरी, 1939
446 दि. 22 फरवरी, 1939
1084 दि. 27 फरवरी, 1939
1126 दि. 1 मार्च, 1939
1369 दि. 11 मार्च, 1939
1596 दि. 23 मार्च, 1939
1792 दि. 30 मार्च, 1939
763 दि. 28 मार्च, 1939
304 दि. 31 मार्च, 1939
810 दि. 31 मार्च, 1939
957 दि. 15 अप्रैल, 1939
2191 दि. 15 अप्रैल, 1939
2168 दि. 19 अप्रैल, 1939
2138 दि. 18 अप्रैल, 1939
2143 दि. 18 अप्रैल, 1939
2217 दि. 21 अप्रैल, 1939
2940 दि. 27 मई, 1939
2456 दि. 4 मई, 1939
2551 दि. 8 मई, 1939
3042 दि. 5 मई, 1939
3210 दि. 12 जून, 1939
3533 दि. 29 जून, 1939
3624 दि. 4 जुलाई, 1939
4363 दि. 14 अगस्त, 1939
3981 दि. 21 जुलाई, 1939
4044 दि. 25 जुलाई, 1939
4443 दि. 18 अगस्त, 1939
4567 दि. 25 अगस्त, 1939
4849 दि. 11 सितम्बर, 1939
4863 दि. 12 सितम्बर, 1939

गृह विभाग शा.आ.क्र. 2295 दि. 20 सितम्बर, 1939

4932 दिनांक 11 सितम्बर, 1939
2295 दि. 20 सितम्बर, 1939
5037 दि. 21 सितम्बर, 1939

5216 दि. 2 अक्टूबर, 1939
540 दि. 13 अक्टूबर, 1939
5415 दि. 14 अक्टूबर, 1939
5761 दि. 17 अक्टूबर, 1939
5614 दि. 26 अक्टूबर, 1939
5670 दि. 28 अक्टूबर, 1939
15701 दि. 30 अक्टूबर, 1939
2731 दि. 8 नवम्बर, 1939
2795 दि. 16 नवम्बर, 1939
2952 दि. 5 दिसम्बर, 1939
6290 दि. 6 दिसम्बर, 1939
6328 दि. 7 दिसम्बर, 1939
6449 दि. 15 दिसम्बर, 1939
56 दि. 5 जनवरी, 1940
304 दि. 17 जनवरी, 1940
492 दि. 31 जनवरी, 1940
777 दि. 15 फरवरी, 1940
1075 दि. 2 मार्च, 1940
1528 दि. 30 मार्च, 1940
1701 दि. 10 अप्रैल, 1940
1846 दि. 22 अप्रैल, 1940
2048 दि. 4 मई, 1940
83 दि. 29 मई, 1940
2413 दि. 29 मई, 1940
2685 दि. 21 जून, 1940
2797 दि. 2 जुलाई, 1940
3035 दि. 19 जुलाई, 1940
2904 दि. 10 जुलाई, 1940
3016 दि. 18 जुलाई, 1940
3048 दि. 22 जुलाई, 1940
3583 दि. 31 अगस्त, 1940
3793 दि. 14 सितम्बर, 1940
4249 दि. 21 अक्टूबर, 1940
4474 दि. 7 नवम्बर, 1940
4027 दि. 30 सितम्बर, 1940
4604 दि. 16 नवम्बर, 1940
4714 दि. 22 नवम्बर, 1940
4828 दि. 30 नवम्बर, 1940
5285 दि. 14 नवम्बर, 1940
5281 दि. 23 दिसम्बर, 1940
5303 दि. 31 दिसम्बर, 1940
140 दि. 10 जनवरी, 1941
238 दि. 17 जनवरी, 1941
558 दि. 1 फरवरी, 1941
733 दि. 12 फरवरी, 1941
941 दि. 25 फरवरी, 1941
948 दि. 25 फरवरी, 1941
965 दि. 26 फरवरी, 1941
1330 दि. 15 मार्च, 1941
1551 दि. 2 मार्च, 1941
1620 दि. 31 मार्च, 1941
1625 दि. 31 मार्च, 1941
1862 दि. 16 अप्रैल, 1941
1683 दि. 12 अप्रैल, 1941
1723 दि. 4 अप्रैल, 1941
2396 दि. 19 मई, 1941
2532 दि. 28 मई, 1941
2544 दि. 29 मई, 1941
140 दि. 10 जून, 1941
2811 दि. 16 जून, 1941
2811 दि. 16 जून, 1941
2863 दि. 19 जून, 1941
2671 दि. 19 जून, 1941
2894 दि. 23 जून, 1941
3275 दि. 23 जुलाई, 1941
354 दि. 8 अगस्त, 1941
39 दि. 30 अगस्त, 1941
3944 दि. 2 सितम्बर, 1941
4080 दि. 10 सितम्बर, 1941
4131 दि. 16 सितम्बर, 1941
4134 दि. 13 सितम्बर, 1941
4142 दि. 13 सितम्बर, 1941
4817 दि. 1 नवम्बर, 1941
428 दि. 25 सितम्बर, 1941
5150 दि. 26 नवम्बर, 1941
4235 दि. 23 नवम्बर, 1941

2046 दि. 20 अक्टूबर, 1941
461 दि. 20 अक्टूबर, 1941
4224 दि. 25 सितम्बर, 1941
5896 दि. 4 दिसम्बर, 1941
5867 दि. 2 दिसम्बर, 1941
5929 दि. 5 दिसम्बर, 1941
315 दि. 26 जनवरी, 1942
605 दि. 12 फरवरी, 1942
797 दि. 27 फरवरी, 1942
862 दि. 3 मार्च, 1942
956 दि. 7 मार्च, 1942
1056 दि. 13 मार्च, 1942

गृह विभाग शा.आ.क्र. 1195 दिनांक 21 मार्च, 1942

900 दि. 6 मार्च, 1942
1156 दि. 19 मार्च, 1942
1321 दि. 27 मार्च, 1942
1188 दि. 21 मार्च, 1942
1266 दि. 24 मार्च, 1942
829 दि. 2 मार्च, 1942
2129 दि. 10 जून, 1942
1969 दि. 30 मई 1942
2161 दि. 13 जून, 1942
2218 दि. 18 जून, 1942
2620 दि. 20 जुलाई, 1942
2746 दि. 30 जुलाई, 1942
2385 दि. 1 जुलाई, 1942
2553 दि. 14 जुलाई, 1942
2671 दि. 24 जुलाई, 1942
3328 दि. 11 सितम्बर, 1942
3342 दि. 11 सितम्बर, 1942
3431 दि. 19 सितम्बर, 1942
3438 दि. 19 सितम्बर, 1942
3505 दि. 25 सितम्बर, 1942
3601 दि. 3 अक्टूबर, 1942
4079 दि. 2 नवम्बर, 1942
4292 दि. 8 नवम्बर, 1942
406 दि. 18 दिसम्बर, 1942
1154 दि. 2 जनवरी, 1943
5108 दि. 15 जनवरी, 1943
5195 दि. 30 जनवरी, 1943
5196 दि. 30 जनवरी, 1943
5276 दि. 12 फरवरी, 1943
294 दि. 15 फरवरी, 1943
3247 दि. 15 फरवरी, 1943
5396 दि. 8 मार्च, 1943
5448 दि. 15 मार्च, 1943
5532 दि. 30 मार्च, 1943
5560 दि. 5 अप्रैल, 1943
5711 दि. 3 मई, 1943
5794 दि. 17 मई, 1943
5801 दि. 19 मई, 1943
5810 दि. 22 मई, 1943
1342 दि. 8 जून, 1943
1274 दि. 28 जून, 1943
1542 दि. 6 जुलाई, 1943
1620 दि. 13 जुलाई, 1943
1633 दि. 14 जुलाई, 1943
1735 दि. 24 जुलाई, 1943
2117 दि. 30 जुलाई, 1943

शा.आ.क्र. 2119 दि. 30 अगस्त, 1943

2797 दि. 4 सितम्बर, 1943
2410 दि. 25 सितम्बर, 1943
2545 दि. 5 अक्टूबर, 1943
2574 दि. 6 अक्टूबर, 1943
2673 दि. 18 अक्टूबर, 1943
2713 दि. 20 अक्टूबर, 1943
2841 दि. 1 नवम्बर, 1943
2862 दि. 2 नवम्बर, 1943
2890 दि. 5 नवम्बर, 1943
3805 दि. 24 नवम्बर, 1943
3310 दि. 16 दिसम्बर, 1943
3424 दि. 28 दिसम्बर, 1943
3425 दि. 28 दिसम्बर, 1943

65 दि. 10 जनवरी, 1944
87 दि. 12 जनवरी, 1944
231 दि. 26 जनवरी, 1944
323 दि. 4 फरवरी, 1944
360 दि. 7 फरवरी, 1944
418 दि. 10 फरवरी, 1944
504 दि. 17 फरवरी, 1944
578 दि. 23 फरवरी, 1944
628 दि. 28 फरवरी, 1944
785 दि. 13 मार्च, 1944
1944 दि. 24 मार्च, 1944
981 दि. 28 मार्च, 1944
992 दि. 28 मार्च, 1944
1287 दि. 21 अप्रैल, 1944
1324 दि. 25 अप्रैल, 1944
1837 दि. 13 जून, 1944
1992 दि. 29 जून, 1944
1991 दि. 29 जून, 1944
2191 दि. 6 जुलाई, 1944
2184 दि. 21 जुलाई, 1944
2266 दि. 31 जुलाई, 1944
2397 दि. 11 अगस्त, 1944
2445 दि. 16 अगस्त, 1944
2555 दि. 26 अगस्त, 1944
2684 दि. 16 अगस्त, 1944
2971 दि. 6 अक्टूबर, 1944
3005 दि. 11 अक्टूबर, 1944
3092 दि. 20 अक्टूबर, 1944
3243 दि. 3 नवम्बर, 1944
3336 दि. 13 नवम्बर, 1944
3603 दि. 12 दिसम्बर, 1944
3606 दि. 13 दिसम्बर, 1944
3649 दि. 18 दिसम्बर, 1944
3743 दि. 29 दिसम्बर, 1944
53 दि. 6 जनवरी, 1945
73 दि. 10 जनवरी,1945

गृह विभाग शा.आ.क्र. 350 दि. 1 फरवरी, 1945

363 दि. 2 फरवरी, 1945
413 दि. 7 फरवरी, 1945
457 दि. 12 फरवरी, 1945
557 दि. 20 फरवरी, 1945
639 दि. 27 फरवरी, 1945
1134 दि. 10 अप्रैल, 1945
1136 दि. 10 अप्रैल, 1945
1523 दि. 12 मई, 1945
1551 दि. 17 मई, 1945
1859 दि. 12 जून, 1945
1927 दि. 16 जून, 1945
2231 दि. 9 जुलाई, 1945
2271 दि. 11 जुलाई, 1945
2382 दि. 19 जुलाई, 1945
2427 दि. 23 जुलाई, 1945
2843 दि. 1 अगस्त, 1945
2862 दि. 21 अगस्त, 1945
2880 दि. 22 अगस्त, 1945
3505 दि. 1 अक्टूबर, 1945
3831 दि. 23 अक्टूबर, 1945
3983 दि. 1 नवम्बर, 1945
4133 दि. 14 नवम्बर, 1945
4205 दि. 22 नवम्बर, 1945
4235 दि. 24 नवम्बर, 1945
4568 दि. 24 दिसम्बर, 1945
7 दि. 2 जनवरी, 1946
46 दि. 3 जनवरी, 1946
56 दि. 14 जनवरी, 1946
225 दि. 15 जनवरी, 1946
183 दि. 18 जनवरी, 1946
312 दि. 29 जनवरी, 1946
527 दि. 5 फरवरी, 1946
435 दि. 11 फरवरी, 1946
493 दि. 14 फरवरी, 1946
740 दि. 18 फरवरी, 1946
1645 दि. 21 फरवरी, 1946

570 दि. 22 फरवरी, 1946
589 दि. 23 फरवरी, 1946
911 दि. 27 फरवरी, 1946
699 दि. 6 मार्च, 1946
1146 दिव 9 मार्च, 1946
1052 दि. 12 मार्च, 1946
836 दि. 19 मार्च, 1946
1162 दि. 19 मार्च, 1946
950 दि. 29 मार्च, 1946
1023 दि. 4 अप्रैल, 1946
1117 दि. 11 अप्रैल, 1946
1153 दि. 15 अप्रैल, 1946
1645 दि. 24 अप्रैल, 1946
1376 दि. 3 मई, 1946
1434 दि. 8 मई, 1946
1927 दि. 14 मई, 1946
1563 दि. 20 मई 1946

शा.आ.क्र. 1744 दि. 10 जून, 1946

2459 दि. 24 जून, 1946
2531 दि. 28 जून, 1946
2536 दि. 28 जून, 1946
2357 दि. 10 अगस्त, 1946
2931 दि. 30 जुलाई, 1946
2537 दि. 28 अगस्त, 1946
2550 दि. 31 अगस्त, 1946
3183 दि. 19 अगस्त, 1946
2612 दि. 4 सितम्बर, 1946
3394 दि. 4 सितम्बर, 1946
3411 दि. 20 अक्टूबर, 1946
3494 दि. 12 सितम्बर, 1946
3594 दि. 20 सितम्बर, 1946
4214 दि. 12 नवम्बर, 1946
355 दि. 14 नवम्बर, 1946
4297 दि. 20 नवम्बर, 1946
4511 दि. 6 दिसम्बर, 1946
3858 दि. 6 दिसम्बर, 1946
3935 दि. 11 दिसम्बर, 1946
397 दि. 27 जनवरी, 1947
739 दि. 24 फरवरी, 1947
878 दि. 6 मार्च, 1947
1126 दि. 10 मार्च, 1947
2656 दि. 28 जुलाई, 1947
3488 दि. 10 सितम्बर, 1947
762 दि. 28 फरवरी, 1948
1050 दि. 20 मार्च, 1948
1669 दि. 5 अप्रैल, 1948
2088 दि. 26 अप्रैल, 1948
2136 दि. 28 अप्रैल, 1948
1614 दि. 1 मई, 1948
1615 दि. 1 मई, 1948
1682 दि. 5 मई, 1948
1755 दि. 8 मई, 1948
3413 दि. 25 जून, 1948
2803 दि. 21 जुलाई, 1948
2809 दि. 22 जुलाई, 1948
2969 दि. 3 अगस्त, 1948
3493 दि. 27 सितम्बर, 1948
3956 दि. 26 अक्टूबर, 1948
4041 दि. 29 अक्टूबर, 1948
4288 दि. 22 नवम्बर, 1948
4440 दि. 2 दिसम्बर, 1948
223 दि. 19 जनवरी, 1949
275 दि. 26 जनवरी, 1949
1485 दि. 21 मार्च, 1949
2347 दि. 2 मई, 1949
2355 दि. 3 मई, 1949
3115 दि. 10 जून, 1949
4227 दि. 16 अगस्त, 1949
4277 दि. 19 अगस्त, 1949
37 दि. 4 जनवरी, 1950
42 दि. 5 जनवरी, 1950

गृह विभाग शा.आ.क्र. 103 दि. 7 जनवरी, 1950

371 दि. 28 जनवरी, 1950

580 दि. 13 फरवरी, 1950
708 दि. 22 फरवरी, 1950
737 दि. 24 फरवरी, 1950
756 दि. 25 फरवरी, 1950
870 दि. 2 मार्च, 1950
1155 दि. 21 मार्च, 1950
1234 दि. 27 मार्च, 1950
1305 दि. 25 मार्च, 1950
1344 दि. 28 मार्च, 1950
1434 दि. 11 अप्रैल, 1950
1632 दि. 24 अप्रैल, 1950
1834 दि. 5 मई, 1950
2237 दि. 13 मई, 1950
2210 दि. 12 मई, 1950
2205 दि. 1 जून, 1950
2595 दि. 30 जून, 1950
3201 दि. 16 अगस्त, 1950
3396 दि. 29 अगस्त, 1950
3967 दि. 4 सितम्बर, 1950
4932 दि. 4 सितम्बर, 1950
5266 दि. 11 दिसम्बर, 1950
938 दि. 9 मार्च, 1950
3085 दि. 2 अगस्त, 1950
3377 दि. 24 अगस्त, 1950
4119 दि. 25 अक्टूबर, 1950
707 दि. 22 फरवरी,1950
2489 दि. 10 जुलाई, 1952
28 दि. 3 जनवरी, 1951
305 दि. 22 जनवरी, 1951
417 दि. 27 जनवरी, 1951
459 दि. 30 जनवरी, 1951
750 दि. 19 फरवरी, 1951
751 दि. 19 फरवरी, 1951
1003 दि. 8 मार्च, 1951
1449 दि. 31 मार्च, 1951
1659 दि. 12 अप्रैल, 1951
2047 दि. 7 मई, 1951
3977 दि. 4 सितम्बर, 1951
4327 दि. 28 सितम्बर, 1951
4504 दि. 11 अक्टूबर, 1951
4565 दि. 17 अक्टूबर, 1951
4655 दि. 22 अक्टूबर, 1951
4780 दि. 27 अक्टूबर, 1951
613 दि. 9 फरवरी, 1953
815 दि. 23 फरवरी, 1953
816 दि. 23 फरवरी, 1953
955 दि. 2 मार्च, 1953
977 दि. 3 मार्च, 1953
1438 दि. 27 मार्च, 1953
1453 दि. 28 मार्च, 1953
2544 दि. 30 मई 1953
2770 दि. 15 जून, 1953
1985 दि. 11 अगस्त, 1953
2008 दि. 13 अगस्त, 1953
1503 दि. अगस्त 1953
2124 दि. 25 अगस्त, 1953
5579 दि. 31 दिसम्बर, 1953

न्याय विभाग

न्याय विभाग, शा.आ. क्र. 178-179 दि. 16 मार्च, 1869
1-2 दि. 3 अप्रैल, 1871
2930 दि. 4 जुलाई, 1871
84-85 दि. 18 अप्रैल, 1871
162-163 दि. 27 जून, 1871
216-217 दि. 21 अगस्त, 1871
181-182 दि. 22 अप्रैल, 1872
73-76 दि. 17 अगस्त, 1872
55-56 दि. 18 अक्टूबर, 1872
61 दि. 5 फरवरी, 1874
94-96 दि. 17 अप्रैल, 1874
84-85 दि. 18 अप्रैल, 1874
89-92 दि. 17 मई, 1874
57 दि. 11 जून, 1874
183-184 दि. 27 जून, 1874

107-109 दि. 27 जून, 1874
119-120 दि. 22 अगस्त, 1874
14-15 दि. 5 सितम्बर, 1874
63-65 दि. 9 सितम्बर, 1874
99-100 दि. 14 सितम्बर, 1874
84-86 दि. 20 सितम्बर, 1874
127-130 दि. 21 सितम्बर, 1874
73-74 दि. 19 नवम्बर, 1874
24 दि. 2 दिसम्बर, 1874
142-165 दि. 19 दिसम्बर, 1874
235-241 दि. 24 जून, 1879
136-137 दि. 16 सितम्बर, 1879
75-76 दि. 10 अक्टूबर, 1879
1506-1507 दि. 17 जून, 1883
13 दि. 6 जनवरी, 1891
630 दि. 15 जून, 1891
1334 दि. 30 जून, 1891
141 दि. 19 जनवरी, 1893
1271 दि. 19 जनवरी, 1893

न्याय विभाग शा.आ.क्र. 1302 दि. 6 अप्रैल, 1893

1718 दि. 6 अप्रैल, 1893
743 दि. 10 अप्रैल, 1893
900-970 दि. 11 जून, 1893
969-970 दि. 23 जून, 1893
1561 दि. 9 अगस्त, 1893
2109 दि. 10 अक्टूबर, 1893
554 दि. 3 अप्रैल, 1905
2000-01 दि. 3 दिसम्बर, 1912
896 दि. 8 मई, 1913
1897 दि. 15 सितम्बर, 1914
526 दि. 25 फरवरी, 1916
637 दि. 6 मार्च, 1916
629 दि. 8 मार्च, 1916
1313 दि. 20 मई 1916
1569 दि. 17 जून, 1916
2764 दि. 23 नवम्बर, 1916
513 दि. 10 मार्च, 1918
1588 दि. 27 27 जुलाई, 1918
2294 दि. 7 अक्टूबर, 1919
21 दि. 4 जनवरी,1919
166 दि. 10 फरवरी,1919
2775 दि. 29 नवम्बर, 1919
2996 दि. 20 दिसम्बर, 1919
376 दि. 24 फरवरी, 1919
474 दि. 27 फरवरी, 1919
518 दि. 6 मार्च, 1919
197 दि. 28 जनवरी, 1919
546 दि. 11 मार्च, 1919
730 दि. 31 मार्च, 1919
565 दि. 11 मार्च, 1919
667 दि. 24 मार्च, 1919
594 दि. 13 मार्च, 1919
377 दि. 13 फरवरी, 1919
759 दि. 3 अप्रैल, 1919
2607 दि. 10 नवम्बर, 1919
1085 दि. 15 मई, 1919
1022 दि. 8 मई, 1919
1168 दि. 22 मई, 1919
898 दि. 24 अप्रैल, 1919
1468 दि. 27 जून, 1919
1610 दि. 16 जून, 1919
1147 दि. 22 मार्च, 1919
1337 दि. 11 जून, 1919
1093 दि. 16 मई, 1919
1640 दि. 20 जून, 1919
1314 दि. 12 जून, 1919
1429 दि. 21 जून, 1919
195 दि. 14 फरवरी, 1919
1651 दि. 19 जुलाई, 1919

न्याय वि. शा.आ. क्र. 1798 दि. 9 अगस्त, 1919

1649 दि. 19 जुलाई, 1919
1930 दि. 25 अगस्त, 1919

2025 दि. 6 सितम्बर, 1919
1567 दि. 11 जुलाई, 1919
1804 दि. 16 अगस्त, 1919
2370 दि. 20 अक्टूबर, 1919
1768 दि. 5 अगस्त, 1919
2293 दि. 7 अक्टूबर, 1919
2443 दि. 24 अक्टूबर, 1919
2497 दि. 19 अक्टूबर, 1919
2695 दि. 21 नवम्बर, 1919
2774 दि. 29 अक्टूबर, 1919
51 दि. 31 जनवरी, 1923
52 दि. 31 जनवरी, 1923
70 दि. 17 फरवरी, 1923
71 दि. 17 फरवरी, 1923
95 दि. 27 फरवरी, 1923
656 दि. 13 मार्च, 1923
117 दि. 13 मार्च, 1923
121-122 दि. 24 मार्च, 1923
131-132 दि. 26 मार्च, 1923
142 दि. 2 अप्रैल, 1923
24 दि. 21 मई, 1923
344 दि. 12 जुलाई, 1923
357 दि. 17 जुलाई, 1923
377 दि. 26 जुलाई, 1923
379 दि. 3 अगस्त, 1923
396 दि. 3 अगस्त, 1923
334 दि. 8 अगस्त, 1923
450 दि. 30 अगस्त, 1923
499 दि. 18 सितम्बर, 1923
407 दि. 2 अक्टूबर, 1923
409 दि. 3 अक्टूबर, 1923
126 दि. 14 अक्टूबर, 1923
448 दि. 29 अक्टूबर, 1923
581 दि. 30 अक्टूबर, 1923
582 दि. 30 अक्टूबर, 1923
585 दि. 2 नवम्बर, 1923
623 दि. 28 नवम्बर, 1923
499 दि. 4 दिसम्बर, 1923
665 दि. 18 दिसम्बर, 1923
63 दि. 12 जनवरी, 1928
218-219 दि. 26 जनवरी, 1928
81 दि. 13 फरवरी, 1928
398-399 दि. 13 फरवरी, 1928
662 दि. 7 मार्च, 1928
248 दि. 23 मार्च, 1928

न्याय विभाग शा.आ. क्र. 1455 दि. 2 जून, 1928

307 दि. 14 जून, 1928
346 दि. 7 जुलाई, 1928
2126 दि. 13 अगस्त, 1928
2326 दि. 31 अगस्त, 1928
467 दि. 25 सितम्बर, 1928
1523 दि. 30 जुलाई, 1928
517 दि. 22 अक्टूबर, 1928
167 दि. 1 अप्रैल, 1929
200 दि. 1 अप्रैल, 1929
193 दि. 12 अप्रैल, 1929
203-204 दि. 8 अप्रैल, 1929
410 दि. 4 अगस्त, 1929
500 दि. 2 सितम्बर, 1929
562 दि. 23 अक्टूबर, 1929
46 दि. 27 जनवरी, 1934
165 दि. 5 अप्रैल, 1934
285 दि. 14 जून, 1934
329 दि. 10 जुलाई, 1934
432-433 दि. सितम्बर 1934
501 दि. 16 अक्टूबर, 1934
506 दि. 22 अक्टूबर, 1934
170 दि. 23 मार्च, 1935
242 दि. 27 अप्रैल, 1935
265 दि. 1 मई, 1935
304 दि. 31 मई, 1935
267-268 दि. 10 जून, 1935
339 दि. 24 जून, 1935
349 दि. 27 जून, 1935

478 दि. 6 सितम्बर, 1935
479 दि. 6 सितम्बर, 1935
505 दि. 19 सितम्बर, 1935
643 दि. 28 सितम्बर, 1935
163 दि. 23 दिसम्बर, 1935
694 दि. 23 दिसम्बर, 1935

लोक निर्माण (श्रम) विभाग
शासकीय आदेश 64-65 दि. 11 जनवरी, 1929
144 दि. 21 जनवरी, 1929
196 दि. 24 जनवरी, 1929
856 दि. 5 मार्च, 1929
778 दि. 5 मार्च, 1929
970 दि. 21 मार्च, 1929
1106 दि. 5 अप्रैल, 1929
1184 दि. 12 अप्रैल, 1929
1313 दि. 29 अप्रैल, 1929

लोक निर्माण (श्रम) विभाग शास. आदेश दिनांक
1373 दि. 3 मई, 1929
1648 दि. 5 जून, 1929
1831-1832 दि. 19 जून, 1929
1856 दि. 25 जून, 1929
225 दि. 26 जून, 1929
1925 दि. 4 जुलाई, 1929
1997 दि. 10 जुलाई, 1929
2038 दि. 22 जुलाई, 1929
2142 दि. 31 जुलाई, 1929
2395 दि. 22 अगस्त, 1929
2542 दि. 5 सितम्बर, 1929
2394 दि. 23 अगस्त, 1929
2543 दि. 5 सितम्बर, 1929
2541 दि. 5 सितम्बर, 1929
2531 दि. 5 सितम्बर, 1929
2627 दि. 16 सितम्बर, 1929
144 दि. 21 सितम्बर, 1929
2782 दि. 4 अक्टूबर, 1929
2841 दि. 8 अक्टूबर, 1929
2864 दि. 10 अक्टूबर, 1929
3132 दि. 2 नवम्बर, 1929
3139 दि. 2 नवम्बर, 1929
3281 दि. 13 नवम्बर, 1929
3499 दि. 30 नवम्बर, 1929
3675 दि. 19 दिसम्बर, 1929
94 दि. 10 जनवरी, 1930
208 दि. 24 जनवरी, 1930
323 दि. 1 फरवरी, 1930
670 दि. 24 फरवरी, 1930
837-838 दि. 13 मार्च, 1930
868 दि. 15 मार्च, 1930
1112 दि. 3 अप्रैल, 1930
1115 दि. 4 अप्रैल, 1930
1264 दि. 23 अप्रैल, 1930
1524 दि. 21930
1708 दि. 9 जून, 1930
2001 दि. 9 जुलाई, 1930
2000 दि. 9 जुलाई, 1930
2076 दि. 17 जुलाई, 1930
2169 दि. 25 जुलाई, 1930
2307 दि. 13 अगस्त, 1930
2830 दि. 6 अक्टूबर, 1930
2886 दि. 11 अक्टूबर, 1930
1099 दि. 28 अक्टूबर, 1930
3410 दि. 3 दिसम्बर, 1930
3433 दि. 8 दिसम्बर, 1930

लोक निर्माण (श्रम) विभाग शासन आदेश दिनांक
557 दि. 12 मार्च, 1940
631 दि. 27 मई, 1940
1826 दि. 14 सितम्बर, 1940
246 दि. 23 अप्रैल, 1943
379 दि. 30 अप्रैल, 1943
369 दि. 1 मई, 1943

734 दि. 27 मई, 1943
738 दि. 27 मई, 1943
919 दि. 10 जून, 1943
शासन आदेश 2034 दि. 21 जुलाई, 1943
2157 दि. 7 सितम्बर 1943
2493 दि. 30 सितम्बर, 1943
2494 दि. 30 सितम्बर, 1943
2547 दि. 3 अक्टूबर, 1943
2882 दि. 26 अक्टूबर, 1943
3815 दि. 12 दिसम्बर, 1943

गौण स्त्रोत

आचारियार एम.सी. तिरुवेंकट : *हिस्ट्री ऑफ़ अजीजनगर सेटलमेंट,* दास प्रेस, वृद्धिचलम, 1926

अग्रवाल वी.सी. : *यनाडी, रेसपांस टु चेंज,* कंसप्ट पब्लि., नई दिल्ली, 1985

अयप्पन ए. : *रिपोर्ट ऑन दि सोशियो-इकोनॉमिक कंडीशन ऑफ़ एक्स-एबोरिज़निल ट्राइब्स ऑफ़ दि प्राविंस ऑफ़ मद्रास,* गवर्नमेंट प्रेस, मद्रास, 1948

बेगरी इन इंडिया : 'एन एक्सपेरीमेंट इन दि रिहेबिलिटेशन ऑफ़ ए बैगर कास्ट', *इंटरनेशनल जनरल ऑफ़ एशियन स्टडीज,* खंड 1, 1981

अय्यर के.बी. : ट्राइबल वेलफेयर इन आन्ध्र प्रदेश, *कुरुक्षेत्र* 1914, 1.12.1970

अय्यर सी.पी. रामास्वामी : *डिस्ट्रिक्ट प्रॉब्लम्स,* होमरूल सीरीज़, 17, अडयार, मद्रास,1916

खान, एस. अकबर, पावर, पुलिस एंड पब्लिक, *कुरुक्षेत्र* 1983

अलेक्जेंडर आर.आर., प्रसाद एम.पी., जहाँगीरदार : *ट्राइबल्स रिहेबिलिटेशन एंड डेवलपमेंट* जयपुर, 1991

आम्बेडकर बी.आर. : *व्हाट कांग्रेस एंड गांधी हेव डन टु अनटचेबल्स,* बम्बई, 1946

एनिहिलेशन ऑफ़ कास्ट, बम्बई, 1936

मि. गांधी एंड दि एमेनसिपेशन ऑफ़ अनटचेबल्स, बम्बई, 1943

दि अनटचेबल्स—हू व्हेयर दे एंड व्हाई दे बिकेम अनटचेबल्स, नई दिल्ली, 1948

हू व्हेयर द शूद्राज़—हाऊ दे बिकेम टु बी फोर्थ वर्ण इन इंडो-आर्यन सोसाइटी, थाकर एंड कं. बम्बई, 1946

अम्बीराजन एस. : 'पॉलिटिकल इकोनॉमी एंड इंडियन फेमाइन्स', *साउथ एशियन स्टडीज़* अगस्त, 1971

'लेसेज़ फेयर इन मद्रास' *इंडियन इकोनॉमिक एंड सोशल हिस्ट्री रिव्यू,* जुलाई, 1966

एम्ब्रोस स्टीफेन ई. : *अनडांटेड करेज,* एचस्टोन, न्यूयॉर्क, 1997

एंडरसन जे.डी. : *पीपुल ऑफ़ इंडिया,* कैम्ब्रिज, 1913

एंडरसन जी.ए., : *एडमिनिस्ट्रेशन रिपोर्ट ऑफ़ हैदराबाद डिस्ट्रिक्ट पुलिस फ़ॉर द ईयर एंडिंग 1946,* हैदराबाद, 1947

आन्ध्र राष्ट्र आदिम जाति सेवक संघ : *कारु चिकटिलो कान्ति रेखा, मान संघम* (तेलुगु), विजयवाड़ा, 1985

अंसारी एम.ए. : *ट्राइबल्स इन क्रिमिनल वेब,* जयपुर 1987

एन्थ्रालिकर : *रिपोर्ट ऑफ़ दि क्रिमिनल ट्राइब्स रिहेबिलिटेशन कमेटी,* नवम्बर 1950, बम्बई , 1951

आप्टे जे.एस. : *तालवंडा आश्रम स्कूल—एन एक्सपेरीमेंट इन ट्राइबल एजुकेशन,* वन्यजाति खंड VIII संस्था 2, 1960

अर्बुथनाट ए.जे. (सम्पादक) : *सर थॉमस मुनरो, गवर्नर ऑफ़ मद्रास* खंड II, लंदन, 1881

अरेन्सबर्ग कोनराड : 'द कम्यूनिटी स्टडी मैथड्स', *अमेरिकन जनरल ऑफ़ सोशियोलॉजी,* सितम्बर, 1954

आरनोल्ड डेविड : 'यूरोपियन आरफन्स एंड वेग्रांट्स इन इंडिया', *कॉम्प्रेहासिव स्टडीज़ इन सोसाइटी एंड हिस्ट्री,* खंड VII, 1979

इंडस्ट्रियल वॉयलेंस इन कॉलोनियल इंडिया, *कॉम्प्रेहेंसिव स्टडीज़ इन सोसाइटी एंड हिस्ट्री* खंड XXII, 1980

'लेबर रिलेशन्स इन द साउथ इंडियन शुगर फैक्ट्री 1937-39' *सोशल साइंटिस्ट,* खंड 65, 1997

'लूटिंग—ग्रेन रोइट्स एंड गवर्नमेंट पॉलिसी इन साउथ इंडिया', *पास्ट एंड प्रेजेंट,* 84, 1979

रिबेलियस हिलमैन : गुडेम-रम्पा राइजिंग 1939-1924, रणजीत गुहा (सम्पादक) *सबआल्टर्न स्टंडीज़,* खंड 1, 1984

'द आर्म्ड पुलिस एंड कॉलोनियल रूल इन साउथ इंडिया', *मॉडर्न एशियन स्टडीज़* खंड XI, 1977

'डेकोइटी एंड रूरल क्राइम इन मद्रास, 1860-1940', द *जनरल ऑफ़ पीजेम्ट स्टडीज़* खंड 6, सं. 2, जनवरी, 1979

फेमाइन : सोशल क्राईसिस एंड हिस्टोरिकल चेंज, ऑक्सफोर्ड, 1988

पुलिस पावर एंड कॉलोनियल रूल 1859-1947, रंजीत गुहा (संपा.) उपरोक्त

ब्यूरोक्रेटिक रिक्रूटमेंट एंड सबआर्डिनेशन इन कॉलोनियल इंडिया, रणजीत गुहा (सम्पा.) उपरोक्त

आर्थर टी.सी. : रेमिनिसाँ ऑफ़ एन इंडियन ऑफीशीएल, लंदन 1981

असद तलाल : द बेडुइन इन ए मिलिट्री फोर्स, सिंथिय नेलसन (सम्पा.) द *डेजर्ट एंड सोन, नोमैड्स इन वाइडर सोसाइटी,* बर्कले 1973

एवानेसोव एफ.जी. द *प्रिंसिपल्स ऑफ़ क्रिमिनोलॉजी,* मॉस्को 1981

अजीज शाहिद, एस.ए. एंड गौसिया बेगम : 'स्ट्रगल अगेंस्ट स्टारवेशन, ए स्टडी ऑफ़ द यनाडी फूड गेटिंग टेकनीक्स' *मैन इन इंडिया* खंड 70 सं. 2, 169 : 84

बेली एफ.जी. : *कास्ट एंड इकोनॉमिक फ्रंटियर* मेनचेस्टर यूनिवर्सिटी प्रेस, 1957

ट्राइब, कास्ट एंड नेशन, मेनचेस्टर, 1960

ट्राइब एंड कास्ट इन इंडिया, दि हेग, 1961

'क्लोज्ड स्ट्रेटीफिकेशन इन इंडिया', *यूरोपियन जनरल ऑफ़ सोशल साइंस* 1 (3), 107-24

बेन्स ए. : *एथनोग्राफी (ट्राइब्स एंड कास्ट्स)* स्ट्रासबर्ग 1912

बेयर्ड डब्लू. ब्रामवेल : द *कॉल ऑफ़ जेकाल्स,* साल्वेशन आर्मी, आर्काइव्ज़, लंदन

बेकर सी.जे. : *एन इंडियन रूरल इकोनामी,* 1880-1955 ऑक्सफोर्ड यूनी. प्रेस, नई दिल्ली 1984

बेकर सी.जे. एंड वाशबुक डी. (सम्पादक) : *साउथ इंडियन, पॉलिटिकल इंस्टीट्यूशन्स एंड पॉलिटिकल चेंज 1890-1940,* दिल्ली 1975

बेकर सी.जे. : मद्रास हेडमेन के.एच. चौधरी सी.जे. डेवी (सम्पादक) : *इकोनॉमी एंड सोसाइटी, एसेज इन इंडियन इकोनॉमिक एंड सोशल हिस्ट्री* दिल्ली, 1979

बलदेव राज नायर : *वॉयलेंस एंड क्राइम इन इंडिया,* दिल्ली, 1975
बाल्डविन जान डी : *प्रिहिस्टोरिक नेशन,* न्यूयॉर्क, 1867
बरनीज एंड टीटर्स : *न्यू होरोजन्स इन क्रिमिनोलाजी,* प्रिटेन्स हाल, यू.एस.ए., 1951
बार्थ फ्रेडरिक : *नोमैड्स ऑफ़ साउथ पर्शिया, दि बसेरी ट्राइब ऑफ़ खामेश कान फेडरसी* ओस्लो, 1961
बार्थ फ्रेडरिक : 'इकोलॉजिक रिलेशनशिप एथनिक ग्रुप्स इन स्वात नॉर्थ पाकिस्तान'—*मेन इन एडेप्शन* (सम्पादक) कोहेन ए. यहूदी, एल्डाइन पब्लि. कं. शिकागो 1968
बसाक राधागोविन्द : 'द हिन्दू कंसेप्ट ऑफ़ नेचुरल वर्ल्ड' *दि रिलीजन ऑफ़ हिन्दू* में सम्पादक मोर्गन डब्लू. केनेड, रोनाल्ड प्रेस, न्यूयॉर्क 1953
बेटीली आन्द्रे : द *डेफीनेशन ऑफ़ ए ट्राइब, कास्ट एंड रिलीजन,* रोमेश थापर, मेरठ 1977
कास्ट, क्लास एंड पावर लास एंजल्स 1965
दि इंडियन विलेज, *पास्ट एंड प्रेजेंट,* ई.जे. हाब्स वास इत्यादि (सम्पादक) *पीजेन्ट्स इन हिस्ट्री,* कलकत्ता 1980
कास्ट्स ओल्ड एंड न्यू, न्यूयॉर्क, 1969
इनईक्वेलिटी एंड सोशल चेंज ऑक्सफोर्ड यूनिवर्सिटी प्रेस, नई दिल्ली, 1972
मदान टी.एन., *एनकाउंटर एंड एक्सपीरियन्स* विकास, नई दिल्ली, 1976
दि बैकवार्ड क्लासेज एन्ड न्यू सोशल ऑर्डर ओ.यू.पी., 1981
बाघ कोमर, *दि क्रिमिनल ट्राइब वर्क इन इंडिया,* साल्वेशन आर्मी, आरकाइव्स, लंदन, 1930
बाडेन एस. : *येरुकला इंडस्ट्रियल सेटलमेंट कावाली 1919-1920* भारतीय जेल समिति को दिया गया लिखित वक्तव्य खंड 2 और 3।
बक्शी यू. : द *क्राइसिस ऑफ़ इंडियन लीगल सिस्टम,* नई दिल्ली 1982
बेले डी.एच. : द *पुलिस एंड पॉलिटिकल डेवलपमेंट इन इंडिया,* प्रिंसटन यूनिवर्सिटी प्रेस, 1961
बीगल होल टी.एच. : *थॉमस मुनरो एंड डेवलपमेंट ऑफ़ एडमिनिस्ट्रेटिव पॉलिसी इन मद्रास 1792-1818,* कैम्ब्रिज 1966
बीअर्स जी.डी. : *ब्रिटिश एटीट्यूड टुवर्ड्स इंडिया 1784-1900,* लंदन, 1967
बिएटी जान : 'द पैटर्न ऑफ़ क्राइम इन इंग्लैंड 1600-1800, *पास्ट एंड प्रेजेंट,* 1974
बेगबी हेराल्ड : *ट्वाइस बोर्न मैन, ए क्लिनिक इन रिजेनेरेशन,* न्यूयॉर्क
अदर शीप : ए स्टडी ऑफ़ दि पीपुल ऑफ़ इंडिया लंदन 1969
बीइर ए.एल : वेग्रेंट ए सोशल ऑर्डर इन एलिजा बेथिन इंग्लैंड, पास्ट एंड प्रेजेंट, 1974
बेनेडिक्ट रूथ : *रेस एंड रेसिज्म,* लंदन 1951
बेनसन, विडिच और स्टीन (सम्पा.) : *रिफ्लेक्शन्स ऑन कम्युनिटी स्टडीज़* न्यूयॉर्क 1964
बेथम जी.के. : द *स्टोरी ऑफ़ डेकोइटी एंड लोलापुर वीक,* लंदन, 1893
भूपेन्द्र सिंह एंड भंडारी जे.एस. : द *ट्राइबल वर्ल्ड एंड इट्स ट्रांसफार्मेशन,* नई दिल्ली, 1980
भारतीय आदिम जाति सेवक संघ : *रिपोर्ट ऑफ़ दि संघ ड्यूरिंग अक्टूबर 1948 टु अक्टूबर 1949,* नई दिल्ली 1950
ए प्ली फ़ॉर जिप्सी एंड डिनोटीफाइड ट्राइब्स, दिसम्बर 1963, नई दिल्ली
टूर इन हैदराबाद, नई दिल्ली, 1950

भारद्वाज बी.एस. : *क्रिमिनल ट्राइब्स, ए सोशल एंड इकोनॉमिक स्टडी,* लखनऊ, 1949

भारद्वाज आर.के. : *अरबन डेवलपमेंट इन इंडिया* दिल्ली 1974

भट्टाचार्य सुभाष : सोशल बेन्डिट्र इन प्रेसीडेंसी ऑफ़ बेंगाल, मार्क्सिस्ट मिसलेन्सी नई दिल्ली, 1977

भौमिक पी.के. : *चेंचूज ऑफ़ दि फॉरेस्ट एंड प्लेटो—ए हंटिंग गेदरिंग ट्राइब इन ट्रांजीशन,* कलकत्ता, 1992

क्राइम एंड क्रिमिनल एमंग लोधाज़ ऑफ़ वेस्ट बेंगाल, वन्यजाति, दिल्ली 1961

एसेन्शियल प्राइमरी कंसीडरेशन्स फ़ॉर रिहेबिलिटेश स्कीम्स, कलकत्ता 1980

लोधाज ऑफ़ वेस्ट बेंगाल, कलकत्ता 1963

ट्राइबल इंडिया, कलकत्ता 1971

बिट्टुल्फ जे. : *ट्राइब्स ऑफ़ हिन्दू कुश,* कलकत्ता 1980

पाइरेट्स ऑफ़ मालाबार लंदन, 1907

बिडेन डेविड : *थ्योरोटिकल एन्थ्रॉपोलॉजी,* न्यूयॉर्क 1958

बिपला चरनहा : *सम क्षत्रिय ट्राइब्स ऑफ़ एनसिएन्ट इंडिया,* कलकत्ता विश्वविद्यालय, 1924

बिशन कपूर : *बैड मेन ऑफ़ बैड लेन्ड्स,* आगरा, 1959

बिस्वास पी.सी. : *एक्स-क्रिमिनल ट्राइब्स ऑफ़ डेल्ही स्टेट,* दिल्ली 1960

बोआज फ्रांस : *आर्यन्स एंड नॉन आर्यन्स,* न्यूयॉर्क, 1958

बूथ टकर, फ्रेडरिक : *जीन गोल्ड—सर्वेन्ट ऑफ़ इंडिया,* लंदन, 1964

मुक्ति फौज और 40 ईयर्स विद साल्वेशन आर्मी, लंदन, 1910

बूथ विलियम : *इन डाकेस्ट इंग्लैंड एंड द वे आउट,* साल्वेशन आर्म, लंदन, 1980

बोस अम्बिकाचरण : *हैंडबुक ऑफ़ क्रिमिनोलॉजी,* कलकत्ता, 1960

बोस एन.के. : *ट्राइबल लाइफ़ इन इंडिया* नई दिल्ली, 1971

बोसवेल जान, ए.ई. : *ए मेन्युअल ऑफ़ नेल्लोर डिस्ट्रिक्ट,* मद्रास 1873

बोवेट एल. : *साइकाट्रिक आसपेक्ट्स ऑफ़ जुवेनाइल डेलिनक्वेंसी,* जेनेवा, 1951

बोवर रेव, एच. : *एन एसे ऑन हिन्दू कास्ट्स,* कलकत्ता, 1951

बायड डब्लू. सी. : *जेनेटिक्स एंड रेसेज ऑफ़ मैन बोस्टन,* 1950

बेन वेसी फिट् जेराल्ड : *जिप्सीज़ ऑफ़ ब्रिटेन एन इंट्रोडक्शन टु देयर हिस्ट्री,* लंदन, 1944

ब्रिग्स जी.डब्लू : द *चमार्स,* ऑक्सफोर्ड विश्वविद्यालय प्रेस, 1920

बकले वाल्टर : *सोशियोलॉजी एंड मॉडर्न सिस्टम थ्योरी,* न्यूजर्सी, 1967

ब्रूस जॉर्ज : *द स्टेगलर्स दि कल्ट ऑफ़ ठगी* न्यूयॉर्क, 1960

बैरागी ब्रह्मचारी : *ननसटातू जिवाला नियाक सन्मना संचिका* (तेलुगु आत्मकथा) पिडुगराला, गुंटूर जिला, 1969

काडवेल आर.जी. : *क्रिमिनोलॉजी,* न्यूयॉर्क, 1965

कारस्टेयर्स जी.एम. : *दि ट्राइब बार्न,* लंदन, 1957

चमन लाल : *फारगॉटन चिल्ड्रेन ऑफ़ इंडिया,* प्रकाशन विभाग, नई दिल्ली, 1962

चन्द्रशेखर भाट : *एथिनिसिटी एंड मोबाइलिटी, वोड्डर ऑफ़ साउथ इंडिया,* नई दिल्ली, 1984

चांग देट : *क्रिमिनोलॉजी, ए क्रॉस कल्चरल प्रॉस्पेक्टिव,* बम्बई, 1976

चतुर्वेदी बी.एस : *फेस टु फेस विद क्रिमिनल्स,* नई दिल्ली, 1920

चौधरी शशिभूषण : *एथनिक सेटलमेंट इन एनसिएन्ट इंडिया,* कलकत्ता, 1955
क्लिफर्ड कियू : द *साल्वेशन आर्मी क्रिश्चियन डिनोमिनेशन* सीरीज़, ग्रेट ब्रिटेन, 1977
क्लिनार्ड मार्शल : *एनोमिक एंड डेविएंट बिहेवियर,* फ्री प्रेस, न्यूयॉर्क, 1968
काकबर्न जे.एस. : *क्राइम इन इंग्लैंड 1550-1800,* मेथ्युइन, 1977
कोहन एलबर्ट : *डिलीक्वेंट बॉयज़, ए कल्चर ऑफ़ गैंग* न्यूयॉर्क, इलिनोयस, 1955
कोक्स एडमंड : *पुलिस एंड क्राइम इन इंडिया,* लंदन, 1946
कनिंघम जे.एम. : *कॉलरा, व्हाट कैन स्टेट डू टु प्रिवेंट इट,* कलकत्ता, 1944
करी जे.सी. : द *इंडियन पुलिस,* लंदन, 1932
दलित मार्ग, तेलुगु अर्द्धमासिक, 1979-1982, विजयवाड़ा
डाल्टन जार्ज ई.टी. : *ट्राइबल हिस्ट्री ऑफ़ ईस्टर्न इंडिया,* दिल्ली 1973
डेरो क्लेरेन्स : *क्राइम, इट्स कॉजेज़ एंड ट्रीटमेंट,* लंदन, 1934
डारविन चार्ल्स, *डिसेन्ट ऑफ़ मैन,* लंदन, 1905
ओरिजिन ऑफ़ स्पीसीज़ लंदन, 1906
'डेमोग्रेफिक स्टडीज ऑफ़ साँसीज', *वन्यजाति* खंड X सं. 4 अक्टूबर, 1962
'डेमोग्रेफिक ऑफ़ सिकिलगर्स' *वन्यजाति* खंड XI सं. 2 अप्रैल, 1963
दीना लाल : *क्रिश्चियन मिशन्स एंड कॉलोनियलिज्म,* वेनड्राम इंस्टीट्यूट, शिलांग, 1988
डेनिकर जे. : द *रेसेज ऑफ़ मेन,* न्यूयॉर्क, 1990
देसाई ए.आर. : *रूरल सोशियोलॉजी इन इंडिया,* रोमेश थापर कृत *ट्राइब्स इन ट्रांजीशन* में, मॅकमिलन, 1977
(सम्पा.) *पीजेंट स्ट्रगल इन इंडिया,* बम्बई, 1978
ट्राइब, कास्ट्स एंड रिलीजन (रोमेश थापर द्वारा सम्पादित)
डेवी जी.एन. : *ए नोमाड कॉल्ड थीफ, रिफ्लेक्लशंस ऑन आदिवासी सायलेंस,* ओरिएंट लॉन्गमैन हैदराबाद, 2006
धनंजय कीर : *डॉ. आम्बेडकर लाइफ़ एंड मिशन,* बम्बई, 1954
डाउनी डेविड : द *लोन स्टार, ए हिस्ट्री ऑफ़ तेलुगु मिशन ऑफ़ द अमेरिकन बॅपटिस्ट,* शिकागो, 1924
दुबे एस.सी. : *एप्रोचेज टु दि ट्राइबल प्रॉब्लम्स* (एल.पी. विद्यार्थी द्वारा सम्पादित *अप्लाइड एन्थ्रोपोलॉजी इन इंडिया* में) किताब महल, इलाहाबाद, 1968
(सम्पादक) *ट्राइबल हेरिटेज ऑफ़ इंडिया,* विकास, नई दिल्ली 1977
ए स्टडी ऑफ़ ट्राइबल पीपुल इन एरियाज ऑफ़ मध्य प्रदेश, भोपाल 1967
डुबोइस जे.एस. : *हिन्दू मैनर्स, कस्टम्स, एंड सेरीमनीज,* ऑक्सफोर्ड यूनीवर्सिटी प्रेस, लंदन, 1936
दत्त बिहारी, द *फॉरगोटन पीपुल बवारीज ऑफ़ राजस्थान,* मुक्तिधारा राजस्थान, 2003
एलविन वेरियर : द *ट्राइबल वर्ल्ड* (आत्मकथा) ऑक्सफोर्ड यूनीवर्सिटी प्रेस, नई दिल्ली, 1964
लीव्ज फ्रॉम जंगल, लाइफ़ इन ए गोंड विलेज ऑक्सफोर्ड, दिल्ली, 1992
दि एबओरिजिनल्स (ऑक्सफोर्ड का भारत पर पेम्फलेट 14), 1943
एडवर्ड्स सी.एम. : *क्राइम इन इंडिया,* ओ.यू.पी. लंदन, 1924
क्रिमिनल ट्राइब्स एट हुबली, वेस्टमिनिस्टर 1924

फिशर आर.जे. : *नोमाडिक ग्रुप्स इन कास्ट सिस्टम इन इंडिया*, खंड 61, सं. 1, मार्च, 1981
फिशमेन एलविन टी : *कल्चर चेंज एंड दि अंडर प्रिविलेज्ड, ए स्टडी ऑफ़ दि मडिगाज़ इन साउथ इंडिया अंडर क्रिश्चियन गाइडेन्स*, मद्रास, 1941
फॉर दि परपज न्यूयॉर्क 1893
फ्रेजर जे.जी. : *टोटेइज्म एंड एक्सोग्रमी, ए ट्रीटाइज ऑन सर्टेन अर्ली फ्रॉम्स सुपरस्टीशन एंड सोसाइटी*, ओ.यू.पी., दिल्ली, 1916
फ्रीटेग सांडिया बी. : 'क्राइम इन सोशल ऑर्डर ऑफ़ कॉलोनियल नॉर्थ इंडिया', *मॉडर्न एशियन स्टडीज*, 25:2, 1991
फुक्स स्टीफेन : द *एबओरिजिनल ट्राइब्स ऑफ़ इंडिया*, मैकमिलन, नई दिल्ली, 1973
फ्यूरर हेममन्ड्रोफ क्रिस्टोफर : *ट्राइबल पॉपुलेशन एंड कल्चर्स ऑफ़ इंडियन सब कांटिनेन्ट*, नीदरलैंड्स, 1985
ट्राइब्स ऑफ़ इंडिया, दि स्ट्रगल फ़ॉर सर्वाइवल, ओ.यू.पी., नई दिल्ली, 1985
द *एबओरिजिनल ट्राइब्स ऑफ़ हैदराबाद*, खंड 1 (चेंचू) लंदन, 1943
द *एबओरिजिनल प्रॉब्लम इन मुलुग एंड नरसराओपेट तालुका, ए टूर डायरी*, मॅकमिलन हैदराबाद, 1947
द *ट्राइबल हैदराबाद*, आजम स्टीम प्रेस, हैदराबाद, 1945
द *गोंड ऑफ़ आन्ध्र प्रदेश*, विकास, नई दिल्ली, 1979
गफूर सैयद ख्वाजा अब्दुल : *सोशल सर्विस अमंग दि ट्राइब्स एंड बैकवर्ड क्लासेज़ इन हैदराबाद*, गवर्नमेंट प्रिंटिंग प्रेस, हैदराबाद, 1952
गनी मुहम्मद अब्दुल : *नोट्स ऑन द क्रिमिनल ट्राइब्स ऑफ़ मद्रास प्रेसीडेंसी*, मिनर्वा प्रेस, मद्रास, 1915
गोपाल सिंह आदिवासी : *ए प्ली फ़ॉर बेटर अंडरस्टेंडिंग, जनरल ऑफ़ नेशनल अंडरस्टेडिंग ऑफ़ इंडिया*, अक्टूबर-नवम्बर, 1962, नई दिल्ली
गायकवाड़ लक्ष्मण : द *ब्रांडेड* (मराठी से अनूदित), ओरिएंट लॉन्गमेन, बम्बई, 1988
गौरीशंकर : *बॉर्न क्रिमिनल्स*, किशोर विद्या निकेतन, वाराणसी, 1979
गेयर जी. डब्लू. : *लेक्चर्स ऑन सम क्रिमिनल ट्राइब्स एंड रिलीजस मेंडी केंटस*, प्राचार्य पुलिस प्रशिक्षण स्कूल, मध्य प्रान्त, 1910
जॉर्ज बी. बोल्ड : *थ्योरिटिकल क्रिमिनोलॉजी*, न्यूयॉर्क
जॉर्ज मेकनन : द *अंडरवर्ल्ड ऑफ़ इंडिया*, लंदन
गनी मुहम्मद अली : *नोट्स ऑन क्रिमिनल ट्राइब्स*, प्रान्तीय पुलिस प्रशिक्षण स्कूल, वेल्लूर, 1915
घुर्ये सी.एस. : *कास्ट्स एंड क्लास इन इंडिया*, बम्बई 1962
द *एबओरिजिनल सो-कॉल्ड एंड देयर फ्यूचर*, पॉपुलर बुक डिपो, बम्बई, 1949
द *शिड्यूल ट्राइब्स*, पॉपुलर बुक डिपो, बम्बई, 1963
गिलेन : *क्रिमिनोलॉजी एंड पेनोलॉजी*, न्यूयॉर्क, 1945
गिलेन जान लुइस : *टेमिंग दि क्रिमिनल*, मॅकमिलन, न्यूयॉर्क, 1931
गिरि वी.वी. : *माई लाइफ़ एंड टाइम* (तेलुगु), दिल्ली, 1976
गिरिजन ज्योति : अर्द्धमासिक, विजयवाड़ा, 1972-1973
गफ के. : *रूरल सोसाइटी इन साउथ ईस्ट इंडिया*, कैम्ब्रिज, 1971

ग्रिफिथ पी. *माई पीपुल, हिस्ट्री ऑफ इंडियन पुलिस* लंदन 1971
ग्रिगसन डब्लू.वी. : द *एबओरिजिनल प्रॉब्लम इन दि सेंट्रल प्राविंस एंड बरार,* नागपुर, 1994
द चेलेंज ऑफ़ बैकवर्डनेस, हैदराबाद, 1947
गुहा आर. : *एलीमेंट्री आसपेक्ट्स ऑफ़ पीजेंट इनसरजेंसी इन कॉलोनियल इंडिया,* दिल्ली, 1983
गुहा रणजीत, (सम्पा.) : *सबआल्टर्न स्टडीज़, राइटिंग्स ऑन साउथ एशियन हिस्ट्री एंड सोसाइटी,* ऑक्सफोर्ड यूनीवर्सिटी प्रेस, खंड I से VII
गनथ्रोप, ई.जे. : *नोट्स ऑन क्रिमिनल ट्राइब्स,* टाइम्स ऑफ़ स्टीम प्रेस, बम्बई, 1882
गुंटूर पत्रिका (तेलुगु) : 6 फरवरी, 1923
गुप्ता ए. : *क्राइम एंड पुलिस इन इंडिया अप टु 1861,* आगरा, 1974
पुलिस इन ब्रिटिश इंडिया 1861-1947, दिल्ली, 1970
गुप्ता जे.पी. : *रिहेबिलिटेशन वर्क इन एक्स क्रिमिनल ट्राइब्स इन इंडिया, न्यूयॉर्क,* 1955
गुप्त एम.के.डी. : द *प्रॉब्लम ऑफ़ ट्राइबल एजुकेशन एंड दि संथाल्स,* नई दिल्ली, 1963
हार्डीमन डेविड : *दि कमिंग ऑफ़ देवी—आदिवासी एजर्शन इन वेस्टर्न इंडिया,* ओ.यू.पी., नई दिल्ली, 1987
होडन ए.सी. : द *रेसेज ऑफ़ मैन एंड देयर डिस्ट्रीब्यूशन,* न्यूयॉर्क, 1925
हेमलता लवानम : *जीवन प्रभातम* (तेलुगु) विजयवाड़ा, 1984
नेरास्तुला संस्कारम (अपराधियों का सुधार—तेलुगु) विजयवाड़ा, 1985
प्रॉब्लम्स ऑफ़ डिनोटीफाइड ट्राइब्स—एन एक्सपेरीमेंट इन स्टुअर्टपुरम, विजयवाड़ा, 1975
मृत्योंमा अमृतं गमय: (आत्मकथा) तेलुगु, विशालेन्द्र बुक हाउस हैदराबाद, 2004
हेमलता लवानम एंड लवानम : *नोट्स एंड रिफ्लेक्शंस ऑन अवर वर्क इन रिहेबिलिटेशन,एक्स क्रिमिनल ट्राइब्स,* गांधी शान्ति प्रतिष्ठान, विजयवाड़ा, 1976
अवर एक्सपीरिएन्सेस इन स्टुअर्टपुरम, विजयवाड़ा, 1976
द प्रॉब्लम ऑफ़ डिनोटीफाइड, विजयवाड़ा, 1975
हर्शल डब्लू.आर. : *दि ओरिजिन ऑफ़ फिंगर प्रिंटिंग,* लंदन, 1916
हार्वे, *रिपोर्ट ऑन रॉबर्स ऑफ़ इंडिया एंड दि आपरेशन्स ऑफ़ ठगी एंड डेकोइटी,* डिपार्टमेंट, *1861*
हिचकाक आर.एच. : *ए हिस्ट्री ऑफ़ मालबार रिबेलियन 1921,* मद्रास, 1925
हाब्सबाम ई.जे. : *बंडिट्स,* लंदन, 1969
हिस्ट्री ऑफ़ मध्य प्रदेश पुलिस, भोपाल, 1965
हालिन्स एस.टी. : द *क्रिमिनल ट्राइब्स ऑफ़ यूनाइटेड प्रॉविन्स,* इलाहाबाद
हटन जे.एच. : *कास्ट इन इंडिया, इट्स नेचर, फंक्शन एंड ओरिजिन* (चौथा संस्करण), ओ.यू.पी., लंदन, 1993
अय्यर एल.के.ए., द *मैसूर ट्राइब्स एंड कास्ट्स* खंड 1, मैसूर यूनीवर्सिटी प्रेस, 1937
जसपाल सिंह : *रिफॉर्मेशन ऑफ़ एक्स-क्रिमिनल ट्राइब्स,* हैदराबाद, 1976
जेफरी सी. : द *कॉलोनियल पुलिस,* लंदन, 1952
जोसेफ ए., : *येरुकला ट्रेडीशनल जस्टिस,* ट्राइबल वर्ल्ड, खंड 4, हैदराबाद, 1967
कपाड़िया के.एस. : *क्रिमिनल ट्राइब्स ऑफ़ इंडिया,* सोशियोलॉजिक बुलेटिन, I, II, 24 मार्च, 1952

कवाशिमा कोजी : *मिशनरीज एंड ए हिन्दू स्टेट—त्रावणकोर 1858-1936,* ओ.यू.पी., दिल्ली, 1998

खजानबोन ए.एम. : *नोमॅड्स एंड आउटसाइड वर्ल्ड,* कैम्ब्रिज, 1983

क्रिम ई. : *ए स्टडी ऑफ़ साल्वेशन आर्मी फ्रॉम विदइन लंदन* 1915

कृष्णा अय्यर वी.आर. : द *क्रिमिनल प्रॉसेस एंड लीगल एड,* इंडियन जनरल ऑफ़ क्रिमिनोलॉजी, 1973

लक्ष्मीनारायण उन्नावा : *मालापल्ली* (तेलुगु) मछलीपटनम, 1922

ललिता वी. : *डिनोटीफाइड कम्युनिटीज इन आन्ध्र प्रदेश—सम प्रॉब्लम्स ऑफ़ रिहेबिलेटशन,* आन्ध्र प्रदेश इतिहास कांग्रेस, 1981

हिस्टोरिकल बैकग्राउंड ऑफ़ कप्परल्ला सेटलमेंट, अप्रकाशित शोध प्रबन्ध *सोशियो इकोनॉमिक एंड एडमिनिस्ट्रेटिव आसपेक्ट्स ऑफ एन एक्स-क्रिमिनल ट्राइब,* अप्रकाशित शोध प्रबन्ध।

दि मेकिंग ऑफ़ क्रिमिनल ट्राइब्स, न्यू एरा पब्लिकेशन, मद्रास, 1995

ला.वी.सी. : *ट्राइब्स ऑफ़ एनसिसन्ट इंडिया,* पूना, 1947

लोवियू राबर्ट : *प्रिमिटिव रिलीजन,* लंदन, 1936

मुरली अटलूरी : *एलूरी सीताराम राजू एंड मनयाम रिबेलियन ऑफ़ 1922-1924,* सोशल साइंटिस्ट सं. 131, 1, 1984

मलाकोंडिया श्रीराम : *कुरूं चरित्र* (तेलुगु) ए हिस्ट्री ऑफ़ येरुकलाज हैदराबाद, 2000

मेकेंजी मिलड्रेड, *दि मड बैंक, ए स्टोरी ऑफ़ मिशनरी एन्डीवर,* पेनसिल्वानिया, 1959

महाश्वेता देवी : *टाइप इज रनिंग आउट,* बन्धन न्यूज लेटर, बड़ोदा, अप्रैल, 1998

मेहबूब हुसैन एस. ख्वाजा : *सोशल सर्विसेज एंड ट्राइबल वेलफेयर,* हैदराबाद 1950

मजुमदार डी.एन. : *दि फारच्यून्स ऑफ़ प्रिमिटिव ट्राइब्स* यूनीवर्सल, लखनऊ

मेलकम जॉन : *ए मेमोइर ऑफ़ सेंट्रल इंडिया,* दो खंड, लंदन, 1923

माने लक्ष्मण : *विमुक्तयान* (मराठी) यशवन्त राव चव्हाण प्रतिष्ठान, बम्बई, 1977

एन आउटसाइडर (आत्मकथा मराठी), साहित्य अकादमी, दिल्ली, 1997

मेहता बी.एच. : *ट्राइबल डेवलपमेंट सिन्स इंडिपेडेंस* (ट्राइबल सेमीनार)

मेमोरिया सी.बी. : *ट्राइबल डेमोग्राफी इन इंडिया,* बम्बई, 1957

मोहिन्दर सिंह : द *डिप्रेस्ड क्लासेज, देयर इकोनामिक एंड सोशल कंडीशंस,* बम्बई, 1947

मुलाली फ्रेडरिक : *नोट ऑन द क्रिमिनल क्लासेज ऑफ़ मद्रास प्रॉविन्स,* मद्रास, 1912

नागभूषणचारयुलू चिर्रावुरी : *आदिमा वसुलू* (तेलुगु) तेनाली 1949

संचार जतुलु (तेलुगु) नरसराओपेठ, 1977

नायडू एम. और पौपा राव : द *क्रिमिनल ट्राइब्स I—ए हिस्ट्री ऑफ़ कोरवार, एरुकुलाज एंड कैकरीज़* मद्रास, 1905

III *ए हिस्ट्री ऑफ़ बाओरी, चापरबेंड, काबुली, इरानीज, हिगिन बाथम,* मद्रास, 1907

नारायण अबनिधर : *कोरवा ट्राइब, देयर सोसाइटी एंड इकोनॉमी,* नई दिल्ली, 1996

नटराजन नलिनी : द *मिशनरीज अमंग खासीज़,* स्टर्लिंग पब्लिशर्स, नई दिल्ली, 1977

ओपर्ट गुस्ताव : *ऑन द ओरिजिनल इनहेबीटेंट्स ऑफ़ भारतवर्ष,* न्यूयॉर्क, 1893

पानाकाल जे.जे. एंड पुनेकर वी.बी. : *वेलफेयर ऑफ़ डिनोटीफाइड कम्यूनिटीज़* बम्बई, 1975

पार्थसारथ जक्का : द *येरुकला—एन एन्थ्रोपोलॉजीकल स्टडी,* एन्थ्रोपोलॉजिक सर्वे ऑफ़ इंडिया, कलकत्ता
.कलकत्ता, 1975
पति आर.एन. एंड जेना बी. (सम्पा.) : *ट्राइबल डेवलपमेंट इन इंडिया,* नई दिल्ली, 1989
प्रताप डी.आर. : *फेस्टीवल ऑफ़ बंजाराज़,* हैदराबाद
पिकेट वासकम : *क्रिश्चियन मास मूवमेंट इन इंडिया,* शिकागो, 1933
पोन्ना कोटेश्वर राव : *दलित मार्ग* (तेलुगु) विजयवाड़ा 1940
राम राज्यम (तेलुगु गाथाकाव्य) विजयवाड़ा, 1963
पोन्ना कोटेश्वर राव एंड पोन्ना सत्यनारायण, *कल्लूमुंटा तेलुगु* (टोडीपॉट बैले), विजयावाड़ा, 1950
प्रभात कुमार सेन : *लैंड एंड पीपुल ऑफ़ अंडमान,* कलकत्ता, 1962
प्रताप डी. रबिनन्दन : *ट्राइब्स ऑफ़ आन्ध्र प्रदेश,* विश्व तेलुगु कांग्रेस, हैदराबाद, 1975
आन्ध्र प्रदेश आदिमजातुलू, हैदराबाद, 1975
राघवैया टी. : *ट्राइब्स इन इंडिया,* आदिम जाति सेवक संघ, नई दिल्ली
राघवैया वी. *मुरियालू (मुड़िया ट्राइब)* आदिम जाति सेवा संघ, नई दिल्ली, 1951
नोमाड्स, आ.जा.से.सं., नई दिल्ली, 1960
द *यनाडी, ए ट्राइब ऑफ़ आन्ध्र प्रदेश,* आ.जा.से.सं. 1952
ट्राइबल जस्टिस, आ.जा.से.संघ, मद्रास, 1977
ट्राइबल रिवोल्ट्स, आन्ध्र प्रदेश आदिम जाति सेवा संघ, 1971
राजा रेड्डी के. : *फेमिली एंड किनशिप अमंग दि येरुकलाज ऑफ़ रायलसीमा,* अप्रकाशित शोध प्रबन्ध, तिरुपति विश्वविद्यालय
रामचन्द्र शास्त्री ई. : *नेरामुलु चेयु जताला चरितमुलु* (तेलुगु, चोरपेशा जातियों का इतिहास), विजयवाड़ा, 1930
रामकृष्ण वी. : *सोशल रिफार्म्स इन आन्ध्रा,* नई दिल्ली, 1983
राव. सी.वी.एच. (सम्पा.) : *सोशल मूवमेंट्स इन इंडिया,* नई दिल्ली, 1979
राव एस. वेणुगोपाल : *फैक्ट्स ऑफ़ क्राइम इन इंडिया* एलाइड पब्लिकेशंस, नई दिल्ली, 1952
रे पी.सी. : *दि ट्राइबल वर्ल्ड एंड इट्स ट्रांसफार्मेशन,* (सम्पादक) : भूपेन्द्र सिंह और जे.एस. भंडारी, नई दिल्ली, 1980
संजना जे.ई. : *कास्ट्स एंड आउटकास्ट,* बम्बई, 1946
सेठना एम.जे. : *सोसाइटी एंड क्रिमिनल,* लीडर प्रेस, बम्बई, 1952
शर्मा ए.एन. : *मैन एंड क्राइम मेनकाइंड,* हैदराबाद, 1958
शेर सिंह शेर : *एक्स-क्रिमिनल ट्राइब्स ऑफ़ नॉर्थ इंडिया नीड रिक्लासीफिकेशन, जरनल ऑफ़ सोशल रिसर्च,* खंड III, सं. 2, रांची, 1960
द *सांसीज ऑफ़ पंजाब,* मुंशीराम मनोहर लाल, नई दिल्ली, 1965
सिम्हाद्री वाई.सी. : द *एक्स-क्रिमिनल ट्राइब्स ऑफ़ इंडिया,* नेशनल पब्लिशिंग हाउस, नई दिल्ली, 1979
कास्ट्स एंड डिनोटीफाइड ट्राइब्स, द जनरल ऑफ़ सोशल वर्क, 1977
इंस्टीट्यूटशन फेक्टर एंड ट्राइबल क्रिमिनलिटी, ईस्टर्न एन्थ्रोपोलॉजिस्ट खंड 27, सं. 1

चेंजिंग क्रिमिनल विहेवियर ऑफ़ एन एक्स-क्रिमिनल ट्राइब, इंडियन जनरल ऑफ़ क्रिमिनोलॉजी, 1976 संख्या 4 (1)

डिनोटीफाइड ट्राइब्स, ए सोशियोलॉजिकल एनालिसिस, क्लासीकल पब्लिशर्स, नई दिल्ली, 1991

सिंह के.एस. : *ट्राइबल सिचुएशन इन इंडिया,* इंस्टीट्यूट ऑफ़ एडवांस स्टडीज़, शिमला, 1972

शिवराज दिग्वाली वेंकटा, *माना पुलिस व्यवस्था* (तेलुगु), विजयवाड़ा

स्लीमन डब्लू.एच. : *रेम्बल्स एंड रिकलेक्शन ऑफ़ एन इंडियन ऑफीसियल,* दो भाग, लंदन 1844

स्मिथ विसेंट, द *ऑक्सफोर्ड हिस्ट्री ऑफ़ इंडिया,* ऑक्सफोर्ड, 1999

स्टीफन नान्सी : *आइडिया ऑफ़ रेस इन साइंस,* ऑक्सफोर्ड 1982

सुब्बरायन वी. : *फॉरगोटन सन्स ऑफ़ इंडिया* नई दिल्ली 1940

सुरजीत सिन्हा : 'ट्राइब्स एंड इंडियन सिविलाइजेशन, ट्रांसफामेशन प्रॉसेस इन मॉडर्न टाइम्स', *मेड इन इंडिया,* 1981

सोम सुन्दरम ए.एम. : *वेग्रेन्ट्स एंड नोमैड्स,* वन्यजाति, 1958

श्रीनिवास एम.एन. : *कास्ट्स इन मॉडर्न इंडिया एंड अदर एसेज,* एशिया पब्लिशिंग हाउस, न्यूयॉर्क, 1962

सोशल चेंज इन मॉडर्न इंडिया, बर्कले, 1967

श्रीनिवास वर्मा : *येरुकला डाइलेक्ट,* मद्रास, 1978

सैयद सिराजुल हसन : *कास्ट्स एंड ट्राइब्स ऑफ़ एन.ई.एच. दि निजाम डोमिनेशन,* दिल्ली, 1906

टक्कर ए.वी. : *ट्राइब्स ऑफ़ इंडिया,* नई दिल्ली, 1950

टेलर मीडोज : *कन्फेशंस ऑफ़ ए ठग,* नई दिल्ली, 1885

वार क्राइ, साल्वेशन आर्मी का मासिक 1930-40 साल्वेशन आर्मी ऑफिस, मद्रास

थर्सटन एडगर : *कास्ट्स एंड ट्राइब्स ऑफ़ साउथ इंडिया,* खंड I-VIII दिल्ली, 1909

वर्मा आर.सी. : *इंडियन ट्राइब्स थ्रू एजेज,* नई दिल्ली, 1990

वेंकटराव : *ए सेंचुरी ऑफ़ ट्राइब्ल पालिटिक्स,* नई दिल्ली, 1976

विद्यार्थी एल.पी. : *क्राइम, सोसाइटी एंड दि पुलिस,* वन्यजाति

योगेश अटल : 'कंसेप्चुअल फ्रेमवर्क फ़ॉर द एनालिसिस ऑफ़ कास्ट', *सोशियोलॉजिकल बुलेटिन* XVI, सितम्बर, 1967, पृ. 60

जिनहिन ताया : *कास्ट टुडे,* ऑक्सफोर्ड यूनिवर्सिटी प्रेस, लंदन, 1963